C·H·Beck
PAPERBACK

DIE WELTWEITE UNGLEICHHEIT

Der World Inequality Report 2018

Herausgegeben von
Facundo Alvaredo
Lucas Chancel
Thomas Piketty
Emmanuel Saez
Gabriel Zucman

Aus dem Englischen übersetzt von
Hans Freundl und Stephan Gebauer

C.H.Beck

Allgemeine Koordination:
Lucas Chancel

Forschungsteam:
Thomas Blanchet
Richard Clarke
Leo Czajka
Luis Estévez Bauluz
Amory Gethin
Wouter Leenders

Der Bericht bezieht sich hauptsächlich auf
neuere Forschungsbeiträge von:
Facundo Alvaredo
Lydia Assouad
Anthony B. Atkinson
Charlotte Bartels
Thomas Blanchet
Lucas Chancel
Luis Estévez Bauluz
Juliette Fournier
Bertrand Garbinti
Jonathan GoupilleLebret
Clara Martinez Toledano
Salvatore Morelli
Marc Morgan
Delphine Nougayrède
Filip Novokmet
Thomas Piketty
Emmanuel Saez
Li Yang
Gabriel Zucman

WID.world Fellows:

Der Bericht basiert letztlich auf Daten, die von mehr als 100 WID.world Fellows auf fünf Kontinenten erhoben, erstellt, vereinheitlicht und in die World Wealth and Income Database eingepflegt wurden (vgl. www.wid.world/team für weitere Informationen). Die in diesem Bericht vorgelegten Analysen geben die Ansichten der Herausgeber wieder und nicht notwendigerweise die der WID.world Fellows.

In Erinnerung an Tony Atkinson (1944–2017)
Kodirektor der World top incomes database (2011–2015)
und der Wid.world (2015–2017)

Mit zahlreichen Tabellen und Grafiken.

Satz: Fotosatz Amann, Memmingen
Druck und Bindung: Pustet, Regensburg
Umschlaggestaltung: Geviert, Grafik & Typografie, Andrea Hollerieth
Umschlagabbildung: © Getty Images/Dmitri Otis
Printed in Germany
ISBN 978 3 406 72385 8

www.chbeck.de

INHALT

BERICHT ZUR WELTWEITEN UNGLEICHHEIT 2018

Kurzfassung

1. Was ist das Ziel des Berichts zur weltweiten Ungleichheit 2018?

Der *Bericht zur weltweiten Ungleichheit 2018* stützt sich auf eine innovative Methode zur systematischen und transparenten Messung der Einkommens- und Vermögensungleichheit. Mit der Entwicklung dieses Berichts möchte das World Inequality Lab eine demokratische Lücke füllen und verschiedenen gesellschaftlichen Akteuren die nötigen Fakten an die Hand geben, um informierte öffentliche Debatten zum Thema Ungleichheit zu führen.

- Der *Bericht zur weltweiten Ungleichheit 2018* soll zu einer besser informierten, weltweiten demokratischen Debatte zur ökonomischen Ungleichheit beitragen, indem neueste und umfassende Daten für die öffentliche Diskussion bereitgestellt werden.

- Ökonomische Ungleichheit ist weit verbreitet und bis zu einem gewissen Grad unvermeidbar. Wir sind jedoch der Überzeugung, dass wachsende Ungleichheit, sofern sie nicht adäquat beobachtet und angegangen wird, zu verschiedenen politischen, wirtschaftlichen und sozialen Katastrophen führen kann.

- Unser Ziel ist nicht, einen gesellschaftlichen Konsens zum Thema Ungleichheit herzustellen. Dazu wird es niemals kommen, einfach weil es kein wissenschaftlich erwiesenes Idealmaß an Ungleichheit gibt und erst recht keine allseits akzeptierte Mischung aus politischen Maßnahmen und Institutionen zum Erreichen dieses Maßes. Letztlich müssen diese schwierigen Entscheidungen über die öffentliche Auseinandersetzung sowie die politischen Institutionen und ihre Verfahren getroffen werden. Für diesen Meinungsbildungsprozess sind jedoch gründlichere und transparentere Informationen zu Einkommen und Vermögen unerlässlich.

- Um die Bürgerinnen und Bürger in die Lage zu versetzen, solche Entscheidungen zu treffen, sind wir auch bestrebt, makroökonomische Phänomene – etwa Maßnahmen zur Verstaatlichung und Privatisierung, Kapitalakkumulation und die Entwicklung der Staatsschulden – mit mikroökonomischen Ungleichheitsentwicklungen zu verknüpfen, vor allem im Hinblick auf individuelle Einkommen und staatliche Transferleistungen, Privatvermögen und Verschuldung.

- Makro- und mikroökonomische Ungleichheitsdaten miteinander in Einklang zu bringen ist kein einfaches Unterfangen, da viele Länder keine detaillierten und einheitlichen Statistiken zu Einkommens- und Vermögensungleichheiten veröffentlichen, ja mitunter noch nicht einmal erheben. Die Standardmaße für Ungleichheit stützen sich oft auf Haushaltsbefragungen, in denen die Einkommen und Vermögen der Personen an der Spitze der Einkommensverteilung regelmäßig unterschätzt werden.

- Zur Überwindung der gegenwärtigen Beschränkungen stützen wir uns auf eine wegweisende Methode, die auf systematische und transparente Weise alle uns zur Verfügung stehenden Datenquellen kombiniert: nationale Einkommens- und Vermögensberichte (möglichst einschließlich Schätzungen zum Offshore-Vermögen), Erhebungen zu Einkommen und Vermögen von Privathaushalten, fiskalische Daten aus Einkommensteuern, Daten zu Erbschaften und Vermögen (sofern vorhanden) und Vermögensranglisten.

- Die im Bericht vorgelegten Datenreihen stützen sich auf die kollektive Arbeit von mehr als 100 Wissenschaftlern und Wissenschaftlerinnen aus allen Kontinenten, die einen Beitrag zur WID.world-Datenbank leisten. Alle auf wir2018.wid.world online verfügbaren Daten sind vollständig reproduzierbar, so dass jeder Nutzer und jede Nutzerin eigene Analysen zum Thema Ungleichheit durchführen und eigene Schlüsse daraus ziehen kann.

2. Welche neuen Befunde gibt es zur globalen Einkommensungleichheit?

Der Bericht zeigt, dass die Einkommensungleichheit in den letzten Jahrzehnten in fast allen Weltregionen zugenommen hat, jedoch mit unterschiedlicher Geschwindigkeit. Dass die Ungleichheit im Ländervergleich so unterschiedlich stark ausgeprägt ist – selbst bei Ländern, die ein ähnliches Entwicklungsniveau aufweisen –, unterstreicht die bedeutende Rolle, die nationale Politik und Institutionen bei der Ausformung der Ungleichheit einnehmen.

Die Einkommensungleichheit variiert erheblich zwischen den Weltregionen. Am niedrigsten ist sie in Europa, am höchsten im Nahen Osten.

- Die Ungleichheit innerhalb der Weltregionen variiert erheblich. 2016 betrug der Anteil des Nationaleinkommens, der nur den oberen 10 % der Einkommensbezieher zufließt (Einkommensanteile der Top 10 %), 37 % in Europa, 41 % in China, 46 % in Russland, 47 % in USA/Kanada und rund 55 % in Subsahara-Afrika, Brasilien und Indien. Im Nahen Osten, nach unseren Berechnungen die Region mit der weltweit höchsten Ungleichheit, erhalten die oberen 10 % der Einkommensbezieher 61 % des Gesamteinkommens (vgl. **Grafik E1**).

In den letzten Jahrzehnten hat die Einkommensungleichheit in fast allen Ländern zugenommen, jedoch mit unterschiedlicher Geschwindigkeit, was darauf hindeutet, dass Institutionen und Politik bei der Ausprägung der Ungleichheit eine wichtige Rolle zukommen.

- Seit 1980 ist die Einkommensungleichheit in Nordamerika, China, Indien und Russland rasant gestiegen. In Europa (vgl. **Grafik E2a**) verlief der Anstieg moderat. Aus historischer Perspektive markiert der

Grafik E1:
Anteil der oberen 10 % am Gesamteinkommen weltweit, 2016

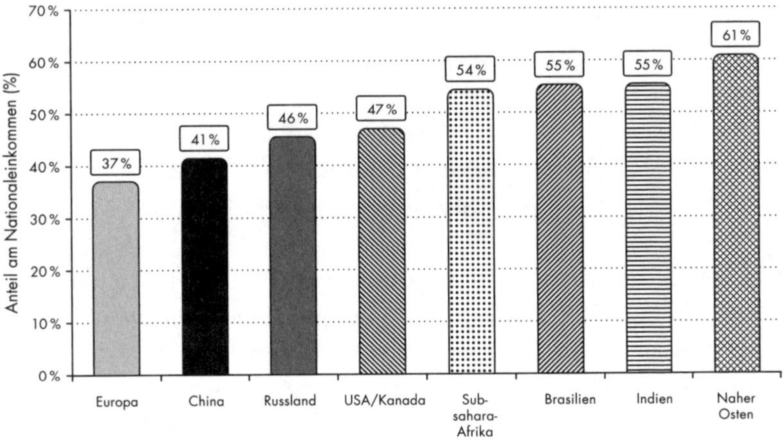

Quelle: WID.world (2017). Vgl. wir2018.wid.world für Datenreihen und Kommentare. 2016 vereinten in Europa die oberen 10 % der Einkommensbezieher 37 % des Nationaleinkommens auf sich; im Nahen Osten waren es 61 %.

Grafik E2a :
Einkommensanteile der oberen 10 % weltweit, 1980–2016: Wachsende Ungleichheit fast überall, aber mit unterschiedlicher Geschwindigkeit

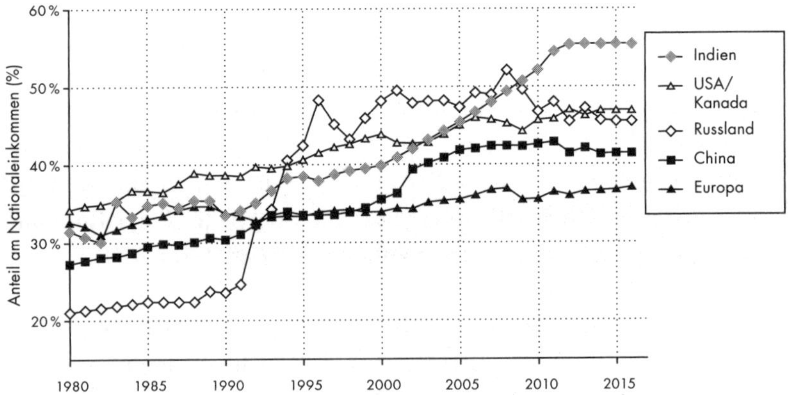

Quelle: WID.world (2017). Vgl. wir2018.wid.world für Datenreihen und Kommentare. 2016 vereinten in den USA die oberen 10 % der Einkommensbezieher 47 % des Nationaleinkommens auf sich; 1980 waren es nur 34 %.

Anstieg der Ungleichheit das Ende eines egalitären Nachkriegsregimes, das in diesen Regionen jeweils unterschiedlich ausgeprägt war.

- Es gibt Ausnahmen zu diesem allgemeinen Muster. Im Nahen Osten, Subsahara-Afrika und Brasilien blieb die Einkommensungleichheit relativ stabil, wenn auch auf extrem hohem Niveau (vgl. **Grafik E2b**). Da diese Regionen niemals das egalitäre Nachkriegsregime durchlaufen haben, geben sie das weltweite «Ungleichheitsmaximum» vor.

- Die Heterogenität der seit 1980 im Ländervergleich beobachteten Entwicklungen zeigt, dass die Dynamik der Einkommensungleichheit durch verschiedene nationale, institutionelle und politische Kontexte geprägt ist.

- Dies zeigt sich an den unterschiedlichen Verlaufskurven in den ehemals kommunistischen oder hochgradig regulierten Ländern China, Indien und Russland (vgl. **Grafiken E2a** und **b**). In Russland wuchs die Ungleichheit besonders abrupt, in China moderat und in Indien relativ langsam – ein Spiegelbild der unterschiedlichen Deregulierungs- und Öffnungspraktiken, die in diesen Ländern in den letzten Jahrzehnten verfolgt wurden.

- Besonders extreme Divergenzen im Ungleichheitsniveau zeigen sich zwischen Westeuropa und den USA, die 1980 noch ein ähnliches Ungleichheitsniveau aufwiesen, aber heute vor radikal anderen Verhältnissen stehen. Betrug 1980 der Anteil des obersten 1 % der Einkommensbezieher am Gesamteinkommen in beiden Regionen noch knapp 10 %, so stieg er bis 2016 in Westeuropa nur leicht auf 12 %, während er in den USA auf 20 % emporschoss. Gleichzeitig sank in den USA zwischen 1980 und 2016 der Anteil der unteren 50 % am Gesamteinkommen von gut 20 auf 13 % (vgl. **Grafik E3**).

- Das in den USA beobachtete Verlaufsmuster der Einkommensungleichheit ist vor allem der massiven Ungleichheit im Bildungsbereich geschuldet, in Verbindung mit einem Steuersystem, das trotz eines Anstiegs der Spitzengehälter seit den 1980er Jahren und wach-

Grafik E2b:
Einkommensanteile der oberen 10 % weltweit, 1980–2016: Bewegt sich die globale Ungleichheit auf das Ungleichheitsmaximum zu?

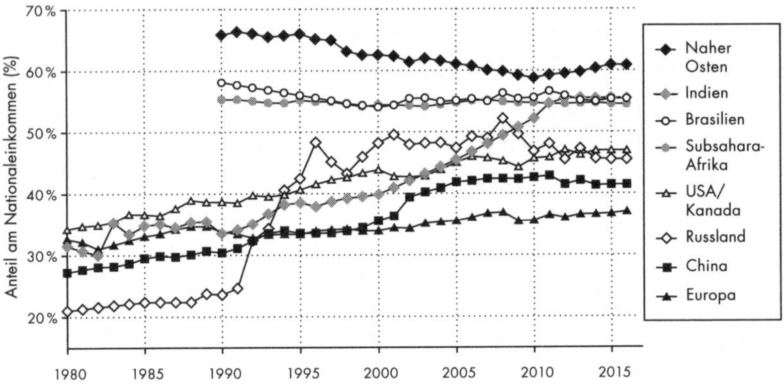

Quelle: WID.world (2017). Vgl. wir2018.wid.world für Datenreihen und Kommentare. 2016 erhielten in Indien die oberen 10 % der Einkommensbezieher 55 % des Nationaleinkommens; 1980 waren es 31 %.

sender hoher Kapitaleinkünfte in den 2000er Jahren weniger progressiv ausgestaltet wurde. In Kontinentaleuropa hingegen sank die Steuerprogression weniger stark, während die Lohnungleichheit durch eine Bildungs- und Lohnpolitik abgefedert wurde, die eher den unteren und mittleren Einkommensgruppen zugutekam. In beiden Regionen hat die Einkommensungleichheit zwischen Männern und Frauen abgenommen, bleibt jedoch besonders stark an der Spitze der Verteilung.

Wie hat sich die Ungleichheit in den letzten Jahrzehnten auf globaler Ebene entwickelt? Wir bieten erste Schätzungen, wie sich das Wachstum des globalen Einkommens seit 1980 auf die Gesamtheit der Weltbevölkerung verteilt. Das oberste 1 % der Einkommensbezieher weltweit hat doppelt so stark von diesem Wachstum profitiert wie die ärmeren 50 % der Weltbevölkerung. Dennoch konnten die unteren 50 % ebenfalls ein deutliches Wachstum verzeichnen. Die globale Mittelschicht (zu der alle der ärmsten 90 % Einkommensgruppen in der EU und den USA zählen) wurde zusammengedrückt.

Grafik E3:
Einkommensanteile des obersten 1 % gegenüber den unteren 50 % in USA und Westeuropa, 1980–2016: unterschiedliche Verläufe in der Einkommensungleichheit

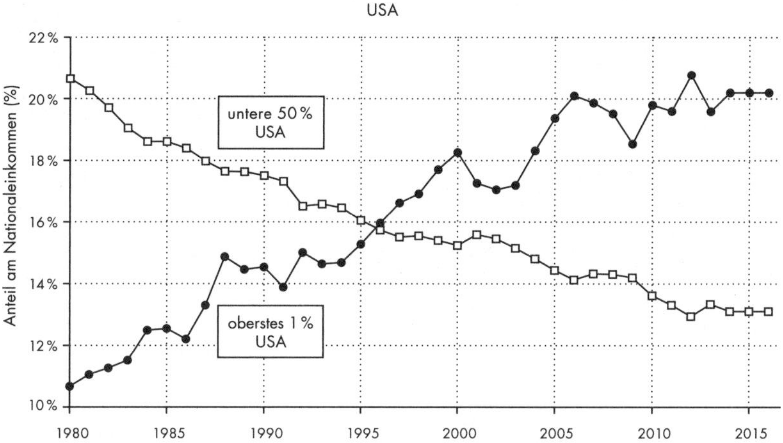

Quelle: WID.world (2017). Vgl. wir2018.wid.world für Datenreihen und Kommentare. 2016 erhielt in Westeuropa das oberste 1 % der Einkommensbezieher 12 % des Nationaleinkommens; in den USA waren es 20 %. 1980 flossen in Westeuropa dem obersten 1 % der Einkommensbezieher 10 % des Nationaleinkommens zu; in den USA waren es 11 %.

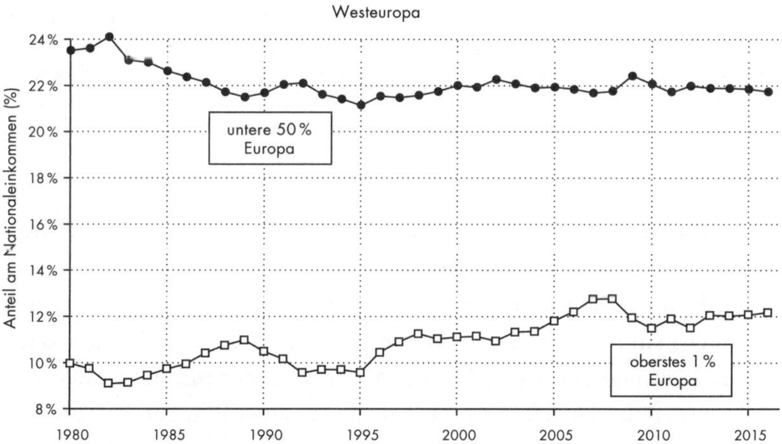

Quelle: WID.world (2017). Vgl. wir2018.wid.world für Datenreihen und Kommentare. 2016 erhielten in Westeuropa die unteren 50 % der Einkommensbezieher 22 % des Nationaleinkommens.

Grafik E4:
Die Elefantenkurve für Einkommensungleichheit und -wachstum weltweit, 1980–2016

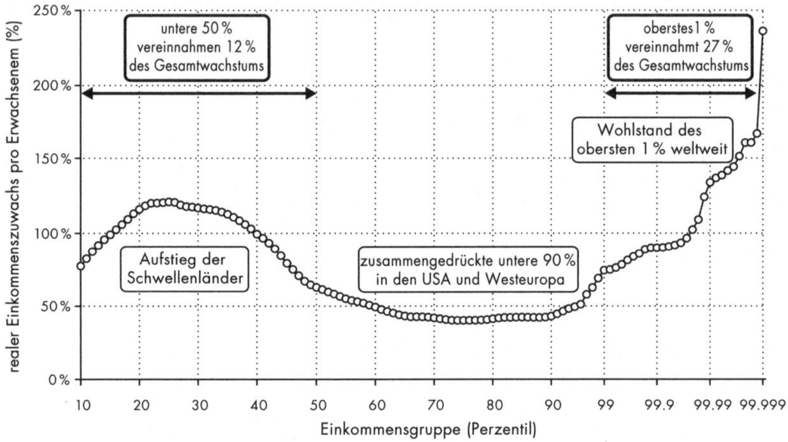

Quelle: WID.world (2017). Vgl. wir2018.wid.world für Datenreihen und Kommentare. Auf der waagerechten Achse ist die Weltbevölkerung in 100 Gruppen von gleicher Bevölkerungsgröße unterteilt und nach dem Einkommensniveau jeder Gruppe aufsteigend von links nach rechts angeordnet. Die Gruppe des obersten 1 % wird in zehn Untergruppen geteilt, von denen die reichste wiederum in zehn Untergruppen geteilt wird und davon die reichste noch einmal in zehn Untergruppen von gleicher Bevölkerungsgröße. Die senkrechte Achse zeigt den Einkommenszuwachs eines durchschnittlichen Mitglieds jeder Gruppe zwischen 1980 und 2016. Für die Gruppe des Perzentils p99p99.1 (die ärmsten 10 % unter dem reichsten 1 % der Einkommensbezieher weltweit) betrug der Zuwachs 74 % zwischen 1980 und 2016. Das oberste 1 % vereinte in diesem Zeitraum 27 % der gesamten Einkommenszuwächse auf sich. Die Einkommensschätzungen berücksichtigen Unterschiede in den Lebenshaltungskosten zwischen den Ländern. Die Werte sind inflationsbereinigt.

Auf globaler Ebene ist die Ungleichheit trotz des hohen Wachstums in China seit 1980 stark angestiegen.

- Dank des hohen Wachstums in Asien (insbesondere in China und Indien) sind die Einkommen der ärmeren Hälfte der Weltbevölkerung deutlich gestiegen. Dennoch konnte aufgrund der hohen und wachsenden Ungleichheit innerhalb einzelner Länder das reichste 1 % der Weltbevölkerung seit 1980 mehr als doppelt so viel Wachstum auf sich vereinen wie die unteren 50 % (vgl. **Grafik E4**). Personen, deren Einkommen zwischen dem weltweit unteren 50 % und oberen 1 % angesiedelt sind, erlebten ein schleppendes Einkommens-

Grafik E5:
Steigende Einkommen des obersten 1 % weltweit, stagnierende Einkommen der unteren 50 %, 1980–2016

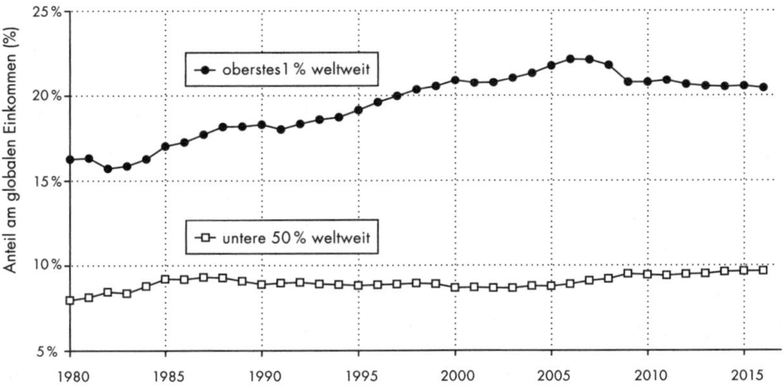

Quelle: WID.world (2017). Vgl. wir2018.wid.world für Datenreihen und Kommentare. 2016 erhielt das oberste Prozent 22 % des weltweiten Einkommens; die unteren 50 % erhielten 10 %. Zum Vergleich: 1980 gingen 16 % des weltweiten Einkommens an das oberste 1 % und 8 % an die unteren 50 %.

wachstum oder sogar ein Nullwachstum. Zu dieser Gruppe zählen alle unteren und mittleren Einkommensgruppen in Nordamerika und Europa.

- Der Anstieg der globalen Ungleichheit ist nicht stetig verlaufen. Der Anteil des weltweit obersten 1 % am Gesamteinkommen stieg zwischen 1980 und 2000 von 16 auf 22 %, fiel danach jedoch wieder leicht auf 20 %. Der Anteil der weltweit unteren 50 % hat sich seit 1980 bei rund 9 % eingependelt (vgl. **Grafik E5**). Die Trendwende nach 2000 erklärt sich aus der Abnahme der durchschnittlichen Einkommensungleichheit zwischen den Ländern, während die Ungleichheit innerhalb der Länder weiter zunimmt.

3. Warum hat die Entwicklung des privaten und öffentlichen Kapitaleigentums Auswirkungen auf die Ungleichheit?

Hauptursache der ökonomischen Ungleichheit ist die ungleiche Verteilung von Kapital, das sich entweder in privater oder in öffentlicher Hand befinden kann. Wir zeigen, dass seit 1980 in fast allen Ländern, in reichen wie in Schwellenländern, riesige Mengen an öffentlichem Vermögen in private Hände transferiert wurden. Während das Volksvermögen also stark gestiegen ist, liegt das öffentliche Vermögen in den reichen Ländern heute nahe null oder im negativen Bereich. Dadurch verringert sich der Spielraum der Regierungen, der Ungleichheit entgegenzuwirken; in jedem Fall hat es wichtige Implikationen im Hinblick auf die Vermögensungleichheit zwischen Individuen.

In den vergangenen Jahrzehnten sind die Länder reicher geworden, aber die Regierungen sind verarmt.

- Das Verhältnis zwischen privatem Nettovermögen und dem Nettonationaleinkommen erlaubt einen Einblick in den Gesamtwert des Vermögens, das in einem Land von Privatpersonen gehalten wird, verglichen mit dem öffentlichen Vermögen, das sich in der Hand der Regierungen befindet. Die Summe aus privatem und öffentlichem Vermögen entspricht dem Nationalvermögen. Die Differenz zwischen privatem und öffentlichem Vermögen hat entscheidenden Einfluss auf das Ungleichheitsniveau.

- Die privaten Nettovermögen sind in den letzten Jahrzehnten allgemein gewachsen, von 200 bis 350 % des Nationaleinkommens in den meisten reichen Ländern im Jahr 1970 auf heute 400 bis 700 %. Diese Entwicklung wurde durch die Finanzkrise von 2008 oder durch die aufgeblähten Preise für Vermögenswerte, die in einigen Ländern wie Japan oder Spanien zu beobachten waren, kaum beeinträchtigt (vgl. **Grafik E6**). In Russland und China gab es einen ungewöhnlich hohen Zuwachs an Privatvermögen; im Zuge des Übergangs von einer kommunistischen zu einer marktwirtschaftlich geprägten Wirtschaftsweise hat es sich verdrei- bzw. vervierfacht. Die privaten Vermögens- und Einkommensquoten in diesen Ländern nähern sich inzwischen den Werten für Frankreich, Großbritannien und die USA.

- Umgekehrt ist das öffentliche Nettovermögen (d. h. die öffentlichen Vermögenswerte abzüglich der Staatsschulden) seit den 1980er Jahren in fast allen Ländern gesunken. In China und Russland sank das öffentliche Vermögen von 60 bis 70 % des Nationalvermögens auf 20 bis 30 %. In Großbritannien und den USA ist das öffentliche

Grafik E6:
Zunahme des privaten Kapitals und Rückgang des öffentlichen Kapitals in reichen Ländern, 1970–2016

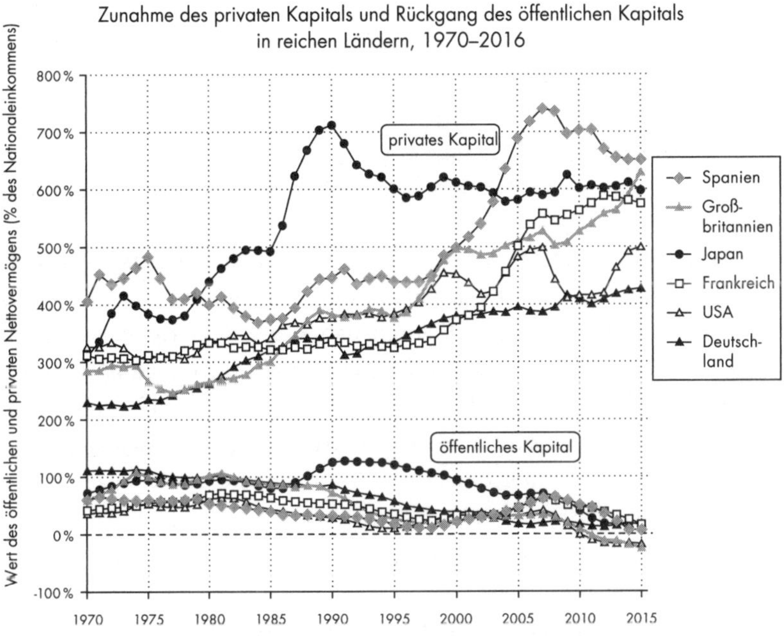

Quelle: WID.world (2017). Vgl. wir2018.wid.world für Datenreihen und Kommentare. 2015 war in den USA der Wert des öffentlichen Nettovermögens (oder öffentlichen Kapitals) negativ (-17 % des Nettonationaleinkommens); demgegenüber belief sich der Wert des privaten Nettovermögens (oder privaten Kapitals) auf 500 % des Nationaleinkommens. 1970 betrug das öffentliche Nettovermögen noch 36 % des Nationaleinkommens, während das private Nettovermögen sich auf 326 % des Nationaleinkommens belief. Das private Nettovermögen entspricht den privaten Vermögenswerten abzüglich der privaten Schulden. Das öffentliche Nettovermögen entspricht den öffentlichen Vermögenswerte abzüglich der Staatsschulden.

Grafik E7:
Der Niedergang des öffentlichen Kapitals, 1970–2016

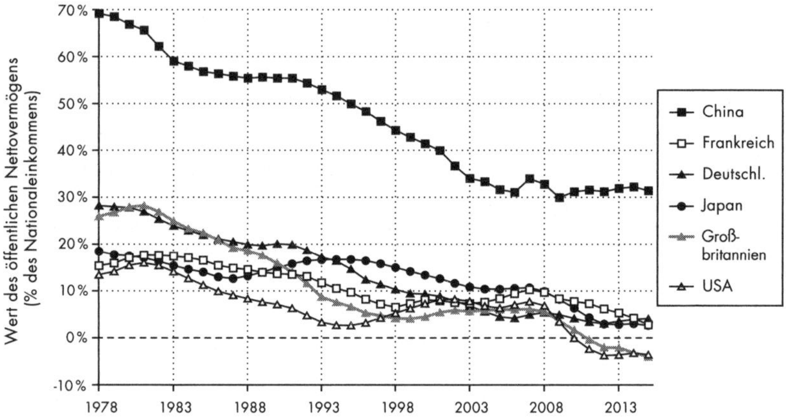

Quelle: WID.world (2017). Vgl. wir2018.wid.world für Datenreihen und Kommentare.
2015 betrug in Frankreich der Anteil des öffentlichen Vermögens am Volksvermögen 3 %; 1980 waren es noch 17 %.

Nettovermögen in den letzten Jahren sogar in den negativen Bereich abgerutscht; in Japan, Deutschland und Frankreich ist es nur leicht positiv (vgl. **Grafik E7**). Dadurch haben die Regierungen weniger Spielraum zur Regulierung der Wirtschaft, zur Umverteilung von Einkommen und zur Bekämpfung der wachsenden Ungleichheit. Die einzigen Ausnahmen zum allgemeinen Rückgang öffentlichen Eigentums sind Länder mit großen Ölvorkommen und großen Staatsfonds wie etwa Norwegen.

4. Was sind unsere neuen Befunde zur globalen Vermögensungleichheit?

Die Kombination aus umfangreicher Privatisierung und wachsender Einkommensungleichheit innerhalb der Länder hat den Anstieg von Vermögensungleichheit unter Individuen verstärkt. In Russland und den USA gab es einen extremen Anstieg der Vermögensungleichheit; in Europa hingegen verlief er gemäßigter. Noch hat die Vermögensungleichheit in den reichen Ländern allerdings nicht wieder das extrem hohe Niveau des frühen 20. Jahrhunderts erreicht.

Die Vermögensungleichheit zwischen Individuen hat seit 1980 im Ländervergleich mit unterschiedlicher Geschwindigkeit zugenommen.

- Die zunehmende Einkommensungleichheit und die groß angelegte Umwandlung von öffentlichem Vermögen in privates Vermögen in den letzten 40 Jahren haben zu steigender Vermögensungleichheit zwischen Individuen geführt. Noch hat die Vermögensungleichheit in Europa oder den USA allerdings nicht wieder das Niveau des frühen 20. Jahrhunderts erreicht.

- Dennoch ist die Vermögensungleichheit in den USA sehr stark gewachsen: Zwischen 1980 und 2014 stieg der Anteil des reichsten Prozents am Gesamtvermögen von 22 auf 39 %. Diese Zunahme der Ungleichheit ist vor allem auf die Vermögenszuwächse der reichsten 0,1 % zurückzuführen. Frankreich und Großbritannien verzeichneten in den letzten 40 Jahren einen moderateren Anstieg der höchsten Vermögensanteile, teilweise aufgrund der dämpfenden Wirkung des

Grafik E8:
Anteil des reichsten 1 % am Privatvermögen weltweit, 1913–2015:
Abnahme und Zunahme der Ungleichheit beim Privatvermögen

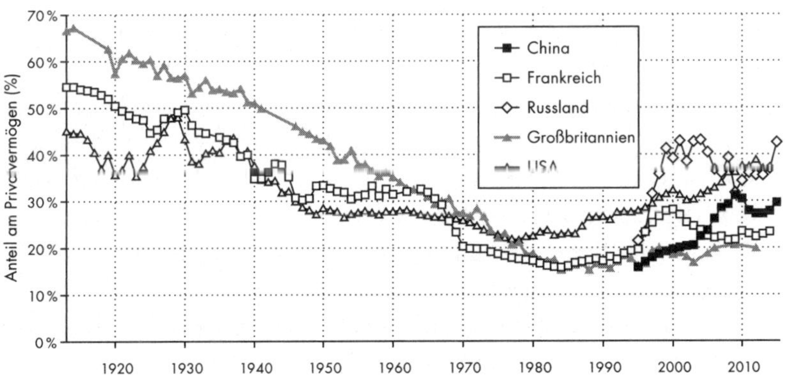

Quelle: WID.world (2017). Vgl. wir2018.wid.world für Datenreihen und Kommentare. 2015 besaß in Russland das oberste 1 % 43 % des Gesamtvermögens; 1995 waren es 22 %.

steigenden Immobilienvermögens der Mittelschicht und einer im Vergleich zu den USA geringeren Einkommensungleichheit (vgl. **Grafik E8**).

- Starke Zuwächse bei den Anteilen der Reichen am Gesamtvermögen gab es auch in China und Russland im Zuge des Übergangs vom Kommunismus zum Kapitalismus. Zwischen 1995 und 2015 hat sich sowohl in China als auch in Russland der Vermögensanteil des obersten 1 % verdoppelt, von 15 auf 30 % bzw. 22 auf 43 %.

5. Was ist die Zukunft der globalen Ungleichheit, und wie sollte ihr begegnet werden?

Wir prognostizieren Einkommens- und Vermögensungleichheit bis 2050 mit hilfe verschiedener Szenarien. In einer Zukunft, die von «business as usual» geprägt ist, wird die weltweite Ungleichheit weiter wachsen. Folgen dagegen alle Länder dem moderaten Ungleichheitsverlauf, wie er in den letzten Jahrzehnten für Europa typisch war, kann die globale Einkommensungleichheit verringert werden – in diesem Fall kann es auch substantielle Fortschritte bei der Beseitigung der weltweiten Armut geben.

Bei einem Business-as-usual-Szenario wird die globale Mittelschicht zusammengedrückt.

- Die zunehmende Vermögensungleichheit innerhalb der Länder hat dazu beigetragen, dass auch weltweit die Vermögensungleichheit wächst. Unter der Annahme, dass sich der globale Trend in der kombinierten Erfahrung von China, Europa und den USA ausdrücken lässt, hat sich der Anteil des obersten 1 % Prozents der Weltbevölkerung am Weltvermögen zwischen 1980 und 2016 von 28 auf 33 % erhöht, während der Anteil der unteren 75 % im gleichen Zeitraum stets bei knapp über oder knapp unter 10 % lag.

- Setzt sich der Trend der letzten Jahrzehnte fort, so wird der Anteil des weltweit reichsten 0,1 % am Weltvermögen (in einer Welt, die von

Grafik E9:
Die zusammengedrückte globale Mittelschicht, 1980–2050

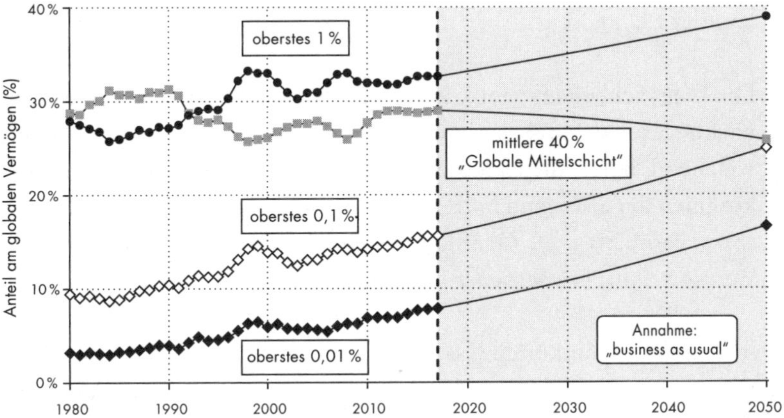

Quelle: WID.world (2017). Vgl. wir2018.wid.world für Datenreihen und Kommentare. 2016 besaß in einer von China, der EU und den USA repräsentierten Welt das reichste 1 % der Weltbevölkerung 33 % des Weltvermögens. In einem Business-as-usual-Szenario würde das reichste 1 % 2050 bereits 39 % des Weltvermögens besitzen, während das reichste 0,1 % fast genauso viel Vermögen (26 %) besäße wie die globale Mittelschicht (27 %). Die Entwicklung der globalen Vermögensgruppen von 1987 bis 2017 ist anhand von China, Europa und USA dargestellt. Die Werte sind inflationsbereinigt.

China, der EU und den USA repräsentiert wird) im Jahr 2050 genauso hoch sein wie der Vermögensanteil der globalen Mittelschicht (vgl. **Grafik E9**).

Die globale Einkommensungleichheit wird auch in einem Business-as-usual-Szenario zunehmen, selbst bei optimistischen Annahmen zum Wachstum in den Schwellenländern. Dies ist jedoch nicht unausweichlich.

- Die globale Einkommensungleichheit wird auch dann zunehmen, wenn die Länder ihren seit 1980 eingeschlagenen Weg der Einkommensungleichheit fortführen – selbst bei relativ hohen Prognosen für das Einkommenswachstum in Afrika, Lateinamerika und Asien in den kommenden drei Jahrzehnten. Sogar noch stärker wird die globale Einkommensungleichheit ansteigen, wenn alle Länder den Weg der hohen Ungleichheit einschlagen, wie er zwischen 1980 und 2016 in den USA verfolgt wurde. Demgegenüber wird die weltweite Ungleichheit in Maßen sinken, wenn alle Länder dem Ungleichheitsverlauf der EU zwischen 1980 und heute folgen (vgl. **Grafik E10**).

- Die Ungleichheitsdynamik innerhalb der Länder hat gewaltige Auswirkungen auf die Beseitigung der weltweiten Armut. Je nachdem, welchen Ungleichheitspfad die Länder einschlagen, können die Einkommen der ärmeren Hälfte der Weltbevölkerung 2050 um den Faktor 2 variieren (vgl. **Grafik E11**) und von jährlich Euro 4500 bis Euro 9100 pro erwachsener Person reichen.

Der weltweiten Einkommens- und Vermögensungleichheit etwas entgegenzusetzen erfordert wichtige Änderungen in der nationalen und globalen Steuerpolitik. Bildungspolitik, Unternehmensführung und Lohnpolitik müssen in vielen Ländern neu bewertet werden. Datentransparenz ist ebenfalls von zentraler Bedeutung.

Steuerprogression ist ein bewährtes Instrument zur Bekämpfung der zunehmenden Einkommens- und Vermögensungleichheit an der Spitze.

- Es ist wissenschaftlich erwiesen, dass Steuerprogression ein effektives Instrument zur Bekämpfung von Ungleichheit ist. Progressive Steuersätze reduzieren nicht nur die Ungleichheit nach Abzug der Steuern, sie verringern auch die Ungleichheit vor Steuern, indem sie den Topverdienern weniger Anreize bieten, sich durch aggressive Gehaltsverhandlungen und Vermögensaufbau noch größere Stücke vom Wachstumskuchen abzuschneiden. Von 1970 bis Mitte der 2000er Jahre wurde die Steuerprogression in den reichen und einigen Schwellenländern drastisch reduziert. Seit der weltweiten Finanzkrise von 2008 wurde dieser Abwärtstrend wieder gestoppt und in bestimmten Ländern sogar umgekehrt, aber die zukünftige Entwicklung bleibt unsicher und wird von der demokratischen Auseinandersetzung abhängen. Bemerkenswert ist auch, dass Erbschaftsteuern in Schwellenländern mit hoher Ungleichheit entweder gar nicht existieren oder bei nahe null liegen. Hier ist also Raum für wichtige Steuerreformen in diesen Ländern.

Ein globales Finanzregister, in dem die Eigentümer von Vermögenswerten erfasst sind, würde Steuerflucht, Geldwäsche und steigender Ungleichheit einen schweren Schlag versetzen.

- Obwohl das Steuersystem ein zentrales Instrument zur Verringerung der Ungleichheit darstellt, kann es auch hier zu Problemen kommen. Steuerflucht ist eines der größten davon, wie die Enthüllung der Paradise Papers kürzlich wieder gezeigt hat. Das in Steueroasen geparkte Vermögen ist seit den 1970er Jahren erheblich gewachsen und macht aktuell mehr als 10 % des weltweiten BIP aus. Die Zunahme der Steueroasen macht es schwierig, Vermögen und Kapitaleinkünfte in einer globalisierten Welt adäquat zu messen und zu besteuern. Grundstücks- und Immobilienregister gibt es zwar schon seit Jahrhunderten, doch ihnen entgeht ein großer Teil des Vermögens, das heute von Haushalten gehalten wird, weil Vermögen zunehmend in Form von Finanztiteln auftritt. Die nationalen Steuerbehörden können auf meh-

Grafik E10:
Die Zunahme der globalen Einkommensungleichheit in der Zukunft ist nicht unausweichlich

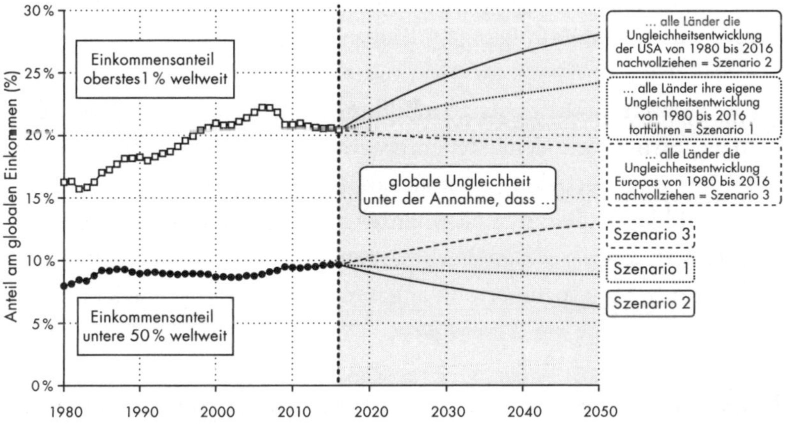

Quelle: WID.world (2017). Vgl. wir2018.wid.world für Datenreihen und Kommentare. Wenn alle Länder zwischen 2017 und 2050 dem Ungleichheitsverlauf der USA zwischen 1980 und 2016 folgen, wird das oberste 1 % der Einkommensbezieher 2050 28 % des weltweiten Gesamteinkommens auf sich vereinen. Die Schätzung der Einkommensanteile erfolgte anhand der Kaufkraftparität (KKP) Euro. Die KKP berücksichtigt Unterschiede in den Lebenshaltungkosten zwischen den Ländern. Die Werte sind inflationsbereinigt.

rere technische Möglichkeiten zur Schaffung eines globalen Finanzregisters zurückgreifen, um Betrug wirksam zu bekämpfen.

Die Verbesserung des gleichen Zugangs zu Bildung und gut bezahlter Beschäftigung ist von zentraler Bedeutung zur Beschleunigung des stagnierenden oder schleppenden Wachstums beim Einkommen der ärmeren Hälfte der Weltbevölkerung.

- Wie die neuere Forschung zeigt, kann zwischen dem öffentlichen Diskurs zum Thema Chancengleichheit und der Realität des ungleichen Zugangs zu Bildung eine gewaltige Kluft herrschen. In den USA zum Beispiel nehmen von 100 Kindern, deren Eltern zu den unteren 10 % der Einkommensbezieher zählen, nur 20 bis 30 ein Studium auf. Diese Zahl steigt jedoch auf 90, wenn die Eltern zu den oberen 10 % der Einkommensverteilung zählen. Positiv ist zu vermerken, dass US-Elitehochschulen, die sich stärker für Studierende aus ärmeren Verhältnissen öffnen, dafür keine Abstriche beim Ausbildungserfolg machen müssen. In reichen wie in Schwellenländern könnte es notwendig sein, transparente und nachprüfbare Ziele zu definieren – und gleichzeitig die Finanzierungs- und Zulassungssysteme zu reformieren –, um gleichen Zugang zu Bildung zu ermöglichen.

- Der demokratische Zugang zu Bildung kann viel erreichen, aber ohne Mechanismen, die sicherstellen, dass Menschen am unteren Ende der Einkommensverteilung auch Zugang zu gut bezahlter Arbeit haben, wird Bildung allein sich als unzureichend zur Bekämpfung der Ungleichheit erweisen. Eine Verbesserung der betrieblichen Mitbestimmung der Arbeitnehmer und angemessene Mindestlöhne sind wichtige Instrumente auf diesem Weg.

Regierungen müssen in die Zukunft investieren, um das gegenwärtige Ausmaß an Einkommens- und Vermögensungleichheit zu korrigieren und eine weitere Zunahme zu verhindern.

- Es braucht öffentliche Investitionen in Bildung, Gesundheit und Umweltschutz, um sowohl die vorhandene Ungleichheit anzugehen als auch eine weitere Zunahme zu verhindern. Dies ist jedoch angesichts der Verarmung und Verschuldung der Regierungen reicher

Grafik E11:
Ungleichheit hat große Auswirkungen auf die weltweite Armut

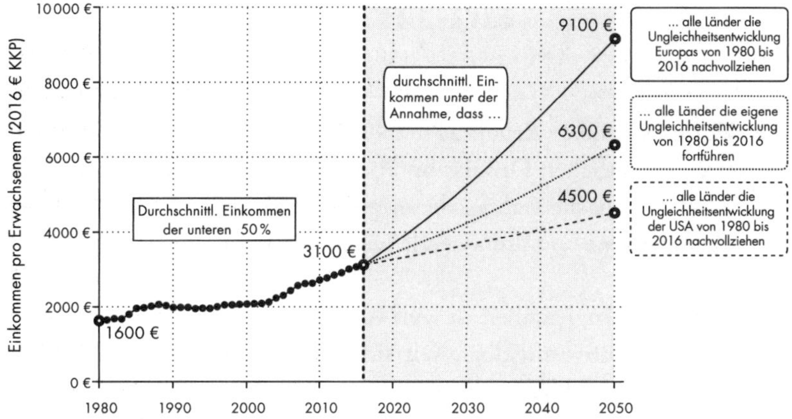

Quelle: WID.world (2017). Vgl. wir2018.wid.world für Datenreihen und Kommentare. Wenn alle Länder dem Ungleichheitsverlauf Europas zwischen 1980 und 2016 folgen, wird 2050 das durchschnittliche Einkommen der unteren Hälfte der Weltbevölkerung 9100 € betragen. Einkommensschätzungen sind anhand der KKP Euro errechnet. Zum Vergleich: € 1 = $ 1,3 = ¥ 4,4 in KKP. Kaufkraftparität berücksichtigt Unterschiede in den Lebenshaltungskosten der Länder. Die Werte sind inflationsbereinigt.

Länder besonders schwierig. Die Reduzierung der Staatsschulden ist fraglos keine einfache Aufgabe, aber es gibt durchaus mehrere Optionen, dieses Ziel zu erreichen – etwa durch die Besteuerung von Vermögen, Schuldenerlasse und Inflation –, und diese Optionen wurden in der Geschichte auch immer wieder angewendet, wenn hoch verschuldete Staaten jüngeren Generationen eine Entwicklungsperspektive eröffnen wollten.

EINLEITUNG

Der *World Inequality Report 2018* möchte einen Beitrag zu einer informierteren öffentlichen Diskussion über Ungleichheit leisten, indem er dazu allen Seiten, die sich an dieser globalen demokratischen Debatte beteiligen, neueste und umfassende Daten zur Verfügung stellt.

Ökonomische Ungleichheit ist weit verbreitet und bis zu einem gewissen Grad auch unvermeidbar. Wir sind jedoch davon überzeugt, dass wachsende Ungleichheit, sofern sie nicht angemessen beobachtet und angegangen wird, zu verschiedenen politischen und sozialen Katastrophen führen kann. Eine sorgfältige Beobachtung ist der erste Schritt zur Vermeidung derartiger Katastrophen.

In allen Gesellschaften beschäftigen sich die Menschen ausführlich mit Ungleichheit. Veränderungen des Ausmaßes an Ungleichheit haben konkrete Auswirkungen auf die Lebensbedingungen der Menschen und fordern unsere grundlegenden Auffassungen über Gerechtigkeit und Fairness heraus. Erhalten die verschiedenen gesellschaftlichen Gruppen alles, was ihnen zusteht? Behandelt das Wirtschaftssystem die verschiedenen Kategorien von Lohn- und Gehaltsempfängern und Immobilieneigentümern auf ausgewogene und gerechte Weise, sowohl im lokalen wie auch im globalen Rahmen? Überall haben die Menschen festgefügte und oftmals auch widersprüchliche Vorstellungen darüber, in welchem Ausmaß Ungleichheit akzeptabel oder nicht akzeptabel ist.

Dies wird in gewisser Weise immer so sein. Uns geht es nicht darum, einen Konsens über Ungleichheit herzustellen. Dazu wird es niemals kommen, aus dem einfachen Grund, weil es kein wissenschaftlich begründetes Idealmaß an Ungleichheit gibt und erst recht keine allgemein akzeptierten politischen Maßnahmen und Institutionen, die es ermöglichen würden, dieses Idealmaß durchzusetzen und aufrechtzuerhalten. Letztlich müssen diese schwierigen Entscheidungen durch öffentliche Debatten und durch die politischen Institutionen und Verfahren getroffen werden.

Wenn wir auch keinen Konsens über ein ideales Maß an Ungleichheit herbeiführen möchten, so hoffen wir doch und halten es auch für möglich, dass man sich anhand bestimmter Fakten über Ungleichheit verständigen kann. Dieser Bericht verfolgt das unmittelbare Ziel, die neuen Datenreihen der World Wealth and Income Database (WID.world) zusammenzuführen, um verschiedene neu entdeckte Entwicklungstendenzen der globalen Ungleichheit zu dokumentieren.

WID.world ist ein kumulativer und gemeinschaftlicher Forschungsansatz, der Anfang der 2000er Jahre entstand und in den heute mehr als 100 Wissenschaftler aus mehr als 70 Ländern eingebunden sind. WID.world ermöglicht den freien Zugang zu der umfangreichsten Datenbank über die historische Entwicklung von Einkommen und Vermögen innerhalb der einzelnen Länder wie auch im Ländervergleich.

Im vorliegenden Bericht können wir neue Erkenntnisse auf drei zentralen Gebieten präsentieren. Zum einen können wir dank neu erschlossener Datenquellen die Schwellenländer und damit auch die Welt insgesamt besser abdecken. Bis in die jüngste Zeit hat sich die Erforschung der Ungleichheit auf die entwickelten Länder Europas und Nordamerikas und auf Japan konzentriert, einfach weil die betreffenden Daten besser verfügbar waren. Mit dem *Bericht zur weltweiten Ungleichheit 2018*, können wir jetzt auch Informationen über die Ungleichheitsdynamiken in aufstrebenden und sich entwickelnden Ländern wie China, Indien, Brasilien, Südafrika, Russland und dem Nahen Osten vorlegen. Wir zeigen, dass die Ungleichheit in den meisten Weltregionen in den vergangenen Jahrzehnten zugenommen hat, allerdings mit unterschiedlicher Geschwindigkeit, was darauf hinweist, dass unterschiedliche politische Maßnahmen und Institutionen durchaus Wirkung erzielen können. Diese geografische Abdeckung ermöglicht es uns nun, die Wachstumsrate der Einkommen unterschiedlicher globaler Einkommensgruppen zu verfolgen und die Ungleichheit der Bürger zu untersuchen.

Zum Zweiten erfassen wir in durchgängiger Weise die gesamte Einkommensverteilung, von den unteren bis zu den oberen sozialen Schichten. Bislang haben sich die meisten langfristig angelegten Untersuchungen über Ungleichheit auf die Bestverdiener konzentriert. In diesem Bericht legen wir neue Erkenntnisse darüber vor, wie sich die Anteile der untersten Einkommensgruppen entwickelt haben. Wir zeigen, dass die Anteile der unteren Einkommensbezieher in vielen Ländern signifikant abgenommen haben. Insbesondere dokumentieren wir einen deutlichen Rückgang des Anteils der unteren 50 % der Einkommensbezieher in den USA seit 1980, der in anderen fortgeschrittenen Ländern jedoch nicht in diesem Ausmaß zu beobachten ist, was ebenfalls die Vermutung nahelegt, dass die Politik eine wichtige Rolle spielt.

Drittens schließlich ermöglichen unsere neuen Datenreihen, die Verteilung des Vermögens und die Eigentumsstrukturen unter dem Aspekt ihrer historischen Entwicklung zu betrachten. Die meisten vorhandenen Untersuchungen über Ungleichheit zielten vor allem auf das Einkommen, weniger auf die Verteilung des Vermögens. Wir sind in der Lage, im *Bericht zur weltweiten Ungleichheit 2018* neue Erkenntnisse über die Veränderung der Strukturen des öffentlichen und des privaten Vermögens und über die Konzentration des privaten Vermögens vorzulegen. Wir zeigen, dass das öffentliche Nettovermögen (öffentliche Vermögenswerte abzüglich der Staatsschulden) in vielen entwickelten Ländern bei nahezu null liegt oder sogar negativ ist, was im Gegensatz steht zur Situation in einigen Schwellenländern (wie insbesondere in China).

Dies sind bedeutende analytische Fortschritte, dennoch sind wir uns bewusst, dass unsere Fähigkeit, die Entwicklung der Einkommens- und Vermögensungleichheit zu messen, nach wie vor stark beschränkt ist. Wir erheben bei WID.world und im *Bericht zur weltweiten Ungleichheit* nicht den Anspruch, dass wir über vollständige Datenreihen verfügen würden, wir möchten lediglich darstellen, was wir wissen und was nicht. Wir versuchen die uns zur Verfügung stehenden unterschiedlichen Datenreihen systematisch zu verknüpfen: nationale Einkommens- und Vermögensberichte, Erhebungen zu Einkommen und Vermögen von Privathaushalten, fiskalische Daten zu Steuern und Vermögen, Daten zu Erbschaften und Vermögen (soweit vorhanden) und Vermögensranglisten.

Keine dieser Datenquellen und die damit verbundenen Methodologien sind für sich allein ausreichend. Wir möchten betonen, dass unsere Fähigkeiten, die Vermögensverteilung zu erfassen, begrenzt sind und dass die verschiedenen verfügbaren Datenquellen nicht immer zueinander konsistent sind. Wir glauben jedoch, dass wir durch eine sinnvolle und klar erläuterte Kombination dieser Datenquellen zu einer informierteren öffentlichen Debatte beitragen können. Die Methoden und Annahmen, die unseren Reihen zugrunde liegen, werden in online einsehbaren Forschungspapieren transparent dargestellt. All unsere Rohdaten und Rechnercodes sind leicht zugänglich, so dass unsere Arbeit von anderen nachvollzogen und weitergeführt werden kann.

Zu unserem Anliegen gehört es auch, die Regierungen und internationalen Organisationen zu veranlassen, mehr Rohdaten über Einkommen und Vermögen zur Verfügung zu stellen. Unserer Ansicht nach untergräbt der Mangel an Transparenz in Bezug auf die Ungleichheit von Einkommen und Vermögen die Möglichkeiten einer friedlichen Auseinandersetzung darüber in der modernen globalisierten Wirtschaft. Insbesondere ist es wichtig, dass die Regierungen den Zugang zu verlässlichen und detaillierten Steuerstatistiken ermöglichen, was seinerseits erfordert, dass sie funktionierende Erfassungssysteme in Bezug auf Einkommen, Erbschaften und Vermögen unterhalten. Ohne diese Instrumente und Daten ist es sehr schwierig, eine informierte Debatte über die Entwicklung der Ungleichheit zu führen und darüber, was dagegen unternommen werden kann.

Wir veröffentlichen alle nötigen Einzelheiten bezüglich unserer Datenreihen und Konzepte vor allem deshalb, weil wir interessierte Bürger befähigen wollen, sich eine eigene Meinung zu diesen wichtigen und schwierigen Fragen zu bilden. Ökonomische Fragen betreffen nicht nur Ökonomen, Statistiker, Beamte oder Unternehmensführer. Sie betreffen alle. Und es ist unser wichtigstes Anliegen, einen Beitrag zur Stärkung der Macht der vielen zu leisten.

TEIL I

DAS WID.WORLD-PROJEKT UND DIE MESSUNG WIRTSCHAFTLICHER UNGLEICHHEIT

Dieser Bericht beruht auf ökonomischen Daten, die über WID.world verfügbar sind, die umfangreichste Datenbank über die historische Entwicklung der weltweiten Verteilung von Einkommen und Vermögen, innerhalb der einzelnen Länder wie auch im Ländervergleich.

- WID.world ist ein kumulativer und gemeinschaftlicher Forschungsprozess, der Anfang der 2000er Jahre entstand und in den mittlerweile mehr als 100 Wissenschaftler aus mehr als 70 Ländern einbezogen sind.
- Die offiziellen Angaben über Ungleichheit stützen sich meistens auf Daten auf der Basis von Selbstauskünften, in denen häufig die oberen Einkommensniveaus unterschätzt werden und die sich gewöhnlich nicht mit den makroökonomischen Wachstumszahlen decken.
- Daher fällt es vielen Menschen schwer, die Zahlen zum BIP-Wachstum, die in den Medien verbreitet werden, mit der individuellen Einkommens- und Vermögensentwicklung in Zusammenhang zu bringen, die sie in ihrem persönlichen Umfeld erleben. Dies kann das Vertrauen in die Wirtschaftsstatistik untergraben und die sinnvolle öffentliche Diskussion über Ungleichheit erschweren.
- WID.world versucht dieses Problem zu beheben, indem es die verfügbaren Quellen (nationale Berichte, fiskalische und Vermögensdaten, Erhebungen), die sich in Bezug auf einige Länder über bis zu zwei Jahrhunderten erstrecken, auf eine konsistente und systematische Weise verknüpft.
- Wir möchten Ungleichheitsstatistiken vorlegen, die mit makroökonomischen Statistiken wie dem BIP übereinstimmen, leicht verständlich sind und von der Öffentlichkeit verwendet werden können, um eine demokratische Debatte über die Fakten zu ermöglichen.
- Wir verwenden moderne digitale Instrumente, um diese Daten auf WID.world allgemein frei zugänglich zu machen. Unsere Datenreihen sind vollkommen transparent und reproduzierbar; unsere Rechnercodes, Annahmen und ausführlichen Forschungspapiere sind online verfügbar, so dass jeder Interessierte sie aufrufen und nutzen kann.

Wie misst man Einkommens- und Vermögensungleichheit?

Ökonomische Ungleichheit ist komplex und kann auf unterschiedliche Weise mit Hilfe verschiedener Indikatoren und Datenquellen erfasst werden. Die Auswahl der Indikatoren ist nicht neutral, sondern hat erhebliche Auswirkungen auf die Befunde. Dies ist nicht lediglich eine akademische Debatte unter Statistikern. Die Konzeption angemessener politischer Maßnahmen erfordert eine fundierte Kenntnis der gegenwärtigen wie auch der vergangenen Ungleichheitsdynamiken. Daher möchten wir nachfolgend einige zentrale Konzepte diskutieren, die für das Verständnis dieses Berichts unerlässlich sind.

Ungeachtet der verwendeten Datenquelle und der Methode zur Messung der ökonomischen Ungleichheit beginnt ihre Erfassung stets mit demselben grundlegenden Input: der Häufigkeitsverteilung. Für jede Einkommens- oder Vermögensgruppe zeigt die Verteilung eine bestimmte Zahl von Menschen in dieser Gruppe und deren jeweiligen Anteil am Gesamteinkommen oder dem Gesamtvermögen der Gruppe. Eine solche Verteilung ist ein relativ komplexer Satz von Informationen, der nicht einfach zusammenzufassen ist. Ungleichheitsindikatoren versuchen solche komplexen Datensets auf synthetische Weise zu beschreiben.

In offiziellen Ungleichheitsberichten und -statistiken werden häufig synthetische Maßzahlen wie der Gini-Koeffizient verwendet. Technisch betrachtet, entspricht der Gini-Koeffizient dem durchschnittlichen Abstand zwischen dem Einkommen oder dem Vermögen von jeweils zwei Individuen. Um eine Vergleichbarkeit von Ländern und Zeiträumen herzustellen, wird er angemessen standardisiert, so dass eine gleichmäßige Verteilung dem Wert 0 entspricht und eine maximale Ungleichverteilung (eine Person erhält oder besitzt alles) dem Wert 1. Der Gini-Koeffizient wird häufig als ein praktisches synthetisches Instrument dargestellt, das eine Vergleichbarkeit von Ungleichheit in zeitlicher und räumlicher Hinsicht ermöglicht.

Doch diese Größe ist rein technischer Natur, sowohl in Bezug auf ihre Berechnung als auch hinsichtlich des mathematischen Wissens, das die Nutzer benötigen, um sie interpretieren zu können. So belief sich nach Angaben der Weltbank beispielsweise der Gini-Koeffizient für die Konsumungleichheit in Vietnam im Jahr 2014 auf den Wert von 0,38. Ist das ein hoher oder ein niedriger Wert? Ein Gini-Wert von 0,38 bedeutet, dass der Abstand, der Vietnam von maximaler Ungleichheit trennt (die durch den Wert 1 ausgedrückt wird), 0,62 beträgt. Ist das ein akzeptabler Abstand von vollkommener Ungleichheit? Es ist nicht leicht für Bürger, Journalisten und politische Entscheidungsträger, mit einer solchen Kennziffer richtig umzugehen.

Zudem ist die Stärke des Gini-Koeffizienten – dass er die Informationen über sämtliche Individuen einer Gesellschaft bündelt – zugleich seine größte Schwäche. Weil er eine bestimmte Verteilung in einer einzigen Kennziffer zusammenfasst, kann ein konkreter Gini-Wert aus Häufigkeitsverteilungen hervorgehen, die völlig unterschiedlich sind. So kann beispielsweise in einem Land gleichzeitig eine Reduzierung der Armut erfolgen, die zu einem Rückgang des Gini-Koeffizienten führt, und eine Zunahme des Anteils der oberen 10 % am Einkommen, was den Gini-Wert erhöht. Wenn sich diese Effekte gegenseitig ausgleichen, kann der Gini-Koeffizient insgesamt unverändert bleiben, wodurch der Eindruck entsteht, dass sich die Einkommensverteilung nicht verändert habe – obgleich in Wirklichkeit die Mittelschicht stark unter Druck steht.

Aufgrund dieser mathematischen Eigenschaften begünstigt der Gini-Koeffizient eine gewisse Untergewichtung von Verschiebungen, die sich im oberen und im unteren Bereich der Häufigkeitsverteilung vollziehen, also gerade in jenen Segmenten, in denen in den vergangenen Jahrzehnten die größten Veränderungen stattgefunden haben. Darüber hinaus sind die Rohdaten, die zur Berechnung des Gini-Koeffizienten herangezogen werden, häufig von relativ geringer Qualität, vor allem was das obere Segment betrifft: Die obersten Einkommens- und Vermögensniveaus sind oft unplausibel niedrig. Die Verwendung synthetischer Kennziffern kann manchmal dazu dienen, solche Datenproblematiken unter den Teppich zu kehren.

Anstatt uns auf eine einzige Größe zu stützen, erscheint es uns sinnvoller, unterschiedliche Kennziffern für Ungleichheit heranzuziehen und nachvollziehbar darzulegen, welche Gruppen der Bevölkerung die

Entwicklung der Ungleichheit bestimmen. Das ist eine Entscheidung, die wir bei der Arbeit an diesem Bericht getroffen haben. Häufigkeitsverteilungen lassen sich aufgliedern nach konkreten sozialen Gruppen, die bestimmte Teile der Bevölkerung repräsentieren – zum Beispiel die unteren 10 % der Bevölkerung, die nächsten 10 % und so weiter bis hinauf zu den oberen 10 % und dem oberen 1 %. Dann kann man das Durchschnittseinkommen jeder dieser Gruppen messen und das Mindesteinkommen ermitteln, das für die Zugehörigkeit zur jeweiligen Gruppe erforderlich ist. So musste beispielsweise in den USA 2016 ein Erwachsener mehr als 124 000 US-Dollar (95 000 Euro) pro Jahr verdienen, um zur Gruppe der oberen 10 % zu gehören. Im Durchschnitt verdienten die oberen 10 % der Einkommensskala 317 000 US-Dollar (242 000 Euro) im Jahr. Im Gegensatz dazu verdienten die unteren 50 % durchschnittlich 16 000 US-Dollar (13 000 Euro) pro Jahr. Jeder Bürger der Vereinigten Staaten von Amerika kann sich diese Zahlen und Kennziffern vornehmen und die Werte mit seinem persönlichen Einkommen vergleichen.

Eine andere aufschlussreiche Möglichkeit, die Ungleichheit zu messen, besteht darin, den Anteil des Nationaleinkommens zu ermitteln, der auf die einzelnen Gruppen entfällt. In den USA zum Beispiel entfielen im Jahr 2016 auf die oberen 10 % der Einkommensbezieher 47 % des Nationaleinkommens. Das heißt, das durchschnittliche Einkommen der oberen 10 % überstieg das Durchschnittseinkommen in der Volkswirtschaft insgesamt um das 4,7-Fache; diese Gruppe verdiente also 4,7-mal mehr, als sie in einer vollkommen gleichen Gesellschaft verdienen würde. Die unteren 90 % erhielten 53 % des Nationaleinkommens; Menschen, die dem Segment der unteren 90 % angehören, verdienten also durchschnittlich nur 59 % des Durchschnittseinkommens eines Erwachsenen (d. h. 0,53 geteilt durch 0,90). Mit dieser Aussage ist keine moralische Bewertung verbunden; die Anteile der einzelnen Gruppen mögen gerechtfertigt sein oder auch nicht. Hier geht es allein darum, dass die Kennziffer ebenso präzise wie aussagekräftig ist.

Die Analyse sollte nicht bei den oberen 10 % enden, sondern auch die Anteile und die Einkommensniveaus der anderen Einkommensgruppen beschreiben, wie etwa der unteren 50 % oder jener 40 %, die zwischen den unteren 50 % und den oberen 10 % angesiedelt sind und gewöhnlich als «Mittelschicht» bezeichnet werden. Auch der Fokus auf die oberen 10 % kann weiter verfeinert werden, indem man zum Beispiel das oberste 1 % in den Blick nimmt, nachdem neueste Forschungen ergeben haben, dass die Ungleichheit innerhalb der oberen 10 % relativ groß ist und weiter zunimmt. Es mag auch sinnvoll erscheinen, das oberste 1 % nach noch kleineren Gruppen aufzugliedern, wie etwa nach Zehntelperzentilen. Dieser Prozess lässt sich noch weiter vorantreiben, indem man die obersten 0,1 % nach Zehnteln von Zehntelperzentilen aufschlüsselt und die obersten 0,01 % nach Zehnteln von Zehnteln von Zehntelperzentilen. Dieser Ansatz ermöglicht eine detailliertere, aber noch immer relativ unkomplizierte Beschreibung des Maßes und der Entwicklung der Ungleichheit im Vergleich zu dem, was durch die Heranziehung synthetischer Indikatoren erreicht werden kann.

Wo findet man Daten über globale Ungleichheit?

Verständliche Ungleichheitsindizes sind notwendig, aber nicht ausreichend, um fundierte Debatten über Ungleichheit zu ermöglichen. Letztlich kommt es auf zuverlässige und vertrauenswürdige ökonomische Datenquellen an. Verlässliche Statistiken über Ungleichheit zu erstellen erfordert Zeit, und diesbezügliche Schätzungen für verschiedene Länder und längere Zeiträume zu entwickeln ist nicht möglich ohne die Einbeziehung einer großen Zahl von Wissenschaftlern – Wissenschaftlern mit länderspezifischem Wissen –, Zugang zu Datenquellen und einem fundierten Verständnis der politischen, ökonomischen und kulturellen Besonderheiten der jeweiligen Länder. Dies mag eine Erklärung dafür liefern, dass Ungleichheitsstatistiken bisher dezentral von unterschiedlichen Forschungsgruppen erstellt wurden, die oft mit unterschiedlichen Konzepten und Untersuchungsmethoden operierten.

Heute gibt es mehrere Datenbanken zur weltweiten Ungleichheit. Dazu gehören zum Beispiel PovcalNet von der Weltbank, die Luxembourg Income Study (LIS), die Socio-Economic Database for Latin

America and the Caribbean (SEDLAC) und die Income Distribution Database (IDD) der OECD. Zudem gibt es diverse Quellen, die diese Datenbanken verknüpfen, um ihren Erfassungsbereich zu erweitern; die wichtigsten sind das World Panel Income Distribution (LM-WPID) und die Standardized World Income Distribution Database (SWIID). Und nicht zuletzt führen die Vereinten Nationen die World Income Inequality Database (WIID), die nahezu vollständig alle primären Datenbanken und die verschiedenen Forschungsinitiativen erfasst und ausführliche Informationen zu den verwendeten Konzepten bereitstellt.

Diese Datenbanken haben sich als sehr hilfreich erwiesen für Wissenschaftler, politische Entscheidungsträger und Journalisten wie auch für die Allgemeinheit, alle, die sich über die Entwicklung der Ungleichheit in den vergangenen Jahrzehnten informieren möchten. Nahezu all diese Quellen stützen sich auf eine bestimmte Art von Informationen – nämlich Haushaltsbefragungen –, deren Nutzen für die Messung von Ungleichheit relativ beschränkt ist. Haushaltsstudien bestehen fast immer aus persönlichen oder telefonischen Interviews mit Menschen, denen Fragen über ihr Einkommen, ihr Vermögen und andere sozioökonomische Aspekte ihres Lebens gestellt werden. Der Wert dieser Studien besteht vor allem darin, dass sie nicht nur Informationen über Einkommen und Vermögen liefern, sondern auch über soziale oder demografische Dimensionen. Dadurch ermöglichen sie ein besseres Verständnis der bestimmenden Faktoren der Einkommens- und Vermögensungleichheit und helfen, die Einkommens- und Vermögensungleichheit in einen breiteren Kontext zu stellen – etwa in den Rahmen rassischer, räumlicher, bildungsmäßiger oder geschlechterbezogener Ungleichheit.

Doch das Hauptproblem von Haushaltsstudien besteht darin, dass sie ausschließlich auf eigenen Aussagen der Befragten über ihr Einkommen und Vermögen beruhen. Dies hat zur Folge, dass die oberen und die unteren Einkommens- und Vermögenssegmente unterrepräsentiert sind und dadurch die Ungleichheit insgesamt verzerrt dargestellt wird. Zudem können dadurch Inkonsistenzen auftreten zwischen dem makroökonomischen Wachstum (ausgedrückt durch die BIP-Statistik – dazu später) und dem Einkommenswachstum der Haushalte (dargestellt anhand von Untersuchungen der unteren und mittleren Bereiche der Häufigkeitsverteilung), was dem Vertrauen in die Wirtschaftsstatistiken abträglich ist (**Kasten 1.1**).

Fiskalische Daten erfassen Ungleichheitsdynamiken, die durch Befragungen nicht ermittelt werden können

Die in Studien getroffenen Aussagen über Ungleichheit beruhen auf Informationen, die von den in den repräsentativen Bevölkerungsgruppen ausgewählten Befragten selbst stammen. Das erste Problem stellt dabei die begrenzte Größe der Auswahlgruppe dar. Angesichts der kleinen Zahl superreicher Menschen besteht nur eine sehr geringe Wahrscheinlichkeit, dass auch sie in die Stichprobe einbezogen werden. Manchmal versucht man, dieses Problem durch eine Überrepräsentierung der Reichen zu umgehen – man wählt mehr reiche Personen aus, die befragt werden –, doch dies ist nicht ausreichend, um verlässliche Informationen über die Wohlhabenden zu erhalten, weil die Antwortausfallquote unter den Reichen sehr hoch ist. Da zudem selbst angegebene hohe Einkommen manchmal auf Übermittlungsfehlern beruhen, wird in Studien oft mit Datenbereinigungen gearbeitet, um extreme Werte auszuschalten. Daher werden in Studien gewöhnlich die Einkommens- und Vermögensniveaus an der Spitze der Verteilung unterschätzt, also gerade in jenem Bereich, in dem sich in den vergangenen Jahrzehnten die größten Veränderungen vollzogen haben.

Diese Beschränkungen lassen sich am besten überwinden, indem man unterschiedliche Arten von Datenquellen kombiniert und insbesondere neben Befragungsdaten auch administrative Steuerdaten heranzieht. Steuerdaten, die ursprünglich zu Zwecken der Steuererhebung zusammengetragen wurden, sind auch für Forscher wertvoll. Im Vergleich zu Befragungen ergeben sie ein vollständigeres und verlässlicheres Bild der Verteilung von Einkommen und Vermögen in der Gruppe der Wohlhabenden.

Folgende Beispiele können den Unterschied zwischen Befragungs- und fiskalischen Daten in Bezug auf die Erfassung und Bewertung von

Ungleichheit verdeutlichen. Laut offiziellen Befragungsdaten entfielen im Jahr 2015 in China auf das oberste 1 % der Einkommensbezieher 6,5 % des Einkommens. Neuere Untersuchungen im Rahmen des Projekts WID.world haben jedoch ergeben, dass im Zuge einer Berichtigung der Befragungsdaten durch die jüngsten veröffentlichten Steuerdaten der Anteil des obersten 1 % am Nationaleinkommen von 6,5 % auf fast 11,5 % steigt.[1] Für Brasilien ergibt sich aus Befragungsdaten, dass die reichsten 10 % der Bevölkerung 2015 mehr als 40 % des nationalen Gesamteinkommens auf sich vereinten; verbindet man diese Erhebungen jedoch mit Steuerdaten und nationalen Einkommens- und Vermögensberichten, entfallen auf diese Gruppe mehr als 55 % des Nationaleinkommens (vgl. **Grafik 1.1**). Wie diese zwei Beispiele zeigen, kann das Ausmaß der Fehleinschätzung des Anteils der Spitzengruppe auf der Grundlage von Befragungsdaten von Land zu Land unterschiedlich sein – stets jedoch dürfte eine erhebliche Abweichung vorliegen. Vergleiche zwischen Ländern sind wahrscheinlich immer unzuverlässig, wenn man sich allein auf Erhebungsdaten stützt, ohne die Werte des obersten Segments durch das Hinzuziehen von fiskalischen und anderen Daten aus nationalen Berichten zu berichtigen.

Eine unzureichende Erfassung der Wohlhabenden durch Haushaltsbefragungen kann auch exakte Vergleiche unterschiedlicher Zeiträume erschweren. So ging in Brasilien die Ungleichheit gemäß den Erhebungsdaten zwischen 2001 und 2015 zurück – die Einkommensteuerdaten zeigen jedoch, dass sie in diesem Zeitraum gleichmäßig hoch blieb. Ähnliche Ergebnisse lassen sich für China feststellen, wo der Einkommensanteil der oberen 10 % zwischen 1978 und 2015 um 15 Prozentpunkte zunahm, während dieser Anstieg nach Schätzungen auf der Grundlage von Befragungsdaten nur neun Prozentpunkte betrug. In Bezug auf Indien kann das Fehlen von Angaben über Spitzenverdiener in den Befragungsdaten den Unterschied von 30 % zwischen dem sehr niedrigen makroökonomischen Konsumwachstum, das die Erhebungsdaten widerspiegeln, und der wesentlich höheren Wachstumsrate erklären, die sich aus den Daten der nationalen Berichte ergibt.[2]

Auch administrative Steuerdaten sind nicht frei von Erfassungsproblemen, was die oberen Segmente der Einkommensverteilung betrifft. Sie weisen aufgrund von Steuervermeidung ebenfalls die Tendenz auf, die

Grafik 1.1
Der Einkommensanteil der oberen 10 % in Brasilien, 2001–2015;
Erhebungsdaten im Vergleich zu Datenreihen aus nationalen Berichten (WID.world)

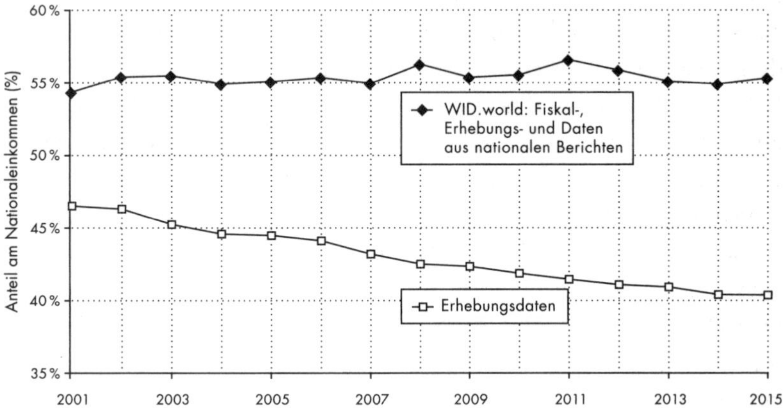

Quelle: Morgan (2017). Vgl. wir2018.wid.world für Datenreihen und Anmerkungen. 2015 entfielen gemäß Haushaltsbefragungen auf die oberen 10 % rund 40 % des Nationaleinkommens. Korrigierte Schätzungen unter Einbeziehung von Steuer- und Erhebungsdaten wie von Daten aus nationalen Berichten ergeben jedoch einen Anteil von 55 %.

obersten Einkommens- und Vermögensniveaus zu unterschätzen. Aus diesem Grund sollte man unsere Aussagen zur Ungleichheit in den meisten Fällen als Schätzungen betrachten, die sich jeweils auf den unteren Rand beziehen – die jedoch wesentlich plausibler sind als Erfassungen auf der Grundlage von Befragungsdaten. Für alle Länder, auch für jene, in denen Steuervermeidung mutmaßlich weit verbreitet ist, haben wir festgestellt, dass die obersten Einkommenssegmente, die in den Steuerdaten erfasst werden, wesentlich größer sind, als es aus Befragungsdaten hervorgeht. Das hat einen einfachen Grund: Steuerzahler, die ihren Pflichten nicht nachkommen, müssen zumindest gewisse Sanktionen befürchten, wenn sie gegenüber den Steuerbehörden die Unwahrheit sagen, nicht jedoch, wenn sie in einer Befragung ihr Einkommen niedriger angeben. Zudem beschaffen sich die Steuerbehörden zunehmend auch Daten von dritter Seite (wie etwa von Arbeitgebern und Banken), wodurch die Einhaltung der Steuervorschriften verbessert wird.

Ein anderer Vorteil von Steuerdaten gegenüber Befragungsdaten besteht darin, dass dadurch längere Zeiträume erfasst werden können. Administrative Steuerdaten sind in Bezug auf die Einkommensteuer gewöhnlich seit Beginn des 20. Jahrhunderts auf jährlicher Basis verfügbar und reichen im Hinblick auf die Erbschaftsteuer in manchen Ländern sogar bis ins frühe 19. Jahrhundert zurück. National repräsentative Befragungen werden dagegen nur selten jährlich durchgeführt und sind erst seit den 1970er und 1980er Jahren üblich. Mit diesen Daten wäre es nicht möglich, längerfristige Entwicklungen zu untersuchen – eine schwerwiegende Einschränkung in Anbetracht der Tatsache, dass die meisten wichtigen Veränderungen in Bezug auf Ungleichheit relativ lange Zeiträume umfassen. Mit Hilfe von Daten, die sich über viele Jahrzehnte erstrecken, lassen sich langfristige Entwicklungen, die weitreichende makroökonomische Transformationen widerspiegeln, von kurzfristigen Verschiebungen unterscheiden, die auf episodische Schocks oder Erfassungsprobleme zurückzuführen sind.

Das erneuerte Interesse an Einkommensungleichheit und die World Top Incomes Database

In den vergangenen 15 Jahren hat das Interesse an der langfristigen Entwicklung der Einkommensungleichheit wieder zugenommen. In zahlreichen Studien wurde der Anteil der oberen Einkommensgruppen für viele Länder errechnet.[3] Diese Studien haben große Datenmengen angesammelt, die ebenso als Forschungsquelle für weitergehende Analysen dienen sollten wie als Grundlage für eine informierte öffentliche Debatte über die Entwicklungstendenzen der Ungleichheit. Diese Literatur orientierte sich zum großen Teil an den wegweisenden Arbeiten von Simon Kuznets und übertrug dessen Methode der Einkommensanteilemessung auf viele weitere Länder und Zeiträume.[4]

Im Januar 2011 wurde die World Top Incomes Database (WTID) eingerichtet, um einen einfachen und kostenlosen Zugang zu diesen Datenreihen zu ermöglichen. Dank der Mitarbeit von mehr als 100 Wissenschaftlern konnte die WTID weiterentwickelt werden und verfügt mittlerweile für mehr als 30 Länder über Daten zu Einkommensungleichheit, die sich über einen großen Teil des 20. und den Beginn des 21. Jahrhunderts erstrecken. Diese Datenreihen hatten weitreichende Auswirkungen auf die globale Ungleichheitsdebatte, denn mit ihrer Hilfe können die Anteile der oberen Einkommensgruppen (zum Beispiel des obersten 1 %) über lange Zeiträume verglichen werden, was neue Fakten zutage förderte und dazu beitrug, dass sich die Diskussion wieder auf die Zunahme der Ungleichheit in den vergangenen Jahrzehnten konzentrierte.

Obwohl die Datenreihen der WTID über die Einkommensanteile auf einer gemeinsamen methodologischen Grundlage und einem gemeinsamen Ziel beruhen – Steuerdaten zur Dokumentation der langfristigen Entwicklung der Einkommenskonzentration zu nutzen –, konnten die Beobachtungseinheiten, die Einkommenskonzepte und die statistischen Methoden nicht in allen Phasen und nicht in allen Ländern vereinheitlicht werden. Zudem beschränkte sich die Aufmerksamkeit meist auf das obere Zehntel anstatt auf die gesamte Verteilung, und die Datenreihen bezogen sich meistens auf das Einkommen und nicht das Vermögen. All dies machte eine methodologische Überprüfung und Klärung erforderlich.

Im Dezember 2015 wurde die WTID in die WID übernommen, die World Wealth and Income Database (WID.world); die Namensänderung bringt den vergrößerten Umfang und die erweiterte Zielsetzung des Projekts zum Ausdruck. Die neue Datenbank soll nicht nur die Einkommens-, sondern auch die Vermögensungleichheit messen und dient dem Ziel, die Dynamiken der Einkommens- und Vermögensentwicklung in Bezug auf die gesamte Verteilung und nicht nur deren obere Segmente zu erfassen.

Das Neue an WID.world: Erstellung konsistenter verteilungsbezogener nationaler Berichte

Die wichtigste Neuerung des WID.world-Projekts besteht darin, dass in seinem Rahmen Distributional National Accounts (DINA) erstellt werden, die auf einer konsistenten und systematischen Verknüpfung von Datenquellen fiskalischer und erhebungsbezogener Art ebenso wie auf Daten aus nationalen Einkommens- und Vermögensberichten beruhen.[5] Die vollständigen methodologischen Leitlinien (Alvaredo et al. 2016) sowie die Rechnercodes, die detaillierten Datenreihen und die Forschungspapiere sind online unter WID.world verfügbar. Hier können wir die wichtigsten methodologischen Punkte nur kurz zusammenfassen.

Wie oben ausgeführt, sind administrative Daten über Einkommen und Vermögen gewöhnlich verlässlichere Informationsquellen als Haushaltsbefragungen. Bedauerlicherweise aber beziehen sich diese Informationen nur auf eine Teilgruppe der Bevölkerung – nämlich jene Personen, die eine Steuererklärung abgeben. Diese Problematik ist vor allem in Schwellenländern von Bedeutung. In Indien beispielsweise repräsentieren die Einkommensteuerzahler nur etwas mehr als 6 % der erwachsenen Bevölkerung; daher sind Erhebungsdaten die einzigen verlässlichen Informationsquellen, um die Ungleichheit im Bereich der unteren 94 % der Bevölkerung zu messen. Wir müssen uns also mit aller gebotenen Vorsicht auf Befragungsdaten in Verbindung mit fiskalischen Quellen und nationalen Berichten stützen, um die Verteilung des nationalen Einkommens und Vermögens zu schätzen.

Eine weitere Beschränkung von Steuerdaten besteht darin, dass sich die Steuergesetze im Laufe der Zeit in den einzelnen Ländern verändern. Je nachdem, ob bestimmte Einkommensarten (Arbeitseinkommen, Dividenden und Kapitaleinkünfte) steuerpflichtig sind, erscheinen diese Einkommen in den Steuerdaten, aus denen anschließend Verteilungsstatistiken erstellt werden können. Diese Unterschiede können internationale und historische Vergleiche erschweren.

Diese Harmonisierungsprobleme lassen sich teilweise ausschalten, indem man Daten aus nationalen Statistiken – insbesondere Angaben aus nationalen Einkommens- und Vermögensberichten – als Bezugspunkte verwendet. Dass wir diese Konzepte für unsere Untersuchungen der Ungleichheit heranziehen, bedeutet nicht, dass wir sie für zufriedenstellend halten. Im Gegenteil, nach unserer Ansicht sind nationale Statistiken unzureichend und bedürfen einer wesentlichen Verbesserung.

Die nationalen Berichte lassen sich jedoch am ehesten dadurch verbessern, dass man sie anderen Quellen gegenüberstellt und dadurch die

Verteilung des nationalen Einkommens und Vermögens nach Perzentilen zu ermitteln versucht. Der Hauptvorteil nationaler Berichte besteht darin, dass ihnen international standardisierte Definitionen für die Erfassung der ökonomischen Aktivität eines Landes zugrunde liegen. Daher ermöglichen sie einen konsistenteren Vergleich unterschiedlicher Zeiträume und unterschiedlicher Länder als fiskalische Daten. Insbesondere sind die Definitionen in nationalen Berichten nicht von lokalen Veränderungen der Steuergesetze oder anderer rechtlicher Regelungen abhängig.

Zu den am häufigsten verwendeten Datenbeständen in nationalen Berichten gehört das Bruttoinlandsprodukt (BIP). Doch BIP-Statistiken liefern keine Informationen darüber, in welchem Ausmaß das Wirtschaftswachstum unterschiedlichen sozialen Gruppen zugutekommt.[6] Zudem ist das BIP keine zufriedenstellende Messgröße für das Gesamteinkommen eines Landes, denn ein Land mit erheblicher Kapitalabschreibung oder starken Einkommensabflüssen ins Ausland kann zwar ein hohes BIP ausweisen, aber ein wesentlich niedrigeres Einkommen haben, das unter den Einwohnern zu verteilen ist.

Das Konzept des Nettonationaleinkommens (NNE) ist ein besserer Referenzindikator für den Vergleich von Ländern und die Analyse der Verteilung von Einkommen und Wachstum. Das Nettonationaleinkommen entspricht dem BIP abzüglich der Kapitalabschreibung und zuzüglich des Nettoauslandseinkommens. Es gibt das Einkommen einer Volkswirtschaft realistischer wieder als das BIP. Die Datenbank von WID.world entwickelt aus der Verbindung makroökonomischer Daten aus unterschiedlichen Quellen nationale Einkommensdatenreihen für rund 200 Länder. Diese nationalen Einkommensschätzungen sind konsistent mit jenen internationaler Organisationen, allerdings mit einer wesentlichen Verbesserung: Unsere Datenreihen berücksichtigen die Problematik, dass in den veröffentlichten nationalen Berichten bestimmte Einkommenssegmente fehlen. In den offiziellen Daten ist das zugeflossene Auslandseinkommen höher als das zugeflossene Auslandseinkommen im globalen Rahmen – weil ein Teil des Einkommens, das in Steuerparadiese geflossen ist, nirgendwo verzeichnet wird. Wir schätzen dieses globale fehlende Einkommen mit Hilfe von Methoden, die von Zucman (2013) entwickelt wurden.[7]

Das gesamte fiskalische Einkommen (erfasst in den Steuerdaten) ist immer niedriger als das Nettonationaleinkommen (erfasst in den nationalen Einkommensberichten). Dieser Unterschied ist zum Teil auf steuerbefreite Einkommenszuflüsse zurückzuführen wie beispielsweise eine kalkulatorische Miete (der Mietwert eines vom Eigentümer selbst bewohnten Hauses) und auf nicht verteilte Gewinne (Unternehmensgewinne, die nicht an Individuen ausgeschüttet werden, letztlich aber den Unternehmenseignern zugutekommen). Sofern Daten verfügbar und genau genug sind, schlagen wir diesen in den Steuerdaten fehlenden Teil des Nettonationaleinkommens jenen Einkommensgruppen zu, die von diesen Einkommensquellen profitieren. Diese Vorgehensweise kann signifikante Auswirkungen auf die Einkommensverteilung haben. Wenn wir unverteilte Gewinne dem steuerlichen Einkommen hinzurechnen, steigt zum Beispiel 2015 in China der Anteil des obersten 1 % von 11,5 auf 14 %. In mehreren neueren Forschungsarbeiten wurde versucht, Ungleichheitsstatistiken zu erstellen, die dieses steuerbefreite Einkommen berücksichtigen, in entwickelten Ländern wie auch in Schwellenländern wie etwa den USA, China, Frankreich, Brasilien und Russland.

Kasten 1.1
Welche Art von ökonomischer Ungleichheit messen wir im *Bericht zur weltweiten Ungleichheit*?

In diesem Bericht versuchen wir einen integrierten und konsistenten Ansatz zur Erfassung der Einkommens- wie auch der Vermögensungleichheit zu entwickeln. Wie der Titel schon andeutet, bestehen das Hauptziel und die Neuartigkeit der World Wealth and Income Database (WID.world), auf die sich dieser Bericht stützt, darin, dass sie Vermögen und Einkommen gleichermaßen in den Blick nimmt und diese beiden Aspekte ökonomischer Ungleichheit so gut wie möglich verknüpft.

Dafür gibt es mehrere Gründe. Um die Einkommensungleichheit sachgemäß zu untersuchen, ist es zum einen erforderlich, das Gesamteinkommen in zwei Kategorien von Einkommensströmen zu untergliedern: in Einkommen aus Arbeit und Einkommen aus Kapital. Die zweite Kategorie hat bei der Zunahme der Ungleichheit in den vergangenen Jahrzehnten eine wichtige Rolle gespielt – und sie gewinnt noch größere Bedeutung, wenn man die sehr langfristige Entwicklung der Einkommen betrachtet.

Darüber hinaus möchten wir makroökonomische Phänomene – wie die Kapitalakkumulation, die Zusammensetzung des Immobilieneigentums, Maßnahmen zur Privatisierung oder Verstaatlichung und die Entwicklung der Staatsschulden – mit den mikroökonomischen Ungleichheitsentwicklungen verknüpfen. Viel zu oft wird die Untersuchung der «Kapital»-Seite der Wirtschaft (also der Themenkomplexe Kapital, Investitionen, Schulden usw.) von der Untersuchung der «Haushalts»-Seite getrennt (also der individuellen Einkommen, der staatlichen Transferleistungen, von Armut, Ungleichheit usw.).

Wir möchten betonen, dass noch vieles zu tun ist, bevor wir einen voll integrierten Ansatz präsentieren können. Der vorliegende Bericht sollte als ein Schritt in diese Richtung betrachtet werden. So können wir beispielsweise in Teil III des Berichts eine kombinierte Untersuchung der Entwicklung der Einkommens- und der Vermögensungleichheit für eine Reihe von Staaten vorlegen (insbesondere für die USA und Frankreich). Dies erfordert eine sorgfältige Erfassung nicht nur der Ungleichheit der Einkommen vor und nach ihrer Besteuerung, sondern auch der Verteilung der Sparquoten zwischen den einzelnen Zehntelsegmenten der Verteilung des unbesteuerten Einkommens.

Diese Art der Analyse soll nach und nach auf weitere Länder ausgedehnt werden, wenn weitere Daten verfügbar sind. Die Verknüpfung von Datenreihen zur Verteilung des Einkommens vor und nach Steuern, zu Spareinlagen und Vermögen wird es uns ermöglichen, auf systematische Weise die Ungleichheit von Einkommen, Vermögen und Konsum (das heißt der Einkommen abzüglich der Sparguthaben) zu erforschen.

Unserer Ansicht nach wäre es jedoch ein Fehler, den Aspekt des Konsums überzubewerten, wie es in der Literatur über Ungleichheit und Armut bisweilen geschieht. Der Konsum ist zweifellos ein sehr wichtiger Indikator für Vermögen, insbesondere im unteren Segment der Verteilung. Das Problem besteht jedoch darin, dass Studien auf der Grundlage von Haushaltsbefragungen, die üblicherweise zur Erforschung der Konsumungleichheit verwendet werden, tendenziell die

Konsum-, Einkommens- und Vermögensniveaus in den oberen Einkommensgruppen unterschätzen. Zudem wird der Begriff des Konsums für die oberen Einkommensgruppen, die gewöhnlich einen relativ großen Teil ihres Einkommens sparen, oft nur unzureichend definiert. Diese Gruppen sparen viel, teilweise um später mehr konsumieren zu können, häufiger aber, um in den Genuss von Prestige, Sicherheit und ökonomischer Macht zu gelangen, die durch Vermögen ermöglicht werden. Um eine konsistente und globale Sichtweise auf ökonomische Ungleichheit zu entwickeln – also eine Perspektive, in der wirtschaftliche Akteure nicht nur als Konsumenten und Erwerbstätige, sondern auch als Eigentümer und Investoren betrachtet werden –, ist es unserer Meinung nach unerlässlich, Einkommen und Vermögen gleich zu gewichten.

Unsere verschiedenen Konzepte zu Einkommen und Vermögen – insbesondere das unbesteuerte und das besteuerte Nettonationaleinkommen und das Privatvermögen – werden entsprechend den internationalen Normen zur Erstellung volkswirtschaftlicher Gesamtrechnungen (SNA 2008) definiert. Die genauen technischen Definitionen sind nachzulesen in den DINA Guidelines (Distributional National Accounts).*

Doch Unzulänglichkeiten der Daten machen solche Anpassungen in verschiedenen Ländern unmöglich, was bedeutet, dass Ungleichheitsschätzungen für diese Länder nach unten verzerrt sind. In diesen Fällen nutzen wir unsere Datenreihen zum Nettonationaleinkommen, um die fiskalischen Einkommen entsprechend zu erhöhen.[8] Diese Veränderung beeinflusst nicht die Einkommensverteilung, sondern ermöglicht es uns, die Entwicklung der Einkommensniveaus in unterschiedlichen Zeiträumen und zwischen verschiedenen Ländern auf aussagekräftigere Weise zu vergleichen. So zeigen zum Beispiel unsere Daten, dass das durch-

* Vgl. F. Alvarado, A. T. Atkinson, L. Chancel, T. Piketty, E. Saez und G. Zucman, «Distribution of National Accounts (DINA) Guidelines: Concepts and Methods Used in WID.world», WID.world Working Paper Nr. 2016/2. Dezember 2016, http://wid.world/document/dinaguidelines-v1/.

schnittliche Vorsteuereinkommen pro Erwachsenem des obersten 1 % in Indien und China 2013 ähnlich war (131 000 bzw. 157 000 Euro), jedoch wesentlich höher in Brasilien (436 000 Euro) und in den USA (990 000 Euro).

Berücksichtigung der Vermögensungleichheit

Das zunehmende Interesse an der Vermögensungleichheit resultiert unter anderem aus der Erkenntnis, dass der Anstieg der Einkommensungleichheit in der jüngeren Zeit zum Teil auch ein Ergebnis steigender Kapitaleinkommen war (neben Veränderungen der Gehälter und Erwerbseinkommen). Zu diesen Kapitaleinkommen gehören Zinsen, Dividenden, Gewinnrücklagen von Unternehmen und Mieterträge. Während der Großteil der Bevölkerung nur geringe Kapitaleinkommen erzielt, macht diese Einkommensart einen signifikanten Teil des Einkommens an der Spitze der Einkommensverteilung aus.

Ein weiterer Grund für das neue Interesse an der Vermögensentwicklung besteht darin, dass die volkswirtschaftliche Vermögensbildung schneller steigt als die Einkommen – und damit steigt in vielen Ländern auch das Verhältnis zwischen Nationalvermögen und Nationaleinkommen schnell (wie erstmals in Piketty und Zucman 2004 gezeigt). Dies führt unter anderem dazu, dass ererbtes Vermögen – das während des größten Teils des 20. Jahrhunderts zurückging – in vielen Ländern erneut an Bedeutung gewinnt. Zudem gibt es eine Fülle von Belegen (beispielsweise in Vermögensranglisten) dafür, dass die reichsten globalen Vermögensbesitzer ihr Vermögen wesentlich schneller vergrößert haben als der Durchschnitt und daher ihren Anteil am globalen Gesamtvermögen deutlich gesteigert haben.

Weil in den meisten Ländern keine direkte Vermögensbesteuerung erfolgt, muss man unterschiedliche Datenquellen – wie etwa Vermögensranglisten sowie Einkommensteuer- und Erbschaftsteuerdaten – verbinden, um zuverlässige Aussagen über Vermögensungleichheit treffen zu können, wofür die wegweisende Arbeit von A. B. Atkinson und A. Harrison (1978) als Beispiel gelten kann.[9] Die Globalisierung der Vermögensverwaltung seit den 1980er Jahren hat zu zusätzlichen Herausforderungen geführt, da ein wachsender Teil der Vermögen in Offshore-Finanzzentren angelegt ist. Untersuchungen von Gabriel Zucman und anderen belegen, dass die Berücksichtigung dieser Offshore-Vermögen weitreichende Auswirkungen auf die Erfassung des Vermögens am oberen Ende der Verteilung hat (vgl. **Grafik 1.2**).[10] Es wird zunehmend wichtiger, die Ungleichheit von Vermögen und Einkommen unter einer globalen Perspektive zu erfassen und nicht mehr nur auf Länderebene, wie wir nachfolgend ausführen werden.

Von der nationalen zur regionalen und globalen Verteilung von Einkommen und Vermögen

Ein Hauptanliegen des WID.world-Projekts besteht darin, die globale Einkommens- und Vermögensverteilung zu dokumentieren. Dies beinhaltet, auf globaler Ebene eine Rangliste von Menschen aus den ärmsten und reichsten Ländern zu erstellen, ohne dabei nationale Grenzen zu berücksichtigen. Darüber hinaus entwickeln wir Schätzungen der Einkommens- und Vermögensungleichheit für größere Regionen wie beispielsweise Europa und den Nahen Osten.

Man mag bezweifeln, ob es sinnvoll ist, Aussagen über globale Ungleichheit zu treffen, da die Politik (auch jene politischen Maßnahmen, die auf eine Bekämpfung der Ungleichheit zielen) auf nationaler Ebene beschlossen und umgesetzt wird. Unserer Ansicht nach können sich Untersuchungen der Ungleichheitsdynamiken auf nationaler, regionaler und globaler Ebene gegenseitig ergänzen. Obgleich es keine Weltregierung gibt, werden Versuche unternommen, die globale Zusammenarbeit zu verbessern, um Probleme wie Steuerparadiese und umweltbezogene Ungleichheit in Angriff zu nehmen. Des Weiteren hat die zunehmende wirtschaftliche Unabhängigkeit zur Folge, dass man globalen Ungleichheitsdynamiken mehr Aufmerksamkeit schenken muss, wenn man die ökonomischen Kräfte verstehen will, die nationaler Ungleichheit zugrunde liegen. Zudem wird die politische Wahrnehmung von Ungleichheit nicht zuletzt von der eigenen Position nicht nur in einem bestimmten Land, sondern auch im Verhältnis zu anderen Menschen im regionalen oder globalen Rahmen bestimmt.

Grafik 1.2
Der Vermögensanteil des obersten 0,01 % und seine Zusammensetzung in Schwellen- und reichen Ländern, 2000–2009

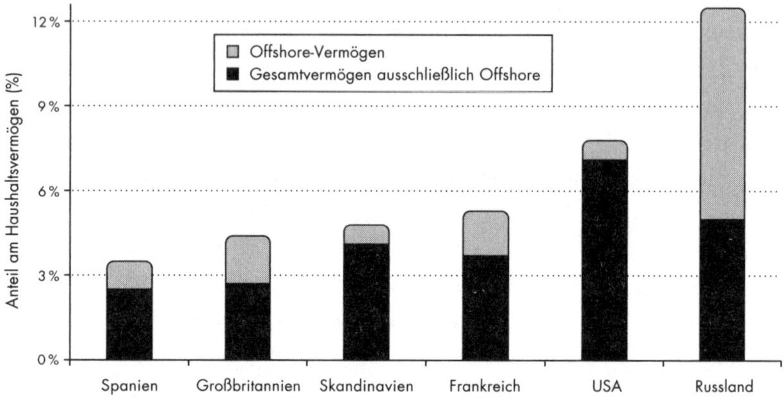

Quelle: Alstadsæter, Johannesen und Zucman (2017). Vgl. wir2018.wid.world für Datenreihen und Anmerkungen.
Zwischen 2000 und 2009 belief sich der durchschnittliche Vermögensanteil der obersten 0,01 % in Skandinavien auf 4,8 %. 0,7 Prozentpunkte dieses Vermögens wurden offshore verwaltet.

Seit den 1980er Jahren vollzieht sich in der Welt eine verstärkte ökonomische, finanzielle und kulturelle Integration. Selbst wenn die Globalisierung heute in Frage gestellt werden mag – wie die jüngsten Wahlergebnisse in Großbritannien und den USA gezeigt haben –, bleibt die Welt ein eng verflochtenes Gefüge, in dem Kapital, Güter, Dienstleistungen und Ideen in hohem Maße mobil sind, deren Zirkulation durch Innovationen der Informationstechnologie ermöglicht wird. In gewissem Ausmaß existiert bereits eine globale Gemeinschaft, und in diesem globalen Gefüge vergleichen sich die Menschen logischerweise untereinander.

So können die Menschen in einem beliebigen Land aus ethischen Gesichtspunkten Besorgnis empfinden über die Lage der Menschen am unteren Ende der globalen Verteilung.[11] Sie können sich auch Sorgen machen um die eigene Position in der globalen oder regionalen Verteilung von Einkommen und Vermögen. Die stagnierende oder langsame Einkommenssteigerung der unteren und mittleren Einkommensgruppen in den reichen Ländern hat in den vergangenen Jahren möglicherweise, betrachtet im Kontext des kräftigen Wachstums in den aufstrebenden Ländern und an der Spitze der globalen Einkommenspyramide, zum verstärkten Aufkommen establishmentkritischer Stimmungen und Stimmen beigetragen. Nationale Bürger denken zunehmend über nationale Grenzen hinaus.

Daten zur globalen Ungleichheit sind auch notwendig, um die verteilungsbezogenen Folgewirkungen der Globalisierung zu untersuchen. Ist das Wachstum an der globalen Spitze überproportional hoch? Oder ist der Wachstumsanteil, der global auf das oberste 1 % entfällt, klein im Verhältnis zum Wachstum, das in den unteren 50 % verzeichnet wird? Der erste Schritt zur Beantwortung dieser grundlegenden Fragen besteht darin, Statistiken zur globalen Ungleichheit zu erstellen, die sämtliche Einkommensgruppen abdecken bis hinauf zur obersten Spitze.

Wie in Kapitel 2.1. dargestellt werden wird, nähern wir uns diesem Ziel behutsam und untersuchen nur Regionen und Länder, für die wir über konsistente Datenreihen verfügen. Wir legen Daten zur globalen Einkommensverteilung vor, doch die Begrenztheit der Daten erlaubt es uns bislang noch nicht, die globale Vermögensverteilung zu analysieren. (Unsere «globalen» Vermögensschätzungen berücksichtigen nur die USA, Europa und China.) Umfassende Datenreihen zur globalen Vermögensverteilung zu erstellen wird ein wichtiges Vorhaben für künftige Ausgaben des *Berichts zur weltweiten Ungleichheit* sein. Darüber hinaus bemühen wir uns, das Wechselspiel zwischen globaler wirtschaftlicher Ungleichheit und anderen Formen globaler Ungleichheit besser zu verstehen, wie etwa der umweltbezogenen Ungleichheit.[12] Solche Kennziffern über Ungleichheit können dazu beitragen, umwelt- und wirtschaftspolitische Entscheidungen zu unterstützen – zum Beispiel wenn es darum geht, die Bemühungen zur Bekämpfung des Klimawandels nach Individuen, Ländern und Regionen abzustimmen.

WID.world und der *Bericht zur weltweiten Ungleichheit:* freier Zugang, Transparenz und Nachvollziehbarkeit als Kernbestandteile

Im Januar 2017 haben wir die erste Version der Internetseite von WID.world frei geschaltet, die das Ziel verfolgt, einem breiten wissenschaftlichen Publikum und der allgemeinen Öffentlichkeit einen benutzerfreundlichen Zugang zur Verfügung zu stellen. Dank der Arbeit von mehr als 100 Wissenschaftlern auf fünf Kontinenten kann WID.world mittlerweile Ungleichheitsdaten für mehr als 70 Länder erfassen, dazu kommen Daten über Vermögensungleichheit sowie öffentliches und privates Vermögen für 30 Länder und Daten über das Nationaleinkommen und das BIP von mehr als 180 Ländern. Dadurch ermöglicht WID.world den Zugang zur umfassendsten Datenbank über die historische Entwicklung von Einkommens- und Vermögensungleichheit sowohl innerhalb einzelner Länder wie auch zwischen den verschiedenen Ländern. Im Zuge unserer Bemühungen zur Demokratisierung des Zugangs zu Ungleichheitsdaten haben wir WID.world in vier Sprachen zur Verfügung gestellt – auf Chinesisch (Mandarin), Englisch, Fran-

Grafik 1.3
Das Projekt WID.world 2018

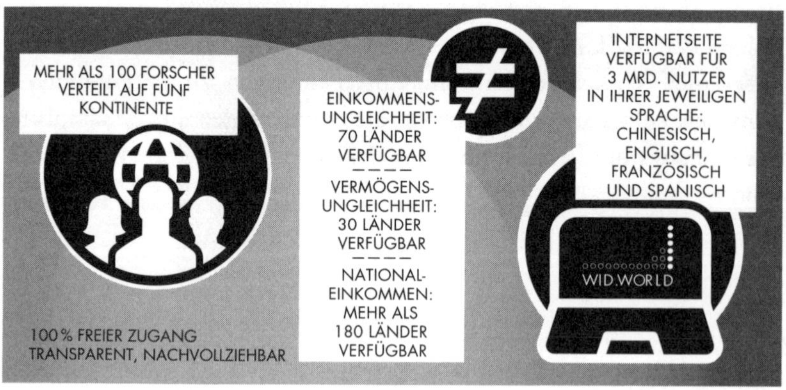

zösisch und Spanisch – und können damit drei Milliarden Menschen in ihrer Muttersprache erreichen (vgl. **Grafik 1.3**).

Freier Zugang, Transparenz und Nachvollziehbarkeit sind die Kernelemente des Projekts WID.world. Die Internetseite soll es jedermann, Fachleuten wie Laien, ermöglichen, auf historische Daten zu globaler Ungleichheit zuzugreifen und sich ein eigenes Bild zu machen. Zudem wird allen Datenreihen auf WID.world ein Methodenpapier zur Seite gestellt, das ausführliche Beschreibungen der verwendeten Methoden und Konzepte enthält.

Auch die Rohdaten und Rechnercodes, die zur Erstellung der Ungleichheitsschätzungen verwendet wurden, werden auf der Internetseite stets auf den aktuellen Stand gebracht. Dieses Maß an Transparenz ist eine weitere entscheidende Neuerung auf dem Gebiet der Bereitstellung von ökonomischen Daten. Sie ermöglicht es allen interessierten Wissenschaftlern, unsere Schätzungen zu verfeinern, auf Wunsch auch unterschiedliche Annahmen zu treffen, und trägt dazu bei, neue Ideen darüber zu entwickeln, wie sich Ungleichheit besser erfassen lässt und wie diese Daten zum Nutzen der Gesellschaft verwendet werden können. Unsere Internetseite beinhaltet darüber hinaus ein Instrumentarium zur Untersuchung wirtschaftlicher Ungleichheit.

Der *Bericht zur weltweiten Ungleichheit 2018* ist Bestandteil dieser Initiative zur Demokratisierung des Zugangs zu Ungleichheitsstatistiken. Sämtliche Datenreihen, die in diesem Bericht verwendet und diskutiert werden, sind auch online verfügbar und vollständig reproduzierbar. Wir möchten jedoch darauf hinweisen, dass dieser Bericht Analysen enthält, die speziell für dieses Werk durchgeführt wurden, und er daher nicht notwendigerweise die Ansichten sämtlicher Mitarbeiter von WID.world wiedergeben kann. Der *Bericht zur weltweiten Ungleichheit 2018* ist ein Produkt des World Inequality Lab, das auf Untersuchungen im Rahmen des Projekts WID.world beruht sowie auf anderen Forschungen zu globalen Ungleichheitsdynamiken.

TEIL II

TRENDS DER GLOBALEN EINKOMMENSUNGLEICHHEIT

1. Dynamiken der globalen Einkommensungleichheit

Die Informationen in diesem Kapitel stützen sich auf «The Elephant Curve of Global Inequality and Growth» von Facundo Alvaredo, Lucas Chanel, Thomas Piketty, Emmanuel Saez und Gabriel Zucman, 2017, WID.world Working Paper Series (Nr. 2017/20), erscheint in Kürze in *American Economic Review.*

- Es gibt nur wenige Datenreihen über die weltweite Ungleichheit, und diese müssen mit der gebotenen Vorsicht interpretiert werden. Doch durch die Verbindung konsistenter und vergleichbarer Daten, die wir im vorliegenden *Bericht zur weltweiten Ungleichheit* versuchen, können wir interessante Erkenntnisse zutage fördern.
- Seit 1980 hat die Einkommensungleichheit in Nordamerika und in Asien stark zugenommen, in Europa nur moderat, und im Nahen Osten, in Subsahara-Afrika, also südlich der Sahara, und in Brasilien hat sie sich auf extrem hohem Niveau stabilisiert.
- Das Einkommen der ärmsten Hälfte der Weltbevölkerung ist deutlich gewachsen dank der starken Steigerung in Asien. Doch die obersten 0,1 % der Einkommensbezieher haben seit 1980 ein ebenso starkes Wachstum verzeichnet wie die untere Hälfte der erwachsenen Weltbevölkerung.
- Das Einkommen der Einkommensbezieher im Bereich zwischen den

unteren 50 % und dem obersten 1 % ist nur schleppend oder gar nicht gestiegen. Dazu gehören auch die unteren und mittleren Einkommensgruppen in Nordamerika und Europa.

- Der Anstieg der weltweiten Ungleichheit hat sich nicht gleichmäßig vollzogen. Während der Einkommensanteil des obersten 1 % von 16 % im Jahr 1980 auf 22 % im Jahr 2000 gestiegen ist, ging er anschließend leicht zurück auf 20 %. Der Trendbruch nach dem Jahr 2000 liegt am Rückgang der durchschnittlichen Einkommensungleichheit zwischen den einzelnen Ländern, während die Ungleichheit innerhalb der Länder weiter zugenommen hat.
- Gemessen an Marktwechselkursen, beläuft sich der Einkommensanteil der oberen 10 % heute auf 60 %, bezogen auf die Kaufkraftparität sind es 53 %.
- Die Dynamiken des weltweiten Einkommenswachstums werden durch starke Kräfte der Konvergenz zwischen den Ländern und der Divergenz innerhalb der Länder bestimmt. Die herkömmlichen ökonomischen Handelsmodelle können diese Dynamiken nicht angemessen erklären – insbesondere den Anstieg der Ungleichheit an der Spitze und innerhalb der Schwellenländer. Globale Dynamiken werden durch vielfältige institutionelle und politische nationale Zusammenhänge bestimmt, die in den folgenden Kapiteln beschrieben und diskutiert werden.

Die Beschränkungen durch die Daten in den Griff bekommen, um die globale Verteilung des Einkommens darzustellen

Die Dynamiken der globalen Ungleichheit haben in den vergangenen Jahren wachsende Aufmerksamkeit gefunden.[1] Dennoch wissen wir noch immer relativ wenig darüber, wie sich die Verteilung des Einkommens und des Vermögens weltweit entwickelt. Die verfügbaren Studien stützen sich weitestgehend auf Haushaltsbefragungen, die eine nützliche Informationsquelle sind, aber die Entwicklung der Ungleichheit im obersten Segment der Verteilung nicht exakt wiedergeben können. Neue methodologische und empirische Untersuchungen, die im

Rahmen des Projekts WID.world durchgeführt wurden, ermöglichen ein besseres Verständnis der globalen Einkommensdynamiken.

Wir möchten gleich zu Beginn betonen, dass die Erforschung der weltweiten Ungleichheitsdynamiken in den Kinderschuhen steckt und noch erheblicher weiterer Anstrengungen bedarf. Es ist von großer Bedeutung, dass die nationalen Statistik- und Steuerbehörden Daten zur Einkommens- und Vermögensungleichheit öffentlich zugänglich machen, da in vielen Ländern solche Daten bislang nicht allgemein verfügbar sind – vor allem in Entwicklungs- und Schwellenländern. Die Wissenschaftler müssen darüber hinaus diese Daten vollständig abstimmen und analysieren, um konsistente und vergleichbare Schätzungen erstellen zu können. Das World Inequality Lab und das Wissenschaftlerkonsortium von WID.world werden in den kommenden Jahren weiter daran arbeiten.

Wenngleich sie noch mit gewissen Unsicherheiten behaftet sind, ist es heute bereits möglich, plausible Annahmen über die weltweite Einkommensungleichheit zu treffen. Die Datenbank von WID.world ermöglicht international vergleichbare Schätzungen zur Einkommensungleichheit, die sich auf die gesamte Bevölkerung, von den untersten bis zu den obersten Einkommensbeziehern, und auf eine Vielzahl von Ländern beziehen: die USA, China, Indien, Russland, Brasilien, den Nahen Osten und die wichtigsten europäischen Länder (wie Frankreich, Deutschland und Großbritannien). Der Vergleich der Ungleichheitstrends in diesen Regionen erlaubt bereits wichtige Schlussfolgerungen. Auf der Grundlage einfacher Annahmen haben wir die Einkommensentwicklung im übrigen Teil der Welt geschätzt, so dass wir nun für jedes Jahr seit 1980 die Verteilung von 100 % des weltweiten Einkommens errechnen können (vgl. **Kasten 2.1.1**). Dies kann als ein erster Schritt zur Entwicklung einer vollständig konsistenten Darstellung der weltweiten Einkommensverteilung angesehen werden. Wir haben die Absicht, in künftigen Ausgaben des *Berichts zur weltweiten Ungleichheit* und auf WID.world aktualisierte und erweiterte Fassungen dieser Schätzungen vorzulegen, da wir mit der Zeit Zugang zu weiteren Datenquellen erhalten, insbesondere in Afrika, Lateinamerika und Asien.

Die Untersuchung der weltweiten Ungleichheitsdynamiken, die hier vorgelegt wird, beginnt aus zwei Gründen im Jahr 1980. Zum einen stellt das Jahr 1980 in vielen Ländern einen Wendepunkt im politischen Umgang mit Ungleichheit und Umverteilung dar. Anfang der 1980er Jahre setzte ein Trend zu wachsender Ungleichheit ein, der mit weitreichenden politischen Veränderungen einherging, sowohl im Westen (insbesondere im Zuge der Wahl von Ronald Reagan und Margaret Thatcher) wie auch in den Schwellenländern (mit dem Beginn einer Deregulierungspolitik in China und in Indien). Zum anderen wurden mit dem Jahr 1980 für eine ausreichende Zahl von Ländern Daten zugänglich, die eine fundierte Analyse der globalen Dynamiken ermöglichten.

Wir beginnen mit der Darstellung unserer grundlegenden Ergebnisse zur Entwicklung der Einkommensungleichheit in den wichtigsten Weltregionen. Hier sind drei Hauptergebnisse anzuführen.

Zum einen beobachten wir in den meisten Weltregionen einen Anstieg der Ungleichheit, allerdings in sehr unterschiedlichen Größenordnungen. In **Grafik 2.1.1a** zeigen wir die Entwicklung des Einkommensanteils der oberen 10 % in Europa (West- und Osteuropa insgesamt, ausschließlich Ukraine, Weißrussland und Russland), in Nordamerika (definiert als USA und Kanada) sowie in China, Indien und Russland. Der Anteil der oberen 10 % ist in all diesen fünf Regionen seit 1980 gestiegen. In Europa, Nordamerika, China und Indien belief sich der Anteil der oberen 10 % 1980 auf 30 bis 35 %, in Russland nur auf 20 bis 25 %. Wenn wir die Ungleichheitsniveaus von 1980 in einer umfassenderen und längerfristigen Perspektive betrachten, ergibt sich, dass sie bereits seit dem Ende des Zweiten Weltkriegs bestanden und nach historischen Maßstäben relativ niedrige Ungleichheitsniveaus darstellten (Piketty 2014). Ungeachtet aller Unterschiede haben diese Weltregionen von 1950 bis 1980 eine relativ egalitäre Phase durchlaufen. Dieses relativ niedrige Ungleichheitsniveau kann man der Einfachheit halber vorläufig als «egalitäres Regime der Nachkriegszeit» bezeichnen, wobei es offenkundig signifikante Unterschiede zwischen sozialdemokratischen, am New Deal orientierten, sozialistischen und kommunistischen Politiken gab, worauf wir noch zurückkommen werden.

Zwischen 1980 und 2016 stieg in allen diesen Regionen der Einkommensanteil der oberen 10 %, aber in sehr unterschiedlichem Ausmaß. In Europa war der Anstieg moderat; auf die oberen 10 % entfielen im Jahr

Grafik 2.1.1a
Der Anteil der oberen 10 % der Einkommensbezieher weltweit, 1980–2016: fast überall eine Zunahme der Ungleichheit, allerdings mit unterschiedlicher Geschwindigkeit

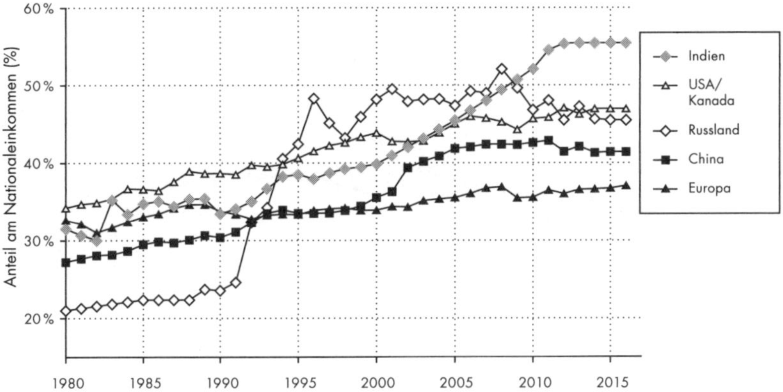

Quelle: WID.world (2017). Vgl. wir2018.wid.world für Datenreihen und Anmerkungen. 2016 entfielen in USA/Kanada 47 % des Nationaleinkommens auf die oberen 10 % im Vergleich zu 34 % 1980.

2016 35 bis 40 % des Einkommens. In Nordamerika, China, Indien und noch stärker in Russland (wo die politischen Veränderungen besonders durchgreifend waren) war dieser Anstieg wesentlich ausgeprägter. In all diesen Regionen betrug der Anteil der oberen 10 % der Einkommensbezieher 2016 45 bis 50 % des gesamten Einkommens. Dass die Zunahme der Ungleichheit regional sehr unterschiedlich ausfiel, verweist darauf, dass auch die Politik und die staatlichen Institutionen eine wichtige Rolle spielen: Ein Anstieg der Ungleichheit kann nicht als eine mechanische, unausweichliche Folge der Globalisierung aufgefasst werden.

Es gibt noch weitere Ausnahmen von diesem allgemeinen Muster. In einigen Regionen – insbesondere im Nahen Osten, in Brasilien (sowie in gewissem Maß auch in Lateinamerika insgesamt) und in Südafrika (sowie in gewissem Maß im subsaharischen Afrika insgesamt) – verharrte die Einkommensungleichheit in den vergangenen Jahrzehnten relativ stabil auf einem extrem hohen Niveau. Für diese drei Regionen sind jedoch bedauerlicherweise nur begrenzt Daten verfügbar, was eine Erklärung dafür liefert, dass die Datenreihen erst 1990

Grafik 2.1.1b
Der Anteil der oberen 10 % der Einkommensbezieher weltweit, 1980–2016: Bewegt sich die globale Ungleichheit auf das Ungleichheitsmaximum zu?

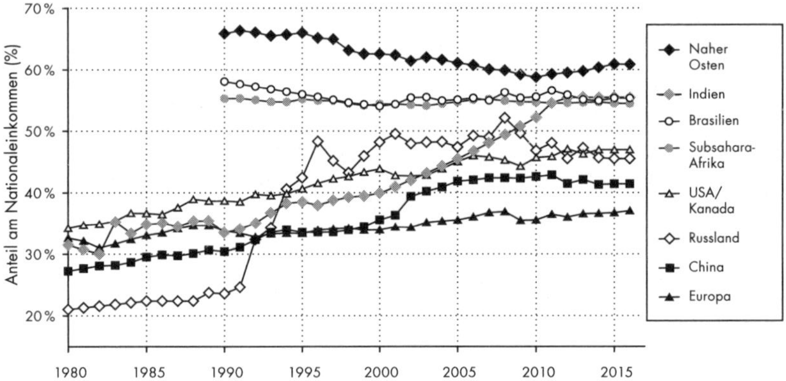

Quelle: WID.world (2017). Vgl. wir2018.wid.world für Datenreihen und Anmerkungen. 2016 entfielen in Indien 55 % des Nationaleinkommens auf die oberen 10 % im Vergleich zu 31 % 1980.

Grafik 2.1.1c
Der Anteil der oberen 10 %
der Einkommensbezieher weltweit, 2016

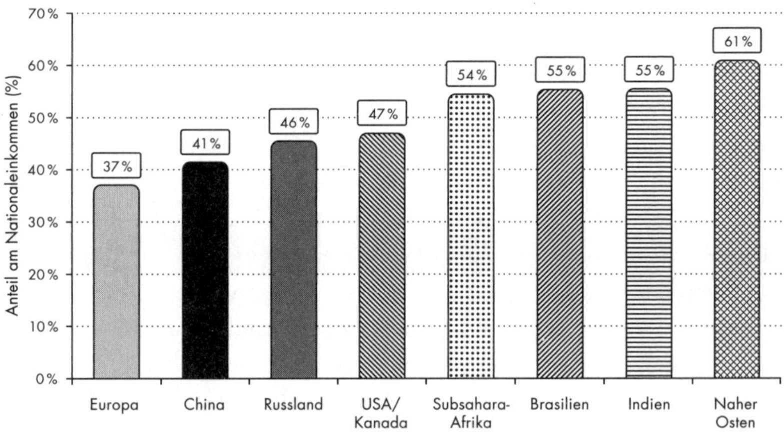

Quelle: WID.world (2017). Vgl. wir2018.wid.world für Datenreihen und Anmerkungen. 2016 entfielen in Europa 37 % des Nationaleinkommens auf die oberen 10 % im Vergleich zu 61 % im Nahen Osten.

Grafik 2.1.1d
Der Anteil des oberen 1 %
der Einkommensbezieher weltweit, 1980–2016

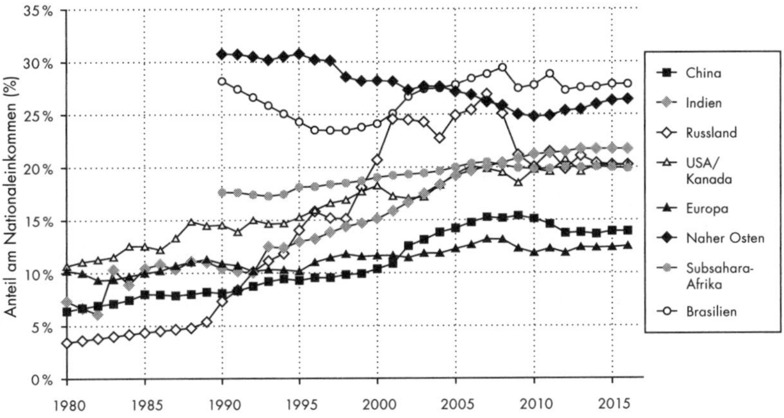

Quelle: WID.world (2017). Vgl. wir2018.wid.world für Datenreihen und Anmerkungen. 2016 entfielen in China 14 % des Nationaleinkommens auf das oberste 1 %.

beginnen und dass wir nicht alle Länder in diesen Regionen angemessen erfassen können (vgl. **Grafik 2.1.1b**).

Wenngleich es zahlreiche Unterschiede gibt, ist die herausragende Gemeinsamkeit dieser Länder das extreme und dauerhaft hohe Ausmaß der Ungleichheit. In Brasilien und im subsaharischen Afrika entfallen auf die oberen 10 % der Einkommensbezieher rund 55 % des gesamten Einkommens, im Nahen Osten gewöhnlich sogar mehr als 60 % (vgl. **Grafik 2.1.1c**). Diese Regionen haben aus unterschiedlichen Gründen niemals die Phase des egalitären Nachkriegsregimes absolviert und repräsentierten global schon immer das Ungleichheitsmaximum.

Die dritte Erkenntnis bezieht sich darauf, dass die zeitliche und länderbezogene Variationsbreite der Anteile der oberen Einkommensbezieher sehr groß ist und eine erhebliche Auswirkung auf die Anteile und das Einkommensniveau der unteren 50 % der Bevölkerung hat. Der Anteil der oberen 10 % der Einkommensbezieher schwankt zwischen 20 bis 25 und 60 bis 65 % des gesamten Einkommens (vgl. **Grafiken 2.1.1a** und **2.1.1b**). In Bezug auf die Spitzeneinkommen können wir feststellen, dass sich der Anteil des obersten 1 % zwischen 5 und 30 %

bewegt (vgl. **Grafik 2.1.1d**) und damit ebenso groß ist wie der Anteil, der auf die unteren 50 % der Bevölkerung entfällt (vgl. **Grafik 2.1.1e**).

Mit anderen Worten, das gleiche Gesamteinkommensniveau kann sich in stark unterschiedlichen Einkommensniveaus der unteren und der obersten Einkommensgruppen niederschlagen entsprechend der im jeweiligen Land und der jeweiligen Zeitperiode vorherrschenden Einkommensverteilung. Kurz gesagt, auch die Verteilung spielt eine wichtige Rolle.

Wie haben sich die Einkommen der verschiedenen Einkommensgruppen in diesen Regionen seit 1980 entwickelt? **Tabelle 2.1.1** enthält die Wachstumsraten des Einkommens in China, Europa, Indien, Russland und Nordamerika für die wichtigsten Gruppen der Verteilung. Das Einkommen der Gesamtbevölkerung ist in diesen fünf Regionen in sehr unterschiedlichem Ausmaß gestiegen. Das reale Wachstum des Nationaleinkommens pro Erwachsenem belief sich in China auf eindrucksvolle 831 % und in Indien auf 223 %. In Europa, Russland und Nordamerika war das Einkommenswachstum niedriger als 100 % (40, 34 bzw. 74 %). Trotz dieser sehr heterogenen durchschnittlichen Wachstumszahlen zeichnen sich die verschiedenen Regionen durch ein auffälliges gemeinsames Merkmal aus.

In all diesen Ländern ist das Einkommenswachstum der oberen Einkommensgruppen systematisch höher. In China wuchs das Einkommen der unteren 50 % um weniger als 420 %, während es bei den obersten 0,001 % um mehr als 3750 % stieg. In Indien ist die Kluft zwischen den unteren 50 % und dem obersten 0,001 % noch größer (weniger als 110 % bzw. mehr als 3000 %). In Russland verzeichnete das Spitzensegment der Verteilung extreme Wachstumsraten; dies reflektiert den Übergang von einem Regime, in dem Spitzeneinkommen durch das kommunistische System rigide begrenzt wurden, zu einer Marktwirtschaft, in der es kaum Regulierungen für Spitzeneinkommen gab. Im weltweiten Gesamtbild, wie in **Tabelle 2.1.1** aufgeführt wird, ist Europa die Region mit dem geringsten Wachstumsunterschied zwischen den unteren 50 % und der Gesamtbevölkerung sowie mit dem geringsten Wachstumsunterschied zwischen den unteren 50 % und den obersten 0,001 %.

Grafik 2.1.1e
Der Anteil der unteren 50% der Einkommensbezieher weltweit, 1980–2016

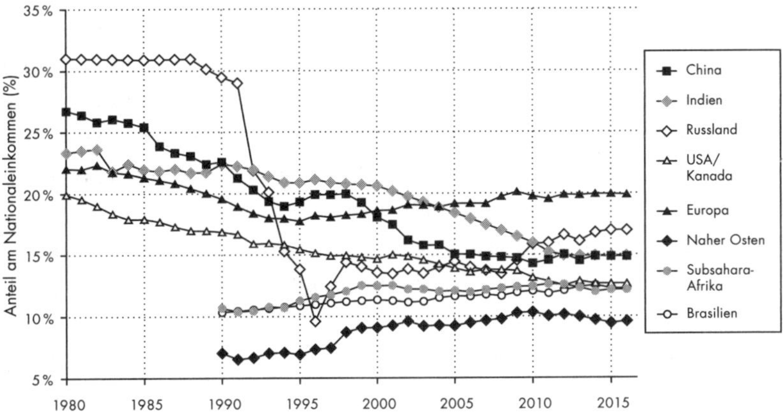

Quelle: WID.world (2017). Vgl. wir2018.wid.world für Datenreihen und Anmerkungen. 2016 entfielen in Afrika südlich der Sahara 12% des Nationaleinkommens auf die unteren 50%.

Tabelle 2.1.1
Einkommenswachstum und Ungleichheit weltweit, 1980–2016

	gesamtes kumuliertes Realwachstum pro Erwachsenem					
Einkommensgruppe	**China**	**Europa**	**Indien**	**Russland**	**USA/ Kanada**	**Welt**
Gesamtbevölkerung	831%	40%	223%	34%	63%	60%
untere 50%	417%	26%	107%	-26%	5%	94%
mittlere 40%	785%	34%	112%	5%	44%	43%
obere 10%	1316%	58%	469%	190%	123%	70%
oberstes 1%	1920%	72%	857%	686%	206%	101%
oberstes 0,1%	2421%	76%	1295%	2562%	320%	133%
oberstes 0,01%	3112%	87%	2078%	8239%	452%	185%
oberstes 0,001%	3752%	120%	3083%	25269%	629%	235%

Quelle: WID.world (2017). Vgl. wir2018.wid.world für Datenreihen und Anmerkungen. Zwischen 1980 und 2016 wuchs das durchschnittliche Einkommen der unteren 50% in China um 417%. Die Einkommensschätzungen sind nach Kaufkraftparität (KKP) in Euro von 2016 berechnet. Die KKP berücksichtigt die unterschiedlichen Lebenshaltungskosten in den Ländern. Die Werte sind inflationsbereinigt.

In der rechten Spalte der **Tabelle 2.1.1** werden die Einkommenswachstumsraten der unterschiedlichen Gruppen in Bezug auf das weltweite Gesamtniveau angegeben. Diese Wachstumsraten ergeben sich, wenn man die Einkommen der Einzelpersonen zusammenführt und globale Einkommensgruppen bildet. Das Einkommensniveau der einzelnen Länder wird mittels der Kaufkraftparität verglichen, so dass mit einem bestimmten Einkommen grundsätzlich in allen Ländern ein bestimmter Korb von Waren und Dienstleistungen gekauft werden kann. Im Vergleich zu den Einkommenswachstumsraten in den Schwellenländern ist das durchschnittliche globale Einkommenswachstum relativ niedrig (60 %). Interessanterweise steigen die Wachstumsraten weltweit nicht entsprechend der Position der jeweiligen Einkommensgruppe in der Verteilung. Vielmehr beobachten wir ein hohes Einkommenswachstum im Bereich der unteren 50 % (94 %), ein niedriges Wachstum im Bereich der mittleren 40 % (43 %) und ein hohes Wachstum im Bereich des obersten 1 % (mehr als 100 %) – und insbesondere bei dem obersten 0,001 % (knapp 235 %).

Um die Bedeutung dieser ungleichen Wachstumsraten besser einschätzen zu können, ist es hilfreich, den Wachstumsanteil der unterschiedlichen Einkommensgruppen im gesamten Erfassungszeitraum zu betrachten. In **Tabelle 2.1.2** wird der Wachstumsanteil pro Erwachsenem in jeder Gruppe dargestellt. Beide Zahlen in den Blick zu nehmen ist wichtig, weil die Einkommensgruppe des obersten 1 % in den vergangenen vier Jahrzehnten zwar eine kräftige Wachstumsrate von mehr als 100 % verzeichnet hat (was vor allem auf der individuellen Ebene von Bedeutung ist), aber dennoch nach wie vor nur einen kleinen Teil des Gesamtwachstums repräsentiert. Auf das oberste 1 % entfielen in USA/Kanada 35 % des Gesamtwachstums und in Russland erstaunliche 69 %.

Weltweit vereinte das oberste 1 % etwa 27 % des gesamten Einkommenswachstums auf sich – das ist doppelt so viel wie der Wachstumsanteil der unteren 50 %. Auf das oberste 0,1 % entfiel ungefähr ebenso viel Wachstum wie auf die untere Hälfte der Weltbevölkerung. Der Anteil der Topverdiener am globalen Einkommenswachstum seit 1980 war daher sehr hoch, obgleich dieses Segment demografisch nur eine winzige Gruppe darstellt.

Schritt für Schritt eine Darstellung der Verteilung der globalen Ungleichheit entwickeln

Ein hilfreiches Mittel zur Visualisierung der globalen Ungleichheitsdynamiken in der Einkommensentwicklung ist die grafische Darstellung der Gesamtwachstumsrate der verschiedenen Einkommensgruppen (vgl. **Kasten 2.1.2**). Dies ermöglicht eine genauere Abbildung der Wachstumsdynamiken als die Zahlen in **Tabelle 2.1.1**. Um zu verstehen, welche Rolle die einzelnen Regionen in den globalen Ungleichheitsdynamiken spielen, konstruieren wir in einem Schritt-für-Schritt-Verfahren diese globale Wachstumskurve, indem wir eine Region nach der anderen hinzufügen und jeden einzelnen dieser Schritte auswerten.

Tabelle 2.1.2
Anteile der Einkommensgruppen am globalen Einkommenswachstum, 1980–2016

Einkommensgruppe	**China**	**Europa**	**Indien**	**Russland**	**USA/ Kanada**	**Welt**
Gesamtbevölkerung	100 %	100 %	100 %	100 %	100 %	100 %
untere 50 %	13 %	14 %	11 %	-24 %	2 %	12 %
mittlere 40 %	43 %	38 %	23 %	7 %	32 %	31 %
obere 10 %	43 %	48 %	66 %	117 %	67 %	57 %
oberstes 1 %	15 %	18 %	28 %	69 %	35 %	27 %
oberstes 0,1 %	7 %	7 %	12 %	41 %	18 %	13 %
oberstes 0,01 %	4 %	3 %	5 %	20 %	9 %	7 %
oberstes 0,001 %	2 %	1 %	3 %	10 %	4 %	4 %

Quelle: WID.world (2017). Vgl. wir2018.wid.world für Datenreihen und Anmerkungen. Zwischen 1980 und 2016 entfielen in Europa auf die mittleren 40 % rund 38 % des gesamten Einkommenswachstums in der Region. Die Einkommensschätzungen sind nach KKP in Euro von 2016 berechnet. Die KKP berücksichtigt Unterschiede in den Lebenshaltungskosten zwischen den Ländern. Die Werte sind inflationsbereinigt.

Wir beginnen mit der Verteilung des Wachstums in jener Region, die wir aus Europa und Nordamerika bilden (vgl. **Grafik 2.1.2**). Diese beiden Gebiete umfassen im Jahr 2016 zusammen 880 Mio. Einwohner (520 Mio. in Europa und 360 Mio. in Nordamerika) und repräsentieren

Kasten 2.1.1
Wie haben wir die Kenngrößen für globale Einkommensungleichheit konstruiert?

Die Aussagen und Schätzungen im *Bericht zur weltweiten Ungleichheit 2018* stützen sich auf eine Kombination von Quellen, die auf nationaler Ebene verwendet werden (darunter Steuerdaten, Haushaltsbefragungen und nationale Berichte, wie in Teil I dargestellt). Fundierte Schätzungen über nationale Einkommensungleichheit sind mittlerweile für die USA, Westeuropa (insbesondere für Frankreich, Deutschland und Großbritannien) sowie für China, Indien, Brasilien, Russland und den Nahen Osten verfügbar. Diese Regionen repräsentieren ungefähr zwei Drittel der erwachsenen Weltbevölkerung und drei Viertel des weltweiten Einkommens.

In diesem Kapitel über globale Einkommensungleichheit haben wir die Gesamtheit des globalen Einkommens auf die Gesamtheit der Weltbevölkerung verteilt. Dazu mussten wir ein Viertel des globalen Einkommens jenem Drittel der Weltbevölkerung zuordnen, für das gegenwärtig noch keine verlässlichen Daten über Einkommensungleichheit verfügbar sind. Wir verfügen jedoch über Angaben zum Gesamtnationaleinkommen jedes Landes. Diese Information ist von großer Bedeutung, denn daraus lässt sich bereits sehr viel über die globale Einkommensungleichheit der Individuen ableiten.

Wie wird anschließend das Nationaleinkommen auf die Menschen verteilt, die in Ländern leben, für die es keine Ungleichheitsdaten gibt? Wir haben verschiedene Möglichkeiten geprüft und dabei festgestellt, dass diese nur sehr geringe Auswirkungen auf die Verteilung des globalen Einkommens haben, weil sich diese Annahmen nur auf einen begrenzten Teil des Einkommens und der Bevölkerung beziehen. Schließlich haben wir die Annahme getroffen, dass die Länder mit fehlenden Informationen ein ähnliches Niveau an Ungleichheit aufweisen wie die übrigen Länder in ihrer jeweiligen Region. So kennen wir zum Beispiel das durchschnittliche Einkommensniveau in Malaysia, wissen aber (noch) nicht, wie sich das Nationaleinkommen in diesem Land auf die Einwohner verteilt. Dann nahmen wir an, dass sich das Einkommen in Malaysia in gleicher Weise verteilt und den gleichen Entwicklungstrends folgt wie insgesamt in dieser Region, die von China und Indien gebildet wird. Das ist zwar ein stark vereinfachendes, aber in gewisser Weise akzeptables Vorgehen, da alternative Annahmen nur begrenzte Auswirkungen auf unsere allgemeinen Schlussfolgerungen haben.

Ein ähnlicher Fall ist Subsahara-Afrika. Hier verfügten wir zu keinem Land über konsistente Daten zur Einkommensungleichheit in den vergangenen Jahrzehnten (während wir in Bezug auf Asien konsistente Schätzungen zu China und Indien haben, in Bezug auf Lateinamerika zu Brasilien etc.). Bei den afrikanischen Ländern südlich der Sahara mussten wir uns auf Haushaltsbefragungen der Weltbank stützen (diese Schätzungen decken rund 70 % der afrikanischen Bevölkerung südlich der Sahara ab sowie einen noch etwas größeren Teil des Einkommens in dieser Region). Diese Befragungsdaten wurden ergänzt durch fiskalische Daten von WID.world, um die Ungleichheit an der Spitze der Einkommenspyramide besser abbilden zu können (vgl. Teil I).

Dies ermöglichte es uns schließlich, die globale Einkommensverteilung darzustellen. Die von uns verwendete Methodologie* ist einsehbar über wir2018.wid.world, so dass jeder Interessierte alternative Annahmen treffen oder die Arbeit fortführen kann. In künftigen Ausgaben des *Berichts zur weltweiten Ungleichheit* werden wir sukzessive die geografische Abdeckung unserer Daten erweitern.

den größten Teil der Weltbevölkerung, die in Ländern mit hohem Einkommen lebt. In Euro-Amerika belief sich das kumulierte Einkommenswachstum pro Erwachsenem im Zeitraum von 1980 bis 2016 auf 28 %, was relativ niedrig ist im Vergleich zum globalen Durchschnitt (66 %). Während die Einkommensgruppe der unteren 10 % in diesem Zeitraum einen Rückgang zu verzeichnen hatte, sind die Einkommen der Personen zwischen den Perzentilen 20 und 80 ungefähr entspre-

* Vgl. L. Chancel und A. Gethin, «Building a global income distibution brick by brick», WID.world Technical Note 2017/5; L. Chancel und L. Czajka, «Estimating the regional distribution of income in Sub-Saharan Africa», WID.world Technical Note 2017/6.

Grafik 2.1.2
Wachstum des Gesamteinkommens in USA/Kanada und Westeuropa nach Perzentilen, 1980–2016

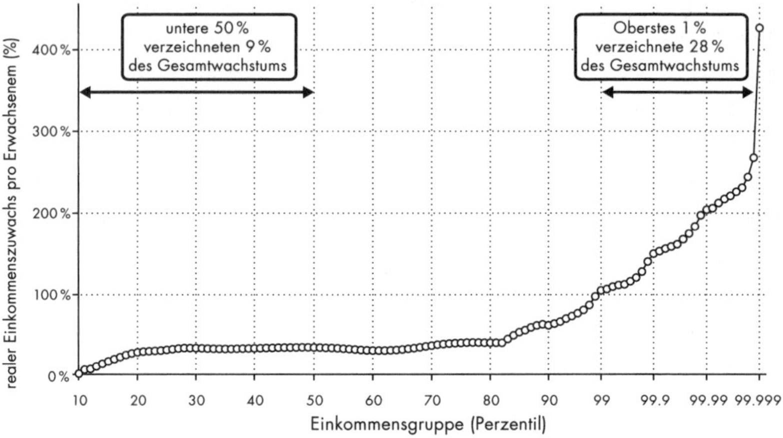

Quelle: WID.world (2017). Vgl. wir2018.wid.world für Datenreihen und Anmerkungen. Auf der horizontalen Achse wird die Weltbevölkerung in 100 gleich große Gruppen in aufsteigender Ordnung von links nach rechts unterteilt entsprechend dem Einkommensniveau der einzelnen Gruppen. Die Gruppe des obersten 1 % wird in zehn Gruppen untergegliedert, die reichste dieser Gruppen wird wiederum in zehn Gruppen unterteilt und die oberste dieser Gruppen ebenfalls in zehn Gruppen mit jeweils gleich großem Bevölkerungsanteil. Auf der vertikalen Achse wird der Gesamteinkommenszuwachs eines durchschnittlichen Mitglieds der jeweiligen Gruppen im Zeitraum von 1980 bis 2016 dargestellt. In der Perzentilgruppe 99 bis 99,1 (die ärmsten 10 % des reichsten 1 %) belief sich der Zuwachs im Zeitraum von 1980 bis 2016 auf 104 %. Auf das oberste 1 % entfielen 28 % des Gesamtzuwachses in dieser Periode. Die Einkommensschätzungen berücksichtigen Unterschiede in den Lebenshaltungskosten zwischen den Ländern. Die Werte sind inflationsbereinigt.

chend der durchschnittlichen Wachstumsrate gestiegen. An der Spitze der Verteilung hat sich das Einkommen des obersten 1 % in diesem Zeitraum um mehr als 100 % erhöht, und jenes des obersten 0,01 % und darüber ist um mehr als 200 % gestiegen.

Wie hat sich dies auf die Wachstumsanteile der verschiedenen Einkommensgruppen ausgewirkt? Auf das oberste 1 % der Einkommensbezieher entfielen 28 % des Gesamtwachstums – das ist ebenso viel wie auf die unteren 81 % der Bevölkerung. Auf die unteren 50 % der Einkommensbezieher entfielen 9 % des Wachstums, was weniger ist als auf das oberste 0,1 %. Doch diese Zahlen verbergen die großen Unterschiede in der Ungleichheitsentwicklung in Europa und Nordamerika. In Europa verzeichnete das oberste 1 % der Einkommensbezieher ein ebenso starkes Wachstum wie die unteren 51 % der Bevölkerung, wogegen in den USA auf das oberste 1 % ebenso viel Wachstum entfiel wie auf die unteren 88 % der Bevölkerung. (Für weitere Einzelheiten vgl. Kapitel 2.3.)

Im nächsten Schritt wird die Bevölkerung von Indien und China zur Verteilung von Euro-Amerika hinzugefügt. Die dadurch entstehende globale Region repräsentiert insgesamt 3,5 Mrd. Menschen (einschließlich der 1,4 Mrd. aus China und der 1,3 Mrd. aus Indien). Durch die Hinzufügung von China und Indien verändert sich die Form der globalen Wachstumskurve in bemerkenswerter Weise (vgl. **Grafik 2.1.3**).

Kasten 2.1.2
Die Interpretation der Ungleichheitsgrafiken in diesem Bericht

Gesamtwachstumskurven (oder «Wachstumsinzidenzkurven») illustrieren die Einkommenswachstumsraten der verschiedenen Einkommensgruppen in einem bestimmten Land oder im globalen Rahmen. Diese Grafiken wurden vor allem durch die Arbeiten von Christoph Lakner und Branko Milanovic bekannt. In diesem Bericht können wir dank neuer Datenreihen über Ungleichheit, die von WID.world erstellt wurden (wie in Teil I ausgeführt), neue Erkenntnisse über die globalen Einkommensdynamiken vorlegen. Insbesondere sind wir jetzt in der Lage, das oberste 1 % der globalen Verteilung in kleinere Gruppen aufzugliedern und deren relative Bedeutung für das Gesamtwachstum zu ermitteln. Unsere generelle Schlussfolgerung daraus lautet, dass die «Elefantenkurve» ausgeprägter ist, als ursprünglich von Lakner und Milanovic angenommen wurde.

Wie sind die Grafiken zu interpretieren? Auf der horizontalen Achse werden die Einkommensgruppen in aufsteigender Reihenfolge von den ärmsten (linke Seite) zu den reichsten (rechte Seite) aufgeführt. Die ersten 99 Gruppen entsprechen jeweils einem der unten angegebenen 99 Perzentile der Gesamtbevölkerung. Jede Gruppe repräsentiert 1 %

der Gesamtbevölkerung und nimmt in der Grafik die gleiche Länge ein. Die Gruppe des obersten 1 % wird nicht im selben Maßstab dargestellt wie die unteren 99 %. Wir haben sie auf nachfolgend beschriebene Weise in 28 Untergruppen unterteilt: Zunächst wird diese Gruppe nach zehn Gruppen gleicher Größe untergliedert (die jeweils 0,1 % der Gesamtbevölkerung repräsentieren). Anschließend wird die reichste dieser Gruppen abermals in zehn gleich große Gruppen unterteilt (die jeweils 0,01 % der Gesamtbevölkerung repräsentieren). Die reichste Gruppe davon wird dann wiederum in zehn gleich große Gruppen unterteilt. Die reichste Gruppe auf der horizontalen Achse (die Gruppe 99,999) entspricht somit den reichsten 0,001 % der Weltbevölkerung. Dies waren im Jahr 2016 rund 49 000 Personen.

Jede dieser 28 Gruppen, die das obere 1 % der Spitzenverdiener ausmachen, nimmt einen gleich großen Platz ein wie die Perzentile der unteren 99 %. Somit wird auf einfache Weise die Bedeutung dieser Gruppen im Hinblick auf das Gesamteinkommenswachstum dargestellt. Auf diese globale Spitzengruppe von 1 % entfielen im Zeitraum von 1980 bis 2016 27 % des gesamten Einkommenswachstums – das heißt rund ein Viertel des gesamten Wachstums. Auf der horizontalen Achse nimmt diese Gruppe daher ein Viertel der Skala ein.

Es gibt noch andere Möglichkeiten, die Perzentile auf der horizontalen Achse zu skalieren. In den Anhängen A2.1 und A2.2 werden zwei Varianten dargestellt. In der ersten Variante entspricht der Platz, den eine Gruppe einnimmt, ihrem Bevölkerungsanteil; dies hat zur Folge, dass die 28 Gruppen, in die das oberste 1 % unterteilt wurde, zusammengedrückt werden. In der anderen Variante wird jeder Gruppe ein Segment zugewiesen, das proportional ihrem jeweiligen Anteil am Gesamteinkommenswachstum entspricht. In diesem Fall sind es die Gruppen im unteren Bereich der globalen Verteilung, die komprimiert werden. Unsere Darstellung ist eine Kombination dieser beiden Varianten.

Die vertikale Achse bildet für jede dieser oben definierten 127 Gruppen die Wachstumsrate ihres gesamten realen Vorsteuereinkommens ab. Realeinkommen bedeutet, dass das Einkommen inflationsbereinigt wird. Unter «Vorsteuereinkommen» ist das Einkommen vor Abführung von Steuern und Transferabgaben zu verstehen (allerdings nach Entrichtung der Beiträge zum Rentensystem). Man beachte, dass die

Zahlen die globalen Wachstumsraten in einem bestimmten Zeitraum angeben, nicht die annualisierten Wachstumsraten, die in ökonomischen Debatten häufiger verwendet werden. Bei längeren Zeiträumen, wie der hier untersuchten Periode von 1980 bis 2016, ist es generell sinnvoller, mit den Gesamtwachstumsraten zu operieren statt mit durchschnittlichen jährlichen Wachstumsraten. Wegen der multiplikativen Kraft von Wachstumsraten führen kleine Schwankungen bei annualisierten Wachstumsraten in längeren Zeiträumen zu großen Unterschieden der Gesamtwachstumsraten. Um dies zu illustrieren, nehmen wir zwei Einkommensgruppen, deren Einkommen über einen Zeitraum von 35 Jahren mit 4 bzw. 5 % wächst. Das Einkommen der ersten Gruppe wächst nicht so schnell wie jenes der zweiten, der Unterschied erscheint aber eher gering. Doch im Zeitraum von 35 Jahren beträgt das Gesamteinkommenswachstum der ersten Gruppe 295 %, jenes der zweiten dagegen 452 %, was im Hinblick auf die Kaufkraft und die Lebensstandards einen substantiellen Unterschied darstellt.

Die erste Hälfte der Verteilung ist durch eine «steigende Flut» gekennzeichnet, da die Wachstumsraten des Gesamteinkommens vom unteren bis zum mittleren Bereich der Verteilung stark ansteigen. Die untere Hälfte der Bevölkerung verzeichnet Wachstumsraten von bis zu 260 %, was deutlich über dem durchschnittlichen globalen Einkommenswachstum von 146 % liegt. Das liegt an der Tatsache, dass die Chinesen und die Inder, die den Großteil der unteren Hälfte dieser globalen Verteilung bilden, wesentlich höhere Wachstumsraten erlebten als ihre europäischen und nordamerikanischen Pendants. Zudem war das Wachstum in Indien und China auch sehr ungleich verteilt, wie aus **Tabelle 2.1.1** hervorgeht.

Zwischen den Perzentilen 70 und 99 (Personen oberhalb der ärmsten 70 % der Bevölkerung, aber unterhalb des reichsten 1 %) war das Einkommenswachstum erheblich niedriger als im globalen Durchschnitt und erreichte nur 40 bis 50 %. Dies entspricht der Entwicklung der unteren und mittleren Einkommensgruppen in reichen Ländern, deren Einkommen nur mit niedrigen Raten stieg. Der Extremfall in diesem Zusammenhang ist die untere Hälfte der US-amerikanischen Bevölke-

Grafik 2.1.3
Wachstum des Gesamteinkommens in China, Indien, USA/Kanada und Westeuropa nach Perzentilen, 1980–2016

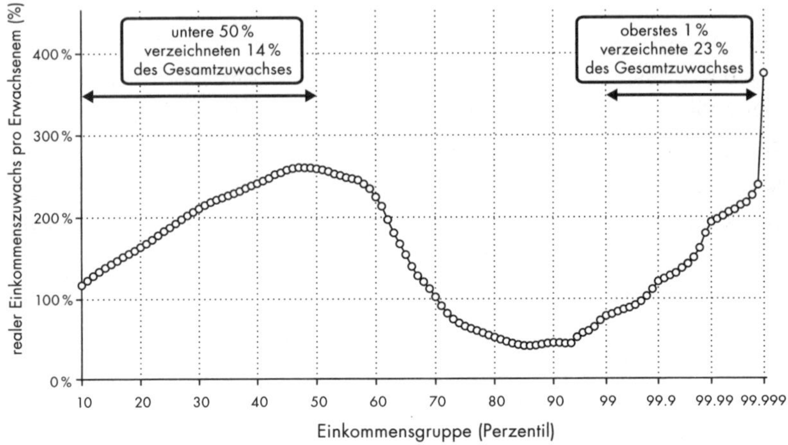

Quelle: WID.world (2017). Vgl. wir2018.wid.world für Datenreihen und Anmerkungen. Auf der horizontalen Achse wird die Weltbevölkerung in 100 gleich große Gruppen in aufsteigender Ordnung von links nach rechts unterteilt entsprechend dem Einkommensniveau der einzelnen Gruppen. Die Gruppe des obersten 1 % wird in zehn Gruppen untergegliedert, die reichste dieser Gruppen wird wiederum in zehn Gruppen unterteilt und die oberste dieser Gruppen ebenfalls in zehn Gruppen mit jeweils gleich großem Bevölkerungsanteil. Auf der vertikalen Achse wird der Gesamteinkommenszuwachs eines durchschnittlichen Mitglieds der jeweiligen Gruppen zwischen 1980 und 2016 dargestellt. In der Perzentilgruppe p99p99,1 (die unteren 10 % des reichsten 1 %) belief sich der Zuwachs in diesem Zeitraum auf 77 %. Auf das oberste 1 % entfielen 23 % des Gesamtzuwachses in dieser Periode. Die Einkommensschätzungen berücksichtigen Unterschiede in den Lebenshaltungskosten zwischen den Ländern. Die Werte sind inflationsbereinigt.

rung, deren Einkommen im untersuchten Zeitraum lediglich um 3 % wuchs (vgl. Kapitel 2.4).

Frühere Versionen der Grafik wurden als «Elefantenkurve» bezeichnet, da ihre Form der Silhouette des Tieres ähnelt. Die neuen Erkenntnisse bestätigen und verstärken noch die früheren Ergebnisse.[2] Sie bestätigen insbesondere den Anteil des Einkommenswachstums, der auf die Spitze der globalen Einkommensverteilung entfällt – eine Zahl, die bislang noch nicht richtig erfasst werden konnte.

An der Spitze der globalen Verteilung wurde ein extrem schnelles Einkommenswachstum verzeichnet – es stieg um rund 200 % bei dem obersten 0,01 % und um mehr als 360 % bei dem obersten 0,001 %. Diese Wachstumsraten waren nicht nur aus der Sicht der Betroffenen von großer Bedeutung, sie spielen auch eine wichtige Rolle im Hinblick auf das globale Einkommenswachstum. Auf das oberste 1 % entfielen in diesem Zeitraum 23 % des Gesamtwachstums – das ist ebenso viel wie auf die unteren 61 % der Bevölkerung. Solche Zahlen können dazu beitragen, die sehr hohen Wachstumsraten der Inder und Chinesen verständlich zu machen, die im unteren Bereich der Verteilung angesiedelt sind. Wenngleich die unteren 50 % im globalen Rahmen erhebliche Wachstumsraten erzielten, entfielen auf diese Gruppe nur

Grafik 2.1.4
Wachstum des Gesamteinkommens in allen Weltregionen nach Perzentilen, 1980–2016

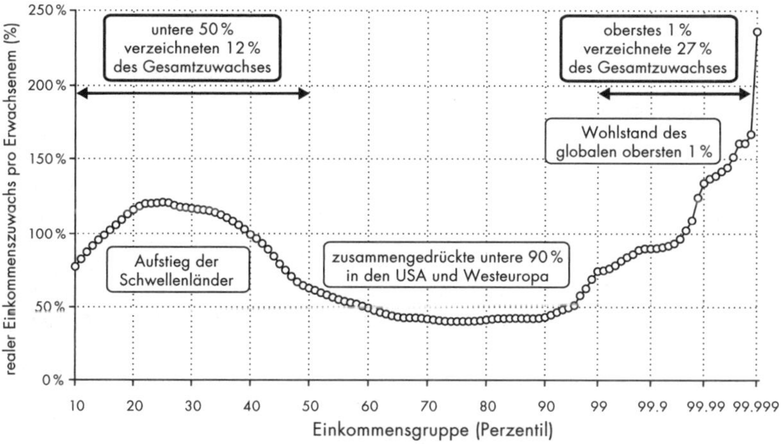

Quelle: WID.world (2017). Vgl. wir2018.wid.world für Datenreihen und Anmerkungen. Auf der horizontalen Achse wird die Weltbevölkerung in hundert gleich große Gruppen in aufsteigender Ordnung von links nach rechts unterteilt entsprechend dem Einkommensniveau der einzelnen Gruppen. Die Gruppe des obersten 1 % wird in zehn Gruppen untergegliedert, die reichste dieser Gruppen wird wiederum in zehn Gruppen unterteilt und die oberste dieser Gruppen ebenfalls in zehn Gruppen mit jeweils gleich großem Bevölkerungsanteil. Auf der vertikalen Achse wird der Gesamteinkommenszuwachs eines durchschnittlichen Mitglieds der jeweiligen Gruppen zwischen 1980 und 2016 dargestellt. Für die Perzentilgruppe p99p99,1 (die unteren 10 % des reichsten 1 %) belief sich das Wachstum in diesem Zeitraum auf 74 %. Auf das oberste 1 % entfielen 27 % des Gesamtwachstums in dieser Periode. Die Einkommensschätzungen berücksichtigen Unterschiede in den Lebenshaltungskosten zwischen den Ländern. Die Werte sind inflationsbereinigt.

14 % des Gesamtwachstums – nur etwas mehr als auf das globale 0,1 %, das 12 % des Gesamtwachstums auf sich vereinte. Dass die untere Hälfte der Bevölkerung nur einen solch geringen Wachstumsanteil erzielte, hängt zum Teil damit zusammen, dass sich das Einkommen armer Menschen verdoppeln oder verdreifachen kann, aber trotzdem noch ziemlich niedrig bleibt – so dass sich ein absoluter Anstieg ihres Einkommens nicht notwendigerweise im globalen Rahmen niederschlägt. Aber das ist nicht die einzige Erklärung. Die Einkommen an der Spitze müssen auch außergewöhnlich hoch sein, damit das Einkommenswachstum der unteren Hälfte der Weltbevölkerung demgegenüber klein erscheint.

Im nächsten Schritt werden die Einwohner und die Einkommen von Russland (140 Mio.), Brasilien (210 Mio.) und des Nahen Ostens (410 Mio.) in die Analyse einbezogen. Durch diese zusätzlichen Gruppen steigt die Gesamtbevölkerung, die nun untersucht wird, auf mehr als 4,3 Mrd. Menschen – das sind knapp 60 % der gesamten Weltbevölkerung und zwei Drittel der erwachsenen Bevölkerung. Die globale Wachstumskurve, die in **Grafik A2.3** im Anhang dargestellt wird, gleicht der vorhergehenden Kurve, allerdings mit dem Unterschied, dass der «Elefantenkörper» kürzer ist. Dies lässt sich dadurch erklären, dass Russland, der Nahe Osten und Brasilien drei Regionen sind, in denen während der Untersuchungsperiode niedrige Wachstumsraten verzeichnet wurden. Durch das Hinzufügen der Bewohner dieser drei Regionen verschiebt sich der «Elefantenkörper» auch leicht nach links, da ein großer Teil der Bevölkerung in diesen Ländern, aus einem globalen Blickwinkel betrachtet, weder sehr arm noch sehr reich ist und daher in den mittleren Bereich der Verteilung fällt. In dieser synthetischen globalen Region entfielen auf das oberste 1 % der Einkommensbezieher im Zeitraum von 1980 bis 2016 26 % des gesamten Wachstums – das heißt ebenso viel wie auf die unteren 65 % der Bevölkerung. Die unteren 50 % vereinten 15 % des Wachstums auf sich, mehr als das oberste 0,1 %, auf das 12 % entfiel.

Im letzten Schritt werden schließlich alle noch verbliebenen Regionen einbezogen – nämlich Afrika (knapp 1 Mrd. Menschen), der Rest von Asien (eine weitere Mrd. Menschen) und der Rest von Lateinamerika (knapp eine halbe Mrd.). Um die Dynamiken der Einkommensungleichheit in diesen Regionen zu rekonstruieren, berücksichtigen wir auch die

Ungleichheit zwischen den einzelnen Ländern, für die Informationen vorhanden sind, und legen die Annahme zugrunde, dass das Einkommen innerhalb der Länder ähnlich verteilt ist wie in jenen Ländern, zu denen wir konkrete Informationen haben (vgl. **Kasten 2.1.1**). Dies ermöglicht es uns, die Gesamtheit des globalen Einkommenswachstums im untersuchten Zeitraum auf die Weltbevölkerung zu verteilen.

Wenn sämtliche Länder in die Betrachtung einbezogen sind, verändert sich die Form der Kurve abermals (vgl. **Grafik 2.1.4**). Nun werden die globalen Einkommenswachstumsraten weiter vermindert, weil Afrika und Lateinamerika im untersuchten Zeitraum nur ein relativ niedriges Wachstum erzielt haben. Dies führt zu einer Verstärkung der weltweiten Ungleichheit im Vergleich zu den beiden vorher dargestellten Fällen. Die Ergebnisse entsprechen jenen in der rechten Spalte von **Tabelle 2.1.2**: Auf das oberste 1 % der Einkommensbezieher entfielen im Zeitraum von 1980 bis 2016 27 % des Gesamtwachstums, ebenso viel wie auf die

Grafik 2.1.5
Die geografische Aufgliederung der weltweiten Einkommensgruppen 1990

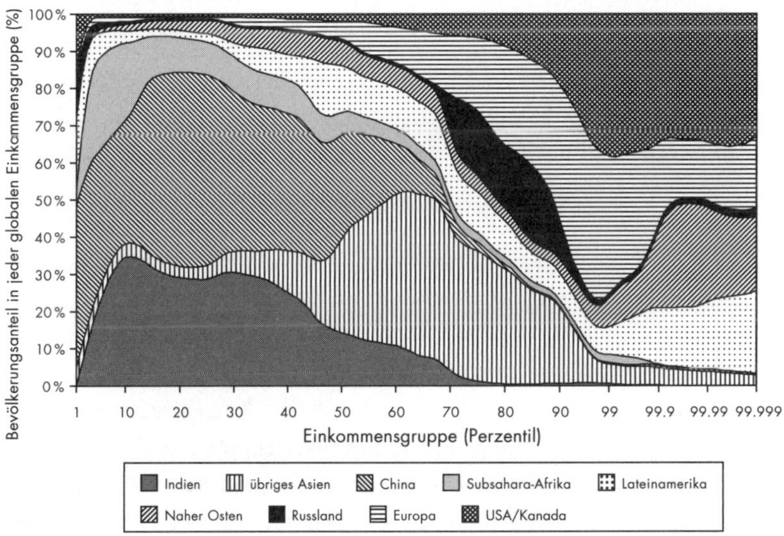

Quelle: WID.world (2017). Vgl. wir2018.wid.world für Datenreihen und Anmerkungen. 1990 waren 33 % der obersten 0,001 % der Einkommensbezieher Einwohner von USA und Kanada.

Grafik 2.1.6
Die geografische Aufgliederung der weltweiten Einkommensgruppen 2016

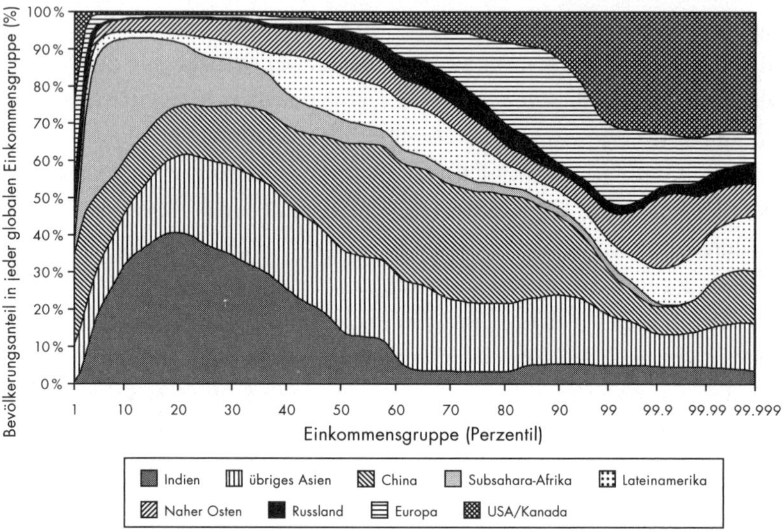

Quelle: WID.world (2017). Vgl. wir2018.wid.world für Datenreihen und Anmerkungen. 2016 waren 5 % der obersten 0,001 % der Einkommensbezieher Einwohner von Russland.

unteren 70 % der Bevölkerung. Die obersten 0,1 % vereinten 13 % des Gesamtwachstums auf sich, ebenso viel wie die unteren 50 %.

Die Geografie der weltweiten Einkommensungleichheit hat sich im Laufe der vergangenen Jahrzehnte verändert

Wie hoch ist der Anteil der Afrikaner, Asiaten, Amerikaner und Europäer an den einzelnen globalen Einkommensgruppen, und wie hat sich dieser Anteil im Lauf der Zeit entwickelt? Die **Grafiken 2.1.5 und 2.1.6** beantworten diese Fragen durch die Darstellung der geografischen Zusammensetzung aller Einkommensgruppen in den Jahren 1990 und 2016. Zwischen 1980 und 1990 veränderte sich die geografische Verteilung des weltweiten Einkommens nur geringfügig, und unsere Daten ermöglichen eine präzisere geografische Unterteilung für das Jahr 1990. In ähnlicher Weise, wie in den **Grafiken 2.1.2** bis **2.1.4** die Daten aufgeschlüsselt werden, wird in den **Grafiken 2.1.5** und **2.1.6** das oberste 1 % nach 28 Gruppen untergliedert (vgl. **Kasten 2.1.1**). Um es noch einmal deutlich zu machen: Alle Gruppen oberhalb des 99er-Perzentils bilden das reichste 1 % der Weltbevölkerung.

Im Jahr 1990 waren die Asiaten in den obersten globalen Einkommensgruppen praktisch nicht vertreten. Der Großteil der Bevölkerung Indiens und Chinas ist noch in der unteren Hälfte der Einkommensverteilung angesiedelt. Am anderen Ende der globalen Einkommensleiter leistet die Region USA/Kanada den größten Beitrag zur Gruppe der globalen Spitzenverdiener. Europa ist stark vertreten in der oberen Hälfte der globalen Verteilung, weniger stark jedoch in den obersten Einkommensgruppen. Die Eliten des Nahen Ostens und Lateinamerikas sind unter den globalen Spitzengruppen überproportional repräsentiert, da sie beide jeweils ungefähr 20 % der obersten 0,001 % der Einkommensbezieher ausmachen. Es ist darauf hinzuweisen, dass diese Überrepräsentation nur für das oberste 1 % der globalen Einkommensbezieher gilt; in der Gruppe des nächstreichen 1 % (der Perzentil 98–99) sinkt ihr Anteil auf 9 bzw. 4 %. Dies spiegelt das extreme Ausmaß der Ungleichheit in diesen Regionen wider, das in den Kapiteln 2.10 und 2.14 dargestellt wird. Interessanterweise konzentriert sich Russland im Bereich zwischen den Perzentilen 70 und 90, und die Russen schaffen es nicht in die Spitzengruppen. Im Jahr 1990 sorgte in Russland das sowjetische System noch für eine Komprimierung der Einkommensverteilung.

Im Jahr 2016 stellte sich die Situation deutlich anders dar. Die wichtigste Veränderung ist wahrscheinlich die Aufspreizung der chinesischen Einkommensbezieher, die heute in allen Bereichen der globalen Verteilung anzutreffen sind. Indien ist weiterhin überwiegend im unteren Bereich vertreten; nur sehr wenige Inder haben es in die Spitzengruppe geschafft.

Auch die Bandbreite der russischen Einkommensbezieher hat sich erweitert, und sie sind heute in den ärmsten wie auch den reichsten Einkommensgruppen vertreten. Dies illustriert die Auswirkung des Untergangs vom Kommunismus auf die Entwicklung der Einkommen in Russland. Die Afrikaner, die bislang in der unteren Hälfte der Vertei-

Grafik 2.1.7
Die globalen Anteile der unteren 50 % und des obersten 1 % der Einkommensbezieher, 1980–2016

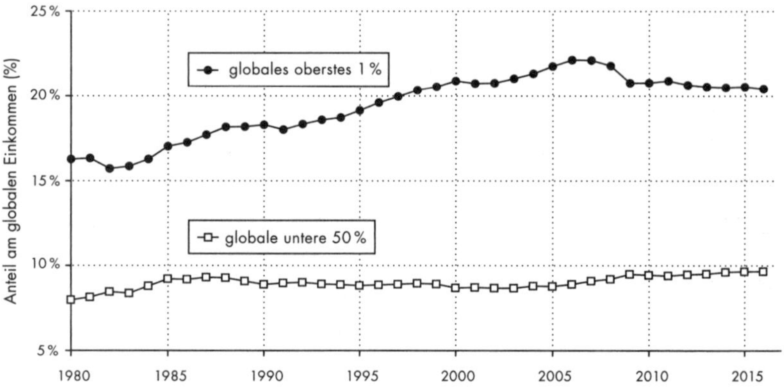

Quelle: WID.world (2017). Vgl. wir2018.wid.world für Datenreihen und Anmerkungen. 2016 entfielen 22 % des globalen Einkommens auf das oberste 1 % der Einkommensbezieher und 10 % auf die unteren 50 %. 1980 bekam das oberste 1 % 16 % des globalen Einkommens und die unteren 50 % 8 %.

lung angesiedelt waren, konzentrieren sich heute noch stärker im unteren Viertel aufgrund des in Afrika relativ niedrigen Einkommenswachstums im Vergleich zu den asiatischen Ländern. Am oberen Ende der Verteilung haben sich die Anteile von Nordamerika und insbesondere von Europa verringert (wodurch Platz geschaffen wurde für die asiatischen Länder). Der deutliche Rückgang des europäischen Anteils hängt damit zusammen, dass die meisten europäischen Länder in den vergangenen Jahrzehnten einen stärker auf soziale Gerechtigkeit ausgerichteten Wachstumspfad verfolgt haben als die USA und andere Länder – worauf wir in Kapitel 2.3 näher eingehen werden.

Seit 2000 hat sich ein differenzierteres Bild ergeben, doch die Ungleichheit innerhalb der Länder nimmt zu

Wie hat sich die weltweite Ungleichheit zwischen 1980 und 2016 entwickelt? **Grafik 2.1.7** liefert die Antwort durch die Darstellung des Anteils des Welteinkommens, der jeweils auf das oberste 1 % und die

Grafik 2.1.8
Der Anteil der oberen 10 % der Einkommensbezieher, 1980–2016: Ungleichheit zwischen bzw. innerhalb der Länder

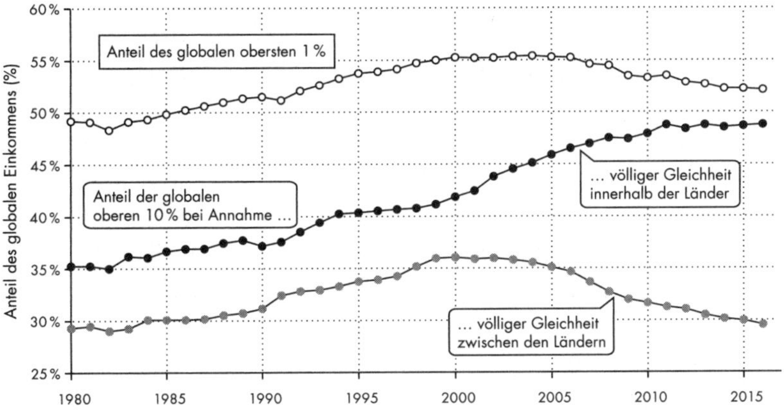

Quelle: WID.world (2017). Vgl. wir2018.wid.world für Datenreihen und Anmerkungen. 2010 entfielen 53 % des globalen Einkommens auf die oberen 10 %. Bei Annahme eines genau gleichen Durchschnittseinkommens zwischen den Ländern wären auf die oberen 10 % etwa 48 % des weltweiten Einkommens entfallen.

unteren 50 % entfiel, gemessen anhand der Kaufkraftparität. Der Anteil des obersten 1 % der Einkommensbezieher stieg von 16 % im Jahr 1980 auf mehr als 22 % im Jahr 2007 am Vorabend der Weltfinanzkrise. Bis 2016 sank dieser Anteil auf 20,4 %, doch dieser leichte Rückgang bedeutete keine Rückkehr zum Ungleichheitsniveau des Jahres 1980. Der Anteil der unteren Hälfte der Weltbevölkerung bewegte sich um 9 % mit einer leichten Aufwärtstendenz zwischen 1985 und 2016.

Die erste Erkenntnis aus dieser Grafik lautet, dass das extreme Ausmaß der weltweiten Ungleichheit während des gesamten Untersuchungszeitraums Bestand hatte und auf das oberste 1 % der Einkommensbezieher das Doppelte des Einkommens der unteren 50 % der Bevölkerung entfiel – wodurch sich in Bezug auf das durchschnittliche Einkommensniveau pro Erwachsenem ein Faktor von 100 ergibt. Zum anderen ist offenkundig, dass das starke Einkommenswachstum in den Schwellenländern seit dem Jahr 2000, insbesondere in China, oder die globale Finanzkrise von 2008 nicht ausreichend waren, um den Anstieg der weltweiten Einkommensungleichheit zu stoppen.

Untergliedert man die globale Ungleichheit in die Komponenten der Ungleichheit zwischen den Ländern und innerhalb der Länder, zeigt sich, dass die Ungleichheit innerhalb der Länder seit dem Jahr 2000 weiter zugenommen hat, während die Ungleichheit zwischen den Ländern bis zum Jahr 2000 gestiegen und danach zurückgegangen ist. **Grafik 2.1.8** stellt die Entwicklung der globalen oberen 10 % der Einkommensbezieher dar, deren Anteil am Welteinkommen im Jahr 1980 knapp 50 % betrug, zwischen 2000 und 2007 auf 55 % stieg und bis zum Jahr 2016 leicht zurückging auf etwas mehr als 52 %. In der Grafik werden zwei alternative Szenarien für die Entwicklung des Anteils der Gruppe der globalen 10 % Spitzenverdiener vorgestellt. Im ersten Modell wird angenommen, dass alle Länder ein genau gleiches Durchschnittseinkommen hatten (das heißt, dass es keine Ungleichheit zwischen den Ländern gab), dass aber dieses Einkommen innerhalb der Länder ungleich verteilt war, wie wir es aktuell festgestellt haben. In diesem Fall wäre der Anteil der oberen 10 % von 35 % im Jahr 1980 auf gegenwärtig knapp 50 % gestiegen. Im zweiten Szenarium wird angenommen, dass sich die Ungleichheit zwischen den Ländern wie festgestellt entwickelt hat, und es wird ferner angenommen, dass alle Einkommensbezieher eines Landes auf dem genau gleichen Einkommensniveau standen (dass es also keine Ungleichheit innerhalb des Landes gab). In diesem Fall wäre der Anteil der oberen 10 % von knapp 30 % im Jahr 1980 auf mehr als 35 % im Jahr 2000 gestiegen und wäre anschließend wieder auf 30 % zurückgegangen.

Gemessen an Marktwechselkursen, ist die weltweite Ungleichheit sogar noch größer

Preise können von einer Währung in eine andere umgerechnet werden, indem man entweder die Marktwechselkurse oder die Kaufkraftparität zugrunde legt (was wir oben getan haben). Marktwechselkurse oder Marktpreise sind die Preise, zu denen die Menschen bereit sind, Währungen zu kaufen und zu verkaufen; sie sollten daher auf den ersten Blick die relative Kaufkraft der Menschen widerspiegeln. Dadurch stellen sie einen natürlichen Umrechnungsfaktor zwischen Währungen dar.

Grafik 2.1.9
Die Anteile der unteren 50 % und des obersten 1 % am Welteinkommen, 1980–2016: nach Kaufkraftparität bzw. Marktwechselkursen

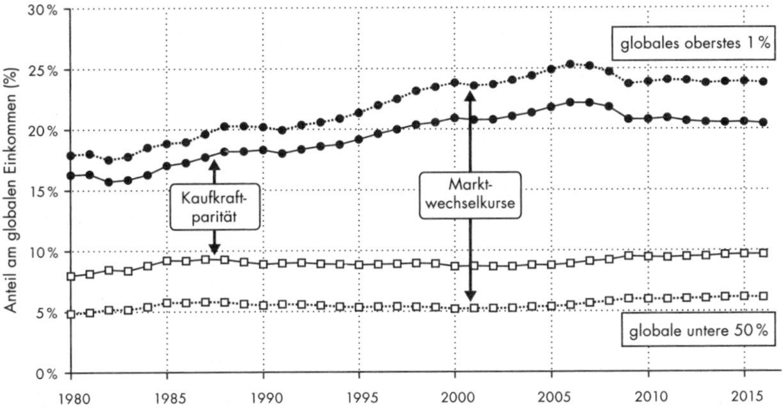

Quelle: WID.world (2017). Vgl. wir2018.wid.world für Datenreihen und Anmerkungen. 2010 entfielen auf das oberste 1 % der Einkommensbezieher 24 % des Welteinkommens, gemessen nach Marktwechselkursen. Gemessen nach Kaufkraftparität (KKP), betrug sein Anteil 21 %. Die durchgezogenen Linien zeigen die Werte nach KKP, die gestrichelten nach Marktwechselkursen. Die Einkommensschätzungen berücksichtigen Unterschiede in den Lebenshaltungskosten zwischen den Ländern. Die Werte sind inflationsbereinigt.

Das Problem besteht jedoch darin, dass Marktwechselkurse nur die relative Kaufkraft des Geldes in Bezug auf handelbare Güter widerspiegeln. Nichthandelbare Güter (üblicherweise Dienstleistungen) sind aber in aufstrebenden Volkswirtschaften in der Praxis billiger im Verhältnis zu handelbaren Erzeugnissen (gemäß dem Balassa-Samuelson-Effekt). Daher wird durch Marktwechselkurse der Lebensstandard in ärmeren Ländern unterbewertet. Zudem können Marktwechselkurse noch aus vielfältigen anderen Gründen – die manchmal rein finanzieller oder politischer Natur sein können – in chaotischer Weise schwanken. Die Kaufkraftparität ist ein alternativer Umrechnungsfaktor, der diese Probleme berücksichtigt (auf der Grundlage der festgestellten Preise in den verschiedenen Ländern). Der Grad der weltweiten Einkommensungleichheit ist daher wesentlich höher, wenn man sie mittels Marktwechselkursen anstatt der Kaufkraftparität misst. Dadurch erhöht sich der Anteil des obersten 1 % im Jahr 2016 von 20 auf 24 %, und der Anteil der unteren 50 % sinkt von knapp 10 auf 6 % (vgl. **Grafik 2.1.9**).

Die Kaufkraftparität liefert ein wesentlich genaueres Bild der weltweiten Ungleichheit aus der Perspektive von Menschen, die nicht durch die Welt reisen und ihr Einkommen im Wesentlichen in ihrem Heimatland ausgeben. Marktwechselkurse geben möglicherweise besser Auskunft über Ungleichheit in einer Welt, in der die Menschen ihr Geld überall ausgeben können, wo sie wollen, was für die globalen Spitzenverdiener und für Touristen gilt und zunehmend auch für alle, die Zugang zum Internet haben. Es gilt auch für Arbeitsmigranten, die Geld in ihre Heimatländer zurückschicken. Sowohl die Kaufkraftparität als auch die Marktwechselkurse sind aussagekräftige Kenngrößen, um die weltweite Einkommensungleichheit zu erfassen, abhängig vom Gegenstand oder den Ländern, die man untersuchen und miteinander vergleichen möchte.

In diesem Bericht verwenden wir die Kaufkraftparität in der Regel für internationale Vergleiche, bisweilen werden aber auch die Marktwechselkurse herangezogen, um andere wichtige Aspekte der internationalen Ungleichheit zu illustrieren.

Eine sorgfältige Untersuchung der Wachstumsentwicklungen und der politischen Veränderungen in den Ländern ist notwendig, um die treibenden Kräfte der nationalen und der weltweiten Ungleichheit zu erkennen

Die vergangenen vier Jahrzehnte sind durch einen starken Anstieg der weltweiten Ungleichheit gekennzeichnet, und das Einkommenswachstum in den Schwellenländern war nicht hoch genug, um dies auszugleichen. Ob das künftige Wachstum in den aufstrebenden Ländern diesen Trend wird umkehren können oder dafür gar nicht von großer Bedeutung ist, werden wir in Teil V dieses Berichts erörtern. Bevor wir uns dieser Frage zuwenden, möchten wir uns jedoch noch eingehender mit den treibenden Kräften dieser Entwicklungstrends befassen, die seit 1980 zu beobachten sind.

Da dieser Zeitraum durch eine zunehmende Verflechtung des Handels zwischen den Ländern geprägt ist, erscheint es sinnvoll, die Erklärung in wirtschaftlichen Handelsmodellen zu suchen. Doch die Standardmodelle der Außenwirtschaftslehre können die Ungleichheitsdynamiken nicht erklären, die sich in den vergangenen vier Dekaden herausgebildet haben. Dies gilt zum Beispiel für das Heckscher-Ohlin-Modell, das bekannteste Theorem der Außenwirtschaftstheorie, das auf zwei Faktoren abstellt. Diesem Modell zufolge soll eine Liberalisierung des Handels zu einem Anstieg der Ungleichheit in den reichen Ländern führen, diese jedoch in den Ländern mit niedrigem Einkommen vermindern.

Wie gelangt das Modell zu dieser Schlussfolgerung? Der zugrunde liegende Mechanismus ist sehr einfach. Er beruht auf der Tatsache, dass es in den USA mehr hoch qualifizierte Arbeitskräfte (wie etwa Luftfahrtingenieure) gibt als in China und in China mehr gering qualifizierte Arbeitskräfte (wie etwa Textilarbeiter) als in den USA. Bevor der Handel zwischen diesen beiden Ländern liberalisiert wurde, waren Luftfahrtingenieure in China relativ selten und verdienten daher relativ viel im Vergleich zu Textilarbeitern, die sehr zahlreich waren. In den USA gab es dagegen zu dieser Zeit relativ wenige Geringqualifizierte, und das Einkommensgefälle zwischen Ingenieuren und Textilarbeitern war begrenzt.

Als die USA und China den gegenseitigen Handel aufnahmen, spezialisierte sich jedes Land, relativ gesehen, auf den Bereich, in dem es über die meisten Arbeitskräfte verfügte. China konzentrierte sich daher auf Textilien, so dass mehr Textilarbeiter benötigt wurden und deren Löhne stiegen, während Luftfahrtingenieure weniger gefragt waren und sinkende Löhne hinnehmen mussten. Gemäß dem Faktorpreisausgleichstheorem begannen sich die Löhne der Geringqualifizierten in China und den USA anzunähern, ebenso wie die Löhne der Hochqualifizierten.

Während in den USA die Ungleichheit zunahm, wie dieses Modell prognostiziert, stieg sie aber auch in China stark, ebenso in Indien und Russland, wie aus **Grafik 2.1.1a** hervorgeht – was im Gegensatz zu den Voraussagen des Modells stand. Unabhängig davon, ob das Heckscher-Ohlin-Theorem stichhaltig ist oder nicht, es kann jedenfalls nicht zur Erklärung der Entwicklung der globalen Ungleichheit herangezogen werden. Wie lassen sich aber dann diese empirischen Befunde erklären? Wie **Tabelle 2.1.1** nahelegt, haben die Länder in den vergangenen Jahrzehnten sehr unterschiedliche Entwicklungspfade bezüglich Wachstum und Ungleichheit verfolgt. Es erscheint daher notwendig, diese Entwicklungspfade ebenso sorgfältig zu untersuchen wie die institutionellen und politischen Veränderungen, die sich in den verschiedenen Weltregionen in den vergangenen vier Jahrzehnten vollzogen haben.

Um die Triebkräfte der Entwicklung der weltweiten Einkommensungleichheit zu verstehen, ist eine fundierte Analyse der Verteilung des Wachstums des Nationaleinkommens innerhalb der Länder erforderlich. Diesen Dynamiken soll in den folgenden Kapiteln nachgegangen werden.

2. Trends der Einkommensungleichheit zwischen den Ländern

Die Informationen in diesem Kapitel stützen sich auf «National Accounts Series Methodology» von Thomas Blanchet und Lucas Chancel, 2016, WID.world Working Paper Series (Nr. 2016/1), sowie auf nachfolgende Aktualisierungen von WID.world.

- Bei der Untersuchung der Einkommensungleichheit zwischen Ländern ist es sinnvoller, das jeweilige Nettonationaleinkommen zu vergleichen anstatt das BIP. Das Nettonationaleinkommen berücksichtigt auch die Abschreibung veralteter Maschinen und anderer Kapitalgüter wie auch den Zufluss von Auslandseinkommen.
- Im globalen Rahmen beträgt das durchschnittliche Nettonationaleinkommen pro Erwachsenem 1340 Euro pro Monat. Die Nordamerikaner beziehen ein dreifach höheres Einkommen, die Europäer ein doppelt so hohes. Das durchschnittliche Erwachseneneinkommen in China liegt geringfügig unter dem globalen Durchschnitt. Doch auf das Land China entfällt ein größerer Anteil am Welteinkommen als auf Nordamerika oder Europa (19, 17 bzw. 17 %).
- Diese Situation unterscheidet sich deutlich von jener im Jahr 1980, als China lediglich 3 % des Welteinkommens repräsentierte. In diesem Zeitraum waren starke konvergierende Kräfte am Werk, die zu einer Verminderung der weltweiten Ungleichheit zwischen den Ländern geführt haben. Während sich das Wachstum in Europa verlangsamte,

stieg es in Asien und insbesondere in China sprunghaft, gefolgt von einer Modernisierung der Wirtschaft und einer Öffnung des Landes für die Weltmärkte.

- In anderen Teilen der Welt waren aber auch divergierende Kräfte wirksam. Im Zeitraum von 1980 bis heute ist das Durchschnittseinkommen in Subsahara-Afrika und in Südamerika unter den Weltdurchschnitt gefallen.

Das Nationaleinkommen eignet sich besser als das BIP für den Vergleich der Einkommensungleichheit zwischen Ländern

In öffentlichen Diskussionen wird zum Vergleich der Wirtschaftleistung der einzelnen Länder meist das BIP herangezogen. Doch diese Kenngröße eignet sich nur eingeschränkt zur Messung des nationalen Wohlergehens. Das BIP misst den Wert aller in einer Volkswirtschaft erzeugten Güter und Dienstleistungen, nach Abzug der Kosten für Material und sonstige Vorleistungen, die für den Produktionsprozess erforderlich sind. Daher kann es die Kapitalabschreibung oder öffentliche «Übel» wie etwa Umweltverschmutzung, zunehmende Kriminalität oder Krankheiten nicht angemessen berücksichtigen (weil diese zu Ausgaben führen, die das BIP erhöhen). Diese Einschränkungen haben einige Statistikbehörden und eine wachsende Zahl von Regierungen veranlasst, komplementäre Indikatoren für wirtschaftliche Leistung und Wohlergehen zu entwickeln und zu verwenden.[3]

Neben der Tatsache, dass das Konzept des BIP nicht auf die Untersuchung der Ungleichheit innerhalb eines Landes ausgelegt ist, weist es bezüglich der Ungleichheitsanalyse zwischen Ländern noch zwei weitere wesentliche Einschränkungen auf. Die erste besteht darin, dass das BIP, wie der Name bereits aussagt, eine Bruttogröße ist; sie berücksichtigt nicht Aufwendungen, die für den Ersatz von Kapital erforderlich sind, das abgeschrieben wurde oder im Zuge der Produktion von Gütern oder der Erstellung von Dienstleistungen in der Volkswirtschaft verbraucht wurde. Maschinen, Computer, Straßen und elektrische Anlagen müssen jährlich repariert oder ersetzt werden. Dies wird als Kapitalabschreibung oder Abschreibung auf Anlagevermögen bezeichnet. Zieht man diese vom BIP ab, ergibt sich das Nettonationalprodukt (NNP), das eine genauere Kenngröße für die Wirtschaftsleistung ist als das BIP. Die Abschreibung auf Anlagevermögen variiert in Bezug auf den zeitlichen Ablauf und die einzelnen Länder (vgl. **Tabelle 2.2.1**). Länder, die über einen höheren Maschinenbestand in ihrem gesamten Kapitalstock verfügen, tendieren dazu, einen größeren Anteil ihres Gesamtkapitals zu ersetzen. Dies gilt allgemein für fortgeschrittene und durch Automatisierung geprägte Volkswirtschaften – insbesondere für Japan, wo die Abschreibung auf Anlagevermögen 21 % des BIP ausmacht (wodurch das BIP pro Jahr um nahezu 8000 Euro pro Erwachsenem vermindert wird). Auch in den Ländern der Europäischen Union und in den USA erreicht die Abschreibung auf Anlagevermögen einen hohen Anteil am BIP (16–17 %). Dagegen weisen Länder, die im Vergleich weniger Maschinen besitzen und noch über einen hohen Anteil an Agrarland in ihrem Kapitalstock verfügen, eine niedrigere Abschreibungsquote auf. In Indien macht die Abschreibung auf Anlagevermögen 11 % am BIP aus, in Südamerika 12 %. Die unterschiedliche Höhe der Abschreibungen modifiziert daher das Ausmaß der Ungleichheit zwischen den Ländern. Durch diese Schwankungen wird auch die weltweite Ungleichheit reduziert, da das Einkommen, das für die Ersetzung veralteter Maschinen verwendet wird, in reichen Ländern gewöhnlich höher ist als in Ländern mit niedrigem Einkommen. In Zukunft möchten wir auch die Abschreibung von Naturkapital in unseren Schätzungen besser berücksichtigen.

BIP-Zahlen sind darüber hinaus nur von begrenztem Nutzen, wenn man die Einkommensungleichheit zwischen einzelnen Ländern und über bestimmte Zeiträume vergleichen möchte. Auf globaler Ebene ist das Nettonationalprodukt mit dem Nettonationaleinkommen identisch. Auf nationaler Ebene jedoch verbleibt Einkommen, das durch den Verkauf von Waren oder Dienstleistungen erzielt wird, nicht notwendigerweise in dem betreffenden Land. Dies ist zum Beispiel der Fall, wenn Fabriken ausländischen Eigentümern gehören. Durch die Einbeziehung ausländischer Einkommen wird die globale Ungleichheit zwischen den Ländern tendenziell verstärkt und nicht reduziert. Reiche Länder verfügen gewöhnlich über mehr Eigentum in anderen Teilen der

Tabelle 2.2.1
Die Verteilung des Weltnationaleinkommens und des Bruttoinlandsprodukts, 2016: nach Kaufkraftparität

	Bevölkerung (Mio.)										
	gesamt		**Erwachsene**		**BIP** (Mrd. 2016 €, KKP)	**Abschreibung** (% des BIP)	**Nettoauslandseinkommen** (% des BIP)	**Nationaleinkommen** (Mrd. 2016 €, KKP)		**Nationaleinkommen pro Erwachsenem** (2016 €, KKP)	**Äquivalent Monatseinkommen pro Erwachsenem** (2016 €, KKP)
Welt	7372	**100 %**	4867	**100 %**	92	14 %	-0,5 %	78	**100 %**	16 100	1340
Europa	747	**10 %**	593	**12 %**	19	15 %	-0,6 %	16	**20 %**	27 100	2260
inkl. Europäische Union	523	**7 %**	417	**9 %**	16	17 %	-0,2 %	13	**17 %**	31 400	2260
inkl. Russland/ Ukraine	223	**3 %**	176	**4 %**	3	9 %	-2,5 %	3	**4 %**	16 800	1400
Amerika	962	**13 %**	661	**14 %**	23	15 %	-0,2 %	19	**25 %**	29 500	2460
inkl. USA/ Kanada	360	**5 %**	263	**5 %**	16	16 %	0,9 %	13	**17 %**	50 700	4230
inkl. Lateinamerika	602	**8 %**	398	**8 %**	7	12 %	-2,5 %	6	**8 %**	15 400	1280
Afrika	1214	**16 %**	592	**12 %**	4	10 %	-2,1 %	4	**5 %**	6600	550
inkl. Nordafrika	240	**3 %**	140	**3 %**	2	9 %	-1,7 %	2	**2 %**	11 400	950
inkl. Subsahara-Afrika	974	**13 %**	452	**9 %**	3	11 %	-2,3 %	2	**3 %**	5100	430
Asien	4410	**60 %**	2994	**62 %**	44	14 %	-0,4 %	38	**49 %**	12 700	1060
inkl. China	1382	**19 %**	1067	**22 %**	18	14 %	-0,7 %	15	**19 %**	14 000	1170
inkl. Indien	1327	**18 %**	826	**17 %**	7	11 %	-1,2 %	6	**7 %**	7000	580
inkl. Japan	126	**2 %**	105	**2 %**	7	21 %	3,5 %	3	**4 %**	31 000	2580
inkl. übrige Länder	1575	**21 %**	995	**20 %**	16	13 %	-0,7 %	14	**18 %**	14 200	1180
Ozeanien	39	**1 %**	27	**1 %**	1	16 %	-1,5 %	1	**1 %**	31 700	2640
inkl. Australien/ Neuseeland	29	**0,4 %**	21	**0,4 %**	1	16 %	-1,5 %	1	**1 %**	38 200	3180
inkl. übrige Länder	10	**0,1 %**	5	**0,1 %**	0,03	7 %	-2,4 %	0,03	**0 %**	5600	470

Quelle: WID.world (2017). Vgl. wir2018.wid.world für Datenreihen und Anmerkungen. 2016 repräsentierte Europa 20 % des globalen Einkommens gemessen nach Kaufkraftparität (KKP). Auf Europa entfielen auch 12 % der erwachsenen Weltbevölkerung und 10 % der gesamten Weltbevölkerung. BIP: Bruttoinlandsprodukt. Alle Werte wurden nach KKP umgerechnet in Euro von 2016 (Kurs: € 1 = $ 1,3 = ¥ 4,4). Die KKP berücksichtigt Unterschiede in den Lebenshaltungskosten zwischen den Ländern. Die Werte sind inflationsbereinigt. Wegen Auf- oder Abrundung ergeben die Zahlen nicht immer 100 %.

Welt als arme Länder. **Tabelle 2.2.1** zeigt, dass das Nettoauslandseinkommen in Nordamerika 0,9 % des BIP ausmacht (was durchschnittlich einem zusätzlichen Einkommen von 610 Euro (670 US-Dollar) pro erwachsenem Nordamerikaner entspricht, das ihm aus dem Rest der Welt zufließt.[4] Japans Nettoauslandseinkommen beläuft sich sogar auf 3,5 % des japanischen BIP (was pro Jahr 1460 Euro pro Erwachsenem entspricht). Das Nettoauslandseinkommen innerhalb der Europäischen Union ist leicht negativ, wenn es mittels der Kaufkraftparität gemessen wird (vgl. **Tabelle 2.2.1**), und knapp positiv, wenn man es auf Basis der Marktwechselkurse ermittelt (vgl. **Tabelle 2.2.2**). Diese Zahl verbirgt große Ungleichgewichte innerhalb der Europäischen Union. Frankreich und Deutschland haben ein stark positives Nettoauslandseinkommen (2–3 % ihres BIP), während Irland und Großbritannien ein negatives Nettoauslandseinkommen verzeichnen (dies hängt vor allem mit der großen Zahl von Finanzdienstleistern und ausländischen Unternehmen zusammen, die dort ansässig sind). Andererseits zahlt Lateinamerika jedes Jahr 2,4 % seines BIP an den Rest der Welt. Interessanterweise hat auch China ein negatives Nettoauslandseinkommen. Es überweist knapp 0,7 % seines BIP ans Ausland, worin sich die Tatsache widerspiegelt, dass die Erträge, die es auf seine ausländischen Anlagen erzielt, niedriger sind als die Erträge, die ausländische Investitionen in China abwerfen.

Definitionsgemäß sollte das Nettoauslandseinkommen auf globaler Ebene ein Nullsummenspiel sein: Was die einen Länder zahlen, muss anderen Ländern zufließen. Bislang jedoch ist es den internationalen Statistikbehörden noch nicht gelungen, die Ströme des Nettoauslandseinkommens auf konsistente Weise zu erfassen. Auf globaler Ebene beläuft sich die Summe des erfassten Nettonationaleinkommens nicht auf null. Dies wurde als das Problem des «fehlenden Einkommens» bezeichnet: Ein Teil des Gesamteinkommens verschwindet aus den globalen Wirtschaftsstatistiken, was zur Folge hat, dass sich das Nettoauslandseinkommen auf globaler Ebene nicht auf null summiert.

Der *Bericht zur weltweiten Ungleichheit 2018* bedient sich einer neuen Methode, die Einkommensströme aus Steueroasen mitberücksichtigt. Unsere Methode beruht auf Schätzungen des Offshore-Vermögens, die von Gabriel Zucman erstellt wurden.[5] Es ist darauf hinzuweisen, dass sich die Nettoeinkommensströme aus dem Ausland, wenn man sie nach

Marktwechselkursen misst, auf null summieren sollten (vgl. **Tabelle 2.2.2**), es gibt aber keinen Grund, warum dies auch bei der Erfassung mittels der Kaufkraftparität der Fall sein sollte (vgl. **Tabelle 2.2.1**). Die Berücksichtigung des fehlenden Nettoauslandseinkommens führt zu keinen dramatischen Veränderungen der Zahlen zur globalen Ungleichheit, sie kann jedoch für einzelne Länder einen großen Unterschied ausmachen. Dies ermöglicht eine realistischere Darstellung der Einkommensungleichheit zwischen den Ländern als die Zahlen, die für gewöhnlich verwendet werden.

Das Wachstum in Asien hat zur Verminderung der Ungleichheit zwischen den Ländern in den vergangenen Jahrzehnten beigetragen

Auf globaler Ebene belief sich 2016 das durchschnittliche monatliche Pro-Kopf-Einkommen von Erwachsenen nach Kaufkraftparität auf 1340 Euro (1740 US-Dollar) und nach Marktwechselkursen auf 990 Euro (1090 US-Dollar). Wie ausgeführt, stellen Kaufkraftparität und Marktwechselkurse unterschiedliche Möglichkeiten zur Messung von Einkommen und Ungleichheit zwischen den Ländern dar. Anders als bei der Messung nach reinen Marktwechselkursen werden bei der Methode der Kaufkraftparität auch die Preisunterschiede zwischen den Ländern berücksichtigt.

Das Nationaleinkommen, ermittelt nach Kaufkraftparität, ist in Nordamerika rund dreimal höher (4220 Euro oder 5490 US-Dollar pro Erwachsenem und pro Monat) als im globalen Durchschnitt, und in der Europäischen Union ist es nach Kaufkraftparität zweimal höher als im weltweiten Durchschnitt (2630 Euro oder 3420 US-Dollar pro Erwachsenem und pro Monat). Nach Marktwechselkursen berechnet, wird der Unterschied zwischen den reichen Ländern und dem globalen Durchschnitt noch deutlicher: Die USA und Kanada sind fünfmal reicher als der Weltdurchschnitt, während die EU-Länder knapp dreimal reicher sind.[6] In China beträgt das Einkommen pro Erwachsenem 1170 Euro oder 1520 US-Dollar nach Kaufkraftparität – das heißt, es ist etwas niedriger als der Weltdurchschnitt (1340 Euro oder 1740 US-Dollar).

China insgesamt repräsentiert 19 % des gegenwärtigen Welteinkommens. Dieser Anteil ist höher als jener von Nordamerika und der EU-Länder (jeweils 17 %). Gemessen nach Marktwechselkursen, entspricht der chinesische Durchschnitt dagegen 700 Euro oder 770 US-Dollar und liegt damit deutlich niedriger als der Weltdurchschnitt (990 Euro oder 1090 US-Dollar). Der chinesische Anteil am Einkommen reduziert sich auf 15 % im Vergleich zu 27 % für USA/Kanada und 23 % für die EU-Länder.

Dies bildet einen scharfen Kontrast zur Situation des Jahres 1980. Vor 38 Jahren repräsentierte China lediglich 3 % des globalen Einkommens, während auf USA/Kanada 20 % und auf die Europäische Union 28 % entfielen (zu den Werten nach Kaufkraftparität vgl. **Tabelle 2.2.3**). Chinas eindrucksvolle Wachstumsrate des realen Nationaleinkommens pro Erwachsenem in diesem Zeitraum (831 % zwischen 1980 und 2016 im Verhältnis zu 106 % zwischen 1950 und 1980; vgl. **Tabelle 2.2.4**) trug maßgeblich zur Verminderung der weltweiten Ungleichheit zwischen den Ländern bei. Eine weitere konvergierende Kraft bildeten die rückläufigen Einkommenswachstumsraten in Westeuropa im Verhältnis zu den vorhergehenden Dekaden (180 % Wachstum pro Erwachsenem zwischen 1950 und 1980 gegenüber 45 % danach). Diese Abnahme der Wachstumsraten erklärt sich durch das Ende des «goldenen Zeitalters» des Wachstums in Westeuropa, aber auch die Große Rezession, die in Europa zu einem Jahrzehnt des verlorenen Wachstums führte. Das Einkommen pro Erwachsenem in Westeuropa war im Jahr 2016 genauso hoch wie zehn Jahre vorher, also vor dem Ausbruch der Finanzkrise.

Trotz eines Rückgangs der Ungleichheit zwischen den Ländern gibt es noch immer eine hohe durchschnittliche Ungleichheit der Nationaleinkommen zwischen den einzelnen Ländern. Nicht alle Entwicklungs- und Schwellenländer wachsen mit der gleichen Geschwindigkeit wie China. Das durchschnittliche monatliche Einkommen pro Erwachsenem in Indien (580 Euro bzw. 750 US-Dollar) beläuft sich heute nur auf das 0,4-Fache des Weltdurchschnitts, gemessen nach Kaufkraftparität, während das subsaharische Afrika nur das 0,3-Fache des Weltdurchschnitts (430 Euro bzw. 560 US-Dollar) erreicht. Durchschnittliche Nordamerikaner verdienen fast zehnmal mehr als durchschnittliche Bewohner in Subsahara-Afrika.

Tabelle 2.2.2
Die Verteilung des Weltnationaleinkommens und des Bruttoinlandsprodukts, 2016: nach Marktwechselkursen

	Bevölkerung (Mio.)				**BIP** (Mrd. 2016 €, KKP)	**Abschreibung** (% des BIP)	**Nettoauslandseinkommen** (% des BIP)	**Nationaleinkommen** (Mrd. 2016 €, KKP)		**Nationaleinkommen pro Erwachsenem** (2016 €, KKP)	**Äquivalent Monatseinkommen pro Erwachsenem** (2016 €, KKP)
	gesamt		**Erwachsene**								
Welt	7372	**100%**	4867	**100%**	68	15%	0%	58	**100%**	11 800	980
Europa	747	**10%**	593	**12%**	17	16%	-0,2%	14	**24%**	23 800	1980
inkl. Europäische Union	523	**7%**	417	**9%**	16	17%	0,04%	13	**23%**	31 100	2590
inkl. Russland/ Ukraine	223	**3%**	176	**4%**	1	9%	-2,5%	1	**2%**	6500	540
Amerika	962	**13%**	661	**14%**	23	15%	0,2%	19	**34%**	29 400	2450
inkl. USA/ Kanada	360	**5%**	263	**5%**	18	16%	0,9%	16	**27%**	59 500	4960
inkl. Lateinamerika	602	**8%**	398	**8%**	4	12%	-2,4%	4	**7%**	9600	800
Afrika	1214	**16%**	592	**12%**	2	10%	-2,0%	2	**3%**	2900	240
inkl. Nordafrika	240	**3%**	140	**3%**	1	9%	-1,5%	1	**1%**	4300	360
inkl. Subsahara-Afrika	974	**13%**	452	**9%**	1	11%	-2,2%	1	**2%**	2500	210
Asien	4410	**60%**	2994	**62%**	25	15%	0,1%	21	**37%**	7100	590
inkl. China	1382	**19%**	1067	**22%**	10	14%	-0,7%	9	**15%**	8300	690
inkl. Indien	1327	**18%**	826	**17%**	2	11%	-1,2%	2	**3%**	2200	180
inkl. Japan	126	**2%**	105	**2%**	4	23%	3,5%	4	**6%**	34 400	2870
inkl. übrige Länder	1575	**21%**	995	**20%**	8	14%	-0,5%	7	**12%**	7000	580
Ozeanien	39	**1%**	27	**1%**	1	18%	-1,9%	1	**2%**	38 800	3230
inkl. Australien/ Neuseeland	29	**0,4%**	21	**0,4%**	1	18%	-1,9%	1	**2%**	47 500	3960
inkl. übrige Länder	10	**0,1%**	5	**0,1%**	0,03	7%	-2,4%	0,02	**0%**	4300	360

Quelle: WID.world (2017). Vgl. wir2018.wid.world für Datenreihen und Anmerkungen. 2016 repräsentierte Europa 24% des globalen Einkommens gemessen nach Marktpreisen. Auf Europa entfielen auch 12% der erwachsenen Weltbevölkerung und 10% der gesamten Weltbevölkerung. BIP: Bruttoinlandsprodukt. Alle Werte wurden nach Marktwechselkursen umgerechnet in Euro von 2016 (Kurs: € 1 = $ 1,1 = ¥7,3). Die Zahlen berücksichtigen die Inflation. Die Werte sind inflationsbereinigt. Wegen Auf- oder Abrundung ergeben die Zahlen nicht immer 100%.

Tabelle 2.2.3
Die Verteilung des Weltnationaleinkommens und des Bruttoinlandsprodukts, 1980: nach Kaufkraftparität

	Bevölkerung (Mio.)										
	gesamt		**Erwachsene**		**BIP** (Mrd. 2016 €, KKP)	**Abschreibung** (% des BIP)	**Nettoauslandseinkommen** (% des BIP)	**Nationaleinkommen** (Mrd. 2016 €, KKP)		**Nationaleinkommen pro Erwachsenem** (2016 €, KKP)	**Äquivalent Monatseinkommen pro Erwachsenem** (2016 €, KKP)
Welt	4389	**100 %**	2400	**100 %**	28	13 %	-0,2 %	25	**100 %**	10 500	880
Europa	673	**15 %**	470	**20 %**	11	14 %	-0,1 %	9	**37 %**	20 000	1670
inkl. Europäische Union	469	**11 %**	328	**14 %**	8	14 %	0,2 %	7	**28 %**	21 600	1800
inkl. Russland/ Ukraine	204	**5 %**	142	**6 %**	3	17 %	0,0 %	2	**9 %**	16 200	1350
Amerika	598	**14 %**	343	**14 %**	9	14 %	-0,4 %	7	**30 %**	21 700	1810
inkl. USA/ Kanada	252	**6 %**	172	**7 %**	6	15 %	0,9 %	5	**20 %**	29 600	2470
inkl. Lateinamerika	346	**8 %**	172	**7 %**	3	11 %	3,0 %	2	**9 %**	13 800	1150
Afrika	477	**11 %**	215	**9 %**	1,3	10 %	-1,9 %	1	**5 %**	5500	460
inkl. Nordafrika	111	**3 %**	51	**2 %**	0,5	10 %	-2,1 %	0,5	**2 %**	9200	770
inkl. Subsahara-Afrika	365	**8 %**	163	**7 %**	0,8	10 %	-1,8 %	1	**3 %**	4332	360
Asien	2619	**60 %**	1359	**57 %**	7,1	12 %	0,2 %	7	**27 %**	5000	420
inkl. China	987	**22 %**	532	**22 %**	0,9	11 %	0,0 %	1	**3 %**	1500	130
inkl. Indien	697	**168 %**	351	**15 %**	0,8	7 %	0,6 %	1	**3 %**	2200	180
inkl. Japan	117	**32 %**	81	**3 %**	1,9	17 %	0,0 %	2	**6 %**	19 900	1660
inkl. übrige Länder	817	**19 %**	394	**16 %**	3,4	10 %	0,4 %	4	**15 %**	9300	780
Ozeanien	22	**1 %**	14	**1 %**	0,4	15 %	-1,6 %	0,3	**1 %**	21 300	1780
inkl. Australien/ Neuseeland	18	**0,4 %**	12	**0,5 %**	0,3	16 %	-1,5 %	0,3	**1 %**	24 200	2020
inkl. übrige Länder	5	**0,1 %**	2	**0,1 %**	0,0	7 %	-4,2 %	0,0	**0 %**	4400	370

Quelle: WID.world (2017). Vgl. wir2018.wid.world für Datenreihen und Anmerkungen. 1980 repräsentierte Europa 37 % des globalen Einkommens gemessen nach Kaufkraftparität (KKP). Auf Europa entfielen auch 20 % der erwachsenen Weltbevölkerung und 15 % der gesamten Weltbevölkerung. BIP: Bruttoinlandsprodukt. Alle Werte wurden nach KKP umgerechnet in Euro von 2016 (Kurs: € 1 = $ 1,3 = ¥ 4,4). Die KKP berücksichtigt Unterschiede in den Lebenshaltungskosten zwischen den Ländern. Die Werte sind inflationsbereinigt. Wegen Auf- oder Abrundung ergeben die Zahlen nicht immer 100 %.

Tabelle 2.2.4
Die Wachstumsraten des Nationaleinkommens nach Weltregionen, 1950–2016

	Nationaleinkommen		Nationaleinkommen pro Kopf		Nationaleinkommen pro Erwachsenem	
	1950–1980	**1980–2016**	**1950–1980**	**1980–2016**	**1950–1980**	**1980–2016**
Welt	282 %	226 %	116 %	85 %	122 %	54 %
Europa	256 %	79 %	181 %	54 %	165 %	36 %
inkl. Europäische Union	259 %	94 %	192 %	66 %	180 %	45 %
inkl. Russland/Ukraine	249 %	31 %	156 %	18 %	129 %	4 %
Amerika	227 %	163 %	78 %	62 %	80 %	36 %
inkl. USA/Kanada	187 %	164 %	89 %	84 %	82 %	71 %
inkl. Lateinamerika	365 %	161 %	116 %	49 %	117 %	12 %
Afrika	258 %	233 %	72 %	30 %	85 %	20 %
inkl. Nordafrika	394 %	235 %	130 %	58 %	148 %	24 %
inkl. Subsahara-Afrika	203 %	232 %	46 %	22 %	58 %	18 %
Asien	446 %	527 %	188 %	230 %	198 %	152 %
inkl. China	273 %	1864 %	106 %	1237 %	114 %	831 %
inkl. Indien	199 %	711 %	61 %	299 %	67 %	223 %
inkl. Japan	740%	103 %	504 %	86 %	372 %	56 %
inkl. übrige Länder	518 %	376 %	187 %	99 %	203 %	52 %
Ozeanien	208 %	194 %	38 %	69 %	50 %	49 %
inkl. Australien/Neuseeland	199 %	193 %	69 %	81 %	71 %	58 %

Quelle: WID.world (2017). Vgl. wir2018.wid.world für Datenreihen und Anmerkungen. Zwischen 1950 und 1980 wuchs das Einkommen Afrikas um 258 %, während das Einkommen pro Erwachsenem in diesem Zeitraum nur um 85 % zunahm. Die Einkommensschätzungen berücksichtigen Unterschiede in den Lebenshaltungskosten zwischen den Ländern. Die Werte sind inflationsbereinigt.

Grafik 2.2.1
Das Durchschnittseinkommen in Afrika und Asien im Verhältnis zum weltweiten Durchschnitt, 1950–2016

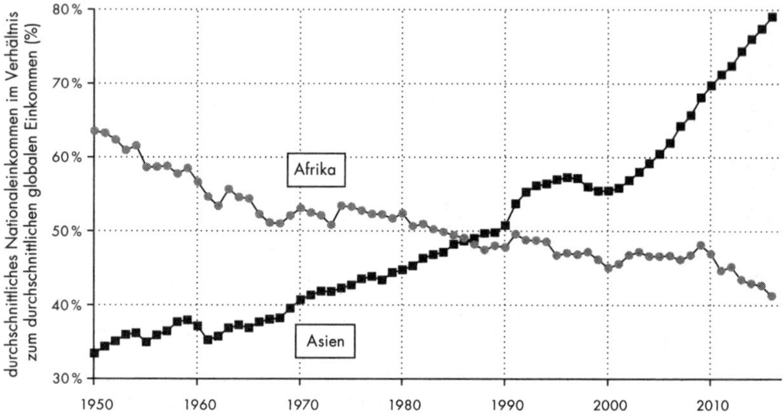

Quelle: WID.world (2017). Vgl. wir2018.wid.world für Datenreihen und Anmerkungen. 1950 belief sich das durchschnittliche reale Einkommen pro Erwachsenem in Afrika auf 63 % des durchschnittlichen globalen Einkommens. Dieses Verhältnis sank bis 2016 auf 41 %. Die Einkommensschätzungen berücksichtigen Unterschiede in den Lebenshaltungskosten zwischen den Ländern. Die Werte sind inflationsbereinigt.

Auch divergierende Kräfte waren in einigen Teilen der Welt wirksam, wie etwa in Subsahara-Afrika und in Lateinamerika

Zwischen den Ländern bestehen weiterhin starke Unterschiede, die sich in einigen Fällen noch verschärft haben. Einigen Regionen mit niedrigem bis mittlerem Einkommen geht es heute schlechter als vor 40 Jahren. Zwischen 1980 und 2016 wuchs das Einkommen pro Erwachsenem in Afrika langsamer (18 %) als das Weltdurchschnittseinkommen pro Erwachsenem (54 %). Dieser Wachstumstrend, der durch eine Verbindung von politischen und wirtschaftlichen Krisen und Kriegen gekennzeichnet war, ist nicht auf die ärmsten Regionen der Welt beschränkt. Auch in Südamerika sind die Einkommen seit 1980 nur um 12 % gewachsen. Dadurch sind die Durchschnittseinkommen dieser Regionen im Verhältnis zum Weldurchschnitt gesunken, von

Grafik 2.2.2
Das Durchschnittseinkommen in China und Lateinamerika im Verhältnis zum weltweiten Durchschnitt, 1950–2016

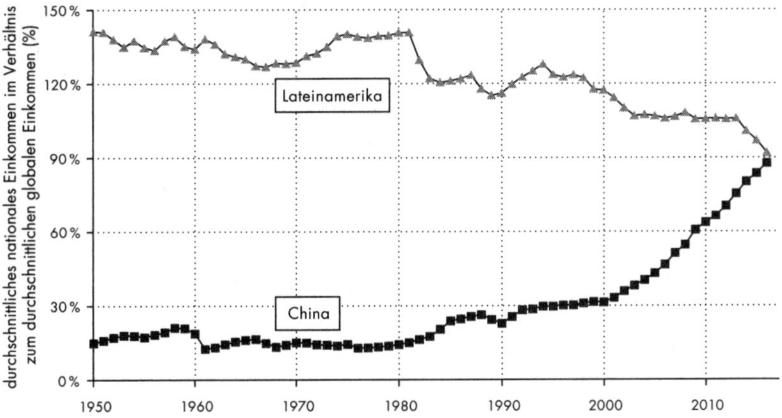

Quelle: WID.world (2017). Vgl. wir2018.wid.world für Datenreihen und Anmerkungen. 1950 belief sich das durchschnittliche reale Einkommen pro Erwachsenem in Lateinamerika auf 141 % des durchschnittlichen Welteinkommens. Dieses Verhältnis sank bis 2016 auf 92 %. Die Einkommensschätzungen berücksichtigen Unterschiede in den Lebenshaltungskosten zwischen den Ländern. Die Werte sind inflationsbereinigt.

65 % auf nur noch 40 % des Weltdurchschnitts im Jahr 1950 bzw. von 140 % auf weniger als 100 % in Lateinamerika (vgl. **Grafiken 2.2.1** und **2.2.2**).

3. Trends der Einkommensungleichheit innerhalb der Länder

- Nach einem historischen Rückgang zwischen den 1920er und den 1970er Jahren ist die Einkommensungleichheit in nahezu allen Ländern wieder gestiegen. In den vergangenen vier Jahrzehnten hat sich jedoch eine Vielzahl nationaler Entwicklungstrends herausgebildet, die die Bedeutung politischer und institutioneller Faktoren bei der Gestaltung von Einkommensdynamiken unterstreicht.
- In der industrialisierten Welt haben die angelsächsischen Länder seit den 1980er Jahren einen starken Anstieg der Ungleichheit erlebt. In den USA ist der Anteil der unteren 50 % der Einkommensbezieher stark eingebrochen, während der der Spitzenverdiener deutlich gestiegen ist. Die kontinentaleuropäischen Länder konnten dank politischer Institutionen, die eher die unteren und mittleren Einkommensgruppen begünstigen, mit dem Problem besser umgehen.
- In China, Indien und Russland, drei ehemals kommunistischen Ländern mit einer regulierten Volkswirtschaft, stieg die Ungleichheit im Zuge ihrer wirtschaftlichen Öffnung und ihrer Liberalisierungspolitik. Den stärksten Anstieg verzeichnete Russland, wo der Übergang zur Marktwirtschaft schlagartig erfolgte.
- Die Ungleichheit ist besonders stark ausgeprägt in Brasilien, im Nahen Osten und in Südafrika. In diesen drei großen Entwicklungsmärkten erreicht die Ungleichheit ein extremes Niveau: Auf die oberen 10 % der Einkommensbezieher entfallen 55 bis 65 % des Nationaleinkommens.
- Über die langfristige Dynamik der Einkommensungleichheit in vielen Ländern mit niedrigem Einkommen ist wenig bekannt. Für diese Länder sind noch weitere Informationen erforderlich, um eine friedliche demokratische Debatte zu ermöglichen, vor allem da in den offiziellen Schätzungen das Ausmaß der Ungleichheit wahrscheinlich unterschätzt wird.

Nach einem historischen Rückgang zwischen den 1920er und den 1970er Jahren befindet sich die Einkommensungleichheit in den meisten Weltregionen wieder im Anstieg

In den meisten Ländern wurde die Einkommensungleichheit deutlich reduziert in der ersten Hälfte des 20. Jahrhunderts – genauer gesagt, im Zeitraum zwischen den 1920er und den 1970er Jahren –, doch seit Ende der 1970er Jahre nimmt sie wieder zu. In Europa und Nordamerika war der langfristige Rückgang der Einkommensungleichheit, wie gesagt, auf eine Verbindung politischer, gesellschaftlicher und ökonomischer Schocks zurückzuführen. Dazu gehörten die Vernichtung von Human- und Sachkapital in den beiden Weltkriegen, die Weltwirtschaftkrise, Nationalisierungsmaßnahmen und die staatliche Kontrolle über die Wirtschaft. Nach dem Zweiten Weltkrieg etablierte sich ein neues politisches Modell, das die Einrichtung sozialer Sicherungssysteme und staatlicher Schulen, die Entwicklung sozial- und arbeitsmarktpolitischer Instrumente und die Einführung der Steuerprogression umfasste. Diese Kombination unterschiedlicher Faktoren wirkte sich vor allem auf die sehr hohen Vermögen nachteilig aus und ermöglichte in Europa die Herausbildung einer vermögenden Mittelschicht und einen allgemeinen Rückgang der Ungleichheit.[7]

In den Schwellenländern führten entsprechende Schocks zu einer noch weitergehenden Verminderung der Einkommensungleichheit. Die Abschaffung des Privateigentums in Russland, Landumverteilung, massive Investitionen in das staatliche Schulwesen und eine strikte staatliche Planwirtschaft, die durch Fünf-Jahres-Pläne umgesetzt wurde, förderten von Beginn der 1920er Jahre bis in die 1970er Jahre die Verteilung der Früchte des Wachstums. Auch in Indien, das keine kommunistische Revolution erlebte, sondern nach der Erlangung der Unabhängigkeit einen sozialistischen Kurs einschlug, ging die Einkommensungleichheit deutlich zurück. Der Großteil der Weltbevölkerung erlebte in den ersten drei Vierteln des 20. Jahrhunderts eine ausgeprägte Komprimierung bei der Verteilung der Nationaleinkommen. Auf die ökonomischen Eliten entfiel Ende der 1970er Jahre ein wesentlich kleinerer Teil des wirtschaftlichen Wachstums als noch zu Beginn des Jahrhunderts.

Dieser Trend kehrte sich dann in den meisten Ländern um – wenngleich es bemerkenswerte Ausnahmen gibt. Die einzelnen Länder folgten nicht alle demselben Entwicklungspfad. Große Schwellenländer, die ihre Volkswirtschaften grundlegend deregulierten, verzeichneten eine Zunahme der Ungleichheit im Zuge ihrer wirtschaftlichen Öffnung und Liberalisierung, obwohl sie unterschiedlichen Übergangsstrategien folgten. Auch in reichen Ländern zeigten sich unterschiedlich hohe Ungleichheitsniveaus entsprechend den Veränderungen des jeweiligen institutionellen und politischen Rahmens; in der angelsächsischen Welt nahm die Ungleichheit stark zu, während sie in Kontinentaleuropa und Japan nur moderat anstieg. Einige west- und nordeuropäische Länder konnten einen Anstieg der Einkommensungleichheit nahezu vollständig verhindern.

Angesichts der unterschiedlichen Entwicklungstrends, die in diesem Buch dargestellt werden, wäre es ungerechtfertigt, den Anstieg der Ungleichheit in den einzelnen Ländern auf eine gemeinsame Ursache zurückzuführen. Unsere Ergebnisse zeigen, dass vielmehr der jeweilige nationalkulturelle und politische Kontext von entscheidender Bedeutung für das Verständnis der Dynamiken der Einkommensungleichheit ist. In diesem Kapitel konzentrieren wir uns hauptsächlich auf die Entwicklung des Anteils der Spitzenverdiener, da diese Zahlen mittlerweile für eine Vielzahl von Ländern verfügbar sind. In den nachfolgenden Kapiteln, die jeweils ein bestimmtes Land behandeln, werden diese Aspekte eingehender dargestellt, und wir richten unser Augenmerk auch auf die unteren Einkommensgruppen.

Die unteren Einkommensgruppen wurden in den USA vom Wirtschaftswachstum abgekoppelt, während die Spitzeneinkommen in der angelsächsischen Welt stiegen

Der Anteil des obersten 1 % der Einkommensbezieher steigt in den angelsächsischen Ländern kontinuierlich seit den 1980er Jahren, nachdem in der ersten Hälfte des 20. Jahrhunderts ein historischer Rückgang zu verzeichnen war (vgl. **Grafik 2.3.1**). In den Vereinigten Staaten von Amerika ist die Ungleichheit explodiert: Der Anteil des oberstes Per-

Grafik 2.3.1
Der Anteil des obersten 1 % der Einkommensbezieher am Nationaleinkommen in den angelsächsischen Ländern, 1920–2015

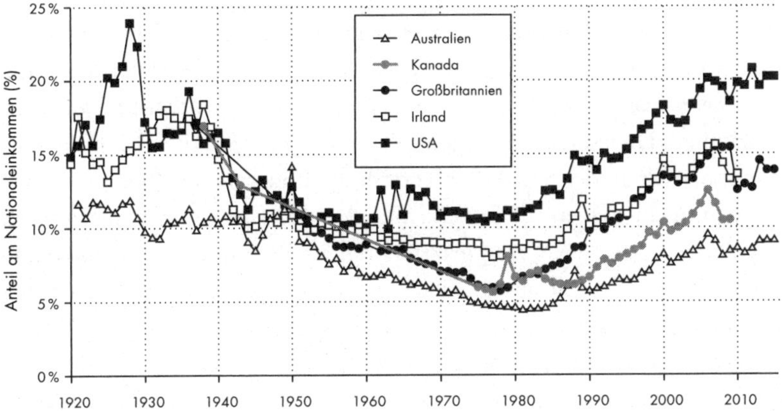

Quelle: Novokmet, Piketty und Zucman (2017). Vgl. wir2018.wid.world für Datenreihen und Anmerkungen.
2014 entfielen in den USA 20 % des Nationaleinkommens auf das oberste 1 %.

zentils der Einkommensbezieher betrug 1980 knapp 11 % und lag 2014 etwas über 20 %. In Großbritannien stieg der Anteil des obersten Perzentils von knapp 6 % Ende der 1970er Jahre auf knapp 14 % Mitte der 2010er Jahre. Großbritannien verzeichnete Ende der 1970er Jahre einen ebenso hohen Anteil des obersten 1 % der Einkommensbezieher wie Irland, heute aber steht es auf dem Niveau von Kanada, wo der Anteil der Spitzenverdiener von knapp 9 % auf fast 14 % gestiegen ist. Auch in Australien und Neuseeland, wo das Ungleichheitsniveau während dieses Zeitraums wesentlich niedriger war (um 5 % Anfang der 1980er Jahre, dann ansteigend auf knapp 10 %), zeigt sich ein ähnliches Muster.[8] Die Auswirkungen der Finanzkrise schlagen sich im Anteil der obersten Einkommensbezieher nieder, der nach 2007 signifikant zurückging. Neuere Daten legen den Schluss nahe, dass die Spitzeneinkommen entweder ihren früheren Anteil wiedererlangt haben oder ihn allmählich zurückgewinnen.

Der Anstieg der Ungleichheit der Arbeitseinkommen spielte eine wichtige Rolle für den allgemeinen Anstieg der Ungleichheit in den angelsächsischen Ländern und insbesondere in den USA vor der Jahrhundertwende, wie in Kapitel 2.4 dargestellt wird. Dieses Phänomen ist auf den «Aufstieg der Supermanager» zurückzuführen – das heißt auf das Wachstum der Supergehälter, die den Vorstandschefs der großen Finanzunternehmen und anderer Konzerne gezahlt wurden. Diese Entwicklung wurde begleitet von einer wachsenden Polarisierung der Einkommen zwischen Unternehmen, die niedrige Löhne zahlten, und anderen mit hohen. Dies stand im Gegensatz zu den europäischen Ländern, wo die Dynamik an der Spitze der Verteilung moderater ausfiel. Neue Untersuchungen zeigen auch, dass der Anstieg der Spitzeneinkommen nach 2000 in den USA zum größten Teil ein Phänomen der Kapitaleinkommen war, was ein neues Licht auf den Prozess der Entstehung ungleichen Wachstums wirft.

Unsere neuen Schätzungen ermöglichen auch ein besseres Verständnis der Dynamik im unteren Bereich der Verteilung – zumindest für bestimmte Länder. In den USA kam in den drei Jahrzehnten nach dem Zweiten Weltkrieg den unteren 90 % der Bevölkerung ein großer Teil des Wachstums zugute. Das Wachstum des gesamten Vorsteuereinkommens pro Erwachsenem im Bereich der unteren 50 % und der mittleren 40 % der Einkommensbezieher belief sich in dieser Periode auf mehr als 100 %, während das Einkommenswachstum der oberen 10 % der Einkommensbezieher weniger als 80 % betrug. Doch nach den 1980er Jahren wurden die unteren 50 % vom Wachstum des Nationaleinkommens abgeschnitten. Während das durchschnittliche Vorsteuereinkommen pro Erwachsenem um 60 % stieg, lag das Wachstum für die unteren 50 % der Bevölkerung bei nahezu null. Die unteren 50 % profitierten zwar dank Umverteilung von einem sehr moderaten Anstieg der Nachsteuereinkommen, doch dies wurde durch steigende Gesundheitskosten aufgehoben. Der Staat tat wenig, um die unteren Einkommensbezieher in dieser Situation zu unterstützen.

Besonders auffallend ist der Vergleich der Verlaufsmuster der Ungleichheit in den USA und in Westeuropa. Die beiden Regionen wiesen 1980 ein ähnliches Ungleichheitsniveau auf (der Anteil des obersten 1 % lag bei 10–11 %, der Anteil der unteren 50 % bei 21–23 %). Heute dagegen hat sich die Situation grundlegend verändert, und die Positionen der unteren 50 % und des obersten 1 % in den USA haben sich umgekehrt (vgl. **Grafiken 2.3.2a**).

Grafiken 2.3.2a
Die Anteile des obersten 1 % und der unteren 50 %
am Nationaleinkommen in den USA und Westeuropa, 1980–2016

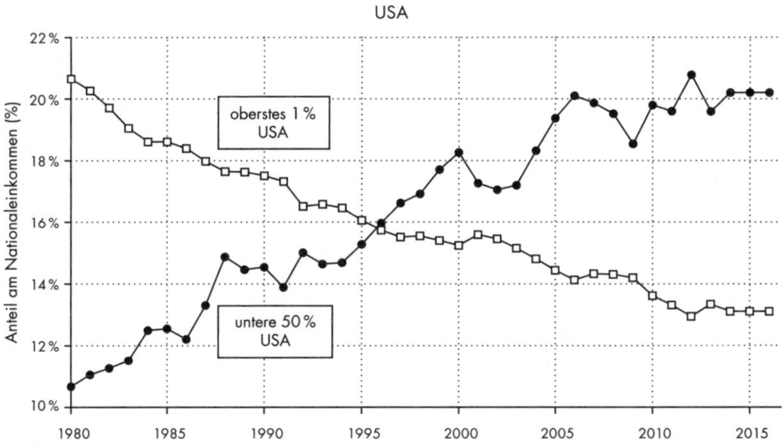

Quelle: WID.world (2017). Vgl. wir2018.wid.world für Datenreihen und Anmerkungen. 2016 entfielen in Westeuropa 12 % des Nationaleinkommens auf das oberste 1 %, in den USA dagegen 20 %. 1980 entfielen in Westeuropa 10 % auf das oberste 1 %, in den USA 11 %.

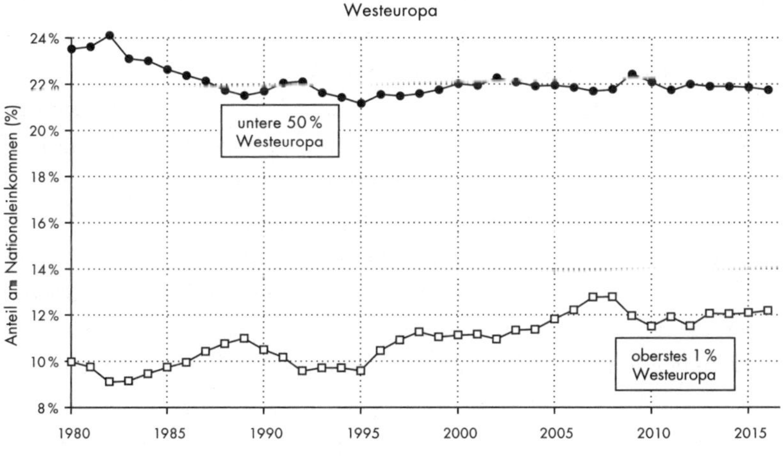

Quelle: WID.world (2017). Vgl. wir2018.wid.world für Datenreihen und Anmerkungen. 2016 entfielen in Westeuropa 22 % des Nationaleinkommens auf die unteren 50 %.

Die Ungleichheit in Gesamteuropa (mit 520 Mio. Einwohnern) ist heute erheblich geringer als in den USA (320 Mio.)

In den **Grafiken 2.3.2b** und **2.3.2c** vergleichen wir auch die Entwicklung der Einkommensungleichheit zwischen den USA, Westeuropa und dem erweiterten Europa (d. h. unter Einschluss von Osteuropa). Gesamteuropa umfasst auch die ehemaligen kommunistischen Länder Osteuropas, die ein niedrigeres Durchschnittseinkommen aufweisen als der westeuropäische Durchschnitt, was zu einem höheren Maß an Ungleichheit führt. Auffallend ist jedoch, dass der Grad der Ungleichheit auch in diesem Gesamteuropa deutlich geringer ist als in den USA. Trotz der höheren Bevölkerungszahl und der potenziellen Heterogenität (520 Mio. Einwohner in Gesamteuropa, 320 Mio. in den USA) ist der Anteil der unteren 50 % der Einkommensbezieher in Europa erheblich größer: Hier entfielen am Ende des Erhebungszeitraums 20 bis 22 % des Gesamteinkommens auf diese Gruppe im Verhältnis zu 12 % in den USA.

Diese Schlussfolgerung würde wahrscheinlich noch deutlicher ausfallen, wenn man das erweiterte Europa mit dem erweiterten Amerika vergleicht (nicht nur unter Einbeziehung von Kanada, sondern auch von Mexiko) – was wir in der näheren Zukunft beabsichtigen, wenn neue Daten zu Mexiko vorliegen. Darüber hinaus ist für die weitere Forschung die Frage wichtig, inwieweit das geringere Ausmaß an Ungleichheit in Europa auf eine Umverteilungspolitik auf regionaler Ebene (einschließlich der Regionalentwicklungsfonds der EU) zurückzuführen ist und inwieweit nationale Faktoren (wie etwa das relativ egalitäre politische Erbe der osteuropäischen Länder oder die Tatsache, dass der Übergang vom Kommunismus zur Marktwirtschaft nicht so ruckartig erfolgte wie in Russland) dafür maßgeblich waren.

Den kontinentaleuropäischen Ländern gelang es besser, den Anstieg der Spitzeneinkommen und die Stagnation der unteren Einkommen zu verhindern

Auch in den westlichen kontinentaleuropäischen Ländern ist die Ungleichheit seit Ende der 1970er Jahre gewachsen, aber sowohl der Grad der Ungleichheit als auch der Anstieg der Ungleichheit waren weniger stark ausgeprägt als in den USA. In Deutschland stieg das Einkommen des obersten 1 % von knapp 11 % zu Beginn der 1980er Jahre auf gegenwärtig 13 %, wie in Kapitel 2.6 ausgeführt wird. In Frankreich erhöhte sich der Anteil des obersten 1 % der Vorsteuereinkommen von rund 7 % im Jahr 1983 auf knapp 11 % im Jahr 2014, wie in Kapitel 2.5 dargestellt wird. In Spanien zeigt sich ein anderes Bild. Die Auswirkungen der Finanzkrise und das Platzen der Immobilienblase in den Jahren 2007/08 beeinträchtigten die Einkommen im unteren Bereich der Verteilung erheblich, aber auch die Spitzeneinkommen, da Immobilien einen großen

Grafik 2.3.2b
Der Anteil der oberen 10 % der Einkommensbezieher am Nationaleinkommen in Europa und in den USA, 1980–2016

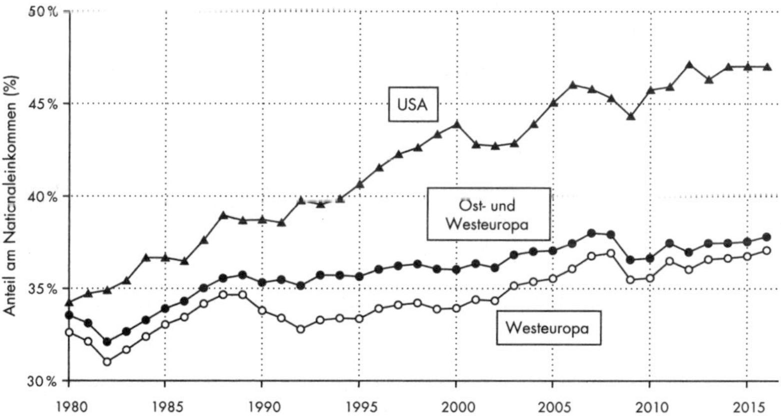

Quelle: WID.world (2017). Vgl. wir2018.wid.world für Datenreihen und Anmerkungen. 2016 entfielen in Ost- und Westeuropa 38 % des Nationaleinkommens auf die oberen 10 %.

Grafik 2.3.2c
Der Anteil der unteren 50 % der Einkommensbezieher
am Nationaleinkommen in Europa und den USA, 1980–2016

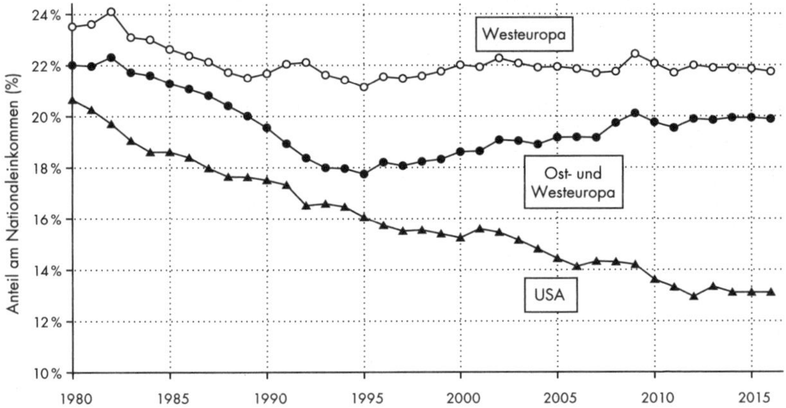

Quelle: WID.world (2017). Vgl. wir2018.wid.world für Datenreihen und Anmerkungen. 2016 entfielen in den USA 13 % des Nationaleinkommens auf die unteren 50 %.

Grafik 2.3.3
Der Anteil des obersten 1 % der Einkommensbezieher
am Nationaleinkommen in den europäischen Ländern, 1890–2014

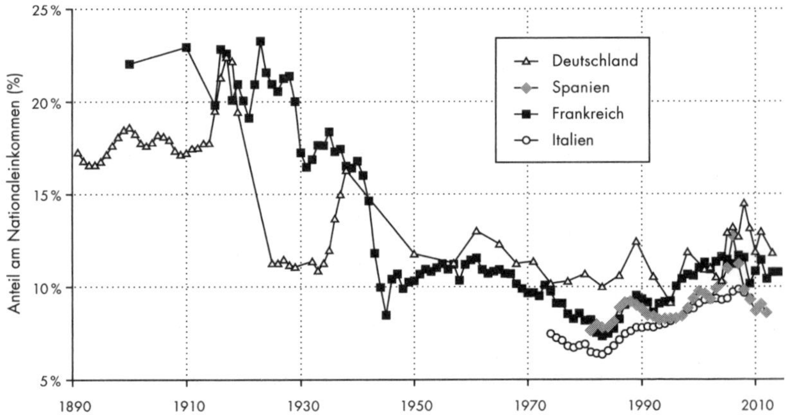

Quelle: WID.world (2017). Vgl. wir2018.wid.world für Datenreihen und Anmerkungen. 2014 entfielen in Frankreich 11 % des Nationaleinkommens auf das oberste 1 %.

Teil des Nationaleinkommens repräsentierten. Der Anteil des obersten 1 % sank von knapp 13 % im Jahr 2006 auf weniger als 9 % im Jahr 2009 und zeigt noch immer keine Anzeichen einer Erholung (vgl. **Grafik 2.3.3**).

Für Frankreich ermöglichen es uns neue Schätzungen, die Dynamik des Wachstums im unteren Bereich der Einkommensverteilung zu verfolgen. Während das Wachstum im Bereich der unteren 50 % und der mittleren 40 % in der Nachkriegszeit und bis Anfang der 1980er Jahre höher war als im Durchschnitt, veränderte sich die Situation in der Folgezeit. Die «30 glorreichen Jahre» – wie die Phase des starken Wachstums von 1950 bis 1980 in Frankreich auch genannt wird – dauerten bis Ende der 1980er Jahre an, allerdings nur für die oberen Einkommensbezieher. Dieser Anstieg der Ungleichheit war durch Anstiege sowohl der Arbeits- wie auch der Kapitaleinkommen gekennzeichnet. Dennoch wurde auch die untere Hälfte der Bevölkerung nach den 1980er Jahren nicht vom Einkommenswachstum abgekoppelt. Dieser Teil der Bevölkerung verzeichnete nahezu durchschnittliche Einkommenswachstumsraten – ein ganz anderes Bild als in den USA.

Die nordeuropäischen Länder gehörten Anfang der 1980er Jahre in der Welt zu den Ländern mit dem niedrigsten Grad an Ungleichheit. Nach 1980 entwickelte sich auch in diesen Ländern das Wachstum ungleicher als vorher, doch die Einkommenskonzentration in der Spitzengruppe der Verteilung ist nach wie vor begrenzt. Das oberste 1 % der Einkommensbezieher vereint in Dänemark, Finnland, Norwegen und Schweden weniger als 10 % des Gesamteinkommens auf sich. In Dänemark und den Niederlanden war der Anstieg des Anteils des obersten Perzentils relativ gering; er nahm seit den 1980er Jahren von 5 auf 6 % zu. Wie wir sehen, waren viele europäische Länder in der Lage, relativ hohe durchschnittliche Einkommenswachstumsraten zu erzielen und den Anstieg der Einkommensungleichheit zu begrenzen (vgl. **Grafik 2.3.4**).

In Russland, China und Indien ist die Einkommensungleichheit nach den 1980er Jahren gestiegen

Die Einkommens- und die Vermögenskonzentration waren besonders hoch im zaristischen Russland vor der Revolution von 1917 (vgl. Kapitel 2.8), und im kolonialen Indien (vgl. Kapitel 2.9). In Russland führte die kommunistische Revolution zu einer extremen Komprimierung der Geldeinkommen. Während der gesamten kommunistischen Periode repräsentierte das oberste 1 % der Einkommensbezieher nur rund 5 % des Nationaleinkommens und sank bis in die 1970er Jahre auf 4 % (vgl. **Grafik 2.3.5**). Dabei muss jedoch hervorgehoben werden, dass dieser außergewöhnlich niedrige Grad an monetärer Ungleichheit zum Teil künstlicher Natur war. In der Sowjetunion nahm die Ungleichheit andere, nichtmonetäre Formen an und äußerte sich beispielsweise im privilegierten Zugang zu bestimmten Geschäften, zu Erholungseinrichtungen für die politische Elite und in der grausamen Unterdrückung großer Teile der Bevölkerung.

In Indien sank der Anteil des obersten Perzentils am Nationaleinkommen von rund 20 % am Ende der Kolonialzeit auf 6 % Anfang der 1980er Jahre, nachdem über vier Jahrzehnte lang eine sozialistisch inspirierte Politik betrieben worden war, die auf eine Zurückdrängung der ökonomischen Macht der Elite zielte und auch Verstaatlichungen, staatliche Preiskontrollen und sehr hohe Steuersätze auf Spitzeneinkommen umfasste. Der Zusammenbruch des Sowjetblocks und die «Schockpolitik» in Russland sowie die Deregulierungs- und Liberalisierungspolitik in Indien ab den 1980er Jahren trugen zu einem starken Anstieg des Einkommensanteils des obersten Perzentils bei. Der Anteil des obersten 1 % in Russland stieg auf 26 % im Jahr 1996 und liegt gegenwärtig bei 20 %. In Indien beläuft sich der Anteil des obersten Perzentils momentan auf rund 22 %.

Die chinesische Öffnungspolitik, die ab 1978 verfolgt wurde (und in Kapitel 2.7 dargestellt wird) und unterschiedliche Privatisierungsmaßnahmen umfasste, hatte geringere Auswirkungen auf die Ungleichheit als die Reformen in Russland und in Indien. China zeigt zwar einen

Grafik 2.3.4
Der Anteil des obersten 1 % der Einkommensbezieher am Nationaleinkommen in den nordeuropäischen Ländern, 1900–2013

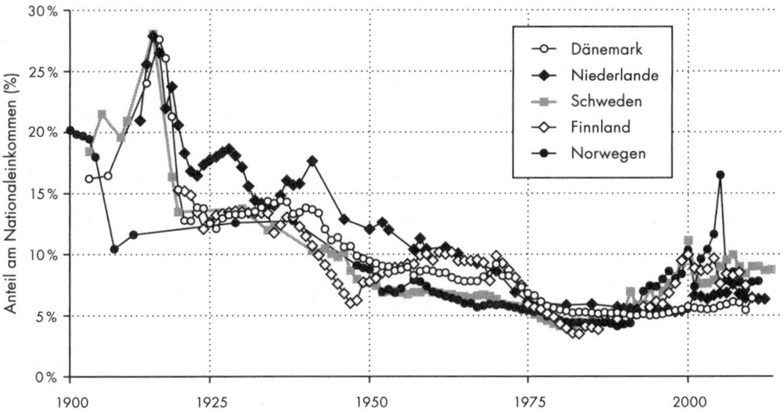

Quelle: WID.world (2017). Vgl. wir2018.wid.world für Datenreihen und Anmerkungen. 2013 entfielen in Schweden 9 % des Nationaleinkommens auf das oberste 1 %.

deutlichen Anstieg der Ungleichheit (der Anteil der Spitzeneinkommen stieg in 20 Jahren von 6,5 % auf 14 %). Doch im Vergleich zu Russland verlief der Übergang Chinas zu einer liberalisierten, offenen Wirtschaft nicht abrupt, sondern allmählich. Seit 2006 stagniert der Grad an Ungleichheit im obersten Segment. In China und in geringerem Maß auch in Indien vollzog sich der Anstieg der Ungleichheit im Kontext eines hohen durchschnittlichen Einkommenswachstums, das auch im unteren Bereich der Einkommensverteilung ein spürbares Wachstum ermöglichte.

Brasilien, Südafrika und der Nahe Osten können als «extrem ungleiche» Regimes eingestuft werden: Sie verzeichnen den höchsten Grad an Ungleichheit

In Brasilien, Südafrika und im Nahen Osten gab es seit jeher eine starke Einkommenskonzentration (vgl. **Grafik 2.3.6**). In Brasilien ist die Lohnungleichheit im Laufe der vergangenen 20 Jahre zurückgegangen (insbesondere aufgrund eines steigenden Mindestlohns), und es gibt wichtige und viel gerühmte Transfersysteme zugunsten der Armen. Doch infolge einer hohen Konzentration der Unternehmensgewinne und der Kapitaleinkünfte beläuft sich der Anteil der oberen 10 % der Einkommensbezieher am Nationaleinkommen in Brasilien gegenwärtig auf 55 %, und dieser Wert hat sich in den letzten zwei Jahrzehnten nicht wesentlich verändert, wie in Kapitel 2.11 gezeigt wird. In Verbindung mit einer starken ungleichen Verteilung auf regionaler Ebene spielt auch die rassenbezogene Ungleichheit noch immer eine wichtige Rolle; Brasilien hat als eines der letzten großen Länder 1887 die Sklaverei abgeschafft, zu einer Zeit, als die Sklaven in einigen Landesteilen noch einen sehr großen Teil (bis zu 30 %) der Bevölkerung ausmachten.

Die extreme Ungleichheit in Südafrika kann offenkundig mit dem historischen Erbe des Apartheidregimes in Verbindung gebracht werden (das erst 1994 vollständig abgeschafft wurde) und manifestiert sich heute in einer zweigeteilten wirtschaftlichen und gesellschaftlichen Struktur. Wie in Kapitel 2.12 dargestellt wird, bestehen die oberen 10 % der Einkommensbezieher überwiegend aus Weißen. Auf diese

Grafik 2.3.5
Der Anteil des obersten 1 % der Einkommensbezieher am Nationaleinkommen in den Schwellenländern, 1900–2015

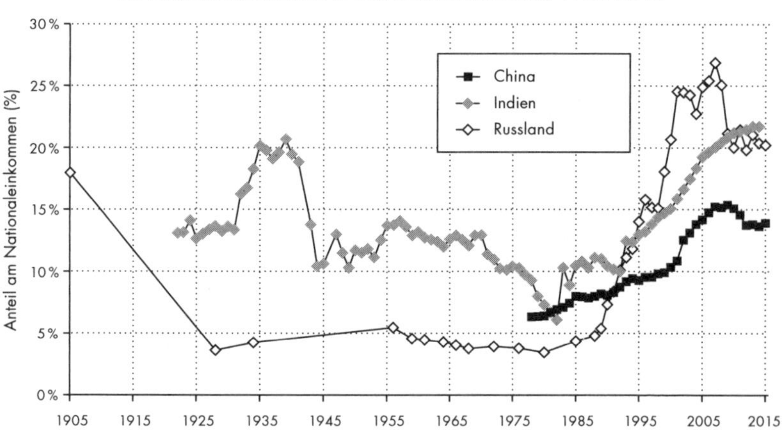

Quelle: WID.world (2017). Vgl. wir2018.wid.world für Datenreihen und Anmerkungen. 2015 entfielen in China 14 % des Nationaleinkommens auf das oberste 1 %.

Gruppe entfallen mehr als 60 % des Nationaleinkommens, und sie genießt ein europäischen Verhältnissen entsprechendes Einkommensniveau, während die Einkommen der unteren 90 % vergleichbar sind mit jenen in den afrikanischen Ländern mit niedrigem Einkommen. Aber im Gegensatz zu Brasilien und dem Nahen Osten hat die Einkommensungleichheit in Südafrika in den vergangenen Jahrzehnten deutlich zugenommen. Die wirtschaftliche und finanzielle Liberalisierung, die nach dem Ende der Apartheid einsetzte, kann in Verbindung mit dem gescheiterten Versuch einer gerechten Landumverteilung eine Erklärung für diese Dynamik liefern – doch es sind weitere Untersuchungen notwendig, um die neueren Dynamiken der Einkommensungleichheit in Südafrika besser zu erfassen.

Trotz seiner wesentlich stärkeren rassischen und ethnokulturellen Homogenität ist das Niveau der Ungleichheit im Nahen Osten ähnlich hoch (vielleicht sogar höher) wie in Brasilien und Südafrika; auf die obersten 10 % der Einkommensbezieher entfallen mehr als 60 % des Nationaleinkommens. Wie in Kapitel 10 ausgeführt wird, konzentrieren sich das regionale Einkommen und Vermögen zum großen Teil in den Händen einer kleinen Gruppe von Menschen, die in den Golfstaaten und in Saudi-Arabien leben. Das ist ein weiterer Mechanismus, der Ungleichheit hervorbringt: Die geografische Verteilung der Ölvorkommen und das Grenzziehungen haben in dieser Region zur Herausbildung extremer Ungleichheit geführt.

In Ländern mit niedrigem Einkommen ist die Ungleichheit wahrscheinlich größer als vermutet, aber dazu gibt es kaum Daten

Wir wissen nach wie vor nur sehr wenig über die Verlaufsmuster der Einkommensungleichheit in den übrigen Entwicklungs- und Schwellenländern und in der aufstrebenden Welt. Dies lässt sich zum einen mit dem Mangel an verlässlichen Einkommensteuerdaten erklären, weil die Regierungen sie entweder nicht herausgeben oder weil sie schlicht nicht mehr vorhanden sind oder weil sie noch dezentralisiert erfasst und nicht digitalisiert sind.

Da keine diesbezüglichen administrativen Daten verfügbar sind, müssen wir unsere Annahmen auf Befragungen stützen. Wie in Teil I dargestellt, können auf Erhebungen basierende Ungleichheitsschätzungen vielfältigen Einschränkungen unterliegen. Befragungen werden oft nur sporadisch und unregelmäßig durchgeführt, sie decken sich vielfach nicht mit Schätzungen in nationalen Berichten und blenden die Spitzeneinkommen aus. Wie im vorliegenden Bericht gezeigt wird, kann dieser Mangel in Bezug auf zahlreiche Schwellenländer dazu führen, dass das Ausmaß der Ungleichheit unterschätzt wird (vgl. die Kapitel 2.7 und 2.12.). Für die Republik Côte d'Ivoire beispielsweise zeigen neue Schätzungen, dass der Anteil des obersten 1 % am Gesamteinkommen des Landes ungefähr 17 % ausmacht, während er in den vorhergehenden Schätzungen auf Erhebungsbasis bei 12 % angesetzt wurde. Die Arbeit von WID.world hat auch ergeben, dass der Einkommensanteil des obersten 1 % in China mindestens doppelt so hoch war, wie in offiziellen Schätzungen zuvor angenommen worden war. Wir bemühen uns

Grafik 2.3.6
Der Anteil der oberen 10 % der Einkommensbezieher am Nationaleinkommen in Brasilien, im Nahen Osten, in Südafrika und anderen Ländern, 2012–2016

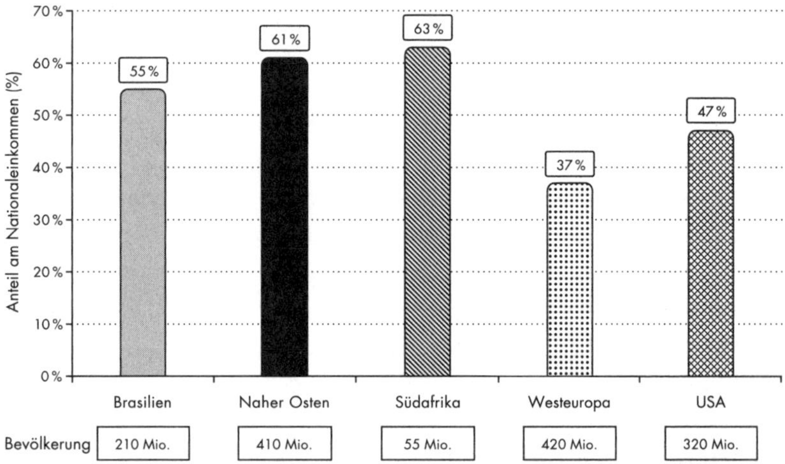

Quelle: WID.world (2017). Vgl. wir2018.wid.world für Datenreihen und Anmerkungen. 2016 entfielen im Nahen Osten 61 % des Nationaleinkommens auf die oberen 10 %.

momentan, Zugang zu Einkommensteuerdaten aus weiteren afrikanischen Ländern zu erhalten, nachdem Côte d'Ivoire den Anfang gemacht hat, und hoffen, dass wir in näherer Zukunft weitere Erkenntnisse veröffentlichen können. Zum gegenwärtigen Zeitpunkt jedoch sind adäquate Daten nur eingeschränkt verfügbar.

Dies bedeutet, dass wir die Entwicklung der Einkommensungleichheit in der Zeit vor 1980 nur für einige Entwicklungsländer einschätzen können und auch in diesen Fällen nur für einen kurzen oder unterbrochenen Zeitraum. Da wir davon ausgehen können, dass das Einkommen des Großteils der Einwohner unterhalb der ersten einkommensteuerpflichtigen Schwelle lag, beschränkt sich unsere Analyse auf einen kleinen Teil der Bevölkerung. In den neun afrikanischen Ländern südlich der Sahara, für die wir über historische Einkommensteuerdaten verfügen, kann der Einkommensanteil des obersten 1 % nur für zwei kleine Staaten berechnet werden – für Mauritius und die Seychellen –, in Bezug auf Sambia und Simbabwe nur für einige wenige Jahre. Für die übrigen Länder dieser Region (Ghana, Kenia, Tansania, Nigeria und Uganda) umfassen die Einkommensteuerdaten weniger als 1 % der erwachsenen Bevölkerung. Dies mag überraschend erscheinen, es ist jedoch darauf hinzuweisen, dass auch in der Anfangszeit des US-amerikanischen Steuerwesens (1913–1915) der Anteil der Steuerzahler nur 0,9 % betrug.

Dennoch lassen sich aus diesen Daten einige Schlussfolgerungen ableiten. In Afrika sank der Einkommensanteil der obersten 0,1 % von Mitte der 1940er Jahre bis Mitte der 1980er Jahre in den Ländern Simbabwe, Sambia, Malawi, Kenia, Tansania und Südafrika und folgte damit einem Trend in den meisten reichen Ländern. Doch verglichen mit dem europäischen Niveau in diesem Zeitraum war die Einkommensungleichheit in diesen afrikanischen Ländern wesentlich größer und erreichte sogar ein extremes Ausmaß. Im Jahr 1950 entfielen in Sambia auf die reichsten 0,1 % etwas mehr als 10 % des Nationaleinkommens. Geringer war die Einkommensungleichheit anscheinend in den westafrikanischen Ländern wie etwa Nigeria und Ghana, wo auf die obersten 0,1 % im Zeitraum von 1940 bis 1960 rund 2,5 % des Einkommens entfielen. Dieses Muster geografischer Unterschiede der Ungleichheit wird interessanterweise auch durch Befragungsdaten bestätigt, die in jüngerer Zeit erhoben wurden.

Wo es möglich ist, die Steuerdaten nach rassischer Zugehörigkeit oder Nationalität aufzuschlüsseln, zeigen die historischen Daten in Afrika, dass die Steuerzahler überwiegend Nichtafrikaner waren – hauptsächlich Europäer, gefolgt von Arabern und Asiaten. Dieses Übergewicht dürfte sich in den letzten Jahrzehnten vermindert haben, es spielt aber noch immer eine wichtige Rolle in den ehemaligen Siedlerkolonien wie Südafrika. Aktuelle Untersuchungen für Côte d'Ivoire haben für den Zeitraum von 1985 bis 2014 ergeben, dass die erwähnte Diskrepanz zwischen Erhebungsdaten und administrativen Daten zum Teil darauf zurückgeführt werden kann, dass Nichtafrikaner in den Befragungen unterrepräsentiert waren.[9]

Die verfügbaren Daten zu lateinamerikanischen Ländern zeigen, dass die Einkommensungleichheit in dieser Region allgemein höher ist als das Ungleichheitsniveau in europäischen und asiatischen Ländern. So ergibt sich zum Beispiel aus jüngeren Daten zu Lateinamerika, dass der Einkommensanteil des obersten 1 % der Einkommensbezieher in Argentinien, Kolumbien und Brasilien größer als 16 % ist. Zieht man nur Erhebungsdaten heran, legen die Ergebnisse interessanterweise die Vermutung nahe, dass die Einkommensungleichheit in dieser Region deutlich zurückgegangen ist, während die Schätzungen von WID.world für Brasilien und Kolumbien zeigen, dass sie auf hohem Niveau verharrt.

Der Mangel an verfügbaren Daten erschwert es daher sehr, ein schlüssiges Bild der Ungleichheitsniveaus in Ländern mit niedrigem Einkommen zu entwerfen. Doch aus den Daten, die zugänglich sind, ergibt sich, dass die Einkommensverteilung in den meisten Fällen konzentrierter ist, als man vorher für die Länder mit niedrigem Einkommen angenommen hatte. Obwohl in den vergangenen Jahren erhebliche Anstrengungen unternommen wurden, um konsistente Schätzungen der Ungleichheit in Schwellenländern zu erstellen (die erstmals in diesem Bericht vorgelegt werden), steckt die Erforschung der Einkommensungleichheit in den Ländern mit niedrigem Einkommen auf der Grundlage verlässlicher und konsistenter Daten nach wie vor in den Kinderschuhen.

4. Einkommensungleichheit in den USA

Die Informationen in diesem Kapitel stützen sich auf «Distributional National Accounts: Methods and Estimates for the United States» von Thomas Piketty, Emmanuel Saez und Gabriel Zucman, erscheint demnächst in *Quarterly Journal of Economics* (2018).

- Die Einkommensungleichheit in den USA erreicht unter allen reichen Ländern einen der höchsten Werte. Der Anteil des obersten 1 % der erwachsenen Bevölkerung im Jahr 2014 (20,2 %) ist wesentlich größer als der Anteil der unteren 50 % der erwachsenen Bevölkerung (12,5 %).
- Das durchschnittliche Vorsteuerrealeinkommen pro Erwachsenem ist seit 1980 um rund 60 % gestiegen, stagniert für die unteren 50 % jedoch bei rund 16 500 US-Dollar. Während das Nachsteuereinkommen der unteren 50 % unverändert blieb, wurde der moderate Anstieg des Nachsteuereinkommens dieser Gruppe zum großen Teil durch höhere Gesundheitsausgaben aufgefressen.
- Die Spitzeneinkommen sind stark gewachsen. Während der Anstieg der Spitzeneinkommen in den 1980er und 1990er Jahren noch ein Phänomen der Arbeitseinkommen war, wurde er ab dem Jahr 2000 zunehmend durch die Kapitaleinkommen bestimmt.
- Die Verbindung aus einer zunehmenden Reduzierung der Steuerprogression und einem Transfersystem, das die Mittelschicht begünstigt, hat zur Folge, dass das Einkommenswachstum der unteren 50 % auch nach Abzug der Steuern und aller Transferabgaben seit 1980 hinter dem durchschnittlichen Einkommenswachstum zurückbleibt.
- Die verstärkte Eingliederung von Frauen in den Arbeitsmarkt wirkte dem Anstieg der Ungleichheit entgegen, doch die «gläserne Decke» bleibt weiter bestehen. Männer machen 85 % des obersten 1 % der Einkommensbezieher aus.

Die Einkommensungleichheit in den USA ist eine der höchsten unter den reichen Ländern

Im Jahr 2014 zeigte die Verteilung des US-amerikanischen Nationaleinkommens ein außerordentlich hohes Maß an Ungleichheit. Das Durchschnittseinkommen eines Erwachsenen in den USA vor Steuern und Abgaben betrug 66 100 US-Dollar, doch hinter dieser Zahl verbergen sich enorme Unterschiede in der Einkommensverteilung. Die rund 117 Mio. Erwachsenen der unteren 50 % der Einkommensbezieher in den USA verdienten durchschnittlich 16 600 US-Dollar im Jahr und repräsentierten damit nur ein Viertel des durchschnittlichen US-Einkommens. Wie in **Tabelle 2.4.1** dargestellt, machte ihr gesamtes Einkommen 13 % des Vorsteuernationaleinkommens aus. Das durchschnittliche Vorsteuereinkommen der mittleren 40 % – der Gruppe Erwachsener mit einem Einkommen oberhalb des Medianwerts und unterhalb der reichsten 10 %, die gewöhnlich als «Mittelschicht» bezeichnet werden – entsprach mit 66 900 US-Dollar weitgehend dem nationalen Durchschnitt, so dass deren Einkommensanteil (41 %) im Großen und Ganzen ihren relativen Bevölkerungsanteil repräsentierte. Der verbleibende Einkommensanteil, der auf die oberen 10 % entfiel, machte daher 47 % aus und belief sich pro Person auf ein durchschnittliches Vorsteuereinkommen von 311 000 US-Dollar. Das durchschnittliche Jahreseinkommen der oberen 10 % ist fast fünfmal höher als der nationale Durchschnitt und 19-mal höher als das Durchschnittseinkommen der unteren 50 %. Das Verhältnis von 1 zu 19 zwischen den Einkommen der unteren 50 % und der oberen 10 % bedeutet daher, dass die Ungleichheit bei den Vorsteuereinkommen zwischen den «unteren Schichten» und der «Oberschicht», gemessen nach Marktwechselkursen, mehr als das Doppelte (Verhältnis 1:8) des Unterschieds zwischen den nationalen Durchschnittseinkommen der USA und Chinas beträgt.

Das Einkommen ist stark konzentriert, auch im Bereich der oberen 10 %. So beträgt der Anteil des Nationaleinkommens, der auf das oberste 1 % entfällt, eine Gruppe von ungefähr 2,3 Mio. Menschen, die pro Jahr durchschnittlich 1,3 Mio. US-Dollar verdienen, mehr als 20 % – das heißt, er ist um das 1,6-Fache größer als der Anteil der gesamten unteren 50 %. Das Einkommen der obersten 0,1 %, der obersten 0,01 % und der obersten 0,001 % beläuft sich im Durchschnitt auf 6 Mio., 29 Mio. bzw. 125 Mio. US-Dollar im Jahr, vor Abzug der persönlichen Steuern und Abgaben.

Wie in **Tabelle 2.4.1** dargestellt, wurde die ungleiche Verteilung des Nationaleinkommens in den USA im Jahr 2014 durch das Steuer- und Transfersystem des Landes allgemein etwas abgemildert. Steuern und Abgaben reduzieren den Anteil des Nationaleinkommens, der auf die oberen 10 % entfällt, von 47 % auf 39 %, womit ein Anstieg des Anteils des Nachsteuereinkommens der mittleren 40 % um einen Prozentpunkt (von 40,5 % auf 41,6 %) und des Anteils des Nachsteuereinkommens der unteren 50 % um sieben Prozentpunkte (von 12,5 % auf 19,4 %) einhergeht. Auch im oberen Teil der Einkommensverteilung zeigt sich ein relativ starker Rückgang der jeweiligen Einkommensanteile, was darauf hinweist, dass sich das amerikanische Steuersystem leicht progressiv auf die Einkommen der reichsten Amerikaner auswirkt.

Das Nationaleinkommen ist von 1980 bis 2014 um 61 % gewachsen, doch die unteren 50 % waren davon ausgeschlossen

Die Einkommensungleichheit in den USA unterschied sich 2014 deutlich von dem Niveau, das am Ende des Zweiten Weltkriegs registriert wurde. Die Veränderung der Ungleichheit seit dem Ende des Krieges lässt sich in zwei Phasen unterteilen, wie in **Tabelle 2.4.2** dargestellt wird. Von 1946 bis 1980 wurde ein kräftiges Wachstum des realen nationalen Einkommens pro Erwachsenem verzeichnet – mit einer annähernden Verdoppelung des Durchschnittseinkommens pro Erwachsenem –, und dieses Wachstum wurde wesentlich gerechter verteilt, weil das Einkommen der unteren 90 % schneller wuchs (um 102 %) als das Einkommen der oberen 10 % (um 79 %).[10] Doch im nachfolgenden Zeitraum, von 1980 bis 2014, verlangsamte sich das allgemeine Einkommenswachstum von 95 % auf 61 % und wurde zunehmend verzerrt.

Tabelle 2.4.1
Die Verteilung des Nationaleinkommens in den USA, 2014

		Vorsteuernationaleinkommen			Nachsteuernationaleinkommen		
Einkommensgruppe	**Zahl der Erwachsenen**	**Einkommensschwelle ($)**	**Durchschnittseinkommen ($)**	**Einkommensanteil**	**Einkommensschwelle ($)**	**Durchschnittseinkommen ($)**	**Einkommensanteil**
Gesamtbevölkerung	234 400 000	–	66 100	100 %	–	66 100	100 %
untere 50 %	117 200 000	–	16 600	12,5 %	–	25 500	19,3 %
untere 20 %	46 880 000	–	5500	1,7 %	–	13 400	4,1 %
folgende 30 %	70 320 000	13 100	24 000	10,9 %	23 200	33 600	15,2 %
mittlere 40 %	93 760 000	364 900	66 900	40,4 %	45 000	68 800	41,6 %
obere 10 %	23 440 000	122 000	311 000	47,0 %	113 000	259 000	39,1 %
oberstes 1 %	2 344 000	469 000	1 341 000	20,2 %	392 000	1 034 000	15,7 %
oberstes 0,1 %	234 400	2 007 000	6 144 000	9,3 %	1 556 000	4 505 000	6,8 %
oberstes 0,01 %	23 440	9 789 000	28 773 000	4,4 %	7 035 000	20 786 000	3,1 %
oberstes 0,001 %	2344	484 331 000	124 821 000	1,9 %	35 122 000	90 826 000	1,4 %

Quelle: WID.world (2017). Vgl. wir2018.wid.world für Datenreihen und Anmerkungen. 2014 betrug das durchschnittliche Vorsteuereinkommen der oberen 10 % 311 000 $. Das Vorsteuernationaleinkommen wird berechnet nach Abführung der Beiträge für Renten- und Arbeitslosenversicherung (die den Großteil der Geldtransfers ausmachen), jedoch vor Abzug der direkten Einkommen- und Vermögensteuern). Das Nachsteuernationaleinkommen wird nach Abzug sämtlicher Steuern, Transfers und Staatsausgaben berechnet. Sämtliche Werte wurden in konstante US-Dollar von 2016 (zur Berücksichtung der Inflation) umgerechnet. Zum Vergleich: $ 1 = € 0,80 = ¥ 3,3 (nach Marktwechselkursen) und $ 1 = € 0,90 = ¥ 6,6 (nach KKP). Wegen Auf- oder Abrundung ergeben die Zahlen nicht immer 100 %.

Das Vorsteuereinkommen der unteren 50 % stagnierte und stieg lediglich um 200 US-Dollar von 16 400 US-Dollar im Jahr 1980 auf 16 600 US-Dollar im Jahr 2014, ein minimales Wachstum von lediglich 1 % über einen Zeitraum von 34 Jahren. Das Wachstum des Nachsteuereinkommens der unteren 50 % fiel dagegen wesentlich stärker aus; es stieg im gesamten Zeitraum von 1980 bis 2014 um 21 % (durchschnittlich um 0,6 % im Jahr), machte aber dennoch nur ein Drittel des nationalen Durchschnitts aus. Das Wachstum der mittleren 40 % war schwach; ihr

Vorsteuereinkommen stieg seit 1980 um 42 %, das Nachsteuereinkommen um 49 % (durchschnittlich um 1,4 % pro Jahr). Im Gegensatz dazu verdoppelte sich das Einkommen der oberen 10 % in diesem Zeitraum, und jenes des obersten 1 % verdreifachte sich, auch auf Nachsteuerbasis. Die Wachstumsraten vergrößern sich, je weiter man auf der Einkommensleiter nach oben steigt, und gipfeln in einem Anstieg um 636 % für die obersten 0,001 % zwischen 1980 und 2014, was dem Zehnfachen der Einkommenswachstumsrate der Gesamtbevölkerung entspricht.

Tabelle 2.4.2
Das Wachstum des Nationaleinkommens in den USA seit dem Ende des Zweiten Weltkriegs, 1946–2014

	Vorsteuer-einkommenszuwachs		**Nachsteuer-einkommenszuwachs**	
Einkommensgruppe	**1946–1980**	**1980–2014**	**1946–1980**	**1980–2014**
Gesamtbevölkerung	95 %	61 %	950 %	61 %
untere 50 %	102 %	1 %	129 %	21 %
untere 20 %	109 %	-25 %	179 %	4 %
folgende 30 %	101 %	7 %	117 %	26 %
mittlere 40 %	105 %	42 %	98 %	49 %
obere 10 %	79 %	121 %	69 %	113 %
oberstes 1 %	47 %	204 %	58 %	194 %
oberstes 0,1 %	54 %	320 %	104 %	298 %
oberstes 0,01 %	76 %	453 %	201 %	423 %
oberstes 0,001 %	57 %	636 %	163 %	616 %

Quelle: Piketty, Saez und Zucman (2018), verfügbar unter WID. World.
Zwischen 1980 und 2014 wuchs das durchschnittliche Vorsteuereinkommen der oberen 10 % um 113 %. Das Vorsteuernationaleinkommen wird nach Abführung der Beiträge zu Renten- und Arbeitslosenversicherung (die den Großteil der Geldtransfers ausmachen) berechnet, jedoch vor Abzug der direkten Einkommen- und Vermögensteuern).
Das Nachsteuernationaleinkommen wird nach Abzug sämtlicher Steuern, Transfers und Staatsausgaben berechnet.

Der Anstieg im Bereich des obersten 1 % spiegelt den Rückgang in dem der unteren 50 % wider

Die Stagnation der Einkommen bei den unteren 50 % im Verhältnis zum Einkommensanstieg, den das oberste 1 % erlebte, ist wahrscheinlich die augenfälligste Entwicklung in der US-amerikanischen Wirtschaft der vergangenen vier Jahrzehnte. Wie in **Grafik 2.4.1a** gezeigt, haben sich die Anteile dieser beiden Gruppen am US-Gesamteinkommen im Zeitraum von 1980 bis 2014 umgekehrt. Die Einkommen des obersten 1 % repräsentierten 1980 11 % des Nationaleinkommens, heute sind es allerdings 20 %, während jene 20 % des Nationaleinkommens, die 1980 auf die unteren 50 % entfielen, heute auf 12 % gefallen sind. Acht Prozentpunkte des Nationaleinkommens wurden de facto von den unteren 50 % zum obersten 1 % transferiert. Der Anstieg des Anteils des obersten 1 % war daher mehr als groß genug, um den Rückgang des Einkommensanteils der unteren 50 % auszugleichen, einer demografischen Gruppe, die um das Fünfzigfache stärker ist. **Grafik 2.4.1b** zeigt, dass das durchschnittliche Vorsteuereinkommen der unteren 50 % seit 1980 bei rund 16 500 US-Dollar stagniert, während das Einkommen des obersten 1 % um 300 % auf rund 1 340 000 US-Dollar im Jahr 2014 gestiegen ist. Dadurch erhöhte sich der durchschnittliche Einkommensunterschied zwischen dem obersten 1 % und den unteren 50 % vom 27-Fachen im Jahr 1980 auf das 81-Fache heute.

Ohne Berücksichtigung der Gesundheitstransfers stagniert das durchschnittliche Nachsteuereinkommen der unteren 50 % bei 20 500 US-Dollar

Das Einkommen der unteren 50 % stagnierte jedoch nicht während der Nachkriegszeit. Der Anteil dieses Teils der Bevölkerung am Vorsteuereinkommen stieg in den 1960er Jahren, als die Ungleichheit der Einkommensverteilung zum Teil infolge einer kräftigen Erhöhung des realen Mindestlohns auf gesamtstaatlicher Ebene etwas abgebaut wurde, und erreichte im Jahr 1969 seinen historisch höchsten Wert. Diese Verbesserungen erfolgten im Zuge des von Präsident Johnson ausgerufenen «Kampfes gegen Armut», der mit der Verabschiedung des Food Stamp Act von 1964 und der Einführung des Gesundheitsfürsorgeprogramms Medicaid 1965 verbunden war.

Doch ab Anfang der 1980er Jahre gingen sowohl der Vorsteuer- als auch der Nachsteueranteil am Nationaleinkommen, der auf die unteren 50 % entfiel, in auffallender Weise zurück, und auch die Kluft zwischen den Vorsteuer- und den Nachsteuereinkommen vergrößerte sich deutlich. Die Daten lassen den Schluss zu, dass das magere Wachstum des Nachsteuereinkommens der unteren 50 % seit 1970 praktisch vollständig auf die Gesundheitsprogramme Medicare und Medicaid zurückzuführen war. Ohne diese beiden Transfersysteme im Bereich der Gesundheitsfürsorge hätte das durchschnittliche Nachsteuereinkommen der unteren 50 % seit Ende der 1970er Jahre bei rund 20 500 US-Dollar stagniert (vgl. **Grafik 2.4.2**). Die untere Hälfte der erwachsenen US-Bevölkerung war somit mehr als 40 Jahre lang weitestgehend vom Wachstum des Vorsteuereinkommens abgekoppelt, und die Zunahme ihres Nachsteuereinkommens um rund 5000 US-Dollar wurde fast vollständig durch höhere Gesundheitsausgaben absorbiert, zum Teil als Folge einer Erhöhung der Kosten für die Gesundheitsvorsorge.[11] Darüber hinaus konnte die untere Hälfte der Verteilung allein durch Gesundheitstransfers in Form von Sachleistungen und kollektive Ausgaben ihr Einkommen über das Vorsteuerniveau hinaus steigern und wurde zu einem Nettonutznießer von Umverteilungsmaßnahmen; bis zur Ausweitung des Staatsdefizits im Gefolge der Finanzkrise von 2008 zahlten die unteren 50 % mehr an Steuern, als sie an individualisierten Geldtransfers erhielten.

Bei den unteren 50 % sinkt das Vorsteuereinkommen der Erwachsenen im erwerbsfähigen Alter

Die Stagnation der Einkommen der unteren 50 % könnte im Prinzip auch demografische Veränderungen widerspiegeln statt tiefergehende Entwicklungen in der Verteilung der Lebenseinkommen. Das Einkommen eines Menschen steigt gewöhnlich mit dem Lebensalter – wenn die

Grafik 2.4.1a
Die Anteile am Vorsteuereinkommen des obersten 1 % und der unteren 50 % in den USA, 1962–2014

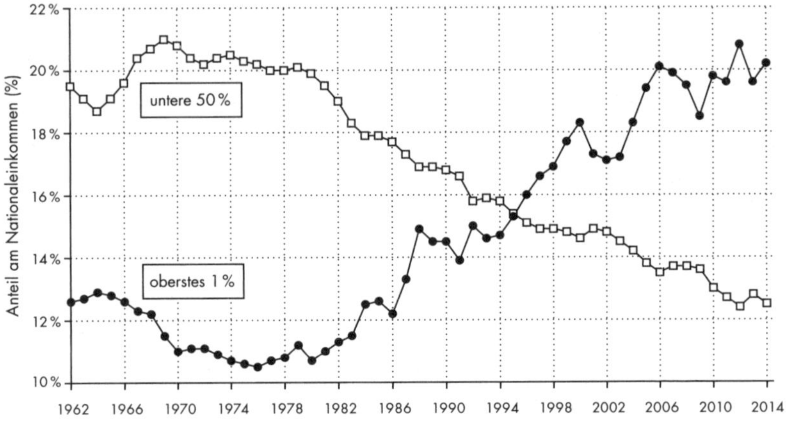

Quelle: Piketty, Saez und Zucman (2018), verfügbar unter WID. World.
2014 entfielen in den USA 13 % des Nationaleinkommens auf die unteren 50 %. Das Vorsteuernationaleinkommen wird nach Abführung der Beiträge zu Renten- und Arbeitslosenversicherung (die den Großteil der Geldtransfers ausmachen) berechnet, jedoch vor Abzug der direkten Einkommen- und Vermögensteuern.

Erwerbstätigen Humankapital aufbauen und Erfahrung erwerben – und sinkt dann nach dem Eintritt in den Ruhestand. Daher könnte auch die Alterung der Bevölkerung für den Rückgang des Einkommensanteils der unteren 50 % verantwortlich sein. Doch in den USA ist dies nicht der Fall. Das lässt sich durch eine Untersuchung der unteren 50 % der Einkommensbezieher nach bestimmten Alterskategorien nachweisen, etwa der 20- bis 45-Jährigen, der 45- bis 65-Jährigen und der über 65-Jährigen, wie in **Grafik 2.4.3** dargestellt.

Grafik 2.4.3a zeigt, dass das durchschnittliche Vorsteuereinkommen von Erwachsenen im erwerbsfähigen Alter im Bereich der unteren 50 % seit 1980 stark zurückgegangen ist; bei den Erwachsenen im Alter von 20 bis 45 Jahren fiel es um 20 % und bei den 45- bis 65-Jährigen um 8 %. Nur die über 65-Jährigen erlebten einen Anstieg des Vorsteuereinkommens aufgrund einer Erhöhung der Sozialleistungen und der Rentenzahlungen. Aus **Grafik 2.4.3b** geht hervor, dass diese Trends auf Nachsteuerbasis noch ausgeprägter sind. Das durchschnittliche Einkommen der unteren 50 % der Einkommensbezieher über 65 Jahren ist seit den 1980er Jahren um 70 % gestiegen und überschreitet heute das Durchschnittseinkommen der unteren 50 % der Einkommensbezieher in allen Erwachsenengruppen. Doch der Anstieg des Nachsteuereinkommens der unteren 50 % ist ausschließlich auf diesen Einkommensanstieg bei den Älteren zurückzuführen.[12] Für die erwerbsfähige Bevölkerung im Segment der unteren 50 % gab es seit 1980 praktisch keinen Anstieg des Nachsteuereinkommens.

Aus der Entwicklung der Einkommen der unteren 50 % lassen sich drei Schlussfolgerungen ziehen. Erstens: Da das Einkommen aller erwerbsfähigen Gruppen im Bereich der unteren 50 % gesunken ist – auch für erfahrene Arbeitskräfte über 45 Jahren –, ist es unwahrscheinlich, dass das Gesamteinkommen, das ein Angehöriger der unteren 50 % im Laufe seines Lebens verdient hat, seit den 1980er Jahren nennenswert gestiegen ist. Zweitens: Die Stagnation der Einkommen

Grafik 2.4.1b
Vorsteuereinkommen des obersten 1 %
und der unteren 50 % in den USA, 1962–2014

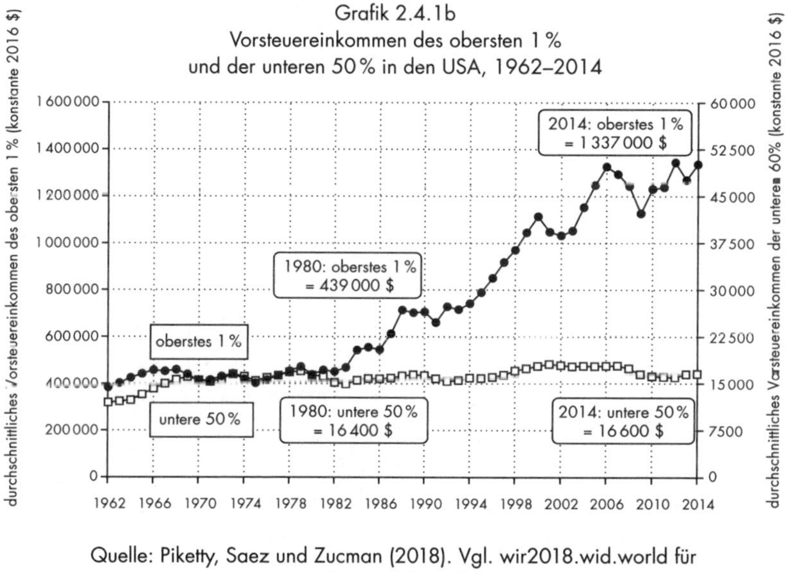

Quelle: Piketty, Saez und Zucman (2018). Vgl. wir2018.wid.world für Datenreihen und Anmerkungen.
2014 belief sich das durchschnittliche Vorsteuereinkommen des obersten 1 % auf 1 337 000 $. Das Vorsteuernationaleinkommen wird nach Abführung der Beiträge zu Renten- und Arbeitslosenversicherung (die den Großteil der Geldtransfers ausmachen) berechnet, jedoch vor Abzug der direkten Einkommen- und Vermögensteuern.

Grafik 2.4.2
Vorsteuer- und Nachsteuereinkommen
der unteren 50 % in den USA, 1962–2014

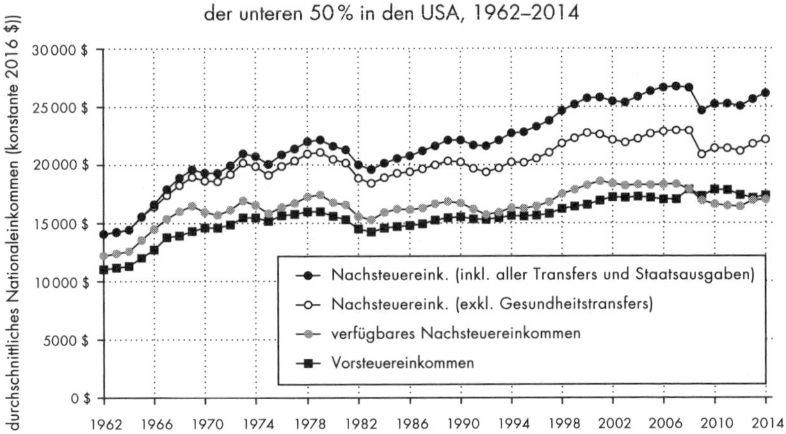

Quelle: Piketty, Saez und Zucman (2018). Vgl. wir2018.wid.world für Datenreihen und Anmerkungen.
2014 belief sich das verfügbare Nachsteuereinkommen der unteren 50 % auf 17 400 $. Das Vorsteuernationaleinkommen wird nach Abführung der Beiträge zu Renten- und Arbeitslosenversicherung (die den Großteil der Geldtransfers ausmachen) berechnet, jedoch vor Abzug der direkten Einkommen- und Vermögensteuern). Das Nachsteuernationaleinkommen wird nach Abzug sämtlicher Steuern, Transfers und Staatsausgaben berechnet. Zum Vergleich: $ 1 = € 0,80 = ¥ 3,3 (nach Marktwechselkursen) und $ 1 = € 0,90 = ¥ 6,6 (nach KKP).

der unteren 50 % ist nicht auf das Altern der Bevölkerung zurückzuführen. Im Gegenteil, in der unteren Hälfte des Einkommensspektrums nimmt allein das Einkommen der Älteren zu. Drittens: Trotz der Erhöhung bedürfnisabhängiger Leistungen haben staatliche Umverteilungsmaßnahmen in den vergangenen drei Jahrzehnten nicht dazu beigetragen, die Einkommen erwerbsfähiger Amerikaner im niedrigen und mittleren Einkommensbereich zu steigern. Dies weist in Verbindung mit dem realen Niveau der Vorsteuerungleichheit darauf hin, dass es klare Grenzen dafür gibt, was sich durch Steuern und Transferleistungen erreichen lässt angesichts solch erheblicher Veränderungen in der Vorsteuerverteilung der Einkommen, die sich seit 1980 in den USA vollzogen haben. Die Verbindung dieser Faktoren stützt die Ansicht, dass politische Diskussionen sich darauf konzentrieren sollten, wie sich die Verteilung primärer Vermögenswerte, wozu auch Humankapital,

Grafik 2.4.3a
Vorsteuereinkommen der unteren 50%
nach Altersgruppen in den USA, 1979–2014

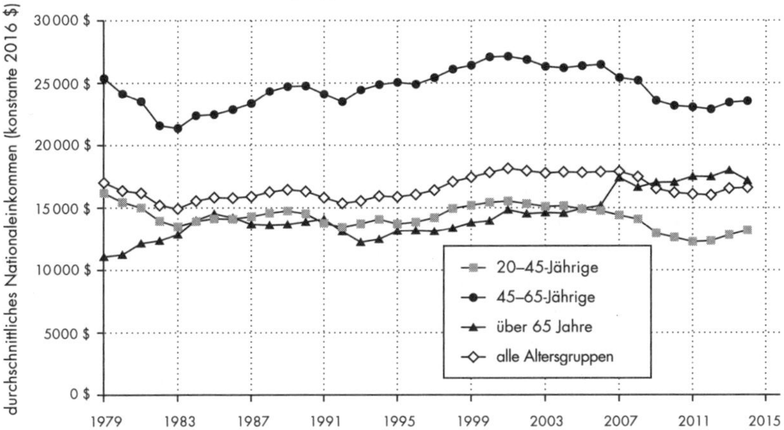

Quelle: Piketty, Saez und Zucman (2018). Vgl. wir2018.wid.world für Datenreihen und Anmerkungen.
2014 belief sich das durchschnittliche Vorsteuereinkommen der unteren 50% in der Altersgruppe der 20- bis 45-Jährigen auf 13 200 €. Das Vorsteuernationaleinkommen wird nach Abführung der Beiträge zu Renten- und Arbeitslosenversicherung (die den Großteil der Geldtransfers ausmachen) berechnet, jedoch vor Abzug der direkten Einkommen- und Vermögensteuern). Sämtliche Werte sind in konstante US-Dollar von 2016 (zur Berücksichtigung der Inflation) umgerechnet. Zum Vergleich: $ 1 = € 0,80 = 3,3 ¥ (nach Marktwechselkursen) und 1 $ = 0,90 € = 6,6 ¥ (nach Kaufkraftparität). Wegen Auf- oder Abrundung ergeben die Zahlen nicht immer 100%.

Finanzkapital und Kaufkraft zählen, ausgeglichener gestalten lässt, anstatt sich nur auf nachträgliche Umverteilung auszurichten.

Die Vorsteuereinkommensungleichheit hat seit den 1980er Jahren deutlich zugenommen, und zwar etwas mehr als die Nachsteuereinkommensungleichheit

Die oben dargestellten Trends sollte man auch in ihrem größeren historischen Kontext betrachten. Eine Analyse von Daten, die bis 1917 zurückreichen, ergibt, dass sich in den USA im Laufe des vergangenen Jahrhunderts beträchtliche Veränderungen der Ungleichheit vollzogen

Grafik 2.4.3b
Nachsteuereinkommen der unteren 50 %
nach Altersgruppen in den USA, 1979–2014

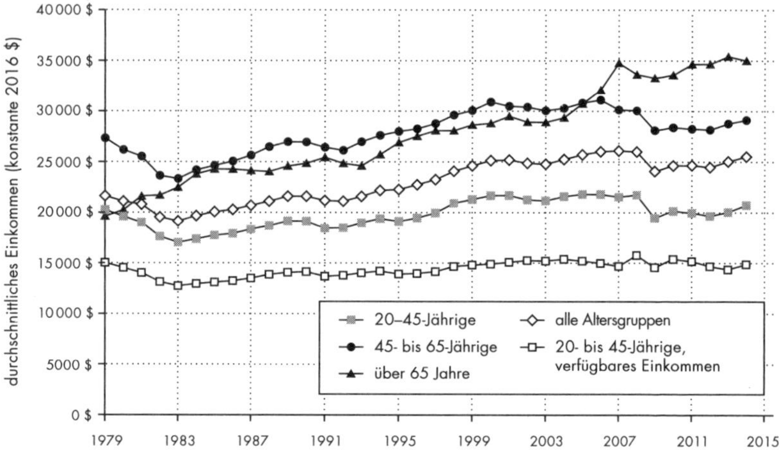

Quelle: Piketty, Saez und Zucman (2018). Vgl. wir2018.wid.world für Datenreihen und Anmerkungen.
2014 belief sich das durchschnittliche Nachsteuereinkommen der unteren 50 % in der Altersgruppe der 20- bis 45-Jährigen auf 14 900 €. Das Nachsteuernationaleinkommen wird nach Abzug sämtlicher Steuern, Transfers und Staatsausgaben berechnet. Sämtliche Werte sind in konstante US-Dollar von 2016 (zur Berücksichtigung der Inflation) umgerechnet. Zum Vergleich: $ 1 = € 0,80 = ¥ 3,3 (nach Marktwechselkursen) und $ 1 = € 0,90 = ¥ 6,6 (nach KKP).

haben. Wie in **Grafik 2.4.4** gezeigt, hat sich der Einkommensanteil, der auf die oberen 10 % entfällt, in Form einer U-Kurve entwickelt. Auf Vorsteuerbasis ist der Einkommensanteil der oberen 10 % heute wieder so groß wie an seinem Hochpunkt Ende der 1920er Jahre.

Auch nach Abzug von Steuern und Abgaben hat sich der Anteil des Einkommens, der auf die Spitzenverdiener entfällt, U-förmig entwickelt, wenngleich die aufwärtsführende Linie in den letzten Jahrzehnten nicht mehr so markant steigt wie bei den Werten auf Vorsteuerbasis. Der Unterschied ist im Wesentlichen auf den geringeren Umfang des Staatsapparats vor einem Jahrhundert und auf die heutigen niedrigeren Steuersätze zurückzuführen, was bedeutet, dass zu Beginn des 20. Jahrhunderts der Unterschied zwischen Vorsteuer- und Nachsteuereinkommen weniger ausgeprägt war. Die Vorsteuer- und die Nachsteuereinkommensanteile begannen sich nach 1933 auseinanderzuentwickeln, als der New Deal von Präsident Roosevelt beim obersten 1 % spürbar wurde und die Bemühungen zur Deckung der Kriegskosten zu einem deutlichen Anstieg der Bundeseinkommensteuer für die oberen 10 % führte.

Obwohl die Nachsteuerungleichheit seit 1980 deutlich zugenommen hat, ist sie langsamer gestiegen als die Vorsteuerungleichheit. Wie in **Grafik 2.4.4** gezeigt wird, ist der Nachsteuereinkommensanteil der oberen 10 % zwischen 1980 und 2014 von 30 auf 40 % gestiegen und der Vorsteueranteil von 35 auf 47 %. Spürbare Steuererhöhungen für Spitzenverdiener ab 2013 haben vermutlich dazu beigetragen, dass in den letzten Jahren der Anteil des Nachsteuereinkommens der obersten Einkommensbezieher im Verhältnis zu ihrem Vorsteueranteil langsamer gewachsen ist. Insgesamt haben umverteilungspolitische Maßnahmen verhindert, dass die Nachsteuerungleichheit wieder auf das Niveau der

Grafik 2.4.4
Die »U-förmige Entwicklung« des Einkommensanteils der oberen 10 % in den USA, 1917–2014

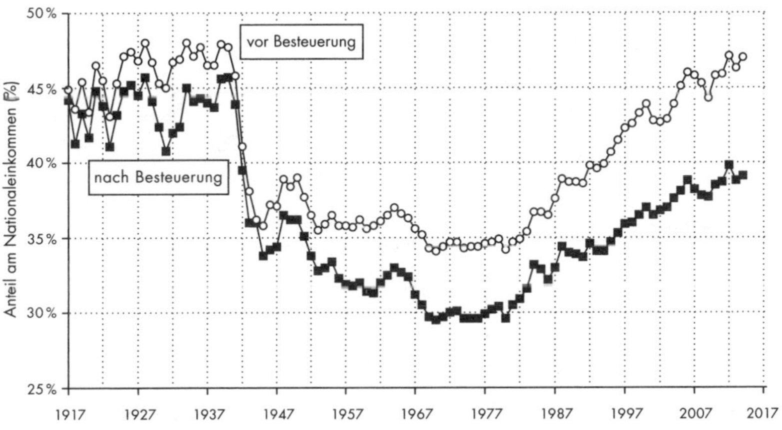

Quelle: Piketty, Saez und Zucman (2018). Vgl. wir2018.wid.world für Datenreihen und Anmerkungen.
2014 entfielen 39 % des Nachsteuernationaleinkommens auf die oberen 10 %.
Das Vorsteuernationaleinkommen wird nach Abführung der Beiträge zu Renten- und Arbeitslosenversicherung (die den Großteil der Geldtransfers ausmachen) berechnet, jedoch vor Abzug der direkten Einkommen- und Vermögensteuern.

Zeit vor dem New Deal zurückgekehrt ist (worauf weiter unten noch ausführlicher eingegangen wird). Eine weitere Senkung der Steuern für Spitzenverdiener, wie sie durch die gegenwärtige Regierung beschlossen wurde, könnte in den kommenden Jahren zu einer deutlichen Zunahmen der Nachsteuerungleichheit führen (vgl. **Kasten 2.4.1**).

Trotz gewisser Schwankungen ist der Anteil des Gesamtkapitals am Vorsteuereinkommen im vergangenen Jahrhundert relativ stabil geblieben. Ein wachsender Teil der Einkommen stammt aus Kapital statt aus Arbeit, je höher man auf der Skala der Einkommensverteilung klettert. Die überwiegende Mehrheit der Amerikaner hat im vergangenen Jahrhundert nur wenig Kapitaleinkünfte erzielt, wobei die unteren 90 % – die sowohl die mittleren als auch die unteren Einkommensklassen umfassen – bis zu den 1970er Jahren nur knapp 10 % ihres Einkommens aus Kapital bezogen (vgl. **Grafik 2.4.5**). Die wachsende Bedeutung der

Grafik 2.4.5
Der Anteil der Kapitaleinkünfte
am Vorsteuereinkommen in den USA, 1913–2014

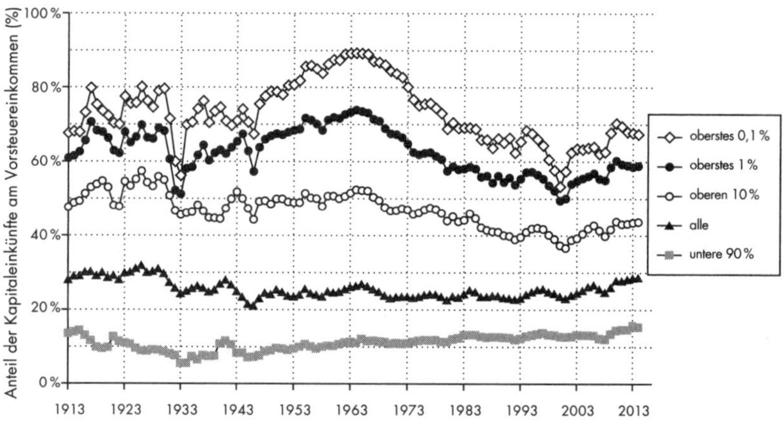

Quelle: Piketty, Saez und Zucman (2018). Vgl. wir2018.wid.world für Datenreihen und Anmerkungen.
2014 belief sich der Anteil der Kapitaleinkünfte am Vorsteuereinkommen bei den oberen 10 % auf 44 %. Das gesamte Vorsteuereinkommen setzt sich aus der Summe der Kapitaleinkünfte und dem Arbeitseinkommen zusammen. Das Vorsteuernationaleinkommen wird nach Abführung der Beiträge zu Renten- und Arbeitslosenversicherung (die den Großteil der Geldtransfers ausmachen) berechnet, jedoch vor Abzug der direkten Einkommen- und Vermögensteuern.

Pensionsfonds (die heute 36 % des Vermögens der Haushalte repräsentieren) hat dazu beigetragen, dass auch bei den unteren 90 % der Anteil der Kapitalerträge am Vorsteuereinkommen auf rund 16 % im Jahr 2014 gestiegen ist. Die oberen 10 % bezogen dagegen 2014 noch 40 % ihres Einkommens aus Kapital, nachdem dieser Anteil Mitte der 1960er Jahre schon über 50 % gelegen hatte; beim obersten 1 % machte dieser Anteil im Jahr 2014 knapp 60 % aus, bei den obersten 0,1 % 70 %.

Die Spitzenverdiener verzeichneten bemerkenswerte Schwankungen des Anteils der Kapitalerträge an ihren Einkommen. Zu Beginn des 20. Jahrhunderts bezogen die obersten 0,1 % etwa 70 bis 80 % ihres Einkommens aus Kapital, dieser Anteil ging jedoch während der Depression auf 50 % zurück, als die Unternehmensgewinne einbrachen, und stieg in den 1950er und 1960er Jahren wieder auf rund 90 %. Wie im *Kapital im 21. Jahrhundert* von Thomas Piketty dargestellt, erreichten die

Grafik 2.4.6
Durchschnittliche Steuerquote nach
Vorsteuereinkommensgruppen in den USA, 1913–2014

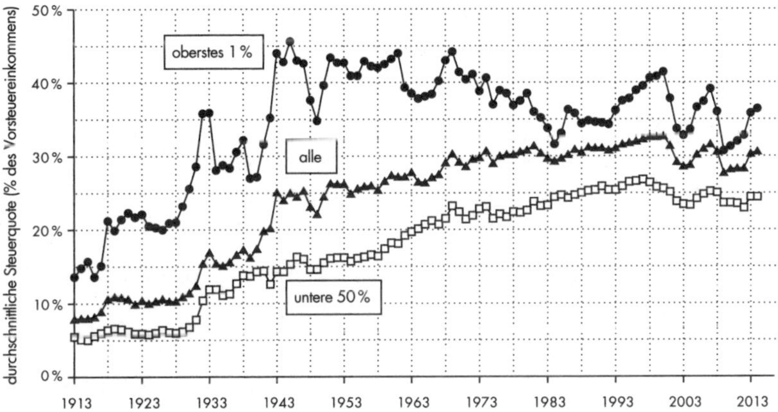

Quelle: Piketty, Saez und Zucman (2018). Vgl. wir2018.wid.world für Datenreihen und Anmerkungen.
2014 belief sich die durchschnittliche Steuerquote des obersten 1 % auf 36 %.
Das Vorsteuernationaleinkommen wird nach Abführung der Beiträge zu Renten- und Arbeitslosenversicherung (die den Großteil der Geldtransfers ausmachen) berechnet, jedoch vor Abzug der direkten Einkommen- und Vermögensteuern. Zu den Steuern gehören alle Steuern auf bundesstaatlicher, einzelstaatlicher und kommunaler Ebene.
Die Steuern werden als Prozentsatz des Vorsteuereinkommens angegeben.

Bezahlung der Spitzenmanager und die Arbeitseinkommen in den Nachkriegsjahrzehnten ein historisches Tief.[13] Anschließend von den 1970er bis in die späten 1990er Jahre stiegen sie stark und erreichten 2000 ihre Höchstwerte, als der Anteil der Kapitaleinkommen bei den obersten 0,1 % einen Tiefpunkt von 49 % ausbildete. Doch seit Beginn des 21. Jahrhunderts hat das Kapital durch die starken Gewinnsteigerungen der Unternehmen wieder an Bedeutung gewonnen. Der Anteil der Kapitaleinkommen am Nationaleinkommen wuchs zwischen 2000 und 2014 von 22 auf 29 %, und das durchschnittliche jährliche Wachstum der Einkommen pro Erwachsenem in den USA von 0,6 % in diesem Zeitraum war fast gänzlich das Resultat des wachsenden Kapitaleinkommens; das Arbeitseinkommen pro Erwachsenem stieg in dieser Periode nur um 0,1 % pro Jahr, das Kapitaleinkommen um 2,2 %. Diese Zunahme der Vermögensungleichheit führte zu einer steigenden Konzentration des Kapitaleinkommens, die wiederum die Vermögensungleichheit verstärkte, da die Spitzeneinkommen eine höhere Sparrate ermöglichten. Im weiteren Verlauf des 21. Jahrhunderts werden daher die gut verdienenden oder reichen Erwerbstätigen des 20. Jahrhunderts zunehmend ihr Kapitaleinkommen verbrauchen oder es an ihre Kinder übertragen, die dann vom ererbten Vermögen leben können.

Die Steuerprogression flachte in den vergangenen Jahrzehnten ab

Die Einkommensteuerprogressivität hat sich in den vergangenen Jahrzehnten deutlich vermindert, wie in **Grafik 2.4.6** dargestellt wird. Die makroökonomische Steuerquote des Landes (das heißt der Anteil der Gesamtsteuern am Nationaleinkommen einschließlich der Steuern des Bundes, der Einzelstaaten und der Kommunen) stieg von 8 % im Jahr 1913 auf 30 % Ende der 1960er Jahre und verharrt seitdem auf diesem Niveau. Die effektiven Steuersätze quer durch die gesamte Einkommensverteilung wurden stärker komprimiert. In den 1950er Jahren zahlte das oberste 1 % der Einkommensbezieher 40 bis 45 % des Vorsteuereinkommens als Steuern, bei den unteren 50 % betrug dieser Teil 15 bis 20 %. Im Jahr 2014 war der Abstand wesentlich kleiner. Die Spitzenverdiener zahlten 2014 rund 30 bis 35 % ihres Einkommens als Steuern, die unteren 50 % gaben ungefähr 25 % ab. Der Hauptgrund für den Rückgang der effektiven Steuerquote der Topverdiener war die Senkung der Unternehmens- und der Erbschaftsteuern; in den 1960er Jahren zahlte das oberste 1 % nahezu 20 % seines Vorsteuereinkommens als Unternehmens- oder Erbschaftsteuer, während 2014 dieser Anteil auf 10 % gefallen war.

Durch die Steuerreform von 2013 wurde der langfristige Abwärtstrend der Spitzensteuersätze teilweise revidiert. Die Steuerzuschläge, die im Zuge des Affordable Care Act (oft auch als «Obamacare» bezeichnet) eingeführt wurden, sowie das Auslaufen der 2001 von der Regierung Bush verfügten Steuerkürzungen für Spitzenverdiener führten für die Reichsten zu einer Erhöhung der Grenzsteuersätze auf Kapitaleinkommen (9,5 Prozentpunkte) und auf Arbeitseinkommen (6,5 Prozentpunkte).[14] Diese Erhöhung war die stärkste Steigerung der Steuersätze seit den 1950er Jahren und übertraf auch die Steuererhöhungen der Regierung Clinton im Jahr 1993. Der effektive Steuersatz, der vom obersten 1 % der Einkommensbezieher gezahlt wird, ist von 2011 (32 %) bis 2013 (36 %) um annähernd vier Prozentpunkte gestiegen, liegt damit wieder auf dem Niveau wie zu Beginn der 1980er Jahre.[15] Es ist bemerkenswert, dass die Ungleichheit in den 1980er Jahren wesentlich niedriger war und dass der langjährige Rückgang des Unternehmens- und Erbschaftsteueraufkommens weiter dazu beiträgt, die effektive Steuerquote der Spitzenverdiener nach unten zu drücken. Im Vergleich zum Zeitraum von 1940 bis 1960, als das Besteuerungsniveau des obersten 1 % dauerhaft über 40 % lag, war der durchschnittliche Steuersatz, angegeben in Prozent des Vorsteuereinkommens, im Jahr 2014 um mehr als fünf Prozentpunkte niedriger und um zehn Prozentpunkte niedriger als vor der Finanzkrise.

Im Gegensatz zum allgemeinen Rückgang der Steuersätze für Spitzenverdiener seit den 1940er Jahren stiegen die Steuern der unteren 50 % zwischen 1940 und 2014 von 15 % auf 25 %. Dies war im Wesentlichen auf den Anstieg der Lohnsteuern zurückzuführen, die von den unteren 50 % gezahlt werden, die von weniger als 5 % in den 1960er Jahren auf mehr als 10 % im Jahr 2014 kletterten. Die Lohnsteuern sind wichtiger als alle anderen Steuerarten – Bundesteuern oder Steuern der

Einzelstaaten –, weil sie von den unteren 50 % der Einkommensbezieher aufgebracht werden. Im Jahr 2014 machten die Lohnsteuern 11 % des Vorsteuereinkommens aus und lagen damit deutlich über den nächstwichtigen Steuerarten: den Einkommensteuern des Bundes und der Einzelstaaten, die sich auf 7 % des Vorsteuereinkommens beliefen, und der Umsatzsteuer, die 5 % ausmachte.[16] Obwohl durch die Lohnsteuer Transferleistungen wie die Rentenversicherung und Medicaid finanziert werden, die zum Teil den unteren 50 % zugutekommen, hat deren Anstieg dazu beigetragen, dass das Nachsteuereinkommen der Amerikaner im erwerbsfähigen Alter stagniert, die einen maßgeblichen Teil der unteren 50 % der Einkommensverteilung ausmachen.

Kasten 2.4.1
Die Erfassung der Vorsteuer- und Nachsteuerungleichheit

In diesem Kapitel legen wir Schätzungen der Vorsteuer- und Nachsteuereinkommensungleichheit vor, die zwei komplementäre Konzepte zur Untersuchung der Ungleichheit darstellen. Der Vergleich der Vorsteuer- und der Nachsteuereinkommensungleichheit ermöglicht es, die Auswirkung persönlicher Steuern und sachleistungsbezogener Transfers auf die Dynamik der Einkommensungleichheit besser zu erfassen.

In der Datenbank von WID.world bezieht sich das Vorsteuereinkommen auf das Einkommen vor dem Abzug der persönlichen Einkommen- und Vermögensteuern und sachleistungsbezogener Transferzahlungen (üblicherweise Krankenversicherungsbeiträge), aber nach der Abführung der Beiträge für Renten- und Arbeitslosenversicherung (sowie im Falle der USA der Beiträge für die staatliche Sozialversicherung und die Invalidenvorsorge).

Das Nachsteuereinkommen bezeichnet dagegen das Einkommen, das nach Abzug aller Steuern (insbesondere der direkten persönlichen Einkommen- und Vermögensteuern) und sämtlicher Sozialabgaben (geld- oder sachleistungsbezogener Abgaben) verbleibt.

Wichtig ist der Hinweis, dass Beiträge zu Renten- und Arbeitslosenversicherungen den weit überwiegenden Teil der geldbezogenen Transfers in den USA und generell in den reichen Ländern darstellen. Daher umfasst unser Begriff der Vorsteuereinkommensungleichheit (den wir in vorhergehenden Kapiteln für die internationalen Vergleiche verwendet haben) auch bereits die meisten umzuverteilenden Geldleistungen.

Die übrigen Geldtransfers haben demgegenüber nur eine geringe Bedeutung. So entspricht zum Beispiel im Fall der USA das Vorsteuereinkommen für die unteren 50 % im Wesentlichen dem Nachsteuereinkommen, das sich 2014 durchschnittlich auf rund 16 500 US-Dollar belief – und diese Zahl ist seit 1980 mehr oder weniger unverändert geblieben. Das bedeutet, dass die Armen ungefähr so viel an Steuern zahlen, wie sie anschließend wieder an Geldtransfers zurückerhalten (ohne Berücksichtigung von Renten und Arbeitslosenversicherung), und das hat sich seit 40 Jahren nicht geändert.

Abgesehen davon, ist es wichtig, die Nachsteuerungleichheit und nicht nur die Vorsteuerungleichheit zu untersuchen, zum einen, weil sachleistungsbezogene Transfers (vor allem der Zugang zu freier Bildung und Gesundheitsversorgung) für die unteren Einkommensgruppen von sehr großer Bedeutung sind, und zum anderen, weil das Nachsteuereinkommen an der Spitze der Einkommensverteilung wesentlich niedriger als das Vorsteuereinkommen sein kann (zumindest in Ländern mit starker Steuerprogression).

Bedauerlicherweise sind die USA das einzige Land, für das wir in diesem Bericht vollständige Vorsteuer- und Nachsteuerschätzungen erstellen können. Würde eine Untersuchung der Nachsteuereinkommensungleichheit in anderen Ländern zu einer Veränderung der allgemeinen Schlussfolgerungen in diesem Bericht führen?

Aufgrund der Feststellungen in diesem Bericht und der vorläufigen Ergebnisse für andere Länder erscheint es wahrscheinlich, dass eine Untersuchung der Nachsteuereinkommen unsere Kernaussagen eher bestätigen würde.

So ist zum Beispiel der Umfang der sachleistungsbezogenen Transfers im Bildungs- und Gesundheitsbereich in Europa größer als in den USA, insbesondere für die unteren 50 %, daher dürfte unsere Schlussfolgerung, dass in den USA die Ungleichheit stärker ausgeprägt ist, eher bekräftigt werden, wenn wir uns neben der Vorsteuer- auch mit der Nachsteuerungleichheit befassen.

Wir wissen, dass die Steuerprogressivität seit den 1980er Jahren in den meisten Ländern abgeschwächt wurde (vgl. Kapitel 5.2). Die Berücksichtigung von Nachsteuerschätzungen würde daher den Anstieg der Ungleichheit noch stärker ausfallen lassen, den wir anhand der Vorsteuerdaten festgestellt haben. In Frankreich zum Beispiel ist der effektive Steuersatz für die Superreichen niedriger als für die Mittelschicht, und neue Steuergesetze werden zu einer weiteren Senkung der Steuersätze der Superreichen führen (vgl. Kapitel 2.5).

In den Schwellenländern sind die Steuer- und Transfersysteme generell weniger stark ausgebildet und durch eine geringere Progressivität gekennzeichnet als in den USA und in Europa (wie in Kapitel 5.2 dargestellt wird, gibt es in Schwellenländern keine Erbschaftsteuern, während die Armen hohe Steuern auf grundlegende Konsumgüter wie Energie bezahlen), und daher dürfte der Unterschied zwischen Ländern mit extremer Ungleichheit und anderen Regionen, der in Kapi-

Grafik 2.4.7
Das Nachsteuereinkommen der mittleren 40%
in den USA, 1962–2014: die Rolle der Transferzahlungen

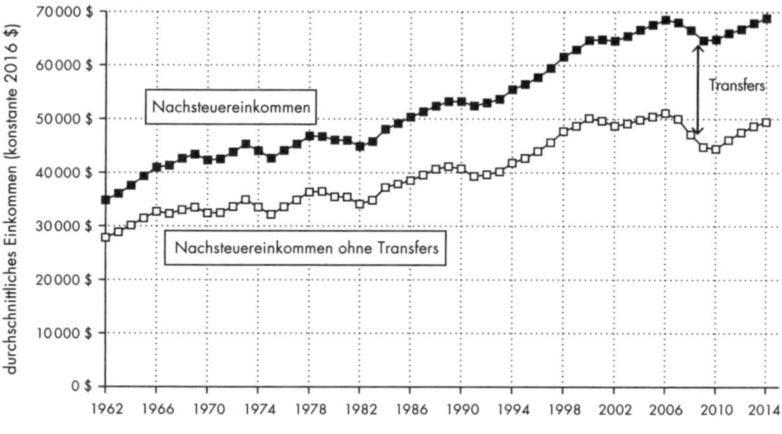

Quelle: Piketty, Saez und Zucman (2018). Vgl. wir2018.wid.world für Datenreihen und Anmerkungen.
2014 belief sich das durchschnittliche Nachsteuereinkommen der mittleren 40% auf 68 800 €. Das Nachsteuernationaleinkommen wird nach Abzug sämtlicher Steuern, Transfers und Staatsausgaben berechnet. Sämtliche Werte sind in konstante US-Dollar von 2016 (zur Berücksichtigung der Inflation) umgerechnet. Zum Vergleich: $ 1 = € 0,80 = ¥ 3,3 (nach Marktwechselkursen) und $ 1 = € 0,90 = ¥ 6,6 (nach KKP).

tel 2.1 behandelt wird, durch Nachsteuerschätzungen noch vergrößert werden.

Das genaue Ausmaß dieser Schwankungen ist zum gegenwärtigen Zeitpunkt noch nicht bekannt. Das Forscherteam des WID.world entwickelt aktuell neue Schätzungen über die Nachsteuereinkommensungleichheit in unterschiedlichen Teilen der Welt (vor allem für Europa und Lateinamerika), doch die Erfassung und Berücksichtigung sämtlicher Arten von Einkommen, Steuern und Transfers für alle Bewohner eines Landes über einen längeren Zeitraum erfordern gewaltige Anstrengungen. Das ist eine anspruchsvolle Aufgabe für die Wirtschaftsforschung. In künftigen Ausgaben dieses Berichts werden die neuen Ergebnisse und die Fortschritte dargestellt werden, die entsprechend diesen Vorgaben erzielt werden.

Transfers zielen im Wesentlichen auf die Mittelschicht und helfen den unteren 50 % kaum, den Rückgang ihrer Vorsteuereinkommen auszugleichen

Während sich die Steuerprogressivität seit den 1960er Jahren stetig vermindert hat, gewannen individualisierte Transfers, sowohl monetärer Art als auch in Form von Sachleistungen, in den vergangenen 50 Jahren zunehmend an Bedeutung in der US-amerikanischen Volkswirtschaft. Der Anteil der öffentlichen Ausgaben verharrte konstant bei rund 18 % des Nationaleinkommens, doch Transfers – wozu nicht die Renten-, die Erwerbsunfähigkeits- und die Arbeitslosenversicherung zählen, die bereits bei der Berechnung des Vorsteuereinkommens berücksichtigt sind – stiegen von rund 2 % des Nationaleinkommens im Jahr 1960 auf 11 % im Jahr 2014. Die beiden größten Transferposten sind die Ausgaben für Medicaid und Medicare, die im Jahr 2014 4 bzw. 3 % des Nationaleinkommens ausmachten. Andere bedeutende Transferarten sind rückzahlbare Steuergutschriften (0,8 % des Nationaleinkommens), Veteranenbeihilfen (0,6 %) und Lebensmittelmarken (0,5 %).

Überraschenderweise erstrecken sich diese individualisierten Transferleistungen auch auf die Mittelschicht. Obwohl Medicaid und andere bedarfsorientierte Programme ausschließlich von den unteren 50 % in

Anspruch genommen werden, erhielten die mittleren 40 % im Jahr 2014 höhere Transferzahlungen (insgesamt 16 % des Nationaleinkommens pro Erwachsenem) als die unteren 50 % der Amerikaner (10 % des Nationaleinkommens pro Erwachsenem). Da die oberen 10 % der Einkommensbezieher ungefähr 8 % ihres Einkommens pro Erwachsenem in Form von Transfers erhalten, besteht eine umgekehrte U-förmige Beziehung zwischen dem Nachsteuereinkommen und den erhaltenen Transferleistungen (wenn die Renten in die Transfers einbezogen werden). Das Einkommen der Mittelschicht ist wegen dieser Transferleistungen gestiegen; ohne sie wäre das Durchschnittseinkommen der mittleren 40 % von 1999 bis 2014 nicht gewachsen (vgl. **Grafik 2.4.7**). Andererseits aber waren die Transferleistungen nicht ausreichend, um ein stärkeres Wachstum der Einkommen der unteren 50 % zu ermöglichen und den Einbruch ihrer Vorsteuereinkommen auszugleichen.

Grafik 2.4.8
Der Unterschied des Vorsteuerarbeitseinkommens zwischen Männern und Frauen im erwerbsfähigen Alter in den USA, 1962–2014

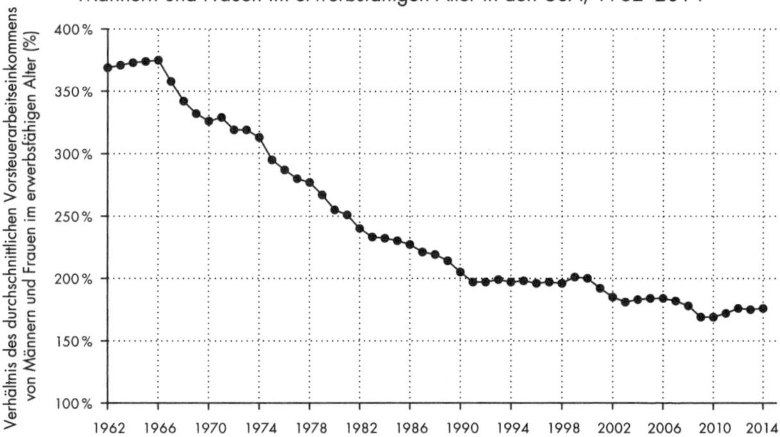

Quelle: Piketty, Saez und Zucman (2018). Vgl. wir2018.wid.world für Datenreihen und Anmerkungen.
2014 war das durchschnittliche Vorsteuerarbeitseinkommen von Männern in der Altersgruppe von 20 bis 64 Jahren um das 1,76-Fache (76 %) höher als das durchschnittliche Vorsteuerarbeitseinkommen von Frauen derselben Altersgruppe. Das Vorsteuerarbeitseinkommen setzt sich aus Löhnen bzw. Gehältern sowie Einkünften aus Renten, Sozialleistungen und Arbeitslosenversicherung abzüglich der jeweiligen Beiträge zusammen.

Die Reduzierung des geschlechterbezogenen Lohnunterschieds bildete eine wichtige Gegenkraft zum Anstieg der Ungleichheit in den USA

Die Verminderung des geschlechterbezogenen Unterschieds hat maßgeblich dazu beigetragen, den Anstieg der Ungleichheit abzumildern, der nach 1980 stattgefunden hat. Um diesen Prozess zu untersuchen, müssen die Daten auf individueller Basis und nicht auf der Basis von Steuereinheiten analysiert werden (wie beispielsweise einem Ehepaar oder einer Familie). Das Geschlechtergefälle hat sich im Laufe des vergangenen halben Jahrhunderts fast halbiert, ist aber keineswegs verschwunden. Eine aussagekräftigere Möglichkeit der Messung des Geschlechtergefälles ist die Berechnung des Verhältnisses zwischen dem durchschnittlichen Arbeitseinkommen erwerbstätiger Männer (im Alter von 20–65 Jahren) mit dem durchschnittlichen Arbeitseinkommen er-

Grafik 2.4.9
Der Anteil von Frauen an der Erwerbsbevölkerung nach Gruppen von Arbeitseinkommensbeziehern in den USA, 1962–2014

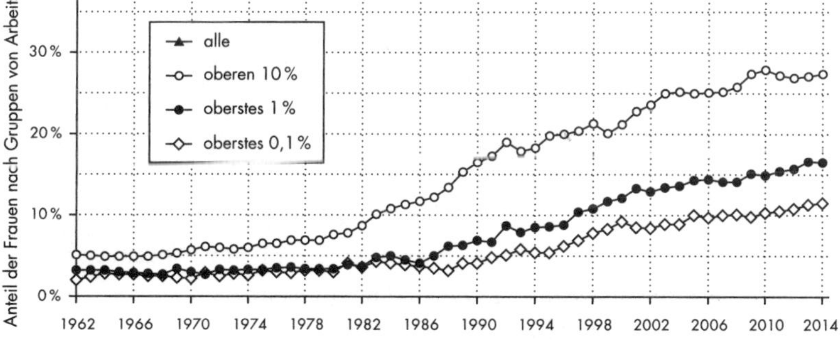

Quelle: Piketty, Saez und Zucman (2018). Vgl. wir2018.wid.world für Datenreihen und Anmerkungen.
2014 betrug der Anteil der Frauen an der erwerbstätigen Bevölkerung 48 %. Nicht zum Faktoreinkommen Arbeit zählen Renten, Sozialleistungen und Arbeitslosenversicherung sowie entsprechende Beiträge.

werbstätiger Frauen (im Alter von 20–65 Jahren), unabhängig davon, ob und wie viel sie arbeiten. Wie in **Grafik 2.4.8** dargestellt, ist dieses Verhältnis vom Höchstwert von 3,1 zu 1 in den 1960er Jahren auf rund 1,75 zu 1 im Jahr 2014 gesunken.

Dennoch besteht noch eine starke geschlechterbezogene Ungleichheit, vor allem im oberen Bereich der Einkommensverteilung, wie in **Grafik 2.4.9** gezeigt wird. Im Jahr 2014 machten Frauen knapp 27 % der Personen im Bereich der oberen 10 % der Einkommensbezieher aus, und damit lag ihr Anteil um 22 Prozentpunkte höher als 1960. Doch ihr Anteil wächst zunehmend langsamer auf jeder höheren Stufe der Einkommensverteilung. Im Bereich des obersten 1 % der Bezieher von Arbeitseinkommen kommen Frauen nur auf einen Anteil von 16 % (ein Anstieg um 13 Prozentpunkte seit den 1960er Jahren), und im Segment der obersten 0,1 % machen sie nur 11 % aus (ein Anstieg um neun Prozentpunkte). Seit 1999 ist der Anteil von Frauen in den Spitzeneinkommensgruppen nur moderat gestiegen. Die gläserne Decke bekommt also noch lange keinen Sprung.

5. Einkommensungleichheit in Frankreich

Die Informationen in diesem Kapitel stützen sich auf «Income Inequality in France, 1900–2014; Evidence from Distributional National Accounts (DINA)» von Bertrand Garbinti, Jonathan Goupille-Lebret und Thomas Piketty, 2017, WID.world Working Paper Series (Nr. 2017/4).

- Im Jahr 2014 belief sich der Anteil des Vorsteuereinkommens, der auf die unteren 50 % der Einkommensbezieher entfiel, auf 23 %, während der Anteil der oberen 10 % der Einkommensbezieher 33 % ausmachte. Wenngleich die Einkommensungleichheit in Frankreich 2014 keineswegs verschwunden war, so zeigte sich doch ein erheblicher Unterschied zur Situation vor hundert Jahren. Im Jahr 1900 entfiel auf die oberen 10 % der Einkommensverteilung die Hälfte des französischen Nationaleinkommens.
- Die Einkommensungleichheit verminderte sich in der Zeit zwischen Beginn des Ersten und Ende des Zweiten Weltkriegs erheblich, und

zwar wegen des Rückgangs der Spitzeneinkommen im Gefolge der Vernichtung von physischem Kapital, der schädlichen Folgen der Inflation sowie der Auswirkungen der Verstaatlichungen und der Mietpreisbindungspolitik.

- Der Kampf zwischen Arbeit und Kapital um die Verteilung der Früchte des Wachstums zwischen 1945 und 1983 charakterisierte eine turbulente Periode der Einkommensungleichheit, die 1968 einen Höhepunkt erreichte, als innere Unruhen die Regierung zwangen, das Lohngefälle zu vermindern.
- Mit der Austeritätspolitik, die 1983 eingeleitet wurde und die auch die Abschaffung der Bindung der Löhne und Gehälter an die Inflation umfasste, begann die Ungleichheit zu wachsen. In der Folge nahm auch das Lohngefälle zu, und die Erträge auf Kapital stiegen.
- Die geschlechtsspezifischen Lohnunterschiede haben sich seit den 1970er Jahren vermindert, dennoch betrug der Anteil der Frauen an den oberen 10 % der Einkommensbezieher im Jahr 2012 nur 30 %; wenn sich der gegenwärtige Trend fortsetzt, werden erst 2102 unter den oberen 10 % genauso viele Frauen wie Männer sein.

Im Jahr 2014 entfielen auf die oberen 10 % der französischen Einkommensbezieher 33 % des Nationaleinkommens

Im Jahr 2014 betrug das durchschnittliche Nationaleinkommen pro Erwachsenem in Frankreich 33 400 Euro. Dieser Durchschnitt verbirgt jedoch eine erhebliche Variationsbreite zwischen den einzelnen Gruppen der Verteilung. Die unteren 50 % verdienten 2014 rund 15 000 Euro im Durchschnitt, weniger als halb so viel wie der nationale Durchschnitt, und daher machte ihr Anteil am gesamten französischen Nationaleinkommen nur weniger als ein Viertel (22,5 %) aus. Die mittleren 40 % verdienten durchschnittlich knapp 37 500 Euro im Jahr und repräsentierten damit 45 % des Nationaleinkommens, während die oberen 10 % rund 109 000 Euro im Jahr erhielten, mehr als dreimal so viel wie der nationale Durchschnitt. Diese relativen Unterschiede verstärkten sich noch unter Einbeziehung der Superreichen, da auf das oberste 1 %

rund 11 % des Nationaleinkommens entfielen und die Einkommen der obersten 0,1 % bzw. der obersten 0,01 % um das 37- bis 129-Fache höher waren als der nationale Durchschnitt, wie in **Tabelle 2.5.1** gezeigt wird.

Die Einkommensungleichheit in Frankreich hat sich seit Beginn des 20. Jahrhunderts stark verändert

Zwar gibt es auch heute noch eine ausgeprägte Einkommensungleichheit in Frankreich, doch sie ist seit 1900 deutlich zurückgegangen. Zu Beginn des 20. Jahrhunderts entfielen auf die oberen 10 % der Einkommensverteilung (die man als «Oberschicht» bezeichnen kann) 50 % des gesamten Nationaleinkommens, während die mittleren 40 % (die «Mittelschicht») rund 35 % auf sich vereinten. Die unteren 50 % dagegen repräsentierten weniger als 15 % des Nationaleinkommens. Der höhere Anteil für die mittlere (plus zehn Prozentpunkte) und die untere Schicht (plus acht Prozentpunkte) zwischen 1900 und 2014 ging ungefähr im selben Umfang auf Kosten der Superreichen. Doch diese Verminderung der Ungleichheit erfolgte auf willkürliche und ungeordnete Weise und durchlief im vergangenen Jahrhundert mehrere Phasen, die das Ergebnis einer komplexen Mischung historischer Ereignisse und politischer Entscheidungen waren.

Um die Entwicklungen der Einkommensungleichheit in der jüngeren Zeit in Frankreich besser zu verstehen, muss man untersuchen, wie sich das Durchschnittseinkommen von 1900 bis 2014 entwickelt hat. Das Nationaleinkommen pro Erwachsenem hat sich im vergangenen Jahrhundert in Frankreich ungefähr versiebenfacht, ausgehend von einem Betrag von umgerechnet 5500 Euro im Jahr 1900. Doch dieser Anstieg des Nationaleinkommens pro Erwachsenem vollzog sich keineswegs stetig. Zwischen 1900 und 1945 ging das durchschnittliche Nationaleinkommen pro Erwachsenem jährlich um 0,1 % zurück, anschließend jedoch stieg es in der Nachkriegszeit bis 1980, in jener Periode, die man *les trente glorieuses* nannte, durchschnittlich um 3,7 % pro Jahr. Diesen «30 glorreichen Jahren» folgte eine Periode, in der das Nationaleinkommen pro Erwachsenem viermal langsamer wuchs als in der vorhergehenden Phase und in der Zeit von 1980 bis 2014 nur noch einen durchschnittlichen Anstieg um 0,9 % pro Jahr erreichte. Dieses Muster war nicht auf Frankreich beschränkt. Ähnliche Trends waren in den meisten europäischen Ländern und in Japan zu verzeichnen und in geringerem Maß auch in den USA und in Großbritannien, wo sich die Schocks, die durch die beiden Weltkriege ausgelöst wurden, weniger gravierend auswirkten als in Kontinentaleuropa.

Tabelle 2.5.1
Die Verteilung des Nationaleinkommens in Frankreich, 2014

Einkommensgruppe	Zahl der Erwachsenen	Einkommens-schwelle (€)	Durchschnitts-einkommen (€)	Einkommens-anteil
Gesamtbevölkerung	51 722 000	–	33 400	100 %
untere 50 %	25 861 000	–	15 000	22,5 %
mittlere 40 %	20 689 000	26 600	37 500	44,9 %
oberen 10 %	5 172 000	56 100	109 000	32,6 %
oberstes 1 %	517 000	161 400	360 600	10,8 %
oberste 0,1 %	51 700	544 600	1234 400	3,7 %
oberste 0,01 %	5200	2 002 000	4 318 600	1,3 %
oberste 0,001 %	500	6 976 500	13 175 100	0,4 %

Quelle: Garbinti, Goupille-Lebret und Pikotty (2017). Vgl. wir2018.wid.world für Datenreihen und Anmerkungen.
2014 entfielen in Frankreich 33 % des Nationaleinkommens auf die oberen 10 %. Alle Werte wurden nach Kaufkraftparität (KKP) in Euro von 2016 (Kurs 1 € = 1,3 $ = 4,4 ¥) umgerechnet. Die KKP berücksichtigt Unterschiede in den Lebenshaltungskosten zwischen den Ländern. Die Werte sind inflationsbereinigt. Wegen Auf- oder Abrundung ergeben die Zahlen nicht immer 100 %.

Die Entwicklung der Einkommensungleichheit im Verlauf des vergangenen Jahrhunderts kann grob in drei Phasen eingeteilt werden. Die erste Phase war die Zeit vom Beginn des Ersten Weltkriegs bis zum Ende des Zweiten Weltkriegs. Wie in **Grafik 2.5.1** dargestellt, fiel der Anteil der oberen 10 % der Einkommensbezieher in dieser Zeit von mehr als 50 % des Gesamteinkommens am Vorabend des Ersten Weltkriegs auf etwas mehr als 30 % des Gesamteinkommens im Jahr 1945. Dieser Rückgang war hauptsächlich auf den Zusammenbruch der Kapitaleinkommen zurückzuführen, die durch mehrere negative Schocks stark in Mitleidenschaft gezogen wurden. Das Kapitaleinkommen macht bei den reichsten 10 % der Bevölkerung, insbesondere beim obersten 1 %, generell einen größeren Teil des Einkommens aus als bei den übrigen Gruppen. Beide Kriege führten zur Vernichtung von Kapitalstock und zu zahlreichen Firmenzusammenbrüchen. Sie hatten einen Einbruch des BIP zur Folge, das von 1929 bis 1945 die Hälfte seines Werts verlor. Die Inflation erreichte Rekordhöhen (der Preisindex multiplizierte sich zwischen 1914 und 1950 um mehr als 100), wodurch Menschen, die Anleihen oder, mehr noch, festverzinsliche Anlagen besaßen, erhebliche Verluste erlitten. Die Deckelung der Mietpreise in der Inflationierungsphase hatte einen Verlust des realen Werts der Immobilien um das Zehnfache zur Folge. Zusätzlich trugen auch die Verstaatlichungsmaßnahmen und die hohe Besteuerung bestimmter Vermö-

Grafik 2.5.1
Die Einkommensanteile in Frankreich, 1900–2013:
der Aufstieg der Unter- und der Mittelschicht

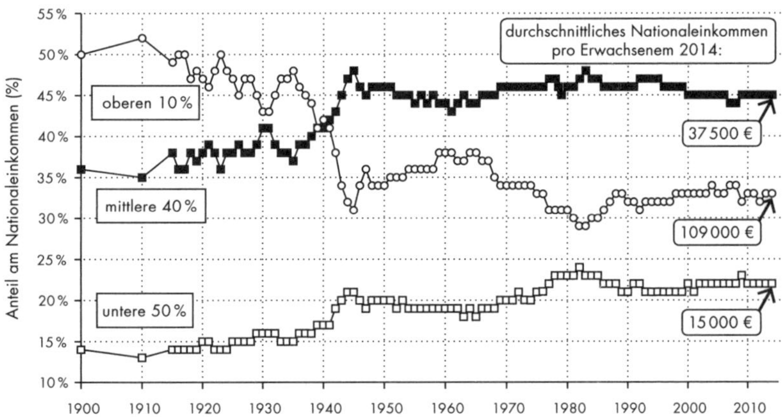

Quelle: Garbinti, Goupille-Lebret und Piketty (2017). Vgl. wir2018.wid.world für Datenreihen und Anmerkungen.
2014 entfielen in Frankreich 33 % des Nationaleinkommens auf die oberen 10 %. Das Durchschnittseinkommen in dieser Gruppe belief sich auf 109 000 €, mehr als das Dreifache des nationalen Durchschnitts pro Erwachsenem. Alle Werte wurden nach Kaufkraftparität (KKP) umgerechnet in Euro von 2016 (Kurs € 1 = $ 1,3 = ¥ 4,4). Die KKP berücksichtigt Unterschiede in den Lebenshaltungskosten zwischen den Ländern. Die Werte sind inflationsbereinigt.

genswerte 1945 zu einem scharfen Einbruch des Kapitaleinkommens bei. Dies hatte zur Folge, dass sich der Anteil des obersten 1 % – das heißt jenes Teils der Bevölkerung, der den Großteil seines Einkommens aus Kapitaleinkommen bezog – am Nationaleinkommen in rund 30 Jahren halbierte.

Die zweite Phase, die Zeit zwischen 1945 und 1983, war geprägt durch die Auseinandersetzung zwischen Arbeit und Kapital um die Verteilung der Früchte des Wachstums, das ein beträchtliches Niveau erreichte (durchschnittlich 3,3 % pro Jahr). Von 1945 bis 1968 wurde die Lohnungleichheit, die bis zum Beginn des Krieges existiert hatte, wieder hergestellt, und auch der Anteil des Kapitals an der französischen Wirtschaft stieg wieder, was zu einer Periode wachsender Einkommensungleichheit führte. Wie in **Grafik 2.5.1** gezeigt, nahm der Einkommensanteil der oberen 10 % in diesem 23-jährigen Zeitraum von rund 30 % auf 38 % zu, während der Anteil der unteren 50 % der Einkommensbezieher von rund 23 % auf 17 % sank. Doch im Gefolge der Ereignisse vom Mai 1968 fand diese Entwicklung einer zunehmenden Ungleichheit ein jähes Ende.

Der Mai 1968 war eine Zeit der inneren Unruhen in Frankreich, die durch Demonstrationen, Generalstreiks und Besetzungen von Hochschulen und Fabriken durch Protestierende geprägt war. Die französische Regierung unter Staatspräsident Charles de Gaulle leitete in den folgenden Monaten verschiedene sozialpolitische Maßnahmen in die Wege, um die Lage zu beruhigen, zu denen auch eine Erhöhung des realen Mindestlohns um rund 20 % gehörte. Damit begann eine Phase stetiger Erhöhungen des Mindestlohns und der Kaufkraft der unteren Schichten in der Zeit von 1968 bis 1983. Die Kaufkraft der unteren Einkommensbezieher wuchs sogar stärker als das Bruttoinlandsprodukt, das um beachtliche 30 % zulegte. Diese Faktoren führten zu einer Komprimierung der Lohnverteilung und zu einer allgemeinen Reduzierung der Einkommensungleichheit. Anfang der 1980er Jahre verzeichneten die oberen 10 % ihren niedrigsten Anteil (30 %) am Vorsteuernationaleinkommen, während der Anteil der mittleren 40 % ein historisches Hoch von ungefähr 48 % erreichte und die unteren 50 % auf einen Anteil von 23 % kamen. Doch der Anstieg der Arbeitslosigkeit, der Mitte der 1970er Jahre einsetzte, markiert den Beginn einer neuen Phase.

Die dritte Periode, die durch eine starke Verminderung des Einkommenswachstums gekennzeichnet war (nur noch 1 % pro Jahr), begann 1982/83, als mehrere aufeinanderfolgende Regierungen die Entscheidung trafen, die Koppelung der Löhne an die Preisentwicklung zu beenden, wodurch die Lohnzuwächse für die einkommensschwächeren Schichten vermindert wurden.[17] Dies war ursprünglich Bestandteil einer Sparpolitik, die als *tournant de la rigueur* (Austeritätswende) bezeichnet und von Präsident Mitterrand verkündet wurde, dem Chef der neu gewählten Linksregierung. Das Programm war der Versuch, die hohen Inflationsraten, die Verschlechterung der Haushaltslage und die Handelsdefizite zu bekämpfen, die Frankreich zum Ausscheiden aus dem Europäischen Währungssystem hätten zwingen können. Auch die Steuern wurden erhöht, die Subventionen für staatliche Unternehmen wurden gekürzt, und die Leistungen der Sozial- und der Arbeitslosenversicherung wurden reduziert.[18] Diese politischen Maßnahmen führten zu einer Verstärkung der Lohnunterschiede zwischen den Beziehern der niedrigsten Löhne und den übrigen Lohngruppen. In dieser Periode blieb die Ungleichheit relativ stabil, abgesehen vom obersten Bereich der Verteilung. Die Spitzeneinkommen stiegen deutlich.

Das Ende der «30 glorreichen Jahre» für die unteren 95 %, nicht aber für die an der Spitze

Die Tragweite dieses Wendepunkts in den 1980er Jahren lässt sich besser verstehen, wenn man einen Blick auf die Gesamtwachstumskurve nach Einkommensgruppen wirft. Wir stellen also die Frage: Wie hat sich das durchschnittliche Einkommen der einzelnen Gruppen in den verschiedenen Perioden verändert? Zwischen 1983 und 2014 wuchs das durchschnittliche nationale Einkommen pro Erwachsenem in Frankreich effektiv um 35 % (1 % pro Jahr). Doch das tatsächliche Wachstum fiel nicht für alle Einkommensgruppen gleich aus, wie der steile Anstieg auf der rechten Seite der Wachstumskurve im selben Zeitraum in **Grafik 2.5.2** anschaulich zeigt. Das Gesamtwachstum zwischen 1983 und 2014 betrug im Durchschnitt 31 % (0,9 % pro Jahr) für die unteren

Grafik 2.5.2
Das durchschnittliche reale Wachstum
nach Einkommensgruppen in Frankreich, 1950–2014

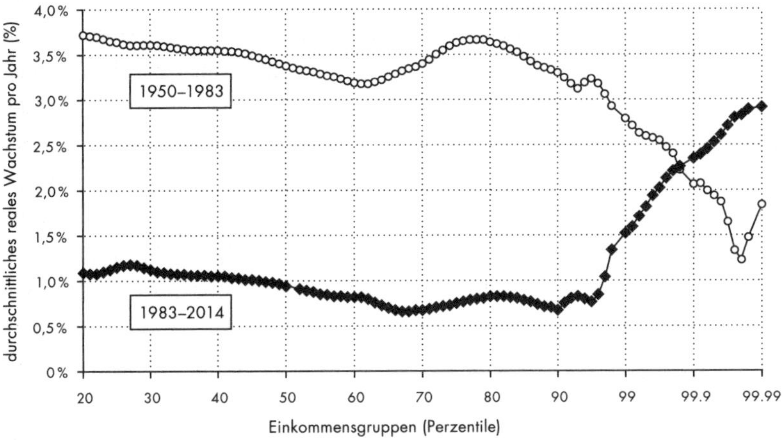

Quelle: Garbinti, Goupille-Lebret und Piketty (2017). Vgl. wir2018.wid.world für Datenreihen und Anmerkungen.
Zwischen 1950 und 1983 verzeichnete das 50. Perzentil der Bevölkerung einen durchschnittlichen realen Einkommenszuwachs pro Jahr von 3,4 %, während das reale Einkommen dieser Gruppe zwischen 1983 und 2014 durchschnittlich jährlich um 0,9 % stieg.

50 % der Verteilung, 27 % für die nächsten 40 % (0,8 % pro Jahr) und 49 % für die oberen 10 % (1,3 % pro Jahr). Zudem blieb das Wachstum bis zum 99. Perzentil unterhalb des Durchschnitts der gesamten Wirtschaft und stieg danach steil an bis auf einen Wert von 98 % Wachstum für die gesamte Periode von 31 Jahren (2,2 % pro Jahr) bei den obersten 0,1 % und 144 % bei den obersten 0,001 % (2,9 % pro Jahr).

Der Unterschied der Wachstumsraten nach Einkommensgruppen in den Perioden 1950 bis 1983 und 1983 bis 2014 ist besonders markant. Wie **Tabelle 2.5.2** und **Grafik 2.5.2** zeigen, waren die Wachstumsraten für die unteren 99 % der Bevölkerung in den «30 glorreichen Jahren» zwischen 1950 und 1983 sehr hoch und beliefen sich auf rund 200 %, während das Wachstum beim obersten 1 % mit 109 % merklich niedriger lag (2,3 % pro Jahr). An der Spitze war das Wachstum sogar noch geringer und erreichte bei den obersten 0,1 und 0,01 % nur rund 80 % (1,8 % pro Jahr).

Eine andere Möglichkeit, diese divergierende Entwicklung zu erfassen, besteht darin, die Anteile der einzelnen Einkommensgruppen am gesamten Wirtschaftswachstum zu vergleichen. Zwischen 1950 und 1983 entfielen 25 % des Gesamtwachstums auf die unteren 50 % der Bevölkerung und nur 6 % auf das oberste 1 %. Zwischen 1983 und 2014 waren 21 % des Gesamtwachstums den unteren 50 % zuzuordnen und damit genauso viel wie dem obersten 1 %.

Zusammenfassend lässt sich feststellen: Wenngleich der Anstieg der Ungleichheit in Frankreich (und auch in Europa allgemein) weniger stark ausgeprägt war als in den USA, ist der Bruch deutlich erkennbar zwischen der Periode von 1950 bis 1983, als die unteren Einkommensgruppen ein stärkeres Wachstum erzielten als die oberen, und der Phase von 1983 bis 2014, in der sich das gegenteilige Muster durchsetzte.

Der Einkommensanstieg an der Spitze in der jüngeren Zeit ist auf höhere Gehälter und Kapitalerträge zurückzuführen

Aufgrund der ungleichen Verteilung des Wachstums ist der Einkommensanteil des obersten 1 % im Zeitraum von 1983 bis 2014 von knapp 8 % des Gesamteinkommens auf mehr als 12 % gestiegen – das ist ein Anstieg von mehr als 50 %. Zwischen 2008 und 2013 bewegte sich der Einkommensanteil des obersten 1 % zwischen 10 und 12 % und lag damit weiterhin wesentlich höher als Anfang der 1980er Jahre, als die Einkommensungleichheit ihr niedrigstes Niveau erreicht hatte (vgl. **Grafik 2.5.1**). Wie oben ausgeführt, ist der Trend zunehmender Ungleichheit unter den Spitzenverdienern noch stärker ausgeprägt bei den obersten 0,1 % und den obersten 0,001 % (vgl. **Grafik 2.5.3**). Der Unterschied zwischen dem durchschnittlichen Nationaleinkommen vor Steuern und jenem der Spitzenverdiener hat sich in den vergangenen 30 Jahren fast verdoppelt. Das Einkommen der obersten 0,1 % stieg vom 21-Fachen des Durchschnitts im Jahr 1983 auf das 37-Fache des Durchschnitts im Jahr 2014, während es bei den obersten 0,01 % in diesem Zeitraum vom 71-Fachen auf das 129-Fache zunahm.

Tabelle 2.5.2
Einkommenswachstum und Ungleichheit in Frankreich, 1900–2014

	1900–1950			**1950–1983**			**19830–2014**		
Einkommensgruppe	**durchschnittliche Wachstumsrate pro Jahr**	**kumulierter Gesamtzuwachs**	**Anteil an kumuliertem Gesamtzuwachs**	**durchschnittliche Zuwachsrate pro Jahr**	**kumulierter Gesamtzuwachs**	**Anteil an kumuliertem Gesamtzuwachs**	**durchschnittliche Zuwachsrate pro Jahr**	**kumulierter Gesamtzuwachs**	**Anteil an kumuliertem Gesamtzuwachs**
Gesamtbevölkerung	**1,0 %**	64 %	100 %	**3,3 %**	194 %	100 %	**1,0 %**	35 %	100 %
untere 50 %	**1,8 %**	144 %	30 %	**3,7 %**	236 %	25 %	**0,9 %**	31 %	21 %
mittlere 40 %	**1,5 %**	108 %	61 %	**3,4 %**	204 %	48 %	**0,8 %**	27 %	37 %
obere 10 %	**0,2 %**	11 %	8 %	**2,9 %**	157 %	27 %	**1,3 %**	49 %	42 %
oberstes 1 %	0,6 %	37 %	16 %	3,1 %	178 %	21 %	0,9 %	33 %	21 %
oberstes 0,1 %	-0,5 %	-23 %	-8 %	2,3 %	109 %	6 %	2,2 %	98 %	21 %
oberstes 0,01 %	-1,1 %	-44 %	-7 %	1,7 %	75 %	1 %	2,8 %	133 %	8 %
oberstes 0,001 %	-2,0 %	-63 %	-5 %	1,8 %	83 %	0 %	2,9 %	144 %	3 %

Quelle: Garbinti, Goupille-Lebret und Piketty (2017). Vgl. wir2018.wid.world für Datenreihen und Anmerkungen.
Zwischen 1900 und 1950 entfiel auf die oberen 10 % ein Anteil von 8 % am Zuwachs des Nationaleinkommens.

Warum sind die Spitzeneinkommen in dieser Periode gestiegen? Im Falle von Frankreich haben die Topverdiener eine beträchtliche Steigerung ihrer Einkommen aus Arbeit und Kapital verzeichnet. Zwischen 1983 und 2013 ist das Arbeitseinkommen der obersten 0,01 % um 53 % gestiegen, während ihre Kapitaleinkommen um 48 % zunahmen. Es ist schwierig, die wachsende Einkommenskonzentration an der obersten Spitze, in Frankreich wie auch in vielen anderen Teilen der Welt, mit herkömmlichen Erklärungen zu begründen, die auf den technologischen Wandel und die Veränderung des Angebots und der Nachfrage nach Qualifikationen abstellen.[19] Der Anstieg der Arbeitseinkommen an der

Grafik 2.5.3
Wachsende Ungleichheit an der Spitze in Frankreich, 1983–2013

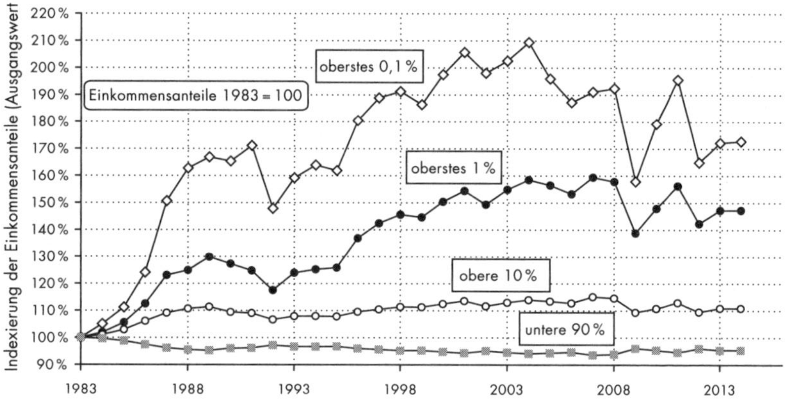

Quelle: Garbinti, Goupille-Lebret und Piketty (2017). Vgl. wir2018.wid.world für Datenreihen und Anmerkungen.
Der Einkommensanteil, der 2013 auf das oberste 1 % entfiel, ist im Vergleich zum Wert von 1983 um 34 % gestiegen, während der Anteil, der 2013 auf das oberste 0,1 % entfiel, um 60 % zugenommen hat.

Spitze ist eher das Ergebnis einer Veränderung institutioneller Faktoren, die die Prozesse der Gehaltsfindung und der Bezahlung des Topmanagements bestimmen sowie des Niedergangs der Gewerkschaften und der Bedeutung von Kollektivverhandlungen. Auch Veränderungen der Spitzensteuersätze für Topmanager haben wahrscheinlich zur Entwicklung der Einkommensungleichheit beigetragen. Eine Senkung der Spitzensteuersätze kann auch die Gehaltsfindung an der Spitze beeinflussen, denn wenn die Spitzenverdiener mit geringeren Steuern rechnen können, neigen sie mutmaßlich dazu, höhere Gehälter zu verlangen.[20]

Während der *trente glorieuses* lagen die Spitzensteuersätze über 60 % und kletterten bis Anfang der 1980er Jahre auf 70 %. Ende der 2000er Jahre sanken sie schließlich unter 50 %. Die effektiven Steuersätze (die gesamten bezahlten Steuern auf das gesamte Einkommen) sind heute für die obersten Einkommensgruppen niedriger als für die Mittelschicht.[21] Die aktuellen Steuergesetze der gegenwärtigen französischen Regierung zielen auf eine weitere Senkung der Steuersätze im obersten

Bereich, insbesondere aufgrund einer Senkung der Steuern auf Kapitalerträge.

Ein Anstieg der Einkommensungleichheit im obersten Einkommenssegment war in bestimmten Fällen mit einem Anstieg der Ungleichheit der Kapitaleinkommen im obersten Segment verbunden. So erzielten Topmanager beispielsweise sehr hohe Arbeitseinkommen aufgrund großzügiger Bonuszahlungen oder der Zuteilung von Aktienoptionen (die teilweise in großem Umfang ausgeübt wurden) und dann zudem sehr hohe Kapitaleinkommen, die sich aus Kurssteigerungen der Aktien ergaben, die sie erhalten hatten. Die Spitzenkapitaleinkommen sind auch infolge der wachsenden Bedeutung des makroökonomischen Kapitals in einem Kontext sinkender Kaufkraft der abhängig Beschäftigten und der Privatisierungspolitik gestiegen.

Das geschlechterspezifische Lohngefälle mag sich vermindern, doch Männer verdienen noch immer annähernd 50 % mehr als Frauen

Während die Einkommensungleichheit seit den 1980er Jahren zugenommen hat, ist das geschlechterbezogene Lohngefälle seit den 1970er Jahren zurückgegangen. Dennoch spielt die unterschiedliche Bezahlung der Geschlechter in Frankreich nach wie vor eine wichtige Rolle. In den 1970er Jahren (dem «Zeitalter des Patriarchats») erzielten Männer ein 3,5- bis 5-mal höheres Arbeitseinkommen als Frauen, und die Partizipationsrate der Frauen am Arbeitsmarkt lag bei rund 45 %. Der Anteil der erwerbstätigen Frauen stieg bis 2012 stark auf 80 %, und das Verhältnis zwischen Frauen- und Männerentlohnung sank auf durchschnittlich 1 zu 1,5. Doch zwischen den Altersgruppen gibt es erhebliche Schwankungen des geschlechterbezogenen Lohngefälles. Wie in **Grafik 2.5.4a** gezeigt wird, verdienten Männer im Alter von 25 Jahren im Jahr 2015 durchschnittlich 1,25-mal mehr als gleichaltrige Frauen und im Alter von 65 Jahren 1,64-mal mehr.

Die Geschlechterungleichheit ist besonders hoch bei den besser bezahlten Tätigkeiten. Trotz bescheidener Verbesserungen seit 1994 haben Frauen noch immer keinen gleichberechtigten Zugang zu diesen Jobs.

Grafik 2.5.4a
Geschlechtergefälle nach Alter in Frankreich, 1970–2012

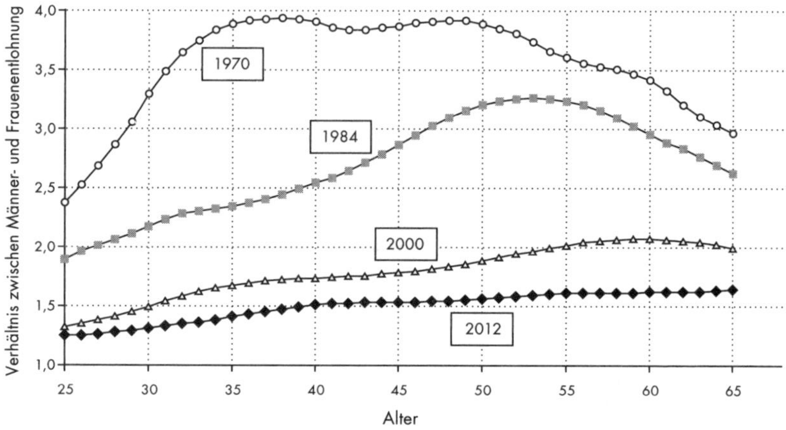

Quelle: Garbinti, Goupille-Lebret und Piketty (2017). Vgl. wir2018.wid.world für Datenreihen und Anmerkungen.
2012 war das durchschnittliche Arbeitseinkommen 40-jähriger Männer um das 1,5-fache höher als das der gleichaltrigen Frauen.

Grafik 2.5.4b
Anteil der Frauen an den oberen Einkommensgruppen in Frankreich, 1970–2012

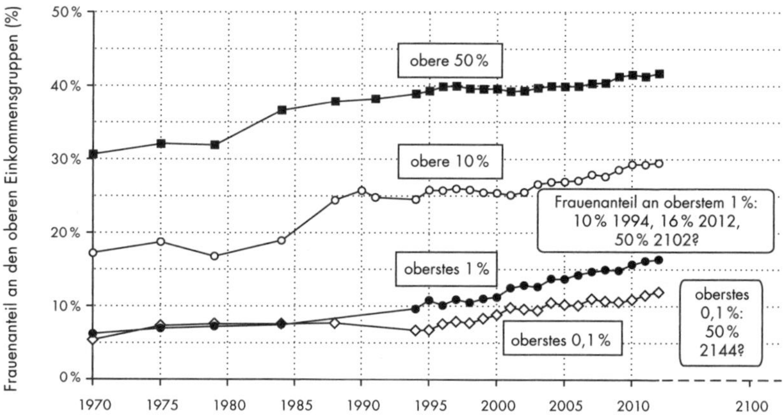

Quelle: Garbinti, Goupille-Lebret und Piketty (2017). Vgl. wir2018.wid.world für Datenreihen und Anmerkungen.
2012 lag der Anteil der Frauen an der erwerbstätigen Bevölkerung im Segment des obersten 1 % bei 16 %.

Der Frauenanteil unter den oberen 50 % der Einkommensbezieher betrug im Jahr 2012 42 %, unter den oberen 10 % und den obersten 0,1 % der Einkommensbezieher waren es 30 % bzw. 12 %. Wenn sich die gegenwärtigen Trends fortsetzen, werden die Frauen 2102 bzw. 2144 unter den oberen 10 % bzw. den obersten 0,1 % den gleichen Anteil wie die Männer erreichen (vgl. **Grafik 2.5.4b**).

6. Einkommensungleichheit in Deutschland

Die Informationen in diesem Kapitel stützen sich auf «Top incomes in Germany, 1871–2013» von Charlotte Bartels, 2017, WID.world Working Paper Series (Nr. 2017/18).

- Im Jahr 2013 belief sich der Einkommensanteil der unteren Hälfte der Bevölkerung auf 17 %, während der Anteil des obersten Zehntels 40 % betrug. Im Jahr 1913 machte der Anteil der oberen 10 % ebenfalls 40 % aus. Auf das oberste 1 % entfällt heute wie auch immer ein geringerer Anteil als 1913 (13 % gegenüber 18 %).
- Der Anteil des obersten 1 % stieg kräftig zwischen der Reichsgründung 1871 und der Ausrufung der Weimarer Republik 1918. Anschließend ging er im Zuge der sozialpolitischen Entscheidungen in der Weimarer Republik deutlich zurück. Die Vorkriegszeit unter der nationalsozialistischen Regierung war mit einer wirtschaftlichen Erholung und einer die großen Unternehmen begünstigenden Politik verbunden und führte zu temporären Anstiegen der Spitzeneinkommen. In der Zeit von 1950 bis 1990 sank der Anteil des obersten 1 % schließlich auf 10 bis 12 % und befindet sich seit der Wiedervereinigung wieder im Anstieg.
- Die Spitzenverdiener in Deutschland waren im 20. Jahrhundert und bis heute in der Regel Unternehmenseigner. Da die meisten deutschen Unternehmen Familienbetriebe sind, wobei manche Familienmitglieder stärker involviert sind als andere, ist es schwierig zu beurteilen, inwieweit es sich bei den Spitzeneinkommen um Arbeitseinkommen handelt und zu welchem Anteil es «reines» Kapitaleinkommen ist (mit begrenztem Arbeitseinsatz). Seit Anfang der 1980er Jahre

jedoch sind vermehrt auch hoch qualifizierte Angestellte in die obersten Einkommensgruppen aufgestiegen.

- In Deutschland hat sich die starke Einkommenskonzentration der Industrialisierungsphase bereits seit den 1920er Jahren vermindert und schwankte in der Nachkriegszeit dauerhaft auf diesem Niveau. Dies stellt einen Gegensatz zu anderen reichen Ländern wie den USA, Großbritannien und Frankreich dar, wo der Zweite Weltkrieg zu einer starken und dauerhaften Reduzierung der Einkommenskonzentration an der Spitze führte.

Die Untersuchung der Entwicklung der Ungleichheit in Deutschland anhand deutscher Einkommensteuerdaten hat eine lange Tradition, da vor allem die Daten aus Preußen und Sachsen international wegen ihrer Genauigkeit gepriesen werden. Simon Kuznets entwickelte seine berühmte Hypothese über die wachsende Ungleichheit in der Frühphase der Industrialisierung zum Teil unter Heranziehung von preußischem Datenmaterial. Die Einführung einer Einkommensteuer in den deutschen Einzelstaaten Ende des 19. Jahrhunderts bietet eine besondere Gelegenheit, Datenreihen über Ungleichheit von der Zeit der Industrialisierung bis heute zu erstellen.

Die Datenreihen in diesem Kapitel beruhen auf Vorsteuerdaten aus historischen deutschen Einkommensteuerstatistiken, die von Charlotte Bartels zusammengetragen wurden. Es ist jedoch darauf hinzuweisen, dass die eindrucksvolle Länge des untersuchten Zeitraums in Deutschland auch mit einer gewissen Einschränkung verbunden ist, weil sich die Daten auf Territorien beziehen, die sich im Laufe der Zeit verändert haben. Aufgrund der beiden Weltkriege im 20. Jahrhundert, der Teilung Deutschlands nach dem Zweiten Weltkrieg und seiner Wiedervereinigung 1990 haben es die Forscher mit Einkommensteuersystemen zu tun, die sich auf ganz unterschiedlich große Gebiete und Einwohnerzahlen bezogen.

Die langfristige Dynamik der Einkommensungleichheit lässt sich in fünf Perioden unterteilen

Die Entwicklung der Einkommensungleichheit von 1871 bis 2013 kann in fünf Phasen gegliedert werden. **Grafik 2.6.1** zeigt die Entwicklung des Einkommensanteils des obersten 1 % von 1871 bis 2013. Die erste Periode beginnt mit der Gründung des Deutschen Reichs 1871, als sich die deutschen Staaten zusammenschlossen, und endet mit dem Ersten Weltkrieg. Das oberste Perzentil war der größte Nutznießer dieser Industrialisierungsperiode. Sein Einkommensanteil stieg moderat von 16 % im Jahr 1871 auf 18 % im Jahr 1913 und kletterte während des Ersten Weltkriegs auf 23 %. Dieser starke Anstieg war vermutlich das Ergebnis der außerordentlich hohen Gewinne, die durch die Aufrüstung ermöglicht wurden. Nach 1918 konnten die Regierungen diese Profite beschränken, und der Anteil des obersten 1 % sank wieder auf 20 % des Nationaleinkommens.

Die zweite Periode umfasst die Zeit der Weimarer Republik (1918 bis 1933), in der mehrere Maßnahmen durchgeführt wurden, die zu einer Verminderung der Armut führten, darunter eine Erhöhung des Spitzensteuersatzes in Preußen von 5 auf 60 %, die Einführung einer Arbeitslosenversicherung und der Erlass von Arbeitsschutzgesetzen. Starke Gewerkschaften und die wachsende Bedeutung der Kollektivverhandlungen leisteten einen Beitrag zur Steigerung der Löhne, was eine Reduzierung der Einkommensungleichheit nach sich zog. Die Hyperinflation führte zu einer Entwertung finanzieller Vermögenswerte und einem heftigen Einbruch der Kapitaleinkommen. Zudem erzielten die Industrieunternehmen in den 1920er Jahren nur noch sehr niedrige Gewinne, wenn überhaupt, und schütteten meist keine Dividenden mehr aus. In der Folge sank der Einkommensanteil des obersten Perzentils von 20 % im Jahr 1918 auf 11 % im Jahr 1925 und verharrte bis 1933 auf diesem Niveau.

Die dritte Periode beginnt mit der Machtübernahme der NSDAP 1933 und endet am Vorabend des Zweiten Weltkriegs 1938. Nach 1938 veröffentlichte das Statistikamt keine Einkommensteuerstatistiken mehr; daher ist es nicht möglich zu ermitteln, wie sich die Einkommensverteilung während des Krieges verändert hat. Diese Vorkriegszeit unter der NS-Regierung ist durch einen starken Anstieg des Einkommensanteils des obersten Perzentils von 11 % im Jahr 1934 auf 17 % im Jahr 1938 gekennzeichnet, was in Gegensatz steht zu der anfänglich gegen die Großkonzerne gerichteten Rhetorik der NS-Bewegung. Im Unterschied zum obersten Perzentil verzeichnete die Gruppe der Perzentile 95 bis 99 (die obersten 5 % der Reichsten abzüglich des obersten 1 %) in dieser Periode nur einen moderaten Einkommenszuwachs. Wie in den meisten reichen Ländern setzte 1932 auch in Deutschland eine Erholung nach der Weltwirtschaftskrise ein. Die Gewinne der Industrieunternehmen legten zwischen 1933 und 1939 stark zu. Ferguson und Voth finden Belege dafür, dass Firmen, die über enge Kontakte zur NSDAP verfügten, überproportional von der Erholung profitierten, was eine weitere Einkommenskonzentration an der Spitze förderte.[22] Die großen Unternehmen aller Branchen bemühten sich um ein gutes Verhältnis zur NS-Regierung, dies gilt jedoch in besonderer Weise für die Rüstungsindustrie.

Grafik 2.6.1
Der Einkommensanteil des obersten 1 % in Deutschland, 1871–2013

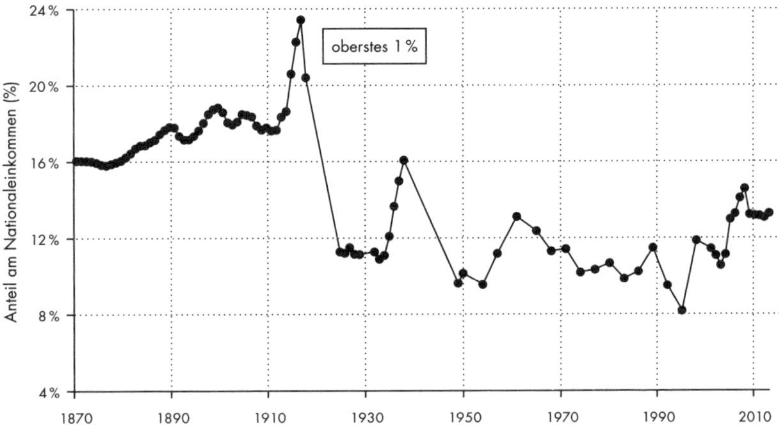

Quelle: Bartels (2017). Vgl. wir2018.wid.world für Datenreihen und Anmerkungen. 2013 belief sich der Anteil des obersten 1 % am Nationaleinkommen auf 13 %.

Die Nachkriegsperiode ist durch einen relativ stabilen, aber hohen Einkommensanteil des obersten Perzentils gekennzeichnet

Die Nachkriegsphase in Deutschland ist durch eine relativ hohe Einkommenskonzentration an der Spitze charakterisiert, die mit einer eher komprimierten Lohnverteilung einherging. Von Mitte der 1950er bis in die 1980er Jahre bewegte sich der Einkommensanteil des obersten Perzentils zwischen 11 % und 13 %. Das ist höher als in den USA, in Großbritannien oder Frankreich in dieser Periode. Diese Feststellung ist besonders bemerkenswert, weil die politischen Entscheidungen (vor allem die Nationalisierungen und die Mietpreisbindung), die nach dem Zweiten Weltkrieg getroffen wurden, sowie die Kriegszerstörungen in Deutschland und den anderen am Krieg beteiligten Ländern im Allgemeinen als Faktoren betrachtet werden, die über längere Sicht zu einem Abbau von Ungleichheit führten. Die Währungsreform von 1948 löschte ein zweites Mal im 20. Jahrhundert die Kapitaleinkommen aus finanziellen Vermögenswerten aus, während Betriebs- und Immobilienvermögen unangetastet blieben. Sparguthaben wurden auf ein Zehntel ihres vorherigen Wertes reduziert. Da die Mieten streng reguliert wurden, speisten sich die Spitzeneinkommen nur noch aus Unternehmensgewinnen. Auf der anderen Seite gingen die starke Nachfrage nach Arbeitskräften und die hohen wirtschaftlichen Wachstumsraten («Wirtschaftswunder») mit starken Gewerkschaften, geringer Arbeitslosigkeit und einer stark komprimierten Lohnverteilung einher. Die unteren 50 % erhielten ein Drittel des Gesamteinkommens, wie **Grafik 2.6.2** zeigt. Erst in den 1980er Jahren stiegen auch die bestbezahlten Gehaltsempfänger verstärkt in die Topeinkommensgruppen auf, und die Lohnverteilung wurde zunehmend ungleicher. Im Zuge der Ölkrise und steigender Arbeitslosigkeit sank der Einkommensanteil der unteren 50 % auf ein Fünftel des Nationaleinkommens. Der rückläufige Anteil der unteren Hälfte spiegelte sich im Anstieg der mittleren 40 %, auf die ab den 1970er Jahren 40 % des Nationaleinkommens entfielen.

Die Einkommensungleichheit an der Spitze steigt seit der Wiedervereinigung

Die fünfte und letzte Periode beginnt mit der deutschen Wiedervereinigung. Am 3. Oktober 1990 traten die ostdeutschen Länder Berlin, Brandenburg, Mecklenburg-Vorpommern, Sachsen, Sachsen-Anhalt und Thüringen der Bundesrepublik Deutschland bei. Die ersten Jahre nach der Wiedervereinigung waren in der deutschen Wirtschaft durch außerordentlich hohe nationale Einkommenswachstumsraten geprägt. Im Osten brach die Industrieproduktion rasch zusammen, und die Arbeitslosigkeit stieg entsprechend. Menschen, die ihre Arbeitsplätze halten konnten, kamen in den Genuss bislang ungekannter Reallohnzuwächse, wozu maßgeblich die Strategie der Gewerkschaften in Ostdeutschland beitrug, die bis 1994 eine Angleichung der Löhne und Gehälter auf das Westniveau erreichen wollten. Durch das Zusammenwirken dieser Effekte fiel der Einkommensanteil des obersten Perzentils stark, während der Anteil der unteren 50 % in den ersten Jahren nach der Vereinigung stieg. Der Beginn des neuen Jahrtausends markierte einen weite-

Grafik 2.6.2
Die Einkommensanteile in Deutschland, 1961–2013

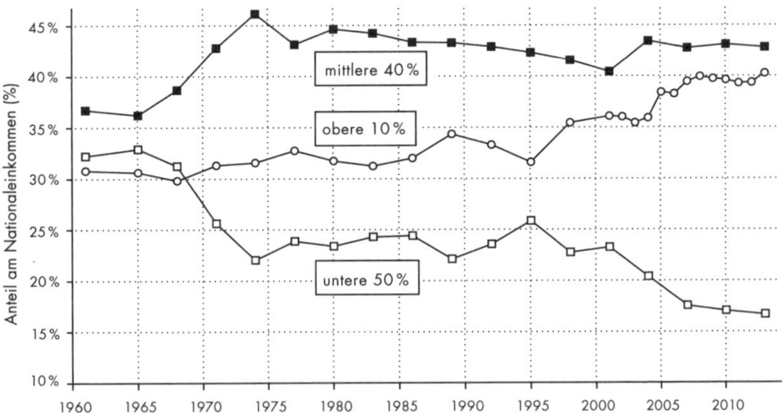

Quelle: Bartels (2017). Vgl. wir2018.wid.world für Datenreihen und Anmerkungen. 2013 belief sich der Anteil der oberen 10 % am Nationaleinkommen auf 40 %.

ren Wendepunkt: Der Anteil der unteren Hälfte sank von 22 % im Jahr 2001 auf 17 % im Jahr 2013, ein Trend, der Hand in Hand mit der Ausweitung des Niedriglohnsektors ging.

Der Einkommensanteil der oberen 10 % wuchs in der gesamten Nachkriegsphase stetig. Hoch qualifizierte Arbeitskräfte wie Ingenieure, Juristen und Ärzte waren die Nutznießer des starken Wachstums der Löhne und Gehälter und tauchten zunehmend auch in den obersten Einkommensgruppen auf. Doch die Spitzeneinkommen bleiben nach wie vor Unternehmenseigentümern vorbehalten, und deren Gewinne schwanken mit den Konjunkturzyklen. Der Einkommensanteil des obersten Perzentils ist unbeständig, wie aus **Grafik 2.6.3** hervorgeht. Diese Gruppe erlitt heftige Rückschläge in der Vereinigungskrise Mitte der 1990er Jahre, durch das Platzen der Blase der New Economy Anfang der 2000er Jahre und in der großen Rezession 2009. Doch trotz des starken Rückgangs nach der Großen Rezession ist der Einkommensanteil des obersten Perzentils zwischen 1983 und 2013 um knapp 40 % gewachsen, während der Anteil der unteren 90 % um 10 % zurückgegangen ist. Im Jahr 2013 betrug das Durch-

Grafik 2.6.3
Die Einkommensungleichheit in Deutschland, 1983–2013

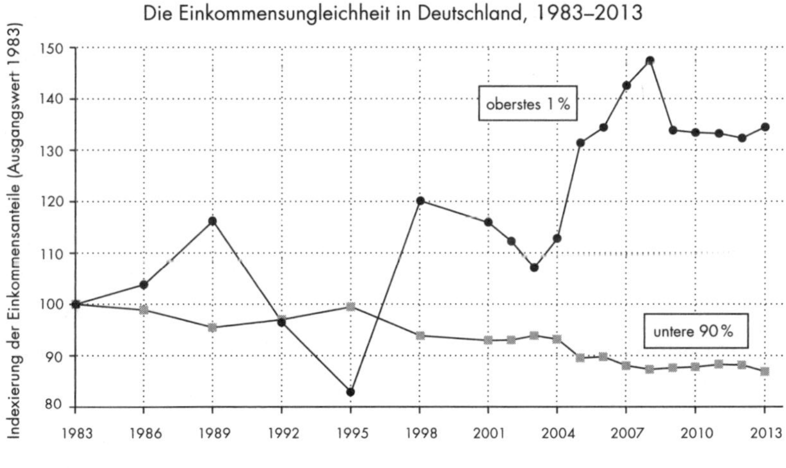

Quelle: Bartels (2017). Vgl. wir2018.wid.world für Datenreihen und Anmerkungen. Der Einkommensanteil, der 2013 auf das oberste 1 % entfiel, ist im Vergleich zum Wert von 1983 um 35 % gestiegen, während der Anteil, der 2013 auf die unteren 90 % entfiel, um 13 % gesunken ist.

schnittseinkommen in Deutschland 36 200 Euro, die oberen 10 % verdienten 146 000 Euro, die mittleren 40 % 39 000 Euro und die unteren 50 % 12 000 Euro.

7. Einkommensungleichheit in China

Die Informationen in diesem Kapitel stützen sich auf «Capital Accumulation, Private Property and Rising Inequality in China, 1978–2015» von Thomas Piketty, Li Yang und Gabriel Zucman, 2017, WID.world Working Paper Series (Nr. 2017/6).

- Der Öffnungspolitik, die Ende der 1970er Jahre in China in die Wege geleitet wurde, folgte ein beispielloser Anstieg des Nationaleinkommens, aber es kam auch zu weitreichenden Veränderungen in der chinesischen Einkommensverteilung.
- Während 1978 auf die oberen 10 % und die unteren 50 % noch jeweils 27 % des Nationaleinkommens entfielen, divergierten diese Anteile später gravierend, und 2015 konnten die Ersteren einen kräftigen Anstieg auf 42 % verzeichnen, während die Letzteren einen Rückgang auf 15 % hinnehmen mussten.
- Die oberen 10 % der Einkommensverteilung verzeichneten Gesamtwachstumsraten, die über dem nationalen Durchschnitt lagen (ungefähr 1200 % gegenüber 800 %), während die unteren 50 % und die mittleren 40 % ein langsameres Wachstum erlebten (400 bzw. 700 %).
- Der Stadt-Land-Gegensatz in Bezug auf das Nationaleinkommen hat sich zwischen 1978 und 2015 beträchtlich verschärft infolge des Anstiegs der Einkommen der Stadtbewohner und der Zunahme der städtischen Bevölkerung. Trotz dieser wachsenden Kluft hat vor allem die Ungleichheit innerhalb der einzelnen Regionen die Verschärfung der Ungleichheit im nationalen Rahmen vorangetrieben.

Die chinesischen Durchschnittseinkommen haben sich seit 1978 verneunfacht

Im Dezember 1978 setzte die Kommunistische Partei Chinas, damals geführt von Deng Xiaoping, in der Volksrepublik China einen politischen und wirtschaftlichen Reformprozess in Gang, der auf eine Öffnung der chinesischen Volkswirtschaft und die Entwicklung eines neuen wirtschaftlichen Modells nach den Grundsätzen eines «Sozialismus chinesischer Prägung» zielte. Die Abkehr vom kommunistischen Modell der vorhergehenden Jahrzehnte führte zu schrittweisen, aber dennoch weitreichenden Reformen, die in sektoralen Wellen von den Sonderwirtschaftszonen in den Küstenstädten auf die inländischen Provinzen ausgedehnt wurden. In den ersten Phasen des Reformprozesses wurden durch eine Entkollektivierung der Produktion marktwirtschaftliche Prinzipien in den Agrarsektor eingeführt. Während ausländische Investitionen und Unternehmen unter staatlicher Aufsicht zugelassen wurden, blieb der Großteil der Industrie bis Mitte der 1980er Jahre in Staatsbesitz. In den folgenden Jahrzehnten wurden in einer zweiten Phase weitere, tiefergreifende Reformen durchgeführt. Die zentrale Industrieplanung nach sowjetischem Muster wurde durch Privatisierung und Ausgliederung staatlicher Unternehmen abgeschafft, wenngleich der Staat noch die Kontrolle über die Monopole in bestimmten Sektoren behielt, darunter das Bankwesen und die Ölförderung. Im Zuge der Liberalisierung der Märkte in dieser Phase wurden Preiskontrollen aufgehoben und protektionistische Vorschriften und Regulierungen gelockert, was im privaten Sektor einen enormen Wachstumsschub auslöste. Diese Veränderungen zeigten sich vor allem im Immobilienmarkt des Landes. Der private Immobilienbestand stieg von grob 50 % im Jahr 1978 auf mehr als 95 % im Jahr 2015. Auch in anderen Formen von inländischem Kapital ging der öffentliche Anteil zurück, beträgt jedoch noch immer rund 50 %.

Die Auswirkungen dieser Privatisierungs- und Öffnungspolitik sind weltweit auf großes Interesse gestoßen, insbesondere aufgrund des starken Wachstums, den das Land in den vergangenen 40 Jahren erzielt hat, und der damit verbundenen Verminderung der Armut. Tatsächlich hat sich China von 1978 bis 2015 von einem armen Land mit niedrigem Einkommen zu einem der führenden Schwellenländer entwickelt. Obwohl sein Anteil an der Weltbevölkerung zurückgegangen ist, hat sich der Anteil Chinas am Weltnationaleinkommen von weniger als 3 % im Jahr 1978 auf 19 % im Jahr 2015 erhöht, und das reale Nationaleinkommen pro Erwachsenem hat sich verneunfacht. Das durchschnittliche reale Nationaleinkommen pro Erwachsenem betrug im Jahr 1978 rund 1400 Euro (weniger als 15 % des Weltdurchschnitts) und lag im Jahr 2015 bei über 13 100 Euro (knapp 90 % des Weltdurchschnitts).

In einem neueren Arbeitspapier untersuchen Thomas Piketty, Li Yang und Gabriel Zucman, wie sich dieses außerordentliche Wachstum in der chinesischen Bevölkerung verteilte (vgl. unten) und welche Auswirkungen die Privatisierungspolitik auf das Kapital-Einkommens-Verhältnis des Landes hatte (vgl. Kapitel 3.3 dieses Berichts).[23] Zur Erstellung nationaler Verteilungsberichte verbinden die Autoren Erhebungsdaten, nationale Berichte und neuere Einkommensteuerdaten über Steuerzahler mit hohem Einkommen. Dabei stellen sie fest, dass die Vorsteuereinkommensungleichheit zwischen 1978 und 2015 deutlich zugenommen hat.[24] Diese Ergebnisse bestätigen bereits vorliegende offizielle Ungleichheitstatistiken, repräsentieren aber wahrscheinlich ein niedrigeres Ausmaß an Ungleichheit, weil sie unvollkommen sind.

Die Anteile der oberen 10 % und der unteren 50 % haben sich nach der Einleitung der Reformpolitik auseinanderentwickelt

Als China seinen Privatisierungsprozess einleitete (worauf auch in Kapitel 3.4 über die Dynamik des öffentlichen und privaten Vermögens in China eingegangen wird), betrug der Anteil des Nationaleinkommens, der auf die oberen 10 % der Bevölkerung entfiel, 27 % und entsprach daher exakt dem Anteil, den die unteren 50 % auf sich vereinten. Anders gesagt, diese beiden Gruppen erhielten einen gleich großen Anteil des Gesamteinkommens, doch die Erstere war zahlenmäßig fünfmal kleiner als die Letztere. Das durchschnittliche Einkommen der unteren

Grafik 2.7.1
Die Einkommensanteile in China, 1978–2015

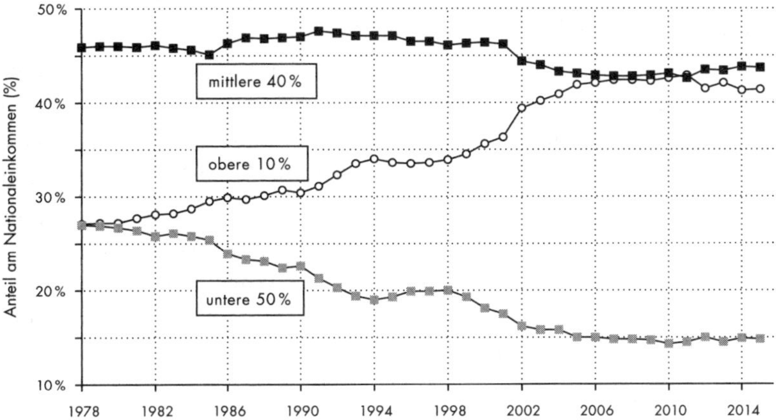

Quelle: Piketty, Yang und Zucman (2017). Vgl. wir2018.wid.world für Datenreihen und Anmerkungen.
2015 belief sich der Anteil der oberen 10 % am Nationaleinkommen auf 41 %.

50 % betrug daher ein Fünftel des Einkommens der oberen 10 %. Im Jahr 1978 belief sich der Einkommensanteil der mittleren 40 % der Bevölkerung auf etwas mehr als 46 % des Nationaleinkommens; ihr durchschnittliches Einkommen war nur leicht höher als der nationale Durchschnitt. In den vergangenen vier Jahrzehnten hat sich eine starke Divergenz zwischen den Anteilen der unteren 50 % und der oberen 10 % der Einkommensbezieher entwickelt (vgl. **Grafik 2.7.1**).

Der Einkommensanteil der unteren 50 % lag im Jahr 2015 knapp unter 15 %, was einem Rückgang um zwölf Prozentpunkte seit 1978 entspricht. Der Anteil der oberen 10 % stieg auf 41 %. Im Jahr 2015 war das durchschnittliche Einkommen der unteren 50 % (3900 Euro bzw. 17 000 Yuan) ungefähr 13,5-mal niedriger als jenes der reichsten 10 % (54 500 Euro bzw. 238 000 Yuan). Das Einkommen der unteren 50 % war 2015 um ungefähr das 3,4-Fache niedriger als das durchschnittliche Nationaleinkommen pro Erwachsenem in China von 13 100 Euro bzw. 57 000 Yuan, während das Einkommen der oberen 10 % das Vierfache des Durchschnittseinkommens betrug. Der Anteil des Nationaleinkommens, der auf die mittleren 40 % entfiel, war 2015 mit knapp 44 %

nur unwesentlich niedriger als im Jahr 1978. Das durchschnittliche Einkommen dieser Mittelschicht (14 400 Euro bzw. 63 000 Yuan) lag im Jahr 2015 etwas über dem chinesischem Durchschnittseinkommen pro Erwachsenem.

Die Einkommensungleichheit hat sich nach 2006 stabilisiert

Die Einkommen der oberen 10 % und der unteren 50 % in China begannen sich bereits nach 1978 auseinanderzuentwickeln, doch die stärkste Divergenz zeigte sich im Zeitraum von 1998 bis 2006. Dies war jene achtjährige Periode, in der die chinesische Regierung weitere Privatisierungen ehemals staatlicher Unternehmen durchführte, vor allem im tertiären Sektor. Diese Politik führte auch zu einem Rückgang des Anteils der unteren 50 % am Nationaleinkommen von 20 auf 15 % und einer Steigerung des Anteils der obersten 10 % von rund 34 auf 43 %. Anschließend stabilisierte sich die Einkommensungleichheit anschei-

Tabelle 2.7.1
Die Verteilung des Nationaleinkommens in China, 2015

Einkommensgruppe	Anzahl der Erwachsenen	Einkommens-schwelle (€)	Durchschnitts-einkommen (€)	Einkommens-anteil
Gesamtbevölkerung	1 063 543 000	–	13 100	100 %
untere 50 %	531 771 000	–	3900	14,8 %
mittlere 40 %	4253 417 000	7800	14 400	43,7 %
obere 10 %	106 3543 000	27 000	54 500	41,4 %
oberstes 1 %	10 635 000	79 000	183 000	13,9 %
oberstes 0,1 %	1 064 000	244 000	828 000	6,3 %
oberstes 0,01 %	106 000	1 411 000	4 207 000	3,2 %
oberstes 0,001 %	11 000	6 868 000	17 925 000	1,4 %

Quelle: Piketty, Yang und Zucman (2017). Vgl. wir2018.wid.world für Datenreihen und Anmerkungen.
2015 belief sich das Durchschnittseinkommen des obersten 1 % auf 183 000 € (¥ 800 000). Alle Werte wurden nach Kaufkraftparität (KKP) umgerechnet in Euro von 2016 (Kurs € 1 = $ 1,3 = ¥ 4,4). Die KKP berücksichtigt Unterschiede in den Lebenshaltungskosten zwischen den Ländern. Die Werte sind inflationsbereinigt. Wegen Auf- oder Abrundung ergeben die Werte nicht immer 100 %.

Tabelle 2.7.2
Einkommenswachstum und Ungleichheit in China, 1980–2015

	China		USA		Frankreich	
Einkommens-gruppe	**durch-schnittliche Zuwachs-rate pro Jahr**	**kumu-lierter Gesamt-zuwachs**	**durch-schnittliche Zuwachs-rate pro Jahr**	**kumu-lierter Gesamt-zuwachs**	**durch-schnittliche Zuwachs-rate pro Jahr**	**kumu-lierter Gesamt-zuwachs**
Gesamt-bevölkerung	**6,4%**	776%	**1,4%**	63%	**0,9%**	38%
untere 50%	**4,6%**	386%	**0,1%**	3%	**0,8%**	338%
mittlere 40%	**6,2%**	733%	**1,0%**	44%	**0,9%**	35%
obere 10%	**7,7%**	1232%	**2,3%**	124%	**1,1%**	46%
oberstes 1%	8,8%	1800%	3,3%	208%	1,6%	77%
oberstes 0,1%	9,5%	2271%	4,2%	325%	1,7%	81%
oberstes 0,01%	10,2%	2921%	5,0%	460%	1,9%	91%
oberstes 0,001%	10,8%	3524%	5,9%	646%	2,2%	110%

Quelle: Piketty, Yang und Zucman (2017). Vgl. wir2018.wid.world für Datenreihen und Anmerkungen.
Zwischen 1980 und 2015 ist in China das durchschnittliche Vorsteuereinkommen der oberen 10% um 1232% gewachsen. Die Werte sind inflationsbereinigt.

nend, und die Anteile aller drei Haupteinkommensgruppen verharrten bis 2015 mehr oder weniger auf dem Niveau von 2006. Diese Stabilisierung der Ungleichheit seit 2006 sollte jedoch mit Vorsicht betrachtet werden, da sie möglicherweise zum Teil auf eine eingeschränkte Aussagekraft der Daten zurückzuführen ist; seit 2011 sind insbesondere keine Daten über die Steuerzahler mit hohem Einkommen mehr verfügbar.[25] Dennoch wird dieser Trend von mehreren Forschern als gesichert angenommen, die vermuten, dass um 2006 aufgrund von zwei Faktoren ein Umschwung stattgefunden habe: In der Politik habe das Ziel eines stärker ausgewogenen Wachstums Priorität erlangt, und die strukturellen Transformationen, wie etwa der Rückgang der Arbeitskräfte in der Landwirtschaft, hätten sich verlangsamt, was dazu geführt habe, dass die Löhne stärker wuchsen als die Produktion.[26]

Vergleicht man die Ungleichheitsdaten von Piketty, Yang und Zucman mit erhebungsbasierten Schätzungen der chinesischen Regierung, ergeben sich zwei Feststellungen. Zum einen zeigen auch die offiziellen Erhebungsdaten zwischen 1978 und 2015 einen starken Anstieg des Anteils der oberen 10 % am Nationaleinkommen und einen deutlichen Rückgang des Anteils der unteren 50 %. Zum anderen sind sowohl das Ausmaß als auch der Anstieg der Ungleichheit in den vorerwähnten korrigierten Datenreihen ausgeprägter als in den offiziellen Daten. Der Einkommensanteil der oberen 10 % steigt um 14 Prozentpunkte im Beobachtungszeitraum (von 27 auf 41 % des Nationaleinkommens) – sechs Prozentpunkte mehr als in der offiziellen Statistik –, während die Aufwärtskorrektur in Bezug auf das oberste 1 % für das Jahr 2015 einen Anstieg des Einkommensanteils auf 14 % gegenüber 6,5 % in den erhebungsbezogenen Rohdaten ausweist. Der Unterschied zwischen diesen Schätzungen und den Roherhebungen ist auf das größere Maß an Genauigkeit bei den Angaben über die Spitzenverdiener zurückzuführen, das durch die Einkommensteuerdaten ermöglicht wird. Für das Jahr 2015 beispielsweise geben die Roherhebungen den Einkommensanteil des obersten 1 % mit 6,5 % an, dieser erreicht jedoch 11,5 %, wenn die Daten der Steuerzahler mit hohem Einkommen einbezogen werden, und sogar 14 %, wenn auch nichtverteilte Gewinne und andere steuerbefreite Einkommen berücksichtigt werden.

Seit 1980 kamen die oberen Einkommensgruppen in China in den Genuss vierstelliger Wachstumsraten

Die neuen Datenreihen über die Verteilung des Nationaleinkommens, die von Piketty, Yang und Zucman erstellt wurden, ermöglichen auch eine Aufgliederung des Wachstums des Nationaleinkommens nach Einkommensgruppen. Dies wiederum erlaubt eine quantitative Aussage darüber, in welchem Ausmaß die unterschiedlichen Gruppen der Bevölkerung von dem enormen Wachstum profitiert haben, das China seit 1980 erlebt hat (vgl. **Tabelle 2.7.2** und **Grafik 2.7.2**).

Das durchschnittliche Nationaleinkommen pro Erwachsenem hat sich zwischen 1980 und 2015 verneunfacht, was einem durchschnittlichen jährlichen Anstieg um 6,4 % und einem Gesamtwachstum von 780 % entspricht. Dieses Wachstum war nicht gleichmäßig verteilt; je höher das Einkommensniveau, desto höher war die Wachstumsrate im untersuchten Zeitraum. Für die unteren 50 % betrug das Wachstum in dieser Periode 390 %, bei den mittleren 40 % waren es 730 %, und die obersten 10 % kamen auf 1230 %. Auch innerhalb der oberen 10 % war das Wachstum ungleich verteilt. Das oberste 1 % verzeichnete ein Gesamteinkommenswachstum von 1800 % – eine enorme Zahl, aber immer noch wenig im Vergleich zu den Anstiegen um mehr als 2270 %, 2920 % und 3520 % für die obersten 0,1 %, 0,01 % bzw. 0,001 %.

Im Gegensatz dazu stieg das durchschnittliche Nationaleinkommen pro Erwachsenem in den USA und in Frankreich in diesem Zeitraum nur um 63 % bzw. 38 % – ungefähr um das 14- bis 21-Fache weniger als in China. Der Unterschied des Einkommenswachstums zwischen den einzelnen Segmenten der Verteilung war auch im unteren Bereich deutlich ausgeprägt; das kumulierte Wachstum des Nationaleinkommens

Grafik 2.7.2
Das durchschnittliche jährliche Wachstum des Nationaleinkommens nach Einkommensgruppen in China, Frankreich und USA, 1980–2015

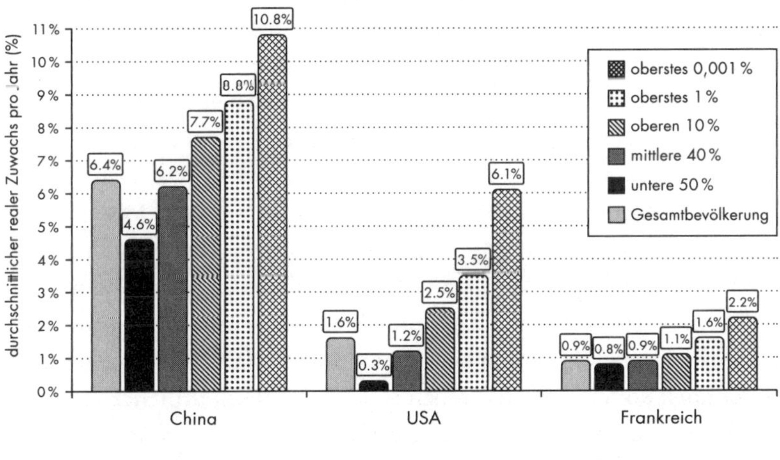

Quelle: Piketty, Yang und Zucman (2017). Vgl. wir2018.wid.world für Datenreihen und Anmerkungen.
Zwischen 1980 und 2015 ist in China das durchschnittliche Vorsteuereinkommen der unteren 50 % jährlich um 4,6 % gewachsen, in den USA hingegen nur um 0,3 %. Die Werte sind inflationsbereinigt.

der unteren 50 % betrug in Amerika 3 % und in Frankreich 33 %, das heißt, der Anstieg lag unter dem Durchschnitt. In allen Ländern jedoch war das Muster zu beobachten, dass die Einkommenswachstumsrate umso schneller steigt, je weiter oben in der Verteilung die Einkommensgruppen angesiedelt sind.

Der Stadt-Land-Gegensatz nimmt weiter zu, vor allem aber die Ungleichheit innerhalb der Regionen treibt die allgemeine Zunahme der Ungleichheit voran

Welche Rolle hat der Gegensatz zwischen Stadt und Land bei der Entwicklung der Ungleichheit in China gespielt? Diese Frage ist wichtig, weil die Ungleichheit auch durch zunehmende Unterschiede zwischen den Städten und den ländlichen Gebieten und nicht durch die Ungleichheit zwischen den Bewohnern eines Gebietes verschärft werden könnte. Die politischen Implikationen sind vor allem davon abhängig, welcher dieser Faktoren ausschlaggebend ist. Um diese Frage beantworten zu können, muss man zunächst untersuchen, wie sich die Bevölkerung der städtischen und der ländlichen Gebiete nach 1978 verändert hat, da dies auch die Verteilung des Nationaleinkommens auf den städtischen und den ländlichen Raum beeinflusst. In den städtischen Regionen Chinas wuchs die Bevölkerung von 100 Mio. im Jahr 1978 auf knapp 600 Mio. im Jahr 2015. Im selben Zeitraum blieb die Zahl der erwachsenen ländlichen Bevölkerung weitgehend stabil und stieg von 400 Mio. im Jahr 1978 auf knapp 600 Mio. Mitte der 1990er Jahre, bis sie schließlich 2015 wieder auf knapp 500 Mio. sank. Zum Zweiten war das Einkommensgefälle zwischen Stadt und Land in China schon immer sehr groß und hat seither weiter zugenommen. Die städtischen Haushalte erzielten 1978 ein doppelt so hohes Einkommen wie ein durchschnittlicher Haushalt auf dem Land, im Jahr 2015 jedoch war es schon 3,5-mal so viel. Während der Anteil der Städte an der erwachsenen Bevölkerung von 20 % im Jahr 1978 auf 55 % im Jahr 2015 stieg, erhöhte sich der städtische Anteil am Nationaleinkommen von 30 auf 80 %.

Trotz der Zunahme des Gefälles zwischen Stadt und Land ist der

2.7.3a
Der Einkommensanteil der oberen 10 % im ländlichen und im städtischen China, 1978–2015

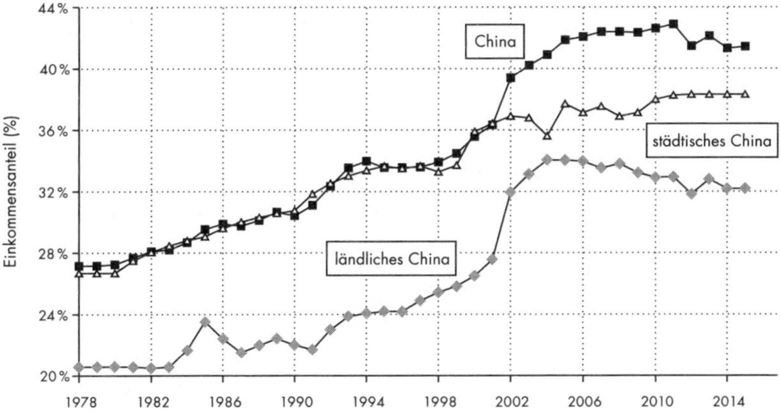

Quelle: Piketty, Yang und Zucman (2017). Vgl. wir2018.wid.world für Datenreihen und Anmerkungen.
2015 betrug der Einkommensanteil der oberen 10 % im ländlichen China 38 %.

Grafik 2.7.3b
Der Einkommensanteil der unteren 50 % im ländlichen und im städtischen China, 1978–2015

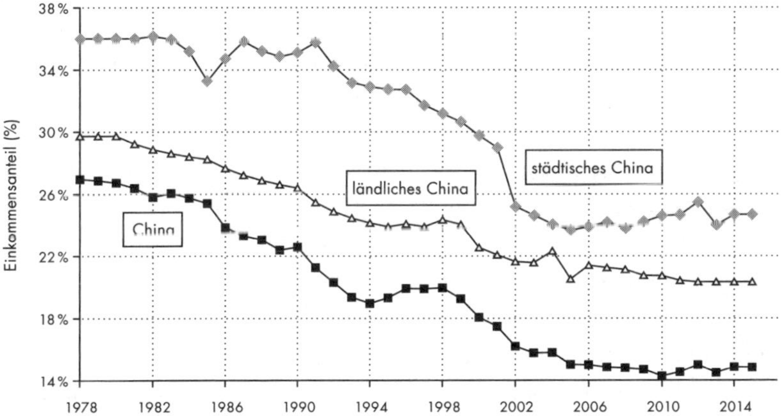

Quelle: Piketty, Yang und Zucman (2017). Vgl. wir2018.wid.world für Datenreihen und Anmerkungen.
2015 betrug der Einkommensanteil der unteren 50 % im ländlichen China 20 %.

Anstieg der Einkommensungleichheit in China im nationalen Rahmen deutlich niedriger (15 %) als innerhalb des ländlichen China (20 %) und innerhalb des städtischen China (25 %), wenn man diese Gebiete gesondert betrachtet.[27] Wie in den vorhergehenden Absätzen dargelegt, spiegelt der Trend für die oberen 10 % im Großen und Ganzen die Entwicklung der unteren 50 % wider, allerdings in umgekehrter Richtung, denn der Einkommensanteil der oberen 10 % ist gestiegen. Die Verbindung dieser Daten zeigt auch, dass es in China im ländlichen Bereich schon immer mehr Ungleichheit gab als in den städtischen Regionen, und daran wird sich auch nichts ändern, wenn sich der gegenwärtige Trend fortsetzt (vgl. **Grafik 2.7.3**).

8. Einkommensungleichheit in Russland

Die Informationen in diesem Kapitel stützen sich auf «From Soviets to Oligarchs: Inequality and Property in Russia 1905–2016» von Filip Novokmet, Thomas Piketty und Gabriel Zucman, 2017, WID.world Working Paper Series (Nr. 2017/9).

- Der Übergang Russlands von einem kommunistischen zu einem kapitalistischen Wirtschaftsmodell nach 1989 führte zu einer massiven Divergenz der Einkommensanteile und der Wachstumsraten der verschiedenen Einkommensgruppen.
- Der Anteil am Nationaleinkommen, der auf die unteren 50 % entfällt, ist von 30 % im Jahr 1989 auf weniger als 20 % heute zurückgegangen, während der Anteil des obersten 1 % am Nationaleinkommen von rund 25 % auf über 45 % nach oben gerutscht ist.
- Russlands rasche und chaotische «Schocktherapie» aus Privatisierung, Kapitalflucht und Zunahme des Offshore-Vermögens, verbunden mit hoher Inflation und einem neuen marktwirtschaftlichen Umfeld, hat zum Anstieg der russischen Spitzeneinkommen seit 1989 beigetragen.
- Das heutige Ausmaß der Ungleichheit ist vergleichbar mit oder sogar etwas größer als in der Zarenzeit. Die russische Revolution führte zu einer weitreichenden Einkommensumverteilung, wobei der Anteil des

obersten 1 % von 18 % im Jahr 1905 auf weniger als 4 % im Jahr 1928 fiel.

- Der höchste Grad an Gleichheit der Einkommensverteilung in Russland entwickelte sich nach Beginn der relativ liberalen Entstalinisierungspolitik ab 1958, die mit umfangreichen Investitionen in Bildung und Infrastruktur verbunden war.

Das Aufschließen Russlands zum westeuropäischen Wachstumsniveau seit den 1990er Jahren vollzog sich keineswegs reibungslos

Nach dem Zerfall der Sowjetunion 1990/91 hat Russland dramatische wirtschaftliche und politische Umwälzungen erlebt. Das Nationaleinkommen und das Bruttoinlandsprodukt gingen zwischen 1992 und 1995 stark zurück, als die Inflation nach oben schoss, erholten sich dann wieder 1998/99, an die sich ein Jahrzehnt robusten Wachstums anschloss. Die Weltfinanzkrise und der Fall des Ölpreises unterbrachen diesen Prozess 2008/09, und seither hat sich das Wachstum verlangsamt. Dennoch besteht kein Zweifel, dass die durchschnittlichen Einkommen in Russland heute höher sind als 1989/90. Der Abstand zwischen dem russischen Nationaleinkommen pro Erwachsenem und dem westeuropäischen Durchschnitt hat sich von rund 60 bis 65 % des westeuropäischen Durchschnitts von 1989/90 bis Mitte der 2010er Jahre auf rund 70 bis 75 % des westeuropäischen Durchschnitts verringert.[28] Dies zeigt **Grafik 2.8.1.**

Das durchschnittliche Nationaleinkommen pro Erwachsenem belief sich im Jahr 2016 in Russland auf knapp 23 200 Euro, doch diese Zahl verbirgt eine beträchtliche Variationsbreite der Verteilung. Die unteren 50 % der erwachsenen Einkommensbezieher – eine Gruppe von knapp 115 Mio. Menschen – verdienten 2016 im Durchschnitt knapp 7800 Euro, fast dreimal weniger als der nationale Durchschnitt. Die mittleren 40 % erhielten rund 21 700 Euro. Die reichsten 10 % der Bevölkerung erzielten dagegen ein beträchtlich höheres Einkommen, das 2016 105 500 Euro im Durchschnitt erreichte. Dadurch bildete sich in Russland eine sehr starke Einkommenskonzentration bei den Reichsten heraus. Der Anteil

Grafik 2.8.1
Das durchschnittliche Nationaleinkommen pro Erwachsenem in Russland und in Westeuropa, 1980–2016

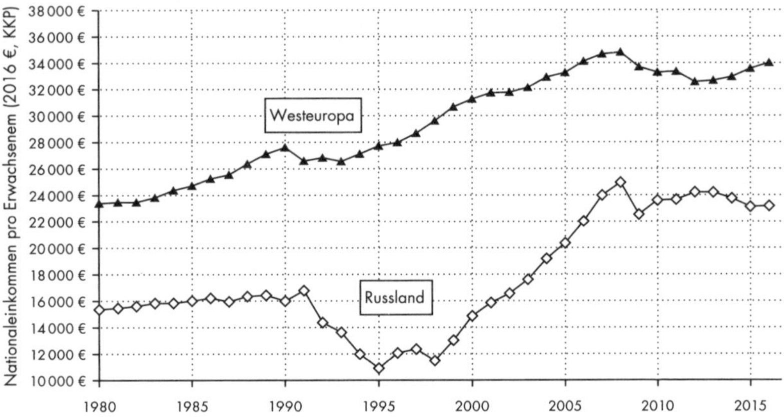

Quelle: Novokmet, Piketty und Zucman (2017). Vgl. wir2018.wid.world für Datenreihen und Anmerkungen.
2016 betrug in Russland das durchschnittliche Nationaleinkommen pro Erwachsenem 23 200 €. Alle Werte wurden nach Kaufkraftparität (KKP) umgerechnet in Euro von 2016 (Kurs € 1 = $ 1,3 = ₽ 28,3). Die KKP berücksichtigt Unterschiede in den Lebenshaltungskosten zwischen den Ländern. Die Werte sind inflationsbereinigt.

des Nationaleinkommens, der auf die oberen 10 % entfiel, betrug 2016 45,5 % und war damit wesentlich größer als die Anteile der unteren 50 % (17 %) und der mittleren 40 % (37,5 %). Das oberste 1 % der Einkommensbezieher vereinte mehr als 20 % des Nationaleinkommens auf sich. Das Durchschnittseinkommen der 1,15 Mio. Erwachsenen, die das oberste 1 % bilden, belief sich 2016 auf 470 000 Euro, während die obersten 0,01 % und die obersten 0,001 % durchschnittliche Einkommen in Höhe von 12,1 Mio. bzw. 58,6 Mio. Euro erzielten – das 523-Fache bzw. 2527-Fache des russischen nationalen Durchschnittseinkommens (vgl. **Tabelle 2.8.1**).

Die verlässlichsten verfügbaren Schätzungen legen den Schluss nahe, dass das russische Nationaleinkommen pro Erwachsenem zwischen 1870 und dem Ersten Weltkrieg bei rund 35 bis 40 % des westeuropäischen Niveaus stagnierte, im Gefolge des Zweiten Weltkriegs jedoch auf einen Spitzenwert von 65 % stieg, als der sowjetische Staat seine

Tabelle 2.8.1
Die Verteilung des Nationaleinkommens in Russland, 2016

Einkommensgruppe	Anzahl der Erwachsenen	Einkommens-schwelle (€)	Durchschnitts-einkommen (€)	Einkommens-anteil
Gesamtbevölkerung	114 930 000	–	23 180	100 %
untere 50 %	574 465 000	–	7880	17,0 %
mittlere 40 %	45 972 000	14 000	21 700	37,5 %
obere 10 %	11 493 000	36 300	105 500	45,5 %
oberstes 1 %	1 143 300	133 000	469 000	20,2 %
oberstes 0,1 %	114 930	638 000	2 494 000	10,8 %
oberstes 0,01 %	11 493	3 716 000	12 132 000	5,2 %
oberstes 0,001 %	1149	18 770 000	58 576 000	2,5 %

Quelle: Novokmet, Piketty und Zucman (2017). Vgl. wir2018.wid.world für Datenreihen und Anmerkungen.
2016 belief sich in Russland das durchschnittliche Vorsteuereinkommen der oberen 10 % auf 105 500 €. Alle Werte wurden nach KKP umgerechnet in Euro von 2016 (Kurs € 1 = $ 1,3 = ₽ 28,3). Die KKP berücksichtigt Unterschiede in den Lebenshaltungskosten zwischen den Ländern. Die Werte sind inflationsbereinigt. Wegen Auf- oder Abrundung ergeben die Werte nicht immer 100 %.

Modernisierungsstrategie einer beschleunigten Industrialisierung und massiver Investitionen in das Bildungswesen umsetzte. Wie in **Grafik 2.8.2** dargestellt, stabilisierte sich Russlands relative Position zwischen 1950 und 1990 auf einem Wert von 55 bis 65 % des westeuropäischen Niveaus – und während der Lebensstandard der Russen von den 1950er bis in die 1980er Jahre stagnierte, wurden in Westeuropa und in den USA beträchtliche Fortschritte erzielt. In Verbindung mit den zunehmenden Versorgungsschwierigkeiten und einer allgemeinen Frustration der relativ gut ausgebildeten Bevölkerung trug die nur schleppende Verbesserung der Lebensverhältnisse zu den komplexen sozialen und politischen Prozessen bei, die schließlich zum Untergang der Sowjetunion führten.[29]

Doch die Folgen dieser dramatischen Veränderungen der Verteilung von Einkommen und Vermögen wurden nicht umfassend dokumentiert und auch nicht überzeugend untersucht, insbesondere nach der Auflösung der Sowjetunion. Zweifellos hat die Einkommensungleichheit seit 1989/90 stark zugenommen – zumindest teilweise deshalb, weil die monetäre Ungleichheit im Kommunismus auf einem ungewöhnlich niedrigen Niveau lag, das bis zu einem gewissen Grad auch künstlich herbeigeführt worden war. Es gibt jedoch kaum empirische Arbeiten, in denen das genaue Ausmaß der Zunahme im Vergleich zu den Veränderungen in anderen Ländern untersucht wurde. Diesen und zahlreichen weiteren Aspekte versuchen Novokment, Piketty und Zucman dadurch Rechnung zu tragen, dass sie Schätzungen zur Verteilung des Nationaleinkommens in Russland erstellen, in denen nationale Berichte, Erhebungen und fiskalische Daten zu Vermögen und Einkommen zusammengeführt werden, darunter auch jüngst veröffentlichte Steuerdaten über die Steuerzahler mit hohem Einkommen, und zwar in eben der eingangs beschriebenen Weise.

Im Zuge der «Schocktherapie» des Übergangs hat der Anteil der oberen 10 % am Nationaleinkommen erheblich zugenommen

Die bemerkenswerte Zunahme der Ungleichheit nach dem Zerfall der Sowjetunion erreichte sowohl in Bezug auf das Tempo als auch den quantitativen Umfang der Veränderungen dramatische Ausmaße. Diese Periode war geprägt durch ein Transformationsmodell, eine «Schocktherapie» bzw. einen «Big Bang», das die frühere Planwirtschaft in eine auf den Prinzipien der freien Marktwirtschaft beruhende Wirtschaftsordnung überführen sollte.[30] Damit gingen die Privatisierung eines beträchtlichen Teils der ehemals staatlichen russischen Unternehmen und die Liberalisierung der Preise sowie der Kapital- und Arbeitsmärkte sowie viele weitere politische und wirtschaftliche Veränderungen einher. Nach Vergleichsschätzungen von Novokmet, Piketty und Zucman stieg der Einkommensanteil der oberen 10 % von weniger als 25 % in den Jahren 1990/91 auf mehr als 45 % im Jahr 1996 (vgl. **Grafik 2.8.3**), während der Anteil dieser Einkommensgruppe in den USA im selben Zeitraum nur moderat von 39 auf 41 % stieg und in Frankreich bei rund 30 bis 31 % stabil blieb.

Die Privatisierungen erfolgten teilweise über ein Coupon-System,

Grafik 2.8.2
Das Verhältnis zwischen dem Nationaleinkommen pro Erwachsenem in Russland und in Westeuropa, 1870–2016

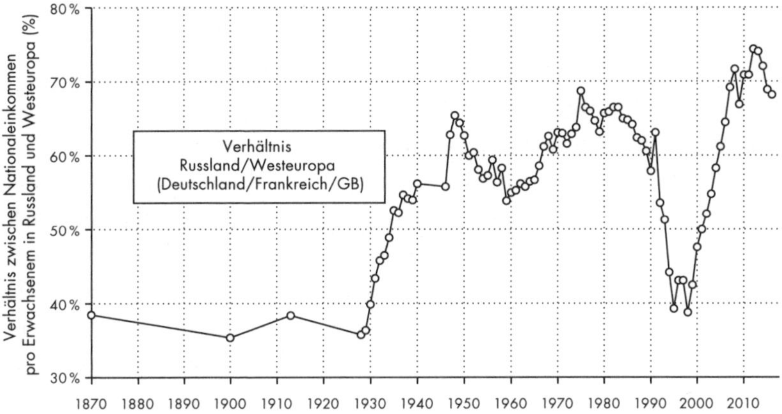

Quelle: Novokmet, Piketty und Zucman (2017). Vgl. wir2018.wid.world für Datenreihen und Anmerkungen.
2016 erreichte das Nationaleinkommen pro Erwachsenem in Russland 68 % des Nationaleinkommens pro Erwachsenem in Westeuropa. Alle Werte wurden nach KKP umgerechnet in Euro von 2016 (Kurs € 1 = $ 1,3 = ₽ 28,3). Die KKP berücksichtigt Unterschiede in den Lebenshaltungskosten zwischen den Ländern. Die Werte sind inflationsbereinigt.

bei dem die Bürger Hefte mit Gutscheinen erhielten, die Anteile an Staatsunternehmen bedeuteten. Diese Coupon-Privatisierungen wurden wie auch immer sehr rasch abgewickelt; zwischen 1992 und 1994 wurden mehr 15 000 Unternehmen von Staatseigentum in Privateigentum überführt.[31] Dies vollzog sich in einem sehr chaotischen monetären und politischen Kontext, was es kleinen Gruppen von Personen ermöglichte, große Mengen dieser Coupons zu relativ niedrigen Preisen aufzukaufen, manchmal auch hochprofitable Geschäfte mit staatlichen Behörden abzuschließen – zum Beispiel über die berüchtigten Vereinbarungen über Darlehen für Firmenanteile.[32] In Verbindung mit Kapitalflucht und der Zunahme von Offshore-Vermögen führte dies in Russland zu einer wesentlich stärkeren Konzentration von Vermögen und Einkommen als in den anderen ehemals kommunistischen Ländern.

Der Übergang des Arbeitsmarktes von der staatlichen zu einer marktwirtschaftlichen Steuerung zog eine Vergrößerung der Einkommensungleichheit mit sich, da die Ungleichheit der Arbeitseinkommen zunahm.[33] Im kommunistischen Russland hatte es praktisch keine Arbeitslosigkeit gegeben, und als Anreize zur Leistungssteigerung wurden nur in geringem Umfang Lohnunterschiede eingesetzt. Dies hatte zur Folge, dass die Ungleichheit wesentlich geringer ausgeprägt war als in marktwirtschaftlichen Ökonomien. Mit dem Übergang zur freien Marktwirtschaft und der Privatisierung der einstigen Staatsunternehmen verloren viele Menschen ihren Arbeitsplatz. Die Beschäftigung im öffentlichen wie im privaten Sektor ging im Zuge von Firmenschließungen zurück. Durch Budgetrestriktionen und Sparmaßnahmen verschlechterten sich die Bedingungen für Investitionen und die Einstellung von Arbeitskräften, wodurch die Möglichkeiten für eine Unterstützung der Arbeitslosen stark eingeschränkt waren – Maßnahmen, von denen die Geringverdiener am härtesten getroffen wurden. Aufgrund des Überangebots an Arbeitskräften und der wachsenden Vermögenskonzentration begünstigten die Umstellung des Arbeitsmarktes und der Privatisierungsprozess die Kapitaleigentümer zum Nachteil der Beschäftigten.[34]

Grafik 2.8.3
Der Einkommensanteil der oberen 10 % in Frankreich, Russland und den USA, 1905–2015

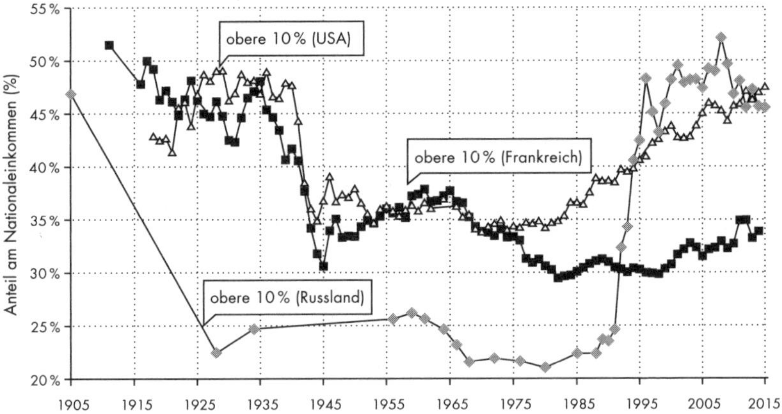

Quelle: Novokmet, Piketty und Zucman (2017). Vgl. wir2018.wid.world für Datenreihen und Anmerkungen.
2015 betrug der Einkommensanteil der oberen 10 % in Russland 46 %.

Durch die Freigabe der Preise stiegen die Preise für Verbrauchsgüter zwischen 1990 und 1996 fast um das 5000-Fache. Die Inflation erreichte ihren Höchststand in den Jahren 1992/93 (mit 1500 bzw. 900 %), nachdem am 1. Januar 1992 die Preise offiziell freigegeben wurden. Zwar zog diese Phase der Hyperinflation die gesamte russische Volkswirtschaft in Mitleidenschaft – das Nationaleinkommen pro Erwachsenem fiel von 17 000 Euro im Jahr 1991 auf 11 000 Euro im Jahr 1995 –, aber wiederum wurden die Ärmsten am härtesten getroffen. Ein großer Teil der unteren 50 % der Einkommensverteilung bestand aus Rentnern und Geringverdienern, deren nominelle Einkommen nicht an die Preisinflation gekoppelt waren; dies führte zu einer einschneidenden Umverteilung und zur Verarmung von Millionen russischer Haushalte, insbesondere der nicht mehr erwerbstätigen Bevölkerung. Der Anteil am Nationaleinkommen, der auf die unteren 50 % entfiel, brach von 30 % in den Jahren 1991/92 auf weniger als 10 % im Jahr 1996 ein.

Neben dem rasanten Rückgang des Einkommensanteils der unteren 50 % der Bevölkerung war ein allmählicher und kontinuierlicher Anstieg des Einkommensanteils des obersten 1 % zu beobachten. Der Einkommensanteil des obersten 1 % wuchs von knapp 6 % im Jahr 1989 auf rund 26 % im Jahr 1996. Dies war ein gewaltiger Umschwung in einem Zeitraum von etwas mehr als sieben Jahren; man beachte, dass der Einkommensanteil der unteren 50 % im Jahr 1989 noch um das Fünffache höher war als der Anteil des obersten 1 %, im Jahr 1996 war er dagegen fast um das Zweifache niedriger. Unterdessen blieben die mittleren 40 % zunächst anscheinend weitgehend unbeeinflusst von den Umwälzungen der Transformationsphase; ihr Anteil am Nationaleinkommen ging in diesem Zeitraum lediglich von 46 % auf 43 % zurück.

Nach der Wiederwahl von Präsident Boris Jelzin 1996 begann sich der Einkommensanteil der unteren Hälfte der Bevölkerung zu stabilisieren. Der Einkommensanteil der unteren 50 % stieg zwischen 1996 und 1998 um mehr als fünf Prozentpunkte, als die allmähliche wirtschaftliche Erholung zwischen 1996 und 2015 auch zu einem Anstieg der niedrigen Renten und Löhne führte. Sie erreichten jedoch nie wieder ihren relativen Einkommensanteil von 1990/91. Der Anteil der oberen 10 % sank von 1996 bis 1998 von 48 auf 43 % und pendelte sich dann bis 2015 bei rund 47 % ein. In dieser zweiten Periode vollzog sich ein kontinuierlicher Anstieg des Einkommensanteils der oberen 10 % in den USA, wo die Einkommenskonzentration schließlich 2015 höher war als in Russland. Auch in Frankreich stieg der Einkommensanteil der oberen 10 %, allerdings nur in moderatem Tempo auf 34 % im Jahr 2015.

In diesen zwölf Jahren vollzog sich auch ein starkes makroökonomisches Wachstum, durch das sich das russische Nationaleinkommen mehr als verdoppelte von rund 12 000 Euro im Jahr 1996 auf 25 000 Euro im Jahr 2008.[35] Nutznießer dieses Wachstums waren aber vor allem die oberen 10 %, denn deren Anteil am Nationaleinkommen stieg in den zehn Jahren bis 2008 von 43 auf 53 %. Diesem Aufwärtstrend bei den obersten 10 % stand eine gegenteilige Entwicklung bei den mittleren 40 % gegenüber, deren Anteil am Nationaleinkommen von knapp 40 % im Jahr 1998 auf 35 % im Jahr 2008 sank. Die Weltfinanzkrise und der starke Ölpreisrückgang führten 2008/09 zu einer Unterbrechung des russischen Wirtschaftswachstums; auch die anschließende wirtschaftliche Erholung verlief eher schleppend, um dann 2014/15 erneut zurückzugehen, zum Teil aufgrund der internationalen Sanktionen, die nach der militärischen Intervention Russlands in der Ukraine verhängt worden waren. Das durchschnittliche Nationaleinkommen pro Erwachsenem fiel 2008/09 um mehr als 2000 Euro, bevor es sich bis 2013 wieder langsam auf 24 000 Euro erholte und 2015/16 wieder auf 23 000 Euro zurückging. Der reichste Teil der Bevölkerung musste im Gefolge der Krise den stärksten Rückgang seines Anteils am Nationaleinkommen hinnehmen; die oberen 10 % büßten in den zwei Jahren bis 2010 sechs Prozentpunkte ihres Anteils am Nationaleinkommen ein. In den Jahren 2014/15 stabilisierte sich ihr Anteil schließlich bei etwas mehr als 45 %. Die unteren 50 % und die mittleren 40 % erlebten jeweils einen vierprozentigen Anstieg ihres Anteils am Nationaleinkommen, der auf 18 % bzw. 39 % wuchs.

Im gesamten Zeitraum von 1989 bis 2016 stieg das durchschnittliche Nationaleinkommen pro Erwachsenem im Russland um 41 % – das heißt rund 1,3 % pro Jahr. Doch aufgrund der oben beschriebenen Dynamiken erlebten die einzelnen Einkommensgruppen ein sehr unterschiedliches Einkommenswachstum. Die Einkommensbezieher im unteren Bereich verzeichneten in diesem 27 Jahre umfassenden Zeitraum im Durchschnitt ein sehr niedriges oder sogar negatives Wachstum (-0,8 % pro Jahr und -20 % in der gesamten Periode bei den unteren 50 %), was maßgeblich an den inflationsbedingten Einkommensverlusten vor 1996 lag. Die mittleren 40 % erzielten ein positives, jedoch sehr moderates durchschnittliches Einkommenswachstum von nur 0,5 % pro Jahr, was 15 % in der gesamten Periode entsprach. Die Erfahrung der oberen 10 % unterschied sich davon weidlich. Wie **Tabelle 2.8.2** zeigt, verzeichnete diese Einkommensgruppe ausschließlich Zuwächse. Das durchschnittliche Einkommen pro Erwachsenem im Bereich der oberen 10 % stieg zwischen 1989 und 2016 um 3,8 % pro Jahr, was den 11,5 Mio. Einkommensbeziehern in diesem Segment ein Gesamteinkommenswachstum von 171 % bescherte. Darüber hinaus haben fast nur diese oberen 10 % vom makroökonomischen Wachstum in Russland in diesem Zeitraum profitiert. Ihr Anteil am nationalen Wachstum belief sich auf 99 %, während auf die unteren 90 %, die knapp 103,5 Mio. Erwachsene ausmachen, lediglich 1 % entfiel.

Tabelle 2.8.2
Einkommenswachstum und Ungleichheit in Russland, 1989–2016

Einkommensgruppe	**durchschnittliche reale Zuwachsrate pro Jahr**	**kumulierter Gesamtzuwachs**	**Anteil am gesamten Makrozuwachs**
Gesamtbevölkerung	1,3 %	41 %	100 %
untere 50 %	-0,8 %	-20 %	-15 %
mittlere 40 %	0,5 %	15 %	16 %
obere 10 %	3,8 %	171 %	99 %
oberstes 1 %	6,4 %	429 %	56 %
oberstes 0,1 %	9,5 %	1054 %	34 %
oberstes 0,01 %	12,2 %	2134%	17 %
oberstes 0,001 %	14,9 %	4122 %	8 %

Quelle: Novokmet, Piketty und Zucman (2017). Vgl. wir2018.wid.world für Datenreihen und Anmerkungen.
Zwischen 1989 und 2016 ist das Einkommen des obersten 1 % durchschnittlich jährlich um 6,4 % gewachsen.

Grafik 2.8.4 stellt die jährlichen und die gesamten Wachstumsraten in dieser Periode für unterschiedliche Bevölkerungsgruppen dar. Interessanterweise zeigen diese Zahlen dasselbe aufwärtsgerichtete Muster wie jene Grafiken, die von der Europäischen Bank für Wiederaufbau und Entwicklung (EBWE bzw. EBRD) erstellt wurden.[36] Sie unterscheiden sich jedoch in zwei Punkten. Zum einen zeigen sie aufgrund einer präziseren Schätzung der russischen Spitzeneinkommen einen noch ausgeprägteren Anstieg.[37] Zum anderen gibt es bedeutsame Unterschiede bei den verwendeten Einkommenskonzepten.[38] Diese letztere Differenz hat eine wichtige Auswirkung auf die Rate des gesamten realen Wachstums im Zeitraum von 1989 bis 2016; die EBRD beziffert diese mit 70 % im Unterschied zu den oben angegebenen 41 %. Ein Unterschied in dieser Größenordnung ist keineswegs unbedeutend. Entsprechend den Konzepten, die in diesem Bericht und bei WID.world allgemein zugrunde gelegt werden, arbeiten Novokmet et al. mit den Daten zum Nationaleinkommen und nicht mit Erhebungsdaten auf der Grundlage von Selbstauskünften. Dadurch tragen sie auch der Problematik Rechnung, die sich ergibt, wenn man die Realeinkommen der sowjetischen und der nachsowjetischen Periode auf zufriedenstellende Weise vergleichen möchte. Wenn die Wissenschaftler zum Beispiel die Wohlfahrtskosten berücksichtigen, die sich in den Jahren 1989/90 durch Versorgungsmängel und Schlangestehen ergaben, ist es möglich, dass sich ihre aggregierten Wachstumszahlen von 41 % auf 70 % oder mehr erhöhen.

Die Einkommensungleichheit in Russland zeigt langfristig ein U-förmiges Muster

Die Veränderungen in der Einkommensverteilung, die sich in der nachkommunistischen Periode von 1989 bis 2016 vollzogen, unterscheiden sich deutlich von jenen, die nach 1905 stattfanden. Im zaristischen Russland von 1905 betrug der Einkommensanteil der oberen 10 % rund 47 %, während sich die Anteile der unteren 50 % auf 17 % und der mittleren 40 % auf 36 % beliefen. Nach der russischen Revolution von 1917, die zum Sturz der zaristischen Autokratie führte und den Weg zur Er-

Grafik 2.8.4
Das Gesamteinkommenswachstum nach Perzentilen in Russland, 1989–2016

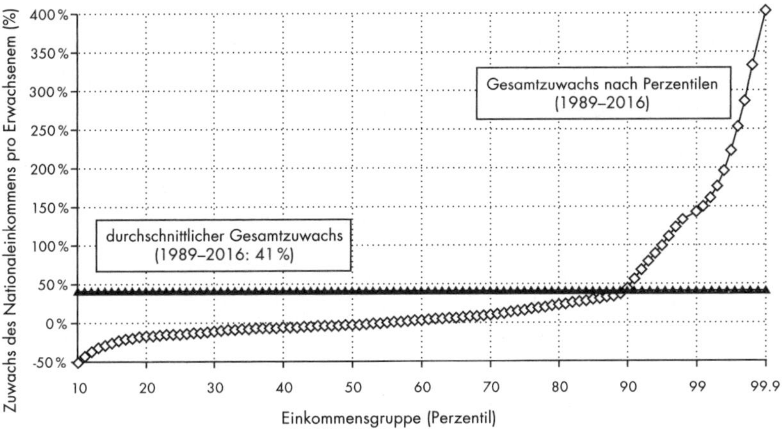

Quelle: Novokmet, Piketty und Zucman (2017). Vgl. wir2018.wid.world für Datenreihen und Anmerkungen.
Zwischen 1989 und 2016 ist in Russland das Durchschnittseinkommen der Perzentilgruppe p99p99,1 (die unteren 10 % des reichsten 1 %) um 143 % gewachsen. Die Werte sind inflationsbereinigt.

Grafik 2.8.5
Die Einkommensanteile in Russland, 1905–2015

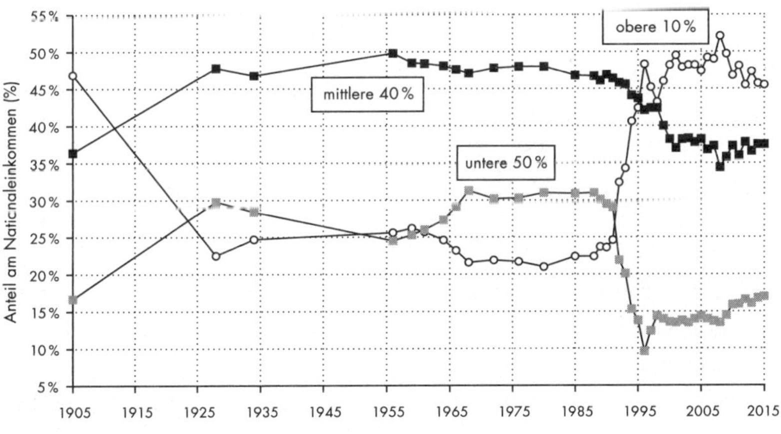

Quelle: Novokmet, Piketty und Zucman (2017). Vgl. wir2018.wid.world für Datenreihen und Anmerkungen.
2015 belief sich der Anteil der oberen 10 % am Nationaleinkommen auf 46 %.

richtung der Union der Sozialistischen Sowjetrepubliken (UdSSR) im Jahr 1922 öffnete, veränderten sich diese Anteile dramatisch. Im Jahr 1929 entfielen auf die oberen 10 % nur noch 22 % des Nationaleinkommens, 25 Prozentpunkte weniger als noch vor 24 Jahren. Dem Rückgang des Anteils der oberen 10 % stand ein Anstieg der Anteile der unteren 50 % und der mittleren 40 % von 13 Prozentpunkten gegenüber auf knapp 30 bzw. 48 % des Nationaleinkommens, wie in **Grafik 2.8.5** zu sehen ist. Der Einkommensanteil des obersten 1 %, der 1905 noch fast 20 % ausgemacht hatte, fiel während der sowjetischen Periode auf 4/5 %. Das Einkommenswachstum bis 1956 (dem Beginn der sogenannten Entstalinisierung) kam somit weit überwiegend den unteren 90 % der Bevölkerung zugute und war mit massiven Investitionen und der Einführung von Fünfjahresplänen verbunden, die durch den Aufbau der Schwerindustrie, die Kollektivierung der Landwirtschaft und die eingeschränkte Herstellung von Konsumgütern, jeweils unter staatlicher Lenkung, zu einer Akkumulation der Kapitalressourcen führten.[39]

Der Tod von Josef Stalin und die anschließende Liberalisierungspolitik, die als «Entstalinisierung» bekannt wurde und auch die Abschaffung der Zwangsarbeit in den Gulags umfasste, hatte weitere Veränderungen der Einkommensverteilung zur Folge, die vor allem den niedrigeren Einkommen zugutekamen. Der Anteil der unteren 50 % am Nationaleinkommen stieg von 24 % im Jahr 1956 auf 32 % im Jahr 1968, während der Anteil der oberen 10 % in diesem Zeitraum von 26 auf 22 % zurückging. Anschließend blieben die Einkommensanteile dieser beiden Gruppen und auch der mittleren 40 % bis zum Jahr 1989 weitgehend konstant, und das Einkommenswachstum verteilte sich relativ ausgewogen zwischen ihnen, wie **Grafik 2.8.6** und **Tabelle 2.8.3** zeigen.

Diese Zahlen veranschaulichen anhand der Veränderungen der durchschnittlichen jährlichen realen Einkommenswachstumsraten der verschiedenen Einkommensgruppen den großen Unterschied der Lebensverhältnisse zwischen der sowjetischen Periode und der Zeit nach dem Zusammenbruch der UdSSR. In der Zeit von 1905 bis 1956 wie auch von 1956 bis 1989 verzeichneten die unteren 50 % und die mittleren 40 % zumindest ähnlich große durchschnittliche reale jährliche Einkommenszuwächse wie die oberen 10 % und in der Zeit von 1905 bis 1956 sogar beträchtlich höhere Wachstumsraten. Im ersten Zeitraum kam das Einkommenswachstum vor allem den unteren 50 % und den mittleren 40 % zugute (mit jährlichen Wachstumsraten von 2,6 bzw. 2,5 %) und weniger den oberen 10 % (0,8 % Wachstum). Von 1956 bis 1989 verzeichneten die unteren 50 % höhere jährliche Wachstumsraten als in den vorhergehenden Perioden, doch der Unterschied zu den höheren Einkommensgruppen reduzierte sich merklich. Das Einkommen der oberen 19 % wuchs jährlich mit 2,3 % – so stark wie das Einkommen der mittleren 40 %. Interessanterweise war das Wachstum des obersten 1 % der Einkommensbezieher zwischen 1905 und 1956 zunehmend negativ, bewegte sich aber von 1956 bis 1989 wieder immer mehr im positiven Bereich. Den eigentlichen Kontrast bildet jedoch die Zeit nach 1989, als die Divergenz der jährlichen Einkommenswachstumsraten auf 15,7 Prozentpunkte anstieg zwischen den obersten 0,001 % (14,9 %) und den unteren 50 % der Einkommensbezieher (-0,8 %). Eine derart starke Divergenz zwischen dem obersten und dem unteren Bereich der Verteilung konnte im 20. Jahrhundert nirgendwo sonst beobachtet werden, auch nicht während der Umstellung auf die sozialistische Planwirtschaft in Russland.

Es bedarf detaillierterer Daten, um genauere Schlussfolgerungen ziehen zu können

Wie bereits erwähnt, unterliegen die von Novokmet, Piketty und Zucman verwendeten Daten gewissen Einschränkungen, was bedeutet, dass Angaben zu umfassenden Größenordnungen wohl als verlässlich gelten können, während Angaben zu kleineren Schwankungen der Ungleichheit nicht unbedingt als exakt zutreffend betrachtet werden sollten. Die entsprechenden Schätzungen weisen darauf hin, dass die Ungleichheitsniveaus im zaristischen Russland und in der postsowjetischen Zeit ungefähr vergleichbar sind. Doch aufgrund des Fehlens detaillierter Einkommensteuerdaten – und des allgemeinen Mangels an finanzieller Transparenz – erscheinen die Schätzungen dieser Autoren zur jüngeren Periode als relativ ungenau, vor allem vielleicht, weil auch ihre Schätzung für 1905 mindestens ebenso ungenau ist.[40] Daher sollte man sich sicherheitshalber auf die Schlussfolgerung beschränken, dass das Ausmaß der Ungleichheit im zaristischen Russland sehr hoch und vergleichbar war mit dem möglicherweise noch größeren Ungleichheitsniveau im nachsowjetischen Russland.

Wichtig ist ferner der Hinweis darauf, dass bei den Angaben zur monetären Ungleichheit, die in den **Grafiken 2.8.1** und **2.8.5** dargestellt wird, nichtmonetäre Dimensionen der Ungleichheit unberücksichtigt bleiben, was Vergleiche der Ungleichheit in verschiedenen Zeiten und unterschiedlichen Ländern verzerren kann. So war beispielsweise im zaristischen Russland die Ungleichheit bezüglich des persönlichen Status der Menschen und ihrer Grundrechte stark ausgeprägt und dauerte auch nach der offiziellen Abschaffung der Leibeigenschaft 1861 noch lange fort. Diese Formen der Ungleichheit mittels eines einzigen monetären Indikators zusammenzufassen wäre zweifellos eine grobe Vereinfachung eines komplexen Gefüges von Machtverhältnissen und sozialer Herrschaft. Diese allgemeinen Bemerkungen gelten auch für die sowjetische Periode, als die monetäre Ungleichheit unter der kommunisti-

Grafik 2.8.6
Das durchschnittliche reale Einkommenswachstum nach Perzentilen in Russland, 1905–2016

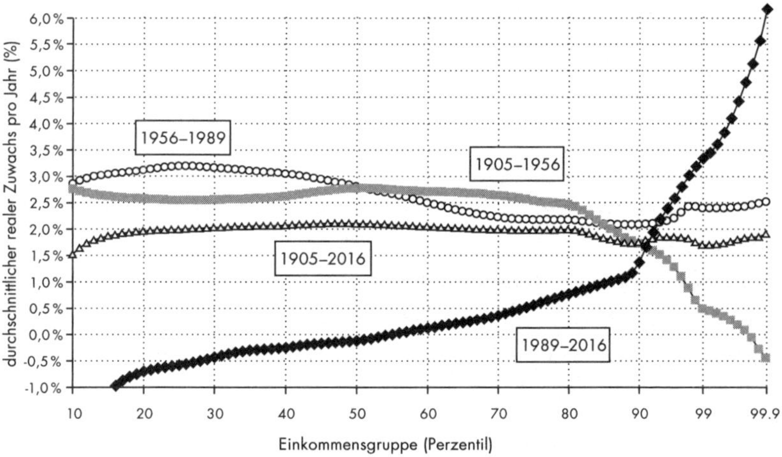

Quelle: Novokmet, Piketty und Zucman (2017). Vgl. wir2018.wid.world für Datenreihen und Anmerkungen.
Zwischen 1989 und 2016 ist in Russland das Durchschnittseinkommen der Perzentilgruppe p99p99,1 (die unteren 10 % des reichsten 1 %) jährlich um 3,3 % gewachsen. Die Werte sind inflationsbereinigt.

Tabelle 2.8.3
Das durchschnittliche reale Einkommenswachstum nach Perzentilen in Russland, 1905–2016

	Durchschnittliches reales Wachstum pro Jahr			
Einkommensgruppe	**1905–2016**	**1905–1956**	**1956–1989**	**1989–2016**
Gesamtbevölkerung	1,9 %	1,9 %	2,5 %	1,3 %
untere 50 %	1,9 %	2,6 %	3,2 %	-0,8 %
mittlere 40 %	2,0 %	2,5 %	2,3 %	0,5 %
obere 10 %	1,9 %	0,8 %	2,3 %	3,8 %
oberstes 1 %	2,0 %	-0,3 %	2,5 %	6,4 %
oberstes 0,1 %	2,3 %	-1,2 %	2,7 %	9,5 %
oberstes 0,01 %	2,5 %	-2,1%	3,0 %	12,2 %
oberstes 0,001 %	2,7 %	-3,0 %	3,3 %	14,9 %

Quelle: Novokmet, Piketty und Zucman (2017). Vgl. wir2018.wid.world für Datenreihen und Anmerkungen.
Zwischen 1989 und 2016 ist in Russland das Einkommen des obersten 1 % jährlich durchschnittlich um 6,4 % gewachsen.

schen Herrschaft auf ein sehr niedriges Maß reduziert wurde. Doch der relativ geringe Unterschied zwischen den Einkommen der oberen 10 % und der unteren 50 % hinderte die sowjetische Elite nicht daran, hochwertigere Güter zu konsumieren und bessere Dienstleistungen und Chancen in Anspruch zu nehmen. Dies konnte sich in unterschiedlichen Formen manifestieren, wie etwa im Zugang zu speziellen Einkaufsgeschäften oder Ferieneinrichtungen, was dem oberen 1 % der russischen Bevölkerung einen Lebensstandard erlaubte, der bisweilen wesentlich höher war, als es diesen Personen ihr Jahreseinkommen ermöglicht hätte, das um das Vier- bis Fünffache höher war als das nationale Durchschnittseinkommen. Diese Faktoren gilt es zu bedenken, wenn man historische oder internationale Vergleiche anstellt – in Russland oder anderswo.

9. Einkommensungleichheit in Indien

Die Informationen in diesem Kapitel stützen sich auf das Arbeitspapier «Indian Income Inequality, 1922–2014: From British Raj to Billionaire Raj?» von Lucas Chancel und Thomas Piketty, 2017, WID.world Working Paper Series (Nr. 2017/11).

- Die Einkommensungleichheit in Indien hat ein historisch hohes Niveau erreicht. Im Jahr 2014 belief sich der Anteil des Nationaleinkommens, der auf das oberste 1 % entfiel, auf 22 %, während der Anteil der oberen 10 % rund 56 % betrug.
- Die Ungleichheit hat seit den 1980er Jahren deutlich zugenommen im Gefolge einer weitreichenden Transformation der Wirtschaft, die im Kern aus Deregulierung und Öffnungsreformen bestand.
- Seit Beginn der Deregulierungspolitik in den 1980er Jahren haben die obersten 0,1 % der Einkommensbezieher ein stärkeres Einkommenswachstum erzielt als die unteren 50 % zusammen. Auch die mittleren 40 % konnten nur ein geringes Einkommenswachstum verzeichnen.
- Der aktuelle Trend einer zunehmenden Ungleichheit steht im Gegensatz zu den drei Jahrzehnten nach der Erlangung der Unabhängigkeit 1947, als die Einkommensungleichheit in Indien stark vermindert wurde und die Einkommen der unteren 50 % schneller stiegen als der nationale Durchschnitt.
- Die vorübergehende Unterbrechung der Veröffentlichung von Steuerstatistiken zwischen 2000 und 2010 zeigt, dass mehr Transparenz nötig ist bezüglich der Einkommens- und der Vermögensstatistiken, die die langfristigen Verlaufsmuster der Ungleichheit abbilden. Dies würde eine informiertere Debatte über Ungleichheit und inklusives Wachstum in Indien ermöglichen.

Indien ist ohne Ungleichheitsdaten in das digitale Zeitalter eingetreten

In Indien wurde durch den Income Tax Act von 1922 der britischen Kolonialverwaltung eine individuelle Einkommensteuer eingeführt. Seit diesem Datum bis zur Jahrhundertwende erstellte die indische Einkommensteuerbehörde Einkommensteuerberechnungen und ermöglichte es dadurch, die langfristige Entwicklung der Spitzeneinkommen systematisch zu verfolgen. In Anbetracht der grundlegenden Veränderungen der indischen Wirtschaft seit der Unabhängigkeit des Landes erschließt sich dadurch eine reiche Datenquelle für die Wissenschaft.[41] Wie Untersuchungen ergeben haben, sind die Einkommen der Superreichen – die «Topeinkommen» – von Mitte der 1950er bis Mitte der 1980er Jahre deutlich zurückgegangen. Anschließend aber kehrte sich dieser Trend um, als ein marktwirtschaftlicher und unternehmensfreundlicher Deregulierungskurs eingeschlagen wurde.

Es ist jedoch nur wenig bekannt über die verteilungsbezogenen Aus-

Grafik 2.9.1a
Die Einkommensanteile der oberen 10 %
und der mittleren 40 % in Indien, 1951–2014

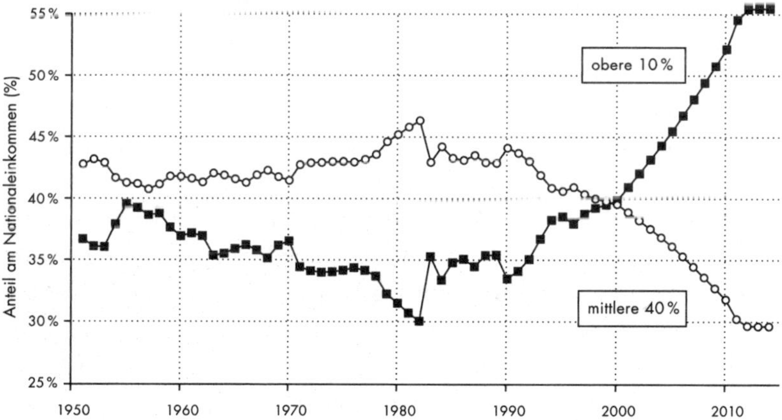

Quelle: Chancel und Piketty (2017). Vgl. wir2018.wid.world für Datenreihen und Anmerkungen.
2014 betrug der Anteil der oberen 10 % am Nationaleinkommen 55 %.

wirkungen der Wirtschaftspolitik, die in Indien nach 2000 verfolgt wurde, als das reale Einkommenswachstum wesentlich höher ausfiel als in den Jahrzehnten zuvor. Dies hängt maßgeblich damit zusammen, dass die indische Steuerbehörde ab dem Jahr 2000 keine Einkommensteuerstatistiken mehr veröffentlichte, hat aber auch damit zu tun, dass Erhebungsdaten, die auf Selbstauskünften beruhen, keine verlässlichen Informationen über den obersten Bereich der Verteilung liefern. Im Jahr 2016 veröffentlichte die Steuerbehörde schließlich Steuerberechnungen für die vergangenen Jahre und ermöglichte dadurch, die Entwicklung der Einkommensungleichheit während der Zeit des starken durchschnittlichen Einkommenswachstums seit 2000 zu verfolgen.

Die Ungleichheit stieg ab Mitte der 1980er Jahre im Gefolge der grundlegenden Transformation der Wirtschaft

Im Laufe der vergangenen vier Jahrzehnte haben sich in der indischen Wirtschaft weitreichende Veränderungen vollzogen. Bis Ende der 1970er Jahre galt Indien als eine stark regulierte, zentralisierte Volkswirtschaft mit sozialistischer Planung. Doch ab den 1980er Jahren wurden grundlegende Reformen in die Wege geleitet, die zur Liberalisierung und Deregulierung der Wirtschaft führten. Liberalisierung und Freihandel wurden zu beständigen Themen der indischen Politik, die durch den siebten Fünfjahresplan (1985–1990) von Ministerpräsident Rajiv Gandhi (1984–1989) verkörpert wurden. Dieser Plan sah die Lockerung von Marktregulierungen sowie eine Erhöhung der Kreditaufnahme im Ausland und eine Steigerung der Exporte vor. Diese marktwirtschaftliche Ausrichtung wurde anschließend weiter verankert durch die Bedingungen, die der Internationale Währungsfonds (IWF) an seine Unterstützung in der indischen Zahlungsbilanzkrise Anfang der 1990er Jahre knüpfte und die auf weitere strukturelle Reformen zur Deregulierung und Liberalisierung zielten. In dieser Phase wurde auch das Steuersystem allmählich umgestaltet, und der Grenzsteuersatz auf Spitzeneinkommen wurde vom Höchstwert 97,5 in den 1970er Jahren bis Mitte der 1980er Jahre auf 50 % gesenkt.

Der strukturelle Wandel der indischen Wirtschaft hatte in Verbindung mit Änderungen der Steuergesetze anscheinend weitreichende Auswirkungen auf die Entwicklung der Einkommensungleichheit in Indien seit den 1980er Jahren. Im Jahr 1983 erreichte der Anteil des Nationaleinkommens, der auf die Spitzenverdiener entfiel, den niedrigsten Stand seit Beginn der Steueraufzeichnung 1922: Das oberste 1 % vereinte annähernd 6 % des Nationaleinkommens auf sich, die oberen 10 % kamen auf 30 %; die Anteile der unteren 50 % und der mittleren 40 % beliefen sich auf fast 24 % bzw. etwas über 46 % des Nationaleinkommens (vgl. **Grafiken 2.9.1a** und **b**). Doch bereits 1990 hatte sich die Verteilung deutlich verändert, der Anteil der oberen 10 % war seit 1983 um vier Prozentpunkte auf 34 % gestiegen, während die Anteile der mittleren 40 % und der unteren 50 % um jeweils zwei Prozentpunkte auf rund 44 bzw. 22 % zurückgegangen waren.

Die Wirtschaftsreformen, die im Zeitraum von 1991 bis 2000 umgesetzt wurden, stellten in der Praxis eine Fortsetzung des Mitte der 1980er Jahre eingeleiteten Politikwechselns dar. Den Kern dieser Refor-

Grafik 2.9.1b
Die Einkommensanteile des obersten 1 %
und der unteren 50 % in Indien, 1951–2014

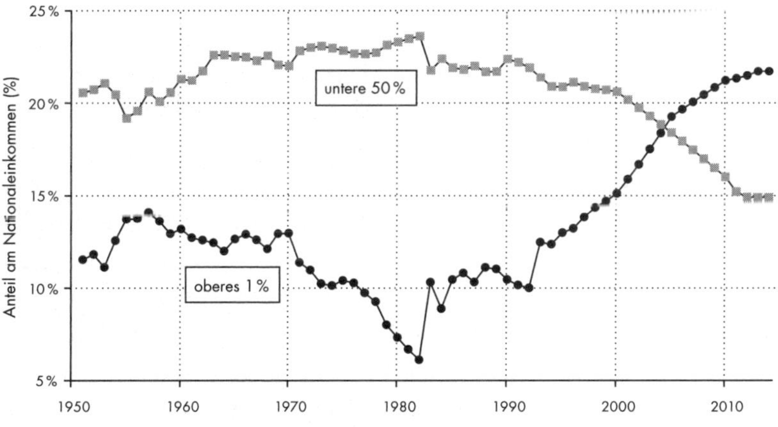

Quelle: Chancel und Piketty (2017). Vgl. wir2018.wid.world für Datenreihen und Anmerkungen.
2014 betrug der Anteil der unteren 50 % am Nationaleinkommen 15 %.

men bildete die Förderung des privaten Sektors durch Privatisierungen, Abzug von Investitionen aus dem öffentlichen Sektor und Deregulierung (Abschaffung des Lizenzsystems für staatliche Unternehmen und für zahlreiche Branchen).[42] Diese Reformpolitik wurde von der Kongresspartei wie auch von ihren konservativen Nachfolgeregierungen umgesetzt. Wie in den **Grafiken 2.9.1a** und **b** gezeigt, wurden diese Reformen von einem dramatischen Anstieg der Einkommensungleichheit in Indien mit dem Jahr 2000 begleitet. Die oberen 10 % konnten ihren Anteil am Nationaleinkommen auf 40 % steigern, ungefähr so viel, wie auch die mittleren 40 % erzielten, während der Anteil der unteren 50 % auf rund 20 % fiel.

Diese marktwirtschaftliche Reformpolitik wurde nach 2000 fortgesetzt mit dem zehnten und den folgenden Fünfjahresplänen. Im Rahmen dieser Wirtschaftspläne wurden die staatlichen Preiskontrollen bei Rohöl, Zucker und Düngemitteln aufgehoben, und es erfolgten weitere Privatisierungen, vor allem im Agrarsektor. Während der gesamten 2000er Jahre nahm die Ungleichheit weiter zu, im Jahr 2014 entfielen auf die reichsten 10 % der erwachsenen Bevölkerung ungefähr 56 % des Nationaleinkommens. Dadurch verblieben den mittleren 40 % noch 32 % des Gesamteinkommens und den unteren 50 % noch rund die Hälfte davon, nur 16 %.

Die Entwicklung der Ungleichheit in Indien wurde durch den Anstieg der Spitzeneinkommen vorangetrieben

Auch die Ungleichheit im Bereich der oberen 10 % war hoch. Je höher eine Gruppe in der indischen Einkommensverteilung angesiedelt ist, desto schneller wuchs seit den 1980er Jahren ihr Anteil am Nationaleinkommen. Wie in **Grafik 2.9.2** dargestellt, stieg der Einkommensanteil des obersten 1 % von ungefähr 6 % in den Jahren 1982/83 auf mehr als 10 % eine Dekade später, bis zum Jahr 2000 auf 15 % und bis 2014 weiter auf rund 23 %. Die jüngsten Daten zeigen, dass während der ersten Dekade des neuen Jahrtausends der Einkommensanteil des obersten 1 % so stark zunahm, dass er jenen der unteren 50 % übertraf. Im Jahr 2014 machte der Einkommensanteil der unteren 50 % – einer Gruppe

Grafik 2.9.2
Der Einkommensanteil des obersten 1 % in Indien, 1922–2014

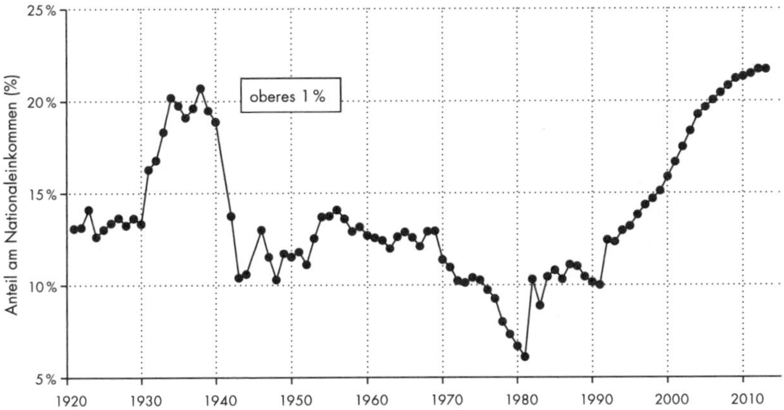

Quelle: Chancel und Piketty (2017). Vgl. wir2018.wid.world für Datenreihen und Anmerkungen.
1922 betrug der Anteil des obersten 1 % am Nationaleinkommen 13 %.

Tabelle 2.9.1
Das Gesamteinkommenswachstum nach Perzentilen in China, Frankreich, Indien und den USA, 1980–2014

Einkommensgruppe	Indien	China	Frankreich	USA
Gesamtbevölkerung	**187 %**	**659 %**	**35 %**	**61 %**
untere 50 %	89 %	312 %	25 %	1 %
mittlere 40 %	93 %	615 %	32 %	42 %
obere 10 %	394 %	1074 %	47 %	121 %
oberstes 1 %	750 %	1534 %	88 %	204 %
oberstes 0,1 %	1138 %	1825 %	161 %	320 %
oberstes 0,01 %	1834 %	2210 %	223 %	453 %
oberstes 0,001 %	2726 %	2546 %	261 %	636 %

Quelle: Chancel und Piketty (2017). Vgl. wir2018.wid.world für Datenreihen und Anmerkungen.
Zwischen 1980 und 2014 ist das durchschnittliche Einkommen der oberen 10 % in Indien um 394 % gewachsen. Die Werte sind inflationsbereinigt.

von rund 390 Mio. Erwachsenen – zwei Drittel des Anteils des obersten 1 % aus, die rund 7,8 Mio. Menschen umfassen. Einen noch stärkeren Anstieg ihres Anteils am Nationaleinkommen verzeichneten die obersten 0,1 % und die obersten 0,01 %, deren Anteile sich zwischen 1983 und 2014 verfünf- bzw. verzehnfachten von 2 bzw. 0,5 % auf knapp 10 bzw. 5 %. Die Einkommenszuwachsraten an der obersten Spitze waren exorbitant, wie aus **Tabelle 2.9.1** hervorgeht.

Diese Entwicklung deckte sich mit der Dynamik der indischen Vermögensungleichheit, die ebenfalls einen starken Anstieg des Vermögensanteils der oberen 10 % in der jüngeren Zeit aufweist, insbesondere nach 2002.[43] Ein stark ungleiches Einkommenswachstum an der Spitze verstärkt automatisch die Vermögensungleichheit in der Bevölkerung, die ihrerseits die Einkommenskonzentration begünstigt.

Der jüngste Anstieg der Ungleichheit verhält sich spiegelbildlich zum Abbau der Ungleichheit zwischen den 1940er und den 1980er Jahren

Die Wirtschaftspolitik, die der erste indische Ministerpräsident Jawaharlal Nehru nach der Erlangung der Unabhängigkeit verfolgte, trug sozialistische Züge, zeichnete sich durch eine staatliche Wirtschaftslenkung aus und zielte explizit darauf, die Macht der Elite zu beschränken. Zu den Maßnahmen, die er selbst und seine Nachfolger, einschließlich seiner Tochter Indira Gandhi, bis in die 1970er Jahre hinein durchführten, gehörten Verstaatlichungen, eine weitgehende Regulierung des Marktes und eine hohe Steuerprogressivität. Anfang der 1950er Jahre wurden die Eisenbahnen und die Fluggesellschaften nationalisiert, Mitte der 1970er Jahre folgten die Ölindustrie und die Banken, um nur einige Branchen zu nennen. Neben der Umwandlung von privatem in öffentliches Vermögen und der damit verbundenen Reduzierung der Kapitaleinkommen führten die Nationalisierungen auch zur Entwicklung einer Entlohnungsskala, die eine Komprimierung der Lohn- und Gehaltsverteilung zur Folge hatte. Im privaten Sektor wurden die Einkommen durch extrem hohe Steuersätze begrenzt: Zwischen 1965 und 1973 stieg der Grenzsteuersatz für Spitzeneinkommen von 27 % auf knapp 98 %. Durch diese Maßnahmen wurde das Streben an der Spitze der Verteilung nach Erzielung von Kapitalerträgen stark behindert, was als eine effiziente Strategie angesehen werden kann, um einer exzessiven Ballung von Kaufkraft und überzogenem Gewinnstreben entgegenzuwirken. Dies hatte auch gravierende Auswirkungen auf die Einkommensungleichheit, da der Einkommensanteil des obersten 1 % von 21 % vor dem Zweiten Weltkrieg in den 1950er und 1960er Jahren auf 10 bis 12 % sank und Anfang der 1980er Jahre auf 6 % weiter zurückging.

Eine Erinnerung an die Einkommenswachstumsraten des «Shining India»

Wie wirkten sich diese einschneidenden institutionellen und politischen Veränderungen in Bezug auf die Einkommenswachstumsraten der verschiedenen Bevölkerungsgruppen aus? Wie die **Grafiken 2.9.3a** und **b** zeigen, gab es seit den 1950er Jahren deutliche Schwankungen des durchschnittlichen Wachstums des Realeinkommens der verschiedenen Gruppen der Einkommensverteilung. Das jährliche Realeinkommen der unteren 50 % wuchs in den 1960er und 1970er Jahren, als die indische Wirtschaft durch die staatliche Planung bestimmt wurde, schneller als der landesweite Durchschnitt und auch mit einer höheren Rate als das Einkommen der oberen 10 % und des obersten 1 % der Einkommensbezieher. Doch diese Dynamik veränderte sich in den 1980er Jahren grundlegend. Die 1980er Jahre verzeichnen wesentlich höhere durchschnittliche Einkommenswachstumsraten als in den vorhergehenden Jahrzehnten, doch für die unteren 90 % der Bevölkerung war das Einkommenswachstum nur geringfügig stärker. Das Wachstum konzentrierte sich vielmehr bei den oberen 10 % der Einkommensbezieher. Diese Situation hatte von 1980 bis in die 2000er Jahre Bestand. Während der 2000er Jahren belief sich das jährliche reale Einkommenswachstum des obersten 1 % auf knapp 8,5 %, gefolgt von den oberen 10 % mit rund 7 %, während die unteren 50 % lediglich ein Wachstum von weniger als 2,5 % verzeichnen konnten. Der indische Landesdurchschnitt betrug in dieser Dekade 4,5 %.

Grafik 2.9.3a
Das Einkommenswachstum in Indien, 1951–2014;
Gesamtbevölkerung und untere 50 %

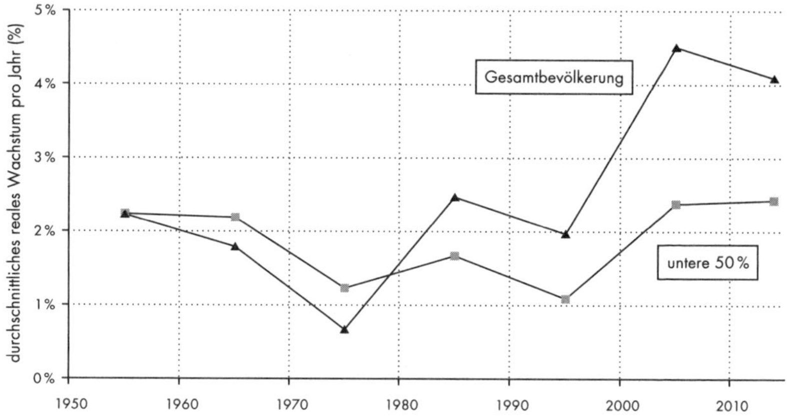

Quelle: Chancel und Piketty (2017). Vgl. wir2018.wid.world für Datenreihen und Anmerkungen.
Ende der 2000er Jahre ist das Durchschnittseinkommen der Gesamtbevölkerung jährlich um 4,5 % gewachsen, während das Durchschnittseinkommen der unteren 50 % jährlich nur um 2,4 % zunahm.

Tabelle 2.9.2 zeigt die Wachstumsrate und den Anteil des Wachstums, der in Indien zwischen 1951 und 1980 auf die verschiedenen Einkommensgruppen entfiel. In dieser Periode war das Einkommenswachstum umso geringer, je höher die betreffende Gruppe in der Einkommensverteilung angesiedelt war. Das reale Einkommen pro Erwachsenem in den Bereichen der unteren 50 % und der mittleren 40 % wuchs schneller als das Durchschnittseinkommen und stieg um 87 bzw. 74 % im Vergleich zu 65 % des Durchschnittseinkommens pro Erwachsenem. Zudem erlebten die Einkommensgruppen der obersten 0,1 %, der obersten 0,01 % und der obersten 0,001 % eine signifikante Verminderung ihrer Realeinkommen, die in diesen 30 Jahren um 26, 42 und 45 % zurückgingen. Auf die Gruppe der unteren 50 % entfielen zwischen 1951 und 1980 28 % des Gesamtwachstums, während die mittleren 40 % knapp die Hälfte des Wachstums auf sich vereinten.

Grafik 2.9.3b
Das Einkommenswachstum in Indien, 1951–2014;
Gesamtbevölkerung, oberste 10 % und oberstes 1 %

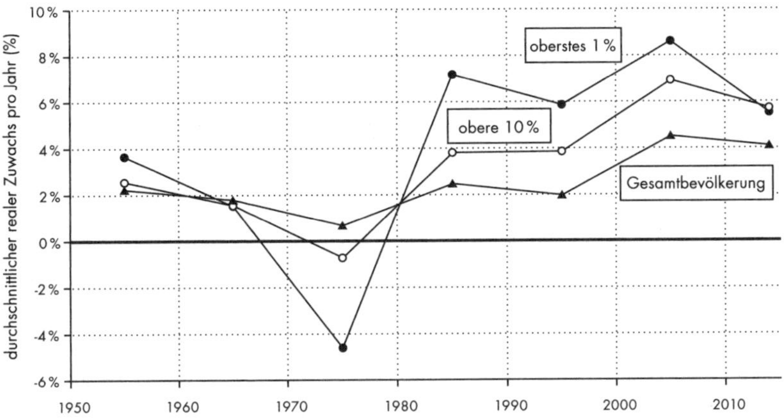

Quelle: Chancel und Piketty (2017). Vgl. wir2018.wid.world für Datenreihen und Anmerkungen.
In den 2000er Jahren ist das Durchschnittseinkommen der Gesamtbevölkerung um durchschnittlich 4,5 % pro Jahr gewachsen, während das Durchschnittseinkommen des obersten 1 % jährlich um durchschnittlich 8,7 % zugenommen hat. Die Werte sind inflationsbereinigt.

Tabelle 2.9.2
Einkommenswachstum und Ungleichheit in Indien, 1951–1980

Einkommensgruppe	**Gesamter realer Einkommenszuwachs pro Erwachsenem**	**Zuwachsanteile nach Einkommensgruppen**
Gesamtbevölkerung	**65 %**	**100 %**
untere 50 %	87 %	28 %
mittlere 40 %	74 %	49 %
obere 10 %	42 %	24 %
oberstes 1 %	5 %	1 %
oberstes 0,1 %	-26 %	-2 %
oberstes 0,01 %	-42 %	-1 %
oberstes 0,001 %	-45 %	-0,4 %

Quelle: Chancel und Piketty (2017). Vgl. wir2018.wid.world für Datenreihen und Anmerkungen.
Zwischen 1951 und 1980 ist das durchschnittliche Einkommen des obersten 1 % in Indien um 5 % gewachsen. Auf das oberste 1 % entfiel in diesem Zeitraum 1 % des Gesamtwachses. Die Werte sind inflationsbereinigt.

Tabelle 2.9.3
Die Verteilung des Nationaleinkommens in Indien, 2014

Einkommens-gruppe	Anzahl der Erwach-senen	Ein-kommens-schwelle (€)	Durch-schnitts-einkommen (€)	Vergleich mit Durch-schnittsein-kommen (Verhältnis)	Ein-kommens-anteil
Gesamt-bevölkerung	794 306 000	–	6200	1	100 %
untere 50 %	397 153 000	–	1900	0,3	15,3 %
mittlere 40 %	317 722 000	3100	4700	0,8	30,5 %
obere 10 %	79 431 000	9200	33 600	5	54,2 %
oberstes 1 %	7 943 000	57 600	134 600	22	21,7 %
oberstes 0,1 %	794 000	202 000	533 700	86	8,6 %
oberstes 0,01 %	79 400	800 100	2 377 000	384	3,8 %
oberstes 0,001 %	7900	3 301 900	11 589 000	1871	1,9 %

Quelle: Chancel und Piketty (2017). Vgl. wir2018.wid.world für Datenreihen und Anmerkungen.
2014 belief sich das Durchschnittseinkommen der oberen 10 % in Indien auf 33 600 € (₹ 779 000). Alle Werte wurden nach Kaufkraftparität (KKP) in Euro von 2016 (Kurs € 1 = $ 1,3 = ₹ 23) umgerechnet. Die KKP berücksichtigt Unterschiede in den Lebenshaltungskosten zwischen den Ländern. Die Werte sind inflationsbereinigt.

Sehr interessant ist der Vergleich der Wachstumsraten von vor 1980 und von nach 1980. Von 1980 bis 2014 stieg das Einkommen der unteren 50 % und der mittleren 40 % um 89 bzw. 93 %. Während das durchschnittliche Einkommenswachstum nach 1980 erheblich höher war, gab es praktisch keinen Unterschied bezüglich der Wachstumsraten der unteren 50 % und der mittleren 40 %. Seit 1980 ist auch auffällig, dass die obersten 0,1 % der Einkommensbezieher einen größeren Teil des Gesamtwachstums auf sich vereinen konnten als die unteren 50 % und die mittleren 40 % (12 % gegenüber 11 % des Gesamtwachstums). Die obersten 0,1 % der Einkommensbezieher repräsentierten 2014 weniger als 800 000 Menschen, das ist eine Bevölkerungsgruppe, die kleiner ist als die Einwohnerschaft des IT-Vororts Gurgaon von Delhi. Das steht in scharfen Kontrast zu den 389 Mio. Menschen, die 2014 die untere

Grafik 2.9.4
Das Gesamteinkommenswachstum nach Perzentilen in Indien, 1980–2014

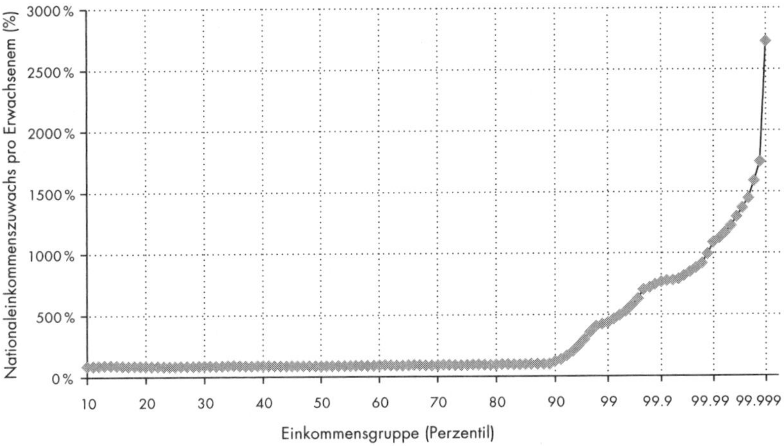

Quelle: Chancel und Piketty (2017). Vgl. wir2018.wid.world für Datenreihen und Anmerkungen.
Zwischen 1980 und 2016 ist das durchschnittliche Einkommen des obersten 0,001 % um 2726 % gewachsen. Die Werte sind inflationsbereinigt.

Hälfte der Bevölkerung ausmachten. Am anderen Ende der Verteilung erzielte das oberste 1 % der indischen Einkommensbezieher ein ebenso starkes Wachstum wie die unteren 84 %.

Tabelle 2.9.3 stellt die Einkommensniveaus und die Einkommensschwellenwerte für die einzelnen Gruppen und ihren jeweiligen Anteil an der erwachsenen Bevölkerung im Jahr 2014 dar. Die unteren 50 % verdienten deutlich weniger als ein Erwachsener im Durchschnitt und erzielten weniger als ein Drittel des landesweiten Vorsteuerdurchschnittseinkommens, während das Einkommen der mittleren 40 % rund vier Fünftel des nationalen Durchschnitts erreichte. Die Angehörigen der oberen 10 % verdienten fünfmal so viel wie der nationale Durchschnitt, und auch in den höheren Rängen der Einkommensverteilung zeigt sich der gleiche exponentielle Trend in der Wachstumsstatistik. Das oberste 1 % der Einkommensbezieher zum Beispiel verdiente durchschnittlich rund 134 600 Euro (3,12 Mio. Rupien) im Jahr, während die obersten 0,1 % rund 533 700 Euro (12,4 Mio. Rupien) erhielten, das 22-Fache bzw. 86-Fache des durchschnittlichen Einkommens indischer Erwachsener. Für die obersten 0,001 % beläuft sich dieses Verhältnis auf das 1871-Fache (vgl. **Grafik 2.9.4**).

10. Einkommensungleichheit im Nahen Osten

Die Informationen in diesem Kapitel stützen sich auf «Measuring Inequality in the Middle East, 1990–2016: The World's Most Unequal Region?» von Facundo Alvaredo, Lydia Assouad und Thomas Piketty, 2017. WID.world Working Paper Series (Nr. 2017/16).

- Der Nahe Osten ist die Region der Welt mit der größten Ungleichheit; im Jahr 2016 vereinten die oberen 10 % und das oberen 1 % mehr als 60 bzw. 25 % des Gesamteinkommens der Region auf sich. Das Ausmaß der Ungleichheit verharrte im gesamten Zeitraum von 1990 bis 2016 auf einem extrem hohen Niveau; der Einkommensanteil der oberen 10 % bewegte sich zwischen 60 und 65 %, während der Anteil der unteren 50 % beständig unter 10 % lag. Dieses Maß an Ungleichheit ist nur annähernd vergleichbar mit dem Grad der Ungleichheit in Brasilien und Südafrika.
- Der hohe Grad der Einkommenskonzentration ist auf das hohe Maß an Ungleichheit zwischen den Ländern zurückzuführen, insbesondere zwischen ölreichen und bevölkerungsreichen Ländern, es ist aber auch das Ergebnis einer stark ausgeprägten Ungleichheit innerhalb der Länder.
- Die Ungleichheit zwischen den Ländern erklärt sich zum großen Teil durch die Geografie der Ölvorkommen und der Umwandlung der Erlöse aus dem Ölverkauf in dauerhafte finanzielle Einnahmequellen. Das Einkommen der ölreichen Golfstaaten machte im Jahr 2016 42 % des regionalen Gesamteinkommens aus, obwohl diese Länder nur einen kleinen Teil der Bevölkerung dieser Region repräsentieren (15 % im Jahr 2016). Daher ergibt sich bezüglich des Nationaleinkommens pro Erwachsenem eine extrem große Kluft zwischen den Golfstaaten und den übrigen Ländern.
- Neuere Forschungsergebnisse zeigen überdies, dass die Ungleichheit innerhalb der Länder wesentlich ausgeprägter ist als bislang vermu-

tet. Doch aufgrund des Mangels an zuverlässigen Daten sind auch diese Schätzungen vermutlich noch deutlich untertrieben. Dieses Problem betrifft besonders die Golfstaaten, in denen die niedrigen offiziellen Angaben zur Ungleichheit im Gegensatz zu wichtigen Aspekten ihrer Volkswirtschaften stehen, insbesondere dem wachsenden Bevölkerungsanteil gering bezahlter ausländischer Arbeitskräfte.

Die Forderungen das «Arabischen Frühlings» nach mehr sozialer Gerechtigkeit haben die Wissenschaftler veranlasst, die Ungleichheit im Nahen Osten noch einmal zu untersuchen

Die Proteste und Aufstände des «Arabischen Frühlings» haben das Interesse an der Untersuchung der Ungleichheit im Nahen Osten erneut geweckt, da die Forderung nach mehr sozialer Gerechtigkeit eines der zentralen Anliegen der Demonstranten war. Aus vorhandenen Studien ergibt sich jedoch die Schlussfolgerung, dass die Einkommensungleichheit in diesen Ländern nach internationalen Maßstäben nicht besonders ausgeprägt sei und dass die Ursache der Unzufriedenheit daher woanders zu suchen sein müsse. Diese in gewisser Weise überraschende Tatsache, die auch als «Rätsel der Ungleichheit»[44] oder als «Arabisches Ungleichheitsrätsel» bezeichnet wird,[45] hat dazu geführt, dass vermehrt Untersuchungen über die Ungleichheit in der Region angestellt wurden.

Zu der Literatur, die sich dieser überraschenden Erkenntnisse angenommen hat, gehört auch die vor Kurzem erschienene Arbeit von Facundo Avaredo, Lydia Assouad und Thomas Piketty. Die Autoren vertreten die Ansicht, dass die Ergebnisse der früheren Studien, die allein auf Haushaltsbefragungen beruhten, den Grad der Ungleichheit stark unterschätzt haben, und legen neue Schätzungen vor, die sich ausschließlich auf fiskalische Daten aus der Region stützen, die in jüngerer Zeit veröffentlicht wurden.

In keiner Region der Welt ist die Ungleichheit stärker ausgeprägt als im Nahen Osten

Die Einkommensungleichheit im Nahen Osten verharrte während der gesamten Periode von 1990 bis 2016 auf extrem hohem Niveau: Der Einkommensanteil der oberen 10 % belief sich auf 60 bis 66 % des Gesamteinkommens, während sich der Anteil der unteren 50 % und der mittleren 40 % zwischen 8 bis 10 % bzw. zwischen 27 bis 30 % des gesamten Nationaleinkommens bewegte. Das regionale Einkommen konzentrierte sich zum großen Teil auf das oberste 1 % der erwachsenen Bevölkerung, dessen Anteil am Gesamteinkommen 27 % ausmachte, dreimal so viel, wie auf die unteren 50 % entfiel, und ungefähr halb so viel, wie die mittleren 40 % der Bevölkerung erzielten. Die Ungleichheit ist somit im Nahen Osten höher als in jeder anderen Weltregion (vgl. **Grafik 2.10.1**).

Die Entwicklung der Ungleichheit im Nahen Osten mit der Situation in anderen Ländern zu vergleichen ist legitim und aufschlussreich – zumindest ähnlich informativ wie die herkömmlichen Vergleiche der Ungleichheit zwischen Nationalstaaten. In Bezug auf die Bevölkerungsgröße ist diese Region im Jahr 2016 mit 410 Mio. Einwohnern vergleichbar mit Westeuropa (420 Mio.) und den USA (320 Mio.), und sie ist durch ein relativ hohes Maß an kultureller, sprachlicher und religiöser Homogenität gekennzeichnet. Die Autoren der Studie haben festgestellt, dass der Einkommensanteil, der im Nahen Osten auf die oberen 10 % entfällt, erheblich größer ist als in den großen reichen Ländern Westeuropas (36 %) und in den USA (47 %), aber auch höher als in Brasilien (55 %), einem Land, das häufig als das Land der Welt mit der höchsten Ungleichheit bezeichnet wird. Das einzige Land, in dem gegenwärtig ein größeres Maß an Ungleichheit besteht, ist Südafrika, dessen obere 10 % im Jahr 2012 ungefähr 65 % des Nationaleinkommens erhielten (vgl. **Grafik 2.10.2**).

Diese Resultate widersprechen zwar den Ergebnissen der vorerwähnten Studien, sie beruhen jedoch auf soliden Schätzmethoden. Wenn man die Einkommensverteilung anhand der Zahlen zur Kaufkraftparität berechnet, die den unterschiedlichen Lebensstandard in den einzelnen

Grafik 2.10.1
Die Ungleichheit im Nahen Osten, in Westeuropa und in den USA, 2012–2016

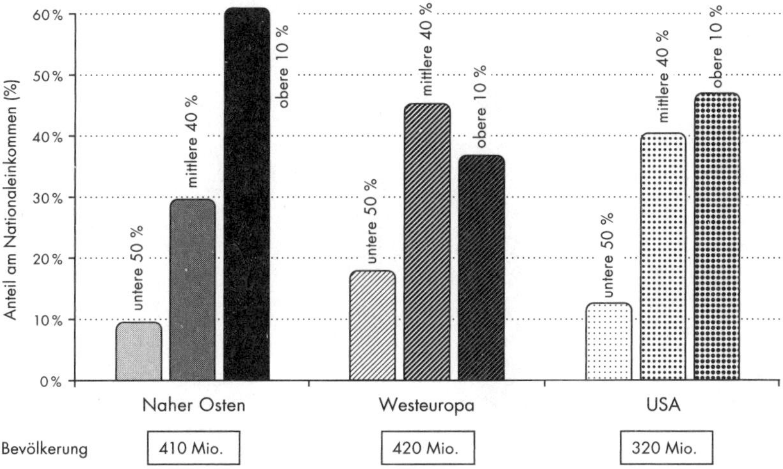

Quelle: Alvaredo, Assouad und Piketty (2017). Vgl. wir2018.wid.world für Datenreihen und Anmerkungen.
Zwischen 2012 und 2016 (letztes verfügbares Jahr) belief sich der Einkommensanteil der oberen 10 % im Nahen Osten auf 61 %.

Ländern widerspiegelt, sinkt der Grad der Ungleichheit, wenngleich nicht in signifikantem Ausmaß. Auch die Veränderung der geografischen Definition des Nahen Ostens hat nur eine relativ geringe Auswirkung auf die Ungleichheit: Schließt man die Türkei aus der Untersuchung aus, ein Land, in dem das Durchschnittseinkommen zwischen jenem der ärmsten Länder – Ägypten, Irak, Syrien, Jemen etc. – und der ölreichen Golfstaaten liegt, steigt die Ungleichheit erwartungsgemäß, allerdings nur in geringem Ausmaß.

Doch die Ursprünge der Ungleichheit sind in diesen Ländergruppen unterschiedlich. Im Fall des Nahen Ostens beruhen sie auf der Geografie der Verfügung über Ölvorkommen und deren Umwandlung in dauerhafte finanzielle Einkommensquellen, wie wir unten sehen werden. In Brasilien spielt das Erbe der rassischen Ungleichheit nach wie vor eine wichtige Rolle neben starken regionalen Ausprägungen der Ungleichheit (vgl. Kapitel 2.11). Die extreme Ungleichheit in Südafrika ist eng mit den Hinterlassenschaften des Apartheidsystems verbunden (vgl. Kapi-

Grafik 2.10.2
Der Einkommensanteil der oberen 10 %
im Nahen Osten und in anderen Ländern, 2012–2016

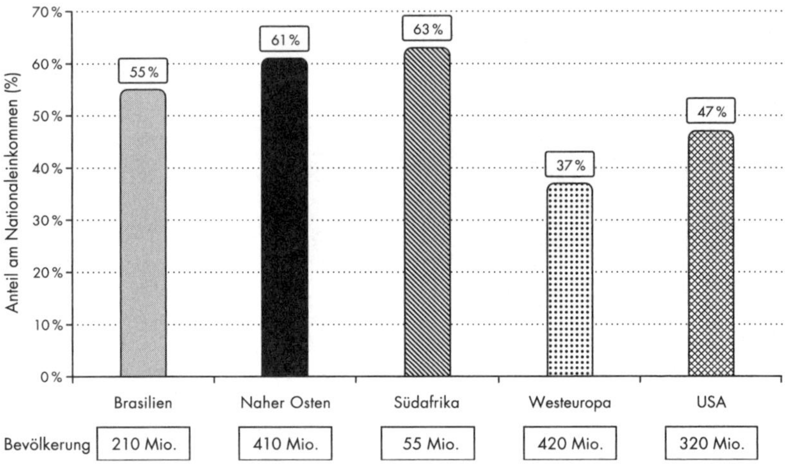

Quelle: Alvaredo, Assouad und Piketty (2017). Vgl. wir2018.wid.world für Datenreihen und Anmerkungen.
Zwischen 2012 und 2016 (letztes verfügbares Jahr) belief sich der Einkommensanteil der oberen 10 % im Nahen Osten auf 61 %.

tel 2.12). Es ist auffällig, dass die Ungleichheit im Nahen Osten trotz der hier wesentlich stärkeren rassischen und ethnokulturellen Homogenität ein vergleichbares oder sogar höheres Niveau erreicht hat als in Südafrika oder Brasilien.

Die extreme Ungleichheit im Nahen Osten wird durch die enorme und dauerhafte Ungleichheit zwischen den Ländern vorangetrieben

Im Zeitraum von 1990 bis 2016 verzeichnete der Nahe Osten ein rasches und kräftiges Bevölkerungswachstum: Die Gesamtbevölkerung der Region stieg um rund 70 % von 240 Mio. im Jahr 1990 auf knapp 410 Mio. im Jahr 2016. Der Anstieg des Durchschnittseinkommens fiel dagegen wesentlich moderater aus. Auf der Grundlage kaufkraftbezo-

Grafik 2.10.3
Das Durchschnittseinkommen im Nahen Osten und in Westeuropa, 1990–2016

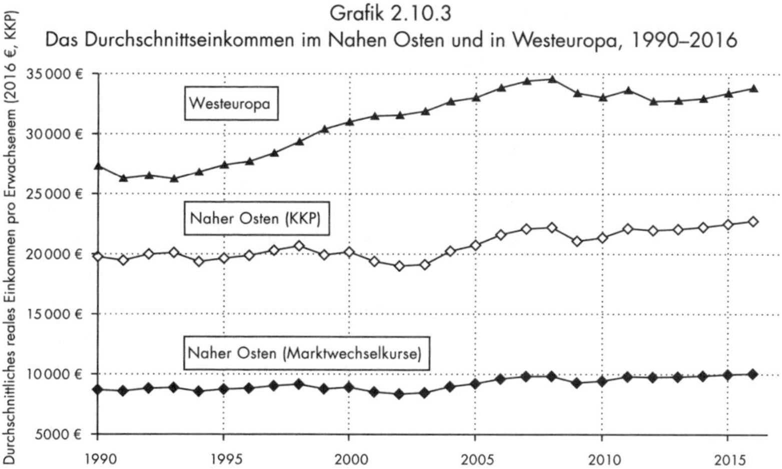

Quelle: Alvaredo, Assouad und Piketty (2017). Vgl. wir2018.wid.world für Datenreihen und Anmerkungen.
2016 betrug das durchschnittliche Nationaleinkommen pro Erwachsenem im Nahen Osten 22 800 € nach Kaufkraftparität (KKP) bzw. 10 060 € nach Marktwechselkursen. Alle Werte wurden nach KKP in Euro von 2016 (Kurs € 1 = $ 1,3) umgerechnet. Die KKP berücksichtigt Unterschiede in den Lebenshaltungskosten zwischen den Ländern. Die Werte sind inflationsbereinigt.

gener Schätzungen (ausgedrückt in Euro von 2016) stieg das jährliche Nationaleinkommen pro Erwachsenem von rund 20 000 Euro im Jahr 1990 auf 23 000 Euro im Jahr 2016, das heißt um rund 15 %. Nach Marktwechselkursen berechnet, stieg das jährliche Nationaleinkommen pro Erwachsenem von weniger als 9000 Euro im Jahr 1990 auf rund 10 000 Euro im Jahr 2016 (vgl. **Grafik 2.10.3**). In Westeuropa – einer Region mit relativ geringem Einkommenswachstum im weltweiten Vergleich – verzeichnete man einen Einkommensanstieg pro Erwachsenem um 22 %.

Sollte man die Ungleichheit im Nahen Osten anhand der Kaufkraftparität oder nach Marktwechselkursen messen? Beide Methoden liefern wertvolle und sich ergänzende Erkenntnisse über die internationalen Ungleichheitsmuster. Die Methode der Kaufkraftparität sollte zweifellos bevorzugt werden, wenn man sich für den Lebensstandard der Menschen interessiert, die in den einzelnen Ländern leben, arbeiten und ihr Geld ausgeben (was die meisten Einwohner eines Landes betrifft). Die Messung nach Marktwechselkursen ist sinnvoller und aussagekräftiger, wenn man externe ökonomische Beziehungen untersuchen möchte: wie teuer zum Beispiel Touristen und Besuchern aus Europa oder den Golfstaaten Güter und Dienstleistungen kommen, wenn sie in andere Länder reisen, oder in welchem Umfang Migranten oder künftige Migranten etwa aus Ägypten oder Syrien ihr in Europa verdientes Geld nach Hause überweisen. Hier spielen Marktwechselkurse eine wichtige Rolle und haben vermutlich auch eine starke Auswirkung auf die Wahrnehmung der Realität. Deshalb werden die Marktwechselkurse als Maßstab zur Erfassung der Ungleichheit im Nahen Osten herangezogen.

Tabelle 2.10.1
Bevölkerung und Einkommen im Nahen Osten, 2016

	Bevölkerung (Mio.)	**erwachsene Bevölkerung** (Mio.)	**erwachsene Bevölkerung** (in % Gesamtbevölkerung NO)	**Nationaleinkommen** (Mrd. 2016 €, KKP)	**% Gesamteinkommen NO** (KKP)	**Nationaleinkommen** (Mrd. 2016 €, Marktpreise)	**% Gesamteinkommen NO** (Marktpreise)
Türkei	80	53	21 %	1073	19 %	548	22 %
Iran	80	56	22 %	896	16 %	330	13 %
Ägypten	93	54	22 %	800	14 %	234	9 %
Irak/Syrien/ Weitere (keine Golfstaaten)	102	52	21 %	570	10 %	243	10 %
Golfstaaten	54	37	15 %	2394	42 %	1179	47 %
gesamter Naher Osten	409	252	100 %	5733	100 %	2534	100 %

Quelle: Alvaredo, Assouad und Piketty (2017). Vgl. wir2018.wid.world für Datenreihen und Anmerkungen.
2016 verzeichneten die Golfstaaten ein Einkommen von 2,4 Mrd. € nach Kaufkraftparität (KKP). Alle Werte wurden in Euro 2016 umgerechnet nach KKP (Kurs € 1 = $ 1,3) und nach Marktwechselkursen (€ 1 = $ 1,1). Die KKP berücksichtigt Unterschiede in den Lebenshaltungskosten zwischen den Ländern. Die Werte sind inflationsbereinigt. Wegen Auf- oder Abrundung ergeben die Werte nicht immer 100 %.

Es ist wichtig zu betonen, dass hinter den Durchschnittswerten für den Nahen Osten eine ausgeprägte und dauerhafte Ungleichheit zwischen den Ländern besteht. Um die Veränderung der Bevölkerung und der Einkommensstrukturen im Nahen Osten zu untersuchen, ist es hilfreich, die Region in fünf Blöcke zu untergliedern: die Türkei, Iran, Ägypten, Irak/Syrien (einschließlich anderer arabischer Länder wie Jordanien, Libanon, Palästina und Jemen) und die Golfstaaten (einschließlich Saudi-Arabien, Oman, Bahrain, VAE, Katar und Kuwait) (vgl. **Tabelle 2.10.1**).

Die ersten vier Blöcke repräsentieren ungefähr 20 bis 25 % der Gesamtbevölkerung des Nahen Ostens, während auf die Golfstaaten 15 % der Bevölkerung entfallen. Im Gegensatz dazu vertreten die Golfstaaten aber fast die Hälfte des Gesamteinkommens der Region nach Marktwechselkursen. Dies spiegelt den enormen Unterschied des Einkommens pro Erwachsenem zwischen den Golfstaaten und den übrigen Ländern der Region wider. Diese ausgeprägten Unterschiede können auch hilfreich sein, um zu verstehen, warum die neueren Ungleichheitsschätzungen zum Nahen Osten nicht völlig überraschend sind.

Die Entwicklung der Einkommensungleichheit im Nahen Osten wird durch die Dynamik der Ungleichheit zwischen den Ländern vorangetrieben. Im Jahr 1990 stellten die Golfstaaten 10 % der Bevölkerung des Nahen Ostens, und ihr Einkommensanteil lag bei 44 % (nach Kaufkraftparität) bzw. 48 % (nach Marktwechselkursen). Durch die Verringerung des Unterschieds des Einkommens pro Erwachsenem zwischen den Golfstaaten und den anderen vier genannten Länderblöcken reduzierte sich die regionale Ungleichheit im Zeitraum von 1990 bis 2016. Dennoch besteht weiter eine große Einkommenskluft zwischen den beiden Ländergruppen.

Die Verringerung der Einkommensunterschiede zwischen den Golfstaaten und den übrigen Ländern des Nahen Ostens ist auf eine Reihe komplexer und auch widersprüchlicher Faktoren zurückzuführen. Zum Teil war dafür die Entwicklung der Ölpreise und der Ölfördermengen in den Golfländern verantwortlich ebenso wie auch das relativ rasche Wachstum der Fördermenge der anderen Länder einschließlich der Türkei. Aber auch die starke Zunahme der Zahl der Arbeitsmigranten spielte eine wichtige Rolle, denn sie führte zu einer künstlichen Verringerung des Nationaleinkommens pro Erwachsenem in den Golfstaaten. Der starke Zustrom ausländischer Arbeitskräfte, vor allem in die Bauwirtschaft und den Dienstleistungssektor, hatte schlicht in den Golfstaaten einen stärkeren Anstieg des Bevölkerungsnenners als des Einkommenszählers zur Folge. Durch den starken Zustrom von Arbeitsmigranten erhöhte sich der Anteil von Ausländern an der Bevölkerung der Golfstaaten von knapp 50 % im Jahr 1990 auf fast 60 % im Jahr 2016.

Aus diesem Blickwinkel betrachtet, ist es auch sinnvoll, zwischen zwei Gruppen von Golfstaaten zu unterscheiden. Die erste Gruppe besteht aus Saudi-Arabien, Oman und Bahrain, wo die Einheimischen nach wie vor die Bevölkerungsmehrheit bilden und der Ausländeranteil an der erwachsenen Bevölkerung im Zeitraum von 1990 bis 2016 relativ stabil bei 40 bis 45 % lag. Die zweite Gruppe setzt sich aus den Vereinigten Arabischen Emiraten (VAE), Kuwait und Katar zusammen, wo die Einheimischen einen zunehmend kleineren Anteil an der Bevölkerung stellen und der Ausländeranteil von 80 auf 90 % gestiegen ist. Die zweite Ländergruppe machte 1990 ungefähr ein Viertel der Gesamtbevölkerung der Golfstaaten aus, dieser Anteil stieg jedoch bis 2016 auf rund ein Drittel.

Auch die Ungleichheit innerhalb der Länder ist im Nahen Osten hoch

Für den Nahen Osten sind bedauerlicherweise kaum Einkommensteuerdaten verfügbar, was eine detaillierte und genaue Analyse der Ungleichheit innerhalb der Länder erschwert. Der Libanon ist das einzige Land, für das gegenwärtig Daten vorliegen, da in Haushaltsbefragungen im Nahen Osten die Spitzeneinkommen wahrscheinlich mindestens ebenso stark wie in anderen Ländern (und vielleicht noch gravierender) unterschätzt werden. Die libanesischen Daten bestätigen das allgemeine Ergebnis, dass die Topeinkommen, die in den Steuerdaten erfasst sind, wesentlich höher liegen, als aus den Haushaltsbefragungen hervorgeht: Die Einkommen des obersten 1 % sind gewöhnlich um das Zwei- bis Dreifache höher, wobei es erhebliche Schwankungen zwischen den einzelnen Einkommensniveaus und über die Jahre hinweg gibt.

Der Mangel an verlässlichen Daten ist besonders schmerzlich im Hinblick auf die Golfstaaten, wo der niedrige Gini-Koeffizient wahrscheinlich wichtige Aspekte der einzelnen Volkswirtschaften verdeckt, insbesondere den wachsenden Anteil der nichteinheimischen Bevölkerung, die zum großen Teil aus niedrig bezahlten Arbeitskräften besteht, die in prekären Verhältnissen leben. Der verstärkte Zuzug von Arbeitsmigranten in die Golfstaaten veranlasste die Einheimischen, ihre zahlreichen Privilegien zu verteidigen, was sich auch in der Ablehnung von Einbürgerungen äußert, da Staatsbürger in diesen Ländern in der Regel keine Einkommensteuer zahlen müssen, in den Genuss hoher Sozialleistungen wie kostenloser Gesundheitsversorgung und kostenloser Schulbildung kommen, Unterstützung bei Strom und Treibstoff erhalten und oft auch noch weitere Vorteile genießen wie etwa bei Landzuteilungen. Darüber hinaus erwarten viele Bürger, dass der Staat ihnen einen Arbeitsplatz und eine Wohnung bietet, eine Vorstellung, die auch in den Verfassungen einiger Golfstaaten verankert ist[46] (vgl. **Grafik 2.10.4**).

Am deutlichsten allerdings zeigt sich der Unterschied zwischen der einheimischen und der zugewanderten Bevölkerung in den Restriktionen, die Arbeitsmigranten durch das «Bürgschaftssystem» oder «Kafala-System», wie es auf Arabisch heißt, auferlegt werden.[47] Diesem System zufolge benötigen alle ungelernten Arbeitskräfte einen einheimischen Bürgen, üblicherweise ist es ihr Arbeitgeber, der für ihre Visumsbeschaffung und ihren rechtlichen Status verantwortlich ist.[48] Wie in einem Bericht der Denkfabrik Chatham House beschrieben wird, kann dieses System zur Entwicklung einer stark polarisierten Sozialstruktur führen, in der sich schließlich zwei Gruppen gegenüberstehen, die rechtlich, gesellschaftlich und wirtschaftlich nicht gleichberechtigt sind.[49] Soweit bekannt, wurden aufgrund der erwähnten schwierigen Datenlage bislang noch keine Untersuchungen über diese zwei Bevölkerungsgruppen durchgeführt, um die Einkommensungleichheit in den Gesellschaften der Golfländer zu erfassen; daher ist unser quantitatives Wissen über diese Zusammenhänge noch sehr begrenzt. Alvaredo, Assoud und Piketty sind die ersten Forscher, die systematisch zwischen diesen beiden Bevölkerungsgruppen unterscheiden (was zu einer deutlichen Aufwärtsrevision der auf Erhebungsdaten beruhenden Ungleichheitsschätzungen führt). Bedauerlicherweise unterliegt die empirische Forschung zu dieser Thematik noch immer starken Einschränkungen.

Für den Nahen Osten werden dringend bessere Daten über Einkommensungleichheit benötigt

Wenn qualitativ bessere und umfangreichere Daten über die länderbezogene Ungleichheit im Nahen Osten für den Zeitraum von 1990 bis 2016 verfügbar werden, könnten möglicherweise andere Schlussfolgerungen gezogen werden als die hier in diesem Bericht vorgelegten. So könnte möglicherweise ein Anstieg der Ungleichheit innerhalb der Länder die Verminderung der Ungleichheit zwischen den Ländern der Golfregion kompensieren. Der Trend zu wachsender Ungleichheit innerhalb der Länder ist in vielen unterschiedlichen Ländern der Welt festzustellen, vor allem in den USA, in Europa, Indien, China, Südafrika und Russland, wobei sich die Größenordnungen unterscheiden, wie in den anderen Kapiteln dieses Berichts dargestellt wird. Vielleicht müssen die Länder des Nahen Ostens – neben Brasilien – auch in eine andere Kategorie eingeordnet werden, nämlich in die Reihe jener Länder, in denen die Ungleichheit historisch schon immer sehr hoch war und deshalb in den letzten Jahrzehnten nicht gestiegen ist. Es ist nicht möglich, hinreichend präzise Schlussfolgerungen über dieses Phänomen zu ziehen.

Generell ist es schwierig, eine informierte Debatte über die Entwicklungstendenzen der Ungleichheit zu führen – wie auch über viele andere wichtige politische Fragen wie Steuern und Staatsausgaben –, wenn entsprechende Daten nicht in ausreichendem Umfang verfügbar sind. Wenngleich der Mangel an Transparenz bezüglich Einkommen und Vermögen in vielen, wenn nicht den meisten Teilen der Welt ein wichtiges Thema ist, erscheint dieses Problem in Bezug auf den Nahen Osten besonders gravierend und wirft auch die Frage nach der demokratischen Verantwortlichkeit auf, unabhängig vom jeweiligen Ausmaß der Ungleichheit.

Grafik 2.10.4
Der Ausländeranteil in den Golfstaaten, 1990–2015

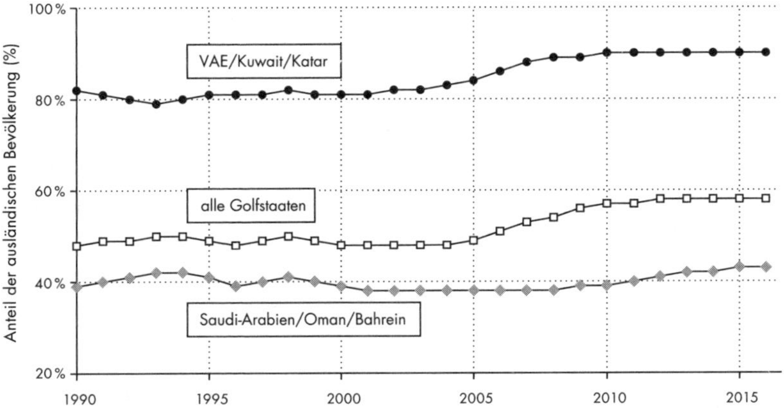

Quelle: Alvaredo, Assouad und Piketty (2017). Vgl. wir2018.wid.world für Datenreihen und Anmerkungen.
2015 belief sich der Anteil der ausländischen Bevölkerung in den Vereinigten Arabischen Emiraten, Kuwait und Katar auf 90 %.

11. Einkommensungleichheit in Brasilien

Die Informationen in diesem Kapitel stützen sich auf «Extreme and Persistent Inequality: New Evidence for Brazil Combining National Accounts, Survey and Fiscal Data» von Marc Morgan, 2017. WID. world Working Paper Series (Nr. 2017/12).

- Neuere und präzisere Daten belegen, dass die Einkommensungleichheit in Brasilien wesentlich größer ist als bislang angenommen.
- Die früheren Ungleichheitsschätzungen gehen von der Annahme aus, dass politische Maßnahmen, die in den vergangenen Jahrzehnten gegen die Ungleichheit ergriffen wurden, erfolgreich waren und die Ungleichverteilung dadurch deutlich vermindert worden wäre, neuere Daten zeigen dagegen, dass die ungleiche Verteilung des Nationaleinkommens in den vergangenen 15 Jahren beständig auf hohem Niveau verharrte. Doch die neuen Schätzungen bestätigen, dass die

Ungleichheit des Arbeitseinkommens zurückgegangen ist, wenn auch geringfügiger als bisher vermutet.

- Die Einkommensverteilung in Brasilien ist in den vergangenen 15 Jahren stabil geblieben und weist einen extremen Grad an Ungleichheit auf. Auf die oberen 10 % entfielen im Jahr 2015 mehr als 55 % des Gesamteinkommens, während der Anteil der unteren 50 % der Einkommensbezieher nur etwas mehr als 12 % und jener der mittleren 40 % annähernd 32 % betrug. Während die Ungleichheit innerhalb der unteren 90 % im Gefolge der Komprimierung der Arbeitseinkommen zurückging, nahm die Konzentration an der Spitze der Verteilung in diesem Zeitraum zu, worin sich die wachsende Konzentration der Kapitaleinkommen widerspiegelt.
- Seit der globalen Finanzkrise 2008 ist der Einkommenszuwachs, der auf die oberen 10 % der Einkommensbezieher entfällt, auf demselben Niveau geblieben wie in den Jahren des starken Wachstums davor.
- Auf die unteren 50 % entfiel zwischen 2001 und 2015 nur ein sehr kleiner Teil des Gesamtwachstums. Transferzahlungen hatten bislang nur eine begrenzte Auswirkung auf die Verminderung der Einkommensungleichheit.

Die Ungleichheit in Brasilien ist größer als bislang geschätzt und in den letzten beiden Jahrzehnten relativ stabil geblieben

Brasilien zählte schon immer zu den Ländern der Welt mit der höchsten Ungleichheit, seit in den 1980er Jahren entsprechende Daten verfügbar wurden. Doch ab Mitte der 1980er Jahre ergaben Haushaltsbefragungen, dass die Ungleichheit allmählich etwas zurückging aufgrund einer guten Arbeitsmarktentwicklung, des Abbaus von Lohnzuschlägen für Qualifizierte im Zuge der Expansion des Bildungswesens, einer systematischen Anhebung des Mindestlohns (der an die Sozialleistungen gekoppelt wurde) und einer weiteren Ausdehnung der Sozialhilfeprogramme.[50] Diese Erhebungsdaten lieferten Belege dafür, dass die staatlichen Programme erfolgreich waren und zu einer Reduzierung der Ungleichheit beigetragen hatten. Die deutliche Verminderung der Einkommensungleichheit in Brasilien fand auch internationale Aufmerksamkeit, weil es nur wenige Beispiele dafür gibt, dass auch große Volkswirtschaften die Ungleichheit wirksam vermindern und gleichzeitig ein solides Wachstum erzielen können.[51]

Wie jedoch bereits erwähnt, sind Haushaltserhebungen nur begrenzt aussagekräftig. Jüngere Steuerdaten der nationalen Steuerbehörde zeigen, dass die Ungleichheit in Brasilien höher ist, als man dachte.[52] Marc Morgan hat eine Reihe von Berichten über die nationale Einkommensverteilung in Brasilien erstellt, in denen Haushaltserhebungsdaten mit detaillierten Angaben aus Einkommensteuererklärungen und nationalen Berichten verbunden werden. Durch die Abstimmung der Daten aus den Erhebungen und den fiskalischen Unterlagen mit makroökonomischen Daten ist er in der Lage, eine repräsentative Statistik über die Einkommensungleichheit vorzulegen, aus der hervorgeht, dass die offiziellen Ungleichheitsschätzungen für Brasilien deutlich nach oben revidiert werden müssen. Diese neueren Daten weisen auch darauf hin, dass die Vorsteuerungleichheit im Unterschied zu anderen Schwellenländern wie Russland, Indien oder China, in Brasilien seit der Jahrhundertwende relativ stabil geblieben ist und nicht so stark zurückgegangen ist, wie viele Kommentatoren behaupteten.

Die allgemeine Einkommensungleichheit verharrt in Brasilien auf einem sehr hohen Niveau, wenngleich die Ungleichheit der Arbeitseinkommen zurückgeht

Diese Erkenntnisse unterstreichen den hohen Grad der Einkommenskonzentration in Brasilien. Die reichsten 10 % der Erwachsenen – rund 14 Mio. Menschen – erhielten im Jahr 2015 mehr als die Hälfte (55 %) des Nationaleinkommens, während die untere Hälfte der Bevölkerung, eine fünfmal so große Gruppe, zwischen vier- und fünfmal weniger verdiente und nur 12 % des Nationaleinkommens auf sich vereinte. Auf die mittleren 40 % der Verteilung entfällt nur knapp ein Drittel des Gesamteinkommens (32 %), eine relativ niedrige Zahl nach internationalen Maßstäben. Dies zeigt deutlich, dass die Ungleichheit in Brasilien maßgeblich durch die extreme Konzentration an der Spitze der Vertei-

Grafik 2.11.1
Die Einkommensanteile der unteren 50 %
und der oberen 10 % in Brasilien, 2015

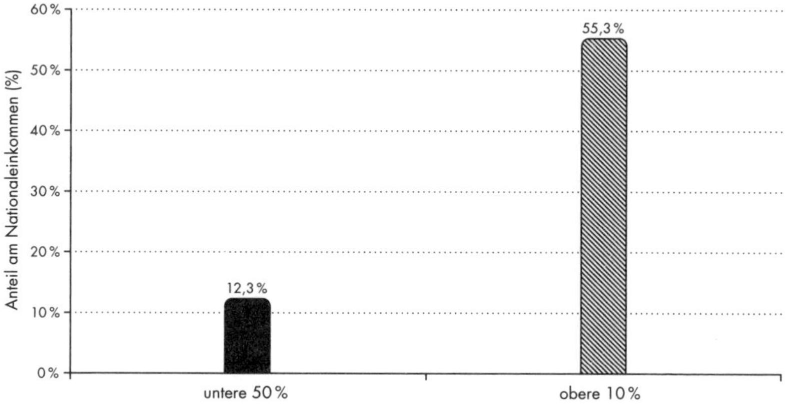

Quelle: Morgan (2017). Vgl. wir2018.wid.world für Datenreihen und Anmerkungen. 2015 betrug der Anteil der oberen 10 % am Nationaleinkommen 55 %.

lung beeinflusst wird. Diese Konzentration erscheint jedoch weniger extrem, wenn man sich die Verteilung des Arbeitseinkommens ansieht. Auf die obersten 10 % der Einkommensbezieher entfielen im Jahr 2015 44 % des gesamten nationalen Arbeitseinkommens, während die mittleren 40 % auf knapp 40 % und die unteren 50 % der Verteilung auf 15 % kamen (vgl. **Grafik 2.11.1**).

Seit dem Jahr 2000 ist die allgemeine Einkommensungleichheit relativ unverändert geblieben. Die unteren 50 % erzielten eine kleine Verbesserung und steigerten ihren Anteil am Nationaleinkommen im Zeitraum von 2001 bis 2015 von 11 auf 12 %, während sich der Anteil der oberen 10 % in dieser Periode von 54 % auf etwas mehr als 55 % erhöhte. Diese Zuwächse gingen auf Kosten der mittleren 40 %, deren Anteil am Nationaleinkommen von 34 auf rund 32 % sank. Die Stabilität der allgemeinen Einkommensungleichheit sollte jedoch nicht den Blick verstellen auf eine nennenswerte Reduzierung der Ungleichheit der Arbeitseinkommen. Die unteren 50 % der Einkommensbezieher erzielten in diesem Bereich größere Zuwächse und steigerten ihren Anteil von 2001 bis 2015 von 12 auf 15 %, während der Anteil des Arbeitseinkommens der oberen 10 % von 47 auf 44 % fiel. Der Anteil der mittleren 40 % erhöhte sich von 37 auf knapp 40 %, was die allgemeine Komprimierung der Verteilung der Arbeitseinkommen bestätigt und die Bedeutung der Kapitaleinkünfte für die gesamte Einkommensverteilung unterstreicht. Dies wird umso deutlicher, je höher die untersuchten Segmente in der Hierarchie angesiedelt sind. Während zum Beispiel auf das oberste 1 % der Bezieher von Arbeitseinkommen im Jahr 2015 14 % des nationalen Arbeitseinkommens entfielen, war der Anteil dieser Gruppe in der gesamten Einkommensverteilung doppelt so hoch (28 %).

Tabelle 2.11.1
Die Verteilung des Nationaleinkommens in Brasilien, 2015

Einkommensgruppe	Anzahl der Erwachsenen	Einkommensschwelle (€)	Durchschnittseinkommen (€)	Einkommensanteil
Gesamtbevölkerung	142 521 000	–	13 900	100 %
untere 50 %	71 260 000	–	3400	12,3 %
mittlere 40 %	57 008 000	6600	11 300	32,4 %
obere 10 %	14 252 000	22 500	76 900	55,3 %
oberstes 1 %	1 425 000	111 400	387 000	27,8 %
oberstes 0,1 %	142 500	572 500	2 003 500	14,4 %
oberstes 0,01 %	14 300	2 970 000	10 397 600	7,5 %
oberstes 0,001 %	1430	15 400 000	53 986 200	3,9 %

Quelle: Morgan (2017). Vgl. wir2018.wid.world für Datenreihen und Anmerkungen. 2015 betrug das durchschnittliche Einkommen der oberen 10 % in Brasilien 76 900 €. Alle Werte wurden nach Kaufkraftparität (KKP) in Euro von 2016 (Kurs € 1 = $ 1,3 = R$ 2,7) umgerechnet. Die KKP berücksichtigt Unterschiede in den Lebenshaltungskosten zwischen den Ländern. Die Werte sind inflationsbereinigt. Wegen Auf- oder Abrundung ergeben die Werte nicht immer 100 %.

Diese hohen Ungleichheitsgrade manifestierten sich in erheblichen Unterschieden zwischen den Durchschnittseinkommen der einzelnen Gruppen, die in **Tabelle 2.11.1** aufgeführt werden. Im Jahr 2015 belief sich das Durchschnittseinkommen eines Erwachsenen in Brasilien auf rund 13 900 Euro (37 100 Brasilianische Real), die unteren 50 % erzielten jedoch nur ein Durchschnittseinkommen von weniger als 3400 Euro (9200 Brasilianische Real), rund ein Viertel des nationalen Durchschnitts). Das durchschnittliche jährliche Einkommen der mittleren 40 % der Einkommensverteilung betrug 11 300 Euro (30 500 Brasilianische Real), was bedeutete, dass ein wesentlicher Teil der unteren 90 % der erwachsenen brasilianischen Bevölkerung weniger als der nationale Durchschnitt verdiente, und ein Schlaglicht auf die Schieflage der Einkommensverteilung in Brasilien und das Fehlen einer breiten «Mittelschicht» wirft. Das durchschnittliche Einkommen der oberen 10 % war entsprechend fünfmal höher als der nationale Durchschnitt von 76 900 Euro (207 600 Brasilianische Real). Die Größenordnungen wachsen in den höheren Rängen der Einkommensverteilung, und das Durchschnittseinkommen des obersten 1 % belief sich auf rund 387 000 Euro (1 044 900 Brasilianische Real).

Tabelle 2.11.2 enthält die aufgeschlüsselten Anteile an der Spitze der Einkommensverteilung für 2015, um genauer darzustellen, wie sich das Nationaleinkommen in der erwachsenen Bevölkerung verteilte, und vergleicht auch die unterschiedlichen Schätzungen auf Grundlage der Erhebungsdaten bzw. der DINA-Datenreihen. Berücksichtigt man nur

Tabelle 2.11.2
Einkommen nach Erhebungsdaten und nach Datenreihen aus nationalen Berichten zu Brasilien, 2015: Vergleich der Einkommensanteile

Einkommensgruppe	**Einkommen nach Erhebungen** (Erhebungsdaten)	**WID.world-Datenreihen** (Erhebungen, Steuerdaten und nationale Berichte)
untere 50 %	16,0 %	12,3 %
mittlere 40 %	43,6 %	32,4 %
obere 10 %	40,4 %	55,3 %
oberstes 1 %	10,7 %	27,8 %
oberstes 0,1 %	2,2 %	14,4 %
oberstes 0,01 %	0,4 %	7,5 %
oberstes 0,001 %	0,1 %	3,9 %
gesamt (% Nationaleinkommen)	57,1 %	100 %

Quelle: Morgan (2017). Vgl. wir2018.wid.world für Datenreihen und Anmerkungen. 2015 belief sich der aus Erhebungsdaten berechnete Anteil des Einkommens der oberen 10 % auf 40 %, während er nach nationalen Berichten 55 % ausmachte.

die Erhebungsdaten, entfielen auf das oberste 1 % (ungefähr 1,4 Mio. Menschen) im Jahr 2015 12 % des Nationaleinkommens. Bezieht man jedoch auch die Fiskaldaten und die Angaben über unverteilte Gewinne aus den nationalen Berichten ein, erhöht sich deren Anteil dramatisch auf 28 %. Durch den hohen Anteil des Nationaleinkommens, den das oberste 1 % auf sich vereint, reduziert sich anscheinend mit der Zeit der Anteil der mittleren 40 %.

In den höheren Segmenten der Verteilung zeigt sich ein ähnlicher Trend, nämlich dass die Eliten einen unverhältnismäßig großen Teil des brasilianischen Nationaleinkommens für sich verbuchen. In **Grafik 2.11.2b** werden die Einkommensanteile der unteren 50 % (70 Mio. Erwachsene) und der obersten 0,1 % (140 000 Erwachsene) über einen Fünfzehn-Jahres-Zeitraum verglichen. Nachdem sie 2001 auf einem ähnlichen Niveau begonnen haben – jeweils ungefähr 11 % –, haben sich beide Gruppen anschließend rasch auseinanderentwickelt. Der Anteil der obersten 0,1 % stieg 2004 auf knapp 15 % des Nationaleinkommens, während der Anteil der unteren 50 % praktisch unverändert blieb. Im Jahr 2015 war die Kluft zwischen den Anteilen der beiden Gruppen auf vier Prozentpunkte angewachsen, und das Gesamteinkommen der obers-

Grafik 2.11.2a
Die Einkommensanteile der mittleren 40 %
und des obersten 1 % in Brasilien, 2001–2015

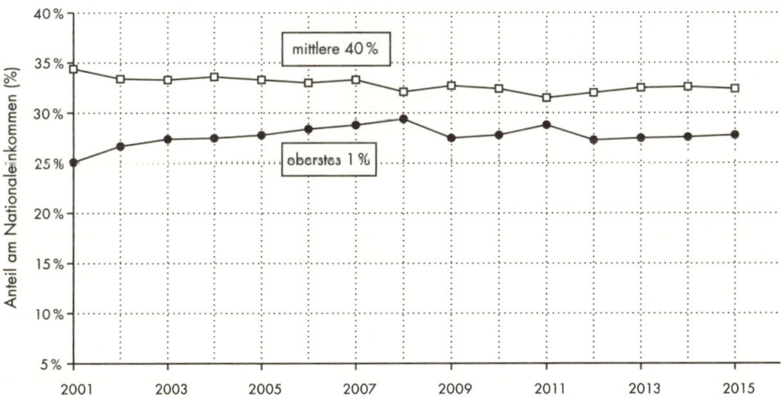

Quelle: Morgan (2017). Vgl. wir2018.wid.world für Datenreihen und Anmerkungen.
2015 entfielen auf das oberste 1 % rund 28 % des Nationaleinkommens.

Grafik 2.11.2b
Die Einkommensanteile der unteren 50 %
und der obersten 0,1 % in Brasilien, 2001–2015

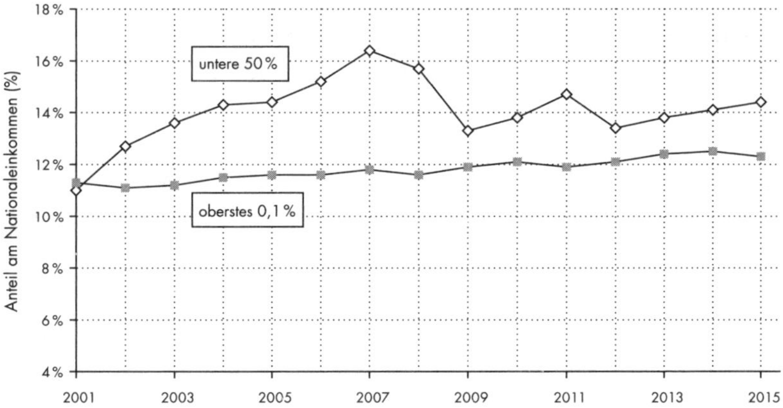

Quelle: Morgan (2017). Vgl. wir2018.wid.world für Datenreihen und Anmerkungen.

Grafik 2.11.3
Der Einkommensanteil der oberen 10 % in Brasilien:
Nationaleinkommensdaten im Vergleich zu Erhebungsdaten

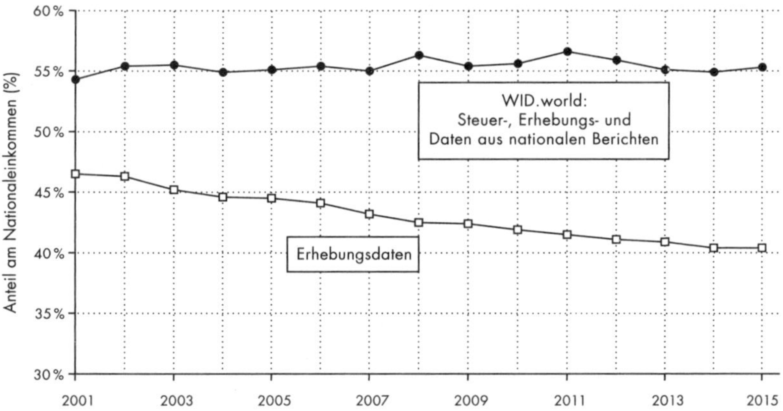

Quelle: Morgan (2017). Vgl. wir2018.wid.world für Datenreihen und Anmerkungen. 2015 entfielen auf die oberen 10 % der Einkommensbezieher gemäß Erhebungsdaten rund 40 % des Nationaleinkommens. Die korrigierten Schätzungen unter Berücksichtigung von Steuer- und Erhebungsdaten sowie Daten aus nationalen Berichten ergeben jedoch einen Anteil von 55 %.

ten 0,1 % war signifikant höher als das Gesamteinkommen der unteren 50 %, obwohl der Bevölkerungsanteil der obersten 0,1 % um das 500-Fache kleiner war.

In derselben Arbeit vergleicht Morgan die Rohschätzungen aus den Erhebungen mit seinen Datenreihen zum Nationaleinkommen (in denen er nationale Berichte, Erhebungen und fiskalische Daten zusammenführt). Dabei ergeben sich eindeutige und erhebliche Unterschiede bezüglich des Grades und der Veränderung der Ungleichheit, die umso größer werden, je höher die Segmente in der Verteilung angesiedelt sind. Diese Diskrepanzen unterstreichen, warum man zu einer verzerrten Wahrnehmung der Entwicklung der Einkommensungleichheit in Brasilien gelangen kann, wenn man ausschließlich Erhebungsdaten heranzieht und die in den nationalen Berichten erfassten unverteilten Gewinne unberücksichtigt lässt, die Unternehmen zufließen. So legen beispielsweise Haushaltsbefragungen den Schluss nahe, dass sich die Einkommensungleichheit zwischen 2001 und 2015 verringert habe und der Anteil der oberen 10 % am Nationaleinkommen von 47 auf 40 % zurückgegangen sei, während der Anteil der unteren 50 % von etwas mehr als 12 auf 16 % gestiegen sei. Diese Zahlen stehen in deutlichem Gegensatz zu den hier dargestellten Entwicklungstrends und Daten, die zeigen, dass sich der Anteil der oberen 10 % um rund 55 % bewegt (vgl. **Grafik 2.11.3**). Der allgemeine Trend ist somit durch eine zunehmende Konzentration der Anteile am Nationaleinkommen im obersten Bereich der Verteilung gekennzeichnet, einem geringen Anstieg im unteren Bereich und einem kleineren Anstieg im mittleren Bereich.

Die Einkommensungleichheit in Brasilien nimmt zu, weil die Superreichen ein stärkeres Einkommenswachstum erfahren

Die Distributional National Accounts (DINA) ermöglichen es uns auch zu untersuchen, wie sich das Wachstum auf der makroökonomischen Ebene in Brasilien auf die Einkommensanteile der verschiedenen Bevölkerungsgruppen des Landes niedergeschlagen hat. Zwischen 2001 und 2015 belief sich das kumulierte reale Wachstum des Nationaleinkommens in Brasilien auf 56 % (vgl. **Tabelle 2.11.3**). Aus dieser Entwicklung ergibt sich die Frage, wie sich das Einkommenswachstum der einzelnen Gruppen der Einkommensverteilung zu dieser Zahl verhält. Der reale Einkommenszuwachs der unteren 50 % war stark, er nahm in diesen 15 Jahren um annähernd 72 % zu. Damit war er vergleichsweise höher als der Einkommenszuwachs der mittleren 40 % (44 %) und der oberen 10 % (60 %). Unter den oberen Percentilen war das Wachstum gleich stark. Das Einkommen des obersten 1 % wuchs mit 69 %, während das Einkommen der obersten 0,1 % um fast 65 % zulegte, beide um mehr als das gesamte Wachstum des nationalen Durchschnittseinkommens.

Obwohl auch das Einkommen der unteren Hälfte der Einkommensverteilung gewachsen ist, vereinte das oberste Segment der Verteilung zwischen 2001 und 2015 einen überproportional großen Anteil des Gesamteinkommens auf sich. So entfielen auf die oberen 10 % etwa 58 % des Gesamtwachstums, und das oberste 1 % kam auf 32 %. Obwohl die unteren 50 % in diesem Zeitraum das stärkste Einkommenswachstum aller drei Einkommensgruppen verzeichneten, bedeutete ihr niedriges Durchschnittseinkommen, dass ihr Anteil am Gesamtwachstum mit 16 % relativ klein war. Auch in der Folgezeit erhöhte sich der Anteil der unteren 50 % am gesamten Nationaleinkommen nur geringfügig. Die Zahlen zu den mittleren 40 % können dazu beitragen, die Bedeutung der absoluten Höhe der Einkommen für die Untersuchung der Veränderung der Einkommensanteile der einzelnen Gruppen aufzuzeigen: Obwohl ihre kumulierte Wachstumsrate niedriger war als jene der unteren 50 %, war der Anteil des Wachstums, der auf die mittleren 40 % entfiel, mit 26 % größer als jener der ärmsten Hälfte der Bevölkerung.

In **Tabelle 2.11.3** wird das Wachstum auch nach zwei ungefähr gleich langen Zeitperioden aufgeschlüsselt, nämlich für die Zeit vor der globalen Finanzkrise und für die Zeit danach. In der ersten Phase (2001–2009) erlebten sämtliche Gruppen ein kräftiges Wachstum ihrer Einkommen, als die Wirtschaft beständig wuchs, wobei nur der Anteil der mittleren 40 % langsamer stieg als das nationale Einkommen. Doch der Großteil der Zuwächse kam dem obersten Zehntelsegment zugute, denn die oberen 10 % vereinten über die Hälfte des Wachstums auf sich.

Tabelle 2.11.3
Einkommenswachstum und Ungleichheit in Brasilien, 2001–2015

	2001–2015		**2001–2007**		**2007–2015**	
Einkommens-gruppe	**kumu-lierter Gesamt-zuwachs**	**Anteil am kumu-lierten Gesamt-zuwachs**	**kumu-lierter Gesamt-zuwachs**	**Anteil am kumu-lierten Gesamt-zuwachs**	**kumu-lierter Gesamt-zuwachs**	**Anteil am kumu-lierten Gesamt-zuwachs**
Gesamt-bevölkerung	56 %	100 %	27 %	100 %	23 %	100 %
untere 50 %	70 %	14 %	32 %	14 %	28 %	14 %
mittlere 40 %	47 %	29 %	23 %	29 %	20 %	29 %
obere 10 %	59 %	57 %	28 %	57 %	24 %	57 %
oberstes 1 %	73 %	33 %	46 %	43 %	19 %	24 %
oberstes 0,1 %	104 %	20 %	89 %	36 %	8 %	6 %
oberstes 0,01 %	144 %	12 %	153 %	27 %	-3 %	-1 %
oberstes 0,001 %	193 %	7 %	241 %	19 %	-14 %	-3 %

Quelle: Morgan (2017). Vgl. wir2018.wid.world für Datenreihen und Anmerkungen. Zwischen 2001 und 2015 entfielen 57 % des Gesamtzuwachses auf die oberen 10 %.

In den Jahren zwischen 2007 und 2015 war das Wachstum etwas schwächer, und die Einkommen stiegen um 23 % im Vergleich zu 27 % in der vorhergehenden Periode, aber auch dieses Wachstum nach der Finanzkrise und zu Beginn der heimischen Rezession konzentrierte sich im oberen Zehntelsegment.

12. Einkommensungleichheit in Südafrika

Die Informationen in diesem Kapitel stützen sich auf «Colonial rule, apartheid and natural resources: Top Incomes in South Africa, 1903–2007» von Facundo Alvaredo und Anthony Atkinson (Centre for Economic Policy Research Discussion Paper, 2010, Nr. 8155) sowie auf aktuelle Daten von WID.world.

- Südafrika gehört weltweit zu den Ländern mit der stärksten Ungleichverteilung. Im Jahr 2014 entfielen auf die oberen 10 % zwei Drittel des Nationaleinkommens, während das oberste 1 % 20 % des Nationaleinkommens auf sich vereinte.
- Im Verlauf des 20. Jahrhunderts halbierte sich zwischen 1914 und 1993 der Einkommensanteil des obersten 1 % von 20 % auf 10 %. Auch wenn diese Zahlen mit einigen Unsicherheiten behaftet sind und überprüft werden müssen, ist die Entwicklung mit jener in anderen ehemaligen britischen Herrschaftsgebieten vergleichbar und kann zum Teil mit der wirtschaftlichen und politischen Instabilität des Landes in den 1970er und 1980er Jahren erklärt werden.
- Anfang der 1970er Jahre begann sich die rassische Aufteilung der Einkommensanteile im Kontext rückläufiger Pro-Kopf-Einkommen zugunsten der Schwarzen und zulasten der Weißen zu verändern. Doch während die Ungleichheit zwischen den Rassen während der 1980er und 1990er Jahre stetig zurückging, nahm die Ungleichheit innerhalb der rassischen Gruppen zu.
- Durch den Anstieg der schwarzen Pro-Kopf-Einkommen in den vergangenen drei Jahrzehnten verringerte sich der Einkommensunterschied zwischen den Rassen, doch die Ungleichheit innerhalb der schwarzen und der asiatischen/indischen Bevölkerungsgruppe verhinderte anscheinend einen allgemeinen Rückgang der Ungleichheit.
- Seit Ende des Apartheidregimes 1994 ist der Einkommensanteil der Spitzenverdiener deutlich gestiegen. Trotz verschiedener Reformen, die auf eine Verbesserung der Lebensverhältnisse der Ärmsten und die Bekämpfung des Erbes der Rassentrennung zielten, bildet die rassische Zugehörigkeit nach wie vor einen Hauptfaktor für die Unterschiede in Bezug auf Einkommensniveaus, Bildungschancen, Jobchancen und Vermögen.

Südafrikas duale Wirtschaft gehört zu denjenigen in der Welt mit der größten Ungleichheit

Südafrika ist weltweit eines der Länder mit der gravierendsten Einkommensungleichheit. Im Jahr 2014 vereinten die oberen 10 % der Einkommensbezieher zwei Drittel des Gesamteinkommens auf sich. Dies stellt einen Unterschied zu anderen Ländern mit starker Einkommensungleichheit wie Brasilien, die USA oder Indien dar, wo sich der Anteil der oberen 10 % am Nationaleinkommen nur auf 50 bis 55 % beläuft. Doch wie in anderen Ländern mit großer Ungleichheit ist die Kluft zwischen dem obersten 1 % und den nachfolgenden 9 % in Südafrika wesentlich weniger stark ausgeprägt als der Unterschied zwischen den oberen 10 % und den unteren 90 %. Anders ausgedrückt, im Hinblick auf die Einkommensanteile gehört Südafrika zu den sehr ungleichen angelsächsischen Ländern, zugleich aber ist die Konzentration innerhalb der oberen Einkommensgruppen, die überwiegend aus Weißen besteht, geringer als dort. Das durchschnittliche Einkommen des obersten 1 % war im Jahr 2014 rund viermal höher als das der nachfolgenden 9 % (im Vergleich dazu verzeichnet das oberste 1 % in den USA ein siebenmal höheres Einkommen als die folgenden 9 %), während das Durchschnittseinkommen der oberen 10 % um mehr als das 17-Fache höher ist als das Durchschnittseinkommen der unteren 90 % (in den USA ist es um das Achtfache höher).

Die «duale Wirtschaft» Südafrikas lässt sich auch durch den Vergleich der südafrikanischen Einkommensniveaus mit jenen europäischer Länder näher erklären. Im Jahr 2014 betrug das durchschnittliche Einkommen pro Erwachsenem im Segment der oberen 10 % nach Kaufkraftparität rund 94 600 Euro, was mit dem Einkommen derselben Gruppe in Frankreich, Spanien oder Italien vergleichbar ist. Doch das durchschnittliche Nationaleinkommen der unteren 90 % in Südafrika liegt nahe beim durchschnittlichen Nationaleinkommen der unteren 16 % in Frankreich. Im Lichte dieser Zahlen erscheint die jüngste Debatte über die Herausbildung einer Mittelschicht noch immer wenig fundiert. Vielmehr koexistieren in Südafrika zwei Gesellschaften nebeneinander, eine Gesellschaft, die einen vergleichbaren Lebensstan-

Grafik 2.12.1
Der Einkommensanteil des obersten 1 % in Südafrika, 1914–2014

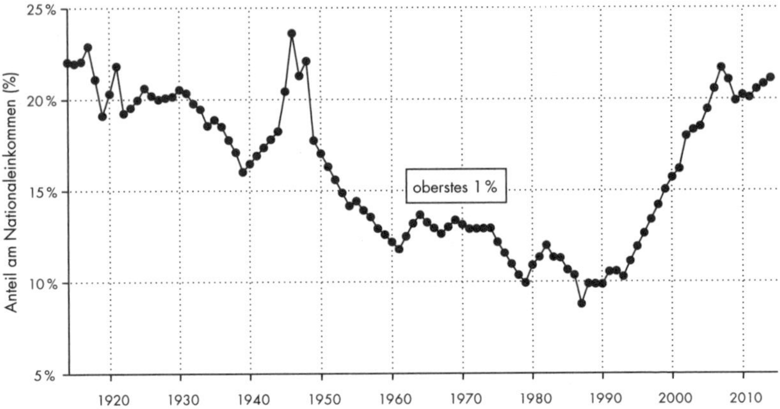

Quelle: Alvaredo und Atkinson (2010). Vgl. wir2018.wid.world für Datenreihen und Anmerkungen.
2014 betrug der Anteil des obersten 1 % am Nationaleinkommen 21 %.

dard wie die Reichen oder die gehobene Mittelschicht in fortgeschrittenen Ländern genießt, und eine Gesellschaft, die zurückgelassen worden ist (vgl. **Grafik 2.12.1**).

Die Ungleichheit ist zurückgegangen in der Zeit von der Vereinigung Südafrikas bis zum Ende der Apartheid

Südafrika stellt in Bezug auf die Verfügbarkeit von Daten im Vergleich zu anderen afrikanischen Ländern eine Ausnahme dar. Die Periode, ab der fiskalische Daten verfügbar sind, beginnt 1903 mit der Kapkolonie, sieben Jahre bevor die Südafrikanische Union als Dominion des britischen Empire errichtet wurde, und endet 2014, wobei für einige Jahre nur sporadische Daten existieren und es nach dem Ende der Apartheid 1994 eine Unterbrechung für acht Jahre gab. Wie häufig bei historischen Datenreihen zur Besteuerung zeigt sich auch hier, dass in der ersten Hälfte des 20. Jahrhunderts nur ein sehr kleiner Teil der Bevölkerung zur Zahlung von Steuern verpflichtet war. Daher erlauben es uns die fiskalischen Daten, anhand deren wir die Einkommensanteile der Spitzenverdiener ermitteln können, den Anteil des obersten 1 % ab 1913 zu schätzen, doch die oberen 10 % der Bevölkerung werden erst ab 1963 erfasst (mit einer langen Unterbrechung zwischen 1971 und 2008).

Mit bedeutenden kurzfristigen Schwankungen folgt die Entwicklung der Einkommenskonzentration zwischen 1913 und 1993 anscheinend einem klaren langfristigen Trend. Der Einkommensanteil des reichsten 1 % wurde in diesem Zeitraum mehr als halbiert und sank von 22 % auf annähernd 10 %. Nicht nur der Anteil des obersten 1 % ging zurück, auch die Ungleichheit innerhalb dieser oberen Gruppe wurde reduziert. Der Anteil der obersten 0,5 % fiel sogar schneller als der Anteil der nachfolgenden 0,5 % (zwischen den Perzentilen 99 und 99,5). Während die obersten 0,5 % im Jahr 1914 noch 75 % des obersten 1 % repräsentierten, sank deren Anteil bis Ende der 1980er Jahre auf 60 %.

Trotz der weitreichenden sozialen Implikationen der ersten Maßnahmen zur Rassentrennung, die Anfang der 1910er Jahre umgesetzt wurden, führte diese Politik noch zu keinem starken Anstieg der Einkommenskonzentration im Segment des obersten 1 %. In dieser Zeit wurde in Südafrika auch der Ausbau der Industrie und des verarbeitenden Gewerbes vorangetrieben, der sich vor allem in den 1930er Jahren stark beschleunigte, wodurch sich auch die wirtschaftliche Lage der großen Mehrheit der Bevölkerung verbesserte. Abgesehen von einem kurzfristigen Rückgang während der Weltwirtschaftskrise, wuchsen die durchschnittlichen realen Einkommen der Erwerbstätigen stetig. Entsprechend dem Trend, der sich in ähnlicher Form auch in den anderen ehemaligen Dominions des britischen Empire (Australien, Kanada, Neuseeland) vollzog, ging die Ungleichheit in Südafrika von 1914 bis zum Beginn des Zweiten Weltkriegs deutlich zurück, obgleich es in den späten 1910er Jahren kurzfristige Schwankungen gab: Der Einkommensanteil des obersten 1 % sank von 22 auf 16 %.

Während des Zweiten Weltkriegs setzte sich die Entwicklungstendenz des nationalen Durchschnittseinkommens fort, doch das reale Durchschnittseinkommen des obersten 1 % stieg rasant. Aufgrund des Nachfrageschocks während des Krieges schossen die Exportpreise nach oben, der produzierende Sektor verdoppelte seinen Ausstoß zwischen

1939 und 1945, und die Gewinne der Gießerei- und der Fertigungsindustrien stiegen um mehr als 400 %.[53] Das extreme Lohngefälle zwischen den qualifizierten weißen und den unqualifizierten schwarzen Arbeitern bestand fort. Wie C.H. Feinstein ausführte, «wurde den schwarzen Arbeitern jede Teilhabe am wachsenden Einkommen der neuen Wirtschaft, die sie aufbauten, verwehrt».[54] Dass der Einkommensanteil des obersten 1 % seinen höchsten Stand (23 %) im Jahr 1946 erreichte und zeitlich mit den Kriegsanstrengungen zusammenfiel, lag anscheinend an einer kurzfristigen Bereicherung der Oberschicht.

In den 1950er Jahren erfasste demgegenüber das Einkommenswachstum stärker auch die übrigen Schichten. Das durchschnittliche Realeinkommen pro Erwachsenem stieg zwischen 1949 und 1961 um 29 %, während das durchschnittliche Realeinkommen des obersten 1 % leicht um 1 % sank. Im Jahr 1961 war der Einkommensanteil des obersten 1 % auf

Grafik 2.12.2
Das Durchschnittseinkommen pro Erwachsenem im Segment des obersten 1 % in Südafrika, 1914–2014

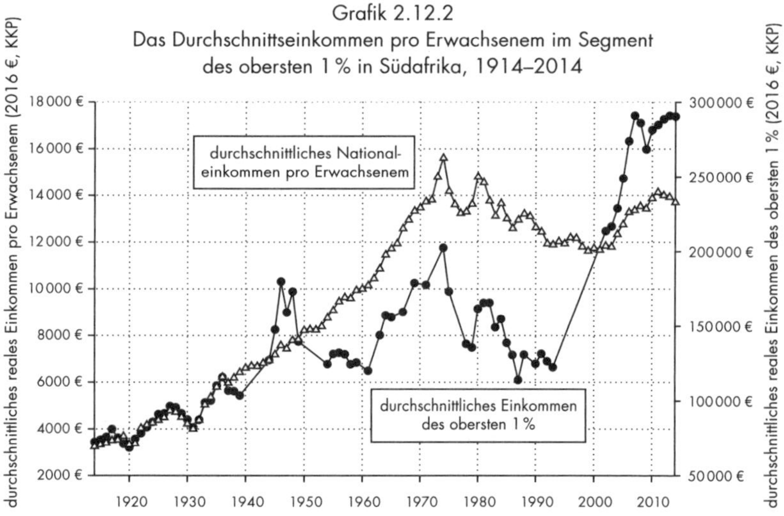

Quelle: Alvaredo und Atkinson (2010). Vgl. wir2018.wid.world für Datenreihen und Anmerkungen.
2014 betrug das durchschnittliche Einkommen pro Erwachsenem in Südafrika 13 750 € (R 107 300), während sich das durchschnittliche Einkommen des obersten 1 % auf 290 500 € (R 2 266 000) belief. Alle Werte wurden nach Kaufkraftparität (KKP) umgerechnet in Euro von 2016 (Kurs € 1 = $ 1,3 = R 7,8). Die KKP berücksichtigt Unterschiede in den Lebenshaltungskosten zwischen den Ländern. Die Werte sind inflationsbereinigt.

rund 14 % gefallen. In den 1960er Jahren wuchsen die Durchschnittseinkommen beider Gruppen ungefähr um dieselbe Rate, so dass die Ungleichheit relativ konstant blieb. Nach 60 Jahren stetigen Wachstums war das nationale Durchschnittseinkommen zu Beginn der 1970er Jahre fast viermal höher als im Jahr 1913. Ab 1973 begann sich die Ungleichheit wieder zu verringern, doch dies war in Südafrika auch eine Periode stagnierenden Wachstums, die 1990 in einer drei Jahre andauernden Rezession kulminierte.

Erstmals seit 90 Jahren ging die Goldförderung zurück. Die reicheren Goldflöze waren erschöpft, und die Förderkosten stiegen rasch. Die Bergbauindustrie, vorher der Wachstumsmotor der Wirtschaft, begann zu schwächeln. Der Anstieg des Ölpreises und der Preise anderer Rohstoffe führte zu einer Beschleunigung der Inflation, die zwischen 1975 und 1992 bei durchschnittlich 14 % pro Jahr lag. Als Reaktion auf das Apartheidsystem wurden in den 1980er Jahren internationale Sanktionen und Boykotte gegen Südafrika verhängt, die den Außenhandel des Landes beeinträchtigten und den Druck verstärkten, der durch innere Proteste und Revolten erzeugt wurde und zur Destabilisierung des Regimes beitrug. Die weiße Vorherrschaft wurde sowohl in ökonomischer als auch in politischer Hinsicht in Frage gestellt, worauf die Minderheitsregierung mit zunehmenden Zugeständnissen reagierte, die auch die Zulassung von Gewerkschaften und die Anerkennung von Tarifverhandlungen beinhalteten. Dies kann zum Teil erklären, warum das durchschnittliche Realeinkommen pro Erwachsenem im Segment des obersten 1 % stärker zurückging als im nationalen Durchschnitt (vgl. **Grafik 2.12.2**).

Die nach dem Ende des Apartheidregimes durchgeführten Reformen waren nicht ausreichend, um einer grundlegend ungleichen sozioökonomischen Struktur entgegenzuwirken

Es gibt keine fiskalischen Daten, die es ermöglichen, die Einkommensanteile der Spitzenverdiener in den acht Jahren nach 1993 zu schätzen. Doch die Daten, die ab 2002 verfügbar wurden, legen die Annahme nahe, dass die Einkommensungleichheit nach dem Ende der Apartheid bis heute stark zugenommen hat, wenngleich das Ausmaß des Anstiegs mit Vorsicht zu betrachten ist, weil die Schätzungen für diese zwei Perioden nicht vollständig vergleichbar sind. Der Einkommensanteil des obersten 1 % erhöhte sich von 1993 bis 2014 um elf Prozentpunkte. Der Anstieg zwischen 1993 und 2002 ist zum Teil vielleicht auch auf Veränderungen der Steuergesetze zurückzuführen. So blieben Kapitalerträge bis zum Jahr 2002 völlig unberücksichtigt, was höchstwahrscheinlich dazu beigetragen hat, dass der Einkommensanteil der oberen Einkommensgruppen niedriger eingeschätzt wurde. Auch die Effizienz der Steuereintreibung wurde in den letzten Jahren offenbar erheblich verbessert. Abgesehen davon, zeigen auch Befragungsdaten aus den Jahren 1993, 2000 und 2008, dass die Ungleichheit in der Zeit, für die keine fiskalischen Daten verfügbar sind, erheblich zugenommen hat.[55]

Auf den ersten Blick mag es verwirrend erscheinen, dass die Abschaffung eines auf Rassentrennung beruhenden Regimes eine Verstärkung der wirtschaftlichen Ungleichheit nach sich zog. Der Aufbau einer multirassischen Demokratie mit einer neuen Verfassung und einem Präsidenten aus der Bevölkerungsmehrheit führte nicht automatisch zur Transformation der überkommenen sozioökonomischen Strukturen eines grundlegend ungleichen Landes. Die Ungleichheit zwischen den Rassen verminderte sich kontinuierlich im Laufe der 1980er und 1990er Jahre, doch die Ungleichheit innerhalb der rassischen Gruppen nahm zu: Infolge eines steigenden Pro-Kopf-Einkommens der Schwarzen in den vergangenen drei Jahrzehnten verringerte sich die Einkommenskluft zwischen Schwarz und Weiß, obwohl die wachsende Ungleichheit innerhalb des schwarzen und asiatisch/indischen Bevölkerungsteils anscheinend einen allgemeinen Rückgang der Ungleichheit verhinderte. Zur Erklärung dieser Veränderungen verweisen die Forscher einmütig darauf, dass der Arbeitsmarkt eine bestimmende Rolle spielte, da die Zahl schwarzer Arbeitskräfte in qualifizierten Jobs zunahm (insbesondere im öffentlichen Dienst und in anderen gut bezahlten Verwaltungstätigkeiten) und dies mit steigenden Durchschnittslöhnen für diese Gruppe von Erwerbstätigen einherging.

Seit 1994 wurden verschiedene auf Umverteilung zielende sozialpolitische Programme aufgelegt oder erweitert, wie etwa bedingungslose

Transferzahlungen an besonders gefährdete Gruppen (Kinder, Behinderte und Ältere). Zugleich blieben die Spitzensteuersätze auf persönliches Einkommen relativ hoch und wurden in jüngerer Zeit sogar auf 45 % erhöht. Doch trotz dieser Umverteilungsbemühungen belegen die Erhebungen, dass die oberen Einkommensgruppen weiterhin überwiegend aus Weißen bestehen. Andere Studien zeigen, dass dieser Gegensatz auch in vielen anderen wichtigen Bereichen wie etwa der Arbeitslosigkeit und im Bildungsbereich prägend ist. Auch das Vermögen, insbesondere der Grundbesitz, ist weiterhin sehr ungleich verteilt. Im Jahr 1913 verabschiedete das südafrikanische Parlament den Natives Land Act («Eingeborenenlandgesetz»), mit dem das verfügbare Land in Gebiete für Schwarze und welche für Weiße aufgeteilt wurde und das der schwarzen Bevölkerung nur etwa 8 % des Staatsgebiets als Wohn- und Nutzfläche zugestand. Anfang der 1990er Jahre besaßen weniger als 70 000 weiße Farmer rund 85 % der landwirtschaftlichen Flächen.[56] Später wurden einige Landreformen durchgeführt, die jedoch nur geringe Ergebnisse brachten.[57] Diese Situation hat sich anscheinend bis heute nicht wesentlich verbessert, doch es müssen erst noch genaue Daten über die Verteilung des Grundbesitzes in der jüngeren Zeit gesammelt werden.

Aufgrund dieser sozioökonomischen Struktur hat die Aussetzung der internationalen Sanktionen 1993 vermutlich die Herausbildung einer kleinen Gruppe hoch qualifizierter und/oder wohlhabenderer Menschen gefördert, die von der Öffnung für den Weltmarkt profitierten, was zur Verstärkung der Ungleichheit beigetragen hat. Diese Hypothese könnte auch erklären, warum die Einkommensungleichheit in Südafrika in den 1980er Jahren nicht zugenommen hat, als die Boykotte verhängt wurden, im Unterschied zu anderen früheren britischen Dominions (Neuseeland, Kanada und Australien), obwohl das Land bis dahin einen ähnlichen Entwicklungsweg verfolgt hatte. Die Inkraftsetzung des Growth, Employment and Redistribution Program (GEAR) im Jahr 1996, das auf die Beseitigung von Handelsschranken, die Liberalisierung des Kapitalverkehrs und die Verminderung des Haushaltsdefizits zielte, mag, zumindest kurzfristig, ebenfalls den Begüterten zugutegekommen sein, während die besonders schutzlosen Bevölkerungsgruppen benachteiligt wurden, teilweise durch die Begünstigung des Kapitals gegenüber der Arbeit und der Facharbeiter gegenüber den Ungelernten.

Das kräftige Wachstum von Anfang der 2000er bis Mitte der 2010er Jahre wurde in erster Linie durch den Anstieg der Rohstoffpreise beflügelt und war nicht von der Schaffung von Arbeitsplätzen in größerem Umfang begleitet, wie die Regierung erhofft hatte. Der Einkommensanteil des obersten 1 % stieg von knapp 18 % im Jahr 2002 auf mehr als 21 % im Jahr 2007, sank dann um 1,5 Prozentpunkte und nahm 2012/13 abermals zu, als die Preise ein weiteres Hoch erreichten. Dass diese Veränderungen sehr genau die Schwankungen der Rohstoffspreise widerspiegeln, legt die Vermutung nahe, dass sich eine Minderheit, der die Rohstofferlöse zugutekommen, einen überproportionalen Anteil am Wachstum sichern konnte.

Schließlich ist noch darauf hinzuweisen, dass das oberste 1 % nur einen kleinen Teil der umfassenderen Elite der oberen 10 % repräsen-

Grafik 2.12.3
Südafrika: weltweit der höchste Einkommensanteil der oberen 10 %, aber nicht der höchste Anteil des obersten 1 %

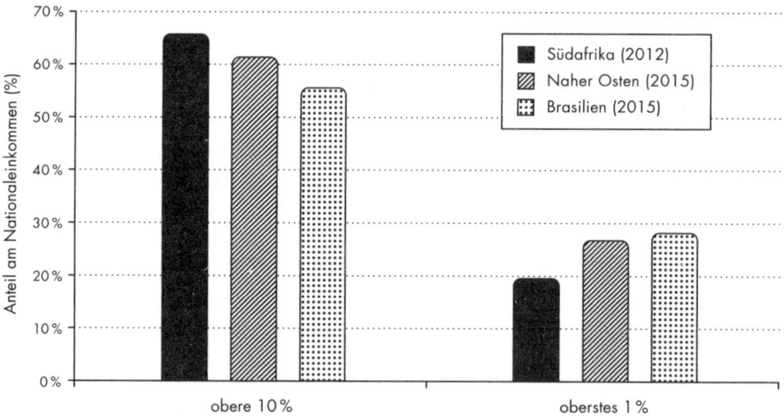

Quelle: Alvaredo und Atkinson (2010). Vgl. wir2018.wid.world für Datenreihen und Anmerkungen.
2012 betrug der Anteil der oberen 10 % am Nationaleinkommen in Südafrika 65 %, während sich dieser Anteil in Brasilien 2014 auf 55 % belief. Die Angaben beziehen sich auf die neuesten verfügbaren Daten (2012 für Südafrika, 2015 für den Nahen Osten und 2015 für Brasilien).

tiert, die überwiegend weiß ist. Während der Einkommensanteil, der auf das oberste 1 % entfällt, relativ niedrig ist im Vergleich zu anderen Regionen mit ausgeprägter Ungleichheit wie Brasilien oder dem Nahen Osten, erreicht der Anteil der Gruppe der oberen 10 % in Südafrika ein extremes Ausmaß (vgl. **Grafik 2.12.3**). Die historische Entwicklung der Gruppe der oberen 10 % unterscheidet sich möglicherweise von jener des obersten 1 % – vielleicht mit weniger Auf und Ab im 20. Jahrhundert. Bedauerlicherweise aber reichen zum gegenwärtigen Zeitpunkt die historischen Daten zur Gruppe der oberen 10 % nicht so weit zurück wie jene zur Gruppe des obersten 1 %.

TEIL III

DIE ENTWICKLUNG VON ÖFFENTLICHEM UND PRIVATEM KAPITAL

1. Die Vermögens-Einkommens-Relationen weltweit

- Um verstehen zu können, wie sich die Vermögensungleichheit zwischen den Einwohnern eines Landes entwickelt, müssen wir zunächst herausfinden, wie der Reichtum der Volkswirtschaft zwischen privatem und öffentlichem Vermögen verteilt ist. Anhand neuer Daten können wir ein genaueres Bild der Vermögens-Einkommens-Relationen in mehreren Ländern zeichnen, was die Beantwortung wichtiger politischer Fragen erleichtert.
- In den letzten Jahrzehnten war in fast allen Ländern ein Anstieg des Verhältnisses zwischen Nettoprivatvermögen und Nationaleinkommen zu beobachten. Es fällt auf, dass sich die Finanzkrise von 2008 oder die Vermögenspreisinflation in Ländern wie Japan und Spanien kaum auf diese langfristige Entwicklung ausgewirkt hat.
- In China und Russland ist ein ungewöhnlich starkes Wachstum der Privatvermögen in Relation zum Nationaleinkommen zu beobachten; in diesen beiden Ländern hat sich das Verhältnis seit dem Übergang von einem kommunistischen zu einem kapitalistischen Wirtschaftssystem vervierfacht bzw. verdreifacht. Die privaten Vermögens-Einkommens-Relationen in diesen Ländern erreichen mittlerweile die in Frankreich, Großbritannien und den Vereinigten Staaten beobachteten Niveaus.
- Das öffentliche Vermögen schrumpft in den meisten Ländern seit den

1980er Jahren. Das öffentliche Nettovermögen (öffentlicher Besitz abzüglich der öffentlichen Schulden) ist in den letzten Jahren in den Vereinigten Staaten und Großbritannien sogar in den negativen Bereich gerutscht; in Japan, Deutschland und Frankreich ist es nur noch geringfügig positiv. Dies dürfte die Fähigkeit des Staates zur Regulierung der Wirtschaft, zur Einkommensverteilung und zur Eindämmung der wachsenden Ungleichheit verringern.

- In China ist das öffentliche Vermögen trotz eines deutlichen Rückgangs immer noch hoch: Das öffentliche Nettovermögen liegt seit 2008 stabil bei etwa 30 % des Nationalvermögens (verglichen mit einem Anteil von 15 bis 25 % im Westen in der Phase der gemischten Wirtschaft zwischen 1950 und 1980).
- Vom allgemeinen Rückgang des Staatseigentums ausgenommen sind lediglich Länder wie Norwegen, die über reiche Erdölvorkommen und große Staatsfonds verfügen.
- Das strukturelle Wachstum des privaten Vermögens im Verhältnis zum Nationaleinkommen in den letzten Jahrzehnten ist auf eine Kombination von Faktoren zurückzuführen, darunter hohe Sparquoten und geringeres Wirtschaftswachstum (Volumenfaktoren), der Anstieg von Immobilienpreisen und Aktienkursen (relative Vermögenspreisfaktoren) und der in den folgenden Kapiteln beschriebene Übergang von Staatseigentum in private Hände (institutionelle Faktoren).

Neue Daten beleuchten den Zusammenhang zwischen Vermögen und Ungleichheit

Die Frage, wie sich Niveau und Struktur des Nationalvermögens langfristig entwickeln, zählt zu den grundlegenden ökonomischen Fragen. Das jährliche Nationaleinkommen ist eine «Fließgröße»: Es wird als Summe aller Einkommen definiert, die in einem Land in einem gegebenen Jahr erzielt und verteilt werden; es kann auch in Arbeits- und Kapitaleinkünfte aufgegliedert werden. Hingegen ist das Nationalvermögen eine «Bestandsgröße»: Es wird als Summe aller in der Vergangenheit angehäuften Vermögenswerte definiert – Immobilien, Unternehmensvermögen und Finanzvermögen abzüglich der Schulden. Das Verhältnis zwischen Nationalvermögen und Nationaleinkommen gibt in wirtschaftliche, soziale und politische Schlüsselzusammenhänge Einblick, darunter die relative Bedeutung des Kapitals in der Wirtschaft und die Besitzstruktur.

Bevor wir uns der Verteilung des privaten Vermögens zuwenden (also der Frage, welchen Anteil des Privatvermögens die unteren 50 % der Bevölkerung, die oberen 10 % usw. besitzen), müssen wir uns ein besseres Bild davon machen, wie sich das Privatvermögen an sich und im Verhältnis zum öffentlichen Vermögen und zum gesamten Nationalvermögen entwickelt – letzteres entspricht der Summe von privatem und öffentlichem Kapital. Dabei ist zu berücksichtigen, dass die Konzepte von privatem und öffentlichem Eigentum abhängig vom Land und vom Untersuchungszeitraum sehr unterschiedliche Bedeutungen haben können. Beispielsweise kann das private Immobilieneigentum sehr unterschiedliche Formen annehmen, abhängig vom Mietrecht, der Dauer von Mietverträgen und der Fähigkeit von Eigentümern, Mieten zu erhöhen oder Mietverträge einseitig zu kündigen usw. Zudem hat das Unternehmenseigentum in Ländern, in denen die Arbeitnehmervertretung beträchtliche Mitbestimmungsrechte in der Unternehmensführung hat (etwa in Skandinavien oder Deutschland), nicht dieselbe Bedeutung wie in Ländern, in denen alle Stimmrechte bei den Aktionären liegen.

Auch unterscheidet sich das öffentliche Eigentum in China heute vom öffentlichen Eigentum in diesem Land vor vierzig Jahren oder vom öffentlichen Eigentum im Kontext des norwegischen Staatsfonds usw. Man muss die Einzelheiten der rechtlichen, politischen und Regierungssysteme kennen, um das Wechselspiel zwischen Eigentumsstruktur und Machtbeziehungen zwischen den Gesellschaftsgruppen verstehen zu können. Das Studium von privatem und öffentlichem Vermögen kann nicht auf die Analyse von Trends und Niveaus beschränkt werden, sondern muss auch auf einem tieferen Verständnis der Institutionen der einzelnen Länder und ihres Einflusses auf die politische und soziale Ungleichheit beruhen.

Eine Untersuchung der Entwicklung des Nationalvermögens kann auch das Verständnis der Struktur von Vermögen, Ersparnissen und Investitionen verbessern und erleichtert es, grundlegende makroökonomische Fragen zu beantworten: Wie entwickeln sich die Staatsschulden langfristig, und wie wahrscheinlich ist, dass sie tragbar bleiben? Und welche Rolle spielt das Nettovermögen im Ausland? Um diese Fragen richtig beurteilen zu können, müssen wir uns auch die gesamte nationale Bilanz ansehen, das heißt die übergeordnete Struktur der Eigentumsverhältnisse. Die Staatsschulden oder ausländischen Vermögenswerte befinden sich nicht im Besitz von Marsmenschen, sondern gehören definitionsgemäß privaten oder öffentlichen Gläubigern. Beispielsweise kann uns die Analyse der Kapitalakkumulation und der Zusammensetzung der privaten Vermögen helfen, Hinweise auf Instabilität in einer Volkswirtschaft zu identifizieren. Im Fall Japans und Spaniens stieg die Vermögens-Einkommens-Relation in den Jahren 1990 und 2008 auf einen Höchststand, kurz bevor in diesen Ländern eine Spekulationsblase auf dem Immobilienmarkt platzte.

Bis vor Kurzem war es aufgrund des Mangels an Daten schwierig, solche Entwicklungen richtig einzuschätzen. Thomas Piketty und Gabriel Zucman haben vor Kurzem harmonisierte jährliche Datenreihen ab dem Jahr 1700 zu den Vermögens-Einkommens-Relationen für die acht reichsten Volkswirtschaften der Welt vorgelegt.[1] Diese Datenreihen wurden auch in *Das Kapital im 21. Jahrhundert* behandelt und waren Gegenstand der folgenden Debatte über die Rückkehr zu einer patrimonialen Gesellschaft.[2]

Ihre Arbeit wurde von anderen Forschern ausgeweitet. Die Datenbank WID.world enthält mittlerweile Daten zu mehr als zwanzig Ländern, die in diesem Bericht ausgewertet werden. Insbesondere verfügen wir über Datenreihen zur Struktur der privaten und öffentlichen Vermögen in einer Reihe von Schwellenländern und ehemals kommunistischen Ländern, die neue Erkenntnisse über wichtige Politikbereiche liefern.

Es sollte jedoch darauf hingewiesen werden, dass auf diesem Forschungsgebiet noch viel Arbeit vor uns liegt. Insbesondere wissen wir noch viel zu wenig über die Struktur des öffentlichen, privaten und ausländischen Eigentums in vielen Entwicklungs- und Schwellenländern in Afrika, Lateinamerika und Asien.

Die Privatvermögen sind seit den 1970er Jahren im Verhältnis zum Nationaleinkommen deutlich gestiegen

Im Jahr 1970 lag das Verhältnis zwischen Privatvermögen und jährlichem Nationaleinkommen in den meisten Industrieländern bei 200 bis 350 % (vgl. **Grafiken 3.1.1** und **3.1.2**). In den letzten vier Jahrzehnten stieg diese Relation in allen Ländern deutlich. Im Jahr 2007 – dem Jahr, in dem die globale Finanzkrise ausbrach – machte das Privatvermögen in den untersuchten Ländern durchschnittlich 550 % des Nationaleinkommens aus, wobei im Extremfall Spaniens ein Wert von 800 % erreicht wurde. Obwohl der Wert in einigen Ländern aufgrund der Finanzkrise und des Rückgangs der Immobilienpreise wieder gesunken ist, scheint sich der Trend über mehrere Jahrzehnte hinweg im Großen und Ganzen fortzusetzen. Im Jahr 2016 war das aggregierte Privatvermögen zu Marktwerten – gemessen am jährlichen Nationaleinkommen – in den meisten Ländern doppelt so groß wie im Jahr 1970.

Es gibt jedoch interessante Unterschiede zwischen den einzelnen Ländern, was das Ausmaß des Zuwachses und das Niveau anbelangt. Innerhalb Europas haben sich die Länder ähnlich entwickelt, wobei die Nettoprivatvermögen von 250 bis 400 % des Nationaleinkommens im Jahr 1970 auf 450 bis 750 % im Jahr 2016 wuchsen. Am deutlichsten stiegen die Privatvermögen, gemessen am Nationaleinkommen, in Italien, wo sich die Rate zwischen 1970 und 2015 etwa verdreifachte (von 250 auf über 700 %), gefolgt von Großbritannien, wo sich die Einkommens-Vermögens-Relation in diesen 45 Jahren mehr als verdoppelte (von 300 auf 650 %). In Frankreich war eine ähnliche Entwicklung zu beobachten, wobei der Anstieg (von rund 300 auf über 550 %) etwas geringer ausfiel, und dasselbe gilt für Deutschland (Anstieg von annähernd 250 auf 450 %) und Spanien (von etwa 400 auf 650 %).

Außerhalb Europas entwickelte sich das Privatvermögen im Verhältnis zum jährlichen Nationaleinkommen in Australien und Kanada ähnlich wie in Frankreich, Italien und Großbritannien. In Kanada wuchs das Privatvermögen zwischen 1970 und 2016 um mehr als das Doppelte von rund 250 auf mehr als 550 % des Nationaleinkommens, während der Anstieg in Australien, obwohl beträchtlich, weniger deutlich ausfiel; hier stieg das Privatvermögen von weniger als 350 auf über 550 % des Nationaleinkommens. In den Vereinigten Staaten wuchs das Privatvermögen, gemessen am Nationaleinkommen, im selben Zeitraum um die Hälfte, von weniger als 350 auf rund 500 %.

Auch in Japan stieg die Vermögens-Einkommens-Relation in diesem Zeitraum fast auf das Doppelte (von 300 auf fast 600 %), wobei in diesem Land ähnlich wie in Spanien deutliche Schwankungen infolge der Vermögenspreisinflation in den Jahren bis 1990 zu beobachten waren. In Japan stiegen die Immobilien- und Aktienpreise ab 1986 dramatisch, als übertrieben optimistische Erwartungen bezüglich der zukünftigen Wirtschaftsentwicklung den Wert der Kapitalanlagen in die Höhe trieben, was dazu führte, dass der Wert der Privatvermögen bis 1990 auf 700 % des Nationaleinkommens stieg. Doch kurz darauf begann nach einem Absturz des Nikkei-Index und der Vermögenspreise Japans «verlorenes Jahrzehnt», in dem die Vermögens-Einkommens-Relation bis 2000 um 150 Prozentpunkte fiel. Doch trotz weiterer Rückgänge

Grafik 3.1.1
Nettoprivatvermögen in Relation zum Nettonationaleinkommen in den reichen Ländern, 1970–2016

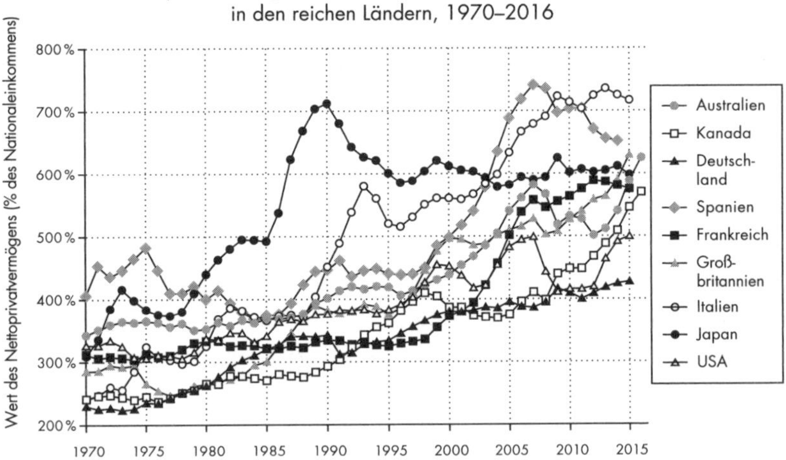

Quelle: WID.world (2017). Vgl. wir2018.wid.world für Datenreihen und Anmerkungen. 2015 machten die Nettoprivatvermögen in Großbritannien 629 % des Nettonationaleinkommens aus, das heißt, ihr Wert entsprach dem Nationaleinkommen von 6,3 Jahren. Das Nettoprivatvermögen entspricht den privaten Vermögenswerten abzüglich der privaten Schulden.

blieb die japanische Vermögens-Einkommens-Relation eine der höchsten in den reichen Ländern. Wie in Kapitel 4.6 genauer erklärt wird, hat sich Spanien seit dem Platzen seiner Immobilienblase ähnlich entwickelt: Dort verringerte sich die Vermögens-Einkommens-Relation von einem Höchststand im Jahr 2007 bis 2014 um 150 Prozentpunkte auf 650 %.

Dank neuerer Forschungsergebnisse über einige der größten Schwellenländer können wir mittlerweile auch die Entwicklung der Vermögens-Einkommens-Relationen dieser Länder vergleichen. Besonders interessant ist dies mit Blick auf den Wandel der politischen und wirtschaftlichen Systeme der Schwellenländer im Untersuchungszeitraum. Wie **Grafik 3.1.2** zeigt, wuchsen die Privatvermögen in China und Russland, gemessen am Nationaleinkommen, nach der Abkehr der beiden Länder vom Kommunismus deutlich. Obwohl dieser Zuwachs bis zu einem gewissen Grad zu erwarten war (da ein Großteil des öffent-

Grafik 3.1.2
Nettonationalvermögen in Relation zum Nettonationaleinkommen in reichen und Schwellenländern, 1990–2015

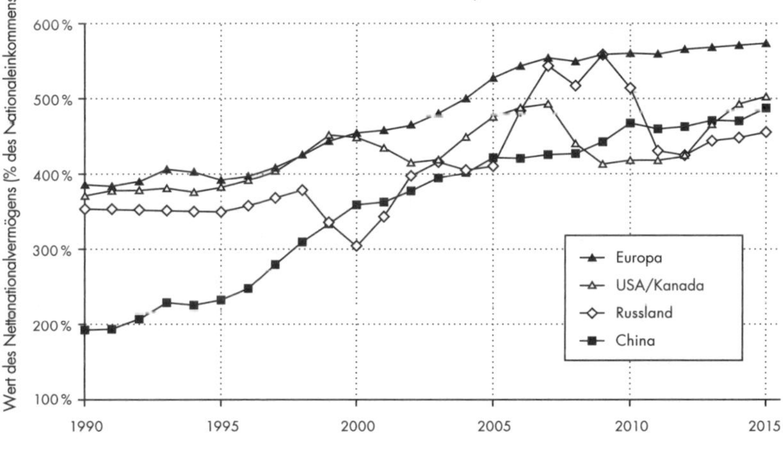

Quelle: WID.world (2017). Vgl. wir2018.wid.world für Datenreihen und Anmerkungen. 2015 entsprach das Nettonationalvermögen Chinas 487 % des Nettonationaleinkommens dieses Landes, das heißt dem chinesischen Nationaleinkommen von rund 4,9 Jahren. Das Nettonationalvermögen entspricht der Summe von privatem und öffentlichem Nettovermögen. Das Nettoprivatvermögen entspricht den privaten Vermögenswerten abzüglich der privaten Schulden.

lichen Vermögens auf den Privatsektor überging), ist das Ausmaß der Veränderung insbesondere im Fall Chinas verblüffend. Auch der Vergleich mit der in den reichen Ländern beobachteten Entwicklung ist aufschlussreich (dazu später mehr).

Im Jahr 1978, als die kommunistische Regierung Chinas erste marktwirtschaftliche Reformen einleitete, entsprach das Privatvermögen in China nur etwas mehr als 110 % des jährlichen Nationaleinkommens. Von da an stieg diese Rate fast unablässig und erreichte im Jahr 2015 einen Wert von 490 %. Die wirtschaftliche Transformation Russlands begann zwölf Jahre später im Jahr 1990, aber seit damals ist dort ebenfalls ein spektakulärer Wandel zu beobachten. In Russland stieg die Vermögens-Einkommens-Relation in diesem kürzeren Zeitraum von 120 % um mehr als das Dreifache auf 370 %. Interessant ist ein Vergleich dieser Entwicklung mit der zuvor beschriebenen in Europa und Nordamerika, denn die chinesische Rate liegt nur geringfügig unter jener der Vereinigten Staaten, und auch der Wert für Russland ist nicht mehr sehr viel niedriger. Zudem übersteigen Geschwindigkeit und Ausmaß des Wandels in diesen aufstrebenden Volkswirtschaften jene in den reichen Ländern deutlich. Zum Vergleich: Der einzigen Gelegenheit, bei der die Vermögens-Einkommens-Relation in Großbritannien oder den Vereinigten Staaten in einem ähnlichen Ausmaß stieg, war ein rasanter Rückgang zu Beginn des 20. Jahrhunderts vorausgegangen.

Die Anstiege der Vermögens-Einkommens-Relation in den letzten Jahrzehnten sind ausschließlich auf das Wachstum des Privatvermögens zurückzuführen

Wie **Grafik 3.1.3** deutlich zeigt, ist der jüngste Anstieg der nationalen Vermögens-Einkommens-Relationen ausschließlich auf die private Vermögensakkumulation zurückzuführen. In Großbritannien und den Vereinigten Staaten besteht das Nationalvermögen sogar ausschließlich aus Privatvermögen, da das öffentliche Nettovermögen mittlerweile negativ ist (die öffentlichen Aktiva sind weniger wert als die öffentlichen Schulden). In Frankreich, Japan und Deutschland ist das öffentliche Vermögen ebenfalls deutlich gesunken und entspricht nach amtlichen Schät-

Grafik 3.1.3
Privates und öffentliches Nettovermögen, gemessen am Nationaleinkommen in reichen Ländern, 1970–2015

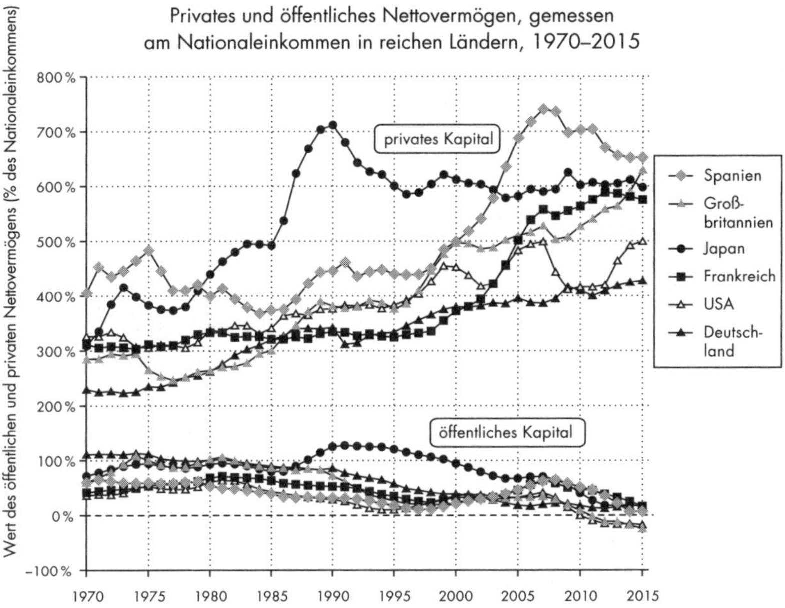

Quelle: WID.world (2017). Vgl. wir2018.wid.world für Datenreihen und Anmerkungen. 2015 war der Wert des öffentlichen Nettovermögens (oder des öffentlichen Kapitals) in den USA negativ (-17 % des Nettonationaleinkommens), während das Nettoprivatvermögen (oder private Kapital) 500 % des Nationaleinkommens entsprach. 1970 hatte das öffentliche Nettovermögen noch 36 % des Nationaleinkommens entsprochen, während der entsprechende Anteil des Nettoprivatvermögens bei 326 % lag. Das Nettoprivatvermögen entspricht dem privaten Vermögen abzüglich der privaten Schulden. Das öffentliche Nettovermögen entspricht den öffentlichen Vermögenswerten abzüglich der öffentlichen Schulden.

zungen mittlerweile zwischen 10 und 20 % des Nationaleinkommens, womit es nur noch einen Bruchteil des gesamten Nationalvermögens ausmacht. Der beherrschende Anteil des Privatvermögens am Nationalvermögen steht in krassem Gegensatz zur Situation in den 1970er Jahren, als das öffentliche Nettovermögen in den meisten Industrieländern zwischen 50 und 100 % des Nationaleinkommens ausmachte (in Deutschland sogar mehr als 100 %). Es deutet einiges darauf hin, dass die Fähigkeit des Staates, in die Wirtschaft einzugreifen, Einkommen zu verteilen und der wachsenden Ungleichheit entgegenzuwirken, in den Industrieländern mittlerweile beschränkt ist (mehr dazu später).

In der Praxis ist der Rückgang des öffentlichen Nettovermögens in den letzten Jahrzehnten im Wesentlichen auf den Anstieg der Staatsschulden zurückzuführen, während das öffentliche Vermögen, gemessen am jährlichen Nationaleinkommen, in den meisten Ländern relativ stabil geblieben ist (vgl. **Grafiken 3.1.4a** und **3.1.4b**). Die relative Stabilität des öffentlichen Besitzes – gemessen am Nationaleinkommen – kann auf zwei widersprüchliche Effekte zurückgeführt werden: Auf der einen Seite ist ein beträchtlicher Teil des Staatseigentums (insbesondere öffentliche oder halböffentliche Unternehmen, die zwischen den fünfziger und 1970er Jahren des 20. Jahrhunderts in einigen Industrieländern eine relativ große Bedeutung hatten) privatisiert worden, auf der anderen Seite ist der Marktwert des verbliebenen öffentlichen Besitzes – darunter vor allem Gebäude, die Behörden, Schulen, Universitäten, Krankenhäuser und andere öffentliche Dienste beherbergen – in diesem Zeitraum gestiegen.

China und Russland liefern zwei gegensätzliche Anschauungsbeispiele für die Entwicklung der Vermögens-Einkommens-Relationen im

Grafik 3.1.4a
Öffentliche Vermögenswerte in Relation zum Nettonationaleinkommen in reichen Ländern, 1970–2015

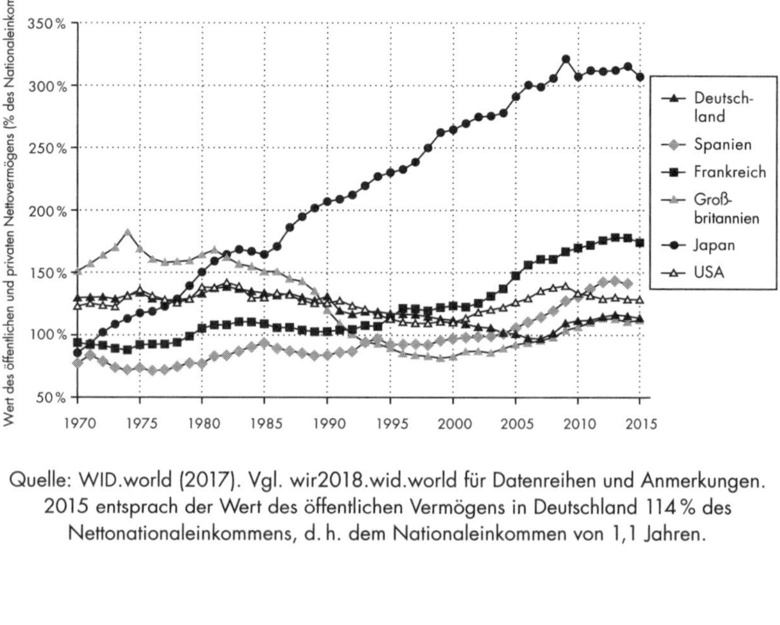

Quelle: WID.world (2017). Vgl. wir2018.wid.world für Datenreihen und Anmerkungen. 2015 entsprach der Wert des öffentlichen Vermögens in Deutschland 114 % des Nettonationaleinkommens, d. h. dem Nationaleinkommen von 1,1 Jahren.

Vergleich zu den zuvor genannten Ländern; dabei spielen die unterschiedlichen Privatisierungsstrategien dieser beiden Länder eine entscheidende Rolle. (Eine genauere Analyse dieser Zusammenhänge findet sich in den Kapiteln 3.2 bis 3.4.) Durch die graduelle Privatisierung von Staatseigentum in China sank der Wert des öffentlichen Vermögens, gemessen am Nationaleinkommen, in einer Phase rasch steigender Vermögenspreise geringfügig von rund 250 % im Jahr 1978 auf rund 230 % im Jahr 2015. Russland wählte eine Strategie der Coupon-Privatisierung, um möglichst rasch Staatseigentum auf den Privatsektor zu übertragen; das Resultat war eine deutliche Verringerung des öffentlichen Nettovermögens, gemessen am Nationaleinkommen: Der Wert des öffentlichen Vermögens sank zwischen 1990 und 2015 von mehr als 230 auf rund 90 % des Nationaleinkommens.

Die Vormachtstellung des privaten gegenüber dem öffentlichen Vermögen in den einzelnen Ländern lässt sich auch am relativen Anteil am Nationalvermögen erkennen. Wie aus **Grafik 3.1.5** hervorgeht, ist der Wert des öffentlichen Eigentums, gemessen am Privateigentum, in allen

Grafik 3.1.4b
Öffentliche Schulden, gemessen am Nettonationaleinkommen in reichen Ländern, 1970–2015

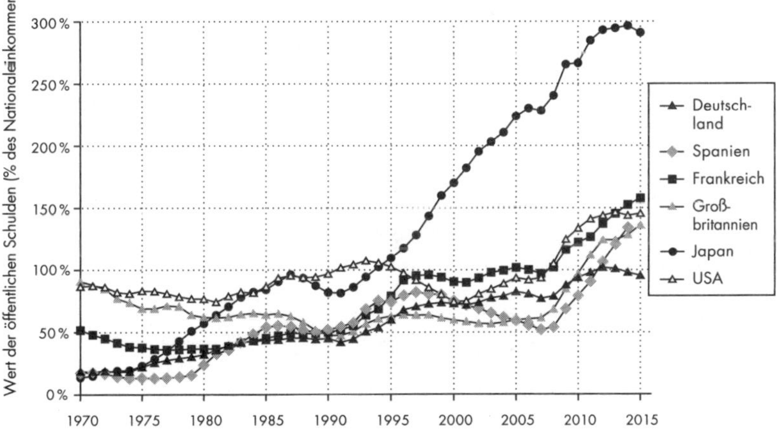

Quelle: WID.world (2017). Vgl. wir2018.wid.world für Datenreihen und Anmerkungen.
2015 entsprachen die Staatsschulden der Vereinigten Staaten 146 % des Nettonationaleinkommens, d. h. dem Nationaleinkommen von 1,5 Jahren.

untersuchten Ländern mit Ausnahme Norwegens gesunken. Ende der 1970er Jahre war das Verhältnis zwischen öffentlichem Vermögen und nationalem Nettovermögen in allen Industrieländern positiv; in einigen Ländern, darunter Deutschland und Großbritannien, lag der Anteil des öffentlichen Vermögens bei nicht weniger als 25 %, in anderen, darunter Japan, Frankreich und die Vereinigten Staaten, betrug er 15 %. Im Jahr 2016 war der Anteil des öffentlichen Vermögens in Großbritannien und den Vereinigten Staaten negativ, und in Japan, Deutschland und Frankreich ist er mittlerweile nur noch geringfügig positiv. In China hielt die öffentliche Hand im Jahr 1978 noch 70 % des nationalen Vermögens; seit 2008 hat sich der Vermögensanteil des öffentlichen Sektors anscheinend bei etwa 30 % eingependelt – etwas höher als in der Phase der gemischten Wirtschaft in den 1950er bis 1970er Jahren in den westlichen Ländern (obwohl die Anteile durchaus vergleichbar sind).

Norwegen nimmt gemeinsam mit einigen anderen rohstoffreichen

Grafik 3.1.5
Öffentliches Vermögen, gemessen am Nationalvermögen in reichen Ländern, 1978–2015

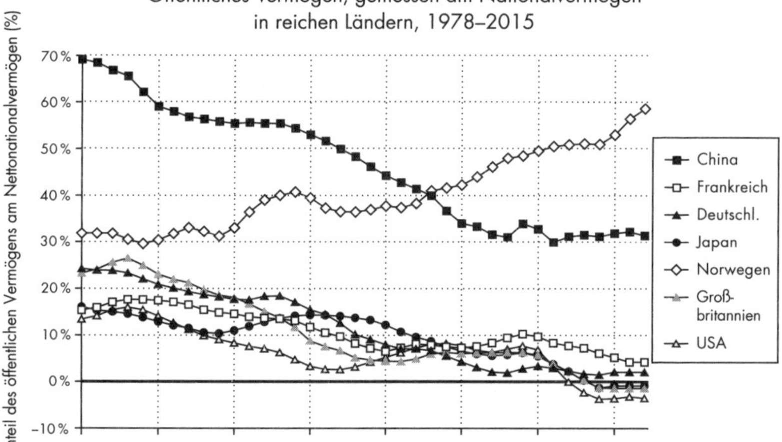

Quelle: Piketty, Yang und Zucman (2017). Vgl. wir2018.wid.world für Datenreihen und Anmerkungen.
2015 entsprach der Wert des öffentlichen Vermögens Frankreichs 3 % des Nationalvermögens; 1980 hatte der entsprechende Anteil noch bei 17 % gelegen. Das öffentliche Nettovermögen entspricht den öffentlichen Vermögenswerten abzüglich der öffentlichen Nettoschulden. Das Nettonationalvermögen entspricht der Summe von privatem und öffentlichem Nettovermögen.

Ländern diesbezüglich eine Sonderstellung ein, da es über seinen großen staatlichen Investmentfonds in Projekte investiert, die das öffentliche Vermögen vergrößern können. Nach der Entdeckung von Erdöl- und Erdgasvorkommen im Jahr 1969 richtete die norwegische Regierung in den 1990er Jahren einen Globalen Rentenfonds ein, der einen Teil der Erträge aus diesen nicht erneuerbaren Energiequellen investiert, womit gewährleistet wird, dass die Einnahmen aus der Erdölförderung in der Nordsee nicht nur der heutigen Bevölkerung, sondern auch zukünftigen Generationen zugutekommen werden. In Norwegen wird dies als wichtiges wirtschaftspolitisches Instrument betrachtet, um staatliche Rücklagen zu schaffen, öffentliche Ausgaben zu finanzieren und Vermögen aufzubauen. So ist der Anteil des öffentlichen Vermögens am gesamten Nationalvermögen von etwa 30 % im Jahr 1978 auf fast 60 % im Jahr 2015 gestiegen, während der Wert dieses Vermögens rund 300 % des Nationaleinkommens erreicht ist (womit er relativ deutlich höher ist als in China).

Zwei interessante Vergleiche verdeutlichen die Bedeutung von politischen Institutionen und Ideologien für das Verhältnis zwischen Einkommen und Nationalvermögen. Es hängt nicht nur vom Öl ab, sondern davon, wie die Regierung mit dem öffentlichen Vermögen und dem Wirtschaftssystem umgeht. Zunächst einmal können wir Norwegen mit Russland vergleichen. Obwohl Russland in relativen Zahlen ähnliche Handelsüberschüsse erzielt wie Norwegen – in beiden Fällen liegen sie bei etwa 200 % des Nationaleinkommens –, geht aus den amtlichen Statistiken hervor, dass es Russland nicht gelungen ist, großes Auslandsvermögen anzuhäufen. Stattdessen wird angenommen, dass ein beträchtlicher Teil dieser Überschüsse ins Ausland abfließt und folglich anders als in Norwegen weder besteuert noch zur Finanzierung von Staatsausgaben verwendet werden kann. Sodann kann Norwegen mit Großbritannien verglichen werden, das ebenfalls von Erdölvorkommen in der Nordsee profitiert. In seinem Buch *Ungleichheit. Was wir dagegen tun können*[3] schreibt Anthony Atkinson: «Es ist eine interessante Übung in hypothetischer Geschichtsforschung zu fragen, was geschehen wäre, wenn Großbritannien im Jahr 1968 einen solchen Fonds eingerichtet» und ähnlich wie Norwegen «nur die Realrendite ausgegeben hätte».[4] Atkinson zeigt, dass Großbritannien ein beträchtliches Vermögen (von etwa 350 Mrd. Pfund) hätte anhäufen können, was etwa 60 % des norwegischen Fonds entsprechen würde. Da Großbritannien größer ist, hätte der Fonds einen geringeren Prozentsatz des Nationaleinkommens ausgemacht, aber das Haushaltspolster hätte dafür gesorgt, dass Großbritanniens Nettovermögen heute nicht negativ, sondern positiv wäre.

Die jüngsten Entwicklungen der Vermögens-Einkommens-Relationen sind wahrscheinlich das Ergebnis wirtschaftspolitischer Entscheidungen und länderspezifischer Rahmenbedingungen

In den folgenden Abschnitten wird genauer untersucht, warum sich die Vermögens-Einkommens-Relationen in den Industrieländern seit den 1970er Jahren (Kapitel 3.2) und in China und Russland seit der Lösung von kommunistischen politischen und Wirtschaftssystemen (Kapitel 3.3) wie zuvor beschrieben entwickelt haben.

Zusammenfassend können wir feststellen, dass der strukturelle Anstieg der privaten Vermögen in Relation zum Nationaleinkommen in den letzten Jahrzehnten auf eine Kombination von Faktoren zurückzuführen ist. Hohe Sparquoten und eine Verlangsamung des Wirtschaftswachstums (Volumenfaktoren) erklären rund 60 % des Anstiegs der Vermögens-Einkommens-Relationen in den reichen Ländern, während die übrigen 40 % auf den Anstieg von Immobilienpreisen und Aktienkursen (relative Vermögenspreisfaktoren) zurückzuführen sind. Der Transfer von öffentlichem Vermögen in private Hände (institutionelle Faktoren) hat wesentlich zum Anstieg der Vermögens-Einkommens-Relationen in China und Russland beigetragen; dasselbe gilt, wenn auch in sehr viel geringerem Maß, für entwickelte Länder, die (im Allgemeinen Mitte der 1980er Jahre) in großem Stil Staatseigentum privatisierten.

Seit der Finanzkrise haben sich die Vermögens-Einkommens-Relationen in den einzelnen Ländern unterschiedlich entwickelt, was ein weiterer Hinweis auf den Einfluss des länderspezifischen Kontexts ist. In allen untersuchten Ländern schrumpften die privaten Vermögen infolge der Krise, gemessen am Nationaleinkommen, was ein Hinweis darauf ist, dass Marktakteure aufgrund fallender Vermögenspreise – ab 2008 sanken die Immobilienpreise und Aktienindizes länderübergreifend – kurzfristige Kapitalverluste erlitten. Ausmaß, Geschwindigkeit und Zeitpunkt des Einbruchs und der anschließenden Erholung der Vermögen – die in allen Ländern mit Ausnahme Japans und Spaniens zu beobachten war – variieren erheblich, was einmal mehr zeigt, dass die spezifischen Bedingungen in den einzelnen Ländern großen Einfluss auf die Vermögens-Einkommens-Relation haben können. Beispielsweise fielen die Vermögenseinbußen, gemessen am Nationaleinkommen, in Spanien (-150 %) und den Vereinigten Staaten (-140 %) vermutlich deshalb höher aus als in anderen Ländern, weil in diesen beiden Ländern die Börsen und Immobilienmärkte besonders überhitzten, was die Entstehung der Spekulationsblasen überhaupt erst ermöglichte (vgl. insbesondere Kapitel 4.5).

2. Die Entwicklung der aggregierten Vermögens-Einkommens-Relationen in den Industrieländern

- Die Analyse von nationalen Ersparnissen sowie Wirtschaftswachstum und Vermögenspreisen trägt wesentlich zum Verständnis der langfristigen Entwicklung des Nationalvermögens bei. Nationale Ersparnisse und Wachstum tragen 60 % zum Anstieg des Nationalvermögens in den reichen Ländern bei; die übrigen 40 % entfallen auf die Vermögenspreise.
- Die Kapitalakkumulation beruht seit Ende der 1970er Jahre im Wesentlichen auf dem Anstieg der Immobilienpreise, die sich in den einzelnen Ländern jedoch sehr unterschiedlich entwickelten.
- Die Auslandsvermögen haben großen Einfluss auf die allgemeine Entwicklung der Vermögens-Einkommens-Relationen.
- Mittlerweile scheinen die privaten Vermögen, gemessen am Nationaleinkommen, in den reichen Ländern wieder auf die Ende des 19. Jahrhunderts beobachteten Werte zu steigen, als die Vermögens-Einkommens-Relationen auf 600 bis 700 % kletterten.

Nationales Sparvermögen, Wirtschaftswachstum und Vermögenspreise haben entscheidenden Einfluss auf die langfristige Entwicklung der nationalen Vermögens-Einkommens-Relationen

Um die Entwicklung des Nationalvermögens, gemessen am Nationaleinkommen, und die Eigentumsstruktur richtig beurteilen zu können, müssen wir eine Kombination komplexer Faktoren und Prozesse analysieren.

Zunächst einmal ist das Verhältnis zwischen privatem und öffentlichem Vermögen bei einem gegebenen Nationalvermögen im Wesentlichen ein Ergebnis der politischen Entscheidungen. Wenn sich der russische oder chinesische Staat entschließt, öffentliches Eigentum zu privatisieren – wobei diese Vermögenswerte normalerweise unter dem Marktwert verkauft werden –, wird der Anteil des Privatvermögens am Nationalvermögen automatisch steigen. Wenn eine Regierung beschließt, Haushaltsüberschüsse zu erzielen, um Staatseigentum anzuhäufen (und/oder Privateigentum zu verstaatlichen, für das der Staat abhängig vom historischen und ideologischen Kontext mehr oder weniger als den Marktpreis bezahlt), wird der Anteil des öffentlichen Vermögens bei ansonsten unveränderten Bedingungen steigen. Wenn eine Regierung Haushaltsdefizite anhäuft und diese mit der Aufnahme öffentlicher Schulden oder der Privatisierung von Staatseigentum finanziert, wird der Anteil des öffentlichen Vermögens am Nationalvermögen sinken.

In den Industrieländern führte eine Kombination politischer Maßnahmen (Haushaltsdefizite, Privatisierung von Staatseigentum und Erhöhung der öffentlichen Schulden) ab den 1970er Jahren dazu, dass der Anteil des öffentlichen Vermögens am Nationalvermögen von rund 20 % in den 1970er Jahren (abhängig vom Land zwischen 15 und 25 %) auf rund 0 % (oder geringfügig negative Niveaus) im Jahr 2016 sank (vgl. **Grafik 3.1.5**). Wäre eine andere Haushalts- und Regulierungspolitik betrieben worden und hätte der Anteil der öffentlichen Hand am Nationalvermögen auf demselben Niveau wie in den 1970er Jahren verharrt, so wäre der Anteil des Privatvermögens im Jahr 2016 definitionsgemäß etwa 20 % niedriger gewesen (sofern sich bei einer gegebenen

Höhe des Nationalvermögens alle anderen Faktoren gleich entwickelt hätten). Die Verringerung des öffentlichen Vermögens ist also der Hauptgrund für den Anstieg des Privatvermögens im Verhältnis zum Nationaleinkommen.

Sodann müssen wir uns die Entwicklung des Verhältnisses zwischen Nationalvermögen und Nationaleinkommen ansehen. Hier ist das Wechselspiel zwischen dem Umfang des nationalen Sparvermögens (der Summe der öffentlichen und privaten Ersparnisse), der Höhe des Wirtschaftswachstums (das von Bevölkerungswachstum und Produktionszuwachs abhängt) und der Entwicklung der relativen Vermögenspreise zu berücksichtigen. Genauer gesagt, kann man, ausgehend von den Erkenntnissen von Piketty und Zucman (2014), die Entwicklung des Verhältnisses zwischen Nationalvermögen und Nationaleinkommen in zwei Bestandteile zerlegen: Volumeneffekte und Preiseffekte.

Volumeneffekte hängen in erster Linie von der Entwicklung des nationalen Sparvermögens ab: Je höher die Ersparnisse, desto mehr nationales Vermögen wird angehäuft. Außerdem hängen diese Effekte vom Wirtschaftswachstum ab: Bei einem gegebenen Sparvermögen werden ein geringeres Bevölkerungswachstum und/oder ein geringerer Produktivitätszuwachs dazu führen, dass das Nationalvermögen, gemessen am Nationaleinkommen, steigt (was einfach daran liegt, dass das Nationaleinkommen sinkt). Generell steigt in Ländern mit hohen Ersparnissen und geringem Wachstum (zum Beispiel aufgrund einer demografischen Stagnation wie in Japan und großen Teilen Europas) naturgemäß das Nationalvermögen im Verhältnis zum Nationaleinkommen.[5]

Die Preiseffekte hängen von der Entwicklung der Vermögenspreise – insbesondere der Immobilienpreise und Aktienkurse – in Relation zu den Verbraucherpreisen ab. Diese Entwicklung wiederum wird von verschiedenen institutionellen und politischen Faktoren beeinflusst – so trug die graduelle Aufhebung der Mietpreisbindung zum beträchtlichen Anstieg der Immobilienpreise im Untersuchungszeitraum bei – und hängt von den Spar- und Geldanlagemustern ab. Wenn sich beispielsweise die alternde Bevölkerung Japans und Europas entschließt, einen großen Teil ihrer Ersparnisse in heimische Vermögenswerte einschließlich von Immobilien zu investieren (und ihr Anlageportfolio nicht im möglichen Umfang international diversifiziert oder diversifizieren kann), es nicht allzu sehr überrascht, wenn Aufwärtsdruck auf die Immobilienpreise entsteht.

Wenn man systematische Datenreihen zu den Spar- und Anlagemustern sowie zum Wirtschaftswachstum in den Industrieländern seit 1970 miteinander kombiniert, stellt man fest, dass sowohl die Volumen- als auch die Preiseffekte eine wichtige Rolle gespielt haben. Beispielsweise zeigt eine Analyse der Entwicklung in den acht größten entwickelten Volkswirtschaften, dass im Durchschnitt etwa 60 % des zwischen 1970 und 2010 angehäuften Nationalvermögens auf Volumeneffekte und etwa 40 % auf Preiseffekte zurückzuführen sind. Allerdings gibt es erhebliche Unterschiede zwischen den einzelnen Ländern. Im Fall der Vereinigten Staaten zum Beispiel erklären Volumeneffekte 72 % des Nationalvermögens, das zwischen 1970 und 2010 angehäuft wurde, während 28 % auf sonstige Kapitalerträge entfielen. Ähnlich wie in den Vereinigten Staaten erklären auch in Japan, Frankreich und Kanada neue Ersparnisse rund 70 bis 80 % des zwischen 1970 und 2010 akkumulierten Nationalvermögens; die übrigen 20 bis 30 % entfielen auf sonstige Kapitalerträge. Hingegen waren die Kapitalerträge in Australien, Italien und Großbritannien höher; dort trugen sie zwischen 40 und 60 % zum Vermögenszuwachs bei. In Großbritannien waren mehr als die Hälfte des Vermögenszuwachses (58 %) in diesem Zeitraum auf einen Anstieg der Vermögenspreise zurückzuführen. Im Gegensatz dazu sanken die Vermögenspreise in Deutschland, wo der Anstieg des Nationalvermögens zur Gänze auf Ersparnisse zurückzuführen war – während die Entwicklung der Kapitalerträge das Wachstum sogar bremste.[6]

Unsere neuen, erweiterten Datenreihen bestätigen diese allgemeinen Ergebnisse. Insbesondere nach der Finanzkrise von 2008 waren sehr unterschiedliche Muster von Vermögenspreiskorrekturen zu beobachten. Beispielsweise sanken die Hauspreise in den Vereinigten Staaten und Spanien deutlich (mehr dazu später), während der Rückgang in Großbritannien und Frankreich sehr viel geringer ausfiel. Im Großen und Ganzen ist der in den letzten Jahren in einigen Ländern beobachtete Rückgang der Vermögenspreise, verglichen mit dem langfristigen Anstieg der relativen Vermögenspreise, seit 1970 jedoch relativ gering ausgefallen.

Wie sind die beträchtlichen langfristigen Vermögenszuwächse in den meisten Ländern zu erklären? Bis zu einem gewissen Grad sind die seit den 1970er und 1980er Jahren des 20. Jahrhunderts auf den Immobilien- und Aktienmärkten erzielten Kapitalerträge einfach das Ergebnis einer langfristigen *Erholung* der Vermögenspreise. Zwischen 1910 und 1950 fielen die Vermögenspreise deutlich, was vor allem auf niedrige Sparquoten und negative Bewertungseffekte (einschließlich von Verlusten in ausländischen Portfolios) zurückzuführen war. Seit 1950 steigen sie stetig. In dieser Erholung dürften jedoch insbesondere die Hauspreise über das Ziel hinausgeschossen sein; eine mögliche Erklärung dafür ist die zuvor erwähnte Bevorzugung dieser Anlageform.

Deutschland ist eine interessante Ausnahme vom allgemeinen Muster des Vermögenszuwachses. In Anbetracht der relativ großen Sparströme des Landes hätte man erwarten dürfen, in Deutschland eine höhere nationale Vermögens-Einkommens-Relation zu sehen als die im Jahr 2015 ermittelten 430 %. Aus Schätzungen, bei denen die Ausgaben für Forschung und Entwicklung in den Sparströmen berücksichtigt wurden, gibt es in Deutschland ein «fehlendes Vermögen» in Höhe von 50 bis 100 % des Nationaleinkommens, was darauf hindeutet, dass die deutschen Statistiker entweder die Spar- und Investitionsströme überschätzt oder den gegenwärtigen Bestand an Privatvermögen unterschätzt haben. Eine andere Möglichkeit ist, dass die langfristige Erholung der Vermögenspreise in Deutschland nicht so deutlich ausfiel wie in anderen Ländern, weil das deutsche Rechtssystem neben den Hauseigentümern auch anderen Interessengruppen Kontrolle über die privaten Vermögenswerte zugesteht. So verhinderte möglicherweise die Mietpreisbindung einen ähnlich kräftigen Anstieg des Marktwerts von Immobilien wie in anderen Ländern. Desgleichen können die Mitbestimmungsrechte der Arbeitnehmervertreter in den Aufsichtsräten den Marktwert von Unternehmen verringern. Es ist auch möglich, dass die Vorliebe für kostspielige Kapitalgüter, insbesondere Immobilien, bei den Deutschen nicht so ausgeprägt ist wie bei Briten, Franzosen und Italienern. Der Grund dafür ist historisch und kulturell vielleicht darin zu suchen, dass die Deutschen lieber in einem polyzentrischen als in einem zentralisierten, von einer großen Hauptstadt dominierten Land leben.

Schließlich sollte erwähnt werden, dass Kapitalerträge und -einbußen bei der Berechnung der durchschnittlichen Vermögensakkumulation in sämtlichen europäischen Ländern an Bedeutung für den Vermögenszuwachs in Relation zum Nationaleinkommen verlieren.[7] Aufgrund des großen Gewichts Deutschlands fiel der Zuwachs an sonstigem Vermögen in Europa insgesamt geringer aus als in Frankreich, Italien und Großbritannien. Lägen regionale Bilanzen für die Vereinigten Staaten vor, so würde eine Aufgliederung der Vermögensakkumulation möglicherweise zeigen, dass sich die Vermögenspreise in den einzelnen Regionen der USA ähnlich unterschiedlich entwickelt haben wie in den europäischen Ländern. Es ist also möglich, dass sich beträchtliche Bewegungen der Vermögenspreise in relativ kleinen nationalen oder regionalen Einheiten verfestigen, wobei sich diese Effekte jedoch im größeren Maßstab gegenseitig aufheben.[8]

Die nationale Kapitalakkumulation stützte sich vor allem auf das Wachstum des Immobilienvermögens

Die Akkumulation von Immobilienvermögen hat wesentlich zum nationalen Kapitalzuwachs beigetragen, wobei jedoch beträchtliche Unterschiede zwischen den einzelnen Ländern zu beobachten sind. In Frankreich, Italien und Großbritannien ist der Vermögenszuwachs in Relation zum Nationaleinkommen fast zur Gänze auf den Anstieg der Immobilienpreise zurückzuführen (vgl. **Tabelle 3.2.1**). In Japan entfallen aufgrund der Akkumulation von Auslandsvermögen weniger als die Hälfte des Gesamtanstiegs des Inlandsvermögens und ein noch geringerer Teil des Gesamtanstiegs des Nationalvermögens auf den Wertzuwachs von Immobilien.

In den meisten Ländern haben andere inländische Kapitalgüter ebenfalls zum Anstieg des Nationalvermögens beigetragen, weil ihr Marktwert gestiegen ist. Wir können insbesondere einen Blick auf die Tobin-Quotienten werfen, die der Bestimmung der Differenz zwischen Markt- und Buchwert von Unternehmen dienen.[9] Die Quotienten lagen in den 1970er Jahren deutlich unter 1, was bedeutet, dass der Marktwert der Vermögenswerte der Unternehmen (das heißt ihr Preis an der Börse) deutlich unter ihrem Buchwert lag (das heißt unter dem aus der

Tabelle 3.2.1
Inländische Kapitalakkumulation in reichen Ländern, 1970–2015:
Immobilien- und anderes Inlandskapital

	1970 Relation Inlandskapital/ Nationaleinkommen		**2015 Relation Inlandskapital/ Nationaleinkommen**		**1970–2015 Anstieg der Relation Inlandskapital/ Nationaleinkommen**	
	einschließlich Immobilien	**einschließlich sonstiges Inlandskapital**	**einschließlich Immobilien**	**einschließlich sonstiges Inlandskapital**	**einschließlich Immobilien**	**einschließlich sonstiges Inlandskapital**
USA	**357 %**		**518 %**		**161 %**	
	132 %	225 %	179 %	339 %	48 %	113 %
Japan	**378 %**		**532 %**		**154 %**	
	150 %	228 %	214 %	318 %	64 %	90 %
Deutschland	**326 %**		**393 %**		**67 %**	
	160 %	166 %	268 %	125 %	108 %	–41 %
Frankreich	**343 %**		**576 %**		**233 %**	
	122 %	221 %	412 %	164 %	290 %	–57 %
Großbritannien	**339 %**		**624 %**		**376 %**	
	99 %	240 %	334 %	290 %	290 %	50 %
Italien	**238 %**		**612 %**		**374 %**	
	108 %	130 %	439 %	173 %	331 %	43 %
Kanada	**304 %**		**520 %**		**237 %**	
	126 %	178 %	302 %	218 %	190 %	47 %
Australien	**429 %**		**715 %**		**286 %**	
	184 %	245 %	410 %	305 %	227 %	59 %

Quelle: Piketty und Zucman (2014) sowie Estevez-Bauluz (2017).
Vgl. wir2018.wid.world für Datenreihen und Anmerkungen.
2015 entsprach der Wert des Inlandskapitals in Italien 612 % des Nettonationaleinkommens, das heißt dem Nationaleinkommen von 6,1 Jahren.
Das Inlandskapital entspricht dem Marktwert des Nationalvermögens abzüglich des Nettoauslandsvermögens.

Unternehmensbilanz hervorgehenden Wert der Aktiva abzüglich der Verbindlichkeiten). In den Jahren zwischen 1990 und 2000 stiegen die Quotienten beinahe auf 1 (und teilweise darüber). Aber auch hier gibt es bemerkenswerte Unterschiede zwischen den einzelnen Ländern. Die Tobin-Quotienten für deutsche Unternehmen waren sehr niedrig und blieben deutlich unter 1 (im Normalfall lagen sie bei etwa 0,5), während in Großbritannien und den Vereinigten Staaten deutlich höhere Werte ermittelt wurden. Eine mögliche Erklärung ist die des zuvor erwähnten «Aktionärseffekts». Die Aktionäre deutscher Unternehmen haben keine volle Kontrolle über die Vermögenswerte eines Unternehmens, sondern teilen sich die Stimmrechte mit Belegschaftsvertretern und manchmal mit Landesregierungen, was den Börsenwert des Unternehmens möglicherweise unter seinen Buchwert drückt.[10] Möglicherweise ist auch die beschränkte Aussagekraft der Daten für einige Schwankungen der Tobin-Quotienten verantwortlich. Tatsächlich ist es einigermaßen verwirrend, dass die Tobin-Quotienten in den meisten Ländern strukturell unter 1 zu liegen scheinen, obwohl das immaterielle Kapital berücksichtigt ist, was die Werte im Prinzip über 1 heben sollte. Die Erklärung dürfte teils darin zu finden sein, dass der Buchwert der Unternehmen in den volkswirtschaftlichen Gesamtrechnungen zumeist überschätzt wird.

Das Auslandsvermögen hat beträchtlichen Einfluss auf die Entwicklung der Vermögens-Einkommens-Relation

In der vorangegangenen Analyse der Vermögensakkumulation in reichen Ländern wurde nicht zwischen im Inland und im Ausland angehäuften Vermögen unterschieden. Das Nationalvermögen kann als Summe von Inlandsvermögen und Nettoauslandsvermögen betrachtet werden – das heißt des Auslandsvermögens (der Vermögenswerte von Inländern in anderen Ländern) abzüglich der ausländischen Bruttopassiva (der inländischen Vermögenswerte im Besitz ausländischer Bürger). Eine Auswertung der Daten zum nationalen und Nettoauslandsvermögen im Zeitraum 1970 bis 2016 deutet darauf hin, dass das Nettoauslandsvermögen – sei es nun positiv oder negativ – in diesem Zeitraum nur einen relativ kleinen Teil des Nationalvermögens der reichen Länder ausgemacht hat (vgl. **Grafik 3.2.1**).

Obwohl nur ein relativ kleiner Teil des Nationalvermögens auf das Nettoauslandsvermögen entfällt, hat dieses eine wichtige Rolle in der allgemeinen Entwicklung der Vermögens-Einkommens-Relationen gespielt. Erstens häuften Japan und Deutschland in den 1990er Jahren und im folgenden Jahrzehnt beträchtliches Vermögen im Ausland an, da diese beiden exportorientierten Volkswirtschaften große Handelsüberschüsse erzielten; im Jahr 2015 entfielen in beiden Ländern rund 50 bzw. 70 % des Nationalvermögens auf ihr Auslandsvermögen. Obwohl das ausländische Nettovermögen Japans und Deutschlands noch

Grafik 3.2.1
Nettonationalvermögen und Nettoauslandsvermögen
in reichen Ländern, 1970–2015

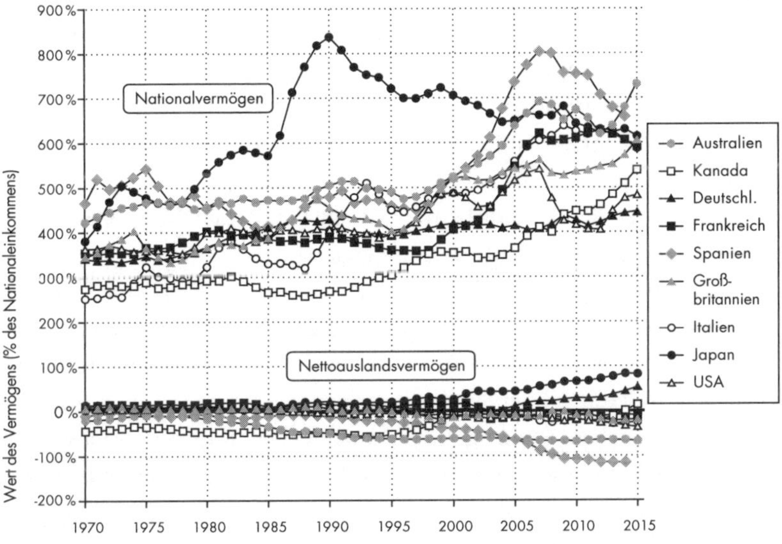

Quelle: WID.world (2017). Vgl. wir2018.wid.world für Datenreihen und Anmerkungen. 2015 entsprach der Wert des französischen Nationalvermögens 591 % des Nationaleinkommens (das heißt, er entsprach dem Nationaleinkommen von 5,9 Jahren), während der Wert des Nettoauslandsvermögens bei -10 % des Nettonationaleinkommens lag. Das Nettonationalvermögen entspricht der Summe von privatem und öffentlichem Nettovermögen. Das Nettoauslandsvermögen entspricht dem gesamten Auslandsvermögen der Bürger eines Landes abzüglich aller nationalen Vermögenswerte im Besitz ausländischer Bürger.

immer deutlich geringer ist als das Frankreichs und Großbritanniens vor dem Ersten Weltkrieg, hat es einen beträchtlichen Umfang erreicht. Die Folge ist, dass mehr als ein Viertel des Gesamtanstiegs des Nationalvermögens in Relation zum Nationaleinkommen in diesen beiden Ländern auf den Anstieg des Nettoauslandsvermögens zurückzuführen ist. Im Gegensatz dazu weisen die meisten anderen reichen Länder ein negatives Nettoauslandsvermögen auf – in den meisten Fällen entspricht es zwischen -10 und -30 % des Nationaleinkommens –, das im Untersuchungszeitrum im Allgemeinen geschrumpft ist. Allerdings ist die Aussagekraft der amtlichen Zahlen zum Nettoauslandsvermögen insofern begrenzt, als die beträchtlichen Vermögenswerte, die Einwohner einiger reicher Länder in Steuerparadiesen halten, in den offiziellen Statistiken nicht enthalten sind. Aller Wahrscheinlichkeit nach würde eine Berücksichtigung dieser Vermögenswerte dazu führen, dass das gesamte Nettoauslandsvermögen der reichen Welt positiv wäre, und besonders deutlich würde sich vermutlich die Position Kontinentaleuropas verbessern, da geschätzt wird, dass rund 15 % des BIP dieser Region in Steuerparadiese abgeflossen sind.[11] Die Kapitel 3.4 und 4.5 enthalten auch Schätzungen zum Auslandsvermögen Russlands und Spaniens.

Zweitens ist der Gesamtbetrag der ausländischen Vermögenswerte seit den 1970er Jahren deutlich gestiegen, so dass ein beträchtlicher Teil des Inlandsvermögens der Länder mittlerweile im Besitz von Bürgern anderer Länder ist. Das Wachstum der grenzüberschreitenden Vermögenspositionen war überall kräftig und in Europa spektakulär, während es in den anderen großen Volkswirtschaften, der japanischen und der US-amerikanischen, etwas geringer ausfiel. Die Kapitalzuwächse und -einbußen mit ausländischen Portfolios können beträchtlich sein, wobei die Entwicklung länderübergreifend und im Lauf der Zeit ausgesprochen volatil ist, und tatsächlich haben ausländische Portfolios in den Vereinigten Staaten (sowie in Australien und Großbritannien) beträchtliche Gewinne erzielt, während sie in einigen anderen Ländern (Japan, Deutschland, Frankreich) zu hohen Verlusten geführt haben. Bemerkenswert ist, dass in Deutschland praktisch sämtliche Kapitaleinbußen auf nationaler Ebene dem Auslandsvermögen zugeschrieben werden können. In den Vereinigten Staaten stellen die Nettokapitalzuwächse aus grenzüberschreitenden Portfolios ein Drittel des gesamten Vermögenszuwachses auf nationaler Ebene dar und entsprechen dem gesamten Anstieg der nationalen Vermögens-Einkommens-Relation seit 1970.

Ein neues goldenes Zeitalter?

Man kann den Anstieg der Vermögens-Einkommens-Relationen in den Industrieländern in den letzten Jahrzehnten kaum verstehen, ohne die jüngsten Entwicklungen in einer breiteren historischen Perspektive zu betrachten. Wie zuvor erläutert, ist der Anstieg der Vermögens-Einkommens-Relationen seit 1970 zu einem großen Teil auf Kapitalzuwächse zurückzuführen: Im Durchschnitt entfallen 40 % des Anstiegs auf diese Zuwächse, wobei es beträchtliche Unterschiede zwischen den einzelnen Ländern gibt. Die Frage ist jedoch, sind diese Kapitalzuwächse mit einem strukturellen, langfristigen Anstieg der relativen Vermögenspreise zu erklären (der zum Beispiel auf einen ungleichmäßigen technischen Fortschritt zurückzuführen war) oder haben wir es einfach mit einem Erholungseffekt zu tun, der Kapitaleinbußen zu Beginn des 20. Jahrhunderts ausglich.

Eine Analyse der Entwicklung der Vermögens-Einkommens-Relationen in einem Zeitraum von weiteren hundert Jahren zeigt, dass die Kapitalzuwächse seit 1970 auf Erholungseffekte zurückzuführen sind. Da die historischen Daten beschränkt sind, ist diese Langzeitanalyse auf vier Länder begrenzt: Frankreich, Deutschland, Großbritannien und die Vereinigten Staaten. In diesen Ländern sind jedoch zwei klare Muster erkennbar. Bei den drei europäischen Ländern sind ähnliche U-förmige Kurven zu beobachten, die darauf hindeuten, dass das Privatvermögen, gemessen am Nationaleinkommen, mittlerweile wieder die hohen Niveaus von 600 bis 700 % erreicht, die im Zeitraum 1870 bis 1910 beobachtet wurden.

Zudem ergibt sich bei der Betrachtung der Entwicklung des öffentlichen Vermögens in Relation zum Nationaleinkommen in Europa im letzten Jahrhundert eine umgekehrte U-Kurve. Aber das Ausmaß der öffentlichen Vermögensakkumulation ist sehr gering, verglichen mit dem der privaten Vermögensakkumulation, was bedeutet, dass die nationalen Vermögens-Einkommens-Relationen in Europa ebenfalls einer ausgeprägten U-Kurve folgen (vgl. **Grafik 3.2.2**). Außerdem war das Nettoauslandsvermögen der europäischen Länder Anfang des 20. Jahrhunderts sehr hoch und entsprach rund 100 % ihres Nationaleinkommens. Interessant ist, dass das europäische Nettoauslandsvermögen im Zeitraum 2000 bis 2010, als die nationale Vermögens-Einkommens-Relation Europas erneut jene der Vereinigten Staaten überstieg, wieder (geringfügig) positiv wurde.

Ausgehend von diesen deskriptiven Fakten, können wir anhand der besten historischen Schätzungen der Sparraten und Wachstumsraten auch den relativen Beitrag von Ersparnissen und Kapitalerträgen seit 1870 schätzen. Wie sich herausstellt, entspricht die gesamte Akkumulation des Nationalvermögens über diesen Zeitraum von 140 Jahren den Sparströmen. Aber um die Unterschiede in der Entwicklung der Privatvermögen in Relation zum Nationaleinkommen vollständig zu erklären, muss für Frankreich, Großbritannien und die Vereinigten Staaten von geringen sonstigen Kapitalerträgen und für Deutschland von geringen Kapitaleinbußen ausgegangen werden. Aber in all diesen Fällen ist der Großteil der Vermögensakkumulation auf die Sparströme zurückzuführen: Die Kapitalerträge scheinen langfristig an Einfluss zu verlieren.

Wenn wir die Analyse in Teilzeiträume aufgliedern, ist in allen europäischen Ländern ein deutlicher Effekt der relativen Vermögenspreise in Form einer U-Kurve zu beobachten. Beispielsweise waren in Großbritannien zwischen 1910 und 1950 reale jährliche Kapitaleinbußen von rund -2 % zu beobachten, aber von 1950 bis 1980 stieg das Kapital um rund 1 % pro Jahr, und zwischen 1980 und 2010 lag der jährliche Zuwachs bei 2,5 %.[12] Ein ähnliches Muster ist in Frankreich zu beobachten, und insgesamt deuten die Daten für diese beiden Länder auf eine geringfügige Übertreibung der Erholung hin, so dass der Gesamteffekt der relativen Vermögenspreise im Zeitraum 1910 bis 2010 geringfügig positiv war. In Deutschland hingegen scheint die Erholung gerade erst zu beginnen, da der gesamte Effekt der relativen Vermögenspreise zwischen 1910 und 2010 bei etwa -1 % lag.

Diese Analyse der Teilzeiträume ermöglicht es, die gewaltigen Vermögenseinbußen, gemessen am Nationaleinkommen, die zwischen 1910 und 1950 in Europa zu beobachten waren, zu zerlegen.[13] In Großbritannien hatten die Zerstörungen in den Weltkriegen nur geringen Einfluss und waren für schätzungsweise 4 % der gesamten Verringerung der Vermögens-Einkommens-Relation verantwortlich. Niedrige nationale Ersparnisse in dieser Zeit waren für 46 % und negative Bewertungseffekte (einschließlich von Verlusten mit ausländischen Portfolios) für die verbleibenden 50 % der Vermögenseinbußen verantwortlich. Diese negativen Bewertungseffekte waren zum Teil auf die zahlreichen gegen das Kapital gerichteten politischen Eingriffe nach dem Ersten Weltkrieg zurückzuführen – bis dahin waren den Kapitalmärkten praktisch keine Fesseln angelegt worden. Ab den 1980er Jahren wurden die Beschränkungen schrittweise wieder aufgehoben, was zur Erholung der Vermögenspreise beitrug.

In Frankreich und Deutschland kann etwa ein Viertel des Rückgangs der Vermögens-Einkommens-Relation mit den Zerstörungen der Weltkriege erklärt werden. Niedrige nationale Sparquoten und reale Kapitaleinbußen erklären jeweils etwa eine Hälfte der verbleibenden drei Viertel des Rückgangs. Interessant ist, dass das Privatvermögen in Großbritannien im Verhältnis zum Nationaleinkommen zwischen 1910 und 1950 weniger sank als in Frankreich und Deutschland, während es sich beim Nationalvermögen umgekehrt verhielt, was auf die hohen Staatsschulden Großbritanniens um das Jahr 1950 zurückzuführen ist. Im Fall der Vereinigten Staaten liegen die Dinge anders als in Europa, da der Rückgang der Vermögens-Einkommens-Relation im Zeitraum 1910 bis 1950 weniger deutlich ausfiel, und dasselbe gilt für die Erholung ab 1950. Was die Kapitalerträge anbelangt, so waren in den Vereinigten Staaten in jedem Teilzeitraum geringe, aber positive relative Preiseffekte zu beobachten. Der Kapitalertragseffekt ist in den letzten Jahrzehnten größer geworden, was anscheinend im Wesentlichen auf das wachsende Auslandsvermögen der Vereinigten Staaten zurückzuführen ist, da er zu groß ist, um ihn mit unterschätzten Spar- und Investitionsströmen zu erklären. Diese Ergebnisse zeigen, dass Bewertungseffekte und Kriegszerstörungen über wenige Jahre und sogar einige Jahrzehnte hinweg von großer Bedeutung für die Bestimmung der Vermögens-Einkommens-Relationen sind. Aber in den wichtigsten reichen Ländern können die heutigen Vermögensniveaus gut anhand der Sparquoten und des Einkommenswachstums seit 1870 erklärt werden.

Grafik 3.2.2
Langfristige Entwicklung des Nationalvermögens reicher Länder, 1870–2015

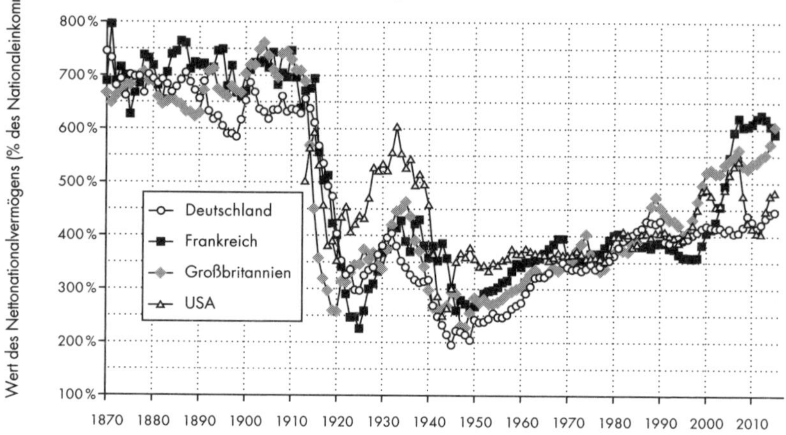

Quelle: WID.world (2017). Vgl. wir2018.wid.world für Datenreihen und Anmerkungen. 1870 entsprach der Wert des deutschen Nettonationalvermögens 745 % des Nettonationaleinkommens, d. h. dem Nationaleinkommen von 7,5 Jahren. Das Nettonationalvermögen entspricht der Summe von privatem und öffentlichem Nettovermögen.

Diese Ergebnisse haben eine Reihe von Implikationen für die Zukunft und für die Gestaltung der Politik. Erstens waren die niedrigen Vermögens-Einkommens-Relationen um die Mitte des 20. Jahrhunderts auf besondere Umstände zurückzuführen. Die beiden Weltkriege und die gegen das Kapital gerichteten politischen Eingriffe zerstörten einen großen Teil des globalen Kapitalstocks und verringerten den Marktwert der Privatvermögen. Eine solche Konstellation wird sich auf freien Märkten kaum wiederholen. Hingegen werden die Determinanten der Vermögens-Einkommens-Relation – Sparquoten und Wachstumsraten – höchstwahrscheinlich in absehbarer Zukunft große Bedeutung erlangen. Solange Länder beträchtliche Beträge sparen (durch eine Mischung von Erbschaften, Lebenszyklus und Vorsichtsmaßnahmen), werden jene mit niedrigen Wachstumsraten hohe Vermögens-Einkommens-Relationen aufweisen. Gegenwärtig ist dieser Effekt in Europa und Japan stärker ausgeprägt, aber da sich das Wachstum letzten Endes überall verlangsamen wird, können die Vermögens-Einkommens-Relationen schließlich weltweit steigen.

Die Rückkehr hoher Vermögens-Einkommens-Relationen ist nicht an sich schlecht, aber sie wirft neue Fragen in Bezug auf die Besteuerung und Regulierung des Kapitals auf. Da die Vermögen stets hochgradig konzentriert sind (was insbesondere auf die kumulativen und multiplikativen Prozesse zurückzuführen ist, welche die Dynamik der Einkommensungleichheit prägen (mehr dazu in Teil IV), bedeuten hohe Vermögens-Einkommens-Relationen, dass die Vermögensungleichheit und potenziell die Ungleichheit des ererbten Vermögens im 21. Jahrhundert wahrscheinlich größeren Einfluss auf die übergeordnete Struktur der Ungleichheit haben wird, als sie in der Nachkriegszeit hatte. Diese Entwicklung kann eine progressive Besteuerung von Vermögen und Erbschaften erforderlich machen.[14] Sollte der internationale Steuerwettbewerb diese politische Neuausrichtung verhindern, so kann eine neue Welle des Protektionismus und der Kapitalkontrollen nicht ausgeschlossen werden.

Darüber hinaus hängen Sparquoten und Wachstumsraten von unterschiedlichen Faktoren ab, weshalb die Vermögens-Einkommens-Relationen von Land zu Land stark variieren können. Diese Tatsache hat große Bedeutung für die Finanzregulierung. Auf vollkommenen Kapitalmärkten gehen sehr unterschiedliche Vermögens-Einkommens-Relationen potenziell mit einem hohen Nettoauslandsvermögen einher, das politische Spannungen zwischen Ländern auslösen kann. Auf unvollkommenen Kapitalmärkten und bei einer Bevorzugung heimischer Geldanlagen können strukturell hohe Vermögens-Einkommens-Relationen zu einer unkontrollierbaren Vermögenspreisinflation beitragen, wie zuletzt in Japan und Spanien zu beobachten. Immobilien- und Finanzblasen haben größeres Zerstörungspotenzial, wenn der gesamte Kapitalstock dem Nationaleinkommen von sechs bis acht Jahren (statt von zwei oder drei Jahren) entspricht. Die Tatsache, dass die Spekulationsblasen in Japan und Spanien in den Daten leicht erkennbar sind, deutet auch darauf hin, dass eine Beobachtung der Vermögens-Einkommens-Relationen die Entwicklung einer geeigneten Finanz- und Geldpolitik erleichtern kann. In Japan und Spanien war den meisten Experten aufgefallen, dass die Vermögenspreise rasch stiegen, aber in Ermangelung klarer Bezugspunkte fällt es den politisch Verantwortlichen schwer zu beurteilen, wann eine solche Entwicklung zu weit gegangen ist und eingegriffen werden muss. Die Vermögens-Einkommens-Relationen und die Aufschlüsselung der Vermögensakkumulation können uns hier nützliche, wenn auch nicht vollkommen verlässliche Bezugspunkte liefern.

3. Die unterschiedlichen Erfahrungen der ehemals kommunistischen Länder

Die Informationen in diesem Kapitel beruhen auf zwei Quellen: Filip Novokmet, Thomas Piketty und Gabriel Zucman, «From Soviets to Oligarchs: Inequality and Property in Russland 1905–2016», WID.world Working Paper Nr. 9/2017; Thomas Piketty, Li Yang und Gabriel Zucman, «Capital Accumulation, Private Property and Rising Inequality in China, 1978–2015», WID.world Working Paper Nr. 6/2017.

- Die Entwicklung von öffentlichem und privatem Vermögen in China und Russland seit der Abkehr vom Kommunismus liefert extreme Anschauungsbeispiele für das allgemeine Wachstum der Privatvermögen in Relation zum Nationaleinkommen in den reichen Ländern seit den 1970er und 1980er Jahren.
- Die wichtigste Erklärung für die verschiedenartigen Erfahrungen dieser beiden Länder sind institutionelle Unterschiede. Insbesondere verfolgten China und Russland unterschiedliche Strategien bei der Privatisierung von Staatseigentum. Die Privatisierung verlief in Russland sehr viel schneller und chaotischer und war sehr viel umfassender als in China, da sich Russland für eine marktwirtschaftliche «Schocktherapie» entschied und Staatbetriebe mittels Coupon-Programmen privatisierte.
- Im Jahr 1980 waren die Privatvermögen in Russland und China, gemessen am Nationaleinkommen, etwa gleich hoch. Bis 2015 stieg das Privatvermögen in China auf rund 500 % des Nationaleinkommens, womit das Verhältnis etwa dem in den Vereinigten Staaten entsprach und nur geringfügig niedriger war als in Frankreich und Großbritannien (550–600 %), während der Wert für Russland mit 350 bis 400 % deutlich unter diesem Niveau lag.

- Das öffentliche Vermögen stagnierte in China zwischen 1980 und 2015 weitgehend bei 200 bis 250 % des Nationaleinkommens, während sich das Verhältnis in Russland von 300 % dramatisch auf 100 % verringerte. Der Grund dafür waren die unterschiedlichen Privatisierungsstrategien der beiden Länder.
- Die unterschiedlichen Spar- und Investitionsanreize hatten zur Folge, dass ein großer Teil des russischen Kapitals aus dem Land abfloss, während der Großteil des chinesischen Vermögens im Land blieb und in heimische Vermögenswerte investiert wurde.

Die Privatisierungsstrategien sind der Hauptgrund für die unterschiedliche Vermögensakkumulation in China und Russland

Die Lösung vom Kommunismus in China und Russland hat in beiden Ländern erhebliche Auswirkungen auf die Vermögen gehabt. Es gibt jedoch beträchtliche Unterschiede zwischen diesen Ländern, die an der Entwicklung des Verhältnisses zwischen Privatvermögen und Nationaleinkommen zu erkennen sind. Wie wir in Kapitel 3.2 im Detail analysiert haben, ist der allgemeine Anstieg des Privatvermögens im Verhältnis zum Nationaleinkommen in den reichen Ländern seit den 1970er und 1980er Jahren auf eine Kombination von Faktoren zurückzuführen, darunter ein verlangsamtes Wirtschaftswachstum, relativ hohe Sparquoten und ein allgemeiner Anstieg der Vermögenspreise. Die Fälle Russlands, Chinas und anderer ehemals kommunistischer Staaten können als extreme Beispiele für diese allgemeine Entwicklung betrachtet werden, aber auch die Strategien, die diese beiden Länder bei der Liberalisierung der Märkte und der Privatisierung von Staatseigentum wählten, hatten erhebliche Auswirkungen auf die Entwicklung des Privatvermögens in Relation zum Nationaleinkommen.

Sowohl in Russland als auch in China war das Privatvermögen im Jahr 1980 sehr begrenzt und entsprach nur etwas mehr als 100 % des jährlichen Nationaleinkommens dieser beiden Länder. Bis 2015 wuchs das Privatvermögen in China auf rund 500 % des Nationaleinkommens, was etwa dem Niveau in den Vereinigten Staaten entsprach und sich rasch den Niveaus in Ländern wie Frankreich und Großbritannien (550–600 %) annäherte. Auch in Russland wuchs das Privatvermögen, gemessen am Nationaleinkommen, deutlich, aber das Verhältnis lag im 2015 lediglich bei 350 bis 400 %, womit es deutlich geringer war als in China und den westlichen Ländern (vgl. **Grafik 3.3.1**). Die Kluft wäre noch größer, würden im Fall Russlands die Schätzungen zum ins Ausland abgeflossenen Kapital nicht berücksichtigt (mehr dazu in Abschnitt 3.5). Das Auslandsvermögen ist im Fall Russlands eine wichtige Größe, da es rund 70 % des Nationaleinkommens entspricht, während es im globalen Durchschnitt nur auf etwa 10 % des Nationaleinkommens geschätzt wird.[15]

Das Wachstum des Nationalvermögens in Russland beruht fast ausschließlich auf dem Wachstum des Privatvermögens, das auf Kosten des öffentlichen Vermögens gewachsen ist. Das russische Nationalvermögen ist im letzten Vierteljahrhundert nur geringfügig gewachsen, nämlich von 400 % des Nationaleinkommens im Jahr 1990 auf 450 % des Natio-

Grafik 3.3.1
Nettoprivatvermögen im Verhältnis zum Nationaleinkommen in China, Russland und reichen Ländern, 1980–2015: Der Aufstieg des Privatvermögens

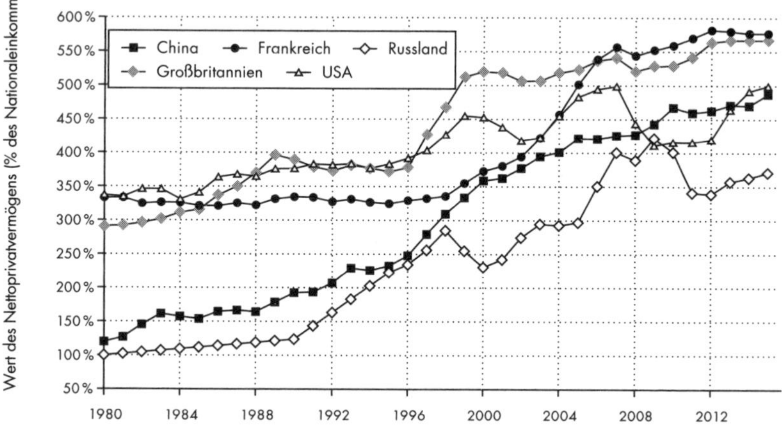

Quelle: Novokmet, Piketty und Zucman (2017).
Vgl. wir2018.wid.world für Datenreihen und Anmerkungen.
2015 entsprach das gesamte Privatvermögen in den USA 500 % des Nationaleinkommens, d. h. dem Nationaleinkommen von fünf Jahren. Das Nettoprivatvermögen entspricht dem Privatvermögen abzüglich der privaten Schulden.

naleinkommens im Jahr 2015, wobei der Anteil des öffentlichen Vermögens von 300 auf unter 90 % des Nationaleinkommens gesunken ist. Im Gegensatz dazu blieb das öffentliche Vermögen in China zwischen 1978 und 2015 weitgehend stabil über 230 % des Nationaleinkommens. Aufgrund des zuvor erwähnten deutlichen Wachstums des Privatvermögens hat sich das Nationalvermögen in diesem Zeitraum im Verhältnis zum Nationaleinkommen von rund 350 auf 700 % verdoppelt (vgl. **Grafik 3.3.2**). Interessant ist, dass das Nationalvermögen nach dem Ende des Kommunismus in Russland deutlich schrumpfte, nämlich von rund 425 % des Nationaleinkommens im Jahr 1990 auf 300 % im Jahr 2000. Diese Verringerung war im Wesentlichen auf die Geschwindigkeit zurückzuführen, mit der die sogenannte Schocktherapie für die russische Wirtschaft sowie die Strategie der Coupon-Privatisierung umgesetzt wurden, um öffentliches Kapital (insbesondere von Staatsbetrieben) auf den Privatsektor zu übertragen. In China hingegen schwankte das Verhältnis zwischen öffentlichem Vermögen und Nationaleinkommen im ersten Jahrzehnt nach Beginn der «wirtschaftlichen Öffnung» im Jahr 1978, aber seitdem ist es fast ununterbrochen gestiegen. In China wurde die Privatisierung von Staatsbetrieben und Wohnimmobilien sehr viel langsamer durchgeführt als in Russland, was einen graduellen, einheitlicheren Vermögenstransfer vom öffentlichen auf den privaten Sektor ermöglichte. Hauptgrund für die im Vergleich zu China größeren Vermögensschwankungen in Russland zwischen 1998 und 2002 sowie zwischen 2006 und 2010 ist die Fluktuation der Aktienkurse in Russland in diesen Zeiträumen.

Hintergrund der unterschiedlichen Vermögensakkumulation in China und Russland

Die sehr unterschiedliche Entwicklung des Nationalvermögens in Russland und China hat mehrere Gründe. Erstens sind die Sparquoten (abzüglich des Wertverlusts) in China mit 30 bis 35 % deutlich höher als in Russland (15–20 %). Wenn ein Land mehr spart, häuft es naturgemäß mehr Kapital an. Zweitens wurde das chinesische Sparvermögen überwiegend zur Finanzierung von Binneninvestitionen verwendet und diente damit der Kapitalakkumulation in China. Im Gegensatz dazu floss in Russland ein sehr großer Teil – normalerweise etwa die Hälfte – der nationalen Ersparnisse über sehr hohe Handels- und Leistungsbilanzüberschüsse in die Finanzierung von Auslandsinvestitionen. Das ist an sich nicht von Nachteil, aber diese sehr hohen Sparströme ins Ausland ermöglichten infolge eines verbreiteten Missmanagements der Überschüsse (Fehlinvestitionen, Kapitalflucht und Abfluss in Steuerparadiese) nur eine geringe Vermögensakkumulation.

Die Kluft zwischen Russland und China wäre sogar noch größer, würde das Offshore-Vermögen bei der Berechnung des russischen Nationalvermögens nicht berücksichtigt. Seine Berücksichtigung ist zweifellos aufschlussreich, erleichtert dies doch das Verständnis der Vermögensentwicklung in Russland, aber da das Auslandsvermögen weitgehend dem Zugriff der Regierung entzogen ist, könnte man auch argumentieren, seine Berücksichtigung bei der Berechnung des russischen Vermögens führe dazu, dass sein greifbarer Wert für das Land überschätzt werde. Flösse hingegen der gesamte Wert der Handelsüberschüsse in die Schätzungen des russischen Nationalvermögens ein, so wäre das Verhältnis zwischen Nationalvermögen und Nationaleinkommen im Jahr 2015 mit etwa 700 % genauso hoch gewesen wie in China. Dass die Einbeziehung dieses Faktors derart große Auswirkungen auf die Vermögensschätzungen hat, verdeutlicht die makroökonomische Bedeutung dieses Punkts.

Schließlich ist das Nationalvermögen, gemessen am Nationaleinkommen, in China höher als in Russland, weil die relativen Vermögenspreise in China stärker gestiegen sind. Insbesondere liegen die Tobin-Quotienten in China sehr viel näher bei 1 als in Russland.[16] Das bedeutet, dass der Marktwert der Vermögenswerte chinesischer Unternehmen (d. h. ihr Preis an der Börse) sehr viel näher bei ihrem Buchwert liegt (das heißt beim Wert der Vermögenswerte in den Unternehmensbilanzen, ihrer Aktiva abzüglich der Passiva) als der russischer Unternehmen, wo diese Werte durchweg sehr niedrig sind. Die Interpretation dieses Ergebnisses beinhaltet mehrere verschiedene Faktoren.

Auf chinesischer Seite liegt der Tobin-Quotient vor allem deshalb nahe bei 1, weil die Kapitalmärkte des Landes in ihrer Funktion eingeschränkt sind, weshalb die Zahl der börsennotierten chinesischen Unternehmen begrenzt ist.[17] In Russland wirkt sich eine größere Zahl von Faktoren aus. Eine Interpretation lautet, dass es in den Unternehmen neben den Aktionären noch andere Interessengruppen gibt – darunter Belegschaftsvertreter und manchmal Regionalregierungen –, die Einfluss auf die Entscheidungen des Unternehmens haben, das den Marktwert der Kapitalanteile verringern kann, während es nicht zwangsläufig den sozialen Wert des Unternehmens senken muss. Eine weniger optimistische Interpretation niedriger Tobin-Quotienten, die eher auf den russischen Fall zutreffen dürfte, lautet, dass die Eigentumsrechte schlecht definiert und die Aktionäre unzureichend geschützt sind, nicht zum Nutzen anderer gut definierter Interessengruppen, die potenziell die Effizienz erhöhen können, sondern einfach aufgrund eines schlecht funktionierenden Rechtssystems. Zudem besteht die Möglichkeit, dass dieser niedrige Marktwert der Bedeutung des Auslandsvermögens entspricht und mit der rechtlichen Auslagerung von Management und Lenkung russischer Unternehmen zusammenhängt. Die russischen

Grafik 3.3.2

Nettonationalvermögen, gemessen am Nationaleinkommen in China, Russland und reichen Ländern, 1980–2015: Vermögensakkumulation

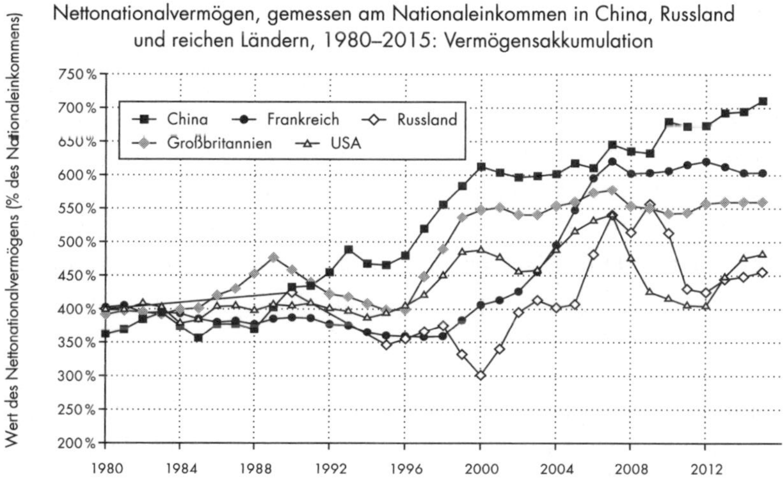

Quelle: Novokmet, Piketty und Zucman (2017). Vgl. wir2018.wid.world für Datenreihen und Anmerkungen.
2015 entsprach das Nationalvermögen Chinas 710 % des Nationaleinkommens, d. h. dem Nationaleinkommen von 7,1 Jahren. Das Nettonationalvermögen entspricht der Summe von privatem und öffentlichem Nettovermögen.

Unternehmen sind in ein komplexes Vertragsgeflecht eingebunden und mit ausländischen Rechtssubjekten verknüpft, und das System der den russischen Gesetzen unterworfenen und an der Moskauer Börse gehandelten offiziellen Unternehmensanteile ist nur der sichtbare Teil dieses Geflechts.[18]

Entwicklung des öffentlichen Vermögens in China und Russland

In den ehemals kommunistischen Ländern China und Russland ist der Anteil des Staatseigentums am Gesamtvermögen so wie in den reichen Ländern in den letzten Jahren gesunken. Allerdings war der Anteil des öffentlichen Vermögens zu Beginn dieser Entwicklung in diesen beiden Ländern sehr viel höher als im Westen. In China und Russland sank der Anteil des öffentlichen Nettovermögens am Nationalvermögen zwischen 1980 und 2015 von jeweils rund 70 auf 35 bzw. 20 %, womit sich das Verhältnis zwischen öffentlichem und privatem Vermögen praktisch umkehrte. Wie **Grafik 3.3.3** zeigt, sank der Anteil des öffentlichen Nettovermögens am Nettonationalvermögen in China von rund 70 % im Jahr 1978 auf etwa 30 % im Jahr 2015 und in Russland von 70 % im Jahr 1990 auf 20 % im Jahr 2015. Die neueren Zahlen zum Verhältnis zwischen öffentlichem und privatem Vermögen sind durchaus mit denen in den sogenannten kapitalistischen Ländern in der Phase der gemischten Wirtschaft nach dem Zweiten Weltkrieg (1950–1980) vergleichbar. Aber obwohl China und Russland insofern nicht mehr kommunistisch sind, als das öffentliche Eigentum seine dominante Rolle eingebüßt hat, ist der Anteil des öffentlichen Vermögens in diesen beiden Ländern immer noch sehr viel höher als in anderen kapitalistischen Ländern. Der Grund dafür sind niedrige öffentliche Schulden und beträchtliches Staatseigentum zum Beispiel in Russlands Energiesektor (vgl. **Grafik 3.3.3**).

Es gibt jedoch auch erhebliche Unterschiede zwischen den Entwicklungen in China und Russland. Dass sich das Verhältnis zwischen öffentlichem und privatem Vermögen in Russland schneller und nachhaltiger umkehrte, liegt daran, dass die Privatisierung dort umfassender war und sehr viel schneller vorangetrieben wurde als in China. Tatsächlich ist

Grafik 3.3.3
Anteil des öffentlichen Vermögens am Nationalvermögen in ehemals kommunistischen und in reichen Ländern, 1980–2015: Der Niedergang des öffentlichen Eigentums

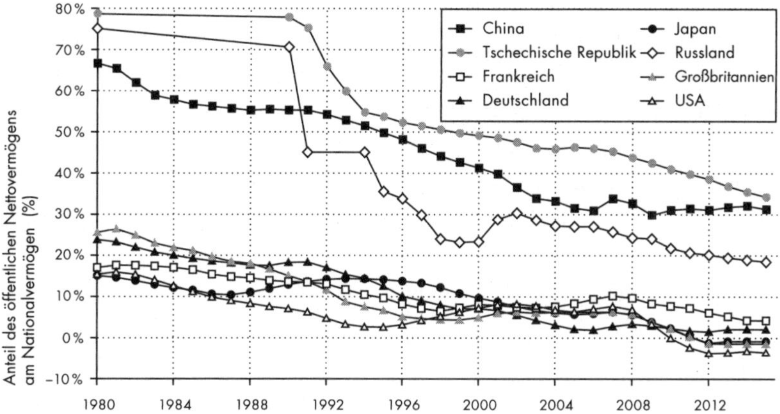

Quelle: Novokmet, Piketty und Zucman (2017). Vgl. wir2018.wid.world für Datenreihen und Anmerkungen.
2015 lag der Anteil des öffentlichen Vermögens am Nationalvermögen in Russland bei 19 %. Das öffentliche Nettovermögen entspricht den öffentlichen Vermögenswerten abzüglich der öffentlichen Schulden. Das Nettonationalvermögen entspricht der Summe von privatem und öffentlichem Nettovermögen.

der Prozess in China noch nicht abgeschlossen, und das Verhältnis zwischen öffentlichem und privatem Vermögen könnte sogar auf dem gegenwärtigen Maß verharren, wenn die chinesischen Machthaber das wünschen. Im Gegensatz dazu unterschied sich die bei der russischen Privatisierung gewählte «Schocktherapie» deutlich von der Strategie Chinas und anderer ehemals kommunistischer Länder. Der Gegensatz ist in der Phase unmittelbar nach Beginn von Russlands Übergang zur Marktwirtschaft – in den Jahren zwischen 1990 und 1995 – unübersehbar, als der Anteil des öffentlichen Nettovermögens am Nettonationalvermögen in Russland (von 70 auf 35 %) fünfmal so stark schrumpfte wie in China (von 55 auf 50 %). Die Auswirkungen auf Einkommens- und Vermögensungleichheit werden in Teil II und Teil IV eingehender behandelt.

Auf der anderen Seite spielt das Auslandsvermögen seit der Abkehr vom kommunistischen Modell in beiden Ländern eine ganz ähnliche

Rolle, wenn auch aus sehr unterschiedlichen Gründen. Wie **Grafik 3.3.4** zeigt, ist das Auslandsvermögen beider Länder positiv, was bedeutet, dass die Vermögenswerte, die sie in der übrigen Welt besitzen, mehr wert sind als jene, die Ausländer in Russland und China besitzen. In Russland ist das im Wesentlichen auf die wirtschaftlichen und natürlichen Bedingungen mit großen, wenn auch nicht zwangsläufig unerschöpflichen natürlichen Ressourcen zurückzuführen, die es dem Land ähnlich wie den meisten Ländern mit großen Erdölvorkommen erlaubt haben, Handelsüberschüsse und Währungsreserven für die Zukunft anzuhäufen.

Das von China angehäufte Nettoauslandsvermögen entspricht etwa dem Russlands, aber sein Zustandekommen ist bemerkenswerter und deutet auf beträchtliche Unterschiede zwischen den beiden Ländern hin. Das chinesische Nettoauslandsvermögen wurde in Ermangelung nennenswerter Bodenschätze und mit sehr viel geringeren Handelsüber-

Grafik 3.3.4
Nettoauslandsvermögen in ehemals kommunistischen Ländern, 1990–2015

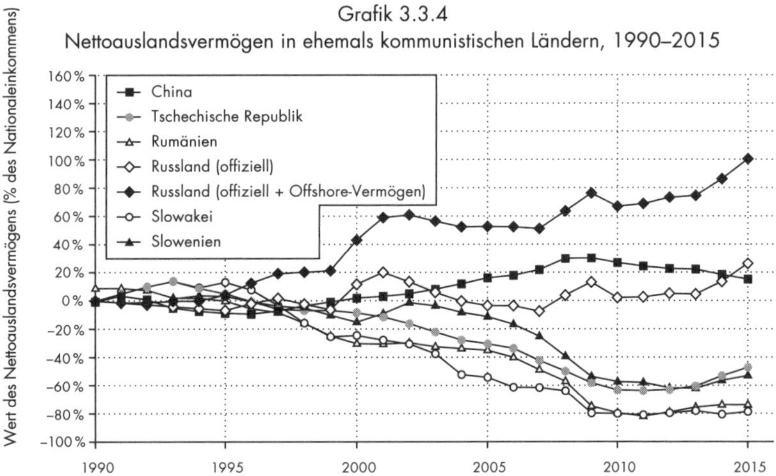

Quelle: Novokmet, Piketty und Zucman (2017). Vgl. wir2018.wid.world für Datenreihen und Anmerkungen.
2015 entsprach das Nettoauslandsvermögen Russlands (einschließlich des Offshore-Vermögens) 101 % des Nationaleinkommens. Das Nettoauslandsvermögen entspricht der Gesamtheit der von den Bürgern eines Landes besessenen Vermögenswerte in anderen Ländern abzüglich der Vermögenswerte, die ausländische Bürger in diesem Land besitzen.

schüssen angehäuft, die im Zeitraum 1990 bis 2015 im Durchschnitt weniger als 3 % des Nationaleinkommens entsprachen. Zum Vergleich: Russland erzielte im selben Zeitraum durchschnittliche Handelsüberschüsse in Höhe von 10 % seines Nationaleinkommens. Das deutet auf ein effizienteres Management von Handelsüberschüssen und Währungsreserven hin, welche die herrschende Kommunistische Partei als unverzichtbar für die wirtschaftliche und finanzielle Souveränität Chinas betrachtet, und ist Ausdruck der politischen Entscheidung, die Rechte ausländischer Investoren in China zu beschränken.

Unterschiedliche politische Institutionen und Ideologien dürften noch größeren Einfluss als die rein wirtschaftlichen Faktoren auf die Entwicklung der Vermögens-Einkommens-Relationen in China und Russland und auf die Anteile des öffentlichen und privaten Sektors am Nationalvermögen gehabt haben. Wie bereits erwähnt, unterschied sich die rasante Privatisierung in Russland erheblich vom graduellen wirtschaftlichen Übergang in China; das gilt insbesondere für den schnellen Ausverkauf der russischen Staatsbetriebe mittels Coupon-Privatisierung. Darüber hinaus floss aufgrund unterschiedlicher Spar- und Investitionsanreize ein beträchtlicher Teil des russischen Nationalvermögens ins Ausland ab, während der Großteil des chinesischen Vermögens im Land blieb.

4. Kapitalakkumulation, Privateigentum und wachsende Ungleichheit in China

Die Informationen in diesem Kapitel beruhen auf: Thomas Piketty, Li Yang und Gabriel Zucman, «Capital Accumulation, Private Property and Rising Inequality in China, 1978–2015», WID.world Working Paper Series, Nr. 6/2017.

- Das chinesische Nationalvermögen hat sich in den letzten Jahrzehnten von 350 auf 700 % des Nationaleinkommens verdoppelt, und auch seine Zusammensetzung hat sich dramatisch verändert. Der Anteil des landwirtschaftlichen Vermögens am Gesamtkapital sank zwischen dem Ende der 1970er Jahre und dem zweiten Jahrzehnt des 21. Jahrhunderts von knapp der Hälfte auf weniger als ein Zehntel. An seine Stelle traten aufgrund der Privatisierung des Wohnungsmarkts und der Liberalisierung der Kapitalmärkte der Immobiliensektor und das Inlandskapital, die mittlerweile den Großteil des chinesischen Nationalvermögens ausmachen.

- Die vielleicht bemerkenswerteste Entwicklung betrifft die Aufteilung des Nationalvermögens zwischen öffentlichem und privatem Kapital. Das Privatvermögen, das im Jahr 1978 etwa 100 % des Nationaleinkommens entsprochen hatte, stieg bis 2014 auf über 450 % des Nationaleinkommens, was insbesondere auf die Privatisierung des Immobilienbestands zurückzuführen war: Mittlerweile befindet sich in China ein ähnlich großer Anteil der Wohnimmobilien in Privateigentum wie in Frankreich, den Vereinigten Staaten und Großbritannien.
- Das Verhältnis zwischen öffentlichem und privatem Vermögen, das im Jahr 1978 noch bei 70 zu 30 gelegen hatte, kehrte sich bis 2015 nahezu um (35 zu 65). Dennoch spielt das öffentliche Vermögen, gemessen am Nationaleinkommen, mit 250 % weiterhin eine wichtige Rolle. Verglichen mit reichen Ländern, ist dieses Niveau hoch.
- Die hohen chinesischen Sparquoten haben einen wichtigen Beitrag zur Vermögensakkumulation geleistet, aber aus Simulationen geht hervor, dass sie nur 50 bis 60 % des Zuwachses erklären. Der Rest ist auf den Anstieg der relativen Vermögenspreise zurückzuführen.
- Das Nationalvermögen Chinas ist in erster Linie dank der Akkumulation von Inlandskapital gewachsen. Das chinesische Nettoauslandsvermögen ist trotz eines beträchtlichen Wachstums seit der Jahrtausendwende immer noch relativ gering, verglichen mit dem Japans oder Deutschlands. Auf der anderen Seite ist China weiterhin misstrauischer als Europa und Nordamerika, wenn es darum geht, Ausländern Eigentum an heimischen Unternehmen zuzugestehen.

Chinas Übergang zu einem gemischten Wirtschaftssystem hat zu einem deutlichen Anstieg des Nationalvermögens und zu einer radikalen Veränderung seiner Zusammensetzung geführt

Das chinesische Nationalvermögen ist in den letzten Jahrzehnten im Verhältnis zum Nationaleinkommen deutlich gewachsen. Im Jahr 1978 entsprach das Nationalvermögen etwa 350 % des jährlichen Nationaleinkommens. Bis 1993 stieg das Verhältnis auf 500 %, und im Jahr 2015 wurde ein Wert von mehr als 700 % erreicht, wobei sich die Zusammensetzung des Nationalvermögens grundlegend verändert hatte. Der Anteil des landwirtschaftlich genutzten Bodens, der im Jahr 1978 noch bei fast der Hälfte des Gesamtkapitals gelegen hatte, fiel bis 2015 auf weniger als ein Zehntel (vgl. **Grafik 3.4.1**). Hingegen wuchs das Vermögen an Wohnimmobilien und sonstigem Kapital (Gebäude, Ausrüstung, Maschinen, Patente, von Unternehmen, Behörden und Privathaushalten

Grafik 3.4.1
Zusammensetzung des chinesischen Nationalvermögens, 1978–2015

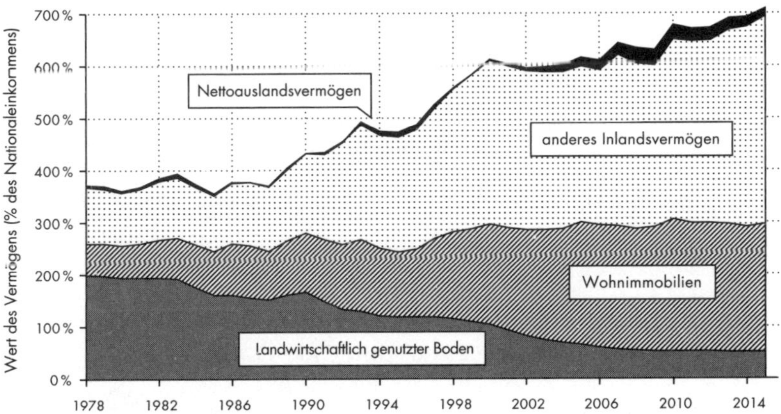

Quelle: Piketty, Yang und Zucman (2017). Vgl. wir2018.wid.world für Datenreihen und Anmerkungen.
2015 entsprach der Wert des chinesischen Nationalvermögens 710 % des Nationaleinkommens, d. h. dem Nationaleinkommen von 7,1 Jahren. Das gesamte Immobilienvermögen entsprach 246 % des Nationaleinkommens.

genutzte Vermögenswerte) deutlich, und zwar sowohl am Volumen als auch am Anteil am Gesamtvermögen gemessen: Das Immobilienvermögen, das 1978 noch rund 50 % des Nationaleinkommens entsprochen hatte, wuchs bis 2015 auf etwa 200 % des Nationaleinkommens, während das sonstige Inlandskapital zwischen 1978 und 2015 mit einem Anstieg von 100 auf 350 % des Nationaleinkommens zur größten Vermögenskomponente wurde. Auch das Nettoauslandsvermögen macht mittlerweile einen beträchtlichen Teil des chinesischen Nationalvermögens aus und entspricht rund 25 % des Nationaleinkommens.

Die vielleicht spektakulärste Entwicklung seit Ende der 1970er Jahre betrifft jedoch die Verteilung des Nationalvermögens zwischen privatem und öffentlichem Vermögen (vgl. **Grafik 3.4.2**). Das Privatvermögen war im Jahr 1978 in China relativ gering und entsprach nur rund 100 % des jährlichen Nationaleinkommens. Bis 2014 wuchs es auf mehr

Grafik 3.4.2
Struktur des chinesischen Nationalvermögens, 1978–2015

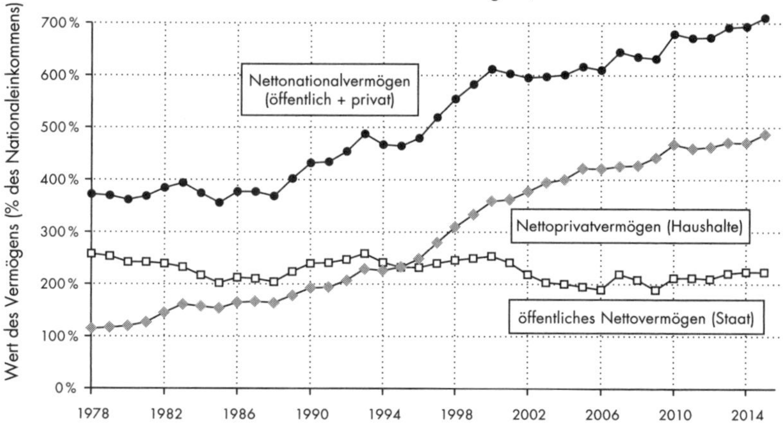

Quelle: Piketty, Yang und Zucman (2017). Vgl. wir2018.wid.world für Datenreihen und Anmerkungen.
2015 entsprach der Wert des chinesischen Nettoprivatvermögens 487 % des Nettonationaleinkommens, d. h. dem Nationaleinkommen von 4,5 Jahren. Das öffentliche Vermögen entsprach 223 % des Nationaleinkommens. Das Nettonationalvermögen ist die Summe von privatem und öffentlichem Nettovermögen. Das Nettoprivatvermögen entspricht den privaten Vermögenswerten abzüglich der privaten Schulden. Das öffentliche Nettovermögen entspricht den öffentlichen Vermögenswerten abzüglich der öffentlichen Schulden.

als 450 % des Nationaleinkommens, während das öffentliche Vermögen mit 200 bis 250 % des Nationaleinkommens in diesem Zeitraum weitgehend stabil blieb (bis 1993/94 wuchs es geringfügig, um dann wieder auf das frühere Niveau zu sinken). Die Folge war, dass sich die relativen Anteile von öffentlichem und privatem Vermögen am Nationalvermögen erheblich verschoben: Hatte die Verteilung im Jahr 1978 noch bei 70 zu 30 zugunsten des öffentlichen Vermögens gelegen, so kehrte sich das Verhältnis aufgrund des Übergangs vom kommunistischen Wirtschaftssystem zu einer gemischten Wirtschaft bis 2015 um: Nun hatte das öffentliche Vermögen nur noch einen Anteil von 35 % am Nationalvermögen, während sich der Anteil des privaten Vermögens auf 65 % erhöht hatte.

Das Ausmaß der Privatisierung von Nationalvermögen schwankte jedoch abhängig von der Art der Vermögenswerte, wie aus **Grafik 3.4.3** hervorgeht. Der Wohnungssektor wurde besonders umfassend privatisiert: Das private Immobilieneigentum wuchs zwischen 1978 und 2015 von rund 50 auf 95 %, während der öffentliche Anteil an anderem

Grafik 3.4.3
Anteil des Privateigentums am Nationalvermögen nach Vermögenswerten in China, 1978–2015: Der Aufstieg des Privateigentums

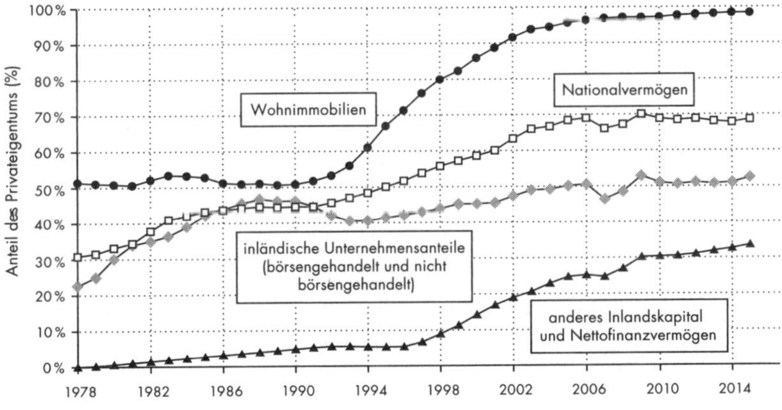

Quelle: Piketty, Yang und Zucman (2017). Vgl. wir2018.wid.world für Datenreihen und Anmerkungen.
2015 lag der Anteil des Privateigentums am gesamten Nationalvermögen Chinas bei 69 %. Bei Wohnimmobilien betrug der Anteil des Privateigentums 98 %.

Inlandskapital zwar ebenfalls gesunken ist, aber immer noch bei etwa 50 % liegt. Beispielsweise befanden sich im Jahr 1978 die Unternehmensanteile (sowohl an der Börse gehandelte als auch nicht gehandelte) fast zur Gänze (95 %) im Staatseigentum. Bis 2015 stieg das Privateigentum auf etwa 30 %; der Staat hält weiterhin einen hohen Anteil von etwa 60 %, und die übrigen Aktien gehören Ausländern. Interessant ist, dass der Anteil der chinesischen Unternehmensanteile im Staatseigentum bis 2006 deutlich sank, sich seit 2007 jedoch stabilisiert hat oder sogar geringfügig gewachsen ist.

Das Staatseigentum ist in China anders als in den meisten westlichen Ländern weiterhin beträchtlich

Das Privatvermögen in China entspricht mittlerweile zwischen 450 und 500 % des jährlichen Nationaleinkommens, womit es sich dem Niveau in den meisten OECD-Ländern angenähert hat. In den Vereinigten Staaten und Großbritannien liegt das Verhältnis bei nahezu 500 % bzw. 550 bis 600 %, aber in China ist das Staatseigentum anders als in diesen westlichen Ländern, wo die öffentliche Hand nur noch sehr wenig Vermögenswerte besitzt oder das öffentliche Vermögen sogar negativ ist, da die Staatsschulden das Staatseigentum übersteigen, weiterhin beträchtlich. Der Anteil der öffentlichen Hand am Nationalvermögen ist in China noch heute größer als im Westen zwischen den 1950er und 1980er Jahren, obwohl die Verhältnisse durchaus vergleichbar sind, und in den letzten Jahren ist das öffentliche Vermögen anscheinend sogar gewachsen: Seit der Finanz- und Wirtschaftskrise von 2008 ist der öffentliche Anteil an der gemischten Wirtschaft Chinas gestiegen, womit das Wachstum des Inlandskapitals wesentlich zum Vermögenswachstum in China beigetragen hat. Umfang und Struktur des öffentlichen Eigentums wirken sich nachhaltig auf die Wirtschaftsentwicklung Chinas aus. Das umfangreiche Staatseigentum versetzt den Staat in die Lage, industriepolitische und regionale Entwicklungsmaßnahmen zu ergreifen, die jedoch unterschiedlich effizient sind. Das Staatseigentum kann auch beträchtliche Auswirkungen auf den Staatshaushalt haben, denn ein negatives öffentliches Vermögen bedeutet im Normalfall, dass ein Staat hohe Zinsen zahlen muss, wenn er sich Geld für die Finanzierung von öffentlichen Ausgaben und Sozialtransfers beschaffen möchte. Hingegen profitieren Länder mit einem positiven öffentlichen Nettovermögen von beträchtlichen Kapitaleinkünften, die ihnen öffentliche Ausgaben ermöglichen, die mit Steuern allein nicht finanziert werden könnten.

Aufschlussreich ist ein Vergleich zwischen den Entwicklungen des öffentlichen Anteils am Nationalvermögen in China und in Norwegen, einem ressourcenreichen Land mit einem großen Staatsfonds. Diese beiden Länder haben die Positionen praktisch getauscht: Der öffentliche Anteil am chinesischen Nationalvermögen sank zwischen 1978 und 2015 von 70 auf 30 %, während er in Norwegen im selben Zeitraum von 30 auf 60 % stieg (vgl. **Grafik 3.4.4**). Ein wesentlicher Unterschied zwischen dem öffentlichen Vermögen in Norwegen und China ist, dass es in

Grafik 3.4.4
Entwicklung des öffentlichen Vermögens in China
und reichen Ländern, 1978–2015

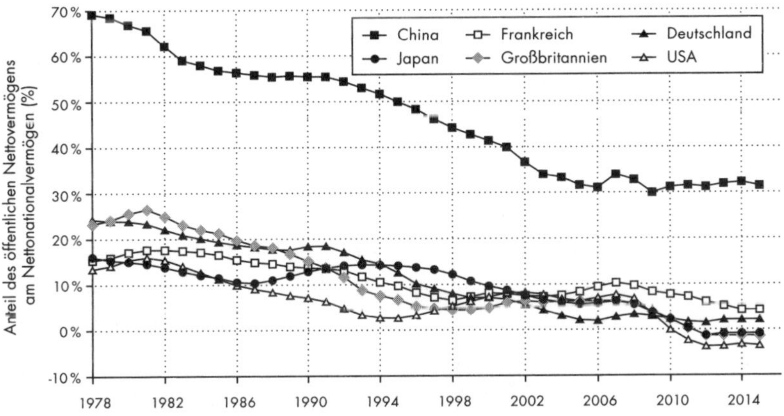

Quelle: Piketty, Yang und Zucman (2017). Vgl. wir2018.wid.world für Datenreihen und Anmerkungen.
2015 waren 31 % des gesamten chinesischen Nationalvermögens im Besitz der öffentlichen Hand, während der entsprechende Anteil in den USA bei -4 % lag. Das Nettonationalvermögen entspricht der Summe von privatem und öffentlichem Nettovermögen. Das öffentliche Nettovermögen entspricht den öffentlichen Vermögenswerten abzüglich der öffentlichen Schulden.

Norwegen zum Großteil im Ausland investiert wird. Norwegens großes öffentliches Nettovermögen erzeugt Kapitaleinkünfte, die überwiegend zur Finanzierung der weiteren Akkumulation von Auslandskapital verwendet werden, das langfristig genutzt werden kann, um Steuern zu senken und höhere öffentliche Ausgaben zu finanzieren. In diesem Sinn unterscheidet sich das öffentliche Vermögen in Norwegen erheblich von dem in China. Das norwegische Staatseigentum wurde im Wesentlichen für haushaltspolitische und finanzielle Zwecke angehäuft; sein Zweck besteht weniger darin, wie in China die Industrieentwicklung zu finanzieren und die Kontrolle über die Wirtschaft zu wahren. Allerdings wurde Norwegens Staatsfonds gelegentlich ebenfalls genutzt, um bestimmte sozial- oder umweltpolitische Maßnahmen zu finanzieren.

Die Vermögensakkumulation wurde durch hohe Sparquoten und einen Anstieg der relativen Vermögenspreise ermöglicht

Hohe Ersparnisse und Investitionsraten im Untersuchungszeitraum haben wesentlich zur Vermögensakkumulation Chinas beigetragen, aber wie im Fall einiger reicher Länder können sie nicht das gesamte Vermögenswachstum erklären. Das andere Element, ohne das wir die chinesische Vermögensakkumulation nicht verstehen können, ist der Anstieg der relativen Vermögenspreise, insbesondere der Preise von Wohnimmobilien und Aktien. Diese sind sehr viel stärker gestiegen als die Verbraucherpreise. Thomas Piketty, Li Yang und Gabriel Zucman schätzen, dass die Ersparnisse 50 bis 60 % des Anstiegs der Vermögens-Einkommens-Relation seit 1978 erklären, während der Anstieg der relativen Vermögenspreise für die übrigen 40 bis 50 % verantwortlich ist.

So wie in den reichen Ländern haben mehrere Faktoren zum Anstieg der relativen Vermögenspreise beigetragen. Am wichtigsten ist die ausgeprägte Präferenz der chinesischen Haushalte für Wohneigentum. Sie dürfte teilweise auf den begrenzten Zugang zu anderen Spar- und Investitionsmöglichkeiten – chinesische Bürger konnten nicht im Ausland investieren, und es dauerte eine Weile, bis sich die Kapitalmärkte entwickelten – sowie auf eine unzureichende Kenntnis der Ausweitung des öffentlichen Rentensystems zurückzuführen sein. Wichtig sind auch Änderungen der rechtlichen Bestimmungen zur Stärkung der persönlichen Eigentumsrechte, darunter eine Aufhebung der Mietpreisbindung, eine Stärkung der Position der Vermieter gegenüber den Mietern und eine Änderung der Machtverhältnisse zwischen Aktionären und Belegschaft in den Unternehmen.

Eine Aufgliederung der Vermögensakkumulation nach Sektoren (privat und öffentlich) sowie Art der Vermögenswerte (finanzielle und nichtfinanzielle) liefert wertvolle Erkenntnisse über die chinesische Vermögensentwicklung. Ein Blick auf das Privatkapital zeigt, dass es deutliche Unterschiede zwischen den Kapitalerträgen gibt: Mit nichtfinanziellen Vermögenswerten wurden im Zeitraum 1996 bis 2015 erhebliche Kapitalzuwächse von (231 %) erzielt, vor allem mit Immobilienvermögen (163 %), während die Erträge von Finanzvermögen verschwindend gering waren (1 %). Umgekehrt wurden mit öffentlichen finanziellen Vermögenswerten hohe Kapitalzuwächse von 68 % erzielt, während die Erträge von öffentlichen nichtfinanziellen Vermögenswerten geringer ausfielen (19 %). Der Großteil dieser hohen Kapitalerträge öffentlicher finanzieller Vermögenswerte entfällt auf Staatsbeteiligungen an Unternehmen und kann auf die 2003 eingeleitete Reform der Staatsbetriebe und die beispiellose Welle von Börsengängen staatlicher Unternehmen ab dem Jahr 2006 zurückgeführt werden. China erlitt beträchtliche Kapitaleinbußen mit seinem Nettoauslandsvermögen, was teilweise mit der Aufwertung des Yuan ab 2004 zu tun hat, die erklärt, warum das Auslandsvermögen des Landes trotz seiner hohen Leistungsbilanzüberschüsse zwischen 2000 und 2015 nur geringfügig gewachsen ist (von -9 % auf 15 % des Nationaleinkommens).

China ist ähnlich wie Japan misstrauischer gegenüber ausländischen Eigentümern als Europa oder Nordamerika

Der heimische Finanzsektor hat ebenfalls wesentlich zum chinesischen Vermögensaufbau in den vergangenen vier Jahrzehnten beigetragen. Das Verhältnis zwischen den inländischen finanziellen Verbindlichkeiten – das heißt der Gesamtheit der Schulden des öffentlichen und privaten Sektors und des von Unternehmen begebenen Eigenkapitals – und dem gesamten Inlandskapital ist von 60 % im Jahr 1978 auf 140 % im Jahr 2015 gestiegen. In Anbetracht der begrenzten finanziellen Entwicklung Chinas Ende der 1970er Jahre ist dies ein beträchtlicher Anstieg. Trotzdem hat die Finanzintermediation in China noch immer sehr viel geringere Bedeutung als in vielen westlichen Ländern, wo die Finanzintermediationsquote von 100 bis 140 % im Jahr 1978 auf 200 bis 300 % im Jahr 2015 gestiegen ist (vgl. **Grafik 3.4.5**).

Das ausländische Eigentum an chinesischen Unternehmen hat nicht wesentlich zum Vermögenswachstum beigetragen. Der Anteil der heimischen finanziellen Verbindlichkeiten im Besitz von Ausländern lag in China im Jahr 2015 lediglich bei 5 % und ist im gesamten Untersuchungszeitraum nicht über 7 % gestiegen (vgl. **Grafik 3.4.6**). In Japan ist der Anteil der in ausländischem Besitz befindlichen inländischen Verbindlichkeiten mit 10 % am zweitniedrigsten, gefolgt von 15 % in den Vereinigten Staaten und 25 bis 30 % in Deutschland sowie in Frankreich.

Grafik 3.4.5
Inländische finanzielle Verbindlichkeiten in China und reichen Ländern, 1978–2015: Der Aufstieg der Finanzintermediation

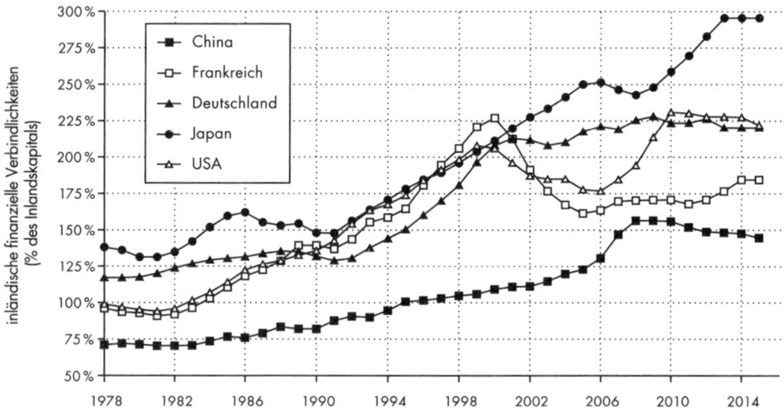

Quelle: Piketty, Yang und Zucman (2017). Vgl. wir2018.wid.world für Datenreihen und Anmerkungen.
2015 entsprach der Wert der inländischen finanziellen Verbindlichkeiten in China 145 % des Inlandskapitals, während der entsprechende Wert in Deutschland bei 220 % lag.

Grafik 3.4.6
Finanzielle Verbindlichkeiten gegenüber Ausländern in China und reichen Ländern, 1978–2015: Der Aufstieg der ausländischen Eigentümer

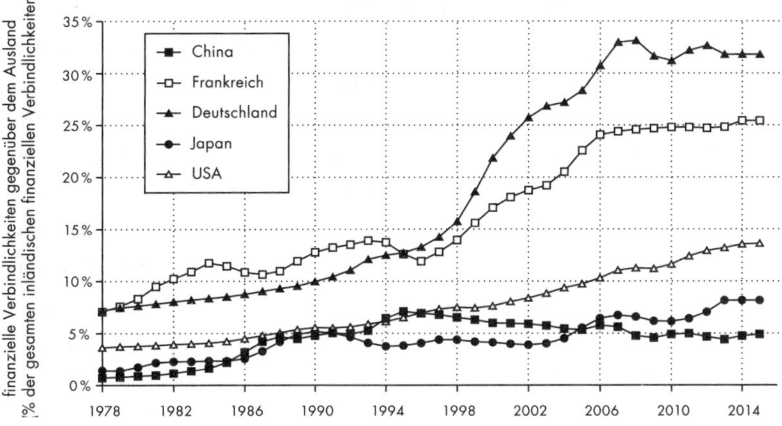

Quelle: Piketty, Yang und Zucman (2017). Vgl. wir2018.wid.world für Datenreihen und Anmerkungen.
2015 entsprach der Wert der finanziellen Verbindlichkeiten Chinas gegenüber Ausländern 5 % der gesamten inländischen finanziellen Verbindlichkeiten, während dieser Anteil in Frankreich bei 25 % lag. Die finanziellen Verbindlichkeiten gegenüber dem Ausland beinhalten von Ausländern gehaltene Unternehmensanteile, ausländische Direktinvestitionen, Auslandsschulden und ausländische Finanzderivate.

Diese Unterschiede sind teilweise auf Größeneffekte zurückzuführen: Die europäischen Länder sind kleiner, und würde das europäische Eigentum zusammengefasst, so besäße die übrige Welt wie in den Vereinigten Staaten nur rund 15 % des europäischen Vermögens. Dennoch ist erkennbar, dass einige asiatische Länder – darunter Japan, vor allem aber China – ausländischen Eigentümern gegenüber weniger offen sind als die europäischen und nordamerikanischen Länder.

5. Der Aufstieg des Privateigentums in Russland

Die Informationen in diesem Kapitel beruhen auf: Filip Novokmet, Thomas Piketty und Gabriel Zucman, «From Soviets to Oligarchs: Inequality and Property in Russland 1905–2016», WID.world Working Paper Series, Nr. 10/2017.

- Russlands Vermögen ist seit dem Übergang vom kommunistischen zum kapitalistischen Wirtschaftsmodell moderat gewachsen. Zwischen 1990 und 2015 wuchs das Nettonationalvermögen von etwa 400 auf 450 % des Nationaleinkommens. Gleichzeitig waren die einzelnen Komponenten des Nationalvermögens beträchtlichen Schwankungen unterworfen, da die wirtschaftliche «Schocktherapie» und die Coupon-Privatisierung in kürzester Zeit gewaltige Mengen an Vermögen vom öffentlichen in den privaten Sektor umschichteten. Im Jahr 1990 entsprach das öffentliche Vermögen Russlands noch dem Nationaleinkommen von drei Jahren; bis 2015 war es im Verhältnis um ein Drittel geschrumpft und entsprach nur noch dem Nationaleinkommen eines Jahres.
- Das private Immobilienvermögen stellte im Jahr 2015 den mit Abstand größten Teil des russischen Privatvermögens. Das graduelle Wachstum des Immobilienvermögens ist mit dem Anstieg der Immobilienpreise und damit zu erklären, dass die Privatisierung dieses Sektors langsamer verlief als jene der Staatsunternehmen.
- Besonders auffällig ist das sehr geringe Niveau des offiziellen Finanzvermögens im Besitz der russischen Privathaushalte – sein Wert entsprach im Zeitraum 1990 bis 2015 rund 70 bis 80 % des Nationaleinkommens. Das deutet darauf hin, dass die Privatisierung russischer Unternehmen nicht zu einem signifikanten langfristigen finanziellen Vermögenszuwachs der Privathaushalte geführt hat.
- Anhand der Diskrepanzen in der russischen Zahlungsbilanz können die Forscher jedoch schätzen, dass eine geringe Zahl russischer Bürger über beträchtliche Offshore-Vermögen verfügt, die sich im Jahr 2015 auf 70 % des Nationaleinkommens beliefen und damit den offiziellen Wert der finanziellen Vermögenswerte um das Doppelte überstiegen. Dies ist vermutlich das Ergebnis einer massiven Kapitalflucht, die durch Schwächen im Rechtssystem und im statistischen System Russlands ermöglicht wird.

Der Übergang vom Staats- zum Privateigentum in Russland

Die Zusammensetzung des privaten und öffentlichen Vermögens in Russland hat sich seit dem Zerfall der Sowjetunion dramatisch verändert. Ab 1990 ging das Land von einem kommunistischen zu einem kapitalistischen Modell über, wobei Staatseigentum auf den Privatsektor übertragen wurde. Im Jahr 1990 entsprach das Nettonationalvermögen etwas mehr als dem Vierfachen des Nationaleinkommens, wobei sich rund drei Viertel dieses Vermögens im Besitz des russischen Staats befanden. Wie **Grafik 3.5.1** zeigt, hatte sich das Verhältnis bis 2015 umgekehrt: Nun entsprach das Nettoprivatvermögen 350 % des Nationaleinkommens, während das öffentliche Nettovermögen weniger als 100 % entsprach; gleichzeitig war das gesamte Nationalvermögen, gemessen

Grafik 3.5.1
Struktur des russischen Nationalvermögens, 1990–2015

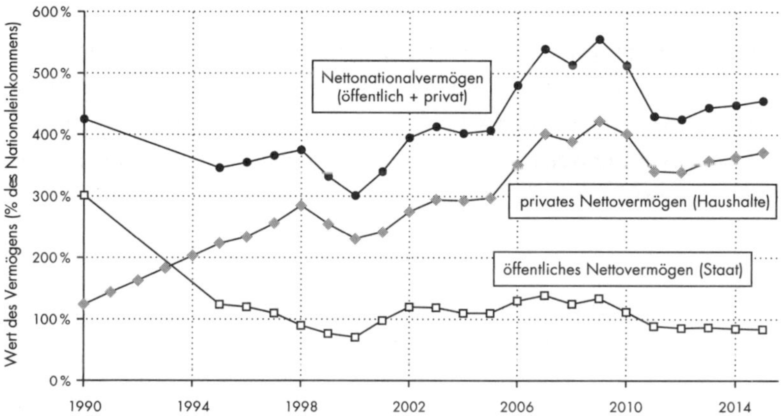

Quelle: Novokmet, Piketty und Zucman (2017). Vgl. wir2018.wid.world für Datenreihen und Anmerkungen.
2015 entsprach der Wert des Nettonationalvermögens 455 % des Nationaleinkommens, d. h. dem Nationaleinkommen von 4,6 Jahren. Dabei entsprach das öffentliche Nettovermögen 84 % des Nationaleinkommens. Das Nettonationalvermögen ist die Summe von privatem und öffentlichem Nettovermögen. Das Nettoprivatvermögen entspricht den privaten Vermögenswerten abzüglich der privaten Schulden. Das öffentliche Nettovermögen entspricht den öffentlichen Vermögenswerten abzüglich der öffentlichen Schulden.

am Nationaleinkommen, in diesen 25 Jahren lediglich um 12 % gewachsen. Zudem fand der dramatische Rückgang des öffentlichen Nettovermögens des Landes innerhalb weniger Jahre (1990–1995) statt, in denen das Land eine wirtschaftliche «Schocktherapie» anwandte, welche die Privatisierung von Staatsunternehmen mittels Coupon-Programmen beinhaltete[19] (mehr dazu in Teil IV dieses Berichts).

Es sollte erwähnt werden, dass das Gesamtnationalvermögen, gemessen am Nationaleinkommen, in der Frühphase der wirtschaftlichen Neuausrichtung Russlands sank. Wie aus Grafik 4.3.1 hervorgeht, sank das Nettonationalvermögen zwischen 1990 und 1999 von über 400 auf etwa 300 % des jährlichen Nationaleinkommens, das gesamte Nationalvermögen sank in dieser Zeit also noch stärker als das Nationaleinkommen, das sich fast halbierte. Von da an stieg das Nationalvermögen bis 2009 deutlich und wuchs auf etwa 550 % des Nationaleinkommens. Dieser Höchstwert ist mit einem rasanten Anstieg der russischen Börsenkurse und Immobilienpreise im ersten Jahrzehnt des 21. Jahrhunderts zu erklären. Aber als die Vermögenspreise infolge der Finanzkrise fielen, sank das Nationalvermögen bis 2015 wieder auf etwa 450 % des Nationaleinkommens, ein Verhältnis, das nur noch geringfügig höher war als 25 Jahre früher. Folglich war die bedeutsamste Veränderung im Zeitraum von 1990 bis 2015 kein nennenswerter und nachhaltiger Anstieg des Nationalvermögens insgesamt, sondern die Umkehr des Verhältnisses zwischen Staats- und Privateigentum.

Das russische Privatvermögen besteht mittlerweile hauptsächlich aus Wohnimmobilien

Um besser verstehen zu können, welche Faktoren die Entwicklung des Vermögens-Einkommens-Verhältnisses in Russland und die Zusammensetzung des Nationalvermögens beeinflussten, müssen wir uns die verschiedenen Vermögenskategorien im Einzelnen ansehen. Wie **Grafik 3.5.2** zeigt, ist das Privatvermögen seit 1990 deutlich gestiegen.[20] Das Immobilienvermögen spielte hier eine entscheidende Rolle, da sich die Immobilienpreise zwischen dem Jahr 2000 und dem Höhepunkt der Immobilienblase 2008/09 mehr als verdoppelten, womit der Wert des

Immobilienvermögens im Verhältnis zum Nationaleinkommen von unter 50 % im Jahr 1990 auf 250 % auf dem Höhepunkt der Blase stieg, bevor er sich bis 2015 bei etwa 200 % des Nationaleinkommens einpendelte. Im Vergleich dazu wuchsen das sonstige Inlandsvermögen (das im Wesentlichen aus nicht börsennotierten Unternehmen bestand, die sich direkt im Eigentum von Privathaushalten befanden) und der Wert des landwirtschaftlich genutzten Bodens (der ebenfalls in den 1990er Jahren weitgehend privatisiert worden war) im Lauf der Zeit, aber diese Vermögenswerte spielten, verglichen mit dem privaten Immobilienvermögen, nur eine relativ begrenzte Rolle.

Grund für das graduelle Wachstum des privaten Immobilienvermögens zwischen 1990 und 2015 war neben dem Anstieg der Immobilienpreise die, verglichen mit der Coupon-Privatisierung der Staatsunternehmen, bedächtige Privatisierung des Immobilienbesitzes. Mieter erhielten normalerweise das Recht, ihre Wohneinheit zu einem relativ geringen Preis zu erwerben, mussten dieses Recht jedoch nicht augen-

Grafik 3.5.2
Zusammensetzung des Privatvermögens in Russland, 1990–2015

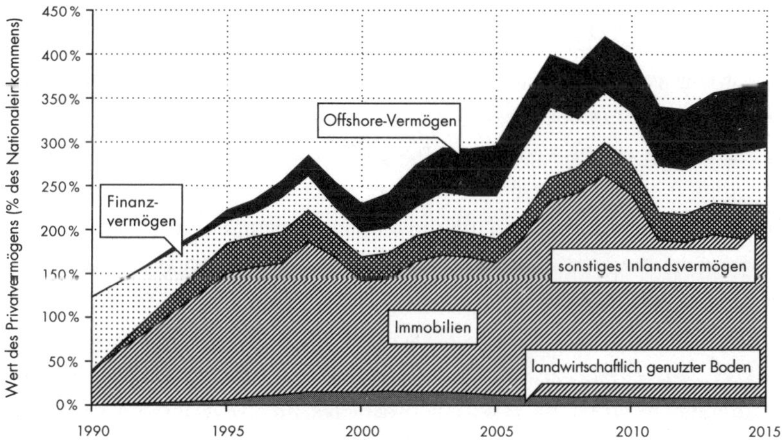

Quelle: Novokmet, Piketty und Zucman (2017). Vgl. wir2018.wid.world für Datenreihen und Anmerkungen.
2015 entsprach der Wert des Immobilienvermögens 182 % des Nationaleinkommens, d. h. dem Nationaleinkommen von 1,8 Jahren. Der Wert der finanziellen Vermögenswerte entsprach 67 % des Nationaleinkommens.

blicklich wahrnehmen. Es gibt verschiedene wirtschaftliche, politische und psychologische Gründe dafür, dass sich viele russische Haushalte bis Ende der 1990er Jahre oder sogar bis in die ersten der 2000er Jahre Zeit ließen, um dieses Recht wahrzunehmen. Tatsächlich machten sich manche potenzielle Käufer Sorgen über die mit dem Eigentum einhergehenden Instandhaltungskosten, die bis dahin vom Staat als Eigentümer getragen worden waren; andere Mieter fürchteten sich vor einem politischen Umschwung, insbesondere nachdem sich Boris Jelzin bei der Präsidentenwahl im Jahr 1996 nur knapp gegen den kommunistischen Kandidaten Gennadi Sjuganow durchgesetzt hatte.

Die russischen Privathaushalte besitzen besonders wenig Finanzvermögen, was vor allem auf die Coupon-Privatisierung der Staatsbetriebe zurückzuführen ist

Auffällig ist auch, dass die russischen Privathaushalte nach Maßgabe der offiziellen Bilanzen der Zentralbank Rosbank und andere amtlicher Quellen kaum finanzielle Vermögenswerte besitzen. Das Finanzvermögen der russischen Haushalte entsprach im Zeitraum 1990 bis 2015 durchweg weniger als 70 bis 80 % und oft sogar weniger als 50 % des Nationaleinkommens; Ende der 1990er Jahre und zu Beginn des 21. Jahrhunderts lag es bei weniger 20 bis 30 % des Nationaleinkommens. Es hat den Anschein, als hätte die Privatisierung der russischen Staatsbetriebe nicht zu einem signifikanten langfristigen Wachstum des Finanzvermögens der Privathaushalte geführt, obwohl die russischen Bürger seinerzeit die Möglichkeit hatten, Anteile an bis dahin staatlichen Unternehmen zu erwerben. Das scheint besonders paradox.

Der anfängliche Rückgang des Finanzvermögens war möglicherweise vorhersehbar. Im Jahr 1990 entsprach das Finanzvermögen im Besitz der russischen Privathaushalte – das damals im Wesentlichen aus Spareinlagen bestand – etwa 70 bis 80 % des jährlichen Nationaleinkommens. Aber als Anfang der 1990er Jahre die Preise freigegeben wurden, wurden die Ersparnisse aus sowjetischer Zeit durch eine Hyperinflation rasch praktisch ausgelöscht. Der Verbraucherpreisindex stieg zwischen

1990 und 1996 fast um das 5000-Fache; die jährliche Inflationsrate lag in jenen Jahren beständig über 150 % und erreichte in den Jahren 1992 und 1993 Werte von 1500 bzw. 900 %. Nach der Einführung des neuen Rubel – dessen Wert dem von 1000 alten Rubel entsprach – im Jahr 1998 stabilisierte sich die Inflationsrate bis zum Jahr 2006 bei durchschnittlich 20 bis 30 % im Jahr.

Interessant ist die Frage, warum die neuen finanziellen Vermögenswerte, welche die russischen Haushalte in den 1990er Jahren insbesondere dank der Coupon-Privatisierung anhäuften, den Verlust des Sparvermögens nicht ausglichen. Als die Coupons 1992/93 eingeführt wurden, fiel es den russischen Bürgern schwer zu verstehen, was sie mit diesen neuen Finanzinstrumenten tun konnten und welchen Preis sie ihnen zuordnen sollten. Man könnte argumentieren, unter den chaotischen monetären und politischen Bedingungen der 1990er Jahre sei es nicht unbedingt überraschend gewesen, dass der Marktwert der finanziellen Vermögenswerte der Privathaushalte bis zur Stabilisierung ab der Mitte des Jahrzehnts relativ niedrig blieb. Schwieriger zu verstehen ist jedoch, warum diese extrem niedrigen Bewertungen noch lange nach dem Ende dieser turbulenten Phase Bestand hatten. Auffällig ist insbesondere, dass das gesamte Finanzvermögen, das sich nach amtlichen Angaben im Besitz der russischen Privathaushalte befand, trotz des spektakulären Börsenbooms zwischen 1998 und 2008 im Jahr 2008 nur etwas mehr als 70 % des Nationaleinkommens entsprach – und damit, gemessen am Einkommen, geringer war als im Jahr 1990.

Berücksichtigt man das Offshore-Vermögen, so verdoppelt sich das russische Finanzvermögen

Nach Einschätzung von Filip Novokmet, Thomas Piketty und Gabriel Zucman findet man die wichtigste Erklärung für dieses Paradox in der Existenz einer kleinen Gruppe russischer Haushalte, die beträchtliches Offshore-Vermögen besitzen – das heißt nichtoffizielle Vermögenswerte in Steuerparadiesen. Nach ihren Benchmark-Schätzungen wuchs das russische Offshore-Vermögen zwischen 1990 und 2015 schrittweise und erreichte am Ende dieses Zeitraums einen Wert, der rund 75 % des

Nationaleinkommens entsprach. Wie aus **Grafik 3.5.2** hervorgeht, war das Offshore-Vermögen der russischen Haushalte also etwa genauso groß wie ihr offizielles Finanzvermögen. Das Offshore-Vermögen ist definitionsgemäß schwer zu schätzen, und die in diesem Abschnitt vorgelegten Benchmark-Schätzungen sind nicht exakt und folglich nicht vollkommen zufriedenstellend, aber die Größenordnungen dürften realistisch sein. Tatsächlich handelt es sich um eher zurückhaltende Schätzungen, was daran liegt, wie sie entstanden sind.

Wenn man Anstieg und Ausmaß des Offshore-Vermögens der russischen Privathaushalte schätzen möchte, bietet es sich naturgemäß an, von der Entwicklung der russischen Handels- und Zahlungsbilanz auszugehen. Wie **Grafik 3.5.3** zeigt, fördert eine gemeinsame Auswertung dieser Bilanzen einen deutlichen Widerspruch zwischen den hohen Handelsüberschüssen Russlands und dem relativ geringen Auslandsvermögen des Landes zutage.

Russland hat seit Anfang der 1990er Jahre in jedem Jahr hohe Handelsüberschüsse erzielt. Diese Überschüsse – die vor allem dem Export

Grafik 3.5.3
Handelsüberschuss und «fehlendes Auslandsvermögen» in Russland, 1990–2015

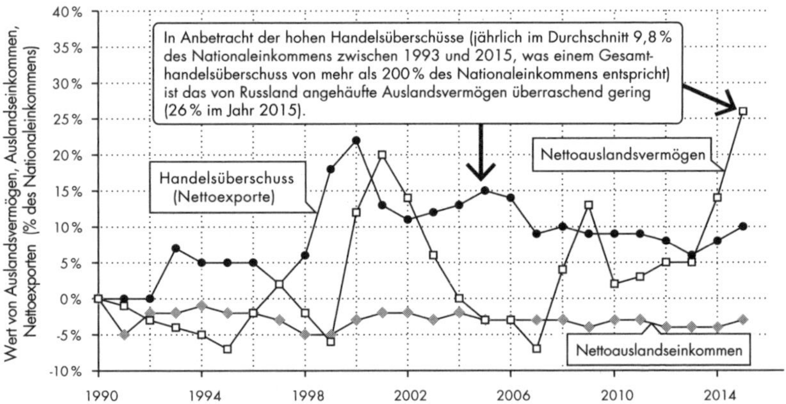

Quelle: Novokmet, Piketty und Zucman (2017). Vgl. wir2018.wid.world für Datenreihen und Anmerkungen.
2015 entsprach der Wert des russischen Handelsüberschusses (Exporte abzüglich von Importen) 10 % des Nationaleinkommens.

von Erdöl und Erdgas zu verdanken sind – entsprachen zwischen 1993 und 2015 im Durchschnitt fast 10 % des Nationaleinkommens. (Zwischen 1993 und 1998 lagen sie bei etwa 5 % und in den Jahren 1999 und 2000 bei fast 20 %.) Die russischen Ausfuhren haben in den vergangenen zwei Jahrzehnten also in jedem Jahr die Einfuhren um den Gegenwert von rund 10 % des Jahreseinkommens des Landes überstiegen. In Anbetracht der Tatsache, dass Russlands finanzielle Ausgangsposition zu Beginn des wirtschaftlichen Übergangs praktisch neutral war, da das Land kaum Auslandsvermögen oder Auslandsschulden hatte, hätte diese Serie von Überschüssen eigentlich zu einer massiven Akkumulation von Auslandsvermögen in den Händen russischer Bürger führen müssen. Paradoxerweise ist das russische Auslandsvermögen jedoch überraschend gering (25 % des Nationaleinkommens im Jahr 2015).

In der russischen Zahlungsbilanz findet man weitere widersprüchliche Informationen über das Finanzvermögen. Sowohl das Auslandsvermögen (d. h. von russischen Bürgern in der übrigen Welt gehaltene

Grafik 3.5.4
Offizielles Auslandsvermögen und Schulden in Russland, 1990–2015

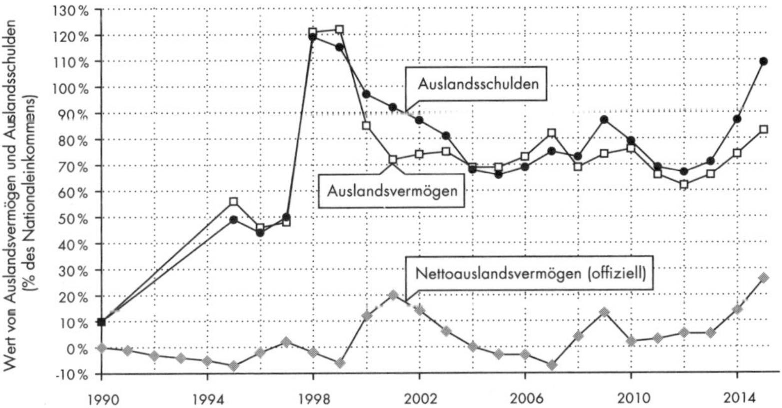

Quelle: Novokmet, Piketty und Zucman (2017). Vgl. wir2018.wid.world für Datenreihen und Anmerkungen
2015 entsprach das offizielle Nettoauslandsvermögen 26 % des Nationaleinkommens. Das Nettoauslandsvermögen entspricht dem Auslandsvermögen abzüglich der Auslandsschulden. Das Auslandsvermögen sind die von russischen Bürgern in anderen Ländern gehaltenen Vermögenswerte. Die Auslandsschulden sind Vermögenswerte, die Bürger anderer Länder in Russland halten.

Vermögenswerte) als auch die Auslandsverbindlichkeiten (von Bürgern anderer Länder gehaltene Vermögenswerte in Russland) sind seit dem Zusammenbruch der Sowjetunion deutlich gewachsen. Beide waren im Jahr 1990 extrem gering und entsprachen nur rund 10 % des Nationaleinkommens, was an der geringen finanziellen Integration mit der übrigen Welt und an strikten Kapitalkontrollen lag. Bis 2015 stieg der Wert des russischen Auslandsvermögens auf fast 110 % des Nationaleinkommens, und die ausländischen Verbindlichkeiten entsprachen beinahe 85 % des Nationaleinkommens, was ein Nettoauslandsvermögen von rund 25 % des Nationaleinkommens ergab.

Wie ist ein derart geringes Nettoauslandsvermögen zu erklären? Eine naheliegende Erklärung ist die Kapitalflucht: Russische Bürger und/oder russische Unternehmen und Staatsbeamte, die stellvertretend für Einzelpersonen handelten, eigneten sich einen Teil der russischen Handelsüberschüsse an, um Offshore-Vermögen anzuhäufen, das heißt Auslandsvermögen, das in den amtlichen Finanzstatistiken des Landes nicht als solches erscheint. In Anbetracht der Mängel des russischen Rechtssystems und des statistischen Systems sowie der verbreiteten Nutzung von Offshore-Unternehmen zur Abwicklung geschäftlicher und finanzieller Transaktionen in Russland ist es möglicherweise nicht allzu überraschend, dass Kapital versickert ist.[21]

Die Diskrepanzen in Russlands Zahlungsbilanz geben Aufschluss über das Offshore-Vermögen des Landes

Die Messung des Umfangs der Einbußen durch die Kapitalflucht und des entsprechenden Offshore-Vermögens ist schwierig. Zieht man einfach das offizielle Nettoauslandsvermögen (30 % des Nationalvermögens) von den Handelsüberschüssen im Zeitraum 1990 bis 2015 (230 % des Nationalvermögens) ab, so ergibt sich, dass Kapital im Wert von 200 % des Nationaleinkommens aus dem Land geflohen ist. Dieser Wert beinhaltet jedoch nicht den von diesem Auslandsvermögen erzeugten Kapitalzufluss, der beträchtlich sein könnte, wenn dieses Vermögen hohe Renditen abwarf. Tatsächlich waren die Erträge aus ausländischen Vermögenswerten im Zeitraum 1990 bis 2015 geringer als die Erträge ausländischer Verbindlichkeiten, wie die in **Grafik 3.5.3** erkennbaren geringen negativen Nettoeinkommenszuflüsse zeigen. Dieser Nettoabfluss von Kapitaleinkommen zehrte schätzungsweise zwischen einem Viertel und einem Drittel des jährlichen Handelsüberschusses Russlands auf.

Darüber hinaus müssen die Kapitalerträge und -einbußen aus dem Portfolio an Auslandsvermögen und -verbindlichkeiten berücksichtigt werden. Diese Portfolioeffekte können beträchtlich sein, wenn es große Unterschiede zwischen den jährlichen Überschüssen und der Entwicklung des Nettoauslandsvermögens gibt. Genau das geschah teilweise in Russland, als ausländische Investoren in den 1990er Jahren, als die Aktienkurse extrem niedrig waren, russisches Unternehmensvermögen kauften und vom Börsenboom zu Beginn des 21. Jahrhunderts profitierten, was teilweise erklärt, warum die Auslandsverbindlichkeiten so stark stiegen (vgl. **Grafik 3.5.4**). Diese Portfolioeffekte deuten darauf hin, dass ein beträchtlicher Teil der russischen Handelsüberschüsse in von ausländischen Bürgern gehaltene Vermögenswerte umgewandelt wurde. Aber das Ausmaß der zuvor erwähnten Differenzen bei Renditen und Portfolioeffekten war nicht groß genug, um dieses Paradox des fehlenden Vermögens vollkommen zu erklären.

Filip Novokmet, Thomas Piketty und Gabriel Zucman ziehen die Widersprüche in der russischen Zahlungsbilanz heran, um das Ausmaß des Offshore-Vermögens – das heißt des fehlenden Auslandsvermögens Russlands – zu schätzen. Ihre relativ konservative Schätzung besagt, dass das russische Offshore-Vermögen im Jahr 2015 rund 75 % des Nationaleinkommens ausmachte, was bedeutet, dass das Offshore-Vermögen der russischen Bürger etwa ihrem offiziellen Finanzvermögen entspricht (jeweils 70–80 % des Nationaleinkommens). Das heißt, sie halten etwa 50 % ihres gesamten Finanzvermögens im Ausland. Dieses Ergebnis deckt sich weitgehend mit den Schätzungen, die Gabriel Zucman anhand eines anderen methodischen Ansatzes in früheren Arbeiten angestellt hat.[22] Es kann also als einigermaßen gesichert betrachtet werden. Aber während diese Schätzungen im Großen und Ganzen zutreffend sein dürften, sind sie aufgrund des allgemeinen Mangels an internationaler finanzieller Transparenz nicht präzise. Potenziell problematisch ist auch, dass es schwierig ist festzustellen, wer die Eigentümer des fehlenden Vermögens sind und welche Form dieses hat.

Noch weniger klar ist, wo sich das Offshore-Vermögen der russischen Bürger befindet. Ein Teil wird möglicherweise wieder in russische Unternehmen investiert, und es gibt Berichte darüber, dass einige Russen beträchtlichen Immobilienbesitz in Städten wie London und auf dem Land in Ländern wie Frankreich haben und/oder große Anteile an Unternehmen und Sportklubs in Ländern wie Deutschland, Großbritannien und den Vereinigten Staaten besitzen. Ein Blick auf die von *Forbes* veröffentlichte Liste der russischen Milliardäre zeigt, dass diese Personen kollektiv ein Vermögen von mehr als 400 Milliarden Dollar besitzen – das entspricht etwa der Hälfte des geschätzten russischen Offshore-Vermögens von 800 Milliarden Dollar. Ein Vergleich des von *Forbes* und anderen Zeitschriften veröffentlichten Vermögensportfolios legt den Schluss nahe, dass der Großteil des Offshore-Vermögens in russischen Unternehmen insbesondere im Energie- und Finanzsektor gehalten wird. Ausgehend davon, lautet die Interpretation der verfügbaren Daten, dass ein großer Teil der offiziellen russischen Auslandsverbindlichkeiten – die 2015 mehr als 80 % des Nationaleinkommens entsprachen – tatsächlich auf Offshore-Konten von russischen Bürgern gehalten wird. Aber in Anbetracht der Tatsache, dass die *Forbes*-Liste keine Angaben dazu enthält, wie groß der im Ausland gehaltene Teil des Milliardenvermögens ist – dieser Anteil dürfte sehr hoch sein –, ist es schwierig, ein abschließendes Ergebnis vorzulegen.

TEIL IV

DIE GLOBALE ENTWICKLUNG DER VERMÖGENSUNGLEICHHEIT

1. Globale Vermögensungleichheit: Trends und Projektionen

- Bei der globalen Vermögensungleichheit ist die Datenlage schlechter als bei der Einkommensungleichheit. Nur vorsichtige Interpretationen sind angebracht. Gegenwärtig sind einheitliche Angaben zur globalen Vermögensverteilung unmöglich. Die verfügbaren Erkenntnisse über insbesondere China, Europa und die Vereinigten Staaten liefern jedoch wertvolle Einblicke in die globale Entwicklung der Vermögen.
- Die Daten deuten auf eine Zunahme der weltweiten Vermögensungleichheit in den letzten Jahrzehnten hin. Auf globaler Ebene – repräsentiert von China, Europa und den Vereinigten Staaten – stieg der Anteil des reichsten 1 % der Weltbevölkerung am Gesamtvermögen von 28 % im Jahr 1980 auf 33 % in der Gegenwart, während der Anteil der unteren 75 % der Menschheit bei rund 10 % verharrt.
- Die Vermögen sind sehr viel stärker konzentriert als die Einkommen. Die reichsten 10 % der Bevölkerung besitzen in China, Europa und den Vereinigten Staaten mehr als 70 % des Gesamtvermögens, während die unteren 50 % weniger als 2 % und die mittleren 40 % («die globale Vermögensmittelschicht») weniger als 30 % besitzen.
- Setzt sich die derzeitige Entwicklung der Vermögensungleichheit fort, so wird im Jahr 2050 allein das reichste 0,1 % der Menschheit ein größeres Vermögen haben als die globale Mittelschicht.

Die Daten zur globalen Vermögensungleichheit sind spärlicher als jene zur globalen Einkommensungleichheit und müssen mit Vorsicht interpretiert werden

Die Daten zur Vermögensungleichheit sind insbesondere auf globaler Ebene sehr viel spärlicher als jene zur Einkommensungleichheit. Daher ist es schwieriger, sich ein Bild davon zu machen, wie sich die Vermögensungleichheit in den letzten Jahrzehnten weltweit entwickelt hat.

Wir wollen es unmissverständlich sagen: Anhand der derzeit verfügbaren Daten ist es nicht möglich, die weltweite Vermögensverteilung zuverlässig zu schätzen und Voraussagen zu ihrer Entwicklung anzustellen. Wir können die globale Einkommensverteilung und ihre Entwicklung bis zu einem gewissen Grad schätzen, was wir in Teil II dieses Berichts mit angemessener Vorsicht versucht haben. Beim Vermögen liegen die Dinge anders. Wie wir in Teil III dieses Berichts gesehen haben, können wir für sehr große Regionen – insbesondere in Afrika, Lateinamerika und Asien – nicht einmal das Niveau des gesamten Nationalvermögens und seine Verteilung auf privates und öffentliches Vermögen, Auslandsvermögen und natürliches Kapital einigermaßen zuverlässig schätzen. Um Schätzungen zur Vermögensverteilung unter den Haushalten anstellen zu können, müssen wir zuerst Fortschritte bei der Messung des Gesamtvermögens und seiner sich wandelnden Struktur machen.

Verschiedene Zeitschriften (hier ist vor allem *Forbes* zu nennen) veröffentlichen globale Ranglisten der Milliardenvermögen, und einige Finanzinstitute (z. B. Credit Suisse) haben Daten über solche Vermögen mit anderen Daten kombiniert, um Schätzungen zur globalen Vermögensverteilung anzustellen. Derartige Studien gelangen normalerweise zu dem Ergebnis, dass die Spitzenvermögen in den letzten Jahrzehnten sehr schnell – deutlich schneller als die Weltwirtschaft – gewachsen sind, und wir teilen diese generelle Einschätzung. Allerdings sind die von *Forbes* und den Finanzinstituten angewandten Methoden oft nicht transparent; insbesondere wird nicht preisgegeben, welche Rohdaten verwendet und mit welchen Computerprogrammen die Daten ausgewertet wurden. Daher ist es unmöglich, diese statistischen Ergebnisse zu rekonstruieren. Hier handelt es sich nicht einfach um eine technische Frage: Methodische Entscheidungen können sich erheblich auf die gemessene Entwicklung der Vermögensungleichheit auswirken, und Methoden und Quellen müssen transparent sein, wenn wir zu einer Konsenseinschätzung der Faktenlage zur Ungleichheit gelangen wollen.

Beim Projekt WID.world haben wir uns entschlossen, schrittweise vorzugehen und ausschließlich Datenreihen zur Vermögensungleichheit in den Ländern zu verwenden, bei denen die Rohdaten zufriedenstellende Ergebnisse liefern können. Im Idealfall werden Erhebungen zum Vermögen der Privathaushalte mit Vermögensranglisten und Steuerdaten kombiniert (die anhand der Kapitalisierungsmethode aus Einkommensteuerdaten und anhand der Multiplikatormethode aus Erbschaftsteuerdaten gewonnen werden), um die Verteilung der Vermögen richtig schätzen und die Quellen transparent auswerten zu können. Gegenwärtig sind diese Bedingungen nur in wenigen Ländern erfüllt – vor allem in den Vereinigten Staaten, einigen europäischen Ländern (Frankreich, Großbritannien und Spanien) und mit Einschränkungen in China (wo Erhebungen zum Haushaltsvermögen und Vermögensrankings verfügbar sind, während der Zugang zu Steuerdaten sehr beschränkt ist). Wir haben auch Schätzungen zur Vermögensungleichheit in Russland und dem Nahen Osten angestellt, die jedoch weniger zuverlässig sind und nicht für die Schätzungen der globalen Vermögensverteilung in diesem Bericht herangezogen werden.

In unsere Schätzungen zur Entwicklung der globalen Vermögensungleichheit seit 1980 fließen daher Daten aus drei großen Regionen ein: Vereinigte Staaten, China und Europa. Die Schätzungen für Europa wiederum beruhen auf Daten zu drei Ländern (Frankreich, Spanien und Großbritannien), die angesichts der Entwicklung in anderen Ländern, für die Daten zur Vermögensungleichheit vorliegen (insbesondere Schweden und Deutschland), als repräsentativ betrachtet werden können. Ab dem Jahr 1987 können wir auch unsere Resultate mit den Milliardärsranglisten von *Forbes* vergleichen, die mehrere Länder umfassen, obwohl sie sich nur auf eine winzige, extrem reiche Bevölkerungsgruppe beziehen und obwohl wir wenig darüber wissen, wie diese Informationen gesammelt wurden.

Die verfügbaren Daten zeigen, dass die globale Vermögensungleichheit extrem ist und weiter zunimmt

Auf globaler Ebene (vertreten durch China, Europa und die Vereinigten Staaten) sind die Vermögen sehr viel stärker konzentriert als die Einkommen: Die reichsten 10 % der Bevölkerung besitzen mehr als 70 % des gesamten Vermögens.[1] Das reichste 1 % allein besaß im Jahr 2017 33 % des gesamten globalen Vermögens. Im Jahr 1980 hatte der entsprechende Anteil noch bei 28 % gelegen. Auf der anderen Seite besitzen die unteren 50 % der Weltbevölkerung praktisch keinerlei Vermögen (weniger als 2 %). Wenn wir uns eine etwas größere Gruppe ansehen, stellen wir fest, dass der Vermögensanteil der unteren 75 % der Bevölkerung bei etwa 10 % liegt. Das Ausmaß der Vermögenskonzentration würde vermutlich sogar größer sein, würden wir Lateinamerika, Afrika und das übrige Asien in die Analyse einbeziehen, denn die meisten Einwoh-

Grafik 4.1.1
Anteil des reichsten 1 % und der ärmsten 75 % der Bevölkerung am globalen Vermögen, 1980–2017: China, Europa und USA

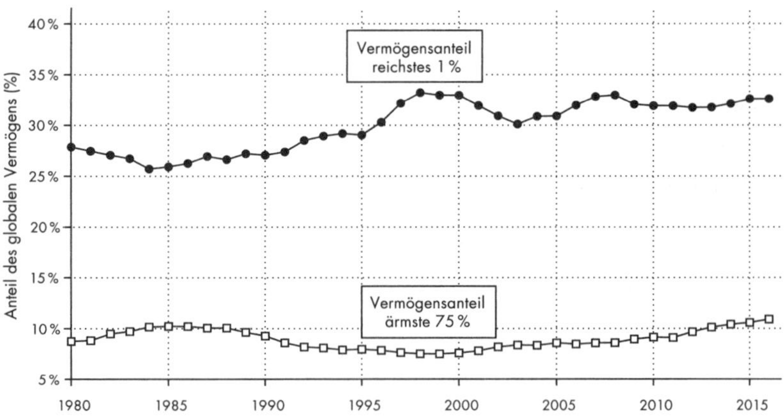

Quelle: WID.world (2017). Vgl. wir2018.wid.world für Datenreihen und Anmerkungen. 2016 besaß das reichste 1 % der Verteilung 33 % des globalen Vermögens. Die Entwicklung der globalen Vermögensgruppen zwischen 1980 und 2017 wird anhand der Daten für China, Europa und die USA dargestellt.

ner dieser Regionen würden in die unteren Bereiche der Vermögensverteilung fallen. In zukünftigen Ausgaben des *Weltungleichheitsberichts* hoffen wir diese Regionen berücksichtigen zu können (vgl. **Grafik 4.1.1**).

In **Tabelle 4.1.1** vergleichen wir das Vermögenswachstum der verschiedenen Gruppen zwischen 1980 und 2017 (es handelt sich jeweils um reale, das heißt inflationsbereinigte Wachstumsraten). Dieser Vergleich bringt einige auffällige Erkenntnisse. Erstens stellen wir fest, dass das Durchschnittsvermögen seit den 1980er Jahren schneller wächst als das Durchschnittseinkommen. Dies geht mit einer allgemeinen Tendenz steigender Vermögens-Einkommens-Relationen in den meisten Ländern einher, die wir in Teil II dieses Berichts dokumentiert haben. Zwischen 1987 und 2017 ist das Durchschnittseinkommen Erwachsener weltweit um 1,3 % pro Jahr gestiegen, während das durchschnittliche Vermögen Erwachsener um 1,9 % jährlich Jahr gewachsen ist.

Tabelle 4.1.1
Globaler Vermögenszuwachs und Ungleichheit, 1980–2017

	China + Europa + USA		Welt
	1980–2017	1987–2017	1987–2017
reichste 1/100 Million *(Forbes)*	–	7,8 %	6,4 %
reichste 1/20 Millionen *(Forbes)*	–	7,0 %	5,3 %
reichstes 0,01 % (WID.world)	5,5 %	5,7 %	4,7 %
reichstes 0,1 % (WID.world)	4,4 %	4,5 %	3,5 %
reichstes 1 % (WID.world)	3,4 %	3,5 %	2,6 %
Durchschnittsvermögen Erwachsener	2,9 %	2,8 %	1,9 %
Durchschnittseinkommen Erwachsener	1,3 %	1,4 %	1,3 %

Quelle: WID.world (2017). Vgl. wir2018.wid.world für Datenreihen und Anmerkungen. Zwischen 1987 und 2017 stieg das Vermögen des reichsten 1 % der Weltbevölkerung um 2,6 %. Die Vermögensschwelle für die Zugehörigkeit zum reichsten 1 % in China + Europa + USA lag 2017 bei 1 125 000 €. Die Schwelle für die Zugehörigkeit zum reichsten 0,1 % lag bei 5 209 000 €, die Schwelle für das reichste 0,01 % bei 25 812 000 €.

Wenn wir uns die Spitze der globalen Einkommensverteilung – gemessen an den *Forbes*-Ranglisten der Milliardenvermögen – ansehen, stellen wir fest, dass der Vermögensanteil der Eigentümer der größten

Vermögen sehr viel schneller gestiegen ist als jener der durchschnittlichen Vermögensbesitzer: Das Vermögen der reichsten 1/20 Million ist seit 1987 um 5,3 %, jenes der reichsten 1/100 Million um 6,4 % gestiegen (vgl. **Tabelle 4.1.1**). Dies ist definitionsgemäß eine Entwicklung, die sich nicht unendlich fortsetzen kann: Sollten die größten Vermögen dauerhaft drei- bis viermal so schnell wachsen wie die Durchschnittsvermögen, so würden die Milliardäre schließlich 100 % des Vermögens der Menschheit besitzen.

Die Daten zu den Milliardenvermögen sind aus zwei Gründen problematisch: Erstens ist (wie zuvor erwähnt) nicht vollkommen klar, wie sie geschätzt wurden. Vor allem aber ist nicht klar, ob das Muster des sehr raschen Vermögenszuwachses nur für Milliardäre oder auch für Multimillionäre gilt. Diese Frage ist von entscheidender Bedeutung, weil die Personen, die 5 Mio., 20 Mio. oder 100 Mio. Dollar besitzen, sehr viel zahlreicher sind als die Milliardäre und potenziell einen sehr viel größeren Teil des globalen Vermögens besitzen als die Milliardäre.

Leider können wir diese Frage nicht zur Gänze beantworten, aber zumindest liefern uns die Schätzungen zur Vermögensverteilung in den Vereinigten Staaten, Europa und China einige interessante Erkenntnisse. Wie sich herausstellt, ist das Durchschnittsvermögen des reichsten 1 % der Bevölkerung in den USA, Europa und China zwischen 1987 und 2017 jedes Jahr um 3,5 % gestiegen (während das Durchschnittsvermögen von Erwachsenen um 2,8 % und das Durchschnittseinkommen um 1,9 % gestiegen ist). Je weiter wir uns in der Vermögensverteilung nach oben bewegen, desto schneller das Wachstum: Das Vermögen des reichsten 0,1 % ist im Durchschnitt um 4,4 % pro Jahr gestiegen, das des reichsten 0,01 % um durchschnittlich 5,6 % pro Jahr.

Diese Erkenntnisse, die aus einer Kombination mehrerer voneinander unabhängiger Datenquellen gewonnen wurden (Erhebungen von Haushaltsvermögen, anhand der Einkommenskapitalisierungsmethode gewonnene Einkommensteuerdaten sowie, sofern verfügbar, anhand der Multiplikatormethode gewonnene Erbschaftsteuerdaten), scheinen sich mit den *Forbes*-Daten zu den Milliardenvermögen zu decken. Aber sie zeigen auch, dass es jährliche Zuwachsraten von 5 bis 6 % nur an der Spitze der Vermögensverteilung gibt. Betrachtet man das 1 % der größten Vermögen (das heißt die persönlichen Nettovermögen von mehr als

1,1 Mio. Euro in China, Europa und den Vereinigten Staaten 2016), so sieht man einen durchschnittlichen jährlichen Vermögenszuwachs von 3,5 % zwischen 1987 und 2017. Das ist mehr als der durchschnittliche jährliche Vermögenszuwachs von 2,8 % für die gesamte Bevölkerung, aber die Kluft zu den Milliardären ist sehr viel größer. Daraus folgt, dass die Ungleichheit und Divergenz der Vermögen bei fortgesetzter Zunahme mit der gegenwärtigen Geschwindigkeit in wenigen Jahrzehnten extreme Formen annehmen wird (mehr zu den Zukunftsaussichten später). Die Richtung, in der sich die Verteilung entwickelt, deutet zweifellos auf eine zunehmende Vermögenskonzentration hin, und es gibt keinen Hinweis darauf, dass die Finanzkrise von 2008 einen mehr als vorübergehenden Einfluss auf diesen langfristigen strukturellen Trend gehabt hat.

Grafik 4.1.2
Globaler Vermögenszuwachs nach Perzentilen, 1987–2017: China, Europa und USA

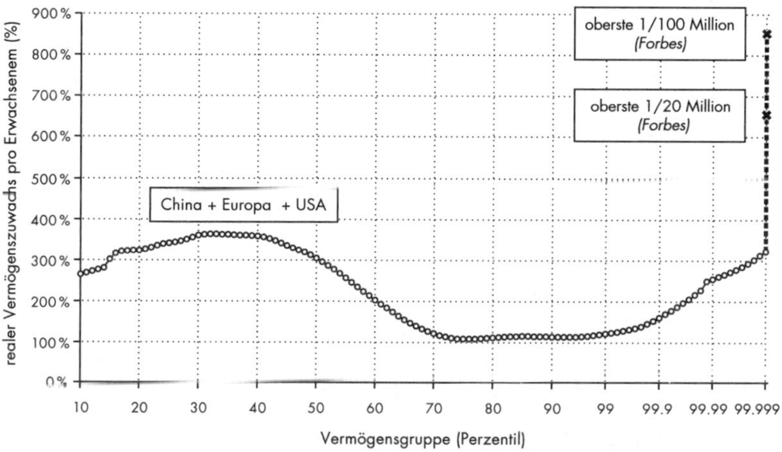

Quelle: WID.world (2017). Vgl. wir2018.wid.world für Datenreihen und Anmerkungen. Zwischen 1987 und 2017 wuchs das Durchschnittsvermögen des 50. Vermögensperzentils um 300 %. Der durchschnittliche globale Vermögenszuwachs pro Erwachsenem betrug 129 %. Die Entwicklung der globalen Vermögensgruppen zwischen 1987 und 2017 wird anhand der Zahlen für China, Europa und die USA dargestellt. Die reichste 1/100 Million in den Milliardärsranglisten von *Forbes* entspricht dem reichsten 0,000001 %, die reichste 1/20 Million entspricht dem reichsten 0,000005 %. Die Werte sind inflationsbereinigt.

Unsere Resultate zeigen auch, dass ein großer Teil des globalen Vermögenszuwachses dem reichsten 1 % und noch kleineren Vermögensgruppen an der Spitze dieses 1 % zugutekommt. Wie **Tabelle 4.1.2** zeigt, entfallen 37 % des Pro-Kopf-Vermögenszuwachses auf das reichste 1 %, und mehr als die Hälfte dieses Anteils gehen an das reichste 0,1 %. All das deutet auf wachsende Ungleichverteilung an der Spitze hin. Zu beachten ist, dass die Vermögen auch im unteren Teil der Verteilung dank des raschen Wachstums in China deutlich gewachsen sind, wie aus **Grafik 4.1.2** hervorgeht. Dieses Muster erinnert an die «Elefantenkurve» des globalen Einkommenswachstums, was darauf hindeutet, dass sich die globale Vermögensverteilung qualitativ ähnlich entwickelt wie die der Einkommen. Das Vermögen der unteren drei Viertel der Verteilung ist deutlich gewachsen, wenn auch weniger als das der Milliardäre laut *Forbes*. Am geringsten ist der Vermögenszuwachs der Mittelschicht in den Industrieländern. Die Trends beim Vermögenszuwachs der verschiedenen Gruppen sind in den letzten drei Jahrzehnten einigermaßen stabil gewesen, wobei die kleinen Gruppen an der Spitze der Vermögensverteilung am meisten profitiert haben.

Wenn sich die gegenwärtige Entwicklung fortsetzt, wird der Vermögensanteil des reichsten 1 % der Menschheit alle fünf Jahre um einen Prozentpunkt steigen

Wie wird sich die globale Vermögensverteilung entwickeln, wenn sich diese Trends in den nächsten Jahrzehnten fortsetzen? **Grafik 4.1.3** gibt eine plausible Antwort auf diese Frage. Der gesamte Vermögensanteil der Besitzer von 0,1 % der größten Vermögen würde sich Schritt für Schritt dem der globalen Mittelschicht aufschließen, die wir als die Gruppe unterhalb der oberen 10 % und oberhalb des Medianvermögens definieren, das heißt 40 % der Weltbevölkerung. Im Jahr 2050 würden diese beiden Gruppen demnach den gleichen Anteil am globalen Vermögen haben, nämlich 25 %. Die globale Vermögensmittelschicht umfasst 40 % der Weltbevölkerung, was bedeutet, dass das reichste 0,1 % im Durchschnitt 400-mal so reich wäre wie die globale Mittelschicht. Diese Entwicklung würde einige Jahrzehnte dauern.

Tabelle 4.1.2
Anteil einzelner Vermögensgruppen am globalen Vermögenszuwachs, 1980–2017

Vermögensgruppe	Anteil am realen Pro-Kopf-Zuwachs
unterste 99 %	62,9 %
oberstes 1 %	37,1 %
oberstes 0,1 %	21,6 %
oberstes 0,01 %	12,4 %

Quelle: WID.world (2017). Vgl. wir2018.wid.world für Datenreihen und Anmerkungen.
Zwischen 1980 und 2017 entfielen 37 % des gesamten Vermögenszuwachses in China, Europa und den USA auf das reichste 1 % der Weltbevölkerung. Die Schwelle für die Zugehörigkeit einer Person zum reichsten 1 % in China + Europa + USA lag 2017 bei 1 125 000 €. Zum reichsten 0,1 % gehörte eine Person ab einem Vermögen von 5 209 000 €, zum reichsten 0,01 % ab einem Vermögen von 25 812 000 €.

Die reichste 1/20 Million und die reichste 1/100 Million der Menschheit, das heißt rund 250 bzw. 50 Erwachsene, könnten bereits im Jahr 2030 1,5 bzw. 0,75 % des globalen Gesamtvermögens besitzen. Anfang der 1990er Jahre lagen die entsprechenden Anteile noch bei 0,5 bzw. 0,25 %. Der Vermögensanteil des reichsten 1 % würde weiterhin alle fünf Jahre um einen Prozentpunkt steigen. Die Anteile des reichsten 0,1 % und des reichsten 0,01 % würden ebenfalls alle fünf Jahre um einen Prozentpunkt wachsen. Das bedeutet, dass die Zunahme der Vermögensungleichheit auf den Vermögenszuwachs dieser sehr kleinen Gruppen zurückzuführen ist. Obwohl sehr viel größer als die der Milliardäre, sind diese Gruppen sehr klein. (Um 2016 zum reichsten 0,1 % oder zum reichsten 0,01 % in Europa, den Vereinigten Staaten und China zu gehören, musste eine Person mehr als 5,2 Mio. Euro bzw. mehr als 25,8 Mio. Euro besitzen.)

Die Entwicklung der globalen Vermögensungleichheit hängt von zahlreichen Faktoren ab

Wie wir in Teil II gesehen haben, hängt die globale Einkommensentwicklung sowohl von länderspezifischen als auch von länderübergreifenden Faktoren ab. Die Privatvermögen wachsen in den großen Schwellenländern schneller als in den reichen Ländern. Dieser Trend ist auf ein hohes Wirtschaftswachstum und eine groß angelegte Privatisierung in den Übergangsökonomien zurückzuführen. Diese Entwicklung verringert die globale Vermögensungleichheit. Der nivellierende Effekt wird jedoch durch die wachsende Vermögensungleichheit an der Spitze der Verteilung der einzelnen Länder mehr als wettgemacht. Die zunehmende Vermögensungleichheit innerhalb der Länder hat eine Reihe von Gründen, darunter eine wachsende Einkommensungleichheit, die durch ungleiche Sparquoten und Kapitalrenditen verstärkt wird. Weitere Faktoren wie zum Beispiel eine progressive Besteuerung können diese Dynamik abschwächen oder verstärken. Die zukünftige Entwicklung der Vermögensungleichheit wird also sowohl vom weiteren Wirtschaftswachstum in den Schwellenländern als auch von den internen Determinanten der Ungleichheit in den einzelnen Ländern abhängen. Wir werden diese Entwicklung in den folgenden Kapiteln auf Länderebene untersuchen.

Es sollte darauf hingewiesen werden, dass das überdurchschnittlich schnelle Wachstum der Vermögen der winzigen Gruppe an der Spitze der globalen Vermögensverteilung ab den 1980er Jahren keineswegs unvermeidlich war. Einer der globalen Faktoren, die möglicherweise dazu beigetragen haben, ist der massive Vermögenstransfer vom öffentlichen auf den Privatsektor in vielen Ländern (vgl. Teil II). Dort, wo kleine Bevölkerungsgruppen – zum Beispiel die russischen Oligarchen – unverhältnismäßig von Privatisierungsprogrammen profitierten, hilft dies zu erklären, warum der Vermögensanteil der Reichsten so schnell stieg. Es ist jedoch schwierig, anhand der verfügbaren Daten den globalen Einfluss dieses Faktors einzuschätzen. In einigen Fällen kam die Privatisierung in erster Linie der Mittelschicht zugute (zum Beispiel im Immobiliensektor, wie wir an den Beispielen von Großbritannien, Frankreich und Spanien gesehen haben). Ob dieser Faktor in Zukunft eine wichtige Rolle spielen wird (die Vermutung liegt nahe, dass die großen Privatisierungswellen mittlerweile hinter uns liegen), ist eine weitere Frage, die ebenso bedeutsam wie ungewiss ist.

Ein weiterer potenziell bedeutsamer globaler Faktor, der zum deutlich steigenden Vermögen der Reichsten beiträgt, ist in der Tatsache zu finden, dass die Deregulierung der Finanzmärkte und die Innovation

Grafik 4.1.3
Globale Vermögensungleichheit, 1980–2050: China, Europa und USA

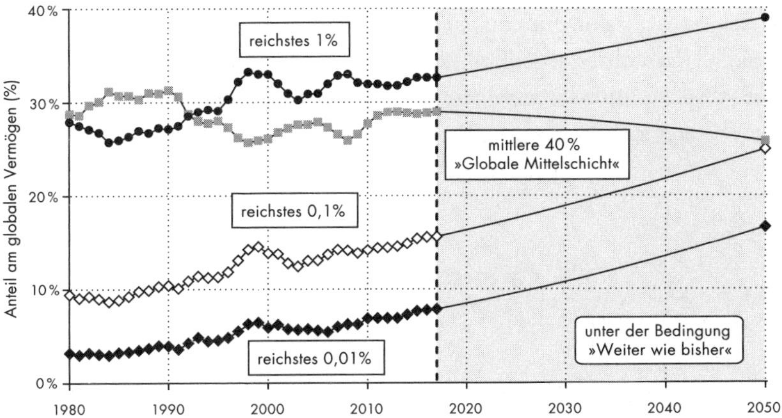

Quelle: WID.world (2017). Vgl. wir2018.wid.world für Datenreihen und Anmerkungen. 2016 hatte das reichste 1 % der Weltbevölkerung in einer von China, Europa und den USA repräsentierten Welt einen Anteil von 33 % am globalen Vermögen. Sollte sich die gegenwärtige Entwicklung fortsetzen, würde der globale Vermögensanteil des reichsten 1 % bis 2050 auf 39 % steigen, und das reichste 0,1 % würde mit 26 % einen fast ebenso hohen Anteil am globalen Vermögen haben wie die Mittelschicht (27 %). Die Entwicklung der globalen Vermögensgruppen zwischen 1987 und 2017 wird stellvertretend anhand der Entwicklung in China, Europa und den USA dargestellt. Die Werte sind inflationsbereinigt.

möglicherweise die Ungleichheit der mit unterschiedlich großen Finanzportfolios erzielbaren Kapitalrenditen erhöht haben. Einen der überzeugendsten Belege dafür liefern die jährlichen Realrenditen von Universitätsstiftungsfonds in den Vereinigten Staaten, die zwischen 1980 und 2010 zwischen 4 bis 5 % bei den kleinsten Stiftungen und 8 bis 10 % bei den größten reichten (inflationsbereinigt und nach Abzug der Verwaltungskosten).[2]

Einmal mehr stellt sich die Frage, ob diese Entwicklung charakteristisch für einen bestimmten Zeitraum war oder ob sie sich in der Zukunft fortsetzen wird (die verfügbaren Daten deuten darauf hin, dass große Stiftungen auch in den letzten Jahren noch sehr gute Renditen erzielten). Auch wirft die Verwaltung persönlicher Vermögen andere Fragen auf als das Management großer Universitätsstiftungen, weshalb diese Ergebnisse nicht direkt auf Privatvermögen übertragen werden können. Leider liegen nicht genug Daten vor, um ähnliche Berechnungen für die größten Familienvermögen anzustellen.

Wie wir im Folgenden sehen werden, zeigen unsere Länderstudien jedoch, dass unterschiedliche Renditen – gemeinsam mit unterschiedlichen Sparquoten – erheblich zur zunehmenden Vermögenskonzentration beitragen können (vgl. **Kasten 4.1.1.**).

Kasten 4.1.1
Methodologischer Hinweis: Wie unsere Projektionen funktionieren

Wir unterteilen die Vermögensverteilung in mehrere Gruppen:

- die unteren 99 %
- das oberste 1 % ausschließlich des obersten 0,1 %
- das oberste 0,1 % ausschließlich des obersten 0,01 %
- das oberste 0,01 % ausschließlich der obersten 1/20 Million
- die oberste 1/20 Million ausschließlich der obersten 1/100 Million
- die oberste 1/100 Million

Wir berechnen die durchschnittliche Wachstumsrate des Vermögens dieser Gruppen seit 1987 (Einführung der *Forbes*-Ranglisten) und extrapolieren das Durchschnittsvermögen jeder dieser Gruppen, ausgehend von diesen Wachstumsraten. Gestützt auf diese Durchschnittswerte, gelangen wir zu den Vermögensanteilen der obersten Gruppen.

Da das Vermögen der kleinen Gruppen an der Spitze der Verteilung in der Vergangenheit stärker gewachsen ist, gelangen wir anhand dieser Methode zur Prognose einer zunehmenden Vermögensungleichheit. Selbstverständlich kann sich dieser Trend nicht unendlich fortsetzen, da die Gruppe der Reichsten bei Fortsetzung der gegenwärtigen Parameter am Ende fast das gesamte globale Vermögen besitzen würde. Aber dazu käme es erst in ferner Zukunft, weshalb die Methode durchaus geeignet ist, Projektionen für die nächsten Jahrzehnte anzustellen.

2. Trends der Vermögensungleichheit im weltweiten Vergleich

Die verfügbaren Daten zeigen, dass die persönliche Vermögensungleichheit in den meisten Ländern seit Anfang oder Ende der 1980er Jahre zunimmt. Angetrieben wird diese Entwicklung von der wachsenden Einkommensungleichheit und vom massiven Transfer von Staatseigentum in private Hände in den letzten 40 Jahren.

- In China und Russland sind die Vermögensanteile der reichsten Bevölkerungsgruppen seit dem Übergang dieser Länder von einem kommunistischen zu einem kapitalistischen Wirtschaftssystem deutlich gestiegen, obwohl unterschiedliche Strategien für die wirtschaftliche und politische Transition zu einer unterschiedlichen Entwicklung der Ungleichheit in diesen beiden Ländern geführt hat.
- In den Vereinigten Staaten hat die Vermögensungleichheit in den letzten 30 Jahren dramatisch zugenommen. Dies ist vor allem auf den deutlichen Anstieg des Vermögensanteils des reichsten 0,1 % der Bevölkerung zurückzuführen. Wachsende Einkommensungleichheit und ungleiche Sparquoten bedingten einen Schneeballeffekt der zunehmenden Vermögenskonzentration.
- In Frankreich und Großbritannien ist der Anstieg des Vermögensanteils der Reichsten in den letzten 40 Jahren geringer ausgefallen, was teilweise auf die Kompensationswirkung des wachsenden Immobilienvermögens der Mittelschicht und eine im Vergleich zu den Vereinigten Staaten geringere Einkommensungleichheit zurückzuführen ist. Die Folge ist, dass die Vermögenskonzentration, die in den Vereinigten Staaten historisch geringer war als in Europa, mittlerweile in den USA höher ist.
- Die Immobilienpreise haben auch in Spanien die Vermögensungleichheit gedämpft. Dort ist die Vermögenskonzentration, abgesehen von kurzfristigen Schwankungen, weitgehend unverändert geblieben.
- Langfristig erhöhen die Differenz zwischen Kapitalrenditen und Wachstumsraten sowie die unterschiedliche Spardynamik der Vermögensgruppen die Vermögensungleichheit. Wenn die Renditen auf

große Portfolios höher sind als das durchschnittliche Wirtschaftswachstum, nimmt die Vermögensungleichheit zu. Dasselbe gilt für ungleiche Sparquoten verschiedener Gruppen.

Die Vermögensungleichheit innerhalb der Länder nahm ab dem frühen 20. Jahrhundert in einigen der größten Volkswirtschaften der Welt deutlich ab, aber seit den 1980er Jahren ist in vielen Ländern eine wachsende Vermögenskonzentration zu beobachten. Die Kombination von wirtschaftlichen, politischen und sozialen Schocks, die, beginnend mit dem Ausbruch des Ersten Weltkriegs, bis Mitte der 1980er Jahre zum langfristigen Rückgang der Vermögensungleichheit in Europa und Nordamerika führte, wird in *Das Kapital im 21. Jahrhundert* beschrieben.[3] Zu diesen Schocks zählten die Weltwirtschaftskrise der 1930er Jahre, die Zerstörung von materiellem und Humankapital in den beiden Weltkriegen, Beschränkungen der Kapitalströme, die Verstaatlichung von Industrien und Güterbereitstellung und die verstärkte staatliche Kontrolle über die Wirtschaft. Aufgrund der engen Beziehung zwischen Vermögen und Einkommen ähneln die Geschichten dieser beiden Elemente einander: In ihrer Gesamtheit wirkten sich die genannten Faktoren sehr schädlich auf die Vermögen der Reichsten aus und begünstigten das Wachstum der Vermögen der Mittelschicht in Europa und den Vereinigten Staaten.

Leider wissen wir relativ wenig über die jüngste Entwicklung der Vermögensungleichheit auf globaler Ebene. Die in der öffentlichen Debatte verwendeten Daten zur Vermögensungleichheit stammen bisher zumeist aus Quellen, die keine zuverlässige Analyse der Vermögensdynamik ermöglichen. Desgleichen ist es schwierig herauszufinden, wie die Statistiken zur Vermögensungleichheit aufgebaut sind, da die Methoden nicht immer transparent sind. Und das ist keine rein technische Frage: Methodische Entscheidungen können sich tatsächlich erheblich auf die Resultate der Messung der Vermögensungleichheit auswirken.

Die öffentlich zugänglichen Informationen über Vermögensverteilung und grenzübergreifende Vermögenswerte, die für diesen Bericht ausgewertet und in WID.world veröffentlicht worden sind, sind unvollständig. Aber wir betrachten dies als ersten systematischen Versuch, Daten zur globalen Vermögensungleichheit zusammenzustellen. In diesem Bericht werden Steuerdaten, Vermögenserhebungen und Daten zu grenzübergreifendem Eigentum zu einer schlüssigen Gesamtschau kombiniert. Die in diesem und den folgenden Kapiteln vorgelegten Schätzungen beruhen auf Daten für China, Frankreich, Russland, Spanien, Großbritannien und die Vereinigten Staaten.

Unterschiedliche Transitionsstrategien bedingen unterschiedliche Ungleichheitsdynamiken in China und Russland

Daten zur Vermögensungleichheit in China und Russland sind erst ab 1995 verfügbar, aber in den letzten zwei Jahrzehnten bestätigen die Datenreihen eine massive Zunahme der Vermögensungleichheit in beiden Ländern. Die Vermögenskonzentration in den Händen des reichsten 1 % der Bevölkerung verdoppelte sich praktisch: Der Anteil dieser Gruppe am Gesamtvermögen des Landes stieg in Chinas von knapp 15 % im Jahr 1995 auf 30 % im Jahr 2015 und in Russland im selben Zeitraum von weniger als 22 % auf rund 43 %. Auffällig ist, dass der Anteil der wohlhabendsten 10 % der Bevölkerung am Gesamtvermögen im Jahr 2015 in beiden Ländern sehr viel ähnlicher ist: Er liegt bei 67 % in China und bei 71 % in Russland (vgl. **Grafik 4.2.2**). Das deutet darauf hin, dass Russlands Strategie für den wirtschaftlichen Übergang die reichsten Bürger stärker bevorzugte als die Strategie Chinas. Wie **Grafik 4.2.1** zeigt, war die Vermögenskonzentration in Russland im Jahr 2015 höher als in den Vereinigten Staaten, während die chinesische Vermögensungleichheit zwischen der Frankreichs und der Vereinigten Staaten lag.

Die unterschiedlich starke Zunahme der Ungleichheit in den beiden ehemals kommunistischen Ländern ist zum Teil mit ihren unterschiedlichen Strategien zur Privatisierung von Wohnimmobilien und Staatsunternehmen zu erklären. In Russland wurden Staatsbetriebe mittels Coupon-Privatisierung auf den Privatsektor übertragen, ein Verfahren, das aufgrund der extrem schnellen Durchführung mit einem Ausverkauf von Vermögenswerten verglichen werden kann. Im Gegensatz dazu verlief der groß angelegte Transfer öffentlichen Eigentums in private Hände durch den Verkauf von Staatsunternehmen in China langsamer, obwohl die Privatisierung auch dort beträchtliche Ausmaße annahm: Zwischen 1995 und 2005 wurden fast 100 000 Unternehmen mit Vermögen im Wert von 11,4 Billionen Yuán privatisiert.[4]

Allerdings wandten die beiden Länder bei der Privatisierung von Staatseigentum unterschiedliche Methoden an. In China wurde die Zahl der Sozialwohnungen drastisch reduziert, und der staatliche Immobilienbesitz wurde fast zur Gänze privatisiert. Bis 2002 waren 85 % der städtischen Wohnimmobilien in Privatbesitz übergegangen. Diese Immobilienprivatisierung verlief sehr ungleichmäßig, denn der Zugang zu börsennotierten und nicht börsennotierten Wohnimmobilien hing oft vom Vermögen und von den politischen Verbindungen eines Haushalts ab, und die Personen am oberen Ende der Verteilung hatten besseren Zugang zu privatisiertem Staatsbesitz auf dem offiziellen Markt. Die Russen gingen bei der Privatisierung des staatlichen Wohnungsbestands behutsamer vor. Normalerweise erhielten die Mieter das Recht, ihre Wohnung zu einem relativ niedrigen Preis zu erwerben, wobei sie dieses Recht nicht sofort ausüben mussten. Da Unsicherheit bezüglich der makroökonomischen und politischen Entwicklung herrschte, ließen sich viele russische Haushalte bis in die späten 1990er Jahre oder sogar

Grafik 4.2.1
Anteil des reichsten 1 % am persönlichen Vermögen
in reichen und Schwellenländern, 1913–2015

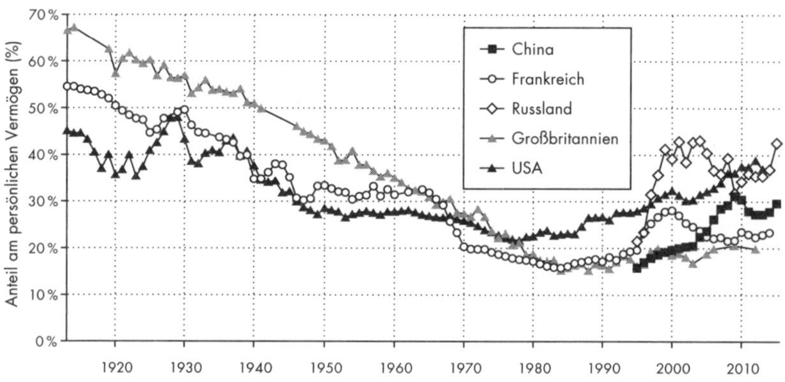

Quelle: WID.world (2017). Vgl. wir2018.wid.world für Datenreihen und Anmerkungen. Von 1995 bis 2015 stieg der Anteil des reichsten 1 % der russischen Bevölkerung am Gesamtvermögen des Landes von 22 auf 43 %.

in die ersten Jahre des neuen Jahrtausends Zeit mit der Wahrnehmung ihrer Kaufoption. Die Folge war, dass die Privatisierung des Immobilienbestands die Zunahme der Vermögensungleichheit ein wenig dämpfte. Der Vermögensanteil der mittleren 40 % der Verteilung – definiert als obere 50 % ausschließlich der oberen 10 % – sank in beiden Ländern während des gesamten Untersuchungszeitraums, und zwar interessanterweise in ähnlichem Maß: Zwischen 1995 und 2015 sank er in China von 43 auf 26 % und in Russland von 39 auf 25 % des Gesamtvermögens. Zwar fiel der Rückgang in China stärker aus, aber ursprünglich war er in Russland abrupter, was jedoch auf die Nachwirkungen der Hyperinflation zurückzuführen war, die auf die Freigabe der Preise im Jahr 1992 gefolgt war und die Ersparnisse der Russen ausgelöscht hatte.

Die wachsende Ungleichheit von Einkommen und Sparquoten hat in den Vereinigten Staaten zu einer raschen Vermögenskonzentration geführt

In den Vereinigten Staaten nahm die Vermögensungleichheit weniger abrupt zu, aber in historischer Perspektive war sie nicht weniger spektakulär als der Anstieg in den ehemals kommunistischen Ländern. Die Vermögensungleichheit verringerte sich in den 1930er und 1940er Jahren in den Vereinigten Staaten deutlich gegenüber dem «Gilded Age» am Ende des 19. Jahrhunderts, was auf drastische politische Eingriffe im Rahmen des New Deal zurückzuführen war. Die Entwicklung stark progressiver Einkommen- und Erbschaftsteuern erschwerte es erheblich, große Vermögen anzuhäufen und zu vererben. Die Regulierung des Finanzmarkts schränkte die Rolle der Finanzwirtschaft und die Fähigkeit zu einer Vermögenskonzentration nach dem Vorbild des Finanzierindustriellen aus dem «Gilded Age» deutlich ein. Aber ab Mitte der 1980er Jahre stiegen die Vermögensanteile der Reichsten wieder deutlich. Hauptgründe für die rasch steigende Vermögenskonzentration sind der Anstieg der Spitzeneinkommen und die Stagnation der niedrigen Einkommen. Diese Dynamik ist auf eine Abkehr von der bis in die 1970er Jahre verfolgten Politik zurückzuführen. Zu den Bestandteilen der neuen Politik zählen die finanzielle Deregulierung und niedrigere Steuersätze für die Spitzeneinkommen. Auch die wachsende Kluft zwischen den Sparquoten der Reichsten und denen der Mittel- und Unterschicht hat zur Zunahme der Vermögensungleichheit beigetragen. Diese Entwicklung hat einen «Schneeballeffekt» ausgelöst: Ihre hohen Einkommen haben den Reichen den Erwerb finanzieller Vermögenswerte ermöglicht, was zu einer Konzentration der Kapitaleinkünfte geführt hat, die zusätzliches Einkommen für den Erwerb weiterer Vermögenswerte erzeugt haben. So ist der Vermögensanteil der Reichsten weiter gestiegen.

In den Vereinigten Staaten erhöhte sich der Vermögensanteil des reichsten 1 % der Erwachsenen zwischen 1978 und 2014 von einem historischen Tiefstwert von weniger als 22 % auf fast 39 % (vgl. **Grafik 4.2.1**). Diese Trendumkehr führte dazu, dass die historischen Muster umgedreht wurden: Im Jahr 2014 war der Vermögensanteil des reichsten 1 % der Bevölkerung in den Vereinigten Staaten fast doppelt so hoch wie in Frankreich und Großbritannien. Die Entwicklung ermöglichte es den Reichen, zusätzliche Vermögenswerte zu erwerben, die

Grafik 4.2.2
Anteil der reichsten 10 % am persönlichen Vermögen
in reichen und Schwellenländern, 1913–2015

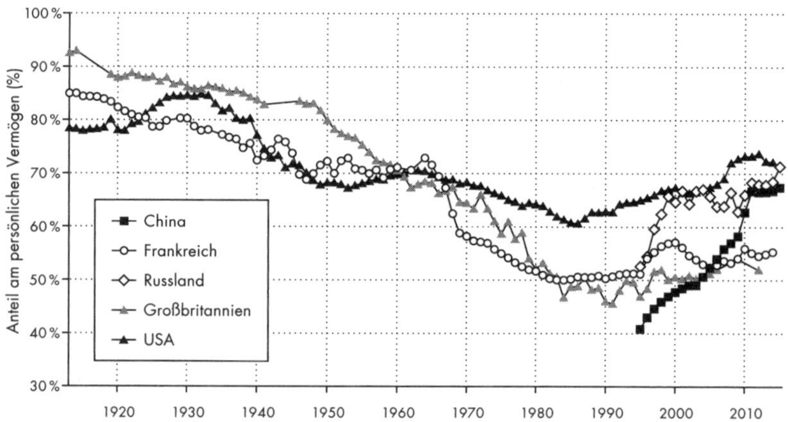

Quelle: WID.world (2017). Vgl. wir2018.wid.world für Datenreihen und Anmerkungen. 2015 hatten die reichsten 10 % der chinesischen Bevölkerung einen Anteil von 67 % am gesamten persönlichen Vermögen des Landes.

hohe Renditen abwarfen, und setzte einen Schneeballeffekt der wachsenden Vermögenskonzentration für jene an der Spitze der Verteilung in Gang, während das Vermögen der Mittelschicht stagnierte. Die Folge war, dass der Vermögensanteil der mittleren 40 % der Verteilung von einem historischen Höchststand von fast 37 % des Gesamtvermögens im Jahr 1986 auf rund 28 % im Jahr 2014 sank. Die Altersrenten und Wohneigentumsraten der mittleren 40 % waren im vorhergehenden Zeitraum gestiegen, aber ab Mitte der 1980er Jahre führte ein Anstieg der Schulden der Privathaushalte – Hypothekenschulden, Studienkredite, Kreditkarten- und sonstige Schulden – zu einer Trendumkehr. Diese Schulden wuchsen von 75 % des Nationaleinkommens Mitte der 1980er Jahre auf 135 % des Nationaleinkommens im Jahr 2009, und trotz eines Schuldenabbaus im Gefolge der Großen Rezession beliefen sie sich im Jahr 2012 immer noch auf fast 110 % des Nationaleinkommens; erkennbar ist dieser Trend auch am negativen Anteil der unteren 90 % am Gesamtvermögen zwischen 2008 und 2013.

In Frankreich und Großbritannien dämpfte das wachsende Immobilienvermögen der Mittelschicht die Zunahme der Vermögensungleichheit

Vom Ausbruch des Ersten Weltkriegs bis zu den frühen 1980er Jahren ging die Vermögensungleichheit in Frankreich und Großbritannien deutlich zurück. Zu den schweren Vermögensschocks zwischen 1914 und 1945 zählten die Weltwirtschaftskrise, Inflation und Zerstörung von produktivem Kapital und Wohnimmobilien in den beiden Weltkriegen. Auf diese Schocks folgten politische Eingriffe zur Verringerung der Vermögensungleichheit, darunter Verstaatlichung von Industrien, Mietpreisbindung und progressive Steuern. In ihrer Gesamtheit ermöglichten diese Faktoren die Entstehung einer vermögenden Mittelschicht, die es in Europa bis zum Ersten Weltkrieg nicht gegeben hatte – im Gegensatz zu den Vereinigten Staaten, wo die Vermögensungleichheit bei Kriegsausbruch geringer war. Seit Mitte der 1980er Jahre ist die Vermögensungleichheit sowohl in Großbritannien als auch in Frankreich größer geworden, wenn auch das Wachstum sehr viel geringer ausgefallen ist als in den Vereinigten Staaten; das hat dazu geführt, dass die Ungleichverteilung der Vermögen in den Vereinigten Staaten heute ausgeprägter ist als in Europa. In Frankreich und Großbritannien stieg die Vermögensungleichheit aufgrund der hohen Renditen auf das Finanzvermögen, das in verhältnismäßig größerem Umfang von den Reichsten gehalten wird. Dieser Faktor ist jedoch teilweise durch den allgemeinen Anstieg der Immobilienpreise ausgeglichen worden, der im Wesentlichen der vermögenden Mittelschicht zugutegekommen ist, die relativ mehr Wohnimmobilien besitzt als die höchsten Vermögensgruppen.

Zu Beginn des 20. Jahrhunderts schrumpften die Vermögensanteile der reichsten 10 % und des reichsten 1 % sowohl in Frankreich als auch in Großbritannien deutlich (vgl. **Grafiken 4.2.1** und **4.2.2**). Der Vermögensanteil des reichsten 1 % der britischen Bevölkerung lag Anfang des 20. Jahrhunderts bei fast 75 %, und in Frankreich besaß diese kleine Gruppe an der Spitze fast 60 % des gesamten persönlichen Vermögens. Aber eine Kombination von Faktoren, darunter die Kapitalzerstörung in den Weltkriegen und die verstärkten staatlichen Eingriffe in die Wirtschaft und die Umverteilung, führten dazu, dass der Vermögensanteil des reichsten 1 % von da an in beiden Ländern auf 16 % im Jahr 1985 schrumpfte. Der Vermögensanteil der oberen 10 % sank im selben Zeitraum in Großbritannien von 93 auf 47 % und in Frankreich von 86 auf 50 %, womit in beiden Ländern beinahe der historische Tiefstwert erreicht wurde.

Aber nach dem Übergang zur Sparpolitik unter Präsident Mitterrand in Frankreich und in der Regierungszeit von Premierministerin Margaret Thatcher in Großbritannien begann die Vermögensungleichheit in beiden Ländern zu steigen. Die zunehmende Vermögenskonzentration war auf mehrere Faktoren zurückzuführen: größere Einkommensunterschiede zwischen der Spitze und dem unteren Ende der Verteilung, eine Verringerung der Steuerprogressivität, höhere Renditen auf finanzielle Vermögenswerte, die sich in unverhältnismäßig großem Umfang im Besitz der Reichen befanden, und die Privatisierung großer Teile vormals verstaatlichter Industrien.

In Frankreich schwankte die Vermögensverteilung um das Jahr 2000 kurzfristig erheblich, wobei der Anteil der reichsten 10 % der Bevölkerung auf 57 % in jenem Jahr stieg, um dann bis 2004 auf 53 % zu fallen.

Diese Schwankungen waren zur Gänze auf das Auf und Ab der relativen Vermögenspreise zurückzuführen. Im Jahr 2000 stiegen die Aktienkurse in Frankreich während der Dotcom-Blase deutlich stärker als die Hauspreise, wovon die Reichsten mehr profitierten als die Mittelschicht.

Doch diese Schwankungen änderten nichts an der langfristigen Entwicklung. Bis 2014 stieg der Anteil des Gesamtvermögens in den Händen der reichsten 10 % der Bevölkerung auf 55 % in Frankreich; in Großbritannien lag der entsprechende Anteil bei 52 % im Jahr 2012. Der Vermögensanteil des reichsten 1 % der Bevölkerung stieg auf 23 % in Frankreich und 20 % in Großbritannien. In den ersten Jahren des 21. Jahrhunderts nahm die Vermögensungleichheit nur geringfügig zu, weil der Anstieg der Hauspreise vor und während dieser Zeit den Wert des Immobilieneigentums erhöhte. Da die mittleren 40 % der Vermögensverteilung in höherer Proportion Immobilien besitzen, festigte diese Entwicklung die Position der vermögenden Mittelschicht.

Es sollte jedoch darauf hingewiesen werden, dass hohe Immobilienpreise widersprüchliche Auswirkungen auf die Vermögensungleichheit haben. Auf der einen Seite können hohe Hauspreise die Zunahme der Ungleichheit zwischen Mittelschicht und Reichen insofern bremsen, als Angehörige der Mittelschicht mit Immobilieneigentum – die normalerweise den Großteil ihres Vermögens in Eigenheimen halten – von einem Anstieg des Werts ihres Vermögens profitieren, der stärker ausfällt als jener des Vermögens der reichsten Gruppen, die in erster Linie Finanzvermögen besitzen. Auf der anderen Seite erschweren hohe Hauspreise jedoch den ärmeren Gruppen den Zugang zu Immobilieneigentum, was zu wachsender Ungleichheit zwischen den Armen und der Mittelschicht führen kann. Hohe Immobilienpreise erzeugen zudem neue Formen von Ungleichheit, zum Beispiel zwischen jenen, die zum richtigen Zeitpunkt Immobilien erworben haben, und jenen, die keinen günstigen Zeitpunkt erwischt haben, oder zwischen jungen Gehaltsempfängern, die von elterlichem Vermögen und Schenkungen zu Lebzeiten profitieren und sich frühzeitig in Hauseigentümer verwandeln, und solchen, die ihr Leben lang zur Miete wohnen. Diese neuen Formen der Ungleichheit haben erhebliche Auswirkungen für die ab den 1970er und 1980er Jahren des vergangenen Jahrhunderts Geborenen, während sie für frühere Generationen weniger bedeutsam waren (insbesondere für die in den 1940er und 1950er Jahren Geborenen, deren Arbeitseinkommen zum Erwerb von Wohnimmobilien genügte).[5]

Auch in Spanien hat der Anstieg der Immobilienpreise geholfen, die Zunahme der Vermögensungleichheit zu bremsen

Die Entwicklung des Immobilienmarkts hat auch in anderen europäischen Ländern eine wichtige Rolle gespielt. In Spanien ist das Niveau der Ungleichheit trotz schwankender Vermögenskonzentration in den letzten Jahrzehnten aufgrund der Entwicklung auf dem Immobilienmarkt im Großen und Ganzen stabil geblieben. Die Bewegungen der Vermögenspreise haben entscheidenden Einfluss auf die kurzfristige Entwicklung der Vermögensungleichheit gehabt. Zwischen 1984 und 1990 verdreifachten sich aufgrund eines Immobilienbooms die Hauspreise in Spanien, und dasselbe geschah erneut zwischen 1996 und 2008. Diese Entwicklung bedingte Schwankungen der Vermögenskonzentration im Zeitraum zwischen 1984 und 2013. Da die reichsten Spanier ihren Anteil am Immobilienvermögen durch den Kauf zahlreicher Häuser erhöhten, hatte das Platzen der Immobilienblase im Jahr 2008 größere Auswirkungen auf die reichsten 10 % und das reichste 1 % der Bevölkerung und zehrte die bis dahin erzielten Zugewinne teilweise wieder auf. Ähnliches geschah während der Dotcom-Blase, als der Vermögensanteil des reichsten 1 % im Jahr 2000 kurz vor dem Platzen der Blase mit 28 % einen Höhepunkt erreichte.

Politische Eingriffe und Institutionen prägen die langfristige Entwicklung der Vermögensungleichheit durch die Beeinflussung von Kapitalrenditen und Sparquoten

Auf lange Sicht hängt die Vermögenskonzentration von ungleichmäßig verteilten Sparquoten und der Differenz zwischen Kapitalrenditen und Wirtschaftswachstum ab.[6] Frühere Forschungsarbeiten haben gezeigt, dass die Vermögensungleichheit innerhalb der obersten Vermögensgruppen parallel zur Differenz zwischen Kapitalrendite und Wirtschaftswachstum (r–g) zunimmt.[7] Je größer die Lücke zwischen Kapitalrendite und Wirtschaftswachstum ist (r > g), desto größer dürfte die Vermögensungleichheit werden, da das Kapital in den Händen der Vermögenden konzentriert wird. Das bedeutet, dass vorhandenes Vermögen schneller wächst und kaum vom allgemeinen Wirtschaftswachstum überholt werden wird. Wie bereits zuvor erwähnt, kann dieser Effekt dadurch verstärkt werden, dass die Kapitalrenditen mit wachsendem Vermögen tendenziell steigen: Die Renditen auf große finanzielle Portfolios haben normalerweise wenig mit denen zu tun, die mit kleinen Einlagen erzielt werden können.

Geringfügige Änderungen der Sparquoten können ebenfalls erhebliche Auswirkungen auf die Vermögensungleichheit haben, obwohl es mehrere Jahrzehnte oder sogar einige Generationen dauern kann, bis diese Wirkungen sichtbar werden. Diese Kräfte sind in Frankreich, Großbritannien und den Vereinigten Staaten zu beobachten, wo große Unterschiede zwischen den Sparquoten der reichsten Einwohner und der übrigen Bevölkerung zu beobachten sind. In Frankreich sparten die vermögendsten 10 % der Bevölkerung zwischen 1970 und 2012 im Durchschnitt 20 bis 30 % ihres Jahreseinkommens, während die Sparquote bei den mittleren 40 % sehr viel geringer war und zwischen 1970 und 2012 von 15 % auf weniger als 5 % des Jahreseinkommens sank. Bei den unteren 50 % der Bevölkerung sank die Sparquote in diesem Zeitraum von 8 % fast auf 0 %. In den Vereinigten Staaten ist die Sparquote der unteren 90 % der Familien seit den 1970er Jahren deutlich gefallen, während sie beim reichsten 1 % weitgehend stabil geblieben ist: Die Sparquote der unteren 90 % der Haushalte fiel von etwa 5 bis 10 % Ende der 1970er und Anfang der 1980er Jahre auf etwa -5 % Mitte der 2000er Jahre, bevor sie nach der Großen Rezession wieder auf etwa 0 % stieg. Der Rückgang der Sparquote der unteren 90 % ist in erster Linie eine Folge des Anstiegs der Schulden der Privathaushalte, insbesondere der Hypothekenschulden.

Unter der Annahme, dass die in Frankreich im Zeitraum zwischen 1984 und 2014 beobachtete Ungleichheit der Sparquoten – 24,5 % bei den reichsten 10 % und 2,5 % bei den unteren 90 % der Haushalte – sowie die Ungleichheit der Kapitalrenditen und Arbeitseinkommen auch in Zukunft bestehen bleiben, wird der Anteil der reichsten 10 % der Franzosen am Gesamtvermögen schrittweise wieder auf das Niveau steigen, das im 19. und frühen 20. Jahrhundert beobachtet wurde, das heißt auf rund 85 % des Gesamtvermögens. Hätten sich hingegen die im Zeitraum 1970 bis 1984 beobachteten Trends in den folgenden Jahrzehnten fortgesetzt, so würden die reichsten 10 % der Bevölkerung heute nur etwas mehr als 45 % des Gesamtvermögens besitzen, und ihr Anteil würde im Lauf des 21. Jahrhunderts weiter sinken.

3. Vermögensungleichheit in den Vereinigten Staaten

Die Information in diesem Kapitel beruht auf Emmanuel Saez und Gabriel Zucman, «Wealth Inequality in the United States Since 1913: Evidence from Capitalized Income Tax Data», in: *Quarterly Journal of Economics,* 131(2) 2016: 519–578.

- Die Vermögensanteile der reichsten Amerikaner sind von Mitte der 1980er Jahre bis 2012 gestiegen, wobei der Vermögenszuwachs des reichsten 0,1 % die Vermögenskonzentration erhöht: Der Anteil dieser Gruppe am Gesamtvermögen der Vereinigten Staaten hat sich zwischen 1978 und 2012 von 7 auf 22 % verdreifacht, ein Wert, der mit dem zu Beginn des 20. Jahrhunderts beobachteten vergleichbar ist.
- Ab den 1930er und 1940er Jahren sank die Vermögensungleichheit in den Vereinigten Staaten deutlich, was auf die drastischen politischen Eingriffe im Rahmen des New Deal zurückzuführen war. Zu diesen Maßnahmen zählten die Einführung progressiver Einkommen- und Erbschaftsteuern sowie eine strengere Regulierung der Finanzmärkte.
- Entscheidenden Anteil an der rasch steigenden Vermögenskonzentration seit den 1980er Jahren hat ein deutlicher Anstieg der Spitzeneinkommen in Kombination mit einer wachsenden Ungleichheit zwischen den Sparquoten der verschiedenen Vermögensgruppen. Diese Faktoren haben einen die Ungleichheit verstärkenden «Schnee-

balleffekt» ausgelöst, da die Akkumulation von Finanzvermögen durch die Reichen einen Anstieg der Konzentration der Kapitaleinkünfte bewirkt und eine weitere Vermögensakkumulation an der Spitze ermöglicht.

- Der schrumpfende Vermögensanteil der unteren 90 % der Verteilung ist darauf zurückzuführen, dass die Ersparnisse der Mittelschicht infolge deutlich gestiegener Hypotheken-, Konsum- und Studienkredite gesunken sind.

Tabelle 4.3.1
Verteilung des Haushaltsvermögens in den USA, 2012

Vermögensgruppe	Zahl der Familien	Vermögensschwelle ($)	durchschnittliches Vermögen ($)	Vermögensanteil
A. höchste Vermögensgruppen				
Haushalte insgesamt	160 700 000	–	384 000	100 %
obere 10 %	16 070 000	740 000	2 871 000	77,2 %
oberstes 1 %	1 607 000	4 442 000	15 526 000	41,8 %
oberstes 0,1 %	160 700	23 110 000	81 671 000	22,0 %
oberstes 0,01 %	16 070	124 525 000	416 205 000	11,2 %
B. mittlere Vermögensgruppen				
untere 90 %	144 600 000	–	94 000	22,8 %
obere 10 %–1 %	14 463 000	740 000	1 470 000	35,4 %
oberstes 1–0,1 %	1 446 300	4 442 000	8 178 000	19,8 %
oberstes 0,1–0,01 %	144 600	23 110 000	44 537 000	10,8 %
oberstes 0,01 %	16 070	124 525 000	416 205 000	11,2 %

Quelle: Saez und Zucman (2016). Vgl. wir2018.wid.world für Datenreihen und Anmerkungen.
2012 lag das Durchschnittsvermögen der reichsten 10 % der Haushalte in den USA bei 2 871 000 $. Alle Werte wurden in konstante $ von 2016 umgerechnet (inflationsbereinigt). Zum Vergleich: 1 $ = 0,8 € = 3,3 ¥ zum Marktwechselkurs. Aufgrund der Rundung ergibt eine Addition der Zahlen möglicherweise keinen exakten Betrag.

Die Vermögensungleichheit in den Vereinigten Staaten steigt seit Mitte der 1980er Jahre schnell und beständig

Um uns ein Bild von der Vermögensungleichheit in den Vereinigten Staaten machen zu können, müssen wir uns zuerst ansehen, wie die Vermögen in diesem Land verteilt sind (vgl. **Tabelle 4.3.1**). Das durchschnittliche Nettovermögen der amerikanischen Haushalte lag im Jahr 2012 bei mehr als 384 000 US-Dollar, aber hinter diesem Durchschnittswert verbirgt sich eine sehr ungleichmäßige Verteilung. Die unteren 90 % – eine Gruppe von fast 145 Millionen Familien, die ein durchschnittliches Vermögen von rund 94 000 US-Dollar hatten – besaßen kollektiv einen etwa ebenso großen Teil des gesamten Haushaltsvermögens (22 %) wie die 161 000 Familien, die dem reichsten 0,1 % der Bevölkerung angehörten. Deren Durchschnittsvermögen belief sich auf rund 82 Mio. US-Dollar, das heißt auf das 845-Fache des Vermögens der unteren 90 %. Die Vermögen sind in den Vereinigten Staaten sehr viel stärker konzentriert als die Einkommen, denn der Vermögensanteil des reichsten 0,1 % ist etwa genauso groß wie der Einkommensanteil des obersten 1 %.

Die Zunahme der Vermögensungleichheit seit den 1980er Jahren ist fast zur Gänze auf den Vermögenszuwachs des reichsten 0,1 % zurückzuführen

Die Konzentration der Vermögen wird in den Vereinigten Staaten immer höher. Dieser Trend ist allerdings nicht darauf zurückzuführen, dass das Vermögen Dutzender Millionen Amerikaner wächst. Der Grund liegt vielmehr in dem spektakulären Vermögenszuwachs einer winzigen Bevölkerungsgruppe, die im Durchschnitt mehr als 4,4 Mio. US-Dollar besitzt: Ab dieser Vermögensschwelle gehört man zum reichsten 1 % der Amerikaner.

Der Vermögensanteil der reichsten Amerikaner ist seit Mitte der 1980er Jahre deutlich gestiegen. Im Jahr 1985 besaßen die reichsten 10 % der Haushalte rund 63 % des gesamten Vermögens, was der geringste

Grafik 4.3.1a
Vermögensanteile der reichsten 10 %, 10–1 % und 1 % in den USA, 1913–2012

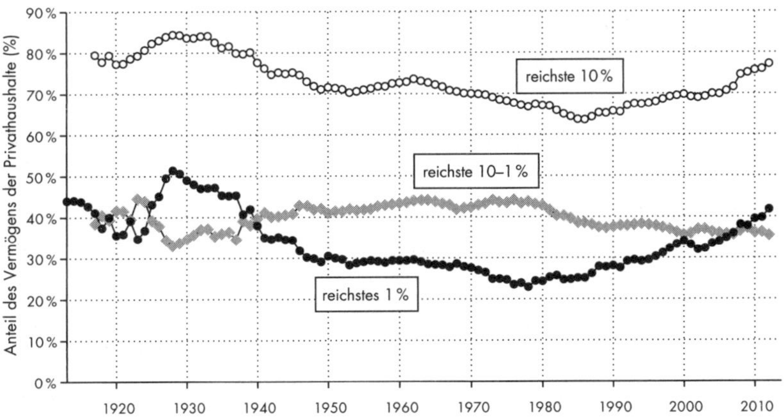

Quelle: Saez und Zucman (2016). Vgl. wir2018.wid.world für Datenreihen und Anmerkungen.
2012 hatten die reichsten 10 % der amerikanischen Haushalte einen Anteil von 77 % am Gesamtvermögen der US-Haushalte.

Vermögensanteil dieser Gruppe seit dem Jahr 1917 war. Bis 2012 kletterte der Vermögensanteil der reichsten 10 % auf mehr als 77 %. Mittlerweile sind mehr als drei Viertel des gesamten Vermögens der USA im Besitz von nur 10 % der Haushalte.

Dabei ist der Vermögensanteil der reichsten 10 % der amerikanischen Familien seit Mitte der 1980er Jahre gesunken. Das gilt jedoch nicht für den Anteil des reichsten 1 % der Haushalte. Tatsächlich ist der Anteil des reichsten 1 % am Gesamtvermögen zwischen 1986 und 2012 schneller gestiegen (um rund 17 Prozentpunkte) als jener der reichsten 10 % (vgl. **Grafik 4.3.1a**). Der Anstieg des Vermögensanteils des obersten 1 % ist seinerseits fast zur Gänze auf den wachsenden Anteil des reichsten 0,1 % zurückzuführen, der sich von 7 % auf 22 %, das heißt um 15 Prozentpunkte, erhöht hat. Das bedeutet, dass der Vermögensanteil des reichsten 0,1 % der Haushalte, der sich seit 1978 verdreifacht hat, im Jahr 2012 höher war als der Anteil des reichsten 1 % ohne das oberste 0,1 % (vgl. **Grafik 4.3.1b**). Fast der gesamte Vermögenszuwachs des reichsten 1 % und der reichsten 10 % der Haushalte war also auf das wachsende Vermögen des reichsten 0,1 % zurückzuführen.

Die jüngste Zunahme der Vermögenskonzentration steht in deutlichem Gegensatz zur kontinuierlichen Verringerung im vorausgegangenen halben Jahrhundert

Das deutliche Wachstum der Vermögensanteile der reichsten Amerikaner seit Mitte der 1980er Jahre bedeutet eine Trendumkehr gegenüber der Entwicklung nach der Weltwirtschaftskrise der 1930er Jahre. In den 1920er Jahren nahm die Vermögenskonzentration erheblich zu: Das reichste 1 % der amerikanischen Haushalte eignete sich im Lauf jenes Jahrzehnts einen deutlich größeren Teil des Gesamtvermögens an, der von 35 % im Jahr 1923 auf fast 52 % im Jahr 1928 stieg, womit der Vermögensanteil der reichsten 10 % einen Höhepunkt von 84 % erreichte. Aber die Weltwirtschaftskrise und die von der Regierung Roosevelt im Rahmen des New Deal ergriffenen Maßnahmen führten bald darauf zu einer Trendumkehr.

Die Vermögensungleichheit verringerte sich zwischen 1929 und dem Ende des Zweiten Weltkriegs rasant. Der Wertverlust finanzieller Vermögenswerte infolge des Zusammenbruchs der Börsen und die finanziellen Regulierungsmaßnahmen im Rahmen des New Deal verringerten die Bedeutung des Finanzsektors und die Fähigkeit zur Vermögenskonzentration gegenüber dem im «Gilded Age» entwickelten Modell des Finanziersindustriellen, und die Einführung progressiver Einkommen- und Erbschaftsteuern erschwerte die Anhäufung und Vererbung großer Vermögen. So sank der Anteil des reichsten 1 % der amerikanischen Haushalte am Gesamtvermögen von 52 % im Jahr 1929 auf 29 % im Jahr 1949. Die Verringerung des Vermögensanteils der reichsten Haushalte war auch nicht nur dem Rückgang des Anteils der reichsten 10 % bis 1 % zuzuschreiben, wie **Grafik 4.3.1b** zeigt, dessen Anteil am Gesamtvermögen von 33 auf 42 % stieg, während die unteren 90 % einen Anteil von 29 % hatten, der dem des reichsten 1 % entsprach.

Nach dem Zweiten Weltkrieg nahm die Vermögensungleichheit moderat zu, bevor sie Anfang der 1960er Jahre erneut zu fallen begann. Der Vermögensanteil der wohlhabendsten 10 % der Haushalte stieg von etwa 70 % bei Kriegsende auf 74 % im Jahr 1962, um von da an bis

Grafik 4.3.1b
Vermögensanteile des obersten 1–0,1 % und des obersten 0,1 %
in den USA, 1913–2012

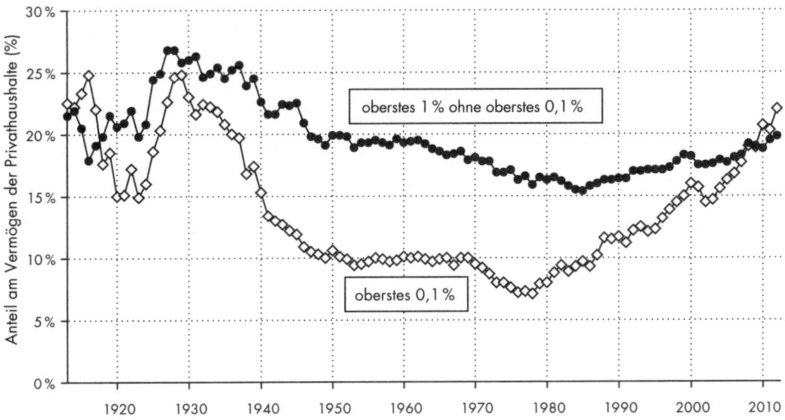

Quelle: Saez und Zucman (2016). Vgl. wir2018.wid.world für Datenreihen und Anmerkungen.
2012 hatte das reichste 0,1 % der amerikanischen Haushalte einen Anteil von 22 % am Gesamtvermögen der Privathaushalte in den USA.

Mitte der 1980er Jahre in fast jedem Jahr zu sinken; an diesem Punkt war er auf unter 65 % des Gesamtvermögens gefallen. Wie zuvor erläutert, stellte die Reagan-Zeit einen Wendepunkt dar: Deregulierung und Verringerung der Steuerprogressivität führten zu einer Zunahme der Vermögensungleichheit in den Vereinigten Staaten. Der Spitzensatz der Einkommensteuer sank von 50 % im Jahr 1986 auf 28 % im Jahr 1988, womit er deutlich unter dem Unternehmensteuersatz von 35 % lag.

Aufstieg und Niedergang der vermögenden Mittelschicht

Das zweite wichtige Ergebnis der Analyse betrifft die Entwicklung des Vermögensanteils der unteren 90 % der Haushalte. Da das Nettovermögen der Personen in der unteren Hälfte der Vermögensverteilung immer nahe bei null liegt, wenn wir negatives Vermögen wie Kreditkarten- und Hypothekenschulden berücksichtigen, entspricht der Vermögensanteil der unteren 90 % dem der mittleren 40 %, das heißt der Gruppe oberhalb der unteren 50 %, aber unterhalb der oberen 10 % der Verteilung. Der Anteil dieser «Mittelschicht» am Gesamtvermögen war im Jahr 2012 genauso hoch wie 70 Jahre früher, obwohl der Wert ihrer Renten und ihres Wohneigentums gewachsen war.

Der Vermögensanteil der Mittelschicht begann in den frühen 1930er Jahren zu steigen und erreichte Mitte der 1980er Jahre einen Höhepunkt. Von da an sank er stetig, wie **Grafik 4.3.2** veranschaulicht. Der beträchtliche Anstieg des Vermögensanteils der unteren 90 % der Haushalte – von 16 % Anfang der 1930er Jahre auf 35 % Mitte der 1980er Jahre – beruhte auf dem Erwerb von Wohneigentum und in höherem Maß auf den Altersrenten. Zu Beginn des 20. Jahrhunderts existierten praktisch keine Renten, die sich jedoch in Form von Altersvorsorgeplänen und ab Mitte der 1980er Jahre in Form von Vorsorgeplänen mit feststehenden Beiträgen wie steuerbegünstigten Individual Retirement Accounts und sogenannten 401(k)-Plänen entwickelten (die Bezeichnung bezieht sich auf den entsprechenden Abschnitt im amerikanischen Steuergesetz).

Grafik 4.3.2
Zusammensetzung des Vermögens der unteren 90 % in den USA, 1917–2012

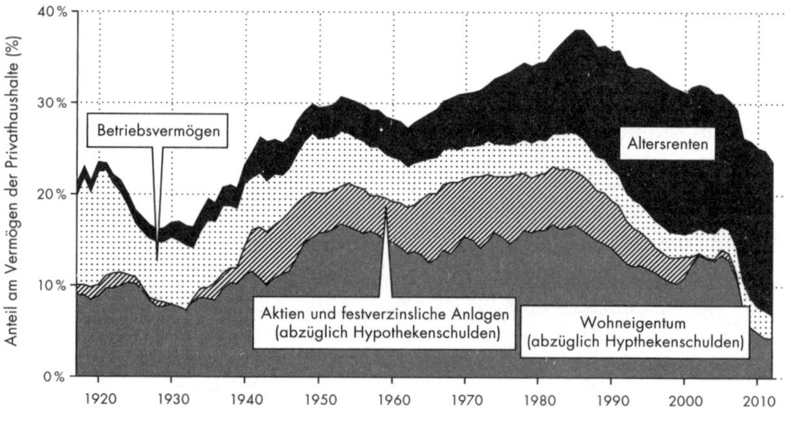

Quelle: Saez und Zucman (2016). Vgl. wir2018.wid.world für Datenreihen und Anmerkungen.
2012 hatten die unteren 90 % der US-Haushalte einen Anteil von 23 % am Gesamtvermögen. Altersrenten machten 16 Prozentpunkte dieses Vermögensanteils aus.

Der Rückgang des Vermögensanteils der unteren 90 % der amerikanischen Haushalte seit Mitte der 1980er Jahre ist auf eine Verringerung von zwei Bestandteilen des Vermögens der Mittelschicht zurückzuführen, nämlich des Immobilienvermögens (abzüglich von Hypothekenschulden) und des Einkommens aus festverzinslichen Geldanlagen (abzüglich von Nichthypothekenschulden). Dieser Rückgang war im Wesentlichen eine Folge einer steigenden Verschuldung: Die Gesamtschulden der Haushalte einschließlich von Hypotheken- und Studienkrediten, Kreditkarten- und sonstigen Schulden stiegen von 75 % des Nationaleinkommens Mitte der 1980er Jahre auf 135 % des Nationaleinkommens im Jahr 2009. Die Finanzkrise von 2007 bis 2009 und die anschließende Große Rezession trafen die Mittelschicht hart. Der Vermögensanteil der unteren 90 % der Haushalte fiel zwischen Mitte 2007 und Mitte 2008 aufgrund des Einbruchs der Hauspreise deutlich, und von der folgenden Erholung profitierten die Haushalte in unterschiedlichem Maß: Im Zeitraum 2009 bis 2012 verringerte sich das Realvermögen der unteren 90 % der Familien um 0,6 % pro Jahr, während jenes der reichsten 0,1 % der Haushalte um 7,9 % stieg.

Obwohl die Mittelschicht nach der Großen Rezession durch den Verkauf eines Teils ihrer Vermögenswerte ihre Schulden verringerte, entsprachen diese im Jahr 2012 immer noch fast 110 % des Nationaleinkommens. Der Anstieg der Schulden hat dramatische Auswirkungen auf das Vermögen der Mittelschicht gehabt, denn rund 90 % der Schulden (ohne Hypotheken) entfallen auf die unteren 90 % der Vermögensverteilung und sind so hoch, dass sie den Anstieg des Werts ihrer Renten mehr als wettmachen. Es fällt auf, dass das durchschnittliche reale Vermögen der unteren 90 % der Familien im Jahr 2012 nicht höher war als im Jahr 1986. Während des Technologiebooms Ende der 1990er Jahre und des Immobilienbooms im ersten Jahrzehnt des 21. Jahrhunderts stieg das durchschnittliche Realvermögen der unteren 90 % deutlich bis auf einen Höchststand von 143 000 US-Dollar im Jahr 2006, um anschließend jedoch auf etwa 93 800 US-Dollar im Jahr 2009 abzustürzen (jeweils zu konstanten US-Dollar von 2016) (vgl. **Grafik 4.3.3**).

Grafik 4.3.3
Entwicklung des Durchschnittsvermögens der unteren 90 % und des obersten 1 % der US-Haushalte, 1945–2012

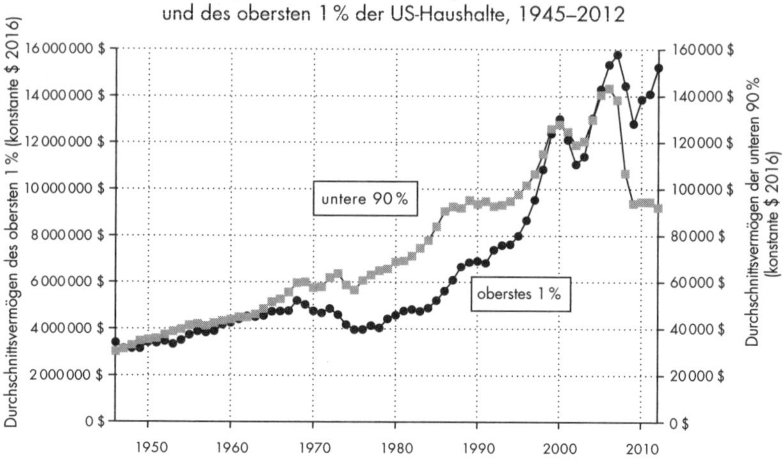

Quelle: Saez und Zucman (2016). Vgl. wir2018.wid.world für Datenreihen und Hinweise.
2012 verfügten die unteren 90 % der amerikanischen Haushalte über ein durchschnittliches Realvermögen von 92 100 $, während das durchschnittliche Realvermögen des obersten 1 % bei 15 237 000 $ lag. Sämtliche Werte wurden in konstante $ von 2016 (inflationsbereinigt) umgerechnet. Zum Vergleich: 1 $ = 0,8€ = 3,3 ¥ zum Marktwechselkurs.

Die Zunahme der Vermögensungleichheit beruht vor allem auf der Dynamik der Sparquoten

Die Ungleichverteilung der Einkommensanteile und Sparquoten wirkt sich nachweislich auf die langfristige Entwicklung der Vermögensverteilung aus.[8] Die Sparquoten der verschiedenen amerikanischen Vermögensgruppen haben sich zwischen 1917 und 2012 sehr unterschiedlich entwickelt. Die unteren 90 % der Vermögensverteilung sparten in diesem Zeitraum im Durchschnitt etwa 3 % ihres Einkommens, während die oberen 10 % (ohne das reichste 1 %) rund 15 % und das reichste 1 % rund 20 bis 25 % ihres Einkommens sparten. Eine Ausnahme von diesem Muster war in der Weltwirtschaftskrise (1929–1939) zu beobachten: In dieser Zeit war die Sparquote des reichsten 1 % deutlich negativ, da die Unternehmen keine Gewinne erzielten oder sogar Verluste hinnehmen mussten, aber trotzdem Dividenden ausschütteten. Diese Phase negativer Ersparnisse an der Spitze der Vermögensverteilung trug wesentlich zur Verringerung des Vermögensanteils der Reichsten in den 1930er Jahren bei.

Die Ungleichheit der Sparquoten hat auch in den letzten Jahrzehnten zugenommen. Die Sparquote der unteren 90 % der amerikanischen Familien ist seit den 1970er Jahren deutlich gesunken, während jene des reichsten 1 % im Grunde stabil geblieben ist. Die jährliche Sparquote der unteren 90 % der Haushalte sank von 5 bis 10 % Ende des 1970er und 1980er Jahre auf -5 % um das Jahr 2005, bevor sie nach der großen Rezession (2008–2011) wieder auf etwa 0 % stieg. Von 1998 bis 2008 entsparten die unteren 90 % (sie konsumierten auf Kredit) jedes Jahr aufgrund eines massiven Schuldenanstiegs, insbesondere der Hypothekenschulden infolge eines beispiellosen Anstiegs der Immobilienpreise.[9] Gleichzeitig sparte das reichste 1 % weiterhin beträchtliches Vermögen an, weshalb die relative Sparquoten der unteren 90 % und der oberen 10 % ohne das oberste 1 % einbrachen.

Der Rückgang der Ersparnisse der Mittelschicht trägt wesentlich zur Erklärung des sinkenden Vermögensanteils der unteren 90 % der Haushalte bei, aber auch die Einkommensungleichheit hat sich erheblich auf die Entwicklung der Vermögensungleichheit in den Vereinigten Staaten ausgewirkt. Erstens könnte der Rückgang der Sparquote der unteren 90 % der Haushalte an sich eine Folge der zunehmenden Einkommensungleichheit und des dürftigen Anstiegs der Einkommen der Mittelschicht sein, welche die Vermögensungleichheit weiter verschärfen.[10] Zweitens deuten Simulationen darauf hin, dass der Vermögensanteil der unteren 90 % der Familien, wäre ihr Anteil am Nationaleinkommen konstant geblieben und hätten sie eine jährliche Sparquote von 3 % aufrechterhalten können, seit Mitte der 1980er Jahre kaum geschrumpft wäre und im Jahr 2012 bei etwa 33 % gelegen hätte (statt auf 23 % zu sinken). Und schließlich hat die zunehmende Einkommensungleichheit an der Spitze erhebliche Auswirkungen auf die Vermögensanteile der Gruppen an der Spitze der Vermögensverteilung gehabt. Beispielsweise hat sich der Einkommensanteil des reichsten 1 % der Haushalte seit den 1970er Jahren auf zuletzt 16 % verdoppelt. Dieser Anstieg ist relativ größer als jener des Vermögensanteils des reichsten 1 %, was darauf hindeutet, dass es sich beim Einkommenszuwachs um den Faktor handelt, der den entscheidenden Beitrag zur Vergrößerung des Vermögensanteils dieser Gruppe geleistet hat.

4. Vermögensungleichheit in Frankreich

Die Information in diesem Kapitel beruht auf Bertrand Garbinti, Jonathan Goupille-Lebret und Thomas Piketty, «Accounting for Wealth Inequality Dynamics: Methods, Estimates and Simulations for France (1800–2014)», WID.world Working Paper Series (Nr. 5/2016).

- In Frankreich nimmt die Vermögensungleichheit seit Mitte der 1980er Jahre langsam zu. Im Jahr 1984 besaßen die reichsten 10 % der französischen Haushalte 50 % des gesamten Vermögens, was der geringste je registrierte Antwort dieser Gruppe war. Bis 2014 stieg ihr Vermögensanteil auf 55 %.
- Zwischen 1914 und 1984 nahm die Vermögensungleichheit in Frankreich deutlich ab. Zu Beginn des 20. Jahrhunderts hatte das reichste 1 % der Haushalte einen Anteil von 55 % am Gesamtvermögen. Erhebliche Schocks zwischen 1914 und 1945 (Weltwirtschaftskrise, Inflation, Kriege), auf die Verstaatlichungen, Mietpreisbindung und steuerliche Eingriffe folgten, drückten den Vermögensanteil dieser Gruppe bis Anfang der 1980er Jahre auf etwa 16 %.
- Im Zeitraum 1980 bis 1984 wuchs der Wohlstand der Mittelschicht, das absolute Vermögen dieser Gruppe stieg deutlich. Das war teilweise auf den Anstieg der Sparquote dieser Gruppe in der Phase des kräftigen Wirtschaftswachstums zurückzuführen.
- Der Anstieg der Immobilienpreise trug nach 1984 wesentlich dazu bei, die Zunahme der Vermögensungleichheit zu bremsen, denn das Wohneigentum stellt einen Großteil des Vermögensportfolios der Mittelschicht dar.
- Die langfristige Entwicklung der Vermögensungleichheit hängt von der Ungleichheit der Sparquoten ab, die ihrerseits von Gewohnheiten, von der Einkommensungleichheit sowie von der Steuerpolitik und regulatorischen Eingriffen geprägt werden.

- Geringe Unterschiede bei den Sparquoten und Kapitalrenditen können langfristig erhebliche Auswirkungen auf die Vermögensungleichheit haben. Wenn sich die gegenwärtigen Trends fortsetzen, könnte die Vermögensungleichheit bis zum Ende des 21. Jahrhunderts wieder das zuletzt im Jahr 1900 beobachtete Niveau erreichen.

Die reichsten 10 % der Franzosen besitzen 55 % des Gesamtvermögens, während der Vermögensanteil der mittleren 40 % bei 38 % liegt

Wäre das Gesamtvermögen Frankreichs im Jahr 2014 gleichmäßig auf die erwachsenen Einwohner des Landes verteilt gewesen, so hätte jeder von ihnen ein Nettovermögen von rund 201 000 Euro gehabt. Aber wie **Tabelle 4.4.1** zeigt, ist es keineswegs so. Die Personen in jener Hälfte der Bevölkerung, die am wenigsten besitzt, haben ein durchschnittliches Vermögen von rund 25 500 Euro, was einem Achtel des nationalen Durchschnitts entspricht und in seiner Gesamtheit 6 % des Gesamtvermögens des Landes ausmacht. Das durchschnittliche Vermögen der mittleren 40 % der Franzosen liegt bei 193 000 Euro und entspricht damit ziemlich genau dem nationalen Durchschnitt, womit der Anteil dieser Gruppe am Gesamtvermögen (38 %) beinahe dem entspricht, der ihr zustünde, wenn das französische Nationalvermögen zu gleichen Teilen unter allen Einwohnern verteilt wäre. Ein erwachsener Franzose muss ein Vermögen von gut 402 000 Euro besitzen, um der Gruppe der reichsten 10 % anzugehören, deren Durchschnittsvermögen bei nahezu 1,1 Mio. Euro liegt und damit fünfeinhalbmal so hoch ist wie der nationale Durchschnitt und 43-mal so hoch wie das durchschnittliche Vermögen der unteren Hälfte der Bevölkerung.

Noch höher ist die Vermögenskonzentration in den Händen der reichsten 10 % der Franzosen. Das wird offensichtlich, wenn man den Vermögensanteil des reichsten 1 % betrachtet: Diese Gruppe besitzt 23,4 % des Gesamtvermögens, und das durchschnittliche Vermögen ihrer Mitglieder beläuft sich auf mehr als 4,7 Mio. Euro, womit ihr Vermögensanteil fast so hoch ist wie jener der übrigen 9 % der Franzosen, die der Gruppe der reichsten 10 % der Bevölkerung angehören – das

Tabelle 4.4.1
Verteilung des persönlichen Vermögens in Frankreich, 2014

Vermögensgruppe	Zahl der Familien	Vermögensschwelle (€)	Durchschnittsvermögen (€)	Vermögensanteil
Gesamtbevölkerung	51 720 000	–	201 000	100 %
untere 50 %	25 860 000	–	25 500	6,3 %
mittlere 40 %	20 690 000	99 000	193 000	38,4 %
obere 10 %	5 172 000	402 000	1 097 000	54,5 %
oberstes 1 %	517 000	2 024 000	4 703 000	23,4 %
oberstes 0,1 %	51 700	7 612 000	16 506 000	8,2 %
oberstes 0,01 %	5170	26 668 000	55 724 000	2,8 %
oberstes 0,001 %	517	88 916 000	183 819 000	0,9 %

Quelle: Garbinti, Goupille-Lebret und Piketty (2017). Vgl. wir2018.wid.world für Datenreihen und Anmerkungen.
2014 lag das Durchschnittsvermögen der reichsten 10 % der Franzosen bei 1 097 000 €. Alle Werte wurden in konstante $ von 2016 umgerechnet (inflationsbereinigt). Zum Vergleich: 1 $ = 0,8 € = 3,3 ¥ zum Marktwechselkurs. Aufgrund der Rundung ergibt eine Addition der Zahlen möglicherweise keinen exakten Betrag.

heißt der 10 bis 1 %. Um zum reichsten 0,1 % gezählt zu werden, müssen erwachsene Franzosen ein Vermögen von fast 7,6 Mio. Euro haben, wobei das Durchschnittsvermögen in dieser Gruppe bei etwa 16,5 Mio. Euro liegt. Das Gesamtvermögen dieser Gruppe, die 52 000 Erwachsene umfasst, ist um ein Drittel größer als das der 26 Millionen Erwachsenen, die die unteren 50 % der Verteilung bilden. Mit fast 184 Mio. Euro ist das Durchschnittsvermögen der 520 Franzosen, die dem reichsten 0,001 % angehören, 914-mal größer als das nationale Durchschnittsvermögen und fast 180-mal größer als das der übrigen Angehörigen der reichsten 10 % der Franzosen.

Die Vermögensungleichheit ist seit Beginn des 20. Jahrhunderts dramatisch gesunken, was zur Entstehung einer vermögenden Mittelschicht geführt hat

Das heutige Niveau der Vermögensungleichheit ist weit von dem entfernt, das zu Beginn des 20. Jahrhunderts in Frankreich erreicht wurde. Im 19. und frühen 20. Jahrhundert verharrte die Vermögenskonzentration stabil auf einem extrem hohen Niveau. Wie Piketty in *Das Kapital im 21. Jahrhundert* erklärt,[11] dürfte die Französische Revolution, die den Steuerprivilegien ein Ende machte und neue Vermögensteuern brachte, die Vermögenskonzentration verringert haben, aber es fällt auf, dass die Vermögen auch um das Jahr 1800 und im gesamten 19. Jahrhundert hochgradig konzentriert blieben. In der Dritten Republik (1870 bis 1940), in der sich das Ideal der republikanischen Meritokratie Bahn brach, nahm die Vermögenskonzentration nicht ab, sondern verstärkte sich. Am Vorabend des Ersten Weltkriegs lag der Anteil der reichsten

Grafik 4.4.1
Vermögensanteile in Frankreich, 1800–2014

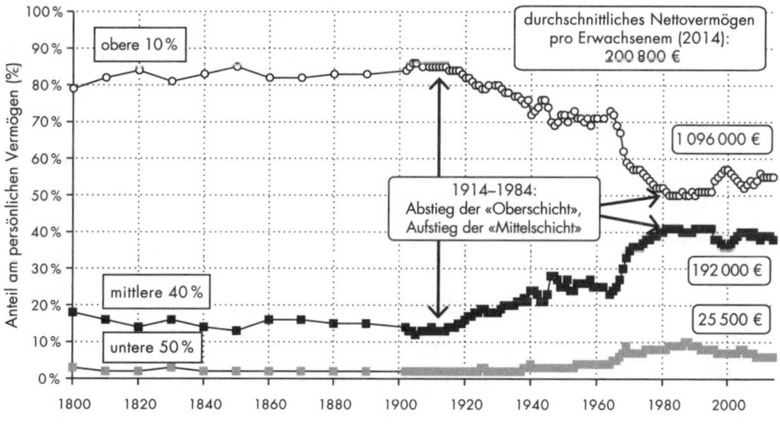

Quelle: Garbinti, Goupille-Lebret und Piketty (2017). Vgl. wir2018.wid.world für Datenreihen und Anmerkungen.
2014 lag der Vermögensanteil der reichsten 10 % der französischen Haushalte bei 55 %. Alle Werte wurden in konstante Euro für 2016 umgerechnet (inflationsbereinigt). Zum Vergleich: 1 €= 1,1 $ = 7,3 ¥ zu Marktwechselkursen.

10 % am Gesamtvermögen bei 85 %, während die mittleren 40 % der Bevölkerung weniger als 15 % des französischen Nationalvermögens und die unteren 50 % praktisch nichts besaßen. Eine «Mittelschicht» existierte eigentlich nicht: Die mittleren 40 % der Bevölkerung waren fast genauso besitzlos wie die unteren 50 %. **Grafik 4.4.1** veranschaulicht, dass sich das Vermögen der reichsten 10 % zwischen 1800 und 1914 im Wesentlichen in Händen des obersten 1 % befand, das zu Beginn des 20. Jahrhunderts fast doppelt so viel besaß wie die übrigen 9 % in dieser Gruppe.

Aufgrund der Kapitalschocks in den Jahren 1914 bis 1945 begann der Vermögensanteil der oberen 10 % zu schrumpfen. Die beiden Weltkriege verursachten gewaltige Vermögensverluste, gemessen am Nationaleinkommen – das Nationalvermögen fiel von 700 % auf weniger als 200 % des jährlichen Nationaleinkommens –, da ein beträchtlicher Vermögensbestand zerstört wurde. Dies hatte tiefgreifende Auswirkungen auf die Vermögensungleichheit in Frankreich. Zwischen dem Beginn des Ersten und dem Ende des Zweiten Weltkriegs fiel der Anteil des reichsten 1 % der Franzosen am Gesamtvermögen des Landes beinahe um die Hälfte von 55 auf 30 %. Nutznießer war die Mittelschicht.

Der Aufstieg der mittleren 40 % der Bevölkerung im Zeitraum 1914 bis 1945 ist jedoch nicht darauf zurückzuführen, dass die Mittelschicht in dieser Zeit große Vermögen angehäuft hätte, sondern einfach darauf, dass diese Gruppe, gemessen an ihrem ursprünglichen Vermögen, weniger einbüßte als die reichsten 10 % der Bevölkerung. Hingegen beruhte der Aufstieg der vermögenden Mittelschicht in den Jahrzehnten nach dem Zweiten Weltkrieg auf einem beträchtlichen Anstieg ihres absoluten Vermögens, der teilweise mit dem Anstieg ihrer Sparquote in dieser Phase starken Wirtschaftswachstums zu erklären ist.

Diese Verringerung der Vermögensungleichheit setzte sich bis in die frühen 1980er Jahre fort, und in den Jahren 1983/84 erreichte sie ihren tiefsten Stand. Der Vermögensanteil des reichsten 1 % und der oberen 10 bis 1 % bewegte sich zwischen Mitte der 1940er und Mitte der 1960er Jahre zwischen 30 und 35 bzw. 35 und 40 %, während der Anteil der mittleren 40 % am französischen Gesamtvermögen von etwa 20 auf 25 % stieg. Der Vermögensanteil des reichsten 1 % fiel zwischen 1945 und

Grafik 4.4.2
Vermögensanteile der reichsten Gruppen in Frankreich, 1800–2014

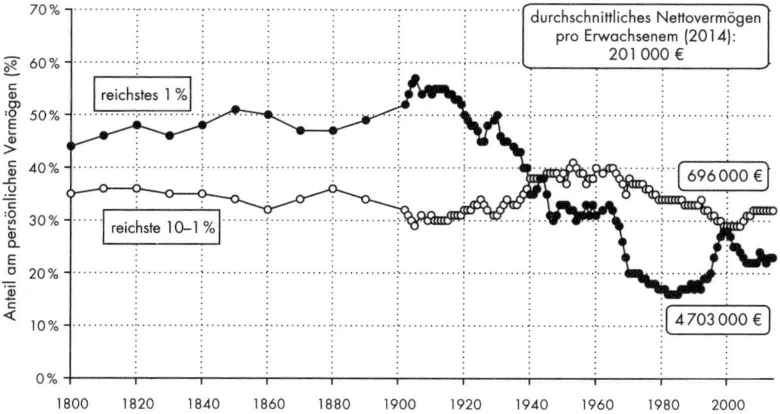

Quelle: Garbinti, Goupille-Lebret und Piketty (2017). Vgl. wir2018.wid.world für Datenreihen und Anmerkungen.
2014 lag der Anteil des reichsten 1 % am persönlichen Gesamtvermögen der Franzosen bei 24 %. Alle Werte wurden in konstante Euro für 2016 umgerechnet (inflationsbereinigt). Zum Vergleich: 1 €= 1,1 $ = 7,3 ¥ zu Marktwechselkursen.

1984 von etwa 33 auf 15 %, während der Anteil der mittleren 40 % in diesem Zeitraum von 25 % auf über 40 % stieg (vgl. **Grafiken 4.4.1** und **4.4.2**).

Moderater Vermögenszuwachs seit 1984

Seit Anfang der 1980er Jahre hat die Vermögensungleichheit in Frankreich moderat zugenommen. Im Jahr 1984 war die Konzentration der Vermögen so gering wie nie zuvor seit Beginn der Datensammlung im frühen 19. Jahrhundert, aber im Lauf des Jahrzehnts begann die Vermögensungleichheit unübersehbar zu steigen. Die Hinwendung zu einer Laisser-faire-Wirtschaftspolitik einschließlich der Privatisierung großer Staatsunternehmen und der Entwicklung der Finanzmärkte nach dem Beginn der Sparpolitik unter Präsident Mitterrand in den Jahren 1982/83 (vgl. Kapitel 2.2 für eine genauere Analyse dieser Vorgänge) führte dazu, dass der Vermögensanteil der reichsten 10 % der erwachsenen Franzosen auf rund 53 % im Jahr 1990 und in der Folge auf 56 % im Jahr 1995 stieg. Dieser Zuwachs ging zulasten der Mittelschicht und der Unterschicht, deren Vermögensanteile bis Mitte der 1990er Jahre auf etwa 49 bzw. 6 % sanken.

In den Jahren der New-Economy-Euphorie an den Börsen nahm die Vermögenskonzentration deutlich zu. Im Jahr 2000 überstieg der Vermögensanteil der reichsten 10 % der Franzosen die Schwelle von 60 %, während die Anteile der mittleren 40 % und der unteren 50 % der Bevölkerung auf unter 35 bzw. 6 % schrumpfte. Allerdings schien das Jahr 2000 einen Wendepunkt zu markieren, was die starken kurzfristigen Schwankungen der Vermögenskonzentration in den letzten drei Jahrzehnten verdeutlicht. Der Anteil der mittleren 40 % der Verteilung begann infolge des stetigen Anstiegs der Hauspreise zu steigen, während jener der oberen 10 % fiel, weil die Aktienkurse aufgrund des Platzens der Dotcom-Blase im Jahr 2000 einbrachen. Aufgrund dieser relativen Bewegungen der Vermögenspreise (mit denen wir uns ein wenig später eingehender befassen werden) sank der Anteil der wohlhabendsten 10 % der Franzosen am Gesamtvermögen auf rund 56 % im Jahr 2005,

Grafik 4.4.3
Zusammensetzung der persönlichen Vermögen in Frankreich, 1970–2014

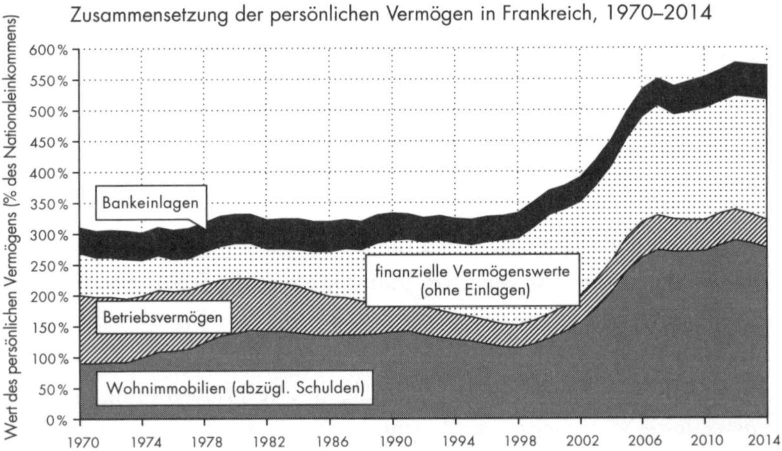

Quelle: Garbinti, Goupille-Lebret und Piketty (2017). Vgl. wir2018.wid.world für Datenreihen und Anmerkungen.
2014 entsprach das persönliche Vermögen der Franzosen 571 % des jährlichen Nationaleinkommens.

während der Anteil der mittleren 40 % der Bevölkerung auf rund 38 % stieg und jener der unteren 50 % bei 6 % verharrte. Der Vermögensanteil der unteren 50 % blieb damit in den ersten fünf Jahren des neuen Jahrtausends unverändert, während die Anteile der anderen Hälfte der erwachsenen Bevölkerung Frankreichs erheblich schwankten.

In den Jahren bis zur globalen Finanzkrise von 2008/09 und im Anschluss an die Krise veränderte sich die Vermögensungleichheit in Frankreich nur wenig. Der Anteil der reichsten 10 % am Gesamtvermögen stieg auf rund 59 % im Jahr 2010, während jener der mittleren 40 % der Vermögensverteilung praktisch unverändert blieb. Hingegen litten die unteren 50 % der Bevölkerung, deren Anteil am französischen Gesamtvermögen auf 5 % fiel. In den folgenden zwei Jahren ging der Vermögensanteil der oberen 10 % geringfügig zurück, während jener der unteren 50 % ein wenig stieg und jener der mittleren 40 % der Verteilung praktisch unverändert blieb.

Die unterschiedliche Zusammensetzung der Vermögensportfolios der verschiedenen Vermögensgruppen erklärt die Entwicklung der Vermögensungleichheit in den letzten Jahrzehnten

Bevor wir uns der Analyse der Ungleichheit innerhalb der einzelnen Vermögenskategorien zuwenden, müssen wir uns in Erinnerung rufen, dass sich Zusammensetzung und Niveau des Gesamtvermögens in Frankreich im Zeitraum 1970 bis 2014 erheblich verändert haben, wie aus **Grafik 4.4.3** hervorgeht. Ein Blick auf die Bestandteile dieses Werts zeigt, dass die Anteile des Immobilienvermögens und des Finanzvermögens am Gesamtvermögen deutlich gestiegen sind, während der Anteil des Betriebsvermögens erheblich geschrumpft ist, was in erster Linie auf den Rückgang der selbstständigen Erwerbstätigkeit zurückzuführen ist. Das Finanzvermögen ausschließlich der Spareinlagen wuchs im Anschluss an die Privatisierungen Ende der 1980er und in den 1990er Jahren deutlich und erreichte im Jahr 2000 einen Höhepunkt, als die Dotcom-Blase kurz vor dem Platzen auf ihr größtes Volumen anschwoll. Im Gegensatz dazu sanken die Hauspreise Anfang der 1990er

Grafik 4.4.4
Zusammensetzung der Vermögen nach Vermögensgruppe in Frankreich, 2012

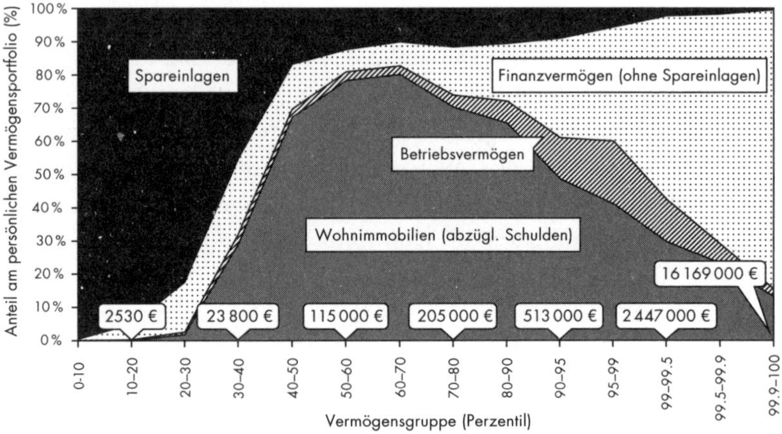

Quelle: Garbinti, Goupille-Lebret und Piketty (2017). Vgl. wir2018.wid.world für Datenreihen und Anmerkungen.
2012 bestand das persönliche Vermögen des 5. Dezils (Perzentile 50–60) zu 67 % aus Immobilienvermögen (abzüglich Schulden). Alle Werte wurden in konstante Euro für 2016 umgerechnet (inflationsbereinigt). Zum Vergleich: 1 €= 1,1 $ = 7,3 ¥ zu Marktwechselkursen.

Jahre, um in den 2000er Jahren jedoch deutlich zu steigen, während die Aktienkurse fielen.

Diese gegensätzlichen Bewegungen der relativen Vermögenspreise haben sich nachhaltig auf die Entwicklung der Vermögensungleichheit in Frankreich ausgewirkt, da die Vermögensportfolios der einzelnen Gruppen sehr unterschiedlich zusammengesetzt sind. Wie aus **Grafik 4.4.4** hervorgeht, besaßen die unteren 30 % der Vermögensverteilung im Jahr 2012 vor allem Spareinlagen, während das Wohneigentum die wichtigste Form des Vermögens für die Haushalte in der Mitte der Verteilung war. Hingegen werden finanzielle Vermögenswerte – ohne Spareinlagen – zur dominanten Vermögensform, wenn wir die oberen Gruppen der Verteilung betrachten. Das liegt vor allem daran, dass die oberen 10 % und das oberste 1 % der Bevölkerung große Aktienportfolios besitzen. Diese allgemeinen Muster der Portfoliozusammensetzung haben sich im Zeitraum 1970 bis 2014 kaum verändert, wenn man

Grafik 4.4.5a
Zusammensetzung des Vermögensanteils des reichsten 1 % in Frankreich, 1970–2014

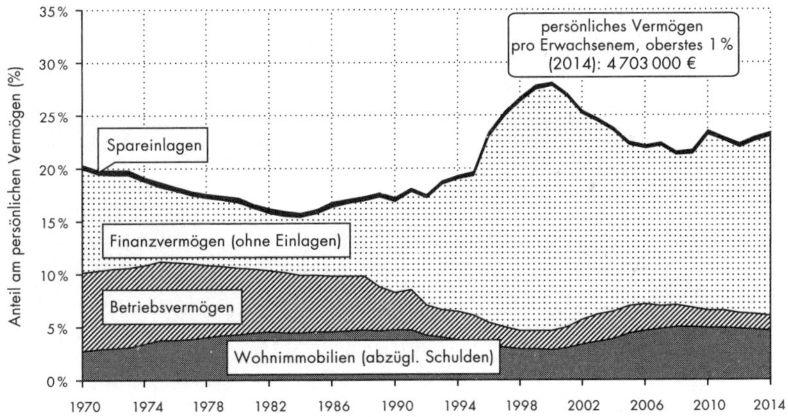

Quelle: Garbinti, Goupille-Lebret und Piketty (2017). Vgl. wir2018.wid.world für Datenreihen und Anmerkungen.
2014 hielt das reichste 1 % der Franzosen 17 % seines persönlichen Vermögens in finanziellen Vermögenswerten (ohne Spareinlagen). 2014 hatte das reichste 1 % einen Anteil von 24 % am gesamten persönlichen Vermögen der Franzosen. Alle Werte wurden in konstante Euro für 2016 umgerechnet (inflationsbereinigt). Zum Vergleich: 1 €= 1,1 $ = 7,3 ¥ zu Marktwechselkursen.

davon absieht, dass das Betriebsvermögen in den 1970er und frühen 1980er Jahren insbesondere für die Eigentümer mittlerer und größerer Vermögen eine wichtigere Rolle spielte.

Wenn wir die Entwicklung der Vermögensanteile der unteren 50 %, der mittleren 40 %, der oberen 10 % und des obersten 1 % nach Vermögenskategorien aufgliedern, sehen wir, dass die Entwicklung der Vermögenspreise erhebliche Auswirkungen auf die Evolution der Ungleichheit hat. **Grafik 4.4.5a** veranschaulicht die große Wirkung des Börsenbooms zu Beginn des 21. Jahrhunderts und des anschließenden Absturzes der Aktienkurse auf die Vermögensanteile der reichsten Franzosen. Es zeigt auch, wie sich der allgemeine Anstieg der Immobilienpreise in den 2000er Jahren auf die Vermögensanteile der mittleren 40 % ausgewirkt hat.

Grafik 4.4.5b
Zusammensetzung des Vermögensanteils der mittleren 40 % der Bevölkerung in Frankreich, 1970–2014

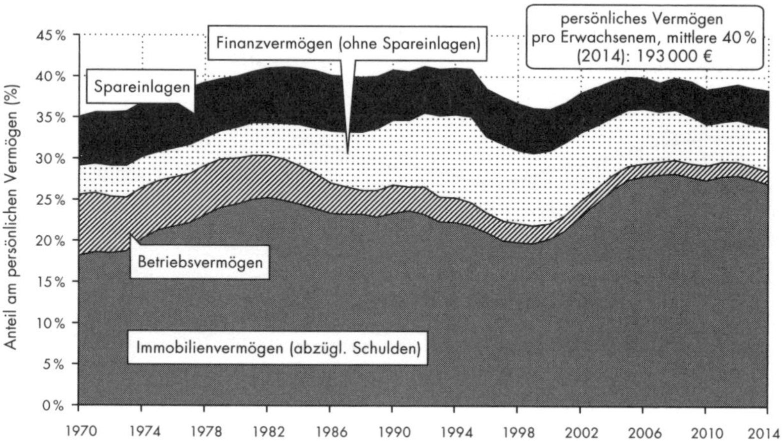

Quelle: Garbinti, Goupille-Lebret und Piketty (2017). Vgl. wir2018.wid.world für Datenreihen und Anmerkungen.
2014 hielten die mittleren 40 % der Vermögensverteilung 27 % des persönlichen Vermögens in Wohnimmobilien (abzüglich von Schulden). Alle Werte wurden in konstante $ von 2016 umgerechnet (inflationsbereinigt). Zum Vergleich: 1 $ = 0,8 € = 3,3 ¥ zum Marktwechselkurs.

Der Anstieg der Hauspreise bremst seit den 1980er Jahren die Vermögenskonzentration

Der Anstieg der Preise von Wohnimmobilien trug zwischen 1970 und 2014 wesentlich dazu bei, die Vermögensungleichheit in Frankreich zu verringern. Ähnlich wie in einigen anderen reichen Ländern stiegen die Hauspreise in Frankreich in dieser Zeit schneller als die Verbraucherpreise (um 2,4 % mehr pro Jahr), weshalb jene französischen Erwachsenen, die Immobilienvermögen besaßen, eine hohe Gesamtrendite erzielten: Ihr Vermögen wuchs im Untersuchungszeitraum um mehr als 6 % pro Jahr. Dieser strukturelle Anstieg der Immobilienpreise verlief jedoch keineswegs kontinuierlich: Die Hauspreise stiegen zwischen 2000 und 2008 besonders stark, was zu hohen kurzfristigen, nicht jedoch langfristigen Schwankungen der Vermögensungleichheit führte.

Die Erklärung der kurzfristigen Fluktuation der Vermögenskonzentration aufgrund der steigenden Preise finanzieller Vermögenswerte zu Beginn des 21. Jahrhunderts beruht auf demselben Gedankengang. Während des Börsenbooms nahm die Vermögensungleichheit in Frankreich aufgrund der Vorliebe der Reichsten für finanzielle Vermögenswerte erheblich zu. Daraus folgt jedoch auch, dass der Anstieg der finanziellen Vermögenspreise genau wie die Veränderung der Hauspreise als Erklärung für die langfristige Zunahme der Ungleichheit in diesem Zeitraum ausgeschlossen werden kann.

Wenn man die Schwankungen der Vermögenspreise herausrechnet, zeigen die Daten, dass die wachsende Vermögenskonzentration zwischen 1970 und 2014 auf strukturelle Faktoren zurückzuführen war. Der Immobilienboom zu Beginn des 21. Jahrhunderts half jedoch, die Zunahme der Ungleichheit zu bremsen, da der strukturelle Anstieg der Vermögensanteile der oberen 10 % und des obersten 1 % im Zeitraum 1984 bis 2014 um einiges höher ausgefallen wäre, wären die Hauspreise in diesen Jahren nicht deutlich stärker gestiegen als die anderer Vermögenswerte.

Die Entwicklung in Frankreich verdeutlicht auch, dass die Hauspreise eine uneinheitliche und widersprüchliche Wirkung auf die Ungleichheit haben. Die steigenden Immobilienpreise erhöhten den Marktwert des Vermögens der Mittelschicht – das heißt jener Angehörigen der Mittelschicht, die sich den Immobilienerwerb leisten konnten – und damit den Vermögensanteil der mittleren 40 % der Verteilung gegenüber dem der oberen 10 %, deren Vermögensportfolios stärker diversifiziert sind und relativ weniger Immobilien enthalten. Andererseits erschweren steigende Hauspreise den Angehörigen der unteren Mittelschicht und der Arbeiterklasse (den unteren 50 %) sowie Angehörigen der Mittelschicht, die sich nicht auf familiäres Vermögen stützen können, den Zugang zu Immobilieneigentum.

Höhere Sparquoten und Kapitalrenditen der Reichen haben die Vermögenskonzentration seit den 1980er Jahren erhöht

Langfristig hängt die Vermögenskonzentration von den Sparquoten der einzelnen Vermögensgruppen und den langfristigen Kapitalrenditen der verschiedenen Vermögenskategorien ab.[12] Sind die Sparquoten und/oder Kapitalrenditen der oberen Vermögensgruppen überdurchschnittlich hoch, so führen hohe Multiplikatoreffekte zu einer wachsenden Vermögenskonzentration.

Wie **Grafik 4.4.6** zeigt, gab es in Frankreich zwischen 1970 und 2012 erhebliche Unterschiede zwischen den Sparquoten der einzelnen Vermögensgruppen. Während die oberen 10 % der Vermögensverteilung in diesem Zeitraum im Allgemeinen 20 bis 30 % ihres Jahreseinkommens sparten, war die Sparquote der mittleren 40 % und der unteren 50 % deutlich geringer und sank zwischen 1970 und 2012 von 15 % des Jahreseinkommens auf weniger als 5 % des Einkommens bei den mittleren 40 % bzw. von 8 % auf etwa 0 % bei den unteren 50 %. Ähnliche Trends sind in Großbritannien und den Vereinigten Staaten zu beobachten, was die These bestätigt, dass unterschiedliche Sparquoten als wesentliche strukturelle Ursache für die wachsende Vermögenskonzentration in vielen entwickelten Volkswirtschaften in diesem Zeitraum zu betrachten sind.

Die verschiedenen Vermögensgruppen erzielten im Zeitraum 1970 bis 2014 auch sehr unterschiedliche durchschnittliche Kapitalrenditen. Die ausgesprochen ungleiche Verteilung der Renditen zwischen den oberen und unteren Vermögensgruppen ist auf erhebliche Unterschiede in der Zusammensetzung ihrer jeweiligen Vermögensportfolios zurückzuführen (vgl. **Grafiken 4.4.5a** und **b**). Die oberen Vermögensgruppen besitzen mehr finanzielle Vermögenswerte, darunter insbesondere Aktien, die sehr viel höhere Renditen abwerfen können als Immobilien oder Spareinlagen bei Banken. Tatsächlich ist die durchschnittliche jährliche Rendite finanzieller Vermögenswerte wie Aktien und Anleihen mehr als viermal so hoch wie die von Immobilien, obwohl sich diese Differenz auf 50 % verringert, wenn man die realen Kapitalerträge betrachtet.[13]

Grafik 4.4.6
Sparquoten nach Vermögensgruppen in Frankreich, 1970–2012

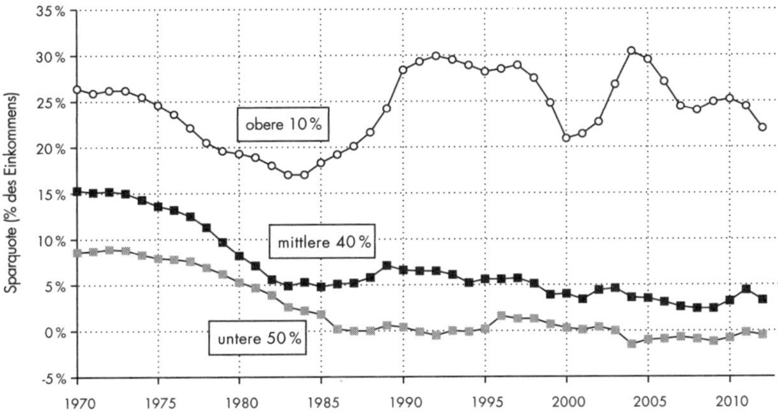

Quelle: Garbinti, Goupille-Lebret und Piketty (2017). Vgl. wir2018.wid.world für Datenreihen und Anmerkungen.
2012 sparten die mittleren 40 % der Vermögensverteilung 3 % ihres Einkommens, während die unteren 50 % mehr ausgaben, als sie sparten.

Die Situation der älteren Generation erklärt die Vermögensentwicklung in Frankreich

Wie hat sich die Vermögensungleichheit in den verschiedenen Altersgruppen in den letzten Jahren entwickelt? Ein Blick auf das Alters-Vermögens-Profil zeigt, dass das durchschnittliche Vermögen der 20-jährigen Franzosen über die gesamte historische Reihe hinweg mit 15 % des Durchschnittsvermögens erwachsener Personen sehr beschränkt gewesen ist. Von diesem Alter an steigt das Vermögen rasch und erreicht bei den Personen zwischen 55 und 65 Jahren abhängig vom Untersuchungszeitraum 150 bis 170 % des Durchschnittsvermögens. Von da an sinkt das Vermögen geringfügig, bleibt bei den Personen zwischen 60 und 80 Jahren jedoch auf einem sehr hohen Niveau von 125 bis 150 % des Durchschnittsvermögens (vgl. **Grafik 4.4.7**).

Das Alters-Vermögens-Profil hat sich in den vergangenen 40 Jahren geringfügig verändert, da die reichsten Personen älter geworden sind. Im Jahr 2010 wurden die Vermögen deutlich später im Leben angehäuft

Grafik 4.4.7
Vermögensprofile nach Altersgruppen in Frankreich, 1970–2010

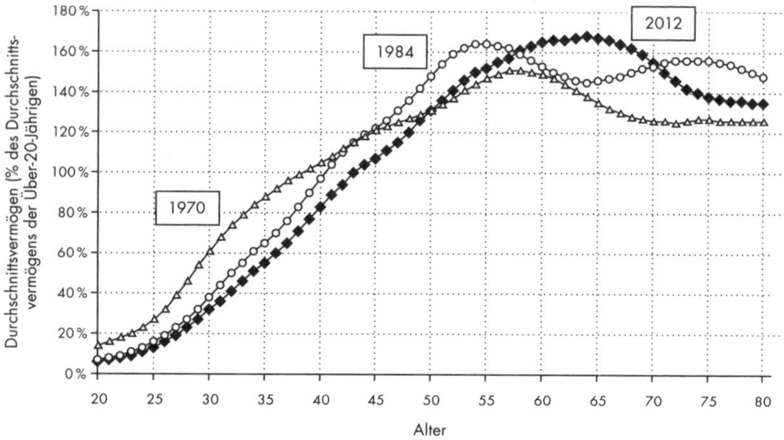

Quelle: Garbinti, Goupille-Lebret und Piketty (2017). Vgl. wir2018.wid.world für Datenreihen und Anmerkungen.
2010 war das durchschnittliche persönliche Vermögen der 50-jährigen Franzosen 30 % höher als das Durchschnittsvermögen der erwachsenen Bevölkerung.

als noch 1995 und 1970 und erreichten ihren Höhepunkt im Alter von 65 Jahren, das heißt sieben bis zehn Jahre später als 1970 bzw. 1995. Interessant ist auch, dass ältere Personen in Frankreich beträchtliche Schenkungen zu Lebzeiten machen; ohne diese Schenkungen wäre das Durchschnittsvermögen in hohem Alter noch höher, insbesondere am Lebensende. Schenkungen werden im Durchschnitt etwa zehn Jahre vor dem Tod gemacht und sind von etwa 20 bis 30 % des Gesamterbes in den 1970er Jahren auf nicht weniger als 80 % der gesamten Hinterlassenschaften in den 2000er und 2010er Jahren gestiegen.[14]

Die Ungleichheit der Sparquoten hängt vermutlich von der Entwicklung von Gewohnheiten, von der Dynamik der Einkommensungleichheit und von der Entwicklung des Steuersystems ab

Obwohl es nicht möglich ist, erschöpfend zu erklären, warum sich Sparquoten und Kapitalrenditen in der beschriebenen Art unterscheiden, können wir wichtige Faktoren identifizieren, die sich seit dem frühen 20. Jahrhundert auf ihre Entwicklung ausgewirkt haben. Zwischen 1914 und 1945 wirkten sich Kapital- und Steuerschocks offenkundig nachteilig auf die Sparquoten der oberen Vermögensgruppen aus. Vor dem Jahr 1914 existierten keine progressiven Steuern, aber in der Zwischenkriegszeit stiegen die effektiven Steuerquoten für die oberen Einkommens- und Vermögensgruppen rasch auf sehr hohe Niveaus von 20 bis 40 % und manchmal sogar auf noch höhere Werte.[15] Wenn wir von dem wahrscheinlichen Szenario ausgehen, dass die obersten Vermögensgruppen ihren Konsum und Lebensstandard nicht so deutlich senkten, dass ihre Einsparungen den Anstieg der Steuern (dessen Wirkung durch eine Verringerung ihres Kapitaleinkommen vor Steuern verstärkt wurde) wettmachen konnten, mussten sie ihre Sparquote senken.

Nach 1945 sparten jene im unteren Teil und in der Mitte der Vermögensverteilung mehr als vor dem Krieg. In den Jahrzehnten des kräftigen Wirtschaftswachstums nach dem Zweiten Weltkrieg entwickelten die Franzosen eine «Spargewohnheit», konsumierten umsichtig und sparten mit Blick auf mögliche neue Schocks oder Krisen einen Teil ihres Einkommens.[16] Es ist auch möglich, dass die steigenden Einkommensanteile der Reichen in den letzten Jahrzehnten sowie die langsameren Einkommenszuwächse der unteren und mittleren Gruppen zur wachsenden Ungleichheit der Sparquoten beigetragen haben und dass die Entwicklung durch einen relativen Konsumeffekt (vgl. Kapitel 2.5) verstärkt worden ist, der darin besteht, dass die unteren 90 % einen größeren Teil ihres Einkommens für den Konsum aufwenden als die oberen 10 %, weshalb ihnen kaum Ersparnisse übrig bleiben, die sie in Vermögenswerte investieren können. Das gilt insbesondere für die unteren 50 %.

Es ist klar, dass Änderungen am Steuersystem und insbesondere an der Steuerprogressivität wie jene nach dem Zweiten Weltkrieg und in den 1960er Jahren erhebliche Auswirkungen sowohl auf die Ungleichheit der Sparquoten als auch auf die ungleichen Kapitalrenditen haben und damit langfristig die Entwicklung der Vermögensungleichheit beeinflussen können. Die ungleichen Kapitalrenditen können auch durch eine Vielzahl weiterer Faktoren beeinflusst werden; Beispiele sind die finanzielle Regulierung und Deregulierung nach der Weltwirtschaftskrise der 1930er Jahre und die Verringerung der Kapitalkontrollen Mitte der 1980er Jahre sowie die Einführung und Abschaffung von Mietpreisbindungen.

Die Vermögenskonzentration könnte bis 2100 wieder auf das im «Gilded Age» beobachtete Niveau steigen

Die Sparquoten und Kapitalrenditen der einzelnen Vermögensgruppen können herangezogen werden, um Schätzungen dazu anzustellen, wie sich der Anteil jeder Gruppe am Gesamtvermögen in den kommenden Jahrzehnten entwickeln dürfte. Wenn wir annehmen, dass die im Zeitraum 1984 bis 2014 beobachtete Ungleichheit der Sparquoten – 24,5 % bei den oberen 10 % und 2,5 % bei den unteren 90 % – Bestand haben wird und dass die Kapitalrenditen und Arbeitseinkommen weiterhin so ungleich verteilt bleiben wie in diesem Zeitraum, so wird der Anteil der reichsten 10 % der Franzosen am Gesamtvermögen im Lauf der Zeit wieder auf das Niveau steigen, das im 19. und frühen 20. Jahrhundert beobachtet wurde: Er wird auf etwa 85 % des Gesamtvermögens steigen. Hätten sich hingegen die in den Jahren 1970 bis 1984 beobachteten Trends nach 1984 fortgesetzt und wäre auch in den kommenden Jahrzehnten eine ähnliche Entwicklung zu beobachten, so würde der Anteil der reichsten 10 % der Bevölkerung am Gesamtvermögen in Zukunft schrumpfen. Legt man die im Zeitraum 1970 bis 1984 beobachteten Relationen zwischen durchschnittlichen Sparquoten, Kapitalrenditen und Arbeitseinkommen zugrunde, so erhält man ein Szenario, in dem die reichsten 10 % heute nur etwas mehr als 45 % des Gesamtvermögens

Grafik 4.4.8
Simulationen der Entwicklung des Vermögensanteils der reichsten 10 % der Franzosen, 1800–2150

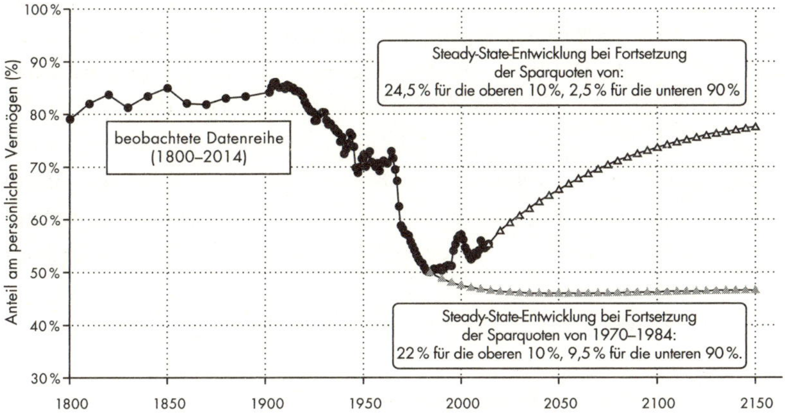

Quelle: Garbinti, Goupille-Lebret und Piketty (2017). Vgl. wir2018.wid.world für Datenreihen und Anmerkungen.
2150 werden die oberen 10 % der Vermögensverteilung einen Anteil von 78 % am Gesamtvermögen haben, wenn die Sparquoten der oberen 10 % und der unteren 90 % auf den Durchschnittswerten im Zeitraum 1984–2014 verharren, das heißt bei 24,5 % bzw. 2,5 %.

besäßen und in dem ihr Anteil während des gesamten 21. Jahrhunderts weiter sinken würde (vgl. **Grafik 4.4.8**).

Aus diesen relativ simplen Simulationen lassen sich zwei Schlüsse ziehen. Erstens kann eine geringe Veränderung der Ungleichheit von Sparquoten oder Kapitalrenditen gewaltige Auswirkungen auf die stationäre Vermögensungleichheit haben. Zweitens kann es mehrere Jahrzehnte oder sogar mehrere Generationen dauern, bis diese Effekte ihre volle Wirkung entfalten. Diese verzögerte Wirkung erklärt möglicherweise, warum die Vermögenskonzentration noch lange nach den Kapitalschocks in den Jahren 1914 bis 1945 geringer wurde. Haben sich einige strukturelle Parameter geändert, so dauert es viele Jahrzehnte, bis ein neuer Gleichgewichtszustand erreicht ist.

5. Vermögensungleichheit in Spanien

Die Informationen in diesem Kapitel beruhen auf Clara Martínez-Toledano, «Housing Bubbles, Offshore Assets and Income Inequality in Spain (1984–2013)», WID.world Working Paper Series (Nr. 19/2017).

- Der spanische Immobilien- und Börsenboom in den letzten Jahren hat dazu geführt, dass sich die persönlichen Vermögen, gemessen am jährlichen Nationaleinkommen, fast verdoppelt haben. Die Vermögens-Einkommens-Relation stieg von rund 380 % im Jahr 1984 auf 730 % im Jahr 2007, um von da an bis 2014 auf knapp unter 650 % zu sinken.
- Mit einem Durchschnittsvermögen von fast 813 000 Euro pro Erwachsenem besaßen die reichsten 10 % der Spanier im Jahr 2013 fast 57 % des persönlichen Vermögens des Landes. Der Anteil der unteren 50 % der Verteilung, die im Durchschnitt 18 900 Euro besaßen, lag bei 7 %. Die relativen Vermögensanteile haben sich in den letzten 30 Jahren praktisch nicht verändert.
- Da die Vermögenden in der Lage waren, ihre Vermögensportfolios abhängig davon, welche Vermögenswerte sich am besten entwickeln, anzupassen und zu diversifizieren, konnten sie vom spanischen Immobilienboom profitieren und die Auswirkungen des Platzens der Immobilienblase teilweise auffangen.
- Im Jahr 2012 hielten spanische Bürger rund 146 Mrd. Euro an Offshore-Vermögen, was die Vermögenskonzentration deutlich erhöhte.

Das Gesamtvermögen Spaniens ist in den letzten 30 Jahren mit beispielloser Geschwindigkeit gewachsen, was vor allem auf den Immobilienboom in dieser Zeit zurückzuführen ist. Es wird viel über dieses wirtschaftliche Phänomen diskutiert: Die Hauspreise verdreifachten sich zwischen 1985 und 1991 und dann erneut zwischen 1996 und 2008,[17] und der Leitindex der Madrider Börse stieg auf das Siebenfache, bevor er sich halbierte. Sehr viel weniger wird über die Verteilungseffekte gesprochen. Insbesondere ist bisher kaum erforscht, welche Gruppen in welchem Maß von diesem Vermögenszuwachs profitiert haben, wie sich die Vermögensunterschiede zwischen den einzelnen Gruppen im Lauf der Zeit entwickelt haben, ob sich die Bedeutung der Vermögenskategorien geändert hat und worauf die genannten Veränderungen zurückzuführen sind.

Gestützt auf solide, öffentlich zugängliche Daten, hat Martínez-Toledano in ihrer Arbeit[18] versucht, diese Fragen zu beantworten. Die Autorin verknüpft Steuerdaten, volkswirtschaftliche Gesamtrechnungen und Vermögenserhebungen und bedient sich der Kapitalisierungsmethode,[19] die Saez und Zucman auf die Vereinigten Staaten anwenden,[20] um eine einheitliche, umfassende Datenreihe zur spanischen Vermögensverteilung in den Jahren 1984 bis 2013 zusammenzustellen und die Daten für den Zeitraum 1999 bis 2013 nach Altersgruppen aufzuschlüsseln.

Das Vermögenswachstum in Spanien beruht auf dem Anstieg der Hauspreise

Das persönliche Vermögen in Spanien stieg zwischen 1984 und 2014, gemessen am Nationaleinkommen, fast um das Doppelte. Wie **Grafik 4.5.1** zeigt, stieg das persönliche Vermögen zwischen Ende der 1980er und Mitte der 1990er Jahre von etwa 380 % auf rund 470 % des Nationaleinkommens. Ab 1995 beschleunigte sich das Wachstum des persönlichen Vermögens, das kurz vor Ausbruch der globalen Finanzkrise im Jahr 2007 einen Höchstwert von 728 % des Nationaleinkommens erreichte. Als die Immobilienblase im Jahr 2008 platzte, schrumpfte das persönliche Vermögen deutlich und verringerte sich auch in den folgenden Jahren weiter. Im Jahr 2014 lag die Vermögens-Einkommens-Relation bei 646 % und damit wieder auf einem ähnlichen Niveau wie 2004 und 2005, aber das Haushaltsvermögen war (gemessen am Nationaleinkommen) immer noch sehr viel höher als in den 1980er und 1990er Jahren (vgl. **Grafik 4.5.1**).

Grafik 4.5.1 zeigt auch, wie sich die einzelnen Bestandteile der spanischen Privatvermögen in diesen 30 Jahren entwickelt haben. Ende der 1980er Jahre wuchs das Nettoimmobilienvermögen mehr als doppelt so schnell wie das Finanzvermögen, aber in den 1990er Jahren

Grafik 4.5.1
Zusammensetzung des Haushaltsvermögens in Spanien, 1984–2014

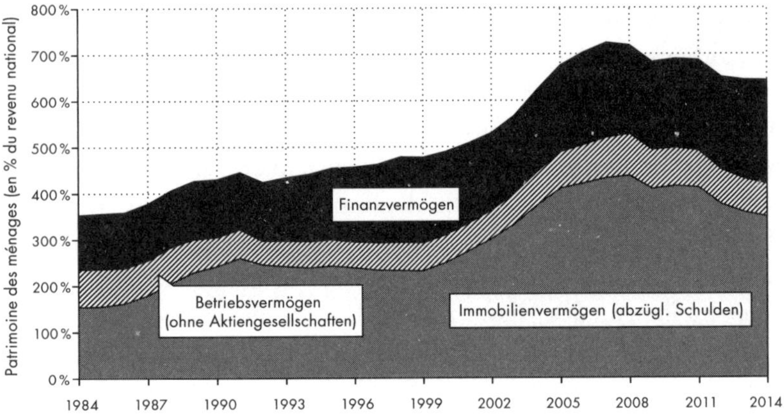

Quelle: Martínez-Toledano (2017). Vgl. wir2018.wid.world für Datenreihen und Anmerkungen.
2014 entsprach der Wert des Finanzvermögens der spanischen Haushalte 226 % des Nationaleinkommens.

kehrte sich dieser Trend um: Nun wurden mehr finanzielle Vermögenswerte als Immobilien angehäuft, was vor allem auf den Anstieg der Aktienkurse infolge der Internetblase zurückzuführen war. Aber nach dem Börsenkrach im Jahr 2000 stiegen die Hauspreise mit einer Geschwindigkeit, die sogar den signifikanten Preisanstieg der finanziellen Vermögenswerte überstieg. Der Wert von Wohnimmobilien erreichte im Jahr 2008 seinen Höhepunkt. Dann platzte die große Immobilienblase, die sich in den vorausgegangenen Jahren aufgebläht hatte, und der Wertverlust des Immobilienvermögens überstieg den des Geldvermögens.

Kennzeichnend für diese Zeit war auch die wachsende Bedeutung des Nettoimmobilienvermögens im Vermögensportfolio der spanischen Haushalte. Immobilien waren zwischen 1984 und 2014 der wichtigste Vermögenswert des durchschnittlichen spanischen Haushalts und stellten stets mehr als 40 % des gesamten Nettovermögens der Haushalte dar, aber die Zusammensetzung der persönlichen Vermögen hat sich nicht homogen entwickelt. Tatsächlich verliert das persönliche Vermögen in Phasen, in denen das Geldvermögen deutlich wächst – zum Beispiel in jener, die der Dotcom-Blase vorausging –, an Bedeutung. Der Anstieg des Immobilienanteils am gesamten Vermögensportfolio der Haushalte wurde auch durch den stetigen Rückgang des Anteils des nicht börsennotierten Betriebsvermögens verstärkt, der von 23 % im Jahr 1984 auf 11 % im Jahr 2014 sank, eine Entwicklung, die in erster Linie auf den relativen Bedeutungsverlust der Landwirtschaft in der spanischen Volkswirtschaft zurückzuführen ist.

Die reichsten 10 % besitzen seit Mitte der 1980er Jahre mehr als die Hälfte des persönlichen Vermögens Spaniens

Tabelle 4.5.1 gibt Aufschluss über die Höhe des persönlichen Vermögens spanischer Erwachsener im Jahr 2013 sowie über Vermögensschwellen und -anteile. Das durchschnittliche Nettovermögen erwachsener Spanier lag in diesem Jahr bei 144 000 Euro. Das Durchschnittsvermögen der unteren 50 % der Verteilung entsprach mit 18 900 Euro jedoch nur 13 % dessen der Gesamtbevölkerung. Insgesamt besaßen die unteren 50 % weniger als 7 % des Gesamtvermögens. Das Durchschnittsvermögen der erwachsenen Personen im mittleren 40 % der Verteilung lag bei etwas mehr als 133 000 Euro, womit diese Gruppe einen Anteil von 37 % am persönlichen Vermögen hatte, was weitgehend ihrem Bevölkerungsanteil entsprach. Die verbleibenden 56 % des persönlichen Vermögens befanden sich in Händen der reichsten 10 % der Spanier, die ein durchschnittliches Vermögen von rund 813 000 Euro hatten, das heißt gut fünfeinhalbmal so viel wie der durchschnittliche spanische Erwachsene und das 43-Fache des Durchschnittsvermögens der unteren 50 % der erwachsenen spanischen Bevölkerung.

Die sehr ungleichmäßige Verteilung der persönlichen Vermögen hat sich in den 29 Jahren bis 2013 kaum verändert. Wie **Grafik 4.5.2** zeigt, haben sich die Anteile der einzelnen Gruppen am persönlichen Vermögen in diesem Zeitraum innerhalb einer Bandbreite von acht Prozentpunkten bewegt. Der Anteil der unteren 50 % am persönlichen Vermögen ist seit jeher sehr gering und erreichte im Jahr 1992 mit 9 % seinen höchsten Wert, um dann jedoch bis 2013 wieder auf 6 % zu sinken, was etwa dem

Tabelle 4.5.1
Verteilung des Haushaltsvermögens in Spanien, 2013

Vermögensgruppe	Zahl der Familien	Vermögens-schwelle (€)	Durch-schnittsver-mögen (€)	Vermögens-anteil
Gesamte erwachsene Bevölkerung	35 083 000	–	144 000	100 %
untere 50 %	17 541 000	-	18 900	6,6 %
mittlere 40 %	14 033 000	43 000	133 000	36,9 %
obere 10 %	3 508 000	317 000	813 000	56,5 %
oberstes 1 %	350 800	1 385 000	3 029 000	21,1 %
oberstes 0,1 %	35 080	4 775 000	10 378 000	7,2 %

Quelle: Martínez-Toledano (2017). Vgl. wir2018.wid.world für Datenreihen und Anmerkungen.
2013 betrug das Durchschnittsvermögen des reichsten 1 % in Spanien 3 029 000 €. Alle Werte wurden in konstante Euro von 2016 umgerechnet (inflationsbereinigt). Zum Vergleich: 1 € = 1,1 $ = 7,3 ¥ zum Marktwechselkurs. Aufgrund der Rundung ergibt eine Addition der Zahlen möglicherweise keinen exakten Betrag.

zu Beginn des Untersuchungszeitraums beobachteten Wert entspricht. Der persönliche Vermögensanteil der mittleren 40 % bewegt sich zwischen 32 und 39 % des Gesamtvermögens und lag über weite Strecken des Beobachtungszeitraums über 35 %, während der Anteil der oberen 10 % zwischen 53 und 61 % schwankte. Auffällig ist, dass der Vermögensanteil der reichsten 10 % zwischen Mitte der 1980er Jahre und Anfang der 1990er Jahre, als sich die Hauspreise in Spanien verdreifachten, zugunsten der mittleren 40 % und der unteren 50 % der Verteilung sank. Von da an stieg der Vermögensanteil der oberen 10 % in den 1990er Jahren dank des starken Anstiegs der Aktienkurse, um anschließend bis 2005 zu sinken. Dann stieg er wieder bis zum Ausbruch der globalen Finanzkrise und zum Platzen der Immobilienblase im Jahr 2008. Von da an sank der Vermögensanteil der oberen 10 %, bevor er sich auf einem ähnlichen Niveau wie Mitte der 1990er Jahre stabilisierte.

Während sich die Veränderung der relativen Vermögenspreise nur begrenzt auf die allgemeine Vermögensungleichheit in Spanien auswirkte, hat sich die Zusammensetzung der Portfolios der einzelnen Vermögensgruppen erheblich geändert. Wie **Grafik 4.5.3** zeigt, besaßen die unteren

Grafik 4.5.2
Vermögensanteile in Spanien, 1984–2013

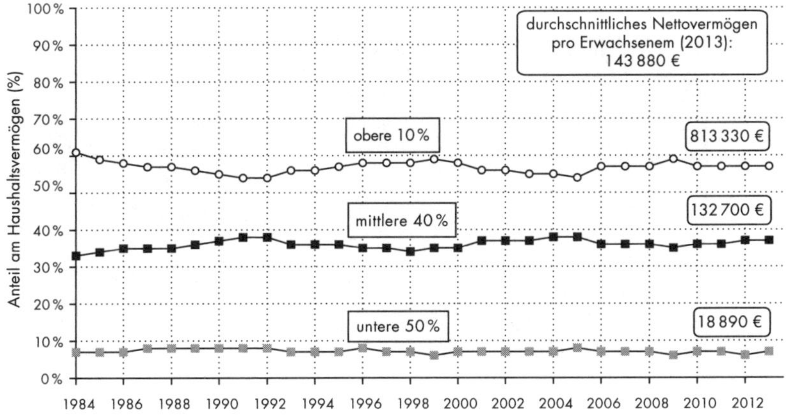

Quelle: Martínez-Toledano (2017). Vgl. wir2018.wid.world für Datenreihen und Anmerkungen.
2013 hatten die unteren 50 % der Spanier einen Anteil von 7 % am gesamten persönlichen Vermögen. Alle Werte wurden in konstante Euro von 2016 umgerechnet (inflationsbereinigt). Zum Vergleich: 1 € = 1,1 $ = 7,3 ¥ zum Marktwechselkurs.

20 % der spanischen Vermögensverteilung im Jahr 2013 vor allem finanzielle Vermögenswerte, die im Wesentlichen in Spareinlagen und Sichteinlagen bei Banken bestanden. Je weiter wir uns zur Mitte der Vermögensverteilung hinaufbewegen, desto größer wird das Gewicht des Immobilienvermögens (das zwischen dem 30. und 60. Perzentil der Verteilung fast 90 % des persönlichen Vermögens ausmacht). Von da an gewinnt das Finanzvermögen mit wachsendem Vermögen der Personen wieder an Bedeutung innerhalb der Portfolios. Anders als bei den unteren 50 % stellen Bankeinlagen jedoch nur einen geringen Teil des Finanzvermögens der oberen 10 % und des obersten 1 % der Verteilung dar: Die reichsten Spanier besitzen eine Kombination von Aktien, Fondsanteilen, festverzinslichen Wertpapieren wie Anleihen, Devisen, Lebensversicherungen und Rentenfonds. Dasselbe allgemeine Muster der Vermögenszusammensetzung in den einzelnen Vermögensgruppen war auch im Zeitraum 1984 bis 2012 zu beobachten, wie aus den **Grafiken 4.5.4** und **4.5.5** hervorgeht. Der einzige nennenswerte Unterschied ist der Bedeutungsverlust des nicht börsennotierten Betriebsvermögens in diesen

Grafik 4.5.3
Zusammensetzung des persönlichen Vermögens nach Vermögensgruppen in Spanien, 2013

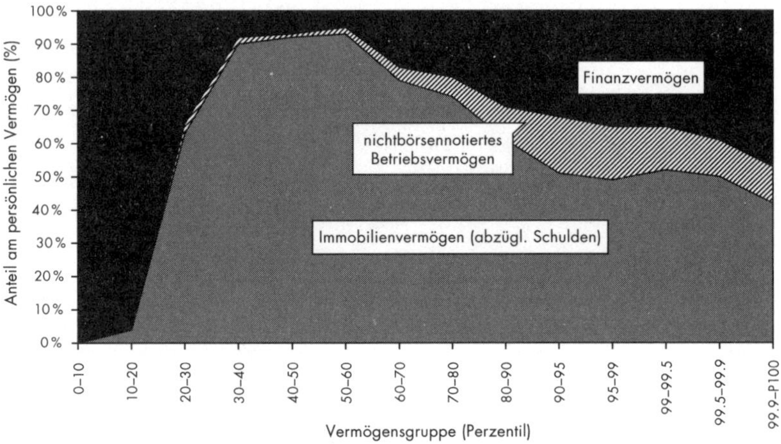

Quelle: Martínez-Toledano (2017). Vgl. wir2018.wid.world für Datenreihen und Anmerkungen.
2013 bestand das Vermögen des 5. Dezils (Perzentile 50–60) der Verteilung zu 93 % aus Immobilienvermögen (abzüglich von Schulden).

28 Jahren, der in erster Linie auf den Rückgang der landwirtschaftlichen Aktivitäten in der Gruppe der selbstständig Erwerbstätigen zurückzuführen ist.

Wenn wir die Vermögensentwicklung in Spanien nach Vermögenskategorien und Vermögensgruppen aufschlüsseln, sehen wir, wie sich die Entwicklung der Vermögenspreise zwischen 1984 und 2013 auf die einzelnen Vermögensportfolios und die Anteile am persönlichen Vermögen ausgewirkt haben. Die Zahlen in **Grafik 4.5.4** zeigen deutlich, wie sich der Börsenkrach im Jahr 2000 und das Platzen der Immobilienblase im Jahr 2007 auf die Portfolios und den Vermögensanteil des reichsten 1 % auswirkten. Ein Blick auf den Anteil der finanziellen Vermögenswerte am Vermögen des reichsten 1 % zeigt, dass der Wert des Finanzvermögens im Jahr 1999 – dem Jahr vor der Dotcom-Krise – einen Höhepunkt erreichte und die Portfolios der reichsten Spanier dominierte.

Eine Besonderheit des spanischen Falls im Vergleich zu anderen reichen Ländern ist die große Bedeutung des Immobilienvermögens in den

Grafik 4.5.4
Zusammensetzung des Vermögensanteils des reichsten 1 % in Spanien, 1984–2013

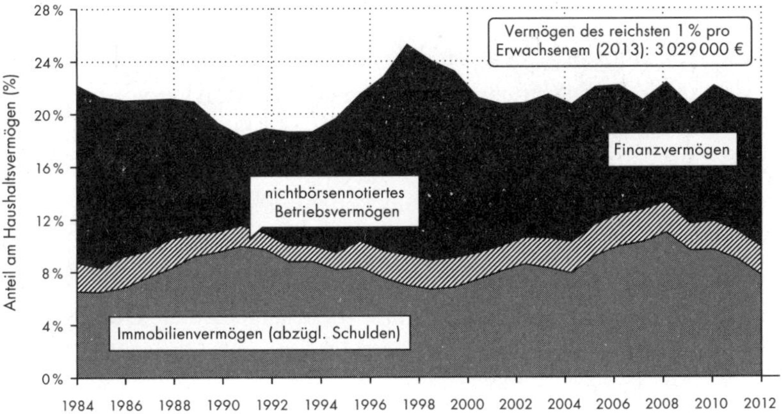

Quelle: Martínez-Toledano (2017). Vgl. wir2018.wid.world für Datenreihen und Anmerkungen.
2013 hielt das reichste 1 % der Spanier 11 % des gesamten Haushaltsvermögens in finanziellen Vermögenswerten. Alle Werte wurden in konstante Euro von 2016 umgerechnet (inflationsbereinigt). Zum Vergleich: 1 € = 1,1 $ = 7,3 ¥ zum Marktwechselkurs.

Portfolios der spanischen Haushalte. Das gilt sogar für die reichsten Haushalte. Das gilt für den gesamten Untersuchungszeitraum von 29 Jahren, aber in den Jahren bis 2007, als der Wert von Immobilien am kräftigsten stieg, trat dieser Trend noch deutlicher zutage. In Spanien halten die oberen 10 % und das oberste 1 % der Vermögensverteilung 26 bzw. 8 % des gesamten Nettovermögens in Immobilien. Zum Vergleich: In Frankreich sind die entsprechenden Anteile mit 19 bzw. 5 % deutlich geringer.[21]

Immer mehr Vermögen wird an die Nachkommen der Reichen vererbt

Die detaillierten Mikrodateien, die ab 1999 für Spanien vorliegen, erlauben auch eine Analyse der Vermögensunterschiede zwischen verschiedenen Altersgruppen und der Entwicklung dieser Unterschiede im

Lauf der Zeit. Wie **Grafik 4.5.5** zeigt, ist das Durchschnittsvermögen der 20-jährigen Spanier im Untersuchungszeitraum von 14 Jahren mit weniger als 10 % des Gesamtvermögens durchweg sehr niedrig gewesen. Das Vermögen wächst mit dem Alter. Die Gruppe der 40-Jährigen besitzt 50 % des Durchschnittsvermögens; bis zum Alter von 60 Jahren steigt der Anteil auf mehr als 150 % des Durchschnittsvermögens. Nach dem 60. Lebensjahr sinkt das durchschnittliche Vermögen pro Erwachsenen langsam, macht jedoch bis ans Lebensende nie weniger als 120 % des allgemeinen Durchschnittsvermögens aus. Da das Durchschnittsvermögen nach dem Alter von 60 Jahren nicht abrupt fällt und sich auf einem Niveau hält, das deutlich über dem allgemeinen Durchschnitt liegt, hinterlassen die Spanier ihren Nachkommen bei ihrem Tod ein beträchtliches Vermögen.

Es gibt jedoch bedeutsame Unterschiede beim relativen Vermögen der Altersgruppen im Zeitraum 1999 bis 2013. Die Älteren (60+) stehen nach der Wirtschaftskrise besser, die Jungen (20–39) hingegen schlechter da: Das Durchschnittsvermögen der Alten war im Vergleich zu dem

Grafik 4.5.5
Vermögensprofile nach Alter in Spanien, 2001–2013

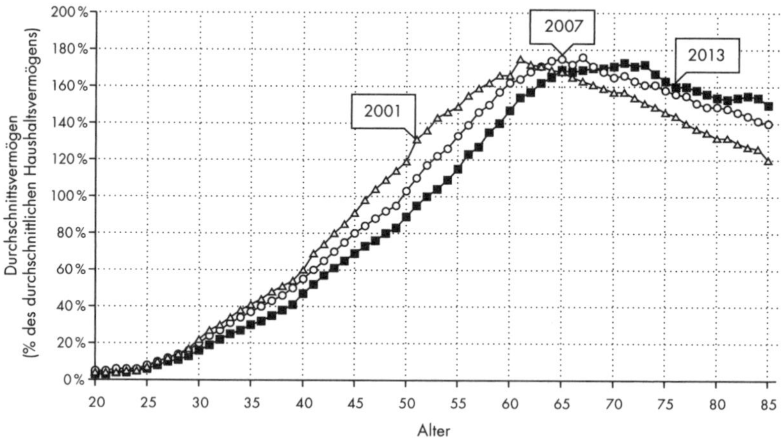

Quelle: Martínez-Toledano (2017). Vgl. wir2018.wid.world für Datenreihen und Anmerkungen.
2013 entsprach das Durchschnittsvermögen der 50-Jährigen 89 % des Durchschnittsvermögens aller spanischen Haushalte.

Grafik 4.5.6
Vermögensanteil des reichsten 1 % in Spanien, 1984–2013

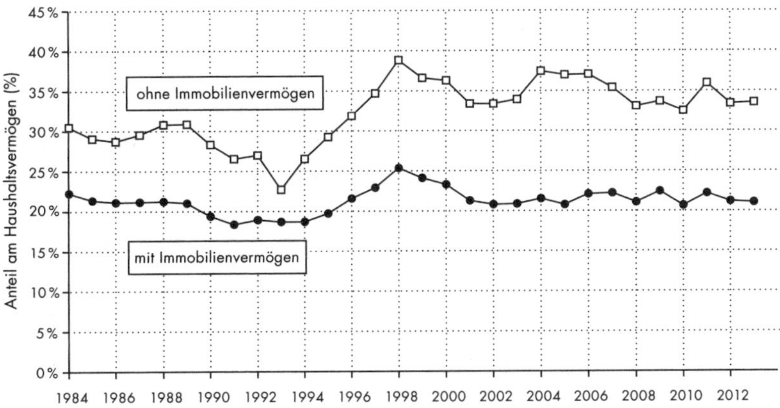

Quelle: Martínez-Toledano (2017). Vgl. wir2018.wid.world für Datenreihen und Anmerkungen.
2013 hielt das reichste 1 % der Spanier 21 % des Gesamtvermögens. Wird das Immobilienvermögen jedoch nicht berücksichtigt, so lag dieser Anteil bei 34 %.

der Jungen im Jahr 2013 höher als im Jahr 2001. Diese Entwicklung geht mit einem deutlichen Anstieg der Jugendarbeitslosigkeit nach dem Platzen der Immobilienblase[22] einher; gleichzeitig blieben die spanischen Renten stabil. Eine Aufschlüsselung der Daten zur Vermögensverteilung nach Altersgruppen zeigt, dass die Vermögensungleichheit bei den Jungen (20–39) größer ist als bei den Alten (60+) und den Personen mittleren Alters (40–59), bei denen die Vermögensungleichheit etwa so hoch ist wie bei der Bevölkerung insgesamt. Eine plausible Erklärung dafür ist die Bedeutung von Schenkungen, mit denen Vermögen von der älteren auf die jüngere Generation übertragen wird.

Höhere Transferraten bei vermögenden Familien in Kombination mit einer hohen Jugendarbeitslosigkeit und einer geringen Vermögensakkumulation der Jungen durch Ersparnisse aus Erwerbseinkommen (welche die Vermögensungleichheit verringern würde) können erklären, warum die Ungleichheit bei den Jungen deutlicher ausgeprägt ist als bei den Älteren.

Die spanische Immobilienblase wirkte sich nicht auf die Vermögensungleichheit aus

Die detailliert aufgeschlüsselten Datenreihen zur spanischen Vermögensverteilung helfen auch zu erklären, warum sich die spanische Immobilienblase nicht auf die Vermögensungleichheit auswirkte. Wie in vielen europäischen Ländern haben auch in Spanien das wachsende Immobilieneigentum der unteren 90 % und der hohe Anteil des Wohneigentums an ihren Vermögensportfolios zur Verringerung der Vermögensungleichheit beigetragen. **Grafik 4.5.6** veranschaulicht, dass die Vermögenskonzentration in den Händen des reichsten 1 % der Verteilung zwischen 1984 und 2013 um zehn Prozentpunkte geringer ist, wenn das Immobilienvermögen berücksichtigt wird. Zudem zeigt diese Grafik, dass sich die Vermögensungleichheit einschließlich und ausschließlich des Immobilienvermögens nach 2000 ähnlich entwickelte, was ein weiterer Beleg dafür ist, dass sich der Immobilienboom und das Platzen der Spekulationsblase kaum auf die Vermögensungleichheit auswirkten.

Um dieses verwirrende Resultat zu verstehen, muss man wissen, wie sich die Zusammensetzung des Nettoimmobilienvermögens im Lauf der Zeit geändert hat. Der Anteil des gesamten Nettoimmobilienvermögens im Besitz des reichsten 1 % wuchs zwischen 2005 und 2009 – den Jahren, in denen die Hauspreise mit schwindelerregender Geschwindigkeit stiegen – deutlich zulasten des Immobilienvermögens der mittleren 40 %. Hauptgrund für die wachsende Konzentration des Immobilieneigentums war nicht der relativ größere Anstieg des Immobilienvermögens im Besitz der Reichsten, sondern die Tatsache, dass das oberste 1 % der Verteilung in Relation zu den mittleren 40 % mehr Zweithäuser erwarb. Das Verhältnis zwischen den Preisen der Wohnimmobilien der oberen 10 % (und des obersten 1 %) und dem Wert der Eigenheime der mittleren 40 % blieb zwischen 2005 und 2009 stabil.

Wenn die Konzentration des Immobilienvermögens in den Händen der Reichsten während des Immobilienbooms stieg und anschließend fiel, stellt sich jedoch die Frage, warum die Vermögenskonzentration insgesamt praktisch unverändert blieb. Eine plausible Erklärung lautet, dass die Angehörigen des obersten 1 % der Verteilung während des Immobilienbooms Finanzvermögen durch Immobilien ersetzten, dann jedoch wieder mehr finanzielle Vermögenswerte anhäuften, als die Hauspreise zu fallen begannen. Der Anteil des obersten 1 % der Verteilung am gesamten Finanzvermögen sank in den Jahren des Immobilienbooms, eine Entwicklung, die sich mit der Einschätzung deckt, dass reiche Personen ihr Portfolio besser diversifizieren können und daher in der Lage sind, mehr in riskante Vermögenswerte zu investieren, wenn deren Preise steigen, um sich bei einem Preisrückgang wieder aus diesen Vermögenswerten zurückzuziehen und ihr Portfolio umzuschichten.

Unterschiedliche Sparquoten und Kapitalrenditen erhöhen langfristig die Vermögensungleichheit

Um zu verstehen, welche Kräfte die Dynamik der Vermögensungleichheit in Spanien antreiben, muss man untersuchen, wie sich Einkommen, Sparquoten und das Maß der Ungleichheit zwischen 1999 und 2012 entwickelt haben.

Die Sparquoten der einzelnen Vermögensgruppen in Spanien unterscheiden sich deutlich voneinander und haben sich im Lauf der Zeit verändert, wie aus den **Grafiken 4.5.7a** bis **c** hervorgeht. Diese Unterschiede entsprechen der ausgeprägten Vermögenskonzentration in Spanien, wo die oberen 10 % der Vermögensverteilung im Untersuchungszeitraum durchschnittlich 27 % ihres Einkommens sparten, während die durchschnittliche Sparquote bei den mittleren 40 % bei 10 % und bei den unteren 50 % nur bei 1 % lag.

Eine genauere Analyse der Sparquoten fördert eine bedeutsame Tatsache zutage: Die Immobilienblase erhöhte die Differenz zwischen den Sparquoten der Reichen und der weniger Reichen in den Jahren des Aufschwungs und verringerte die Stratifizierung infolge des Platzens der Blase. **Grafik 4.5.7a** zeigt, dass die Sparquote der oberen 10 % der Verteilung in den Jahren vor dem Ende des Immobilienbooms hoch blieb, da diese Gruppe mehr Immobilieneigentum anhäufte, während die Sparquote der mittleren 40 % und der unteren 50 % sank, da sie

Grafik 4.5.7a
Sparquoten in Spanien, 1999–2012

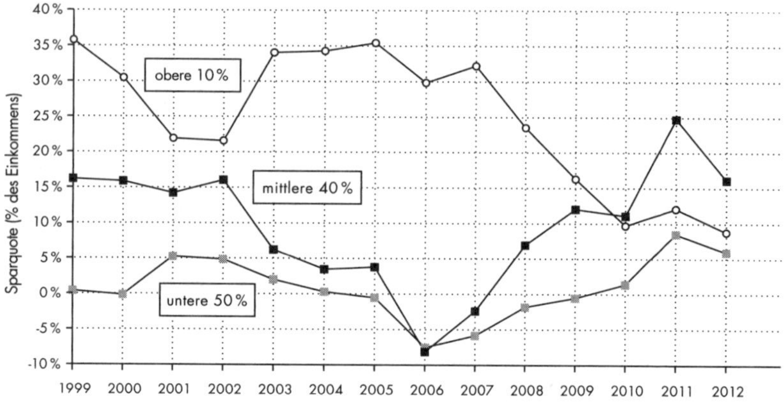

Quelle: Martínez-Toledano (2017). Vgl. wir2018.wid.world für Datenreihen und Anmerkungen.
2012 sparten die mittleren 40 % der Verteilung 16 % ihres Einkommens, während die Sparquote der unteren 50 % bei 6 % lag.

Grafik 4.5.7b
Anteil des Nettoimmobilienvermögens an den Ersparnissen in Spanien, 1999–2012

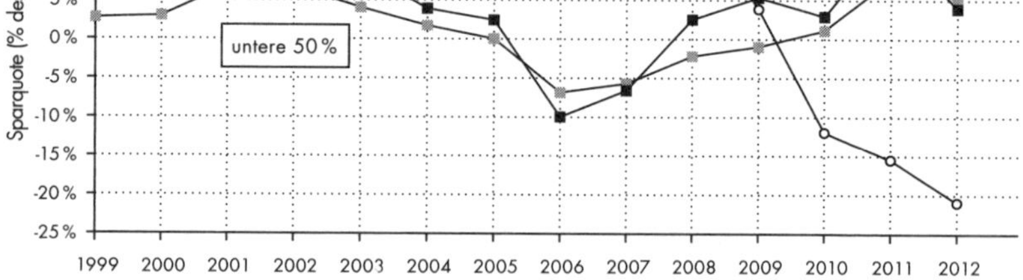

Quelle: Martínez-Toledano (2017). Vgl. wir2018.wid.world für Datenreihen und Anmerkungen.
2012 sparten die unteren 50 % der Verteilung 5 % ihres Einkommens mit Wohnimmobilien an.

den Erwerb von Eigenheimen mit Krediten finanzierten. Nachdem die Immobilienblase geplatzt war, stießen die oberen 10 % einen Teil ihrer Wohnimmobilien ab und begannen, mehr Finanzvermögen anzuhäufen, um den Rückgang der Hauspreise auszugleichen. Dennoch sank die Gesamtsparquote der oberen 10 % in diesen Jahren, was vermutlich daran lag, dass sie einen größeren Teil ihres Einkommens für den Konsum aufwandten. Hingegen begannen die mittleren 40 %, mehr zu sparen, um ihre Hypothekenkredite zurückzahlen zu können, was zur Folge hatte, dass sich die Differenz zwischen den Sparquoten dieser beiden Vermögensgruppen verringerte. Diese beiden Trends trugen also dazu bei, die Vermögenskonzentration in der Zeit der heftigen Preisschwankungen auf dem spanischen Immobilienmarkt zu bremsen.

Die Vermögensungleichheit wurde auch durch die Schwankungen der Kapitalrenditen der verschiedenen Vermögensgruppen in Spanien im Zeitraum 1986 bis 2012 vergrößert.[23] Dieses Ergebnis deckt sich mit den zuvor beschriebenen Unterschieden in der Zusammensetzung der Portfolios der einzelnen spanischen Vermögensgruppen (vgl. **Grafik 4.5.1**), denn die Angehörigen der oberen Vermögensgruppen besitzen eher finanzielle Vermögenswerte wie Aktien, die oft höhere Renditen abwerfen als andere Vermögenswerte wie zum Beispiel Spareinlagen und Immobilien.

Berücksichtigt man das Offshore-Vermögen, so ist die Vermögensungleichheit in Spanien größer

Wie in vielen Ländern geben die amtlichen finanziellen Daten auch in Spanien keinen Aufschluss über einen großen Teil des Vermögens, den die Haushalte im Ausland halten. Studien haben gezeigt, dass spanische Bürger Finanzinstitute in Steuerparadiesen nutzen, um ihre Portfolios an Aktien, Anleihen und Investmentfonds zu verbergen. Zucman[24] schätzt, dass sich der Wert der spanischen Offshore-Vermögen, von denen drei Viertel nicht registriert sind, im Jahr auf rund 80 Mrd. Euro belief – das entspricht 9 % des Nettofinanzvermögens der spanischen Haushalte. Die Nichtberücksichtigung der Offshore-Vermögen in der

Grafik 4.5.7c
Anteil finanzieller Vermögenswerte an den Ersparnissen in Spanien, 1999–2012

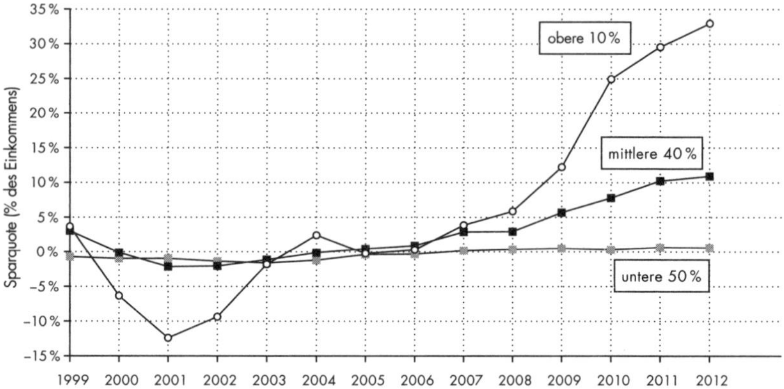

Quelle: Martínez-Toledano (2017). Vgl. wir2018.wid.world für Datenreihen und Anmerkungen.
2012 sparten die Angehörigen der unteren 50 % der Vermögensverteilung 1 % ihres Einkommens mit finanziellen Vermögenswerten an.

Berechnung der spanischen Vermögensverteilung führt also dazu, dass sowohl das Gesamtvermögen als auch die Vermögenskonzentration erheblich unterschätzt werden.

Gestützt auf Datenreihen der Schweizer Nationalbank, Steuerformulare für die Erklärung von Offshore-Vermögen und die Ergebnisse der Steueramnestie von 2012, konnte Martínez-Toledano den Einfluss der Offshore-Vermögen in ihre Datenreihe zur Vermögensverteilung einbeziehen. Wie **Grafik 4.5.8** zeigt, stieg der Wert der spanischen Offshore-Vermögen in den 1980er und 1990er Jahren und zu Beginn des 21. Jahrhunderts rasch, bevor er sich im Jahr 2007 stabilisierte, weil die Finanzbehörden begannen, entschlossener gegen Steuervermeidung und -hinterziehung vorzugehen. Das nicht deklarierte Offshore-Vermögen belief sich im Jahr 2012 auf fast 150 Mrd. Euro, was 8,6 % des persönlichen Finanzvermögens entsprach. Im Jahr 2012 entfielen 50 % des gesamten nicht deklarierten Offshore-Vermögens auf Investmentfonds, gefolgt von Aktien (30 %) sowie Spareinlagen (18 %) und Lebensversicherungen (2 %).

Die Datenreihe zur spanischen Vermögensverteilung wird anschlie-

Grafik 4.5.8
Nichtdeklariertes Offshore-Vermögen in Spanien, 1984–2015

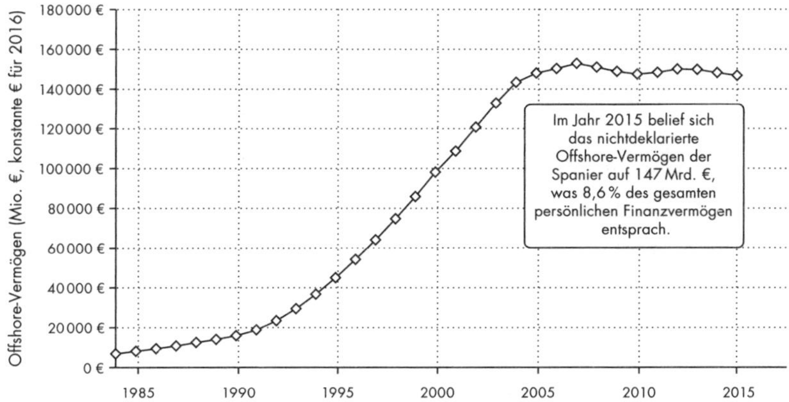

Quelle: Martínez-Toledano (2017). Vgl. wir2018.wid.world für Datenreihen und Anmerkungen.
2015 belief sich das nicht deklarierte Offshore-Vermögen der Spanier auf 147 Mrd. €.
Alle Werte wurden in konstante € von 2016 umgerechnet (inflationsbereinigt).
Zum Vergleich: 1 € = 1,1 $ = 7,3 ¥ zum Marktwechselkurs.

ßend korrigiert, indem die jährliche Schätzung des nicht deklarierten Offshore-Vermögens dem Anteil des reichsten 1 % zugerechnet wird. Das deckt sich mit der amtlichen Dokumentation des spanischen Finanzamts, aus der hervorgeht, dass die Mehrheit der von spanischen Bürgern deklarierten ausländischen Vermögenswerte von den reichsten Personen gemeldet werden und dass diese Vermögenswerte in den Jahren 2007 und 2015 12 bzw. 31 % des gesamten steuerbaren Vermögens darstellten. Werden die Offshore-Vermögen in die Berechnung der Vermögensverteilung einbezogen, so steigt die Vermögenskonzentration im Zeitraum 1984 bis 2013 deutlich. Unter Berücksichtigung des Offshore-Vermögens war die Vermögenskonzentration im ersten Jahrzehnt des 21. Jahrhunderts tatsächlich höher als in den 1980er Jahren. Der Vermögensanteil des reichsten 1 % der Verteilung lag in diesem Fall im Zeitraum 2000 bis 2013 bei durchschnittlich 24 % und damit deutlich höher als bei Nichtberücksichtigung der Offshore-Vermögen (21 %).[25] Dies ist ein bemerkenswerter Unterschied, insbesondere in Anbetracht der Tatsache, dass das Land in diesem Zeitraum einen Immobilienboom erlebte und sowohl das nichtfinanzielle als auch das Finanzvermögen in Spanien deutlich wuchsen.

6. Vermögensungleichheit in Großbritannien

Die Informationen in diesem Kapitel beruhen auf: Facundo Alvaredo, Anthony Atkinson und Salvatore Morelli, «Top Wealth Shares in the United Kingdom over more than a Century», WID.world Working Paper Series (Nr. 2/2017).

- Die Vermögensungleichheit in Großbritannien hat seit den 1980er Jahren moderat zugenommen, wobei der Anteil des reichsten 1 % der Briten (fast eine halbe Million Personen) am Gesamtvermögen zwischen 1984 und 2013 von 15 auf 20 bis 22 % gestiegen ist.
- Die Vermögenskonzentration in den letzten vier Jahrzehnten ist ein Phänomen, das im Wesentlichen auf das reichste 0,5 Prozent und insbesondere auf das oberste 0,1 Prozent, das heißt auf die reichsten 50 000 Briten, beschränkt ist, deren Anteil am Gesamtvermögen des Landes sich von 1984 bis 2013 von 4,5 auf 9 % verdoppelt hat.
- Die Vermögensungleichheit ist trotz der zunehmenden Konzentration immer noch deutlich geringer als vor einem Jahrhundert. Nach der ersten Globalisierungsphase besaß das reichste 1 % der Briten im Jahr 1914 rund 70 % des gesamten persönlichen Vermögens des Landes. Von da an sank ihr Vermögensanteil. Den Vermögenseinbußen in den Jahren 1914 bis 1918 sowie 1939 bis 1945 wurde große Aufmerksamkeit geschenkt. In den beiden Weltkriegen sank der Vermögensanteil der Reichsten, aber diese Einbrüche waren lediglich Teil eines beträchtlichen Vermögensschwunds im gesamten Untersuchungszeitraum. Der deutliche Rückgang des Vermögensanteils der reichsten Briten im 20. Jahrhundert fand im Wesentlichen in Friedenszeiten statt.
- Das kräftige Wachstum des Wohneigentums im 20. Jahrhundert, der durch den Verkauf staatlicher Wohnimmobilien gefördert wurde, trug dazu bei, dass die Vermögensungleichheit in den 1980er Jahren auf einen historischen Tiefststand fiel. Der Vermögensanteil des reichsten 1 % der Briten sank auf 15 %. Aber in den 1990er Jahren kehrte sich

der Trend um, und die Zahl der Privatpersonen, die Häuser kauften, um sie zu vermieten, stieg wieder.

- Die Konzentration des Nichtimmobilienvermögens (Finanz- und Betriebsvermögen) erhöhte sich zwischen 1995 und 2013 deutlich. Gleichzeitig fiel der Anstieg der gesamten Vermögensungleichheit geringer aus. Anscheinend hat das Wohneigentum die Tendenz eines steigenden Anteils der reichsten Briten am Finanzvermögen teilweise ausgeglichen. Wenn man in Großbritannien von einer zunehmenden Vermögenskonzentration sprechen kann, so in Bezug auf die Verteilung des Finanzvermögens.

Die Vermögenskonzentration in Großbritannien wandelte sich im 20. Jahrhundert grundlegend

Die Datenreihen für Großbritannien erstrecken sich über einen ausgedehnten Zeitraum, beginnend im «Gilded Age» am Ende des 19. Jahrhunderts. Die 1895 beginnende Reihe gibt Aufschluss über die tiefgreifende Veränderung der Vermögensverteilung, die sich im Lauf von mehr als hundert Jahren in Großbritannien abspielte.[26] Vor dem Ersten Weltkrieg besaßen die reichsten 5 % der Vermögensverteilung rund 90 % des gesamten persönlichen Vermögens. Es gab nur wenige Eigenheimbesitzer. Hundert Jahre später war der Vermögensanteil der reichsten 5 % auf etwa 40 % gesunken. Das reichste 1 % besaß vor dem Ersten Weltkrieg zwei Drittel des Gesamtvermögens; mittlerweile ist sein Anteil auf etwa ein Fünftel geschrumpft, und zwei Drittel der Haushalte besitzen ein Eigenheim.

Grafik 4.6.1 gibt Aufschluss über die Entwicklung des oberen Endes der Vermögensverteilung von 1895 bis 2013. Die Veränderungen der Anteile der oberen Gruppen der Verteilung können drei Zeiträumen zugeordnet werden. Da sind zunächst die zwei Jahrzehnte vor dem Ersten Weltkrieg: Im Anschluss an die erste moderne Globalisierungsphase blieb der Anteil des reichsten 1 % der Briten am persönlichen Vermögen des Landes relativ stabil bei etwa 70 Prozent. Der zweite Zeitraum erstreckt sich über mehr als die Hälfte des 20. Jahrhunderts: Ab 1914 begann der Vermögensanteil des obersten 1 % der Verteilung zu sinken,

Grafik 4.6.1
Vermögensanteile der reichsten Briten, 1895–2013

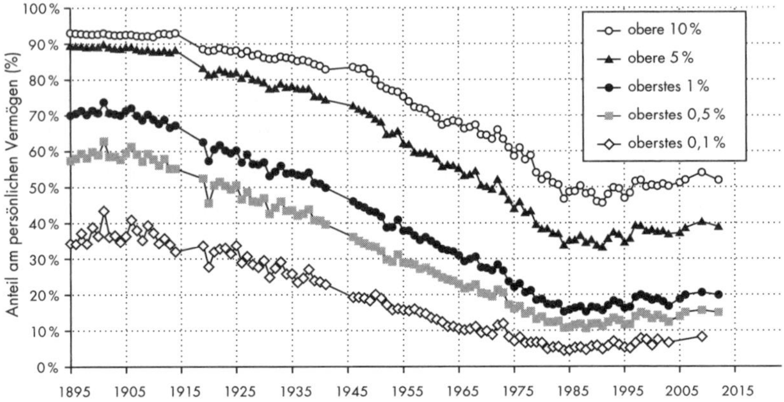

Quelle: Alvaredo, Atkinson und Morelli (2017). Vgl. wir2018.wid.world für Datenreihen und Anmerkungen.
2013 besaßen die reichsten 10 % der Briten 47 % des persönlichen Vermögens.

und dieser Rückgang setzte sich bis etwa 1980 fort. In diese Zeit fielen die beiden Weltkriege, und der Kapitalverlust in den Jahren 1914 bis 1918 und 1939 bis 1945 wird in den Mittelpunkt gerückt. Aber obwohl es richtig ist, dass der Vermögensanteil der reichsten Briten in den Kriegsjahren sank, war diese Entwicklung im Wesentlichen ein Phänomen der Friedenszeiten. Bis 1980 schrumpfte der Anteil des reichsten 1 % am britischen Gesamtvermögen auf rund 17 %. Das war immer noch das 17-Fache des proportionalen Anteils, bedeutete zugleich jedoch einen dramatischen Rückgang gegenüber dem ursprünglichen Wert. Mitte der 1980er Jahre endete diese Entwicklung, womit die dritte Phase begann. Seitdem steigt der Vermögensanteil des reichsten 1 % der britischen Bevölkerung wieder – diese Gruppe umfasst etwa eine halbe Million Personen – und hat sich von 15 % im Jahr 1984 auf 20 bis 22 % im Jahr 2013 erhöht.

Die Vermögensungleichheit in Großbritannien steigt seit den 1980er Jahren und ist keineswegs unbedeutend

In den 1980er Jahren kam die rückläufige Entwicklung des Vermögensanteils der reichsten Briten abrupt zum Stillstand und kehrte sich um. In den letzten vier Jahrzehnten hat die Vermögensungleichheit moderat zugenommen. Anfang der 1980er Jahre, als sie einen historischen Tiefstand erreichte, besaßen die oberen 10 % der britischen Bevölkerung 46 % des Gesamtvermögens, und der Anteil des reichsten 1 % lag bei 15 %. Seit damals ist die Vermögenskonzentration vor allem am oberen Ende der Verteilung gestiegen. Die reichsten 10 % der Briten besaßen im Jahr 2013 mehr als die Hälfte des Gesamtvermögens. Ein Fünftel befand sich in Händen des reichsten 1 %. Der Vermögensanteil der unteren Hälfte dieser Gruppe (vom Perzentil 99 bis zum Perzentil 99,5) blieb relativ stabil, aber jener der oberen Hälfte stieg zwischen 1985 und 2013. Tatsächlich kam der Anstieg des Vermögensanteils des reichsten 1 % im Wesentlichen dem obersten 0,5 % zugute und hier wiederum dem reichsten 0,1 %: Dessen Anteil am Gesamtvermögen verdoppelte sich in diesem Zeitraum von 4,5 auf 9 %. Das bedeutet, dass die steigende Vermögenskonzentration in den letzten vier Jahrzehnten vor allem auf den wachsenden Vermögensanteil des reichsten 0,5 Prozent (der reichsten 250 000 Briten) und insbesondere des reichsten 0,1 Prozent (der reichsten 50 000 Personen) zurückzuführen ist.

Im Jahr 2013 besaßen erwachsene Briten ein durchschnittliches Vermögen von 173 000 Euro (141 000 £, in konstanten Werten für 2016), aber wie aus **Grafik 4.6.2** hervorgeht, waren die Vermögen alles andere als gleichmäßig verteilt. Das Durchschnittsvermögen der unteren 90 % der Bevölkerung machte mit 83 200 Euro (68 000 £) nur etwa ein Drittel des nationalen Durchschnitts aus, was darauf hindeutet, dass ein Großteil der unteren 50 % der Verteilung praktisch kein Vermögen besitzt. Die Distanz zum Durchschnittsvermögen der oberen 10 bis 5 %, 5 bis 1 %, 1 bis 0,5 % und dem reichsten 0,5 % ist folglich gewaltig: Das Durchschnittsvermögen dieser Gruppen liegt bei 393 000 Euro (321 000 £), 723 000 Euro (591 000 £), 1,48 Mio. Euro (1,21 Mio. £) bzw.

Grafik 4.6.2
Vermögensanteile der oberen Top 10 % und der unteren 90 %
in Großbritannien, 1895–2012

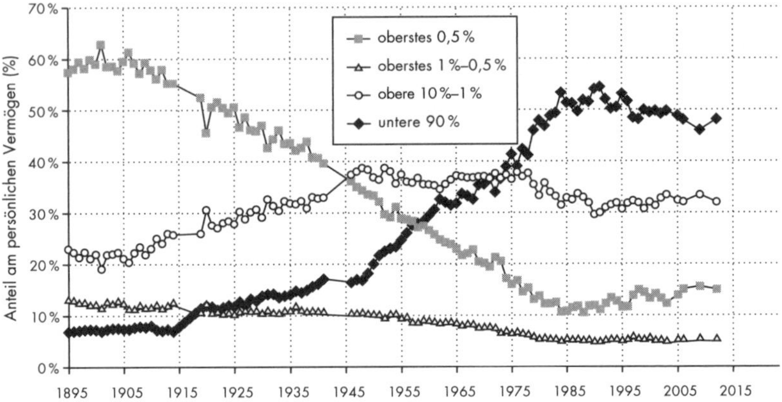

Quelle: Alvaredo, Atkinson und Morelli (2017). Vgl. wir2018.wid.world für Datenreihen und Anmerkungen.
2012 besaß das reichste 0,5 % der Briten 15 % des gesamten persönlichen Vermögens.

4,54 Mio. Euro (3,71 Mio. £), was bedeutet, dass das Vermögen in den oberen Bereichen der Verteilung exponentiell wächst.

Doch obwohl die Vermögenskonzentration in jüngster Zeit gestiegen ist, ist sie immer noch weit von den zu Beginn des 20. Jahrhunderts beobachteten Niveaus entfernt. Die erste Globalisierungsära (1870–1914) sicherte den reichsten Briten extrem hohe Anteile am Gesamtvermögen, und am Vorabend des Ersten Weltkriegs besaßen die oberen 10 % der Verteilung fast 95 % des Gesamtvermögens. Das reichste 0,1 % der Briten besaß mindestens ein Drittel des Gesamtvermögens, was bedeutet, dass diese Personen mehr als das 333-Fache ihres proportionalen Anteils am gesamten persönlichen Vermögen besaßen. Der Vermögensanteil des reichsten 1 % lag bei etwa 70 % und jener der reichsten 5 % bei rund 90 %.

Die Ungleichheit innerhalb der oberen Vermögensgruppen verringerte sich zwischen 1914 und 1980 deutlich

Im vergangenen Jahrhundert hat sich die Verteilung der Vermögen innerhalb der wohlhabendsten Gruppen deutlich verändert. Ihre Vermögensanteile haben sich unterschiedlich entwickelt. **Grafik 4.6.1** verdeutlicht, dass wir uns unbedingt die Entwicklung innerhalb der Gruppe der oberen 10 % ansehen und sogar innerhalb des reichsten 1 % differenzieren müssen: Nicht nur der Anteil der Reichen am Gesamtvermögen hat sich geändert, sondern auch die Verteilung an der Spitze – das heißt die Ungleichheit zwischen den wohlhabendsten Briten. In der ersten Hälfte des 20. Jahrhunderts stieg der Anteil der reichsten 10 %, nicht jedoch der des reichsten 1 % am Gesamtvermögen (das heißt der Anteil der «nächsten 9 % unterhalb des reichsten 1 %») auf Kosten des Anteils des obersten 1 %. Anschließend stabilisierte sich die Verteilung an der Spitze bis Ende der 1970er Jahre. Der Anteil der unteren Hälfte des reichsten 1 % (das heißt der Personen zwischen dem Perzentil 99 und dem Perzentil 99,5) blieb bis in die 1950er Jahre relativ stabil, während der Anteil des obersten 0,5 % dramatisch fiel. Ab 1980 stabilisierte sich der Anteil der unteren Hälfte des reichsten 1 % auf einem sehr viel niedrigeren Niveau, während der Anteil der oberen Hälfte stieg.

Das Ausmaß der Vermögenskonzentration an der Spitze hängt von der Entwicklung der Ungleichheit innerhalb der obersten Vermögensgruppen (wie ungleich sind die Vermögen innerhalb des reichsten 1 % verteilt?), aber auch davon ab, welches Vermögen erforderlich ist, um Aufnahme in die reichsten Gruppen zu finden – das heißt vom «Eintrittspreis» (im Verhältnis zum mittleren Vermögen der jeweiligen Gruppe). Eine Analyse der «Eintrittspreise» zeigt, dass die Schwelle für die Zugehörigkeit zu den oberen 10 und 5 % der Verteilung (relativ zum mittleren Vermögen) von Beginn der Datenreihe bis in die späten 1970er Jahre höher wurde, um von da an zu stagnieren. Aber am anderen Ende der Skala sank die Schwelle für die Zugehörigkeit zum reichsten 0,1 % ab dem Jahr 1911 bis in die 1980er Jahre stetig, um von da an zu steigen (vgl. **Grafik 4.6.3**). Der «Eintrittspreis» für das reichste 1 % hat sich seit

Grafik 4.6.3
Vermögensschwellen der oberen Vermögensgruppen in Großbritannien, 1910–2012

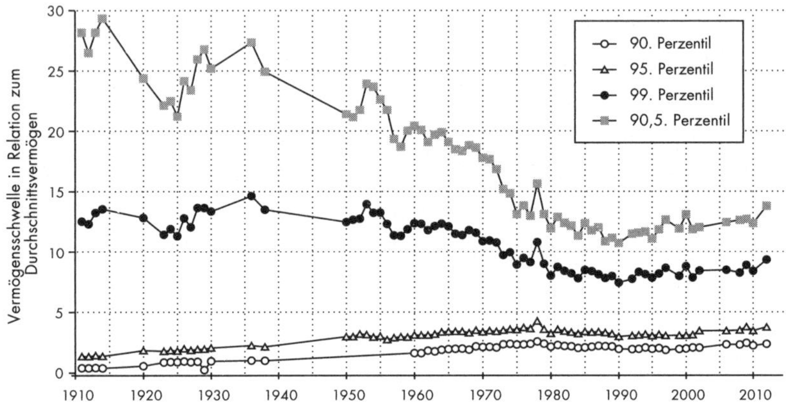

Quelle: Alvaredo, Atkinson und Morelli (2017). Vgl. wir2018.wid.world für Datenreihen und Anmerkungen.
2012 gehörten Einwohner Großbritanniens ab einem persönlichen Vermögen, welches das Durchschnittsvermögen der erwachsenen Briten um das 3,8-Fache überstieg, den oberen 5 % der Vermögensverteilung an. Es handelt sich um inflationsbereinigte Werte.

1914 halbiert. Zusammenfassend lässt sich feststellen, dass das für die Zugehörigkeit zum reichsten 1 % der Briten erforderliche Vermögen heute etwa halb so hoch ist wie vor dem Ersten Weltkrieg, aber gleichzeitig ist die Vermögenskonzentration innerhalb des obersten 1 % heute geringer.

Die Veränderung der Verteilung des Wohneigentums trug bis 1980 wesentlich zur Verringerung der Vermögensungleichheit bei

Der Beitrag des Immobilienvermögens zum Anstieg des Durchschnittsvermögens in Großbritannien ist ein vieldiskutiertes Thema. Tony Atkinson und seine Mitautoren[27] stellten im Jahr 1989 fest, dass das «Volksvermögen», das heißt die Summe der von ihren Eigentümern genutzten Wohnimmobilien und der langlebigen Konsumgüter (z. B. Autos und

Haushaltsgeräte), entscheidend dazu beitrug, dass die Vermögensanteile der reichsten Gruppen in Großbritannien bis Ende der 1970er Jahre sanken; zudem verringerte der Anstieg der Hauspreise den Vermögensanteil des reichsten 1 %. Seit damals haben auf dem britischen Immobilienmarkt jedoch einige wichtige Veränderungen stattgefunden.

Besonders aufschlussreich dürfte eine Analyse der Frage sei, wie sich die Veränderung der Mietverhältnisse darauf ausgewirkt hat, wie das Immobilienvermögen zur Entwicklung des Gesamtvermögens beiträgt. Hier geht es insbesondere um die Frage, wie die Wohnungspolitik die Eigenheimpreise und das Ausmaß der Eigennutzung beeinflusst. Um diese Frage zu beantworten, kann die Entwicklung des britischen Wohnungsmarkts zwischen dem Ende des Ersten Weltkriegs und dem Jahr 2011 in drei Zeitabschnitte unterteilt werden.

In einer ersten Phase wurden privat vermietete Wohnungen zwischen 1918 und dem Ende der 1970er Jahre zusehends von eigengenutztem Wohneigentum und Sozialwohnungen ersetzt. Der Anteil der Familien, die ihr Eigenheim bewohnten, stieg in England und Wales von 23 % im Jahr 1918 auf 50 % und 1971 und 58 % im Jahr 1981.[28] Diese Entwicklung ging mit einem Rückgang des Anteils des Wohneigentums im Besitz privater Vermieter einher, der von 76 % im Jahr 1918 auf 11 % im Jahr 1981 sank. Beide Faktoren führten dazu, dass der Anteil des reichsten 1 %, dem eine überproportional hohe Zahl von Hausbesitzern angehörte, am Gesamtvermögen sank. Diese Verschiebung vom privat gemieteten zum eigengenutzten Wohneigentum änderte an sich nichts am Ausmaß des Immobilienvermögens in Relation zum gesamten persönlichen Vermögen (dasselbe Haus befand sich zu verschiedenen Zeitpunkten im Eigentum unterschiedlicher Personen), aber das Verhältnis wurde vom Wachstum des sozialen Wohnungsbaus beeinflusst, dessen Anteil am Wohnungsmarkt von 1 % im Jahr 1918 auf 31 % im Jahr 1981 wuchs.

In der zweiten Phase wurde in den 1980er Jahren ein großer Teil der Sozialwohnungen verkauft, womit der Anteil des Wohneigentums am Gesamtvermögen stieg. Die Entscheidung der konservativen Regierungen der 1980er Jahre, öffentliche Wohnungen zu privatisieren, verringerte den Anteil des sozialen Wohnungsbaus am gesamten Wohnungsbestand auf 23 %, wobei die Eigennutzung auf 68 % stieg und der Anteil des privat vermieteten Wohneigentums auf 9 % sank. Dadurch ging ein größerer Teil des Wohnungsbestands in das persönliche Vermögen der Briten über, und gemessen am Gesamtvermögen, stieg das Immobilienvermögen in den 1980er Jahren um rund zehn Prozentpunkte.

In der dritten Phase kehrten in den 1990er Jahren die privaten Vermieter zurück. Der Anteil der privat vermieteten Wohnungen am britischen Wohnungsbestand verdoppelte sich zwischen 1991 und 2011 von 9 auf 18 %. Den Anstoß zu dieser Entwicklung gaben die «Buy to let»-Programme (Kaufen zur Vermietung) mehrerer konservativer und Labour-Regierungen. Die Zunahme der privat vermieteten Wohnimmobilien ging zulasten der Eigennutzung (minus vier Prozentpunkte) und des sozialen Wohnungsbaus (minus fünf Prozentpunkte). Während der Verkauf von Sozialwohnungen in der Vergangenheit über das Wachstum des Immobilienvermögens egalisierend wirkte, bedeutet die Rückkehr des privaten Vermieters wahrscheinlich, dass diese Wirkung des wachsenden Immobilienvermögens nun schwächer sein wird als in der Vergangenheit.

Die Verteilung des Immobilienvermögens hat die jüngste Tendenz einer zunehmenden Vermögenskonzentration gebremst

All das zeigt, dass es aufschlussreich ist, bei der Analyse der Vermögen in den obersten Gruppen der Verteilung zwischen Immobilienvermögen und anderen Vermögenswerten zu differenzieren. Tatsächlich stellen Wohnimmobilien nur einen begrenzten Teil des Gesamtvermögens der reichsten Briten dar: Seit 1970 schwankt der Anteil des Immobilienvermögens am gesamten Nettovermögen des reichsten 1 % zwischen 10 und 25 %. Aufschlussreich ist die Verteilung des Vermögens ohne Wohnimmobilien abzüglich von Hypothekenschulden. **Grafik 4.6.4** gibt Aufschluss über die Anteile der reichsten Briten am Gesamtvermögen und über das Vermögen ohne Wohneigentum seit 1971. Wie zu erwarten, ist der Anteil des obersten 1 % der Verteilung am Vermögen ohne Wohnimmobilien größer: Ohne Immobilienvermögen betrug der Anteil dieser Gruppe am Gesamtvermögen im Zeitraum 1971 bis 1997 durchschnittlich 25 Prozent, verglichen mit 18 Prozent einschließlich Immobilien. Zwar schwankt der Anteil ohne Immobilienvermögen stärker (dieses «glättet» die Entwicklung des gesamten Vermögensanteils bis zu einem gewissen Grad), aber im Großen und Ganzen entwickelten sich beide Anteile im letzten Viertel des 20. Jahrhunderts im Gleichschritt. Bis 2000 sehen wir ein sehr ähnliches Bild, wenn wir das Vermögen ohne Wohnimmobilien betrachten, wobei der Anteil des reichsten 1 % bis Ende der 1970er Jahre deutlich fiel und von da an bis Mitte der 1990er Jahre im Großen und Ganzen stabil blieb.

Doch im 21. Jahrhundert haben sich die beiden Anteile sehr unterschiedlich entwickelt: Die Differenz zwischen dem Anteil des reichsten 1 % am Vermögen ohne Wohnimmobilien und dem Anteil dieser Gruppe am gesamten Vermögen einschließlich des Wohneigentums ist größer geworden. Auch ist die Entwicklung im Lauf der Zeit unterschiedlich verlaufen: Zwischen 1995 und 2013 hat die Konzentration des Vermögens ohne Wohnimmobilien (Finanz- und Betriebsvermögen) in den Händen des reichsten 1 % deutlich zugenommen. Anscheinend hat das Immobilienvermögen eine klare Tendenz zu einer zuneh-

Grafik 4.6.4
Vermögensanteil des obersten 1 % in Großbritannien, 1971–2012

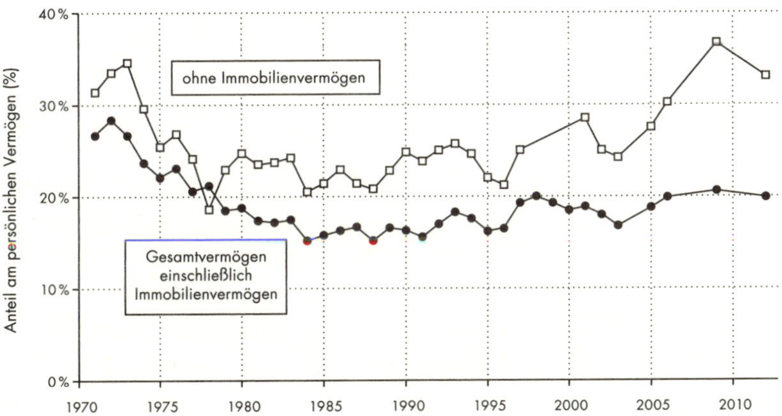

Quelle: Alvaredo, Atkinson und Morelli (2017). Vgl. wir2018.wid.world für Datenreihen und Anmerkungen.
2013 betrug der Anteil des reichsten 1 % der Briten am Gesamtvermögen 20 %. Ohne Immobilienvermögen hatte diese Gruppe jedoch einen Vermögensanteil von 33 %.

menden Konzentration der anderen Vermögensarten ausgeglichen. Wenn von einer zunehmenden Vermögenskonzentration in Großbritannien die Rede ist, ist vermutlich das Vermögen ohne Wohnimmobilien gemeint.

TEIL V

MASSNAHMEN GEGEN DIE WIRTSCHAFTLICHE UNGLEICHHEIT

1. Wie wird sich die Einkommensungleichheit in Zukunft weltweit entwickeln?

- Die Zukunft der weltweiten Einkommensungleichheit wird wahrscheinlich sowohl von Konvergenzkräften (rasches Wirtschaftswachstum in den Schwellenländern) als auch von Divergenzkräften (wachsende Ungleichheit innerhalb der Länder) geprägt sein. Niemand weiß, welche dieser Kräfte die Oberhand behalten und ob die Entwicklungen von Dauer sein werden.
- Unsere Benchmark-Projektionen zeigen jedoch, dass die globale Einkommensungleichheit selbst bei Zugrundelegung optimistischer Annahmen zum Wirtschaftswachstum in den Schwellenländern deutlich zunehmen wird, sollte sich die Ungleichheit innerhalb der Länder weiter wie seit dem Jahr 1980 verstärken. Der Einkommensanteil des reichsten 1 % der Weltbevölkerung könnte von gegenwärtig knapp 20 % bis 2050 auf über 24 % wachsen, während der Anteil der unteren 50 % der Menschheit von derzeit 10 % auf weniger als 9 % sänke.
- Würde die Ungleichheit in allen Ländern so rasch zunehmen wie in den Vereinigten Staaten seit 1980, so würde der Einkommensanteil des reichsten 1 % der Weltbevölkerung noch stärker steigen, nämlich auf etwa 28 % im Jahr 2050. Dieser Einkommenszuwachs würde im Wesentlichen auf Kosten der unteren 50 % gehen, deren Anteil auf 6 % fallen würde.

- Würde die Einkommensungleichheit hingegen überall relativ langsam zunehmen – im selben Maß wie in Europa seit 1980 –, so würde der Einkommensanteil des globalen 1 % bis 2050 auf 19 % sinken, während der Anteil des unteren 50 % der Weltbevölkerung auf 13 % steigen würde.
- Ob die Ungleichheit innerhalb der einzelnen Länder deutlich oder geringfügig zunimmt, hat erhebliche Auswirkungen auf die ärmere Hälfte der Weltbevölkerung. Bei einer Entwicklung wie in den Vereinigten Staaten, das heißt in einem Szenario deutlich wachsender Ungleichheit, wird die untere Hälfte der erwachsenen Weltbevölkerung im Jahr 2050 4500 Euro pro Kopf verdienen, während ihr Einkommen in einem Szenario mit geringer Zunahme der Ungleichheit wie in der EU bei 9100 Euro liegen wird (bei einem globalen Durchschnittseinkommen von 35 500 Euro pro Erwachsenen im Jahr 2050 in beiden Szenarien).

In den vergangenen vier Jahrzehnten hat die Einkommensungleichheit innerhalb der einzelnen Länder deutlich zugenommen. Auch auf globaler Ebene ist die Ungleichheit seit 1980 stark gestiegen, aber zu Beginn des 21. Jahrhunderts stabilisierte sich die Lage mehr oder weniger. Wie sieht die Zukunft aus? Wird das Wirtschaftswachstum in den Schwellenländern zu einer anhaltenden Verringerung der globalen Einkommensungleichheit führen? Oder wird das ungleichmäßig verteilte Wachstum innerhalb der Länder die weltweite Einkommensungleichheit wieder auf das um die Jahrtausendwende beobachtete Niveau heben? In diesem Kapitel werden wir verschiedene mögliche Entwicklungen der globalen Einkommensungleichheit bis zum Jahr 2050 untersuchen.

Die im vorigen Kapitel beschriebenen Projektionen der globalen Vermögensungleichheit zeigen, dass eine Fortsetzung des aktuellen ungleichmäßigen Vermögenszuwachses der verschiedenen Gesellschaftsschichten zu einer Schrumpfung des Vermögensanteils der globalen Mittelschicht und zu einem weiteren Anstieg der Vermögensungleichheit führen würde. Allerdings sind diese Projektionen mit einiger Vorsicht zu betrachten, denn aufgrund der sehr begrenzten Daten zur Vermögensungleichheit wurden in der Analyse nur China, Europa und die Vereinigten Staaten berücksichtigt.

Zum Glück ist die Datenlage bei der Ungleichverteilung der Einkommen besser, weshalb wir in diesem Kapitel genauere Projektionen zur Entwicklung der globalen Einkommensungleichheit vorlegen können. Bevor wir uns den Resultaten zuwenden können, müssen wir jedoch klären, was zuverlässig prognostiziert werden kann und was nicht. Wie es so schön heißt: «Alle Modelle sind falsch, aber einige sind nützlich.» Bei unseren Hochrechnungen handelt es sich um Versuche, mögliche zukünftige Entwicklungen der globalen Ungleichheit zu beschreiben, um den Einfluss wichtiger Determinanten besser verstehen zu können. Unsere Projektionen dienen nicht dazu, die Zukunft vorherzusagen. Die Zahl der in unserer Analyse berücksichtigten Kräfte (oder Variablen) ist begrenzt. Daher sind unsere Hochrechnungen klar und leicht nachvollziehbar; gleichzeitig ist ihre Eignung zur Vorhersage der Zukunft begrenzt. Unsere Projektionen der Dynamik der globalen Einkommensungleichheit beruhen auf Modellen, in denen drei Kräfte berücksichtigt sind: die Einkommensungleichheit innerhalb der einzelnen Länder, das Wachstum des nationalen Gesamteinkommens und die demografische Entwicklung.

Zu den Schlüsselfragen, die wir zu beantworten versuchen, zählt die folgende: Wird die Konvergenz zwischen den Ländern – das heißt der Aufholprozess der asiatischen, afrikanischen und lateinamerikanischen Ländern gegenüber den reichen Ländern – die prägende Kraft in der Zukunft sein und die globale Einkommensungleichheit verringern? Oder werden die Divergenzkräfte (die wachsende Ungleichheit in den Ländern) den Ausschlag geben? Auch die demografische Entwicklung muss berücksichtigt werden: Beispielsweise wird ein rasches Bevölkerungswachstum in Ländern mit zunehmender Ungleichheit die globale Divergenz verstärken. Es ist schwierig, *a priori* Aussagen dazu zu machen, welche dieser Kräfte erhebliche Auswirkungen haben werden. Daher kann uns eine solche Übung helfen, besser zu verstehen, unter welchen Bedingungen welche Ergebnisse möglich sind.

Drei Szenarien der globalen Einkommensungleichheit bis 2050

Wir haben drei Szenarien entwickelt, um die mögliche Entwicklung der Ungleichheit bis 2050 zu beschreiben. In allen drei Szenarien wird der Zeitraum bis zur Mitte des 21. Jahrhunderts abgedeckt, womit wir eine ähnlich lange Zeitspanne wie jene betrachten, die von 1980 bis heute verstrichen ist – dieses Jahr ist der Ausgangspunkt der Analysen in den vorausgegangenen Kapiteln. Im ersten Szenario beschreiben wir eine Entwicklung, die auf der Annahme «Weiter wie bisher» beruht, das heißt auf der Annahme, dass sich die seit 1980 beobachteten Trends der Ungleichheit in den einzelnen Ländern fortsetzen werden. Das zweite und dritte Szenario sind Varianten des «Weiter wie bisher»-Szenarios. Im zweiten Szenario wird eine deutliche, im dritten eine geringe Zunahme der Ungleichheit in den Ländern angenommen. In allen drei Szenarien wird von der gleichen Entwicklung der Ungleichheit in den Ländern ausgegangen; das bedeutet, dass sich das Durchschnittseinkommen in einem gegebenen Land in allen drei Szenarien gleich entwickelt. Auch wird in allen drei Szenarien das gleiche Bevölkerungswachstum angenommen. Für unsere Schätzungen des zukünftigen Gesamteinkommens und des Bevölkerungswachstums haben wir die Langzeitprognosen der OECD bis 2060[1] sowie die Weltbevölkerungsprognose der Vereinten Nationen[2] herangezogen.

Im ersten Szenario entwickelt sich die Ungleichheit in allen Ländern weiterhin so wie von den frühen 1980er Jahren bis heute. Beispielsweise wissen wir, dass auf die Chinesen, die zu den unteren 50 % der Einkommensverteilung zählen, im Zeitraum 1980 bis 2016 13 % des gesamten Einkommenszuwachses in China entfielen.[3] Wir nehmen also an, dass bis 2050 ebenfalls 13 % des chinesischen Einkommenswachstums den unteren 50 % der chinesischen Einkommensverdiener zugutekommen werden. Im zweiten Szenario wird angenommen, dass sich die Ungleichheit in allen Ländern so entwickeln wird wie in den Vereinigten Staaten im Zeitraum 1980 bis 2016. In Anlehnung an das vorhergehende Beispiel wissen wir, dass nur 3 % des gesamten Einkommenszuwachses in den Vereinigten Staaten seit 1980 den unteren 50 % der amerikanischen

Einkommensverteilung zugutegekommen sind. Im zweiten Szenario wird also angenommen, dass im Zeitraum 2017 bis 2050 in allen Ländern 3 % des gesamten Einkommenszuwachses den unteren 50 % der Verteilung zugutekommen werden. Im dritten Szenario entwickelt sich die Ungleichheit in allen Ländern so wie in der Europäischen Union, wo im Zeitraum 1980 bis 2016 14 % des gesamten Einkommenszuwachses auf die unteren 50 % entfielen.

Unter der Bedingung «Weiter wie bisher» wird die globale Ungleichheit trotz eines kräftigen Wachstums in Ländern mit niedrigen Einkommen weiter zunehmen

Grafik 5.1.1 zeigt, wie sich die Einkommensanteile des reichsten 1 % und der ärmsten 50 % der Weltbevölkerung in den drei Szenarien entwickeln werden. Im Szenario «Weiter wie bisher» (Szenario 1) sinkt der Einkommensanteil der unteren 50 % geringfügig von etwa 10 % in der Gegenwart auf weniger als 9 % im Jahr 2050. An der Spitze der Einkommensverteilung steigt der Anteil des obersten 1 % von gegenwärtig weniger als 21 % auf mehr als 24 % im Jahr 2050. In diesem Szenario nimmt die globale Ungleichheit trotz des kräftigen Einkommenswachstums in den Schwellenländern also deutlich zu. Beispielsweise nehmen wir an, dass das durchschnittliche Einkommen von Erwachsenen in Afrika während des gesamten Zeitraums um 3 % pro Jahr steigen wird (was zu einem Gesamtwachstum von 173 % zwischen 2017 und 2050 führen wird).

Diese Projektionen zeigen, dass der fortschreitende Aufholprozess der einkommensschwachen Länder nicht genügt, um die zunehmende Ungleichheit innerhalb der Länder auszugleichen. Die Ergebnisse deuten auch darauf hin, dass die seit der Finanzkrise von 2008 beobachtete Verringerung (oder Stabilisierung) der Einkommensungleichheit, die in Kapitel 2 behandelt wurde, eine im Wesentlichen kurzfristige Erscheinung sein dürfte, zu erklären mit den Auswirkungen der Schocks auf die Spitzeneinkommen und der Verlangsamung des Wachstums in den reichen Ländern (insbesondere in Europa).

In Szenario 2 nimmt die globale Einkommensungleichheit in Zu-

Grafik 5.1.1
Projektion der globalen Einkommensanteile der unteren 50 % und des obersten 1 %, 1980–2050

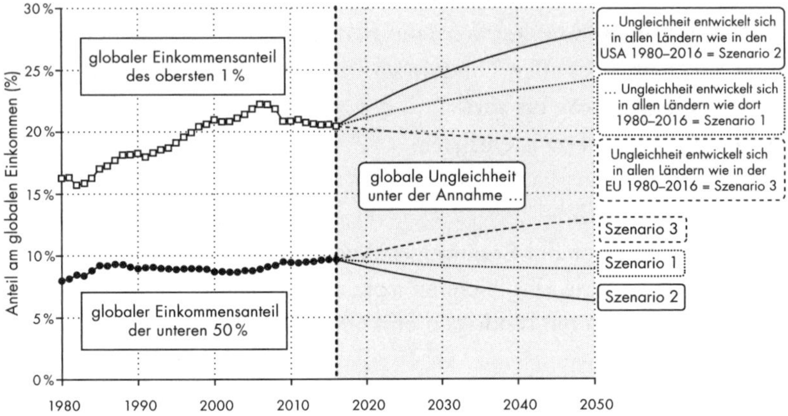

Quelle: WID.world (2017). Vgl. wir2018.wid.world für Datenreihen und Anmerkungen. Würde sich die Ungleichheit von 2017 bis 2050 in allen Ländern so entwickeln wie in den USA zwischen 1980 und 2016, so würde der Anteil des reichsten 1 % am globalen Gesamteinkommen bis 2050 auf 28 % steigen. Die Schätzungen der Einkommensanteile werden anhand von KKP-Euro (Kaufkraftparität) angestellt. Die KKP berücksichtigt die unterschiedlichen Lebenshaltungskosten in den einzelnen Ländern. Alle Werte sind inflationsbereinigt.

kunft stärker zu als in Szenario 1, da die Kluft zwischen den Einkommensanteilen des obersten 1 % und der unteren 50 % der Verteilung bis zum Jahr 2050 wächst. In diesem Szenario verdient das oberste 1 % der globalen Verteilung im Jahr 2050 fast 28 % des globalen Einkommens, während der Anteil der unteren 50 % auf 6 % sinkt, womit sie weniger verdienen als im Jahr 1980, das heißt vor Beginn des Aufholprozesses der Schwellenländer gegenüber den Industrieländern. In diesem Szenario wächst der Anteil des obersten 1 % (der im Zeitraum 2016 bis 2050 um acht Prozentpunkte steigt) nicht ausschließlich, aber im Wesentlichen auf Kosten des Anteils der unteren 50 % (der um vier Prozentpunkte sinkt).

Szenario 3 zeigt eine Zukunft, in der die Einkommen gleichmäßiger verteilt sind. Die Ungleichheit kann weltweit verringert werden, wenn sie sich in allen Ländern so wie in der EU entwickelt – oder wenn die Einkommen noch gleichmäßiger als in Europa verteilt werden. In diesem Szenario steigt der Einkommensanteil der unteren 50 % von 10 % auf rund 13 % im Jahr 2050, während jener des obersten 1 % von 21 % auf 19 % sinkt. Die Kluft zwischen den Anteilen der beiden Gruppen würde (mit etwa sechs Prozentpunkten) jedoch groß bleiben. Obwohl es sehr viel besser wäre, in Zukunft dem von Europa eingeschlagenen Weg zu folgen, anstatt jenen der USA zu wählen oder die bisherige Entwicklung fortzusetzen, ist also ein sehr viel gleichmäßiger verteiltes Einkommenswachstum erforderlich, damit die unteren 50 % der Einkommensverdiener der Welt zum obersten 1 % aufschließen können. Eine Verteilung zu erreichen, in der das oberste 1 % und die unteren 50 % den gleichen Anteil am globalen Einkommen hätten, würde bedeuten, dass die Angehörigen des einkommensstärksten 1 % im Durchschnitt das 50-Fache des Einkommens der unteren Hälfte der Weltbevölkerung erzielen würden. Das bedeutet, dass die globale Einkommensungleich-

Grafik 5.1.2
Projektionen zur Entwicklung der Durchschnittseinkommen, 1980–2050

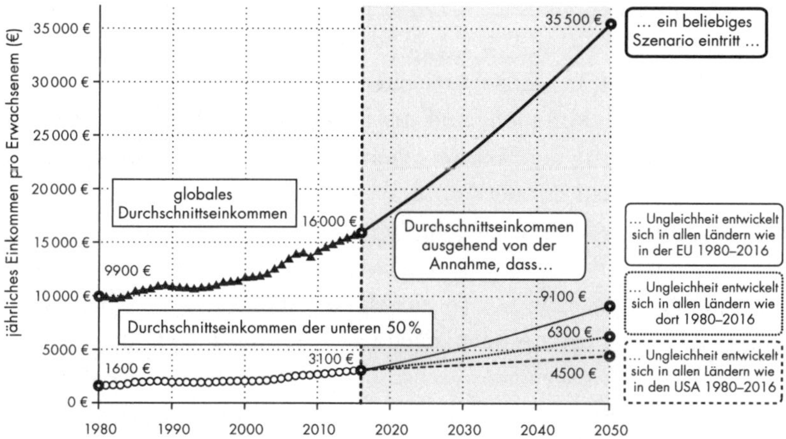

Quelle: WID.world (2017). Vgl. wir2018.wid.world für Datenreihen und Anmerkungen. Bis 2050 wird das globale Durchschnittseinkommen auf 35 500 € steigen (2016 16 000 €). Wenn sich die Ungleichheit in allen Ländern entwickelt wie in Europa zwischen 1980 und 2016, wird das Durchschnittseinkommen der unteren 50 % der Weltbevölkerung 2050 bei 9100 € liegen. Die Einkommensschätzungen beruhen auf KKP-Euro. Zum Vergleich: 1 € = 1,3 $ = 4,4 ¥ zu KKP. Die KKPen berücksichtigen die Unterschiede zwischen den Lebenshaltungskosten in den verschiedenen Ländern. Alle Werte sind inflationsbereinigt.

heit unabhängig davon, welches Szenario eintritt, beträchtlich bleiben wird.

Ob die Armut weltweit besiegt werden kann, hängt von der Entwicklung der Ungleichheit innerhalb der Länder ab

Was bedeuten diese unterschiedlichen Szenarien für das tatsächliche Einkommensniveau insbesondere der unteren Gruppen? Es ist aufschlussreich, einen Blick auf die Dynamik der Einkommensanteile der verschiedenen Gruppen und ihre Konvergenz bzw. Divergenz im Lauf der Zeit zu werfen. Letzten Endes dürfte für die einzelnen Personen – insbesondere für jene am unteren Ende der sozialen Leiter – jedoch die absolute Höhe ihres Einkommens entscheidend sein. Wir weisen erneut darauf hin, dass unsere Projektionen nicht als Voraussagen der Zukunft zu betrachten sind, sondern lediglich als Anhaltspunkte dafür, wie die Zukunft aussehen *könnte*, sollten sich bestimmte einfache Annahmen als zutreffend erweisen.

Grafik 5.1.2 gibt Aufschluss über die Entwicklung des globalen Durchschnittseinkommens und des durchschnittlichen Einkommens der unteren Hälfte der Weltbevölkerung in den zuvor beschriebenen Szenarien. Es liegt auf der Hand, dass die Entwicklung des globalen Durchschnittseinkommens nicht von den Annahmen beeinflusst wird, die den Szenarien zugrunde liegen: Das Wachstum von Gesamteinkommen und Bevölkerung in den einzelnen Ländern (und folglich auch weltweit) ist in allen drei Szenarien identisch. Allerdings ändert sich die *Verteilung* des Einkommenswachstums innerhalb der Länder abhängig davon, welche Annahme sich bewahrheitet. Wir möchten erneut darauf hinweisen, dass wir von eher optimistischen Annahmen für die einkommensschwachen Länder ausgehen, weshalb es durchaus möglich ist, dass das globale Durchschnittseinkommen in der Zukunft geringer sein wird als hier angenommen. Insbesondere das durchschnittliche Einkommen der unteren 50 % der Weltbevölkerung würde dann noch niedriger sein.

Im Jahr 2016 lag das durchschnittliche Pro-Kopf-Einkommen der

Grafik 5.1.3
Globales Durchschnittseinkommen der unteren 50 %, 1980–2050

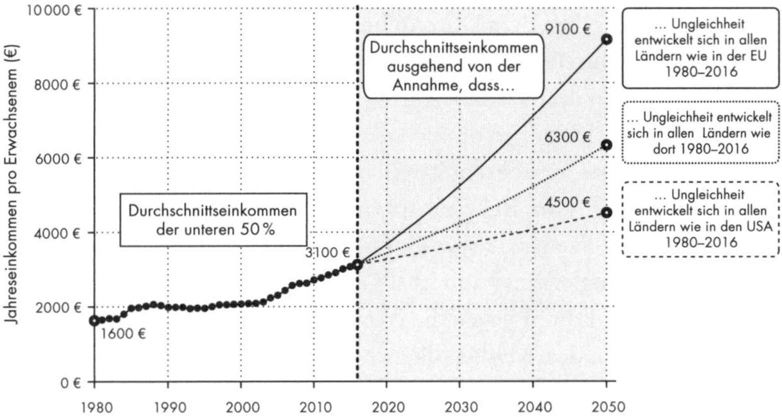

Quelle: WID.world (2017). Vgl. wir2018.wid.world für Datenreihen und Anmerkungen. Wenn sich die Ungleichheit in allen Ländern so entwickelt wie in Europa zwischen 1980 und 2016, wird das Durchschnittseinkommen der unteren 50 % der Weltbevölkerung 2050 bei 9100 € liegen. Die Einkommensschätzungen beruhen auf KKP-Euro. Zum Vergleich: 1 € = 1,3 $ = 4,4 ¥ zu KKP. Die KKP berücksichtigt die Unterschiede zwischen den Lebenshaltungskosten in den verschiedenen Ländern. Alle Werte sind inflationsbereinigt.

ärmsten Hälfte der Weltbevölkerung bei 3100 Euro im Jahr, während das globale Durchschnittseinkommen eines Erwachsenen bei 16 000 Euro lag; das Durchschnittseinkommen der Weltbevölkerung war also 5,2-mal höher als das der unteren Hälfte. Bis 2050 wird das globale Durchschnittseinkommen nach unseren Projektionen auf 35 500 Euro steigen. Im Szenario «Weiter wie bisher» wird sich die Kluft zwischen dem Durchschnittseinkommen der Gesamtbevölkerung und dem der ärmeren Hälfte vergrößern (das Verhältnis wird von 5,2 zu 1 auf 5,6 zu 1 steigen), da das Einkommen der unteren Hälfte der Weltbevölkerung auf 6300 Euro steigen wird. Im US-Szenario wird das Einkommen der unteren Hälfte der Weltbevölkerung auf durchschnittlich 4500 € pro Jahr und Erwachsenen steigen, womit sich das Verhältnis zwischen dem globalen Durchschnittseinkommen und dem Einkommen der unteren 50 % auf 7,9 zu 1 erhöhen wird. Im EU-Szenario wird das Durchschnittseinkommen der unteren Hälfte der Weltbevölkerung auf 9100 Euro steigen, womit sich das Verhältnis zwischen dem Einkommen der Gesamtbevölkerung und dem der unteren 50 % auf 3,9 zu 1 verringern wird.

Die Kluft zwischen dem Durchschnittseinkommen der Weltbevölkerung und dem Durchschnittseinkommen der ärmeren Hälfte der Bevölkerung ist in allen drei Szenarien groß. Aber im EU-Szenario entwickelt sich das Durchschnittseinkommen der unteren 50 % ganz anders als im US-Szenario. Das Durchschnittseinkommen der ärmeren Hälfte der Weltbevölkerung ist im EU-Szenario mit 9100 Euro mehr als doppelt so hoch wie im US-Szenario (4500 €). Das deutet darauf hin, dass die Entwicklung der Ungleichheit innerhalb der einzelnen Länder erheblichen Einfluss auf den Kampf gegen die Armut hat. Mit anderen Worten: Um die untere Hälfte der Weltbevölkerung aus der Armut zu befreien, genügt es nicht, ein hohes Wachstum in den Schwellenländern anzustreben. Wir müssen auch die Ungleichheit innerhalb der Länder verringern.

Der Vergleich zwischen den drei Szenarien liefert eine weitere bedeutsame Erkenntnis: Die globale Ungleichheit muss in Zukunft nicht zwangsläufig zunehmen. Unsere Analyse der unterschiedlichen Entwicklung der Einkommensungleichheit in den einzelnen Ländern (Teil II) hat gezeigt, dass ein gleichmäßiger verteiltes Einkommenswachstum nicht zu einer Abschwächung des Wirtschaftswachstums führen muss. Das wird klar, wenn man verschiedene Zeiträume miteinander vergleicht (die Vereinigten Staaten wuchsen in den 1950er und 1960er Jahren des 20. Jahrhunderts, als die Ungleichheit am geringsten war, stärker) oder die Entwicklungen in einzelnen Ländern gegenüberstellt (in den letzten Jahrzehnten ist China mit einem geringeren Maß an Ungleichheit sehr viel schneller gewachsen als Indien, und die EU ist mit einer gleichmäßigeren Einkommensverteilung ähnlich gewachsen wie die Vereinigten Staaten). Das deutet darauf hin, dass es möglich ist, die Einkommen gleichmäßig zu verteilen, ohne das zukünftige Wachstum zu hemmen.

Was können die Regierungen tun, um eine Zunahme der Ungleichheit auf nationaler und globaler Ebene zu verhindern? In den abschließenden Kapiteln dieses Berichts befassen wir uns mit verschiedenen politischen Optionen, die, gestützt auf solide und transparente wirtschaftliche Daten, in einer demokratischen Debatte geprüft werden müssen, damit die Gesellschaften Lösungen für die durch die zunehmende Einkommens- und Vermögenskonzentration verursachten Probleme suchen können. Wir behaupten nicht, die richtige Antwort auf die Frage zu haben, welche politischen Maßnahmen am besten geeignet wären, um die Probleme irgendeines Landes mit seiner spezifischen wirtschaftlichen, politischen, sozialen und kulturellen Situation zu lösen. Neuere Forschungsergebnisse deuten jedoch darauf hin, dass grundlegende wirtschaftliche Fragen beantwortet werden müssen, denen in den vergangenen Jahrzehnten nicht genug Aufmerksamkeit geschenkt wurde. Dazu zählen die Frage, inwieweit durch eine progressive Besteuerung der Einkommen und durch eine Erhöhung der globalen finanziellen Transparenz die Ungleichheit an der Spitze der Verteilung verringert werden könnte, sowie die Möglichkeit, die Stagnation der unteren Einkommen durch einen gleichberechtigten Zugang zu Bildung und gut bezahlten Arbeitsplätzen zu beenden. Eine Neubewertung der Rolle öffentlicher Kapitalinvestitionen sollte nach unserem Dafürhalten ebenfalls ein zentraler Bestandteil der zukünftigen Diskussionen sein.

2. Maßnahmen gegen die zunehmende Ungleichheit an der Spitze: Die Schlüsselrolle einer progressiven Besteuerung

- Die Vermögens- und Einkommensanteile der Reichsten sind weltweit gestiegen, aber die Ungleichheit hat sich in den einzelnen Ländern sehr unterschiedlich entwickelt. Hauptgrund dafür sind institutionelle und politische Veränderungen seit 1980.
- Progressive Einkommensteuern sind ein bewährtes Mittel zur Eindämmung der Einkommens- und Vermögensungleichheit an der Spitze. Progressive Steuern verringern nicht nur die Ungleichheit nach Steuern, sondern wirken sich auch auf die Ungleichheit vor Steuern aus, indem sie die Spitzenverdiener davon abhalten, sich durch aggressive Forderungen nach Gehaltserhöhungen einen größeren Anteil am Wachstum zu sichern.
- Die Steuerprogressivität wurde in den reichen Ländern zwischen den 1970er Jahren und dem ersten Jahrzehnt des 21. Jahrhunderts erheb-

lich reduziert. In dieser Zeit sank der Spitzensteuersatz auf Einkommen in den reichen Ländern von 70 % auf durchschnittlich 42 %. Seit der globalen Finanzkrise von 2008 wurde der Abwärtstrend in einigen Ländern gebremst und umgekehrt, aber es ist unklar, in welche Richtung die Entwicklung in Zukunft gehen wird.

- Eine progressive Besteuerung von Vermögen und Erbschaften trägt ebenfalls wesentlich zur Umverteilung bei. In einigen Ländern, in denen die Ungleichheit besonders ausgeprägt ist (in Brasilien, Südafrika, Indien, Russland und den Ländern des Nahen Ostens), werden Erbschaften fast nicht besteuert; gleichzeitig müssen die Armen beim Kauf grundlegender Güter oft hohe Steuern entrichten.
- Im Allgemeinen sind die Steuersysteme in großen Schwellenländern ausgesprochen regressiv. Die Erkenntnisse zu neueren Ungleichheitstrends (zum Beispiel für Brasilien zwischen 2000 und 2015) deuten darauf hin, dass einer progressiven Besteuerung in Zukunft höhere Priorität eingeräumt werden sollte.

In den vorangegangenen Kapiteln haben wir gezeigt, dass die Einkommens- und Vermögenskonzentration an der Spitze der Verteilung deutlich gestiegen ist. Ursache für die Zunahme der Ungleichheit sind die beträchtlichen Einkommenszuwächse der Gruppen an der Spitze im Vergleich zur übrigen Bevölkerung. Eine häufig ins Feld geführte Erklärung für die Konzentration an der Spitze ist der fähigkeitsorientierte technologische Wandel: Demnach hat der technologische Fortschritt die Nachfrage nach qualifizierten Arbeitskräften erhöht und deren relative Produktivität – und damit ihre relativen Einkommen – im Vergleich zu gering qualifizierten Arbeitskräften erhöht. Die Globalisierung könnte in den Industrieländern eine ähnliche Wirkung gehabt haben wie in Kapitel 2.1 erklärt. Wie wir mehrfach betont haben, ist diese auf die Technologie beschränkte Erklärung aus mehreren Gründen unzureichend. Erstens ist die wachsende Einkommensungleichheit ein umfassendes Phänomen, das nicht auf die Verteilung der Arbeitseinkommen beschränkt ist, sondern auch die Kapitaleinkommen und die Vermögensdynamik betrifft. Das Angebot an qualifizierten Arbeitskräften hängt von der Bildung ab. Das bedeutet, dass die Ausweitung der Bildung das Angebot an Fähigkeiten erhöht, während sich Globalisierung und technologischer Wandel auf die Nachfrage nach Fähigkeiten auswirken können. Abhängig davon, welcher Prozess schneller abläuft, wird die Ungleichheit der Arbeitseinkommen entweder zunehmen oder geringer werden. Das wird als Wettlauf zwischen Bildung und Technologie bezeichnet.[4] Mit anderen Worten, unterschiedliche politische Ansätze können erhebliche Auswirkungen haben.

Eine weitere ergänzende Erklärung für den Anstieg der Arbeitseinkommen an der Spitze ist der «Superstar-Effekt».[5] Gemäß dieser Theorie erleichtern es der technologische Wandel und die Globalisierung jenen, die es an die Spitze schaffen, sich einen höheren Anteil an den Wachstumserträgen zu sichern. Beispielsweise kostet die Aufnahme eines Songs heute mehr oder weniger dasselbe wie vor 30 Jahren, aber heute kann eine erfolgreiche Musikproduktion ein sehr viel größeres Publikum erreichen. Da die internationalen Unternehmen größer geworden sind, kontrollieren Manager, die es an die Spitze schaffen, ein sehr viel größeres Geschäft als früher, und ihr Einkommen ist entsprechend gestiegen.[6] Aufgrund des «Superstar-Effekts» können geringfügige Unterschiede des Talents – oder der Stärke der Verhandlungsposition und anderer Merkmale – zu sehr hohen Einkommensunterschieden führen. Es sollte darauf hingewiesen werden, dass diese globalen «Superstars» heute nicht unbedingt produktiver oder begabter sind als vor 30 Jahren. Vielleicht haben sie einfach das Glück gehabt, einige Jahrzehnte nach ihren Vorgängern geboren zu sein.

In jedem Fall sind diese beiden Thesen – Bildungsvorsprung und «Superstar-Effekt» – problematisch, weil sie die unterschiedliche Entwicklung der Spitzeneinkommen in verschiedenen Ländern nicht erklären können. Ein Vergleich der Spitzengehälter in globalen Unternehmen zeigt, dass es zwischen den Ländern – insbesondere zwischen den Vereinigten Staaten, Europa und Japan – beträchtliche Unterschiede gibt. Beispielsweise sind die größten deutschen Unternehmen auf allen Weltmärkten präsent und nicht weniger produktiv als ihre amerikanischen Gegenstücke, aber die Gehälter der Geschäftsführer sind im Durchschnitt nur halb so hoch wie in den Vereinigten Staaten.[7] Wie wir in Kapitel 2.3 gesehen haben, hat sich die Einkommensschere in Europa weniger geöffnet als in den Vereinigten Staaten, obwohl die Geschwindigkeit des technischen Fortschritts und der Einführung neuer Technologien in den letzten 40 Jahren in beiden Regionen ähnlich gewesen ist.

Für die Gruppen am unteren Ende und in der Mitte der Einkommensverteilung sind die allgemeine und berufliche Bildung, welche die Anpassung an neue Produktionsmodi erleichtert, von großer Bedeutung. Ein ungleicher Zugang zur Bildung dürfte – insbesondere in den Vereinigten Staaten – auch zur Stagnation der Einkommen der unteren Hälfte der Verteilung in den letzten Jahrzehnten beigetragen haben. Diese Dynamik wird im nächsten Kapitel untersucht. Sie ist jedoch von den Ursachen der wachsenden Ungleichheit an der Spitze der Einkommensverteilung zu unterscheiden. Die weltweit unterschiedliche Entwicklung der Spitzeneinkommen hat eher mit Veränderungen des politischen und institutionellen Kontexts zu tun. Neuere Forschungsergebnisse zeigen, dass die Verringerung der Steuerprogressivität wesentlich zum Anstieg der Spitzeneinkommen in den letzten Jahrzehnten beigetragen hat.

Hohe Spitzensteuersätze haben erhebliche Auswirkungen auf die Einkommensungleichheit vor und nach Steuern

Progressive Steuern tragen durch Spitzensteuersätze zur Verringerung der Einkommensungleichheit nach Steuern an der Spitze der Verteilung bei. Diese Steuersätze werden ab einem bestimmten Einkommensniveau angewandt. Wenn eine Person 2 Millionen Dollar verdient und auf alle Einkünfte ab einer Million Dollar ein Grenzsteuersatz von 50 % angewandt wird, kann diese Person von der zweiten Million nur 500 000 Dollar behalten. Liegt der Spitzensteuersatz ab einer Million Dollar bei 80 %, so kann dieser Spitzenverdiener von der zweiten Million nur 200 000 Dollar behalten. Die Ungleichheit kann weiter begrenzt werden, wenn die mit diesen Steuereinnahmen finanzierten öffentlichen Ausgaben dazu dienen, ein gleichmäßig verteiltes Wachstum zu fördern.

Eine oft vernachlässigte Wirkung hoher Spitzensteuersätze besteht darin, dass sie auch die Einkommensungleichheit vor Steuern verringern. Das geschieht auf zwei Arten. Zunächst einmal bleibt den Spitzenverdienern bei hohen Spitzensteuersätzen offenkundig weniger Geld zum Sparen übrig, weshalb sie weniger Vermögen anhäufen können und folglich im folgenden Jahr geringere Kapitaleinkünfte erzielen werden. Eine weitere Wirkung hoher Spitzensteuersätze auf die Einkommensungleichheit besteht darin, dass sie den Spitzenverdienern weniger Anreize gibt, Gehaltserhöhungen anzustreben. Sind die Spitzensteuersätze niedrig, so haben die Spitzenverdiener beträchtliche Anreize, aggressiv auf Gehaltserhöhungen zu drängen, indem sie zum Beispiel viel Energie aufwenden, um die richtigen Leute für den Vergütungsausschuss zu nominieren, der über ihre Gehälter entscheidet. Hohe Spitzensteuersätze verringern die Motivation, solche Anstrengungen zu unternehmen.[8] Eine Senkung der Spitzensteuersätze kann daher nicht nur die Einkommensungleichheit nach Steuern, sondern auch jene vor Steuern vergrößern.

Auf der anderen Seite können Spitzensteuersätze die talentiertesten Arbeitskräfte dazu bewegen, ihren Arbeitseinsatz zu verringern und auf die Gründung von Unternehmen zu verzichten. In diesem Szenario werden höhere Spitzensteuersätze zu einer Verringerung der wirtschaftlichen Aktivität der Reichen und damit zu einem geringeren Wirtschaftswachstum führen. In diesem Fall sind hohe Spitzensteuersätze politisch nicht wünschenswert. Im Prinzip sollte es Spielraum für eine auf sachliche Analysen und solide Daten gestützte Diskussion über diese gegensätzlichen legitimen Thesen geben.

Piketty, Saez und Stantcheva (2014) haben ein theoretisches Modell und einen empirischen Rahmen entwickelt, der diese widersprüchlichen Wirkungen berücksichtigt.[9] Nach Auswertung einer Datenbank zu Gehältern und Leistungen von Geschäftsführern in Industrieländern sind sie zu dem Schluss gelangt, dass die Verhandlungselastizität erheblichen Einfluss auf die Einkommen hat und insbesondere den starken Anstieg der Gehälter von Spitzenmanagern in den USA, verglichen mit ihren europäischen und japanischen Gegenstücken, erklärt (um die Vergleichbarkeit zu gewährleisten, wurden die Gehälter von Managern betrachtet, die ähnliche Tätigkeitsbereiche hatten, in Unternehmen von vergleichbarer Größe arbeiteten und ähnliche Leistungsniveaus hatten). Anhand des kalibrierten Modells zeigen die Autoren, dass Spitzensteuersätze von bis zu 80 % das Wohlergehen aller mit Ausnahme jener an der Spitze der Verteilung fördern würden.

Es liegen noch nicht genug einschlägige Daten vor, und wir wollen keinesfalls behaupten, in diesen komplexen Fragen könnten die öffentliche Diskussion und der politische Entscheidungsprozess durch die Anwendung ökonometrischer Daten und mathematischer Formeln ersetzt werden. Wir sind jedoch überzeugt, dass ausreichende Belege vorliegen, um eine erneute Diskussion über eine stark progressive Besteuerung der höchsten Einkommen anzustoßen.

Wir sollten nicht vergessen, dass die Spitzensteuersätze in den Vereinigten Staaten und Großbritannien zwischen den 1940er und 1970er Jahren bei mehr als 90 % lagen. Es hat nicht den Anschein, als hätten diese hohen Steuern das Wachstum der beiden Länder beeinträchtigt. Tatsächlich sind alle reichen Länder im letzten halben Jahrhundert trotz großer Unterschiede in der Steuerpolitik mehr oder weniger im Gleichschritt gewachsen.

Grafik 5.2.1 veranschaulicht den Zusammenhang zwischen Änderungen des Spitzensteuersatzes und den Einkommen vor Steuern des

Grafik 5.2.1

Entwicklung der Spitzensteuersätze und Einkommensanteile der Spitzenverdiener in reichen Ländern seit den 1970er Jahren

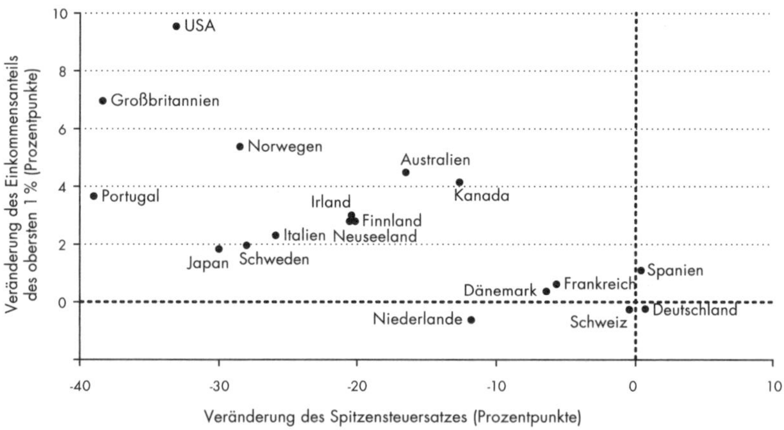

Quelle: Piketty, Saez und Stantcheva (2014). Vgl. wir2018.wid.world für Datenreihen und Anmerkungen.

In den USA sank der Spitzensteuersatz von Anfang der 1970er Jahre bis zum Beginn des 21. Jahrhunderts um 33 Prozentpunkte. Im selben Zeitraum erhöhte sich der Einkommensanteil des obersten 1 % der Verteilung um 9,5 Prozentpunkte.

obersten 1 % der Verteilung in den OECD-Ländern zwischen den frühen 1970er Jahren und dem Ende der 2000er Jahre. Die Korrelation ist sehr ausgeprägt: Eine Senkung des Spitzensteuersatzes um zwei Prozentpunkte geht im Durchschnitt mit einer Erhöhung des Einkommensanteils (vor Steuern) des obersten 1 % um einen Prozentpunkt einher. In Ländern wie Deutschland, Spanien, Dänemark und der Schweiz, in denen die Spitzensteuersätze nicht wesentlich sanken, stieg der Einkommensanteil der Spitzenverdiener nicht. Hingegen stieg der Einkommensanteil des obersten 1 % der Verteilung in den Vereinigten Staaten, Großbritannien und Kanada, wo die Spitzensteuersätze erheblich gesenkt wurden, deutlich. Diese Grafik legt den Schluss nahe, dass hohe Spitzensteuersätze wesentlich dazu beitragen, die Spitzeneinkommen vor Steuern im Rahmen zu halten. Zudem haben sie keine nennenswerten Auswirkungen auf das Wachstum, was darauf hindeutet, dass die Verhandlungselastizität eine größere Rolle spielt als Anreize.

Ein günstiger Moment für progressive Einkommensteuern?

Grafik 5.2.2 zeigt im Detail, wie sich die Spitzensteuersätze in den Vereinigten Staaten, Großbritannien, Deutschland, Frankreich und Japan seit 1900 entwickelt haben. In allen fünf Ländern wurden zu Beginn des 20. Jahrhunderts entweder überhaupt keine oder nur sehr geringe Steuern auf die persönlichen Einkommen erhoben. Die Einkommensteuer wurde zum Teil zur Finanzierung des Ersten Weltkriegs eingeführt, und zwischen den 1950er und 1970er Jahren stiegen die Spitzensteuersätze auf ein sehr hohes Niveau. (In den Vereinigten Staaten kletterte der Spitzensteuersatz auf 94 %, in Großbritannien sogar auf 98 %.) Ab den 1970er Jahren sanken die Spitzensätze in diesen fünf Ländern drastisch von durchschnittlich 70 % auf nur noch 42 % in den 2000er Jahren.

Wie sind diese Bewegungen zu erklären? Bis in die 1970er Jahre gingen Politik und Öffentlichkeit wahrscheinlich – zu Recht oder Unrecht – davon aus, dass ein Gehaltszuwachs an der Spitze der Einkommensverteilung in erster Linie nicht einem höheren produktiven Arbeitseinsatz, sondern der Gier oder sozial unnützen Aktivitäten zuzuschreiben sei. Deshalb wurden die Spitzensteuersätze in den Vereinigten Staaten und Großbritannien auf 80 % angehoben. Doch der Reagan/Thatcher-Revolution gelang es, derart hohe Steuersätze zumindest für eine Weile undenkbar zu machen. Nach einer jahrzehntelangen Einkommenskonzentration, die seit den 1970er Jahren mit einem eher dürftigen Wachstum einhergeht, und nach der durch die Exzesse im Finanzsektor ausgelösten weltweiten Rezession dürften zumindest einige Länder begonnen haben, die von Reagan und Thatcher eingeleitete Politik zu überdenken.

In den vergangenen zehn Jahren wurde der Spitzensteuersatz auf Einkommen in den Vereinigten Staaten, Großbritannien, Deutschland, Frankreich und Japan erhöht. Beispielsweise stieg der höchste Steuersatz in Großbritannien im Jahr 2010 von 40 % auf 50 %; teilweise diente diese stärkere Belastung hoher Einkommen dazu, Gehaltsexzesse zu bekämpfen. In den Vereinigten Staaten drückte die «Occupy Wall Street»-Bewegung mit ihrem Schlachtruf «Wir sind die 99 %» die ver-

Grafik 5.2.2
Spitzensteuersätze in reichen Ländern, 1900–2017

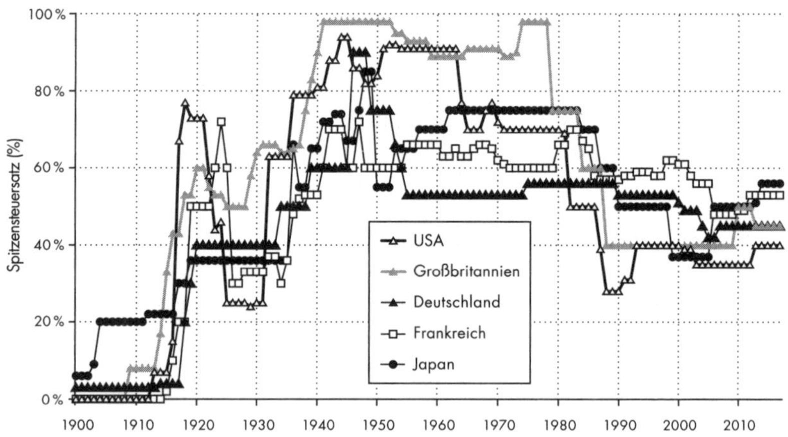

Quellen: Piketty (2014) und Aktualisierungen. Vgl. wir2018.wid.world für Datenreihen und Anmerkungen.
Zwischen 1963 und 2017 sank der Spitzensteuersatz auf die höchsten Einkommen in den USA von 91 auf 40 %.

Grafik 5.2.3
Spitzensatz der Erbschaftsteuer in reichen Ländern, 1900–2017

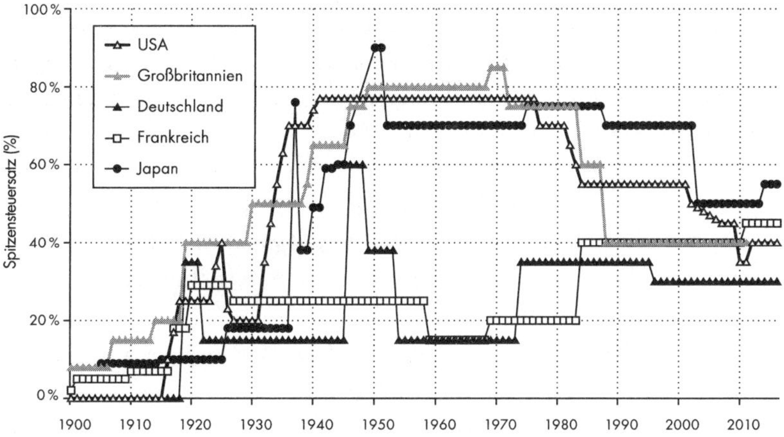

Quelle: Piketty (2014) und Aktualisierungen. Vgl. wir2018.wid.world für Datenreihen und Anmerkungen.
Zwischen 1980 und 2017 wurde der Spitzensatz der Erbschaftsteuer in Großbritannien von 75 % auf 40 % gesenkt.

breitete Einschätzung aus, das oberste 1 % verdiene zu viel auf Kosten der übrigen 99 %. Ob nun ein neuer Zyklus in der Steuerpolitik beginnt, der die deutliche Senkung der Spitzensteuersätze seit den 1970er Jahren rückgängig machen wird, bleibt fraglich. In Großbritannien folgte auf die Anhebung des Spitzensteuersatzes im Jahr 2010 eine geringfügige Steuersenkung auf 45 % im Jahr 2013. In den USA bereiten die neue republikanische Regierung und der Kongress gegenwärtig umfassende Steuersenkungen vor. Auch die französische Regierung hat vor, die Steuern auf Spitzeneinkommen und Vermögen zu senken. Die Spitzensätze der Erbschaftsteuer wurden in jüngster Zeit in Frankreich, Japan und den Vereinigten Staaten erhöht (vgl. **Grafik 5.2.3**). In Japan und den Vereinigten Staaten kam damit eine fortgesetzte Senkung der Erbschaftsteuern seit den 1980er Jahren zum Stillstand. In Frankreich und Deutschland sind die Steuern auf große Erbschaften historisch niedriger als in den Vereinigten Staaten, Großbritannien und Japan. In den ersten Kapiteln dieses Berichts haben wir uns mit den beiden Weltkriegen und verschiedenen wirtschaftlichen und politischen Schocks im

20. Jahrhundert beschäftigt.[10] Diese Schocks wirkten der Vermögenskonzentration auf andere Art als die Steuerpolitik entgegen. Wie im Fall der progressiven Einkommensteuern können wir unmöglich wissen, ob die Erhöhung der Erbschaftsteuern eine neue Ära der Steuerprogressivität einleitet. Die amerikanische Regierung plant eine Abschaffung der Erbschaftsteuer.

In den Schwellenländern werden Erbschaften nicht besteuert, während den Armen hohe Konsumsteuern aufgebürdet werden

Während die Steuerprogressivität in den letzten zehn Jahren in den reichen Ländern teilweise erhöht wurde, sollte darauf hingewiesen werden, dass Erbschaften in einigen großen Schwellenländern immer noch nicht besteuert werden, obwohl dort extreme Ungleichheit herrscht. In Brasilien sind geringe Erbschaftsteuern zu entrichten (im nationalen Durchschnitt etwa 4 %, wobei der Höchstsatz auf Bundesebene bei 8 % liegt). In Indien, China und Russland werden Hinterlassenschaften anders als in den reichen Ländern überhaupt nicht besteuert (vgl. **Grafik 5.2.4**). In Indien war in den 1970er und zu Beginn der 1980er Jahre noch eine Steuer von 85 % auf Erbschaften zu entrichten, aber im Jahr 1984 wurde diese Steuer abgeschafft. Man kann argumentieren, die indische Steuerverwaltung – oder auch die indische Gesellschaft als Ganze – sei für sehr hohe Spitzensätze bei der Erbschaftsteuer nicht bereit gewesen, aber die internationalen Daten insbesondere aus den Industrieländern zeigen, dass progressive Einkommen- und Erbschaftsteuern wesentlich zu einer erfolgreichen Entwicklungsstrategie beitragen können.

Erwähnenswert ist auch, dass in den Schwellenländern die Verbrauchsteuern teilweise sehr hoch sind, während geerbtes Vermögen überhaupt nicht besteuert wird. Beispielsweise wird Strom in Brasilien mit rund 30 % besteuert, und auch für andere grundlegende Bedarfsgüter, auf die die Armen nicht verzichten können, gelten hohe Steuersätze. So festigt und verschärft ein regressives Steuersystem die Einkommens- und Vermögensungleichheit. Positiv zu vermerken ist, dass die Schwellenländer aufgrund fehlender Erbschaftsteuern Spielraum für eine pro-

Grafik 5.2.4
Höchstsätze der Erbschaftsteuer in reichen und Schwellenländern, 2017

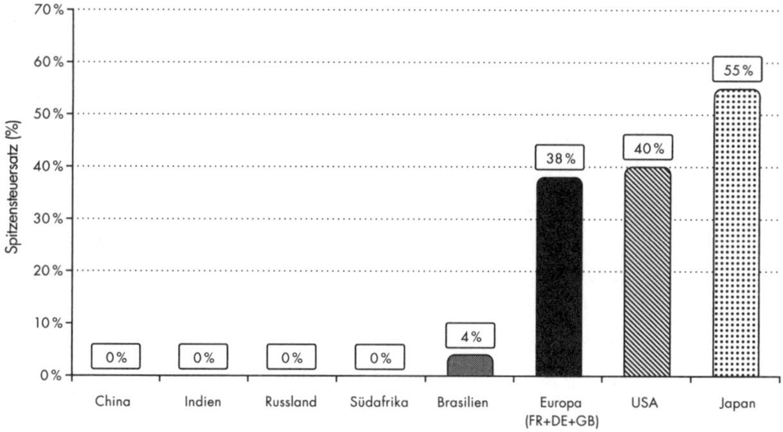

Quelle: WID.world (2017). Vgl. wir2018.wid.world für Datenreihen und Anmerkungen. 2017 lag der Höchstsatz der Erbschaftsteuer in Japan bei 55 %, während er in Brasilien nur 4 % betrug. Für Europa wurden stellvertretend Daten aus Frankreich, Deutschland und Großbritannien herangezogen.

gressive Steuerpolitik haben. Wie wir in Kapitel 2.11 gesehen haben, sind die niedrigsten Einkommen in Ländern wie Brasilien in den letzten Jahrzehnten gestiegen, aber dieser Einkommenszuwachs ging teilweise zulasten der Mittelschicht, deren Anteil am Nationaleinkommen gesunken ist. Diese Entwicklung ist unvermeidlich, wenn die Reichsten keinen fairen Beitrag zur Finanzierung des Sozialstaats leisten. Zusätzliche Steuereinnahmen dank progressiver Erbschaftsteuern könnten eingesetzt werden, um Bildungs- oder Gesundheitsprogramme zu finanzieren und die Mittelschicht in Brasilien und anderen Schwellenländern zu entlasten.

3. Steuerpolitik in einer globalen Wirtschaft: Argumente für ein globales Finanzregister

- Die Steuern sind ein unverzichtbares Werkzeug im Kampf gegen die Ungleichheit, aber die Besteuerung stößt auf Hindernisse, zu denen die Steuerflucht gehört. Das gegenwärtig in Steuerparadiesen versteckte Vermögen entspricht mehr als 10 % des globalen BIP und ist seit den 1970er Jahren deutlich gestiegen.
- Der Aufstieg der Steuerparadiese erschwert die Messung und Besteuerung der Kapitaleinkünfte in einer globalisierten Wirtschaft. Wenn wir bessere Daten zur Vermögensverteilung sammeln, eine sachlich fundierte öffentliche Debatte über die Umverteilung anstoßen und Steuerflucht, Geldwäsche und die Finanzierung des Terrorismus wirksam bekämpfen wollen, müssen wir die finanzielle Opazität verringern.
- Eine große Herausforderung besteht darin, das Finanzvermögen seinen Eigentümern zuzuordnen. Grundregister gibt es seit Jahrhunderten, aber ein Großteil des Vermögens der Haushalte ist nicht in diesen Registern enthalten, da die Vermögen zunehmend aus finanziellen Vermögenswerten bestehen. Ein globales Finanzregister, in dem die Eigentümer von Aktien, Anleihen und anderen finanziellen Vermögenswerten verzeichnet wären, würde der Undurchschaubarkeit der globalen Finanzströme ein Ende machen.
- Die Zentralverwahrer (Central Security Depositories, CSD), kaum bekannte Wertpapiersammelbanken, sammeln bereits heute Informationen darüber, wer finanzielle Vermögenswerte besitzt. Diese Daten könnten verwendet werden, um ein globales Finanzregister aufzubauen. Die Zentralverwahrer sind in den meisten OECD-Ländern jedoch private Gesellschaften und werden den Behörden keine Daten zur Verfügung stellen, solange sie nicht gesetzlich dazu verpflichtet werden.
- Ein weiteres Hindernis besteht darin, dass die meisten Zentralverwahrer nicht die Namen der eigentlichen Eigentümer von Wertpapieren, sondern nur jene der Intermediäre registrieren.
- Die Zentralverwahrer haben jedoch technische Lösungen entwickelt,

die es ermöglichen, die Endinvestoren zu identifizieren. Zudem existieren in Ländern wie Norwegen und China transparentere Systeme, was ein Beleg dafür ist, dass die Endinvestortransparenz auf Ebene der Zentralverwahrer und in globalem Maßstab technisch und wirtschaftlich machbar ist.

Multinationale Konzerne und vermögende Personen nutzen zunehmend Steueroasen, um Steuern zu vermeiden oder zu hinterziehen. Nicht weniger als 63 % der ausländischen Gewinne multinationaler amerikanischer Unternehmen werden in einer Handvoll Finanzzentren aufbewahrt – in Bermuda, Irland, den Niederlanden, der Schweiz, Singapur und Luxemburg –, wo diese Gewinne mit sehr geringen Steuern zwischen 0 und 5 % belastet werden. Damit hat sich der Anteil der ausländischen Gewinne, die dem heimischen Fiskus vorenthalten werden, seit den 1980er Jahren verzehnfacht.

Reiche Personen horten Vermögen im Wert von 10 % des globalen BIP in Steuerparadiesen. Wie A. Alstadsæter, N. Johannesen und G. Zucman in einer neuen Forschungsarbeit gezeigt haben,[11] steigt der Anteil in Ländern wie Griechenland und Argentinien auf fast 40 % des nationalen BIP; in Russland liegt er bei über 50 %. Auf globaler Ebene entgehen den Staaten durch die Steuerflucht jedes Jahr Einnahmen von rund 350 Mrd. Euro.[12]

Die Steuerflucht höhlt auch die Steuerprogressivität aus. **Grafik 5.3.1** zeigt, welcher Teil der zu entrichtenden Steuern über die Vermögensverteilung hinweg in Skandinavien hinterzogen wird. Diese Statistik stammt von Alstadsæter, Johannesen und Zucman (2017), die Daten aus neuen, massiven Leaks (den «Panama Papers» und den Swiss Leaks der schweizerischen Bank HSBC) mit den Ergebnissen zufälliger Steuerprüfungen und Behördendaten über Einkommen und Vermögen kombiniert haben. Während der Großteil der Bevölkerung in den Industrieländern kaum Steuern hinterzieht – da der Großteil der Einkommen aus Gehältern und Renten besteht, die automatisch an die Steuerbehörden gemeldet werden –, deuten die durchgesickerten Daten auf verbreitete Steuerhinterziehung an der Spitze der Verteilung hin. Die Angehörigen des obersten 0,01 % der skandinavischen Vermögensverteilung – diese Gruppe umfasst alle Haushalte mit einem Nettovermö-

Grafik 5.3.1
Ausmaß der Steuerhinterziehung in den skandinavischen Ländern, 2006

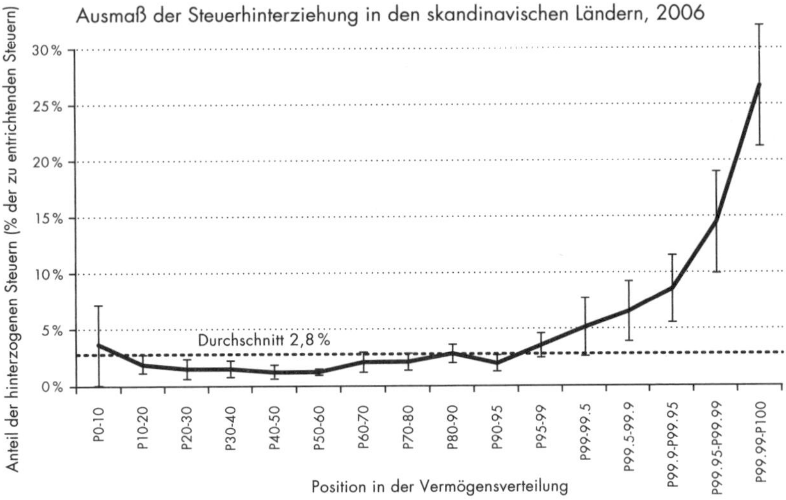

Quelle: Alstadsæter, Johannesen und Zucman (2017). Vgl. wir2018.wid.world für Datenreihen und Anmerkungen.
2006 hinterzog das oberste 0,01 % der vermögendsten Personen in den skandinavischen Ländern 27 % der Steuern, die es eigentlich hätte entrichten müssen.

gen von mehr als 45 Mio. US-Dollar – hinterziehen zwischen 25 % und 30 % ihrer Steuern, ein Wert, der deutlich über der durchschnittlichen Hinterziehungsrate von etwa 3 % liegt. Da das soziale Vertrauen in den skandinavischen Ländern besonders ausgeprägt ist, während die Korruption selten und die Gesetzestreue fest verwurzelt ist, ist davon auszugehen, dass die Vermögenden in anderen Weltregionen noch mehr Steuern hinterziehen.

In jüngster Zeit wurden mehrere politische Vorstöße unternommen, um die Steuerflucht in Steueroasen zu bekämpfen. Bis 2008 verweigerten die als Steuerparadiese eingestuften Länder den Informationsaustausch mit ausländischen Steuerbehörden. Im Jahr 2010 verabschiedete der US-Kongress den Foreign Account Tax Compliance Act, der ausländische Banken verpflichtet, Konten amerikanischer Steuerpflichtiger jedes Jahr automatisch an die US-Steuerbehörde IRS (Internal Revenue Service) zu übermitteln, und den Instituten bei Zuwiderhandlung mit Sanktionen droht. Die OECD-Länder haben mittlerweile ähnliche Zusagen von dem meisten Steuerparadiesen erhalten. Offenbar ist es also durchaus möglich, Steueroasen zur Kooperation zu bewegen, wenn man ihnen mit ausreichend schmerzhaften Strafen droht.

Die Bemühungen zur Durchsetzung der Kontrollen stoßen jedoch auf hohe Hindernisse. Viele Steueroasen und Offshore-Finanzinstitute haben keinen Anreiz, ausreichende Informationen zur Verfügung zu stellen, da ihnen bei Nichterfüllung ihrer Verpflichtungen keine ausreichend harten Sanktionen drohen. Zweitens wird ein großer und wachsender Teil der Offshore-Vermögen in einem Geflecht von Briefkastenfirmen, Treuhandfonds und Stiftungen gehalten, die eine Zuordnung der Vermögenswerte zu ihren tatsächlichen Eigentümern erschweren. So können Offshore-Banken (fälschlich) behaupten, überhaupt keine europäischen, amerikanischen oder asiatischen Kunden zu haben, obwohl solche Personen die eigentlichen Nutznießer von in Briefkastenfirmen gehaltenen Vermögenswerten sind.

Wie Gabriel Zucman in seinen jüngsten Arbeiten gezeigt hat, wäre ein globales Finanzregister geeignet, dieses undurschaubare Netz zu zerreißen.[13] Ein solches Register würde es den Steuer- und Regulierungsbehörden erlauben, unabhängig von der Kooperationsbereitschaft der ausländischen Finanzinstitute zu überprüfen, ob die heimischen Steuerpflichtigen ihre Vermögenswerten und ihr Kapitaleinkommen richtig deklarieren. Auch würde es die Regierungen in die Lage versetzen, Steuerschlupflöcher für Unternehmen zu schließen, und eine faire globale Verteilung der Steuern von Unternehmen mit immer komplexeren Auslandsaktivitäten ermöglichen. Ein globales Finanzregister könnte auch als Informationsquelle für die Einführung einer weltweiten Vermögensteuer dienen. Mit der Einrichtung eines solchen Registers würden die Informationen über die Eigentümer von Vermögenswerten jedoch nicht automatisch öffentlich zugänglich. Diese Informationen könnten vertraulich behandelt werden, so wie gegenwärtig die Einkommensteuerdaten geheim sind.

Für das globale Finanzregister könnten die Informationen genutzt werden, die bereits heute von den (zumeist privaten) Zentralverwahrern (Central Securities Depositories, CSD) gesammelt werden. Diese Gesellschaften führen über die von Unternehmen und Staaten begebenen Aktien und Anleihen Buch. Sie können nach Endinvestoren segregierte Konten führen, was ein Höchstmaß an Transparenz gewährleistet, da jedem Vermögenswert eine Person zugeordnet wird. Oder sie können Sammelkonten führen, was weniger transparent ist, da von unterschiedlichen Investoren gehaltene Vermögenswerte in einem einzigen Konto unter dem Namen eines Finanzintermediärs zusammengefasst werden, was eine Identifizierung der individuellen Endinvestoren erschwert (vgl. **Kasten 5.3.1**).

Die Zentralverwahrer als Bausteine eines globalen Finanzregisters zu verwenden ist unter anderem deshalb schwierig, weil auf den meisten großen westlichen Märkten Sammelkonten vorherrschen. (Beispielsweise arbeiten die Depository Trust Company in den Vereinigten Staaten und Clearstream in Europa mit Sammelkonten.) Fortschritte in der Informationstechnologie liefern jedoch technische Lösungen, die eine Identifizierung der eigentlichen Eigentümer von Vermögenswerten bei großen westlichen Zentralverwahrern ermöglichen. Zudem arbeiten die Zentralverwahrer in einigen Ländern – so etwa in Norwegen und in großen Schwellenländern wie China und Südafrika – mit Systemen, die eine Identifizierung der Endinvestoren erlauben. Die Einrichtung eines globalen Finanzregisters würde also nicht auf unüberwindliche technische Hindernisse stoßen (vgl. **Kasten 5.3.1**).

Kasten 5.3.1
Auf dem Weg zu einem globalen Finanzregister?

Die Informationen beruhen auf einem von Delphine Nougayrède im April 2017 in einem Columbia Law School Blue Sky Workshop vorgelegten Arbeitspapier mit dem Titel «Towards a Global Financial Register? Account Segregation in Central Securities Depositories and the Challenge of Transparent Securities Ownership in Advanced Economies».

Zentralverwahrer als Bausteine eines globalen Finanzregisters

Im modernen Finanzsystem haben von Unternehmen ausgegebene Aktien und Anleihen nicht mehr die Form von Papierzertifikaten, sondern von elektronischen Buchungsposten. Die Inhaberkette ist nicht länger direkt, das heißt, es besteht keine direkte Verbindung mehr zwischen Emittent und Investor, sondern umfasst zahlreiche Intermediäre, die oft in verschiedenen Ländern ansässig sind. An der Spitze der Kette stehen unmittelbar hinter den Emittenten die Zentralverwahrer. Ihre Funktion besteht darin, die Eigentümerschaft an finanziellen Vermögenswerten zu registrieren und manchmal auch die Transaktionen abzuwickeln. Die Kunden der Zentralverwahrer sind heimische Finanzinstitute im Emissionsland, ausländische Finanzinstitute sowie andere Zentralverwahrer. Die nächsten Glieder in der Kette sind Finanzintermediäre auf verschiedenen Ebenen, und am Ende steht ein Endintermediär, bei dem es sich oft um eine Bank handelt, die in Beziehung zum Investor steht.

Aufgrund der großen Zahl von Intermediären besteht keine Verbindung zwischen den Emittenten finanzieller Wertpapiere und den Endinvestoren; Aktiengesellschaften, die Wertpapiere ausgeben, wissen heute nicht mehr, wer ihre Aktionäre oder Anleihebesitzer sind. Die Zentralverwahrer als Teil der finanziellen Vermittlerkette stellen die Verbindung zwischen beiden Seiten her und verschleiern sie zugleich. Das System wurde nicht absichtlich so gestaltet, dass es die Anonymität der Investoren wahrte, entwickelte sich jedoch im Lauf der Zeit aufgrund der regulatorischen Komplexität des grenzüberschreitenden Wertpapierhandels in diese Richtung. Die Undurchschaubarkeit wurde auch dadurch begünstigt, dass sich diese ausgesprochen technischen Fragen nicht als Gegenstand der öffentlichen Diskussion eignen.

Bei den meisten westlichen Zentralverwahrern herrschen nicht transparente Konten vor

Bei den Zentralverwahrern gibt es zwei grundlegende Arten von Konten. «Segregierte Konten» ermöglichen es, Wertpapiere auf einzelnen, im Namen individueller Endinvestoren eröffneten Konten zu verwahren. Dieses Modell ermöglicht somit Transparenz. Sodann gibt es «Sammelkonten», auf denen die Wertpapiere mehrerer Investoren unter dem Namen eines einzigen Kontoinhabers gebündelt werden, bei dem es sich normalerweise um einen Finanzintermediär handelt. Dadurch wird die Identität der Endinvestoren verschleiert.

Eines der Haupthindernisse für ein globales Finanzregister ist, dass auf den meisten westlichen Märkten die nicht transparente Verwahrung auf Sammelkonten vorherrscht. Beispielsweise verwendet der amerikanische Zentralverwahrer, die Depository Trust Company (DTC), Sammelkonten: Die DTC identifiziert in ihren Büchern lediglich Wertpapierhändler und andere Intermediäre, nicht jedoch die tatsächlichen Eigentümer amerikanischer Aktien und Anleihen. Auch in den meisten europäischen Ländern werden Sammelkonten verwendet, beispielsweise von den Zentralverwahrern Euroclear und Clearstream. Das erschwert es, auf der Grundlage der existierenden westlichen Zentralverwahrer ein globales Finanzregister aufzubauen.

Größere Transparenz ist möglich

Es wäre jedoch möglich, die Transparenz der westlichen Zentralverwahrer zu erhöhen. Im gegenwärtigen System drohen verschiedene Gefahren, deren sich die Finanzindustrie durchaus bewusst ist. Im Jahr 2014 akzeptierte der in Luxemburg ansässige Zentralverwahrer Clearstream eine Geldbuße von 152 Mio. US-Dollar, die das amerikanische Finanzministerium der Gesellschaft auferlegt hatte, nachdem bekannt geworden war, dass Clearstream für die iranische Zentralbank auf einem Sammelkonto amerikanische Wertpapiere im Wert von 2,8 Mrd. US-Dollar deponiert und damit gegen die über den Iran verhängten US-Sanktionen verstoßen hatte. Daraufhin begannen die Finanzintermediäre über Möglichkeiten nachzudenken, transparenter mit den Informationen über die Endinvestoren umzugehen. Möglich wären ein Verzicht auf Sammelkonten, die Einführung neuer Nachrichtenstandards, die wie in der Zahlungsabwicklung eine Identifizierung der Endinvestoren beinhalten, oder Ex-post-Prüfpfade, die es ermöglichen würden, entlang der gesamten Kette Informationen zur Identität des letztendlichen Begünstigten einer finanziellen Transaktion abzurufen. Neue Technologien wie die Distributed-Ledger-Technologie (öffentliches, dezentral geführtes Kontobuch, zum Beispiel in der Blockchain) könnten ebenfalls die Transparenz erhöhen.

Es gibt bereits transparente Marktinfrastrukturen. Beispielsweise listet der norwegische Zentralverwahrer sämtliche individuellen Aktionäre heimischer Unternehmen auf, fungiert als offizieller Firmenregistrator und erstattet den Steuerbehörden direkt Bericht. In China betreibt China Securities Depository Clearing Corporation Limited («Chinaclear») ein System, das bei von chinesischen Unternehmen ausgegebenen und heimischen Investoren gehaltenen Aktien absolute Transparenz gewährleistet. Ende 2015 verwahrte Chinaclear Wertpapiere im Wert von 8 Billionen Dollar, was etwa dem Depotvolumen der Zentralverwahrer Frankreichs, Deutschlands und Großbritanniens entsprach, und verwaltete Wertpapierkonten für 99 Mio. Endinvestoren. Einige größere westliche Zentralverwahrer (wie DTC oder Euroclear) verfügen bereits über Segregationsfunktionen, die ausgeweitet werden könnten. Viele Experten glauben, eine segregierte Kontoführung bei den Zentralverwahrern würde die Unternehmensführung verbessern, indem sie den Kleinanlegern mehr Mitspracherechte einräumen würde. All das deutet darauf hin, dass die großen westlichen Zentralverwahrer mehr tun könnten, um die Transparenz der Investmentströme zu erhöhen.

4. Maßnahmen gegen die Ungleichheit an der Basis: Wir brauchen einen gleichberechtigten Zugang zu Bildung und gut bezahlten Arbeitsplätzen

- Wenn wir die Einkommensstagnation bzw. die geringen Einkommenszuwächse der unteren Hälfte der Bevölkerung überwinden wollen, müssen wir für einen gleichberechtigten Zugang zu Bildung und gut bezahlten Arbeitsplätzen sorgen. Neuere Forschungsarbeiten zeigen, dass zwischen dem öffentlichen Diskurs über die Chancengleichheit und der Realität des Bildungszugangs eine große Lücke klaffen kann.
- In den Vereinigten Staaten erhalten von 100 Kindern, deren Eltern zu den unteren 10 % der Einkommensverteilung zählen, nur 30 eine Hochschulbildung. Bei Kindern, deren Eltern den oberen 10 % angehören, steigt der Anteil auf 90 %.
- Ein positives Forschungsergebnis ist, dass die amerikanischen Eliteuniversitäten mehr Studenten aus armen Familien aufnehmen könnten, ohne dass sich dadurch ihre Resultate verschlechtern würden.
- In reichen und Schwellenländern ist es möglicherweise erforderlich, transparente und verifizierbare Zielvorgaben zu formulieren – sowie Änderungen an den Finanzierungs- und Zulassungssystemen vorzunehmen –, um für einen gleichberechtigten Zugang zur Bildung zu sorgen.

Mittlerweile ist allgemein bekannt, dass die Konzentration von Einkommen und Vermögen in den Händen der reichsten 10 % der Weltbevölkerung in den letzten Jahrzehnten größer geworden ist. In diesem Bericht werden jedoch auch die Stagnation bzw. das geringe Wachstum von Einkommen und Vermögen der unteren 90 % und insbesondere der unteren 50 % der Verteilung beleuchtet. Besonders extrem ist die Entwicklung in den Vereinigten Staaten, wie wir in Kapitel 2.4 gesehen haben. In geringerem Maß hinken die unteren Einkommensgruppen auch in Europa und in schnell wachsenden Schwellenländern hinter der übrigen Bevölkerung her. Progressive Einkommen- und Vermögensteuern genügen nicht, um diese Entwicklung zu bremsen. Es bedarf auch eines gleichberechtigten Zugangs zu Bildung und gut bezahlten Arbeitsplätzen. In diesem Kapitel werden neue Erkenntnisse zur Wechselwirkung zwischen ungleichen Bildungschancen und Einkommensungleichheit ausgewertet.

Neue Forschungsergebnisse zeigen, wovon die Bildungsungleichheit abhängt und wie sie mit der Einkommensungleichheit interagiert

Inwieweit ist die Einkommensungleichheit das Resultat eines fairen meritokratischen Prozesses? Inwieweit entscheiden die Ressourcen einer Familie über die Zukunftschancen ihrer Kinder? In den meisten Ländern gibt es bisher kaum öffentlich zugängliche Daten, anhand deren diese Fragen untersucht werden könnten. Aber neuere Forschungsergebnisse liefern erste Hinweise. Raj Chetty, Nathaniel Hendren, Patrick Kline, Emmanuel Saez und Nicholas Turner haben amerikanische Verwaltungsdaten zu mehr als 50 Mio. Kindern und ihren Elternhäusern ausgewertet und bemerkenswerte Erkenntnisse über die intergenerationale Aufwärtsmobilität gewonnen.[14]

Mit intergenerationaler Mobilität ist, grob gesagt, das Verhältnis zwischen der wirtschaftlichen Entwicklung einer Person und der wirtschaftlichen Situation ihrer Eltern gemeint. Entsprechende Schätzungen zeigen, dass die Aufwärtsmobilität von einer Generation zur anderen in den Vereinigten Staaten, verglichen mit anderen Ländern, gering ist: Weniger als 8 % der Kinder, die den ärmsten 20 % der amerikanischen Familien entstammen, steigen als Erwachsene in die Gruppe der einkommensstärksten 20 % auf; in Dänemark und Kanada liegt der entsprechende Anteil bei 12 % bzw. über 13 %. Einen weiteren Hinweis auf die Bildungsungleichheit in den Vereinigten Staaten liefert der Prozentsatz der Kinder aus Familien in den verschiedenen Einkommensgruppen, der eine Hochschulbildung erhält. Von 100 Kindern, deren Eltern den unteren 10 % der Einkommensverteilung angehören, besuchen nur 30 % eine Hochschule. Bei Kindern aus Familien, die den oberen 10 % der Einkommensverteilung angehören, steigt dieser Anteil auf 90 %.

Grafik 5.4.1
Quote des Hochschulbesuchs in Beziehung zur Einkommensposition bei zwischen 1980–1982 geborenen Kindern in den USA

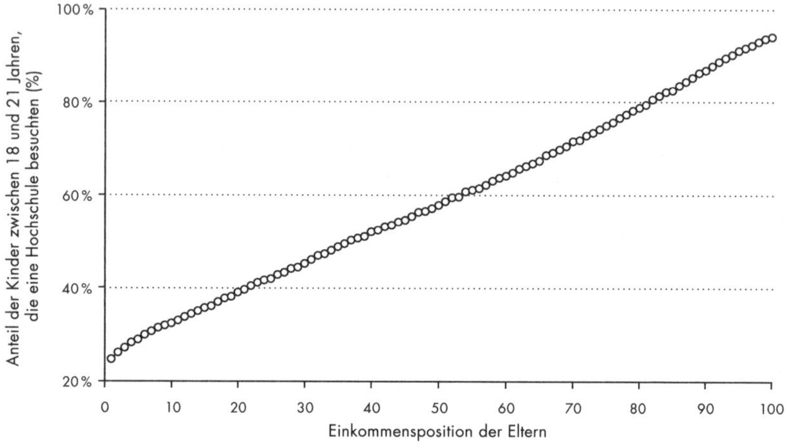

Quelle: Chetty, Hendren, Kline und Saez (2014). Vgl. wir2018.wid.world für Datenreihen und Anmerkungen.
30 % der Kinder, deren Eltern den unteren 10 % der Einkommensverteilung angehören, besuchen zwischen dem 18. und 21. Lebensjahr die Universität, während der entsprechende Anteil bei Kindern, deren Eltern den oberen 10 % der Einkommensverteilung angehören, bei fast 90 % liegt.

Grafik 5.4.1 verdeutlicht den Kontrast zwischen der offiziellen Darstellung von Chancengleichheit und Meritokratie auf der einen und der Realität eines ungleichen Bildungszugangs auf der anderen Seite. Diese Ergebnisse deuten darauf hin, dass es möglicherweise nötig sein wird, transparente und überprüfbare Ziele zu definieren und die Finanzierungs- und Zulassungssysteme zu ändern, um für einen gleichberechtigten Zugang zu einer guten Bildung zu sorgen.

In den Vereinigten Staaten hängt die intergenerationale Aufwärtsmobilität auch vom Wohnort ab

Im Fall der Vereinigten Staaten geht die Bildungsungleichheit mit einer ausgeprägten geografischen Ungleichheit einher. In den Gebieten mit der größten Mobilität beträgt die Wahrscheinlichkeit, dass ein Kind aus einer Familie, die den unteren 20 % der Einkommensverteilung angehört, als Erwachsener in die Gruppe der einkommensstärksten 20 % aufsteigen wird, bei 10 % bis 12 % (womit der Anteil etwa so hoch ist wie in Ländern mit hoher Mobilität, z. B. in Kanada oder Dänemark). Beispiele für Gebiete mit hoher intergenerationaler Mobilität sind die San Francisco Bay Area und Salt Lake City in Utah. In Gebieten mit geringer intergenerationaler Mobilität liegt die Wahrscheinlichkeit, dass ein Kind aus einer Familie, die den unteren 20 % der Einkommensverteilung angehört, als Erwachsener den oberen 20 % der Verteilung angehören wird, nur bei 4 % bis 5 %. In keinem Industrieland, für das Daten vorliegen, ist die intergenerationale Mobilität so gering wie an diesen Orten, zu denen in den USA Städte im Süden (wie Atlanta) oder im «Rust Belt» (z. B. Indianapolis und Cincinnati) zählen.

Wie ist dieses abhängig vom Wohnort sehr unterschiedliche Maß an Mobilität zu erklären? Detaillierte Analysen zeigen, dass ethnische Zugehörigkeit und Segregation in den Vereinigten Staaten eine wichtige Rolle spielen. Im Allgemeinen ist die intergenerationale Aufwärtsmobilität in Gebieten mit einem höheren afroamerikanischen Bevölkerungsanteil geringer. Aber in Gebieten mit einer großen afroamerikanischen Bevölkerung ist die Aufwärtsmobilität nicht nur bei Schwarzen, sondern auch bei Weißen geringer, was darauf hindeutet, dass soziale und Umweltursachen abseits der ethnischen Zugehörigkeit – beispielsweise historische und institutionelle Unterschiede – ebenfalls eine Rolle spielen können. Die räumliche und soziale Segregation schränkt die Aufwärtsmobilität ebenfalls ein. Insbesondere verringern lange Pendelzeiten die sozialen Aufstiegschancen, und die räumliche Segregation der Ärmsten wirkt sich negativ auf die Mobilität aus. Das bedeutet, dass die örtliche Isolation einkommensschwacher Familien und die Schwierigkeiten beim Erreichen von Arbeitsorten wesentlich zur sozialen Unbeweglichkeit beitragen.

Einkommensungleichheit auf örtlicher Ebene, Schulqualität, soziales Kapital und Familienstruktur sind ebenfalls wichtige Faktoren. Eine größere Einkommensungleichheit unter den unteren 99 % der Verteilung hängt mit geringerer Mobilität zusammen.[15] Hingegen begünstigt die Existenz einer größeren Mittelschicht die Aufwärtsmobilität.[16] Höhere Ausgaben pro Schüler für das öffentliche Schulwesen sowie geringere Klassengrößen erhöhen die soziale Mobilität deutlich. Ein größeres soziales Kapital (zum Beispiel in Gebieten mit hohem Engagement in Gemeindeorganisationen) begünstigt ebenfalls die Mobilität.[17] Eine weitere wichtige Determinante ist die Familienstruktur: Die Aufwärtsmobilität ist deutlich geringer in Gebieten mit einem höheren Anteil an Kindern, die in Haushalten mit alleinerziehenden Eltern leben, oder in Gebieten mit einem höheren Anteil an geschiedenen Eltern oder unverheirateten Erwachsenen.

Bemerkenswert ist, dass diese Faktoren in Kombination miteinander zuverlässigen Aufschluss über das Muster der sozialen Mobilität geben. Zusammengenommen erklären fünf Faktoren – Pendelzeiten, Einkommensungleichheit unter den unteren 99 % der Einkommensverteilung, Schulabbrecherquote, soziales Kapital sowie Anteil der Kinder, die in Alleinerzieherhaushalten leben – 76 % der gebietsabhängigen Ungleichheit der Aufwärtsmobilität in den Vereinigten Staaten. Die abhängig von der Geografie sehr unterschiedliche Mobilität in den Vereinigten Staaten und die Tatsache, dass sie mit einer Kombination sozialer Faktoren auf Ebene der Pendelzone erklärt werden können, verdeutlichen, dass die intergenerationale Mobilität zu einem Großteil vom Ort abhängt.

Der Zugang zu einer hochwertigen höheren Bildung ist in den Vereinigten Staaten besonders ungleich

Die zuvor erwähnte Verbindung zwischen Schulqualität und Aufwärtsmobilität deutet darauf hin, dass Bildungspolitik, Schulorganisation und Zugangsregeln wesentlich dazu beitragen können, die intergenerationale Mobilität zu erhöhen. Raj Chetty, John Friedman, Emmanuel Saez, Nicholas Turner und Danny Yagan haben die intergenerationale Mobilität in US-Colleges über einen Zeitraum von fast 15 Jahren (von 1999 bis 2013) untersucht.[18] Sie beschreiben das Ausmaß der Ungleichheit des Zugangs zu höherer Bildung und zeigen zugleich großes Verbesserungspotenzial auf: Könnte die soziale Mobilität in allen Bildungseinrichtungen auf dasselbe Niveau wie in den besten 10 % der Hochschulen gehoben werden, so herrschte in den Vereinigten Staaten vollkommene Aufwärtsmobilität, das heißt, es bestünde kein Zusammenhang mehr zwischen den Bildungsergebnissen von Kindern und denen ihrer Eltern.

Die intergenerationale Mobilität auf Ebene einer gegebenen Hochschule kann anhand von zwei Komponenten bestimmt werden: Zugangsquote und Erfolgsquote. Die Zugangsquote gibt Aufschluss darüber, wie offen die Hochschule für Studenten aus den unteren Einkommensgruppen ist, und kann als Anteil der Studenten gemessen werden, die aus den ärmsten 20 % der Familien stammen. Die Erfolgsquote gibt Aufschluss darüber, inwieweit diese Hochschule Studenten aus ärmeren Familien hilft, im Lauf ihres Lebens in höhere Einkommensgruppen aufzusteigen. Beispielsweise kann der Anteil der Studenten aus Familien in den unteren 20 % der Einkommensverteilung bestimmt werden, die später in die oberen 20 % der Verteilung aufsteigen. Diese beiden Werte kann man sodann kombinieren und die Mobilitätsquote als Anteil aller Studenten an einer gegebenen Hochschule definieren, die aus den ärmsten 20 % der Familien stammen *und* im Lauf ihres Lebens in die Gruppe der einkommensstärksten 20 % aufsteigen. Die Mobilitätsquote einer Gesellschaft mit vollkommener Aufwärtsmobilität läge bei 4 %.[19] Die Tatsache, dass der Wert für die Vereinigten Staaten insgesamt gegenwärtig nur bei 1,7 % liegt, zeigt, dass sehr viel getan werden kann, um Kindern aus einkommensschwachen Familien faire Aufstiegschancen zu eröffnen.

Es muss jedoch darauf hingewiesen werden, dass Unterschiede beim Familieneinkommen nur ein schwacher Indikator für die spätere Einkommensposition von Studenten derselben Hochschule sind. Wir haben gesehen, dass das Einkommen der Eltern auf nationaler Ebene erheblichen Einfluss auf die spätere Position in der Einkommensverteilung hat. Innerhalb einer gegebenen Hochschule ist die Korrelation zwischen elterlichem Einkommen und späterem Einkommen des Studenten jedoch fünfmal geringer. Auf nationaler Ebene erreichen Kinder, deren Eltern den oberen 20 % der Einkommensverteilung angehören, schließlich eine Position, die 30 Perzentile über der von Kindern liegt, deren Eltern in den unteren 20 % der Verteilung angesiedelt sind; aber bei Studenten, die eine Eliteuniversität besuchen, verringert sich diese Distanz auf durchschnittlich 7 Perzentile.

Die amerikanischen Hochschulen leisten sehr unterschiedliche Beiträge zur Aufwärtsmobilität

Der Zugang zu den Eliteuniversitäten ist in den Vereinigten Staaten weiterhin sehr ungleich verteilt. Rund 3 % der zwischen 1980 und 1982 geborenen Studenten an der Universität Harvard entstammten Familien, die den unteren 20 % der Einkommensverteilung angehörten, während 70 % aus Familien kamen, die zu den reichsten 10 % gehörten. In den Ivy-Plus-Hochschulen (den wählerischsten amerikanischen Hochschulen) gehören mehr Studenten (14,5 %) dem reichsten 1 % der Familien an als der ärmeren Hälfte der Bevölkerung (13,5 %).

Diese Zahlen stehen in deutlichem Gegensatz zu den entsprechenden Werten der öffentlichen Hochschulen. Beispielsweise entstammen im Glendale Community College in Los Angeles 32 % der Studenten dem untersten Quintil und nur 14 % dem höchsten Quintil. Interessant ist, dass Hochschulen mit hohen Zugangsquoten auch hohe Erfolgsquoten aufweisen können (das heißt Ergebnisse, die denen der anspruchsvollsten Hochschulen ähneln); folglich sind die Mobilitätsquoten hoch. Bei den Hochschulen, die Studenten aus einkommensschwachen Familien helfen, eine hohe Position in der Einkommensverteilung zu erreichen, handelt es sich zumeist um öffentliche Einrichtungen, die eine große Zahl von einkommensschwachen Studenten aufnehmen. Die Existenz solcher Hochschulen ist besonders sinnvoll, denn sie zeigt, dass sich die Eliteuniversitäten für eine größere Zahl von Studenten aus armen Familien öffnen können, ohne dass ihre Ergebnisse schlechter würden.

Die Mobilitätstrends sind uneinheitlich, aber insgesamt sind die Fortschritte gering

Wie haben sich die Zugangs- und Erfolgsquoten in den Vereinigten Staaten im letzten Jahrzehnt entwickelt? Die Daten ermöglichen es, die Entwicklung zwischen 2000 und 2011 nachzuverfolgen. In dieser Zeit stieg der Anteil der Hochschulstudenten, die aus einkommensschwachen Familien stammten, von 10,6 auf 12,8 %, wobei der Zuwachs in

Einrichtungen mit Gewinnzweck und Colleges, die zweijährige Ausbildungen anboten, am größten war. Bei den wählerischsten Hochschulen stieg die Zugangsquote nur um 0,65 Prozentpunkte, obwohl die meisten Ivy-Plus-Universitäten die Studiengebühren senkten und weitere Maßnahmen ergriffen, um mehr Studenten aus benachteiligten Familien aufnehmen zu können. Diese Maßnahmen waren keineswegs wirkungslos. Im Kontext der zunehmenden Ungleichheit in den Vereinigten Staaten hätte sich die Aufwärtsmobilität ohne sie möglicherweise verringert. Fest steht jedoch, dass die Chancen von Studenten aus armen Elternhäusern, Zugang zu einer Elitehochschule zu finden, insgesamt kaum gestiegen sind.

Die unterschiedlichen Mobilitätsquoten zeigen, dass die Bildung deutlich mehr zur Aufwärtsmobilität beitragen könnte, wenn Kindern aus einkommensschwachen Familien der Zugang zu leistungsfähigen Hochschulen erleichtert würde. Da die Erfolgsquote von Sprösslingen einkommensschwacher Familien ähnlich hoch ist wie die der durchschnittlichen Studenten einer gegebenen Hochschule, kann es kaum als Fehlinvestition betrachtet werden, dieser benachteiligten Gruppe Zugang zu guten Hochschulen zu geben. Bisher sind die Bemühungen zur Verbesserung des Zugangs im Wesentlichen auf die Elitehochschulen beschränkt gewesen. Eine Änderung der Aufnahmekriterien kann ein Schritt in die richtige Richtung sein. Wichtig dürften auch ein besserer Zugang und eine bessere Finanzierung von Hochschulen mit hohen Mobilitätsquoten sein. Diese Hochschulen erzielen sehr gute Bildungsergebnisse, nehmen eine große Zahl von Studenten aus einkommensschwachen Familien auf und arbeiten, verglichen mit den Eliteuniversitäten, relativ kostengünstig.

Die Bildungsungleichheit kann auch in Ländern mit geringerer Einkommens- und Vermögensungleichheit erhebliche Auswirkungen haben

In Europa hat die Einkommens- und Vermögensungleichheit in den letzten Jahrzehnten weniger zugenommen als in den Vereinigten Staaten (vgl. Teile II–IV). Das bedeutet jedoch nicht, dass die ungleichen

Bildungschancen in Europa kein Problem wären. Insbesondere Frankreich zählt im Bereich der Bildung zu den OECD-Ländern mit der größten Ungleichheit, wie das Programme for International Student Assessment (PISA) im Jahr 2015 gezeigt hat. Die PISA-Studie hat Informationen über Frankreichs allgemeine Entwicklung im Bereich der Bildungsungleichheit geliefert, aber es ist noch sehr wenig über die lokalen Gegebenheiten bekannt, welche die sehr unterschiedlichen Bildungsergebnisse von Schülern aus einkommensschwachen und einkommensstarken Familien erklären könnten. Gabrielle Fack, Julien Grenet und Asma Benhenda haben in diesem Bereich wichtige Erkenntnisse gesammelt: Gestützt auf neue Daten zu den Schulen der Sekundarstufen I und II im Großraum Paris, beschreiben sie einen extremen Fall von Bildungsungleichheit. Gleichzeitig zeigen sie, wie die öffentliche Politik die Probleme lösen könnte.[20]

Wie sie in ihrer Arbeit zeigen, nahmen im Jahr 2015 in Paris 115 öffentliche Mittelschulen und 60 Privatschulen mehr als 85 000 Schüler auf, von denen viele höheren sozioprofessionellen Gruppen (49 %) und wenige benachteiligten Gruppen angehörten (16 %). Insgesamt scheint in den Pariser Sekundarschulen eine extreme Segregation zu herrschen, wobei der Anteil der Schüler aus unteren sozioprofessionellen Gruppen in den Schulen der Hauptstadt zwischen 0,3 und 63 % schwankt. Die Privatschulen spielen eine Schlüsselrolle in der sozialen Segregation, da sich dort Schüler aus wohlhabenderen Familien konzentrieren: In den meisten Privatschulen in Paris stammen weniger als 10 % der Schüler aus einkommensschwachen Familien; in der Privatschule mit dem höchsten Maß an sozialer Vielfalt stellte diese Gruppe 25 % der Schüler. Allem Anschein nach grenzen die Privatschulen Schüler aus benachteiligten Familien aus und tragen damit direkt zur Polarisierung des französischen Bildungssystems bei.

Ein enger Zusammenhang zwischen sozialer und räumlicher Segregation

Diese Polarisierung wird durch die territoriale Segregation verstärkt. Paris ist in klar abgegrenzte Räume unterteilt: Im Norden, Nordosten, Osten und Süden liegt das jährliche Medianeinkommen unter 30 000 Euro, während es im Zentrum und im Westen über 40 000 € liegt. Gleichzeitig hängt der Zugang zu den Pariser Sekundarschulen vom Wohnort in der Stadt ab. Im französischen Bildungssystem werden die Schüler nach Maßgabe einer «Schulkarte» *(carte scolaire)* Schulen innerhalb eines begrenzten geografischen Gebiets zugeteilt, was zur Folge hat, dass ein Schüler, der unter einer bestimmten Adresse gemeldet ist, im Prinzip nur die öffentliche Sekundarschule besuchen kann, der diese Adresse zugewiesen ist. Es kann nicht überraschen, dass die Verteilung der Schüler aus armen und reichen Familien daher weitgehend der Einkommensverteilung ihrer Elternhäuser entspricht: In einigen Schulen in relativ armen Stadtteilen stammen mehr als 50 % der Schüler aus einkommensschwachen Familien, während in den meisten Schulen in den wohlhabenden Stadtteilen weniger als 10 % aus ärmeren Familien kommen.

Die räumliche Segregation ist jedoch nicht auf diese umfassenden geografischen Gebiete beschränkt, sondern existiert auch auf untergeordneter Ebene innerhalb der Pariser Stadtbezirke *(arrondissements)*. Beispielsweise schwankt der Anteil der Schüler aus armen Familien in den Schulen des 18. Arrondissements zwischen 9 und 58 %, obwohl diese Schulen nur wenige hundert Meter voneinander entfernt sind. Zusätzlich verstärkt wird diese Segregationswirkung durch die Privatschulen, da wohlhabende Familien die Möglichkeit haben, sich dem öffentlichen Schulsystem zu entziehen.

Transparente Daten sind eine Voraussetzung für eine bessere öffentliche Debatte über die Bildung

Um zu verstehen, warum die Schüler aus einkommensschwachen und einkommensstarken Familien in Frankreich derart strikt voneinander getrennt werden, und um die existierende Bildungspolitik beurteilen zu können, muss die Entwicklung der Bildungssegregation verfolgt werden. In den Pariser Sekundarschulen war die Segregation bis 2002 sehr viel deutlicher ausgeprägt als in den benachbarten Städten Versailles und Créteil, die zu anderen Verwaltungseinheiten gehören, und in allen drei Städten ist sie relativ stabil.

Neue Daten zur Entwicklung der Segregation in den französischen Sekundarschulen zeichnen jedoch ein ganz anderes Bild. In den Jahren 2007/08 führte Paris ein neues System zur Zuteilung der Schüler zu den Schulen ein. Anders als in Versailles und Créteil, wo weiterhin die örtliche Nähe ausschlaggebend war, begann Paris, die Schüler in größeren

Grafik 5.4.2
Auswirkungen einer Zuteilungspolitik auf die Bildungssegregation in Frankreich, 2002–2012

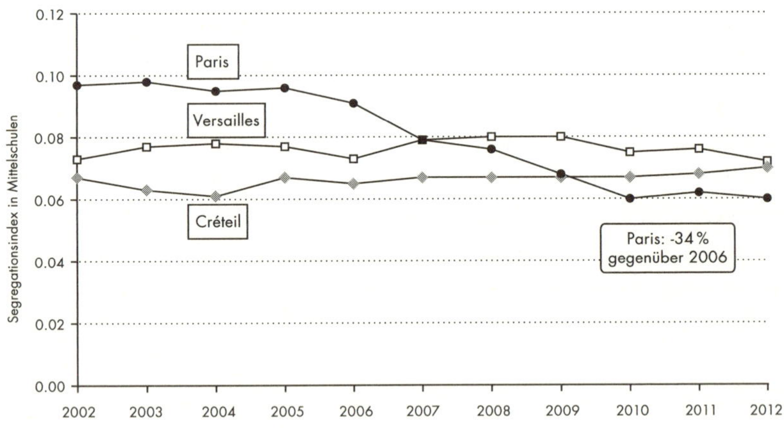

Quelle: Fack, Grenet und Benhenda (2014). Vgl. wir2018.wid.world für Datenreihen und Anmerkungen.
Zwischen 2006 und 2012 sank der Segregationsindex für die Sekundarschulen in Paris um 34 %.

Schulbezirken abhängig von den Noten den Schulen zuzuteilen, um die soziale Kohäsion zu fördern. Schüler aus benachteiligten Gruppen erhielten zudem Bonuspunkte, was ihnen mehr Spielraum bei der Wahl der Sekundarschule gab.

Zwischen 2002 und 2012 verringerte sich die soziale Segregation in den öffentlichen Sekundarschulen von Paris um ein Drittel (vgl. **Grafik 5.4.2**), wodurch die Segregationsrate von Paris im Jahr 2010 unter jene von Versailles und Créteil sank. Eine Analyse der Wirkung des neuen, auf den Noten beruhenden Zuteilungssystems zeigt, dass es wesentlich zu dieser Entwicklung beigetragen hat. Der Anteil der Schüler, deren Aufnahme in die besten 25 % der Pariser Sekundarschulen auf sozialen Kriterien beruhte, stieg zwischen 2005 und 2012 fast um das Doppelte von 12 auf 21 %, während dieser Anteil in den Nachbarstädten sowie in den Pariser Schulen, die das neue Zuteilungsverfahren nicht anwandten, unverändert blieb.

Es ist also möglich, die soziale Integration zu fördern. Es müssen unbedingt neue Zuteilungssysteme entworfen und evaluiert werden, um allen Kindern unabhängig von ihren sozioökonomischen Umständen gleiche Bildungschancen zu eröffnen. Die Gesellschaft kann, gestützt auf zuverlässige Informationen, eine transparente, demokratische Debatte über die Systeme führen. Das ist nicht auf reiche Länder beschränkt. In Schwellenländern wie Indien ist der Zugang zur Bildung ebenfalls sehr ungleich. In einigen Ländern gibt es seit Langem Reservierungssysteme, die auf Quoten beruhen. Diese Systeme sind komplex und nicht perfekt, aber die Analyse ihrer Stärken und Schwächen kann anderen Ländern Fortschritte ermöglichen (vgl. **Kasten 5.4.1**).

Reservierungssysteme genügen nicht, um einen gleichberechtigten Zugang zur Bildung zu gewährleisten. Wenn öffentliche Schulen und Universitäten nicht genug Mittel haben, um gute Lehrer, geeignete Gebäude und Einrichtungen zu bezahlen, kann ein Zuteilungssystem noch so egalisierend sein und dennoch wenig zur Demokratisierung einer hochwertigen Bildung beitragen. Schwellen- und Industrieländer gleichermaßen müssen umfassend in die Bildung investieren. Zudem genügt die Bildungspolitik allein nicht, um die Ungleichheit am unteren Ende der Verteilung zu beseitigen. Dazu bedarf es auch Maßnahmen zur Förderung fairer Löhne und Gehälter (vgl. **Kasten 5.4.2**).

Kasten 5.4.1
Das indische Reservierungssystem

Um extreme soziale Ungleichheit zu bekämpfen, hat Indien ein umfassendes System entwickelt, das die bevorzugte Aufnahme von Angehörigen der untersten Kasten in die Universitäten (sowie in den öffentlichen Dienst) vorsieht. Ziel der positiven Diskriminierung sind Angehörige der «Scheduled Castes/Scheduled Tribes» (der «gelisteten Kasten und Stammesbevölkerungen»), die fast 30 % der Bevölkerung stellen. Das nationale Programm wurde in den 1950er Jahren des vergangenen Jahrhunderts eingeführt. Die Reservierung von Studien- und Arbeitsplätzen aufgrund der sozialen und kulturellen Segregation verursacht jedoch komplexe Messungsprobleme und stellt die Politik vor beträchtliche Probleme. Wie können legitime Begünstigte richtig identifiziert werden? Wie kann ein dynamisches Reservierungssystem gestaltet werden, das den demografischen, kulturellen und wirtschaftlichen Wandel berücksichtigt?

Die sogenannte Reservierungspolitik hat zu wachsender Frustration bei den Angehörigen der mittleren Kasten – der «anderen zurückgebliebenen Klassen» (Other Backward Classes, OBC) – geführt, die rund 40 % der indischen Bevölkerung stellen und zwischen den besonders benachteiligten Gruppen und den höheren Kasten «eingeklemmt» sind. Seit den 1980er Jahren haben mehrere indische Bundesstaaten die bevorzugten Zulassungen auf diese Gruppen ausgeweitet (zu denen auch die aus dem ursprünglichen System ausgeschlossenen Muslime gehören). Die Auseinandersetzungen über diese Regelungen werden umso heftiger geführt, als die alten Grenzen zwischen den Kasten mittlerweile durchlässig sind und sich nicht immer mit den Grenzen zwischen den Segmenten der Einkommens- und Vermögenshierarchien decken – tatsächlich gibt es erhebliche Überschneidungen. Im Jahr 2011 beschloss die indische Bundesregierung schließlich, die komplexen Beziehungen zu klären und einen sozioökonomischen Zensus der Kasten zu organisieren (den ersten seit 1931). Die Ergebnisse dieses Zensus werden jedoch als unzuverlässig kritisiert, und die Zentralregierung hat eine Reihe von Messfehlern eingeräumt.

Diese Probleme zeigen, dass es solider und legitimer Datenerfassungssysteme bedarf, um die demografische, wirtschaftliche und kulturelle Entwicklung verfolgen zu können. Um die Kritik an der Reservierungspolitik zu entkräften, könnte Indien die bevorzugte Zulassung von Angehörigen benachteiligter Gruppen durch Regeln ersetzen, die auf allgemeingültigen sozialen Kriterien wie dem Einkommen der Eltern oder dem Wohnort beruhen, ähnlich den Zulassungsmechanismen für Grund- und Sekundarschulen.

Man könnte sagen, dass ein Land wie Indien einfach versucht, das Problem der Ungleichheit in einer Situation, in der die Ungleichheit des sozialen Status, die ihren Ursprung in der früheren, diskriminierenden Gesellschaftsordnung hat, besonders extrem ist und die Gefahr gewaltsamer Auseinandersetzungen heraufbeschwört, mit den Mitteln in Angriff zu nehmen, die einem Rechtsstaat zur Verfügung stehen. Aber wie wir zuvor gesehen haben, sind auch reiche Länder entgegen einer verbreiteten Annahme nicht gegen solche Probleme gefeit. Tatsächlich können sowohl arme als auch reiche Länder sehr viel aus den Mängeln des indischen Reservierungssystems lernen, das eines der ältesten landesweiten Programme für positive Diskriminierung ist.

Kasten 5.4.2
Mindestlohn, fairer Lohn und Unternehmensführung

Um die Einkommensungleichheit zu verringern und den Zugang zu guten Arbeitsplätzen zu verbessern, bedarf es einer Bildungspolitik, welche die soziale Mobilität und die Chancengleichheit erhöht. Eine solche Politik allein genügt jedoch nicht, um allen Menschen ein angemessenes Einkommen zu sichern. Weitere politische Instrumente, die geeignet sind, die Einkommen der Arbeitnehmer zu erhöhen, sind der Mindestlohn und eine demokratischere Unternehmensführung.

Es muss darauf hingewiesen werden, dass Lohnungleichheit und prekäre Beschäftigungsverhältnisse weiterhin ein großes Problem darstellen und in einigen Ländern zugenommen haben. Nach Angaben der Internationalen Arbeitsorganisation (ILO) ist der seit Langem sinkende Anteil der Arbeitseinkommen am Gesamteinkommen in den letzten fünf Jahren weiter geschrumpft; immer noch erhalten 80 % der Arbeitskräfte weniger als den durchschnittlichen Lohn, der in ihrem Unternehmen gezahlt wird – ohne mit qualifikationsbezogenen Merkmalen erklärt werden zu können. Unabhängig davon, ob das Durchschnittseinkommen in einem Land deutlich steigt oder nicht, werden Maßnahmen zur Förderung der Chancengleichheit in der Bildung allein nicht genügen, um ihre Forderungen zu erfüllen, wenn die einzelnen Arbeitskräfte nur auf einen geringen Anteil an diesem Anstieg hoffen dürfen.

Mindestlöhne und Maßnahmen zur Regulierung des Arbeitsmarkts können wesentlich dazu beitragen, die Einkommensungleichheit zu bekämpfen. **Grafik 5.4.3** veranschaulicht den engen Zusammenhang zwischen ordnungspolitischen Eingriffen und Einkommensunterschieden. Während der Realmindestlohn in Frankreich seit Anfang der 1970er Jahre stetig gestiegen ist, ist er in den Vereinigten Staaten heute niedriger als im Jahr 1980. Die unterschiedliche Entwicklung der Ungleichheit in den beiden Ländern entspricht diesem Muster – insbesondere im unteren Bereich der Verteilung, wie wir in den Kapiteln 2.4 und 2.5 gesehen haben. Heute liegt der Mindestlohn in Frankreich bei fast 10 Euro pro Stunde, was 50 % über dem Wert in den Vereinigten Staaten liegt, obwohl das durchschnittliche Einkommen pro Erwachsenem in den Vereinigten Staaten 50 % höher ist als in Frankreich. Mindestlöhne tragen normalerweise dazu bei, die Lohnungleichheit sowie die deutlichen geschlechtsspezifischen Einkommensunterschiede zu verringern, da Frauen sowohl in Industrie- als auch Entwicklungsländern im Niedriglohnsegment überrepräsentiert sind.

Um die Lohnungleichheit zu verringern und die Qualität der Arbeitsplätze allgemein zu verbessern, wären tiefgreifende Veränderungen an den Systemen erforderlich, in denen die Macht der verschiedenen Interessengruppen festgelegt und organisiert wird. Einige nordeuropäische und deutschsprachige Länder haben sich bereits in diese Richtung bewegt und die betriebliche Mitbestimmung eingeführt. Beispielsweise sitzen in den Aufsichtsräten großer deutscher Unternehmen Belegschaftsvertreter; so wird dafür gesorgt, dass die Interessen der Arbeitnehmer bei strategischen Entscheidungen sowie bei Entscheidungen über die Gehälter von Managern und Mitarbeitern berücksichtigt werden. Diese Beispiele verdeutlichen, dass die Bildungspolitik zwar große Bedeutung hat, jedoch an sich nicht genügt, um die extreme Ungleichheit in einigen Ländern zu beseitigen.

Grafik 5.4.3
Mindestlohn in Frankreich und den USA, 1950–2016

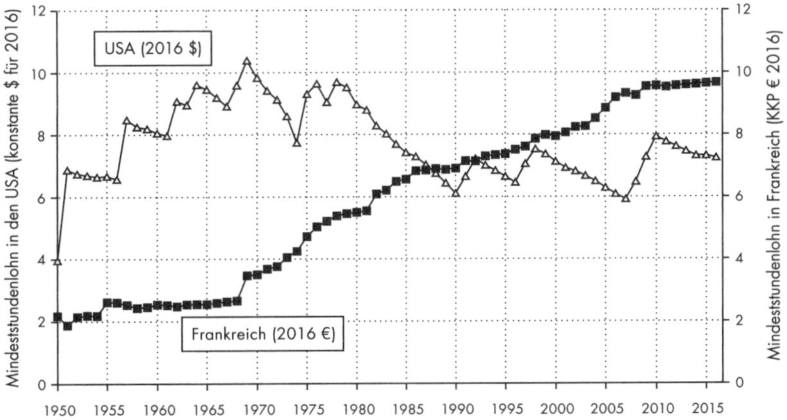

Quelle: Piketty (2014) und Aktualisierungen. Vgl. wir2018.wid.world für Datenreihen und Anmerkungen.
Zwischen 2000 und 2016 stieg der Mindestlohn in Frankreich von 7,9 € auf 9,7 € pro Stunde, während er sich in den USA von 7,13 $ auf 7,25 $ erhöhte. Die Einkommensschätzungen beruhen auf KKP-Euro (Kaufkraftparität) für Frankreich und KKP-Dollar für die USA. Zum Vergleich: 1 € = 1,3 $ = 4,4 ¥ zu KKP. Die KKPen berücksichtigen die Unterschiede zwischen den Lebenshaltungskosten in den verschiedenen Ländern. Alle Werte sind inflationsbereinigt.

5. Eine Botschaft aus der Vergangenheit: Die Staaten sollten in die Zukunft investieren

- Der Anteil des öffentlichen Vermögens am Nationalvermögen ist in den meisten in diesem Bericht untersuchten Ländern gesunken. In vielen reichen Ländern (so zum Beispiel in Frankreich, Deutschland, Japan) liegt er mittlerweile nahe bei null oder ist sogar negativ (USA, Großbritannien).
- Ein derart geringes öffentliches Vermögen erschwert den Kampf gegen die gegenwärtige und zukünftige Ungleichheit, da die öffentliche Hand nicht über ausreichende Mittel verfügt, um in Bildung, Gesundheit und Umweltschutz zu investieren.
- Die Einnahmen aus dem Verkauf des Staatseigentums und/oder eine langfristige Sparpolitik würden bestenfalls genügen, um die öffent-

lichen Schulden zurückzuzahlen, und in einigen Ländern wäre selbst das unmöglich. Zudem würde eine solche Politik den Regierungen die Mittel entziehen, die sie benötigen, um Chancengleichheit für ihre Bürger herzustellen.

- Die Geschichte zeigt, dass es drei Methoden gibt, um hohe Staatsschulden zu verringern: progressive Besteuerung privater Vermögen, Schuldenerlass und Inflation. Normalerweise werden diese Methoden miteinander kombiniert. Da es schwierig sein kann, Auftreten und Ausmaß der Inflation zu beherrschen, scheint eine Kombination der ersten beiden Lösungen ratsam.
- Es ist jedoch alles andere als einfach, die öffentlichen Schulden zu verringern. Im Lauf der Geschichte wurden verschiedene Lösungsansätze gewählt, aber es ist schwer, die für ein bestimmtes Land am besten geeignete Lösung zu finden. Hier bedarf es einer klärenden öffentlichen Debatte auf der Grundlage solider wirtschaftlicher, sozialer und historischer Daten.

Der Anteil des öffentlichen Vermögens am gesamten Nationalvermögen ist in allen Ländern, die in diesem Bericht untersucht wurden, gesunken (vgl. Teil III). In Russland und China ist dieser Rückgang die logische Konsequenz der Abkehr vom kommunistischen System. Beiden Ländern ist es jedoch gelungen, ihr öffentliches Vermögen auf einem, verglichen mit den reichen Ländern, hohen Niveau zu halten. Die gegenwärtige Situation in den reichen Ländern ist in historischer Perspektive eine Anomalie.

Während des Wirtschaftsaufschwungs nach dem Zweiten Weltkrieg war das Staatseigentum in den europäischen Ländern hoch (es entsprach zwischen 100 und 130 % des jährlichen Nationaleinkommens, da der öffentliche Sektor infolge der Verstaatlichungen nach dem Krieg deutlich wuchs), und sein Wert überstieg die Staatsschulden (die in den meisten Ländern weniger als 30 % des Nationaleinkommens entsprachen) deutlich. Das öffentliche Nettovermögen – abzüglich der Schulden – war zumeist positiv und entsprach zwischen 70 und 100 % des Nationaleinkommens. Folglich war der Anteil des öffentlichen Vermögens am gesamten Nationalvermögen zwischen 1950 und 1980 hoch und lag normalerweise zwischen 15 und 25 % und teilweise sogar darüber.

In den letzten 30 Jahren sind die Staatsschulden in den meisten Industrieländern auf 100 % des Nationaleinkommens gestiegen, wodurch das öffentliche Nettovermögen auf nahezu null gesunken ist. In Italien war es am Vorabend der globalen Finanzkrise von 2008 bereits negativ. Die neuesten verfügbaren Daten (die in Teil IV ausgewertet wurden) zeigen, dass das öffentliche Nettovermögen mittlerweile in den Vereinigten Staaten, Japan und Großbritannien negativ und in Frankreich und Deutschland nur noch knapp im grünen Bereich ist.

Das bedeutet nicht, dass die reichen Länder verarmt wären: Nur ihr öffentlicher Sektor ist verarmt. Wie wir in Teil IV gesehen haben, sind die Privatvermögen – abzüglich der Schulden – seit den 1970er Jahren deutlich gewachsen. Damals entsprach das gesamte Privatvermögen 300 % des jährlichen Nationaleinkommens. Mittlerweile ist es in den meisten reichen Ländern auf 600 % oder mehr des Nationaleinkommens gestiegen. Für dieses Wachstum des Privatvermögens gibt es mehrere Gründe: den Anstieg der Immobilienpreise (Ballungseffekte in größeren städtischen Zentren), die Alterung der Bevölkerung und die Verlangsamung des Bevölkerungswachstums (beides führt automatisch zu einem Anstieg der in der Vergangenheit angehäuften Ersparnisse in Relation zum gegenwärtigen Einkommen und trägt zur Preisinflation bei) sowie die Privatisierung von Staatseigentum und den Anstieg der Schulden (die über Finanzintermediäre, das heißt die Banken, in der einen oder anderen Form von Privatpersonen gehalten werden). Die sehr hohen Renditen finanzieller Vermögenswerte (die strukturell schneller wachsen als die Weltwirtschaft) und die Entwicklung eines globalen Rechtssystems, welches das Privateigentum (Immobilien und geistiges Eigentum) bevorzugt, trugen ebenfalls zu diesem Anstieg bei.

Bemerkenswert ist, dass das öffentliche Vermögen in Ländern wie China und Russland trotz der Verschiebung des Verhältnisses zwischen privatem und öffentlichem Kapital seit der Abkehr vom Kommunismus relativ groß geblieben ist. In China entspricht das öffentliche Vermögen mehr als 200 %, in Russland fast 100 % des Nationaleinkommens. Während das Verhältnis in Russland in den letzten zwei Jahrzehnt deutlich gesunken ist, ist es in China weitgehend unverändert geblieben. In beiden Fällen ist es sehr viel höher als in den reichen Ländern. Die Regierungen dieser Länder wahren einen beträchtlichen Einfluss auf die Wirtschaft.

Umfangreiches Staatseigentum erhöht offenkundig die Fähigkeit des Staates, die Industrie-, Bildungs- oder Regionalpolitik zu gestalten (was er mit wechselndem Erfolg tut). Umgekehrt kann ein negatives öffentliches Vermögen gravierende negative Auswirkungen auf den Staatshaushalt haben: Staaten mit negativem öffentlichen Nettovermögen müssen normalerweise hohe Zinsen für die Kredite zahlen, mit denen öffentliche Ausgaben und Wohlfahrtstransfers finanziert werden, während Staaten mit einem hohen öffentlichen Nettovermögen potenziell beträchtliche Kapitaleinkünfte erzielen und öffentliche Ausgaben finanzieren können, die ihre Steuereinnahmen übersteigen. Die Situation von Ländern mit geringem öffentlichen Nettovermögen ist besonders problematisch, wenn die Einkommens- und Vermögensungleichheit groß ist.

Wie können sich hoch verschuldete Staaten aus ihrer Zwangslage befreien? Eine Möglichkeit besteht darin, das gesamte Staatseigentum (einschließlich aller öffentlichen Gebäude, Schulen, Universitäten, Krankenhäuser, Polizeiwachen und Infrastrukturen) zu verkaufen. In den Vereinigten Staaten, Japan und Großbritannien, vor allem aber in Italien würde das jedoch nicht genügen, um die gesamten Staatsschulden zu begleichen. In Frankreich und Deutschland würde es ausreichen. In all diesen Fällen würde der Staat damit obendrein die Fähigkeit einbüßen (oder fast einbüßen), das Bildungs- und Gesundheitssystem zu steuern. Anders ausgedrückt: Der Sozialstaat würde weitgehend verschwinden, womit der Staat keine Möglichkeit mehr hätte, für Chancengleichheit zu sorgen.

Eine weitere Option bestünde in einer langjährigen Sparpolitik, die eine drastische Kürzung der Staatsausgaben erfordern würde. Die Austerität trägt ebenfalls zu wachsender Ungleichheit bei, da die staatlichen Umverteilungsprogramme aufgegeben werden müssten, um die Schulden zurückzuzahlen. Austerität und Privatisierung sind sowohl sozial ungerecht als auch ineffizient.

Glücklicherweise gibt es noch andere Optionen. Im Lauf der Geschichte wurden drei verschiedene Lösungsansätze – und normalerweise eine Kombination dieser Lösungen – gewählt, um die Verringerung eines hohen Staatsdefizits zu beschleunigen: progressive Steuern auf Privatvermögen, Schuldenerlass und Inflation. Mit einer Sondersteuer auf hohe Privatvermögen kann der Staat hohe Einnahmen erzielen, die er zur Schuldenreduktion verwenden kann. Beispielsweise würde eine Pauschalsteuer von 15 % auf Privatvermögen in den reichen Ländern (wo die Privatvermögen etwa 600 % des jährlichen Nationaleinkommens entsprechen) fast das Nationaleinkommen eines Jahres (90 %) einbringen und damit eine Rückzahlung eines Großteils der öffentlichen Schulden ermöglichen.

Diese Lösung entspricht der Nichtanerkennung der Staatsschulden, wobei es jedoch zwei wesentliche Unterschiede zwischen den beiden Ansätzen gibt: Erstens sind die Auswirkungen eines Schuldenmoratoriums (selbst eines partiellen Moratoriums) sehr schwer einzuschätzen. Die Anleihebesitzer werden gezwungen, sich mit einem Schuldenschnitt abzufinden – der Wert der von Banken und anderen Gläubigern gehaltenen Staatsanleihen wird um 10 bis 20 % oder noch mehr verringert. Das Problem ist, dass schwer zu beurteilen ist, welche Akteure letzten Endes die Verluste tragen müssen, und ein umfangreicher Schuldenschnitt kann eine Panik unter den Anlegern und eine Konkurswelle auslösen – und letzten Endes zum Zusammenbruch des Finanzsektors führen. Die wenigsten Regierungen sind bereit, dieses Risiko einzugehen. Zweitens kann eine Sondersteuer auf Privatvermögen anders als ein Schuldenschnitt durch progressive Steuersätze dem individuellen Vermögensniveau angepasst werden. Aufgrund der extremen Vermögenskonzentration ist diese Lösung vorzuziehen. Beispielsweise besitzen die Angehörigen des obersten 1 % der Vermögensverteilung normalerweise rund 30 % des gesamten Privatvermögens (also den Gegenwert von 180 % des jährlichen Nationaleinkommens, wenn das gesamte Privatvermögen 600 % des Nationaleinkommens entspricht). Anstatt eine Pauschalsteuer von 15 % auf Privatvermögen einzuheben, könnte der Staat denselben Betrag einnehmen, indem er die unteren 99 % der Vermögensverteilung von der Steuer ausnähme und einen durchschnittlichen effektiven Steuersatz von 50 % auf die Vermögen des reichsten 1 % anwendete. Alternativ dazu könnte man ein Mischsystem einführen und beispielsweise eine progressive Vermögensteuer einführen, die sich bis zu einem Vermögen von 1 Million Euro auf null beliefe. Ab dieser Schwelle könnte eine Steuer von 10 % auf Vermögen zwischen 1 und 5 Mio. Euro und von 25 % auf Vermögen von mehr als 5 Mio. Euro eingehoben werden. Auf diese Art könnten in Europa 20 % des Nationaleinkommens eingetrieben werden, was ein großer Schritt zu einer Verringerung der öffentlichen Schulden wäre.

Interessant ist, dass in Frankreich im Jahr 1945 eine Sondersteuer auf Vermögen eingeführt wurde, um die hohen Staatsschulden zu senken. Der progressive Steuersatz bewegte sich zwischen 0 und 25 %. Auch in Deutschland wurde nach dem Zweiten Weltkrieg eine progressive Sondersteuer auf Privatvermögen eingeführt, die bis in die 1980er Jahre erhoben wurde.

Zu jener Zeit wurden progressive Sondersteuern auf Privatvermögen mit verschiedenen Formen von partiellen Schuldenschnitten und Schuldenerlässen kombiniert. Diese stellen eine zweite naheliegende Methode dar, um hohe Staatsverschulden rasch abzubauen. Deutschland kam auf der Londoner Schuldenkonferenz im Jahr 1953 in den Genuss eines fast vollständigen Schuldenerlasses. Die Schulden hatte Deutschland während des Wiederaufbaus in den Jahren 1945 bis 1953 angehäuft. Die internationalen Gläubiger – vor allem Staaten – beschlossen im Jahr 1953, die Rückzahlung dieser Schulden (ohne Indexierungsmechanismus) bis zur deutschen Wiedervereinigung zu verschieben, und letzten Endes wurden die Schulden vollkommen gestrichen.[21]

Im gegenwärtigen Kontext könnten sich in Europa neue Formen des Schuldenerlasses entwickeln. Erste Schritte dazu werden bereits unternommen (obwohl sie zu langsam und zögerlich sind und auf zahlreiche Hindernisse stoßen). Öffentliche Einrichtungen wie die Europäische Zentralbank (EZB) und der Europäische Stabilitätsmechanismus (ESM) könnten schrittweise einen wachsenden Teil der Staatsschulden der einzelnen Länder in ihre Bilanzen nehmen und die Rückzahlung so lange verschieben, bis bestimmte soziale, wirtschaftliche und Umweltschutzziele erreicht sind. So könnten die Vorteile des Schuldenschnitts genutzt werden, ohne die mit einer Anlegerpanik und Bankrotten einhergehende Instabilität des Finanzsystems zu riskieren.

Die dritte in der Vergangenheit angewandte Lösung zur Verringerung hoher Staatsschulden besteht darin, die Inflation anzukurbeln. Dieser Mechanismus hat historisch eine zentrale Rolle in den Bemühungen um eine Verringerung der öffentlichen Schulden gespielt. Frankreich und Deutschland versuchten nach dem Ersten Weltkrieg, ihre

Schulden durch Ankurbelung der Inflation deutlich zu senken, und diese Methode kam auch nach dem Zweiten Weltkrieg zum Einsatz, als sie jedoch mit anspruchsvolleren Mechanismen wie progressiven Vermögensteuern und Schuldenerlässen kombiniert wurde. Ein großes Problem der Inflation als politisches Instrument ist, dass sie schwer zu beherrschen ist. Hat die Geldentwertung einmal begonnen, fällt es den politisch Verantwortlichen möglicherweise schwer, sie wieder zu stoppen. Zudem ist die Inflation ein Werkzeug, das nicht so präzise eingesetzt werden kann wie Steuern. Theoretisch könnte sie wie eine Steuer auf brachliegendes Kapital funktionieren und jene entlasten, die verschuldet sind, da sie den Wert der Schulden verringert. In der Praxis kann sie unter dem Gesichtspunkt der Fairness jedoch wenig wünschenswerte Wirkungen haben. In Zeiten hoher Inflation können große und gut diversifizierte Aktienportfolios gute Renditen abwerfen, während kleinere Sparguthaben der Mittelschicht und der Armen ausgelöscht werden. Eine Kombination von Sondersteuern auf Vermögen und Schuldenerlässen dürfte eine bessere Option sein.

Grafik 5.5.1
Staatsschulden in Frankreich und Deutschland, 1945–1953

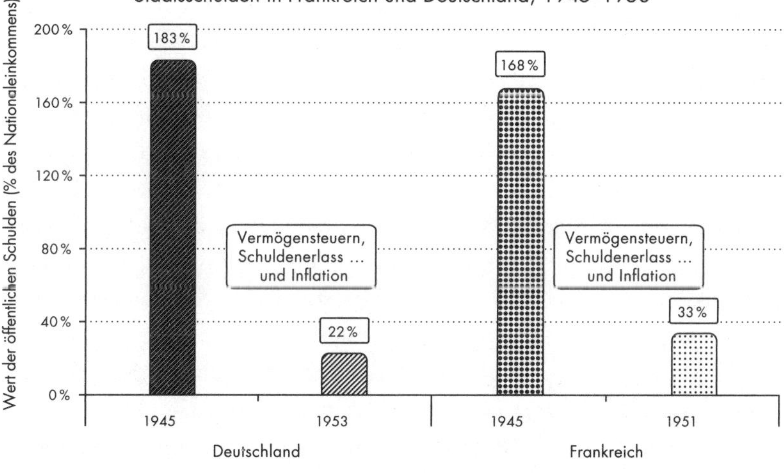

Quelle: Piketty und Zucman (2014). Vgl. wir2018.wid.world für Datenreihen und Anmerkungen.
1945 entsprachen die Staatsschulden Deutschlands 183 % des jährlichen Nationaleinkommens. Bis 1953 sanken sie auf 22 % des Nationaleinkommens.

Kasten 5.5.1
Wir brauchen einheitliche Maße der Ungleichheit, die internationale Vergleiche und kollektive Lernfortschritte ermöglichen

In diesem Bericht wurde wiederholt darauf hingewiesen, dass Zivilgesellschaft, Forschung, Unternehmen und Politik solide Wirtschaftsdaten benötigen, um wirksame und ausgewogene politische Antworten auf die wachsende wirtschaftliche Ungleichheit debattieren und geeignete Maßnahmen entwickeln zu können.

Es sollte erwähnt werden, dass sich die Vereinten Nationen im Jahr 2015 im Rahmen einer globalen Agenda für den gesellschaftlichen Wandel in reichen und armen Ländern auf 17 Ziele für nachhaltige Entwicklung (Sustainable Development Goals, SDG) geeinigt haben. Ausgehend von der Erkenntnis, dass die wachsende Einkommens- und Vermögensungleichheit ein globales Problem ist, werden die Länder im Ziel 10 aufgefordert, «die Ungleichheit in und zwischen den Ländern zu verringern». Um dieses Ziel zu erreichen, werden die Länder im SDG-Rahmen dazu angehalten, spezifische nationale Umsetzungsstrategien zu entwickeln und Überwachungs- und Prüfungsverfahren einzuführen, um die UN-Ziele zu erreichen.

Diese Entwicklung ist besonders bemerkenswert, weil die internationalen Organisationen der Ungleichheit innerhalb der Länder bis vor Kurzem nur geringe Aufmerksamkeit schenkten und die Verringerung der Ungleichheit als interne Angelegenheit der einzelnen Länder betrachteten oder die Ungleichheit als notwendige Begleiterscheinung der globalen Zunahme des Wohlstands darstellten. Die Sorge über Einkommensungleichheit innerhalb der Länder stand im Schatten der Bemühungen um die Verringerung der absoluten Armut, bis die nachhaltigen Entwicklungsziele der Vereinten Nationen ihre früheren Milleniumsentwicklungsziele ersetzten. Darüber hinaus galten die globalen Entwicklungsziele bis dahin nur für Entwicklungs- und Schwellenländer, nicht jedoch für die reichen Länder. Wie wir gesehen haben, sind jedoch nicht nur arme, sondern auch reiche Länder mit zunehmender Ungleichheit konfrontiert.

In diesem Kontext markiert die einstimmige Verabschiedung des Entwicklungsziels 10.1 durch die UN-Mitgliedsstaaten einen bedeutsamen Wendepunkt. Das Ziel 10.1 besagt, dass bis 2030 Schritt für Schritt ein Einkommenszuwachs der unteren 40 % der Bevölkerung erreicht und aufrechterhalten werden soll, der das durchschnittliche nationale Einkommenswachstum übersteigt. Dieses Ziel war unter den Vertretern der Mitgliedsländer sehr umstritten. China erklärte, die Verringerung der nationalen Ungleichheit müsse den einzelnen Ländern vorbehalten bleiben, und die Vereinigten Staaten vertraten die Ansicht, diese Verringerung könne am ehesten durch Wirtschaftswachstum erreicht werden. An einem Punkt wurden Maßnahmen gegen die Ungleichheit sogar aus der Liste der Entwicklungsziele gestrichen. Eine von Dänemark, Norwegen und Brasilien angeführte Gruppe von Ländern setzte sich jedoch für die Wiederaufnahme dieses Ziels ein und schlug vor, spezifische Maßstäbe anzuwenden, um die Verringerung der Ungleichheit voranzutreiben.* Diese Debatten zeigen, dass die Länder den neuen Indikator ernst nehmen.

Kommen die Länder Entwicklungsziel 10.1 näher? Die Daten aus WID.world sind gut geeignet, um diese Frage zu beantworten. In **Tabelle 5.5.1** werden die Fortschritte von sechs Ländern in den folgenden Zeiträumen verglichen: 2015/16, 2000 bis 2016 und 1980 bis 2016. Der Maßstab ist hier das Einkommen vor Steuern.

Im Zeitraum 2015/16 gelang es nur Frankreich, die Vorgabe zu erfüllen. In den anderen fünf Ländern stieg das Durchschnittseinkommen der unteren 40 % der Bevölkerung weniger als das der Gesamtbevölkerung. Die Ergebnisse verdeutlichen die Wirkung dieser Zielvorgabe: Sie ist insofern transformativ, als sie nicht automatisch erreicht werden kann. Die Länder werden handeln müssen, wenn sie ihre Zusagen einhalten wollen. Und die Entwicklung im Zeitraum 2000 bis 2016 liefert eine weitere wichtige Erkenntnis: In dieser Zeit gelang es Brasilien, Frank-

* L. Chancel, A. Hough, T. Voituriez, «Reducing Inequalities within Countries: Assessing the Potential of the Sustainable Development Goals», 12 511, Global Policy (2017).

Tabelle 5.5.1
Wachstum der Realeinkommen in Schwellen- und Industrieländern, 1980–2016

		Brasilien	China	Frankreich	Indien	Russland	USA
2015/16	**untere 40 %**	–7,1 %	6,4 %	1,7 %	4,4 %	–1,4 %	0,6 %
	Gesamtbevölk.	–5 %	6,6 %	1,4 %	4,5 %	–2,7 %	2,2 %
2000–2016	**untere 40 %**	12 %	200 %	10 %	50 %	119 %	–7 %
	Gesamtbevölk.	1 %	281 %	4,7 %	108 %	69 %	12 %
1980–2016	**untere 40 %**	–	359 %	31 %	107 %	–21 %	–3,9 %
	Gesamtbevölk.		833 %	40 %	223 %	52 %	66 %

Quelle: WID.world (2017). Vgl. wir2018.wid.world für Datenreihen und Anmerkungen. Zwischen 1980 und 2016 stieg das Durchschnittseinkommen vor Steuern der unteren 40 % der Verteilung in China um 359 %. Das Durchschnittseinkommen vor Steuern der gesamten erwachsenen Bevölkerung stieg im selben Zeitraum um 833 %.

reich und Russland, das Ziel zu erreichen, wenn auch mit sehr verschiedenen durchschnittlichen Wachstumspfaden. Das deutet darauf hin, dass in einigen Ländern über relativ längere Zeiträume hinweg Erfolge erzielt wurden und dass es nicht nur wünschenswert, sondern realistisch ist, das Ziel in der Zukunft zu erreichen – selbst wenn die Ergebnisse im Zeitraum 1980 bis 2016 nicht unbedingt ermutigend sind.

Zwei Dinge sind erwähnenswert

Erstens nahm die Ungleichheit, wie an anderer Stelle in diesem Bericht erläutert, auch an der Spitze zu. Wenn wir uns nur auf die unteren 40 % konzentrieren, übersehen wir wichtige Entwicklungen – unter anderem bei der Mittelschicht, die möglicherweise zwischen den Einkommenszuwächsen bei den unteren 40 % und des obersten 1 % eingeklemmt wird. Die Einkommen des reichsten 1 % können ebenfalls deutlich schneller wachsen, wie in den Untersuchungszeiträumen in den meisten Ländern zu beobachten war. In Brasilien stieg das Durchschnittseinkommen der unteren 40 % zwischen 2000 und 2016 mit 12 % sehr viel stärker als das der Gesamtbevölkerung (1 %), aber der Einkommenszuwachs des obersten 1 % belief sich in diesem Zeitraum auf 24 %. In geringerem Maß war diese Entwicklung auch in Frankreich im Zeitraum 2015 bis 2016 zu beobachten, als die Einkommen der unteren 40 % und des obersten 1 % überdurchschnittlich stark stiegen. Das bedeutet, dass der Einkommensanteil jener Personen, die wohlhabender als die unteren 40 %, aber ärmer als das oberste 1 % waren, schrumpfte. Dieses Phänomen der «ausgequetschten Mittelschicht» wird in den kommenden Jahren offenkundig eine der größten politischen Herausforderungen sein und muss sehr genau beobachtet werden.

Zweitens beziehen sich diese Schätzungen auf die Einkommen vor Steuern. In den Schätzungen der Einkommensungleichheit vor Steuern wird der Großteil der Barumverteilung in den reichen Ländern berücksichtigt (vgl. **Kasten 2.4.1**), nicht jedoch die Einkommens- und Vermögensteuern. Es bedarf auch der internationalen Messung der Einkommensungleichheit nach Steuern, um die Wirkung der Steuerpolitik genau einschätzen zu können. Wie wir an anderer Stelle in diesem Bericht gesehen haben, bedarf es noch einiger Arbeit, um diese Informationen zu sammeln, zu harmonisieren und auszuwerten. Die Vereinten Nationen und andere internationale Organisationen sind hier in der Verantwortung. WID.world wird sich weiter bemühen, solche Resultate vorzulegen; alle Beteiligten, die zu seinen Statistiken beitragen, sind bereit, die erforderlichen Ressourcen aufzubringen, um die demokratische Debatte auf eine solide Grundlage zu stellen.

Mit Blick auf diese Bemerkungen ist das Entwicklungsziel 10.1 zur Ungleichheit ein sehr nützliches Werkzeug für jene, die Maßnahmen gegen die wirtschaftliche Ungleichheit entwickeln wollen. Natürlich genügt ein auf zuverlässigen Daten beruhendes Maß der Ungleichheit für sich genommen nicht, politische Veränderungen herbeizuführen. Aber es ist eine unerlässliche Grundlage dafür. Ausgehend vom SDG-Rahmen, kann auch ein Rahmen entwickelt werden, in dem alle Beteiligten mehr über mögliche Maßnahmen zur Verringerung der Ungleichheit lernen können.* Wie wir in diesem Bericht gezeigt haben, können reiche und arme Länder voneinander sehr viel darüber lernen, welche Steuer-, Bildungs- und Arbeitsmarktpolitik und welche öffentlichen

* Chancel u. a., «Reducing Inequalities within Countries».

Investitionsmaßnahmen geeignet sind, eine gleichmäßiger verteilte, fairere Entwicklung zu ermöglichen.

Die Verringerung der öffentlichen Schulden ist alles andere als eine leichte Aufgabe. Im Lauf der Geschichte wurden verschiedene Lösungen gewählt. Wir behaupten nicht, die beste Option für jedes Land zu kennen. Hier bedarf es einer ernsthaften öffentlichen Debatte, die auf gründlichen wirtschaftlichen, sozialen und historischen Analysen und Vergleichen zwischen Ländern und Zeiträumen beruhen muss (vgl. **Kasten 5.5.1**). Eines muss in dieser Debatte klar sein: Es bedarf umfangreicher Investitionen, um für einen gleichberechtigten Zugang zur Bildung zu sorgen, die Umwelt zu schützen und den Auswirkungen des Klimawandels entgegenzuwirken.[22] Werden die Probleme nicht in Angriff genommen, so werden sie die wirtschaftliche Ungleichheit in Zukunft wahrscheinlich weiter vergrößern. Die jüngere Geschichte hat gezeigt, dass Gesellschaften in außergewöhnlichen Situationen ihre Regierungen beauftragen können, außergewöhnliche Maßnahmen zu ergreifen, um wieder in die Zukunft zu investieren.

SCHLUSS

Der *Weltungleichheitsbericht 2018* beruht auf Informationen, die in der Datenbank World Wealth and Income Database (WID.world) gesammelt sind. Diese historischen statistischen Daten sind konsistent und vollkommen transparent. Diese Datensammlung soll eine Lücke in der demokratischen Debatte über die Ungleichheit schließen. Im vorliegenden Bericht haben wir versucht, Daten zur Ungleichheit vorzulegen, die sich mit makroökonomischen Statistiken wie denen zum BIP und zum Nationaleinkommen decken, leicht verständlich sind und sich als Grundlage für öffentliche Debatten und Entscheidungen eignen. Unsere Datenreihen sind vollkommen transparent und nachvollziehbar. Unsere Computerprogramme, Annahmen und Studien sind im Internet zugänglich, damit alle interessierten Personen darauf zugreifen können.

Gestützt auf neue Daten zur Ungleichheit, die in WID.world veröffentlicht wurden, zeigt Teil II, dass die Einkommensungleichheit seit 1980 in Nordamerika und Asien rasch zugenommen hat, während sie sich in Europa moderat erhöht und im Nahen Osten, in Subsahara-Afrika und Brasilien auf extrem hohen Niveaus stabilisiert hat. Die Einkommen der ärmsten Hälfte der Weltbevölkerung sind dank des starken Wachstums in Asien (insbesondere in China und Indien) deutlich gestiegen. Das vielleicht bemerkenswerteste Ergebnis unserer Forschung ist jedoch, dass sich das oberste 0,1 % der Einkommensverteilung seit 1980 einen genauso großen Anteil am globalen Einkommenszuwachs gesichert hat wie die untere Hälfte der erwachsenen Weltbevölkerung. Hingegen sind die Einkommenszuwächse der Bevölkerung zwischen den unteren 50 % und dem obersten 1 % gering gewesen, sofern überhaupt ein Zuwachs zu beobachten war. Das gilt auch für die unteren und mittleren Einkommensgruppen Nordamerikas und Europas. Dass so unterschiedliche Trends zu beobachten sind, deutet darauf hin, dass die globale Dynamik von einer Vielzahl institutioneller und politischer nationaler

Entwicklungen abhängt. Die Zunahme der Einkommensungleichheit ist also nicht unvermeidlich.

In Teil III haben wir die jüngsten Verschiebungen zwischen öffentlichem und privatem Vermögen beschrieben. Wir müssen die Entwicklung von privatem und öffentlichem Kapitalbesitz kennen, wenn wir die Dynamik der globalen Ungleichheit und insbesondere jene der globalen Vermögensungleichheit verstehen wollen. In diesem Bericht haben wir gezeigt, dass das Nettoprivatvermögen, gemessen am jährlichen Nationaleinkommen, in den letzten Jahrzehnten in fast allen Ländern gewachsen ist. Verblüffend ist, dass sich die Finanzkrise von 2008 oder das Platzen der Immobilienblasen in Ländern wie Japan und Spanien kaum auf diese langfristige Entwicklung ausgewirkt haben. Auch in China und Russland ist das Vermögens-Einkommens-Verhältnis nach der Abkehr von kommunistischen Wirtschaftssystemen ungewöhnlich stark gestiegen. Diese Verschiebungen haben sich auf das öffentliche Vermögen ausgewirkt, das in den meisten Ländern seit den 1980er Jahren sinkt. In den Vereinigten Staaten, Japan und Großbritannien ist das öffentliche Nettovermögen (öffentliche Vermögenswerte abzüglich der öffentlichen Schulden) seit einigen Jahren sogar negativ, und in Deutschland und Frankreich ist es nur noch geringfügig positiv. Es liegt auf der Hand, dass diese Entwicklung die Fähigkeit des Staates verringert, die Wirtschaft zu regulieren, Einkommen zu verteilen und die Zunahme der Ungleichheit zu bremsen.

In Teil IV haben wir uns mit der Frage beschäftigt, wie die wachsende Einkommensungleichheit und die umfangreichen Transfers von öffentlichem Vermögen in private Hände in den letzten 40 Jahren die persönliche Vermögensungleichheit erhöht haben. Auf globaler Ebene – in dieser Studie wird die Welt von China, Europa und den Vereinigten Staaten repräsentiert – ist der Vermögensanteil des obersten 1 % zwischen 1980 und der Gegenwart von 28 % auf 33 % gestiegen, während der Anteil der unteren 75 % der Weltbevölkerung seit damals bei etwa 10 % stagniert. In China und Russland war nach der Abkehr vom Kommunismus ein beträchtlicher Anstieg des Vermögensanteils der Reichsten zu beobachten, wobei sich die Ungleichheit in diesen beiden Ländern jedoch unterschiedlich entwickelte, was auf unterschiedliche Strategien für die wirtschaftliche und politische Transition zurückzuführen ist. In den Vereinigten Staaten hat die Vermögensungleichheit in den letzten drei Jahrzehnten dramatisch zugenommen, was fast ausschließlich auf den wachsenden Vermögensanteil des reichsten 0,1 % der Bevölkerung zurückzuführen ist. Die wachsende Einkommensungleichheit und unterschiedliche Sparquoten lösten einen Schneeballeffekt einer wachsenden Vermögenskonzentration aus. In Frankreich und Großbritannien ist der Anstieg der Vermögensanteile der reichsten Bevölkerungsgruppen in den vergangenen vier Jahrzehnten geringer ausgefallen als in den USA, was teilweise der dämpfenden Wirkung des wachsenden Immobilienvermögens der Mittelschicht und einer geringeren Einkommensungleichheit als in den Vereinigten Staaten zu verdanken ist.

In Teil V haben wir Projektionen zur möglichen zukünftigen Entwicklung der weltweiten Einkommensungleichheit vorgelegt, die wahrscheinlich sowohl von Konvergenzkräften (rasches Wirtschaftswachstum in den Schwellenländern) als auch von Divergenzkräften (zunehmende Ungleichheit in den Ländern) geprägt sein wird. Unsere Benchmark-Projektionen zeigen, dass eine Fortsetzung der seit 1980 beobachteten Entwicklung der Ungleichheit innerhalb der Länder dazu führen wird, dass die globale Einkommensungleichheit selbst bei optimistischen Annahmen bezüglich des Wachstums in den Schwellenländern rasant zunehmen wird. Der Einkommensanteil des reichsten 1 % der Weltbevölkerung könnte von knapp 20 % in der Gegenwart auf mehr als 24 % im Jahr 2050 steigen, während der Anteil der ärmeren Hälfte der Bevölkerung im selben Zeitraum von 10 % auf weniger als 9 % sinken könnte. Würde die Ungleichheit in allen Ländern so schnell zunehmen wie in den Vereinigten Staaten seit 1980, so würde der Einkommensanteil des reichsten 1 % sogar noch stärker steigen. Hingegen würde der Anteil des reichsten 1 % der Weltbevölkerung bis 2050 sinken, sollte die Ungleichheit in allen Ländern mit der relativ geringen Geschwindigkeit zunehmen, die seit 1980 in Europa zu beobachten ist. Dieses Ergebnis bestätigt eine unserer zentralen Botschaften: Eine Zunahme der Einkommensungleichheit in der Zukunft ist nicht unvermeidlich. Wir haben auch gezeigt, dass es erhebliche Auswirkungen auf die Einkommen der unteren Hälfte der Weltbevölkerung hat, ob die Ungleichheit innerhalb der Länder mehr oder weniger stark zunimmt.

Im letzten Abschnitt von Teil V haben wir einige wichtige politische

Fragen behandelt, die wieder ins Zentrum der öffentlichen Debatte gerückt werden sollten, damit das Problem der Ungleichheit in Angriff genommen werden kann. Wir nehmen nicht für uns in Anspruch, einfache Rezepte für die Verringerung der Ungleichheit in allen Ländern zu haben. Wir glauben jedoch, dass in vier zentralen Politikbereichen sehr viel mehr getan werden könnte.

Erstens zeigen wir, dass eine progressive Besteuerung der Einkommen ein bewährtes Mittel im Kampf gegen eine wachsende Einkommens- und Vermögensungleichheit ist. Progressive Steuern verringern nicht nur die Ungleichheit nach Steuern, sondern auch jene vor Steuern, denn sie halten Spitzenverdiener davon ab, sich durch aggressive Gehaltsverhandlungen einen höheren Anteil am Einkommenszuwachs zu sichern. Es muss darauf hingewiesen werden, dass die Steuerprogressivität in den reichen Ländern seit den 1970er Jahren des vergangenen Jahrhunderts deutlich verringert worden ist. Seit der globalen Finanzkrise von 2008 ist dieser Trend jedoch zum Stillstand gekommen, und in einigen Ländern wurde die Entwicklung umgekehrt. Allerdings ist unklar, welchen Gebrauch die Länder in Zukunft von der progressiven Besteuerung machen werden. Die Ergebnisse hängen vom Verlauf der demokratischen Debatte ab.

Zweitens eignen sich die Steuersysteme zwar zur Bekämpfung der Ungleichheit, aber eine progressive Besteuerung stößt auch auf Hindernisse, zu denen die Steuervermeidung zählt. Gegenwärtig liegen in Steuerparadiesen Vermögen, deren Wert mehr als 10 % des globalen BIP entspricht. Seit den 1970er Jahren sind die Offshore-Vermögen deutlich gewachsen. Der Aufstieg der Steueroasen erschwert in einer globalisierten Weltwirtschaft eine zuverlässige Messung und Besteuerung von Vermögen und Kapitaleinkünften. Nur wenn wir die finanzielle Undurchsichtigkeit verringern, können wir bessere Daten über die Vermögen und ihre Verteilung sammeln, eine sachlich fundierte öffentliche Debatte über die Umverteilung anregen und Steuervermeidung, Geldwäsche und die Finanzierung des Terrorismus bekämpfen. Eine große Herausforderung in diesem Bemühen besteht darin, die Eigentümer finanzieller Vermögenswerte zu ermitteln. Während es seit Jahrhunderten Grundregister gibt, wird ein großer Teil des Vermögens der Haushalte nicht registriert, da die Vermögen zunehmend die Form von Wertpapieren annehmen. Ein globales Finanzregister, in dem die Eigentümer von Aktien, Anleihen und anderen finanziellen Vermögenswerten festgehalten würden, könnte die finanzielle Transparenz erheblich erhöhen.

Drittens müssen wir der unteren Hälfte der Bevölkerung den Zugang zu Bildung und gut bezahlten Arbeitsplätzen erleichtern, damit sich diese Menschen aus der Falle stagnierender oder nur langsam steigender Einkommen befreien können. Neuere Studien haben gezeigt, dass zwischen den öffentlichen Bekenntnissen zur Chancengleichheit und der Realität des Bildungszugangs oft eine große Lücke klafft. Zum Beispiel erhalten in den Vereinigten Staaten von 100 Kindern, deren Eltern zu den unteren 10 % der Einkommensverteilung gehören, nur 20 bis 30 eine Hochschulausbildung, während der entsprechende Anteil bei Kindern, deren Eltern den oberen 10 % der Verteilung angehören, bei 90 % liegt. Anlass zu Zuversicht gibt die Erkenntnis, dass amerikanische Eliteuniversitäten mehr Studenten aus armen Familien aufnehmen können, ohne dass die Ergebnisse darunter leiden. Industrie- und Schwellenländer gleichermaßen sollten transparente und überprüfbare Ziele festlegen – und die Finanzierungs- und Zulassungssysteme ändern –, um für einen gleichberechtigten Zugang zur Bildung zu sorgen. Eine Demokratisierung der Bildung kann viel bewirken, aber wenn Mechanismen fehlen, um den Menschen in den unteren Gruppen der Verteilung Zugang zu gut bezahlten Arbeitsplätzen zu geben, genügen Investitionen in die Bildung nicht, um die Ungleichheit zu verringern. Eine stärkere Einbindung der Arbeitskräfte in die Unternehmensführung und eine deutliche Anhebung des Mindestlohns können hier viel bewirken.

Schließlich müssen die Regierungen mehr in die Zukunft investieren, um die gegenwärtig herrschende Einkommens- und Vermögensungleichheit zu verringern und ihre Zunahme in der Zukunft zu vermeiden. Solche Investitionen werden jedoch dadurch erschwert, dass die öffentliche Hand in den reichen Ländern in den letzten Jahrzehnten verarmt ist und mit hohen Schulden zu kämpfen hat. Es ist alles andere als leicht, die Staatsschulden abzubauen, aber es gibt durchaus Möglichkeiten zur Entschuldung (darunter Besteuerung, Schuldenschnitte und Inflation). Auf all diese Methoden haben die Staaten in der Vergangenheit zurückgegriffen. Um die geeignete Kombination von Lösungsansätzen zu finden, bedarf es einer ernsthaften öffentlichen Debatte, die auf verlässlichen wirtschaftlichen, sozialen und historischen Analysen beruhen muss.

Abschließend müssen wir erneut darauf hinweisen, dass unser Wissen über die Einkommens- und Vermögensungleichheit in der Welt gegenwärtig beschränkt und unbefriedigend ist. Wir müssen noch sehr viel mehr Daten sammeln, um den geografischen Geltungsbereich der Analysen zu erweitern, und wir müssen uns ein systematischeres Bild der Einkommens- und Vermögensungleichheit vor und nach Steuern machen. WID.world, das World Inequality Lab und ihre Partnerinstitutionen werden dieses Ziel in den kommenden Jahren verfolgen.

Die Datenbank WID.world wird gegenwärtig erweitert, um Schwellenländer in Asien (insbesondere Malaysia und Indonesien), Afrika (zum Beispiel Südafrika) und Lateinamerika (unter anderem Chile und Mexiko) zu erfassen.

Wir sind auch bemüht, das natürliche Kapital besser in die Schätzungen des Nationalvermögens zu integrieren, da die Bedeutung der Umweltzerstörung als Dimension der Ungleichheit weiter wächst.

Darüber hinaus nehmen wir zusätzliche Daten zur Geschlechterungleichheit in WID.world auf und arbeiten an Schätzungen zur Ungleichheit auf regionaler (subnationaler) Ebene, um die Kluft zwischen der individuell wahrgenommenen und der mit Wirtschaftsstatistiken messbaren Ungleichheit weiter zu verringern. Die Entwicklung der Datenbank WID.world ist nur ein Schritt in einer langfristigen, kumulativen Forschungsanstrengung.

Wir begrüßen Beiträge anderer Einrichtungen und Forscher zu diesem kollektiven Unterfangen. Und wir hoffen, dass wir gemeinsam mit allen interessierten Akteuren und Bürgern in den kommenden Jahren weitere Fortschritte auf dem Weg zu finanzieller Transparenz und wirtschaftlicher Demokratie machen werden.

ANHANG

- Um die Lesbarkeit des Weltungleichheitsberichts zu verbessern, haben wir nicht alle technischen Details in den Text aufgenommen.
- Interessierte Leser sind jedoch eingeladen, die Website des Berichts (wir2018.wid.world) zu besuchen und sich anzusehen, anhand welcher Methodologie wir zu unseren Schätzungen gelangt sind. Im Interesse größtmöglicher Transparenz haben wir alle methodologischen Dokumente, technischen Analysen zu den einzelnen Ländern, Rohdatenquellen sowie die zur Erstellung der hier vorgelegten Datenreihen verwendeten Computerprogramme auf der Website veröffentlicht.
- Detaillierte technische Hinweise zu den Grafiken findet der Leser in dem Dokument «World Inequality Report 2018 Technical Notes» (WID.world Technical Notes 2017/7). Dieses Dokument enthält Verweise auf andere Arbeitspapiere und wissenschaftliche Artikel, in denen der Leser eingehende Informationen findet.
- Die Veröffentlichung dieser Dokumente im Internet ist in unseren Augen unerlässlich, um Transparenz und Reproduzierbarkeit der Daten zur Entwicklung der globalen Ungleichheit zu erhöhen. Wir wünschen uns, dass möglichst viele Personen die Website besuchen, eigene Schätzungen vornehmen, Wege finden, um unsere Daten zu verbessern, und alternative Annahmen verfolgen, um das zu bewerkstelligen.
- Auf den folgenden Seiten findet der Leser eine Auswahl zusätzlicher Grafiken, auf die wir im Weltungleichheitsbericht Bezug genommen haben. Die **Grafiken A1** bis **A3** zeigen alternative Methoden zur Darstellung unserer wichtigsten Erkenntnisse über die Entwicklung der globalen Einkommensungleichheit. **Grafik A4** konzentriert sich auf die Dynamik der Einkommensungleichheit in Indien und China und enthält ein Beispiel dafür, welche zusätzlichen Grafiken anhand der Daten in wir2018.wid.world erstellt werden können.

Die **Grafiken A1** und **A2** stellen die in Kapitel 2.1 behandelten Entwicklung der globalen Einkommensungleichheit dar. Die horizontale Achse ist in **Grafik A1** entsprechend der Bevölkerungsgröße skaliert. Das bedeutet, dass die Entfernung zwischen verschiedenen Datenpunkten auf der X-Achse proportional zur Größe der Population der entsprechenden Einkommensgruppe ist (vgl. **Kasten 2.1.1**).

Grafik A1
Gesamtes Einkommenswachstum pro Perzentil in allen Weltregionen, 1980–2016: skaliert entsprechend der Populationsgröße

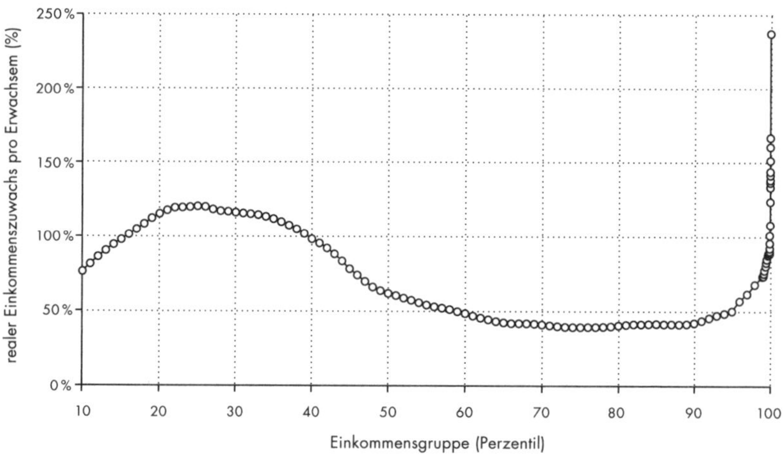

Quelle: WID.world (2017). Vgl. wir2018.wid.world für Datenreihen und Hinweise. Diese Grafik ist abhängig von der Populationsgröße skaliert, was bedeutet, dass die Entfernung zwischen verschiedenen Datenpunkten auf der X-Achse proportional zur Größe der Population der entsprechenden Einkommensgruppe ist. Beispielsweise nimmt die Einkommensgruppe p0p1 (unterstes Perzentil) 1 % der Länge der X-Achse ein. Auf der horizontalen Achse wird die Weltbevölkerung in hundert Gruppen gleicher Populationsgröße unterteilt und abhängig vom Einkommen in aufsteigender Ordnung von links nach rechts sortiert. Das oberste 1 % ist in zehn Gruppen unterteilt, die reichste dieser Gruppen ist ebenfalls in zehn Gruppen unterteilt, und die Spitze dieser Gruppe ist erneut in zehn Gruppen von gleicher Populationsgröße unterteilt. Die vertikale Achse zeigt den gesamten durchschnittlichen Einkommenszuwachs einer Person in jeder dieser Gruppen zwischen 1980 und 2016. Bei der Perzentilgruppe p99p99,1 (der ärmsten 10 % unter dem reichsten 1 %) belief sich das Wachstum zwischen 1980 und 2016 auf 74 %. Auf das oberste 1 % der Einkommensverdiener beliefen sich in diesem Zeitraum 27 % des gesamten Wachstums. In den Einkommensschätzungen sind die unterschiedlichen Lebenshaltungskosten in den einzelnen Ländern berücksichtigt. Die Werte sind inflationsbereinigt.

In **Grafik A2** ist die horizontale Achse entsprechend der auf die einzelnen Einkommensgruppen entfallenen Anteile am Wachstum skaliert. Die Entfernung zwischen verschiedenen Datenpunkten auf der X-Achse ist hier proportional zum Anteil am Wachstum, der auf die entsprechende Einkommensgruppe entfiel (vgl. **Kasten 2.1.1**).

Grafik A2
Gesamtes Einkommenswachstum pro Perzentil in allen Weltregionen, 1980–2016: skaliert entsprechend des Anteils am Einkommenszuwachs

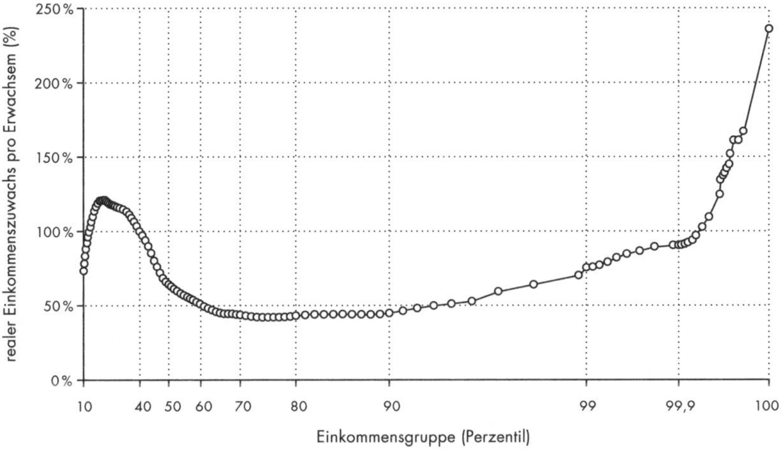

Quelle: WID.world (2017). Vgl. wir2018.wid.world für Datenreihen und Hinweise. Diese Grafik ist abhängig vom Anteil der Einkommensgruppen am Einkommenszuwachs skaliert, was bedeutet, dass die Entfernung zwischen verschiedenen Datenpunkten auf der X-Achse proportional zum Anteil der entsprechenden Einkommensgruppe am Einkommenswachstum ist. Beispielsweise entfielen 3,6 % des gesamten Einkommenszuwachses auf das oberste 0,001 % (p99,999p100). Daher entspricht die Distanz zwischen p99,999 und p100 (zwischen den letzten beiden Punkten in der Grafik) 3,6 % der Gesamtlänge der X-Achse. Auf der horizontalen Achse wird die Weltbevölkerung in hundert Gruppen gleicher Populationsgröße unterteilt und abhängig vom Einkommen in aufsteigender Ordnung von links nach rechts sortiert. Das oberste 1 % ist in zehn Gruppen unterteilt, die reichste dieser Gruppen ist ebenfalls in zehn Gruppen unterteilt, und die Spitze dieser Gruppe ist erneut in zehn Gruppen von gleicher Populationsgröße unterteilt. Die vertikale Achse zeigt den gesamten durchschnittlichen Einkommenszuwachs einer Person in jeder dieser Gruppen zwischen 1980 und 2016. Bei der Perzentilgruppe p99p99,1 (der ärmsten 10 % unter den reichsten 1 %) belief sich das Wachstum zwischen 1980 und 2016 auf 74 %. Auf das oberste 1 % der Einkommensverdiener beliefen sich in diesem Zeitraum 27 % des gesamten Wachstums. In den Einkommensschätzungen sind die unterschiedlichen Lebenshaltungskosten in den einzelnen Ländern berücksichtigt. Die Werte sind inflationsbereinigt.

Grafik A3
Gesamtes Einkommenswachstum pro Perzentil, 1980–2016:
Brasilien, China, Indien, Europa, Naher Osten, Russland, USA-Kanada

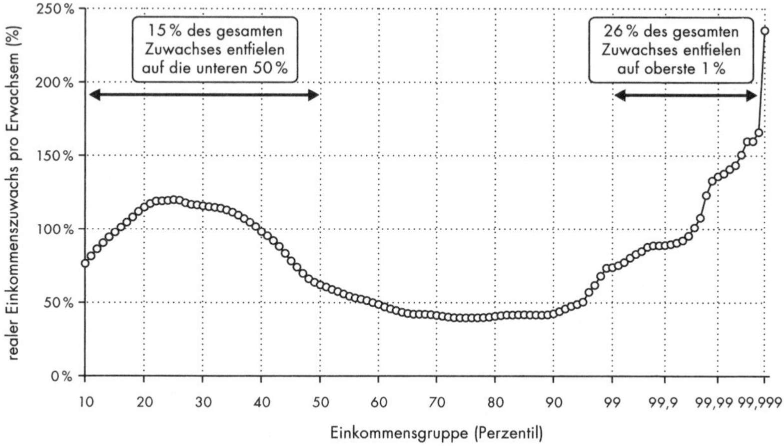

Quelle: WID.world (2017). Vgl. wir2018.wid.world für Datenreihen und Hinweise. Auf der horizontalen Achse wird die Weltbevölkerung in hundert Gruppen gleicher Populationsgröße unterteilt und abhängig vom Einkommen in aufsteigender Ordnung von links nach rechts sortiert. Das oberste 1 % ist in zehn Gruppen unterteilt, die reichste dieser Gruppen ist ebenfalls in zehn Gruppen unterteilt, und die Spitze dieser Gruppe ist erneut in zehn Gruppen von gleicher Populationsgröße unterteilt. Die vertikale Achse zeigt den gesamten durchschnittlichen Einkommenszuwachs einer Person in jeder dieser Gruppen zwischen 1980 und 2016. Bei der Perzentilgruppe p99p99,1 (der ärmsten 10 % unter den reichsten 1 %) belief sich das Wachstum zwischen 1980 und 2016 auf 83 %. In den Einkommensschätzungen sind die unterschiedlichen Lebenshaltungskosten in den einzelnen Ländern berücksichtigt. Die Werte sind inflationsbereinigt.

In **Grafik A3** der in Kapitel 2.1 behandelten Entwicklung der globalen Einkommensungleichheit haben wir eine Kombination der in den **Grafiken A1** und **A2** verwendeten Skalierungsmethoden angewandt, um die globale Entwicklung der Ungleichheit über die gesamte Einkommensverteilung hinweg besser zu veranschaulichen (vgl. **Kasten 2.1.1**).

Die **Grafiken A4** zeigen die Entwicklung der Einkommensanteile des obersten 1 % und der unteren 50 % in Indien und China. Hier handelt es sich um ein Beispiel für die zusätzlichen Grafiken, die online auf wid.world generiert werden können und die in den verschiedenen im Bericht erwähnten methodologischen Dokumenten behandelt werden.

Grafiken A4
Einkommensanteile des obersten 1 % und der unteren 50 %
in China und Indien, 1980–2015

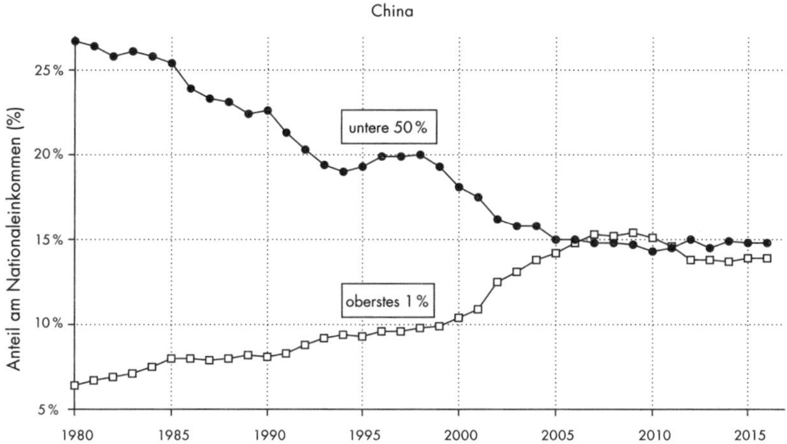

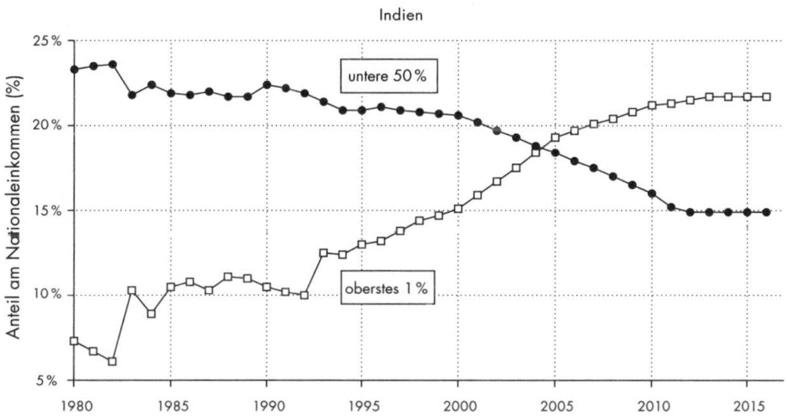

Quelle: WID.world (2017). Vgl. wir2018.wid.world für Datenreihen und Hinweise.

BESUCHEN SIE **WIR2018.WID.WORLD** FÜR DIE ONLINE-VERSION DES BERICHTS.

WORLD INEQUALITY LAB
WID.WORLD

ANMERKUNGEN

Teil I
Das WID.world Projekt und die Messung wirtschaftlicher Ungleichheit

1 T. Piketty, L. Yang und G. Zucman, «Capital Accumulation, Private Property and Rising Inequality in China, 1978–2015»,Working Paper Nr. 2338. National Bureau of Economic Research, Juni 2017, http://www.nber.org/papers/w23368.pdf.

2 L. Chancel und T. Piketty, «Indian Income Inequality, 1922–2014. From British Raj to Billionaire Raj?», WID.world Working Paper Nr. 2017/11. Juli 2017, http://wid.world/document/chancelpiketty2017widworld/.

3 Vgl. vor allem T. Piketty, *Les hauts revenues en France au XXème siècle*, Paris 2001; T. PE. Saez, «Income Inequality in the United States, 1913–1998», in: *Quarterly Journal of Economics* 118, Nr. 1 (2003), S. 1–39; A. B. Atkinson und T. Piketty, *Top Incomes over the 20th Century: A Contrast between Continental European and English-Speaking Countries* (Oxford 2007); A. B. Atkinson und T. Piketty (Hg.), *Top Incomes: A Global Perspective* (Oxford 2010); A. B. Atkinson, T. Piketty und E. Saez, «Top Incomes in the Long Run of History», in: *Journal of Economic Literature* 49, Nr. 1 (2011), S. 3–71.

4 S. Kuznets, *Shares of Upper Income Groups and Savings* (New York, National Bureau of Economic Research, 1953).

5 F. Alvaredo, A. B. Atkinson, L. Chancel, T. Piketty, E. Saez und G. Zucman, «Distributional National Accounts (DINA) Guidelines, Concepts and Methods Used in the World Wealth and Income Database», WID.world Working Paper Nr. 2016/2. Dezember 2016, http://wid.world/document/dinaguidelines-v1/.

6 J. E. Stiglitz, A. Sen und J. F. Fitoussi, «Reports by the Commission on the Measurement of Economic Performance and Social Progress», Paris, http://ec.europa.eu/eurostat/documents/118025/118123/Fitoussi+Commission-report.

7 Vgl. T. Blanchet und L. Chancel, «National Accounts Series Methodology», WID.world Working Paper Nr. 2016/1. September 2016, http://wid.world/document/1676/; G. Zucman, «The Missing Wealth of Nations: Are Europe and the U. S. Net Debtors oder Net Creditors?», in: *Quarterly Journal of Economics* 128, Nr. 3 (2013), S. 1312–1364.

8 Wir haben das durchschnittliche steuerliche Einkommen aller Einkommens-

gruppen mit dem Wert aus Nettonationaleinkommen/gesamtes Steuereinkommen multipliziert.

9 A. B. Atkinson und A. J. Harrison, *Distribution of Personal Wealth in Britain*, Cambridge 1978.

10 Vgl. Zucman, «The Missing Wealth of Nations»; G. Zucman, «Taxing across the Borders: Tracking Personal Wealth and Corporate Profits», in: *Journal of Economic Perspectives* 28, Nr. 4 (2014), S. 121–148; A. Aladsaeter, N. Johannesen und G. Zucman, «Who Owns the Wealth in Tax Havens? Macro Evidence and Implications for Global Inequality», NBER Working Paper Nr. 23 805, National Bureau of Economic Research, September 2017, http://www.nber.orf/papers/w23805.pdf.

11 S. Anand und P. Segal, «The Global Distribution of Income», in: *Handbook of Income Distribution 2*, Teil A (2015), S. 937–979.

12 L. Chancel und T. Piketty, «Carbon and Inequality: From Kyoto to Paris», CEPR Policy Portal Vox, 1. Dezember 2915, http://voxeu.org/article/carbon-and-equality-kyoto-paris; L. Chancel und T. Piketty, «Trends in the Global Inequality of Carbon Emissions (1998–2013) and Prospects for an Equitable Adaptation Fund», Paris Scool of Economics, 3. November 2015, http://piketty.pse.ens.fr/files/ChancelPiketty2015.pdf.

Teil II
Trends der globalen Einkommensungleichheit

1 Vgl. z. B. C. Lakner und B. Milanovic, «Global Income Distribution: From the Fall of the Berlin Wall to the Great Recession», in: *World Bank Economic Review* 30, Nr. 2 (2016), S. 203–232; P. Liberati, «The World Distribution of Income and Its Inequality», in: *Review of Income and Wealth* 61, Nr. 2 (2015), S. 248–273; I. Ortiz und McCummins, «Global Inequality Beyond the Bottom Billion: A Rapid Review of Income Distribution in 141 Countries», UNICEF Social and Economic Policy Working Policy Working Paper, UNICEF, April 2011, https://www.unicef.org/socialpolicy/files/Global_Inequality.pdf. Zu den vorhandenen Berichten über globales Vermögen vgl. «Global Wealth Report 2016», Credit Suisse Research Institute, Credit Suisse AG, Zürich, November 2016, http://publications.credit-suisse.com/tasks/render/file/index.cfm?filed=AD783798-ED07-ECB-4405996B02A32E.

2 Lakner und Milanovic, «Global Income Distribution: From the Fall of the Berlin Wall to the Great Recession».

3 J. Stieglitz, A. Sen und J. P. Fitoussi, «Report by the Commission on the Measurement of Economic Performance and Social Progress», Paris, http://ec.europa.eu/eurostat/documents/118025/118123/Fitoussi+Commission+report.

4 Gemessen nach Marktwechselkursen. Nach Kaufkraftparität beträgt dieser Wert 790 US-Dollar.

5 G. Zucman, «The Missing Wealth of Nations: Are Europe and the U. S. Net Debtors oder Net Creditors?», in: *Quarterly Journal of Economics* 128, Nr. 3 /2013), S. 1321–1364.

6 Unsere Zahlen zur Europäischen Union umfassen sämtliche Länder auf dem europäischen Kontinent mit Ausnahme von Russland und der Ukraine.

7 T. Piketty, *Das Kapital im 21. Jahrhundert,* München 2014.

8 Diese Länder werden in der Grafik aus Gründen der Übersichtlichkeit nicht dargestellt; unter WID.world/world finden interessierte Leser alle Grafiken.

9 L. Czajka, «Income Inequality in Côte d'Ivoire, 1985–2014», WID.world Working Paper Nr. 2017/8, Juli 2017, http://wid.world/document/income-inequality-cote-divoire-1985-2014-wid-world-working-paper-201708/.

10 Die obersten Einkommen stiegen jedoch zwischen 1946 und 1980 auf Nachsteuerbasis stärker als auf Vorsteuerbasis (194 %), weil die Steuerprogression im obersten Bereich 1946 stärker anstieg.

11 Die Steigerung der Transferleistungen im Rahmen von Medicare und Medicaid repräsentiert zum einen eine großzügigere Sozialpolitik, zum anderen aber auch die steigenden Kosten für die Gesundheitsdienstleistungen von Medicare und Medicaid – möglicherweise über jenes Niveau hinaus, das Menschen im Rahmen einer privaten Versicherung zu bezahlen bereit wären. Vgl. z. B. A. Finkelstein, N. Hendren und E. F. H. Luttmer, «The Value of Medicaid. Interpreting Results from the Oregon Health Care Experimen», NBER Working Paper, Nr. 21 308, National Bureau of Economic Research, Juni 2015, http://nber.org/paper/w21308-pdf und vielleicht auch einen Anstieg der Gewinne der Anbieter und Dienstleister im medizinischen und pharmazeutischen Sektor.

12 Der Anstieg des Nachsteuereinkommens der älteren Amerikaner im Segment der unteren 50 % beruht jedoch zum größten Teil auf einer Ausweitung der Gesundheitsleistungen. Ohne Medicare und Medicaid (die auch häusliche Pflegekosten für ältere Amerikaner abdecken) wäre das durchschnittliche Nachsteuereinkommen der Senioren im Bereich der unteren 50 % seit Anfang der 2000er Jahre bei 21 000 US-Dollar stagniert und hätte sich seit Anfang der 1980er Jahre, als es bei 15 500 US-Dollar lag, nur moderat erhöht.

13 Piketty, *Das Kapital im 21. Jahrhundert.*

14 Vgl. E. Saez, «Taxing the Rich More: Preliminary Evidence from the 2013 Tax Increase», in: *Tax Policy and the Economy* 31, Nr. 1/2017, S. 71–120.

15 Das Congressional Budget Office des US-Kongress stellte darüber hinaus einen Anstieg um 4–5 % der Bundesteuern für das oberste 1 % zwischen 2011 und 2013 fest. US Congressional Budget Office, «The Distribution of Household Income and Federal Taxes, 2013», US CBO Report, Juni 2016, Congress of the United States, Washington, D.C., https://www.cbo.gov/sites/default/files/114th-congress-2015-2016/reports/51361-householdincomefedtaxes.pdf.

16 Entsprechend den Gepflogenheiten in den nationalen Berichten werden die nicht rückzahlbaren Steuergutschriften und die Steuerabzüge als negative Steuern verbucht, während die rückzahlbaren Steuergutschriften als Transfers betrachtet werden. Daher kann niemand negative Einkommensteuern haben.

17 Diese zeitliche Einteilung ist allgemein akzeptiert und wurde auch schon anderweitig untersucht (vgl. insbesondere T. Piketty, «Income Inequality in France, 1901–1998», in: *Journal of Political Economy* 111, Nr. 5 (2003), S. 1004–1042; ders., *Das Kapital im 21. Jahrhundert*).

18 Vgl. ders., «Income Inequality in France, 1901–1998»; ders. *Das Kapital im 21. Jahrhundert.*

19 Vgl. ebd.

20 Ders., E. Saez und S. Stantcheva, «Optimal Taxation of Top Labor Incomes: A Tale of Three Elasticities», in: *American Economic Journal: Economic Policy* 6, Nr. 1 (2014), S. 230–271.

21 A. Bozio, R. Dauvergne, B. Fabre, J. Goupille und O. Meslin, «Fiscalité et redistribution en France, 1997–2012», Rapport IPP, 2012. Vgl. insbesondere S. 28, wo die Steuersätze für Primäreinkommen (vor Renten- und Arbeitslosigkeitsversicherung), S. 30, wo die Sätze für Sekundäreinkommen (einschließlich Renten und Arbeitslosenunterstützung) aufgeführt sind. Im ersten Fall sind die Steuersätze an der Spitze niedriger als für alle übrigen Einkommensgruppen. Im zweiten Fall sind die Steuersätze für die unteren 50 % niedriger als für die reichsten Gruppen, die Mittelschicht hat aber einen höheren Steuersatz als die obersten 0,1 %.

22 T. Ferguson und H.-J. Voth, «Betting on Hitler: The Value of Political Connections in Nazi-Germany», in: *Quarterly Journal of Economics* 123, Nr. 1 (2008), S. 107–137.

23 T. Piketty, L. Yang und G. Zucman, «Capital Accumulation, Private Property and Rising Inequality in China, 1978–2015», NBER Working Paper Nr. 23 368. National Bureau of Economic Research, Juni 2017, http://www.nber.org/papers/w23368.pdf.

24 Ein Vergleich der in diesem Arbeitspapier verwendeten Datenreihen zur Ungleichheit mit den auf Erhebungen beruhenden offiziellen Schätzungen zeigt, dass sich nach beiden Berechnungsmethoden zwar ein ähnlicher Trend ergibt, dass jedoch die in «Capital Accumulation» von Piketty, Yang und Zucman herangezogenen Daten einen wesentlich höheren Grad an Ungleichheit und auch einen stärkeren Anstieg der Ungleichheit in diesem Zeitraum ausweisen. Der Unterschied zwischen den beiden Schätzungen ist zum größten Teil auf die Verwendung von Steuerdaten zu den Spitzeneinkommen zurückzuführen.

25 Vor allem der Mangel an Daten über Spitzenverdiener nach 2011 zwingt die Autoren, die durchschnittlichen Korrekturfaktoren von 2006–2010 auch auf die Jahre 2011–2015 anzuwenden (wodurch es praktisch unmöglich wird, einen möglichen Anstieg der Ungleichheit seit 2011 festzustellen).

26 Vgl. R. Kanbur, Y. Wang und X. Zhang, «The Great Chinese Inequality Turn-

around», ECINEQ WP 2017-433, Society for the Study of Economic Inequality (ECINEQ), April 2017, http://www.ecineq/milano/WP/ECINEQ/2017-433.pdf, und R. Garnaut, L. Song, C. Fang und L. Johnston, *Domestic Transformation in the Global Context*, hg. V. L. Song, R. Garnaut, C. Fang und L. Johnston, Acton, Australien 2015, S. 1–16.

27 Der Einkommensanteil der mittleren 40 % liegt daher heute auf einem ähnlichen Niveau wie der Anteil der städtischen Bevölkerung Chinas; der Anteil der oberen 10 % ist im ländlichen China höher als im städtischen China, während der Anteil der unteren 50 % niedriger liegt, wodurch für die mittleren 40 % in beiden Bereichen in den letzten Jahren ein Anteil von 43–44 % verblieb.

28 Der westeuropäische Durchschnitt, der hier herangezogen wird, ist der einfache arithmetische Durchschnitt des Einkommens pro Erwachsenem in Deutschland, Frankreich und Großbritannien. Die Heranziehung des westeuropäischen Durchschnitts als Referenzpunkt ist zweifellos eine starke Vereinfachung und kann der Komplexität der länderspezifischen Verlaufsmuster nicht gerecht werden. So verzeichneten zum Beispiel Deutschland, Frankreich und Großbritannien 2016 nahezu identische Durchschnittseinkommen, im Jahr 1980 allerdings lag Großbritannien noch hinter Deutschland und Frankreich zurück (nur leicht über dem russischen Niveau), war ihnen jedoch in der Zeit von 1870 bis 1914 voraus.

29 Der beste Indikator für die unzulängliche wirtschaftliche und gesellschaftliche Leistungsfähigkeit des sowjetischen Systems in den Nachkriegsjahrzehnten ist wahrscheinlich die stagnierende Lebenserwartung. Vgl. z. B. E. Todd, *The Final Fall: An Essay on the Decomposition of the Soviet Sphere,* New York 1979.

30 Vgl. z. B. B. Milanovic, *Income, Inequality and Poverty during the Transition from Planned to Market Economy*, Washington, D. C. 1998.

31 Vgl. J. Nellis, «Time to Rethink Privatization in Transition Economies?», in: *Finance and Development* 36, Nr. 2 (1999), S. 16–19.

32 Im Jahr 1995 wurde unter der Regierung von Boris Jelzin das Modell «Anteile für Kredite» entwickelt. Banken und Kapitalgruppen boten dem in Finanzschwierigkeiten steckenden Staat Kredite an, die durch Anteile an einigen der größten staatlichen Industrieunternehmen abgesichert werden sollten. Die Anteile an den Großkonzernen wurden in einem Auktionsverfahren versteigert. Diese Auktionen wurden jedoch vielfach als manipuliert betrachtet, es gab meist keinen Bieterwettbewerb, und sie wurden weitgehend von Insidern mit politischen Verbindungen bestimmt oder von den Banken zum eigenen Vorteil ausgenutzt. Da nach Ende der einjährigen Laufzeit die Kredite nicht ordnungsgemäß beglichen wurden, gingen die Firmenanteile an die Kreditgeber über. Dieses Verfahren entwickelte sich im Ergebnis zu einer Form des Verkaufs oder der Privatisierung von Staatsunternehmen zu sehr niedrigen Preisen. Vgl. I. W. Liebermann und D. J. Kopf (Hg.), *Privatization in Transition Economies: The Ongoing Story,* Amsterdam 2008.

33 Vgl. J. Flemming und J. Micklewright, «Income Distribution, Economic Systems and Transition», in: *Handbook of Income Distribution,* hg. V. A. B. Atkinson und F. Bourguignon, Amsterdam 2008, S. 843–918.

34 Vgl. auch B. Milanovic und L. Ersado, «Reform and Inequality during the Transition: An Analysis using Panel Household Survey Data, 1990–2005», UNU-WIDER Working Paper Nr. 2010/62, United Nations University World Institute for Development Economics Research, Helsinki, Mai 2010, https://www.wider.unu.edu/sites/default/files/wp2010-62.pdf.

35 Die Zahlen werden in Euro von 2016 und auf Grundlage der Kaufkraftparität angegeben. Im Jahr 2016 entsprach 1 Euro gemäß dem Marktwechselkurs 74,5 Rubel, nach Kaufkraftparität 28,3 Rubel.

36 European Bank for Reconstruction and Development, *Transition for All: Equal Opportunities in an Unequal World,* Transition Report 2016–17, Oktober 2016, verfügbar unter: http://www.ebrd.com/transition-report.

37 Die korrigierten Datenreihen zur Ungleichheit kombinieren Erhebungsdaten mit Einkommensteuer- und Vermögensdaten, während sich die Wachstumskurve der EBRD allein auf die auf Selbstauskünften beruhenden Erhebungsdaten stützt. Für eine detailliertere Darstellung vgl. F. Novokmet, T. Piketty und G. Zucman, «From Soviets to Oligarchs: Inequality and Prosperity in Russia 1905–2016», WID.world Working Paper Nr. 2017/08/NPZ2017WID.world.pdf.

38 Vgl. Teil I.

39 S. L. Richman, «War Communism to NEP: The Road to Serfdom», in: *Journal of Libertarian Studies* 5, Nr. 1 (1981), S. 89–97.

40 Die Zahl für 1905 stützt sich nicht auf tatsächliche Einkommensteuerdaten, weil es im zaristischen Russland keine derartigen Steuern gab, sondern auf Einkommensteuerschätzungen, die von der zaristischen Steuerverwaltung erstellt wurden, als die Regierung die Einführung einer solchen Steuer erwog. Ähnliche Schätzungen wurden für denselben Zeitraum auch für Frankreich erstellt, doch nach der Einführung der Steuer zeigte sich, dass die Steuerbehörden die Einkommensniveaus an der obersten Spitze unterschätzt hatten. Vgl. T. Piketty, *Les hauts reveneus en France au XXème Siècle,* Paris 2001.

41 Vgl. A. Banerjee und T. Piketty, «Top Indian Incomes, 1922–2000», in: *World Bank Economic Review* 19, Nr. 1 (2005), S. 1–20.

42 Diese Wirtschaftspolitik umfasste auch eine Rationalisierung des öffentlichen Sektors; Profitabilität und Effizienz wurden für alle Bereiche zu verbindlichen Zielen erklärt. Zudem wurden die Grenzen für Ex- und Importe geöffnet, es wurde ein System flexibler Wechselkurse eingeführt, und auch das Bankwesen und die Kapitalmärkte wurden liberalisiert.

43 I. Anand und A. Thampi, «Recent Trends in Wealth Inequality in India», in: *Economic and Political Weekly* 51, Nr. 50 (Dezember 2016).

44 United Nations Development Program (UNDP), «Towards the Developmental State in the Arab Region», Arab Development Challenges Report 2011, UNDP Regional Centre for Arab States, Kairo 2011, verfügbar unter: http://

www.undp.org/content/undp/home/librarypage/hdr/arab-development-challenges-report-2011.html.

45 E. Ianchovina, L. Mottaghi und S. Devarajan, «Inequality, Uprisings, and Conflicts in the Arab World», World Bank Middle East and North Africa (MENA) Region Economic Monitor, Weltbank, Washington, D.C., Oktober 2015, http://documents-worldbank.org/curated/en/303441467992017147/pdf/99989-REVISED-Box393220B-OUO-9-MEM-Fall-2015-FINAL-Oct-13-2015.pdf.

46 J. Kinninmont, «Future Trends in the Gulf», Chatham House Report, The Royal Institute of International Affairs, London, Februar 2015, https://www.chathamhouse.org/sites/files/chathamhouse/field/field_document/2015/0218FutureTrendsGCCKinninmont.odf.

47 Human Rights Watch, «South Asia: Protect Migrant Workers to Gulf Cuntries», Human Rights Watch News, 18. Dezember 2013.

48 Ebd.; A. Kapiszewski, «Arab versus Asian Migrant Workers in the GCC Countries», United Nations Expert Group Meeting on International Migration and Development in the Arab Region, United Nations Secretariat, Beirut, 15.–17. Mai 2006, http://citeseerx.ist.psu.edu/viewdoc/download?doi=10.1.1.403.7975&rep1&type=pdf.

49 Kinninmont, «Future Trends in The Gulf».

50 R. Barros, R. M. De Carvalho, S. Franco und S. Mendonca, «Markets, the State and the Dynamics of Inequality in Brazil», in: *Declining Inequality in Latin America: A Decade of Progress?*, hg. von L. F. López-Calva und N. Lustig, New York UNDP und Washington, D. C., 2010

51 Vgl. B. Keeley, *Income Inequality: The Gap Between Rich and Poor*, OECD Insights, Paris 2015.

52 M. Medeiros, P. H. G. Souza und F. A. de Castro, «The Stability of Income Inequality in Brazil, 2006–2012: An Estimate Using Income Tax Data and Household Surveys», in: *Ciéncia y Saúde Coletiva* 20, Nr. 4 (2015), S. 971–986.

53 J. Lewis, *Industrialization and Trade Union Organization in South Africa, 1924–55: The Rise and Fall of the South African Trades and Labour Council*, Cambridge 1984.

54 C. H. Feinstein, *An Economic History of South Africa. Conquest, Discrimination, and Development*, Cambridge 2005.

55 M. Leibbrandt, I. Woolard, A. Finn und J. Argen, «Trends in South African Income Distribution and Poverty since the Fall of the Apartheid», OECD Social, Employment and Migration Working Papers Nr. 101, OECD Publishing, Paris, 28. Mai 2010.

56 World Bank, Southern African Department, «South African Agriculture: Structure, Performance and Options for the Future», Informal Discussion Papers on Aspects of the Economy of South Africa, Nr. 6, World Bank, Washington, D. C. Februar 1994, http://documents.worldbank.org/curated/en/309521468777031091/pdf/multi-page.pdf.

57 M. Aliber und R. Mokoena, «The Land Question in Contemporary South Africa», in: *State of the Nation: South Africa 2003–2004*, hg. von J. Daniel, R. Southall und A. Habib, Kapstadt 2003, S. 330–346

Teil III
Die Entwicklung von öffentlichem und privatem Kapital

1 T. Piketty und G. Zucman, «Capital Is Back: Wealth-Income Ratios in Rich Countries 1700–2010», in: *Quarterly Journal of Economics* 129, Nr. 3 (2014): 1255–1310.
2 T. Piketty, *Das Kapital im 21. Jahrhundert*, München 2014.
3 A. Atkinson, *Ungleichheit: Was wir dagegen tun können*, Stuttgart 2016.
4 Ebd., S. 226 ff.; T. van den Bremer, F. van der Ploeg und S. Wills, «The Elephant in the Ground: Managing Oil and Sovereign Wealth», in: *European Economic Review* 82 (2016): 113–131.
5 Vgl. Piketty und Zucman, «Capital Is Back» für eine umfassende Analyse und Aufgliederung der Volumen- und Preiseffekte. Vgl. auch Piketty, *Das Kapital im 21. Jahrhundert*, Teil II. An dieser Stelle fassen wir lediglich die wichtigsten Erkenntnisse zusammen und beleuchten die jüngsten Entwicklungen.
6 Vgl. Piketty und Zucman, «Capital Is Back».
7 Vgl. ebd., insbesondere die Grafiken VII und VIII.
8 Vgl. ebd.
9 J. Tobin und W. C. Brainard, «Asset Markets and the Cost of Capital», in: B. Balassa und R. Nelson (Hg.), *Economic Progress, Private Values and Public Policy*, Amsterdam 1977, S. 235–262.
10 In Deutschland war der Buchwert des Nationalvermögens zwischen 1970 und 2010 deutlich höher als der Marktwert des Nationalvermögens (er entspricht dem Nationaleinkommen von fünf statt von vier Jahren). In Großbritannien war das Verhältnis im selben Zeitraum umgekehrt.
11 Annette Alstadsæter, Niels Johannesen und Gabriel Zucman haben herausgefunden, dass der Gegenwert von 10 % des globalen BIP in Steuerparadiesen versteckt ist, aber hinter diesem Durchschnittswert verbergen sich beträchtliche Unterschiede zwischen den einzelnen Ländern – die Bandbreite reicht von wenigen Prozent des BIP in den skandinavischen Ländern über etwa 15 % in Kontinentaleuropa bis zu rund 60 % in den Golfstaaten und einigen lateinamerikanischen Ländern. Vgl. A. Alstadsæter, N. Johannesen und G. Zucman, «Who Owns the Wealth in Tax Havens? Macro Evidence and Implications for Global Inequality», NBER Working Paper Nr. 23 805, National Bureau of Economic Research, September 2017, http://www.nber.org/papers/w23805.pdf.
12 Vgl. Piketty und Zucman, «Capital Is Back», Tabelle VII.
13 Vgl. ebd., Tabelle VIII.

14 Vgl T. Piketty, «On the Long-Run Evolution of Inheritance: France 1820–2050», in: *Quarterly Journal of Economics* 126, Nr. 3 (2011), S. 1071–1131; T. Piketty und E. Saez, «A Theory of Optimal Inheritance Taxation», in: *Econometrica* 81, Nr. 5 (2013), S. 1851–1886.

15 Vgl. G . Zucman, «Taxing across Borders: Tracking Personal Wealth and Corporate Profits», in: *Journal of Economic Perspectives* 28, Nr. 4 (2014), S. 121–148; Alstadsæter, Johannesen und Zucman, «Who Owns the Wealth in Tax Havens?»

16 Für eine detaillierte Volumen-Preis-Analyse der chinesischen Vermögensakkumulation vgl. T. Piketty, L. Yang und G. Zucman, «Capital Accumulation, Private Property and Rising Inequality in China, 1978–2015», NBER Working Paper Nr. 23 368, National Bureau of Economic Research, Juni 2017, http://www.nber.org/papers/w23368.pdf.

17 Piketty, Yang und Zucman schätzen in «Capital Accumulation» den Tobin-Quotienten für die nicht börsennotierten chinesischen Unternehmen auf nahezu 1. Da die nicht börsennotierten Unternehmen rund 80 % der chinesischen Unternehmen stellen, nähert sich der durchschnittliche Tobin-Quotient damit 1 an.

18 Vgl. D. Nougayrède, «Outsourcing Law in Post-Soviet Russia», in: *Journal of Eurasian Law* 6, Nr. 3 (2013), S. 383–448; D. Nougayrède, «Yukos, Investment Round-Tripping and the Evolving Public/Private Paradigms», in: *American Review of International Arbitration* 26, Nr. 3 (2015), S. 337–364; D. Nougayrède, «The Use of Offshore Companies in Emerging Market Economies: A Case Study», in: *Columbia Journal of European Law* 23, Nr. 2 (2017), S. 401–440.

19 Eines der Argumente für die Schocktherapie war, dass eine rasche Privatisierung die Rückkehr zum Staatseigentum und zum Kommunismus unmöglich machen werde. Vgl. z. B. M. Bojko, A. Shleifer und R. W. Vishny, *Privatizing Russia*, Cambridge 1995.

20 Es sollte darauf hingewiesen werden, dass das gesamte Nationalvermögen unmittelbar nach dem Ende des Kommunismus sank, wobei dieser Rückgang hier jedoch nicht berücksichtigt wird, um die Interpretation der Entwicklung zwischen 1990 und 2015 zu erleichtern.

21 Vgl. z. B. die Arbeit von Rechtsexperten wie Nougayrède, «Outsourcing Law in Post-Soviet Russia»; Nougayrède, «Yukos, Investment Round-Tripping»; Nougayrède, «The Use of Offshore Companies».

22 Vgl. G . Zucman, «The Missing Wealth of Nations: Are Europe and the US Net Debtors or Net Creditors?», in: *Quarterly Journal of Economics* 128, Nr. 3 (2013), S. 1321–1364; ders., «Taxing across Borders: Tracking Personal Wealth and Corporate Profits», in: *Journal of Economic Perspectives* 28, Nr. 4 (2014), S. 121–148; ders., *Steueroasen: Wo der Wohlstand der Nationen versteckt wird*, Berlin 2014.

Teil IV
Die globale Entwicklung der Vermögensungleichheit

1 Zum Vergleich: Die oberen 10 % der globalen Einkommensverteilung erzielen zwischen 50 und 60 % des Gesamteinkommens (abhängig davon, ob man Kaufkraftparitäten oder Marktwechselkurse zur Berechnung heranzieht). Vgl. Teil II.

2 Vgl. T. Piketty, *Das Kapital im 21. Jahrhundert,* München 2016, Kap. 12, Tabelle 12.2.

3 Ders., *Das Kapital im 21. Jahrhundert.*

4 Y. Guo, J. Gan und C. Xu, «A Nationwide Survey of Privatized Firms in China», in: *Seoul Journal of Economics* 21, Nr. 2 (2008), S. 311–331.

5 T. Piketty, «On the Long-Run Evolution of Inheritance: France 1820–2050», in: *Quarterly Journal of Economics* 126, Nr. 3 (2011), S. 1071–1131.

6 Weitere Details vgl. B. Garbinti, J. Goupille-Lebret und T. Piketty, «Accounting for Wealth Inequality Dynamics: Methods, Estimates, and Simulations for France (1800–2014)», WID.world Working Paper Nr. 5/2016, Dezember 2016, http://wid.world/document/b-garbinti-j-goupille-and-t-piketty-wealth-concen trationin-france-1800-2014-methods-estimates-and-simulations-2016/.

7 Vgl. Piketty, *Das Kapital im 21. Jahrhundert*; ders. und E. Saez, «Inequality in the Long Run», in: *Science* 344, Nr. 6186 (2014), S. 838–843.

8 Piketty, *Das Kapital im 21. Jahrhundert.*

9 Vgl. A. Mian und A. Sufi, *House of Debt: How They (and You) Caused the Great Recession and How We Can Prevent It from Happening Again,* Chicago 2014.

10 M. Bertrand und A. Morse, «Trickle-Down Consumption», NBER Working Paper Nr. 18 883, National Bureau of Economic Research, März 2013, http://www.nber.org/papers/w18883.pdf.

11 Piketty, *Das Kapital im 21. Jahrhundert.*

12 Für weitere Details vgl. Garbinti, Goupille-Lebret und Piketty, «Accounting for Wealth Inequality Dynamics».

13 Dies., «Accounting for Wealth Inequality Dynamics», Tabelle 2.

14 Piketty, «On the Long-Run Evolution of Inheritance».

15 Ders., *Les hauts revenus en France au XXème siècle,* Paris 2001; ders., *Das Kapital im 21. Jahrhundert.*

16 C. D. Carrol, J. Overland und D. N. Weil, «Saving and Growth with Habit Formation», in: *American Economic Review* 90, Nr. 3 (2000), S. 341–355.

17 O. Rullan und A. A. Artigues, «Estrategias para combatir el encarecimiento de la vivienda en España. ¿Construir más o intervenir en el parque existente?», in: *Revista Electrónica de Geografía y Siencias Sociales* 11, Nr. 245 (28), Universidad de Barcelona, 1. August 2007, http://www.ub.edu/geocrit/sn/sn-24528.htm.

18 C. Martínez-Toledano, «Housing Bubbles, Offshore Assets and Wealth Inequality in Spain (1984–2013)», WID.world Working Paper Nr. 19/2017.

19 Bei der Kapitalisierungsmethode wird ein Kapitalisierungsfaktor auf die Verteilung der Kapitaleinkommen angewandt, um eine Vermögensverteilung daraus abzuleiten.

20 E. Saez und G. Zucman, «Wealth Inequality in the United States since 1913: Evidence from Capitalized Income Tax Data», in: *Quarterly Journal of Economics* 131, Nr. 2 (2016), S. 519–578.

21 Garbinti, Goupille-Lebret und Piketty, «Accounting for Wealth Inequality Dynamics».

22 S. Scarpetta, A. Sonnet und T. Manfredi, «Rising Youth Unemployment during the Crisis: How to Prevent Negative Long-Term Consequences on a Generation?» OECD Social, Employment and Migration Working Papers, Nr. 106, OECD Publishing, Paris, 14. April 2010, http://www.oecd-ilibrary.org/docserver/download/5kmh79zb2mmv-en.pdf?expires=1510199048&id=id&accname=guest&checksum=729E512C84DEDEA22B73D109937D5ADo.

23 Vgl. C. Martínez-Toledano, «Housing Bubbles, Offshore Assets and Wealth Inequality in Spain (1984–2013)», WID.world Working Paper Nr. 19/2017, Grafik A21.

24 Vgl. G. Zucman, «The Missing Wealth of Nations: Are Europe and the U.S. Net Debtors or Net Creditors?», in: *Quarterly Journal of Economics* 128, Nr. 3 (2013), S. 1321–1364; ders., *Steueroasen: Wo der Wohlstand der Nationen versteckt wird,* Berlin 2014.

25 Martínez-Toledano, «Housing Bubbles, Offshore Assets and Wealth Inequality in Spain (1984–2013)», Grafik A 26.

26 Die Studie konzentriert sich auf die Verteilung der persönlichen Vermögen, das heißt des Werts der Vermögenswerte, die sich abzüglich der Schulden im Besitz der Personen befinden. Das Vermögen beinhaltet Finanzvermögen wie Bargeld, Bankeinlagen, Anleihen oder Aktien, Immobilienvermögen wie Eigenheime und landwirtschaftlich genutzten Boden sowie Betriebsvermögen. Das in der Studie untersuchte Gesamtvermögen unterscheidet sich erheblich vom gesamten Nationalvermögen, das in den volkswirtschaftlichen Gesamtrechnungen erfasst wird. Im Gegensatz zum persönlichen Vermögen umfasst das Nationalvermögen auch das Vermögen von Einrichtungen ohne Gewinnzweck, die den Haushalten dienen. Auch die bei Schätzungen angewandten Methoden unterscheiden sich zwischen den beiden Konzepten.

27 Vgl. A. B. Atkinson, J. P. F. Gordon und A. Harrison, «Trends in the Shares of Top Wealth-Holders in Britain, 1923–1981», in: *Oxford Bulletin of Economics and Statistics* 51, Nr. 3 (1989), S. 315–332.

28 Vgl. Office for National Statistics, «A Century of Home Ownership and Renting in England and Wales», Release, 2011 Census Analysis, ONS, London, 19. April 2013, http://webarchive.nationalarchives.gov.uk/20160107120359/

http://www.ons.gov.uk/ons/rel/census/2011-census-analysis/a-centuryof-home-ownership-and-renting-in-england-and-wales/short-story-on-housing.html.

Teil V
Maßnahmen gegen die wirtschaftliche Ungleichheit

1 OECD, *GDP long-term forecast*, 2017; doi: 10.1787/d927bc18-en. Zu beachten ist, dass wir für Afrika, Lateinamerika und Asien optimistischere Raten verwendet haben als die OECD bei der Schätzung des globalen Gesamteinkommens für 2050. Die Annahme höherer Wachstumsraten führt zu einer geringeren globalen Ungleichheit. Wir wählen also einen konservativen Zugang zum Anstieg der globalen Ungleichheit in den kommenden Jahrzehnten.

2 UNDESA, *UN Population Prospects*, 2017; https://esa.un.org/unpd/wpp/. Zu beachten ist, dass wir die mittlere Variante der UN-Prognosen verwendet haben.

3 Wo keine ausreichend detaillierten Daten für den Zeitraum 1980–2016 vorhanden sind, können die Hochrechnungen statt auf Länderebene auf regionaler Ebene angestellt werden.

4 C.D. Goldin und L.F. Katz, *The Race between Education and Technology* (Harvard University Press, 2009).

5 «The Economics of Superstars», in: *American Economic Review*, 71 (5) 1981, S. 845–858.

6 X. Gabaix und A. Landier, «Why Has CEO Pay Increased So Much?», in: *Quarterly Journal of Economics*, 123(1) 2008, S. 49–100. https://doi.org/10.1162/qjec.2008.123.1.49.

7 Bloomberg, «Global CEO Pay Index 2017». Bloomberg-Datenbank.

8 T. Piketty, E. Saez und S. Stantcheva, «Optimal Taxation of Top Labor Incomes: A Tale of Three Elasticities», in: *American Economic Journal: Economic Policy*, 2014.

9 Ebd.

10 Vgl. T. Piketty, *Das Kapital im 21. Jahrhundert*, München 2016.

11 A. Alstadsæter, N. Johannesen und G. Zucman, «Who Owns the Wealth in Tax Havens? Macro Evidence and Implications for Global Inequality», in: NBER Working Paper Nr. 23 805, 2017.

12 G. Zucman, *Steueroasen: Wo der Wohlstand der Nationen versteckt wird*, Berlin 2014.

13 Ders., «Taxing across Borders: Tracking Personal Wealth and Corporate Profits», in: *The Journal of Economic Perspectives*, 28(4) 2014, S. 121–148.

14 R. Chetty, N. Hendren, P. Kline, E. Saez und N. Turner, «Is the United States Still a Land of Opportunity? Recent Trends in Intergenerational Mobility»,

in: *The American Economic Review,* 104(5) 2014, S. 141–147; R. Chetty, N. Hendren, P. Kline und E. Saez, «Where is the Land of Opportunity? The Geography of Intergenerational Mobility in the United States», in: *The Quarterly Journal of Economics,* 129(4) 2014, S. 1553–1623.

15 The Korrelation zwischen Aufwärtsmobilität und Gini-Koeffizient liegt in Pendlergebieten bei -0,58. Allerdings ist die Korrelation mit der Mobilität beim obersten 1 % der Einkommensverteilung mit -0,19 geringer, weshalb die Aufwärtsmobilität stärker mit der Ungleichheit korreliert, wenn sie anhand des Gini-Koeffizienten für die unteren 99 % der Einkommensverteilung berechnet wird.

16 Die Größe der Mittelschicht wird am Anteil der Eltern in einem Gebiet gemessen, deren Familieneinkommen zwischen dem 25. und 75. Perzentil der nationalen Einkommensverteilung liegt.

17 Die Autoren verwenden den von Rupasingha und Goetz (2008) entwickelten Index des Sozialkapitals, der Wahlbeteiligung, Anteil der Personen, die Volkszählungsformulare ausfüllen, sowie verschiedene Indikatoren der Partizipation an Gemeindeorganisationen beinhaltet.

18 R. Chetty, J. N. Friedman, E. Saez, N. Turner und D. Yagan, *Mobility Report Cards: The Role of Colleges in Intergenerational Mobility*, National Bureau of Economic Research, Nr. w23 618, 2017.

19 Vollkommene Mobilität würde bedeuten, dass keinerlei Zusammenhang zwischen der Einkommensgruppe einer Familie und der Einkommensgruppe eines Kindes aus dieser Familie besteht. Die Kinder aus Familien, die den unteren 20 % der Einkommensverteilung angehören, würden also gleichmäßig auf die fünf Quintile verteilt sein, womit 4 % von ihnen (20 % geteilt durch 5) in das obere 20 % der Einkommensverteilung aufstiegen.

20 G. Fack, J. Grenet und A. Benhenda, «L'impact des procédures de sectorisation et d'affectation sur la mixité sociale et scolaire dans les lycées d'Île-de-France», *Rapport de l'Institut des Politiques Publiques,* 3/2014.

21 Vgl. z. B. A. Ritschl, «Does Germany Owe Greece a Debt? The European Debt Crisis in Historical Perspective», LSE 2012.

22 Vgl. L. Chancel und T. Piketty, «Carbon and Inequality: From Kyoto to Paris. Trends in the Global Inequality of Carbon emissions (1998–2013) and Prospects for an Equitable Adaptation Fund», Paris School of Economics 2015.

AUS DEM VERLAGSPROGRAMM